周易历法通书

（2000—2035 年阴阳五行与八卦历）

仰以观于天文，俯以察于地理
易与历法同源，创古历律模式

○ 徐坤 编著

气象出版社
China Meteorological Press

内容简介

《周易》源于古人"仰以观于天文，俯以察于地理"，开创了古天文时空模式和历律模式，对我国古代天文历法发展具有指导作用。本书主要介绍《周易》的起源和基本内容、《周易》与古代天象、《周易》八卦与古代历法、《周易》哲学智慧，附有 2000—2018 年阴阳五行干支历和 2019—2035 年周易八卦历，历表中除了常规的公历、农历、星期、干支等项目之外，还特别编排有月八卦及日八卦和爻数，更有针对性，是《周易》研究和应用的常备图书。

图书在版编目（CIP）数据

周易历法通书 / 徐坤编著. -- 北京：气象出版社，
2019.1（2021.5重印）

ISBN 978-7-5029-6862-5

Ⅰ.①周… Ⅱ.①徐… Ⅲ.①《周易》–研究②古历法 – 研究 – 中国 Ⅳ.①B221.5②P194.3

中国版本图书馆CIP数据核字（2018）第255772号

Zhouyi Lifa Tongshu

周易历法通书
徐 坤 编著

出版发行：气象出版社
地 址：北京市海淀区中关村南大街46号 邮政编码：100081
电 话：010-68407112（总编室） 010-68408042（发行部）
网 址：http://www.qxcbs.com E - mail：qxcbs@cma.gov.cn
责任编辑：周 露 杨 辉 终 审：张 斌
责任校对：王丽梅 责任技编：赵相宁
封面设计：符 赋
印 刷：三河市君旺印务有限公司
开 本：710mm×1000mm 1/16 印 张：22
字 数：320千字
版 次：2019年1月第1版 印 次：2021年5月第2次印刷
定 价：65.00元

前　言

我有来自世界各地的学生,我问他们:"怎么知道我的?"他们竟大都是在自己国家的图书馆里看到我写的《周易八卦历》,再从互联网上查找到北京周易研究会,然后辗转找到我来学习《周易》。没想到一本书使他们对《周易》产生了浓厚的兴趣,并最终促成了我们的师生缘。

从 2004 年起,我在气象出版社已经先后出版了《周易八卦历》《周易东方智慧》《周易生活万年历》等多部著作,深受读者欢迎,重印多次。在此过程中,我与气象出版社的编辑建立了深厚的友谊。只要是气象出版社编辑的约稿,我下笔时,就思绪泉涌,从天文历法写到人生发展,深深地领悟到中国的"天人合一"不是一个简单词组,而是一个掷地有声的古人探索"天运"与"命运"相统一的学说体系。也许,这与《周易》的起源有关,《周易》本就是古人"仰观天象"的成果。

有什么样的世界观,就会有什么样的方法论。我很庆幸,我是中国较早提出"《周易》蕴含一种探索复杂性的世界观"的学者,也是能将祖先留下的多种术数纳入探索复杂性方法论进行研究的学者,还是尽力在世界观的高度上把《周易》解说清楚明白的学者。

本书汇集笔者多年《周易》研究成果及面向各类研习班授课讲义,内容通俗易懂,力求深入浅出,既适合初学者入门学习,也适合研易老者阅读交流。

徐　坤

2018 年 7 月 23 日

目　录

周易
历法通书

4

周易历法通书

第一章

《周易》的内容

《周易》成书年代久远，具体已不可考，因此历来颇多争论。相传，《周易》成书经历了夏、商、周三个朝代，是由三个圣人共同写成的，他们分别是伏羲、周文王、孔子，其"分工"是：伏羲演八卦，周文王将八卦推演成六十四卦，孔子为六十四卦作了注释。

三个圣人共写一本书！

三个朝代共成一本书！

这是亘古罕见的，足以见得《周易》之珍贵。

《周易》在西周时期主要用于占筮。在后来流传过程中，随着社会时代和经济文化的发展，人们对《周易》进行了各种各样的解释。后世对《周易》作的种种理解可以分为两个部分——"易传"和"易学"。"易传"和"易学"不同于《周易》本身，但又和《周易》有密切的联系。在我国古代，解释《周易》的著作有三千多种，流传下来的有一千多种。这些解释各有其特点，但未必都是《周易》的本义，这符合西方解释学的基本理念。西方哲学解释学告诉我们：解释的对象是文本，文本的意义不但是作者创造的，也是读者创造的，每个时代的读者都有自己的立场，其理解还都有时代的烙印，因而并不一定忠实于原来的文本。读者或解释者所处时代、思维模式、理解能力等不同，对文本的解释也会不同，其中反映了读者的理解力及其参与状态。《周易》的历史发展过程正是不同时代不同读者群对《周易》提出不同解释模式的过程。以下是《周易》解释模式历史发展过程的图示：

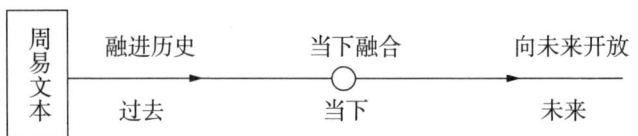

当我们说《周易》是中华传统文化瑰宝之时，所谈的《周易》包括其本身以及后世对其作出的种种解释。

《周易》典籍包含了由经、传、学共同构成的知识系统。

《易经》指西周时期形成的典籍，即原本《周易》。汉朝将儒家尊奉的典籍《诗》《书》《礼》《易》《乐》《春秋》等称为"经"。"经"有常规不变之意。《周易》素有"群经之首"的美称。

古代传授经书的经师，往往对"经"的文字和内容作出解释，这种解释被称为"传"。解释《易经》的著作被称为《易传》，主要是先秦时期形成的解释《易》的十篇著作，即"十翼"。

从汉朝开始，研究儒家经典皆属经学，因此任一经典都包括经、传、学三个部分，《周易》亦然。易学指自汉朝以来的经师、学者研习《周易》经和传的著作。古代研习《易经》和《易传》的学者又分为许多流派，他们有各自的学说体系，进而构成中华文化的重要组成部分。

易学思想体系庞大，它以《易经》为核心，《易传》对《易经》加以解释，历代易学再对《易传》加以解释，如同滚雪球，愈滚愈大，内容就愈来愈丰富。易学解释十分广泛，它从解释筮法即占筮的规则出发，依卦象变化提出一套关于事物变易的法则，并依此法则来解释人事和天道的变化，形成了一个以阴阳变易学说为核心的思想体系，作为世界观和方法论影响到人文和自然科学

各个领域。

易学内容十分丰富，它包括对《周易》经传的文字训诂和考据、卦爻象变化规则分析、《周易》中卦爻象和卦爻辞相互关系的解释、对阴阳变易法则的阐发、宇宙人生根本问题的探讨、易学原理的理解和总结，并依据对易学原理的理解考察社会治乱、王朝兴衰、人生顺逆、处世常规、道德修养的境界、审美的准则以及经国治世的策略，依其所理解的原理考察天文地理、生命发展等自然现象的变化规律以及数学演算法则等。总之，它研究的领域涉及天文、数学、物理、生物、医学、哲学、宗教、政治、历史、文学等诸多方面，因而形成了一个庞大的思想体系，在中国学术和思想史上还没有其他典籍经后人阐发后产生过如此巨大的影响；在世界学术和思想史上，《周易》的发展轨迹也是独一无二的解释学范例。

易学是一门古老而又常新的学问，在中华民族的发展史上留下了深刻的印迹。这种印迹有些以文字的形式保存在相关著作中，这是有形可见的；有些以生活习惯、思维方式、性情意念的形式沉淀在民族群体和每个个体身上，这是无形难见的。因此，可以说，研究易学不仅是研究中华传统文化，也是在研究中华民族当今的文化，有助于我们深入理解中华文化的过去和现在。

☯ 一、奇特的《易经》

《易经》的内容非常奇特，它是世界上绝无仅有的"卦书"。从结构布局上看，古书一般由卷、篇或章组成，《易经》的基本单位却是卦，由八卦变化而来的六十四卦组成；从文字内容上看，《易经》不光有文字，而且是文字与符号组合而成的书，其六十四卦的每一卦都包括卦图、卦名、卦辞、爻序号、爻辞。例如：

既济：亨小，利贞。初吉，终乱。

初九，曳其轮，濡其尾，无咎。

六二，"妇丧其茀，勿逐，七日得。

九三，高宗伐鬼方，三年克之，小人勿用。

六四，繻有衣袽，终日戒。

九五，东邻杀牛，不如西邻之禴祭，实受其福。

上六，濡其首，厉。

其中，为卦图，"既济"为卦名，"亨小，利贞。初吉，终乱"为卦辞。"初九""六二""九三""六四""九五""上六"是爻序号，爻序号后"曳其轮，濡其尾，无咎"之类为爻辞。

二、八卦

（一）八卦的内容

要弄清楚什么是八卦，还要从什么是卦说起。"卦"字"从土从卜"，由两个"土"字和一个"卜"字构成。清朝张惠言认为："书地识爻谓之卦。"在没有文字之前，先民在占筮时，每得到一爻，便用树枝把它画在地上，以方便记忆。

什么是爻？爻分阴爻、阳爻，阴爻记作"‑‑"，阳爻记作"—"，它们分别代表不同事物或事物的不同性质。阴爻代表偶数、雌性、柔弱、下沉、黑暗、月亮等，阳爻代表奇数、雄性、刚强、上升、光明、太阳等。阴爻用六来表示，阳爻用九来表示；每卦有六爻，由下到上的爻位依次为初、二、三、四、五、上爻，组合起来就成为爻序号。八卦就是由阴爻、阳爻三三重合而成的。以下是八卦的卦象和名称：

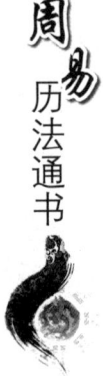

卦象	☰	☷	☳	☴	☵	☲	☶	☱
卦名	乾	坤	震	巽	坎	离	艮	兑
	|	|	|	|	|	|	|	|
卦征	天	地	雷	风	水	火	山	泽
	|	|	|	|	|	|	|	|
卦德	健	顺	动	入	陷	丽	止	悦

（二）八卦的起源

关于八卦的起源，历来有多种说法，这里介绍主要的几种：

1. 伏羲观象立卦说

相传，在远古时期，华夏民族的祖先伏羲氏仰观日月星辰等天象，俯察山川泽壑等地形，同时又观察鸟兽等动物的皮毛与色彩以及植物的生长情况，近取诸己身，远取诸外物，于是始作八卦。

伏羲观象立卦说表明八卦起源于中国古代先民对大自然的朴素唯物主义的认识，八卦符号是对大自然的高度抽象。

在我国甘肃省天水市的伏羲庙里，伏羲像头上长着牛犄角，眼白多、黑眼珠小，表示伏羲有着极强的洞察力；伏羲为蛇身，并与同为蛇身的女娲缠绕在一起，蕴含始祖造人的故事；伏羲手上托着八卦轮盘，代表伏羲创立了八卦。

台湾学者张渊量先生在甘肃寻找史前失传的文献时，考察了天水卦台山。卦台山下渭水长流，前方有龙马山，山上有个龙马洞，当地人传说"龙马负图"就出自龙马洞。当张渊量先生登上卦台山时，发现此山周围山形极似十二生肖，问及当地居民，果然这些山分别叫作"马嘴山""牛头山""龙山""凤凰山""蛇山"等，对照易经八卦的方位，果然又与《说卦》中"乾为马""坤为牛""震为龙""巽为鸡"等完全相符。张渊量先生以他特有的堪舆学之慧眼识出天水卦台山附近地形即为龙马图，并提出"在天成象，故有龙马负图；在地成形，故有龙马正图"。关于八卦的起源，《易传·系辞》说："古者包牺氏之王天下也，仰则观象于天，俯则观法于地，观鸟兽之文与地之宜，近取诸身，远取诸物，于是始作八卦。"可以看出八卦作者有唯物取象而画八卦之旨。张渊量先生在天水卦台山的实地勘察结果证明了观象取卦的历史可能性。

2. 结绳记事说

在没有文字的时代，古人结绳记事，八卦的基本结构——阴爻、阳爻，就来自结绳记事。一个结（o）代表阳爻，画为"━"；两个结（∞）代表阴爻，画为"--"。

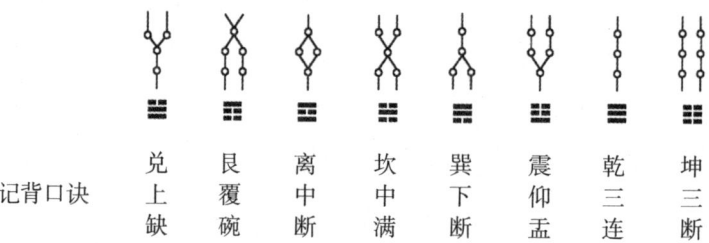

	兑 上 缺	艮 覆 碗	离 中 断	坎 中 满	巽 下 断	震 仰 盂	乾 三 连	坤 三 断
记背口诀								

3. 河图洛书说

八卦起源说最富有传奇色彩且最具有科学内涵的是河图洛书说。那么，黄河白马、洛水白龟驮负的河图、洛书究竟是什么样子的呢？

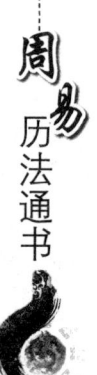

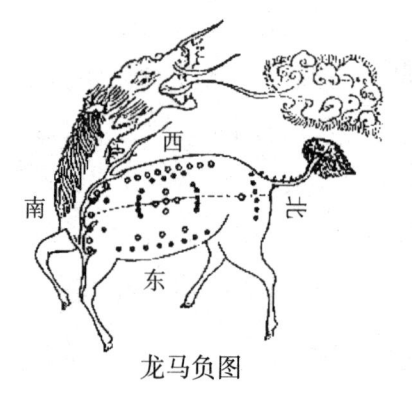

龙马负图

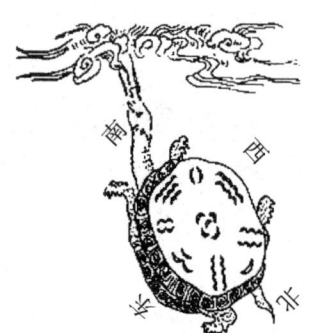

神龟背书图

龙马负图、神龟背书对应的河图、洛书由黑白点组成。黑点代表偶数，白点代表奇数。河图的画法为"一与六共宗而居于北，二与七为朋而居于南，三与八同道而居于东，四与九为友而居于西，五与十相守而居于中"；洛书的画法为"戴九履一，左三右七，二四为肩，六八为足，五居其腹"。

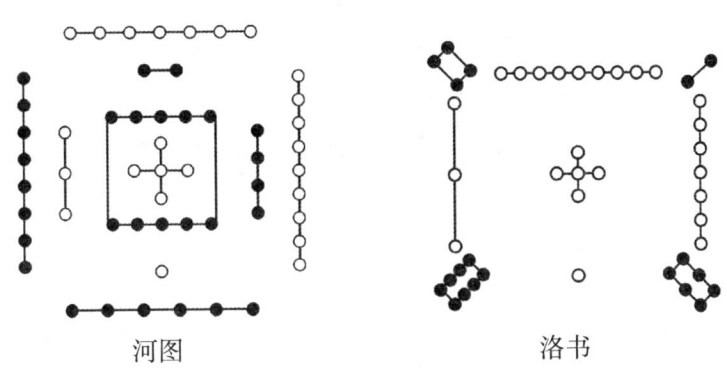

河图   洛书

河图洛书说由来已久，在宋明时期得到大发展。宋代以前，河图、洛书是古老的传说，相传，黄河出图，洛水出书，伏羲据此创画了八卦。最早记载河图之书的是《尚书》。最早论述河图性质的应是孔子。在孔子看来，河图为"天降神物"，值太平盛世，圣人当道时出现，因他所处乱世，故不得见也，所以《论语》中有"凤鸟不至，河不出图，吾已矣夫"的说法。《周易》最早将河图与八卦相联系："河出图，洛出书，圣人则之。"后人将此话理解为圣人伏羲据《河图》画了八卦，并认为该话为孔子所讲。

北宋初年，作为当时易学中象数派的著名人物，刘牧写下了《易数钩隐图》。此书就是根据与《易传》相关的太极、两仪、四象、八卦、天、地、大衍之数等进行推演，用黑白的圆点画成一张张图形。刘牧认为八卦是源自河图、洛书。《易数钩隐图》说："夫卦者，天垂自然之象也，圣人始得之于河图洛书，遂观天地奇偶之数，从而画之，是成八卦，则非率意以画其数也。"

对于河图，刘牧说它是河图八卦第五十二。圣人得到河图、洛书之后，就研究那天地奇偶之数，画出来就成了八卦。具体做法是：水数六用三画成坎卦，在子位（正北方），余下三画成乾卦，布于亥位；金数九，用三画成兑卦，其余六画成坤卦，位于申位（西南方）；火数七，用三画成离卦，其余四画布于巳位，成巽卦；木数八，用三画成震卦，余五画布于寅上成艮卦，这就是四象生八卦。刘牧河图洛书数字组合的奥秘及其与八卦的关系，说明了为什么有八卦来源于河图洛书这种说法。

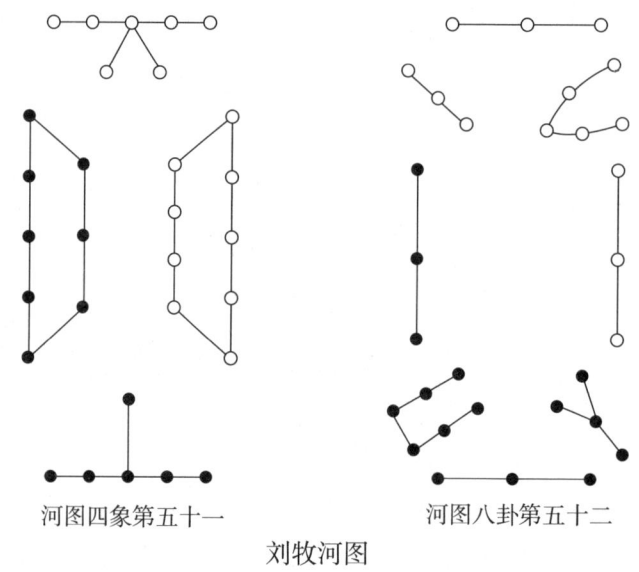

河图四象第五十一　　　河图八卦第五十二

刘牧河图

刘牧还提出了一种数成卦论，认为汉代五行生成数做成了洛书。在他看来，八卦是圣人观象而来。象是四象，它是形的象征，形的对应物，"形由象生，象由数设"。舍掉数，就无法知道象的由来，"舍其数，则无以见四象所由之宗矣"。"形由象生，象由数设"，数，乃是卦象之原，因而也是一切有形物之原。这是刘牧的基本思想，他认为舍其数，则无以见四象所由之宗，而四象又是八卦之宗，这就是说，舍其数，无以见八卦所由之宗。

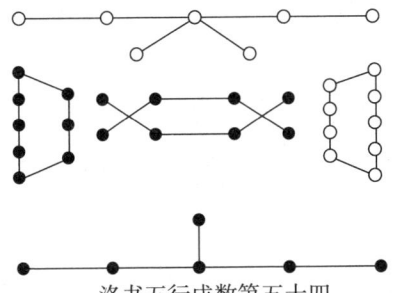

洛书五行戍数第五十四　　　　洛书五行生数第五十三
刘牧洛书

　　刘牧认为，《易传》之中，之所以必须举出天地之极数来说明变化，而行鬼神之道，就是因为数为八卦之本，也是整部《周易》之本。用数去解卦象的起源，没有观物取象说那样的歧义百出，数与数之间的关系比较稳定，而且符合自然之理。在这里容不得任意附会。数从何来？来自河图、洛书，这是刘牧研究河图、洛书的根本动机。刘牧认为 1 ～ 10 这 10 个数是天地之极数，这 10 个数之间，存在一种自然形成的关系，他做的河图、洛书，不过是将汉代出现的五行生成数和九宫数转换成黑白点，形象地表现了五行生成数和九宫数中所蕴含的 10 以内的自然数间的某种相互关系。这些相互关系都是自然而然的，用它们说明八卦的起源比见物取象说要合理得多。

　　因此，也可以说，刘牧创作河图、洛书是要求用一种自然而然的方式对八卦的起源乃至整部《周易》的起源作出合理的解释。

　　到了南宋，理学大师朱熹和他的学生蔡元定最终完成了河图、洛书的定型。朱子的河图、洛书本源于阮逸、邵雍。阮逸河图的样式是"七前六后，八左九右"，洛书样式是"九前一后，三左七右"。洛书一六为水居北，二七为火居西，三八为木居东，四九为金居南，五土居中，以次序体现了五行相胜的顺序，从北到西为水克火，从西到南为火克金，从南到东为金克木，从东到中为木克土，从中到北为土克水，此为"右旋一周"。

对于河图、洛书的数以及位置的区别，朱子说，河图以五生数统领五成数，各居一方，是用全数。表示"常数之礼"洛书以五奇数统四偶数，以阳统阴，表示的是"变数之用"。为什么以五居中呢？朱子说，这是因为数开始于一阴一阳，阳之像圆，圆经一周三；阴之像方，方经一而围四，圆者以三为一，所以一阳就是三，围四者以四为二，以二为一，所以一阴就是二。一阴一阳相加为五，所以河图、洛书都以五为中。朱熹认为，圣人法则河图，其意思是"虚其中"，法则洛书，其意思是"总其实"。

朱熹不仅继承了孔子《易传》以来的传统易学观点，而且首次将河图、洛书置于自己的注易之作《周易本义》之前，以示其为无文字时代的"天地自然之易"，为易学八卦的本源。

朱子将刘牧河图成洛书、洛书成河图之说载于《周易本义》卷首，河图的位置安排，一与六共宗，居北；二与七为朋，居南；三与八同道，居东；四与九为友，居西；五与十相守，居中。这些数；就是用一奇一偶表示一阳一阴。一、三、五、七、九为阳数、天数；二、四、六、八、十为阴数、地数。天以一生水，地以六成之；地以二生火，天以七成之；天以三生木，地以八成之；地以四生金，天以九成之；天以五生土，地以十成之。它们一一配合，体现了五行相生的顺序，即：由东引南为木生火，由南到中为火生土，由中到西为土生金，由西到北为金生水，此为"左旋一周"。其中，天数二十五，地数三十，合天地之数，就是河图的全数。河图以这样的全数而生八卦。

河图用十个黑白圆点表示阴阳、五行、四象，其图为四方形。

北方：一个白点在内，六个黑点在外，表示玄武星象，五行为水。

东方：三个白点在内，八个黑点在外，表示青龙星象，五行为木。

南方：二个黑点在内，七个白点在外，表示朱雀星象，五行为火。

西方：四个黑点在内，九个白点在外，表示白虎星象，五行为金。

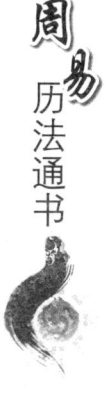

中央：五个白点在内，十个黑点在外，表示时空奇点，五行为土。

简言之，河图的式样是"七前六后，八左九右"。说圣人观河图而画卦，那么河图是如何生出八卦来的？河图虚五和十，是太极；剩下的奇数一、三、七、九之和为二十，偶数二、四、六、八之和也为二十，这是两仪；一六、二七、三八、四九，两两相配成四对，就是四象；把它们分开再补上四角，就是八卦。把这个图生卦的过程展示出来即如下图所示。

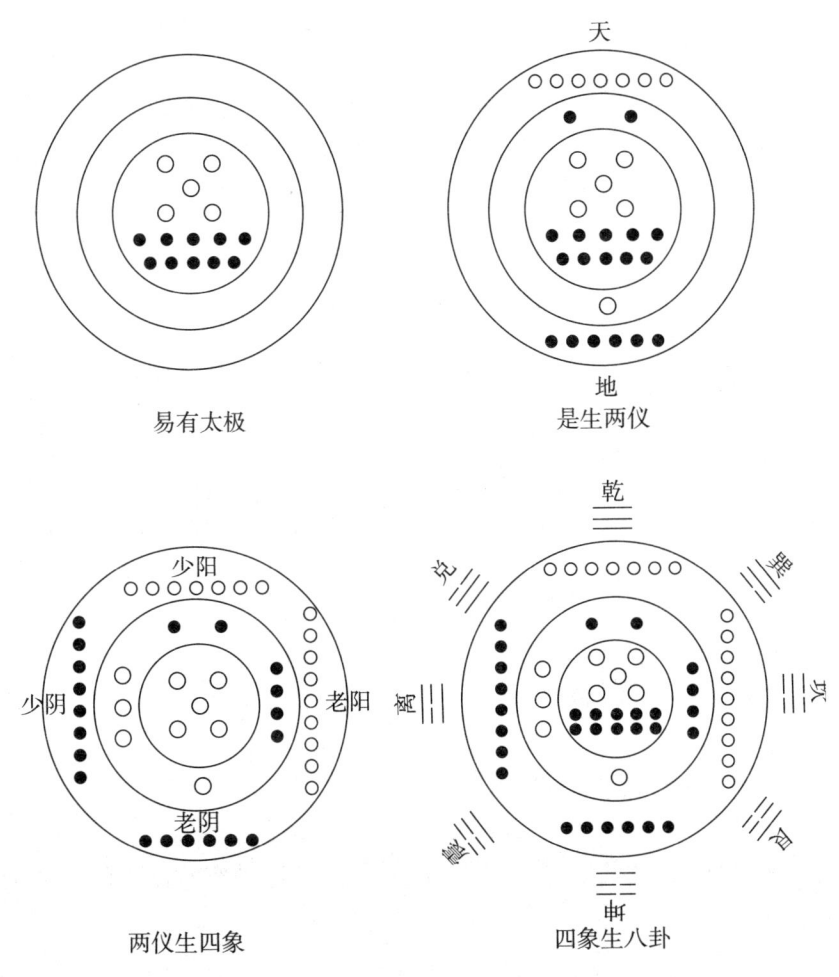

易有太极　　　　　　　　地
　　　　　　　　是生两仪

两仪生四象　　　　四象生八卦

4.文字说

有人认为，八卦卦象☰、☷、☳、☴、☵、☲、☶、☱在古代分别代表"天""地""雷""风""水""火""山""泽"这八个字，后来才演变为八卦。这种说法始于汉代《易纬》，后来被宋代杨万里和明代黄宗炎继承并发展。

5.画卦说

从卦象上看，八卦是由阳爻"━"和阴爻"╍"两种符号构成的，具体的方法是将"━"和"╍"依三重叠，分别组合，导出八种卦象，下面再现这一画卦的过程：

一重　━　　　　　　　　　　　　　　　　╍
二重　━　　　　╍　　　　　　　━　　　　╍
三重　☰　☱　☲　☳　☴　☵　☶　☷

《周易·系辞上》说"易有太极，是生两仪，两仪生四象，四象生八卦"，描述的便是这一过程。其中，"两仪"指天地，四象指老阴、老阳、少阴、少阳，这样，探讨八卦的起源便可具体落实到探讨阳爻和阴爻的起源上来。对于"━"和"╍"这两种符号的起源，近代学者提出过几种推测，有学者认为它们来源于古代竹节。

（三）八卦的含义

1.八卦与八种品德

八卦代表八种自然物质，而这八种自然物质又被赋予了八种品德。

乾为天，天德是"健"，体现了日月等天体运行不息。《易大传》说："天行健，君子以自强不息。"君子应效法"天"的品德，

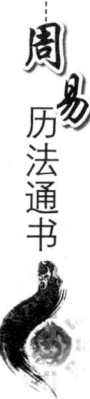

自强不息。

坤为地，地德为"顺"。"地势坤，君子以厚德载物"。地的品德是顺，君子应效法大地的精神，厚德载物，以宽容的态度包容万事万物，显示以柔韧之道战胜刚劲之力的道理。

乾、坤是代表天、地的两卦，其他六卦所代表的事物及其属性如下：

震为雷，主动；
巽为风，主入；
坎为水，主陷；
离为火，主丽；
艮为山，主止；
兑为泽，主悦。

《说卦传》曰："动万物者莫疾乎雷，挠万物者莫疾乎风，燥万物者莫熯乎火，说万物者莫说乎泽，润万物者莫润乎水，终万物始万物者莫盛乎艮，故水火不相逮，雷风不相悖，山泽通气，然后能变化，既成万物也。"这是中国古代先民的宇宙观，唯物而且辩证，八种自然物质阴阳相对、两两相偶，在运动变化中化生万物。这幅宇宙图景是：天地定位（即乾、坤两卦定位），山泽通气（即艮、兑两卦两两相偶），雷风相薄（即震、巽两卦相互对立），水火不相射（即坎、离两卦相济），八卦相错，数往者顺，知来者逆，是故《易》逆数也。古代先民用逆数的方法预测未来，用顺数的方法了解过去，于是，八卦宇宙图景既是古代先民的世界观，又是古代先民的认识论和方法论。

2．八卦与自然事物

《说卦传》将自然万物纳入八卦体系，使它们各有分属：

乾为天，为圆，为君，为父，为玉，为金，为寒，为冰，为大赤，为良马，为老马，为瘠马，为驳马，为木果。

坤为地，为母，为布，为釜，为吝啬，为均，为子母牛，为大舆（车），为文，为众，为柄，其于地也，为黑。

震为雷，为龙，为玄黄，为旉（花），为大途（路），为长子，为决躁（暴躁），为苍筤竹，为萑苇。其于马也，为善鸣，为馵足（马左后蹄白为馵），为作足（抬足而动），为的颡（白额头）。其于稼也，为反生。其究为健，为蕃鲜（鲜嫩）。

巽为木，为风，为长女，为绳直，为工，为白，为长，为高，为进退，为不果，为臭。其于人也，为寡发，为广颡（额头），为多白眼，为近利市三倍，其究为躁卦。

坎为水，为沟渎，为隐伏，为矫（直而使曲）輮（曲而使直），为弓轮。其于人也，为加忧，为心病，为耳痛，为血卦，为赤。其于马也，为美脊，为亟心（心急），为下首，为薄蹄，为曳。其于舆也，为多眚（灾）为通，为月，为盗。其于木也，为坚多心。

离为火，为日，为电，为中女，为甲胄，为戈兵。其于人也，为大腹。为乾卦，为鳖，为蟹，为蠃，为蚌，为龟。其于木也，为科上（树头枝叶）槁（干枯）。

艮为山，为径路，为小石，为门阙，为果蓏（草本植物果实），为阍寺（守门人），为指，为狗，为鼠，为黔喙（黑嘴）之属。其于木也，为坚多节。

兑为泽，为少女，为巫，为口舌，为毁折，为附决（退落）。其于地也，为刚卤（坚硬的盐碱地）。为妾，为羊。

3. 八卦与人类社会生活

除了将自然界的万事万物纳入八卦体系，古人还将人类生活纳入了八卦体系。乾为父，乾带三男，他们分别是长男（震）、中男（坎）、少男（艮）；坤为母，坤带三女，她们分别是长女（巽）、中女（离）、少女（兑）。三男和三女产生的过程正是画卦

周易历法通书

的过程。演示如下：

乾为天
天为父

坤为地
地为母

乾带三个阳卦：长男（震）、中男（坎）、少男（艮），皆从坤卦而来。

坤卦

震卦
长男
阳爻初位

坎卦
中男
阳爻中位

艮卦
少男
阳爻上位

相反，坤卦所带的三个阴卦：巽卦（长女）、离卦（中女）、兑卦（少女），皆从乾卦而来。

乾卦

巽卦
长女
阴爻初位

离卦
中女
阴爻中位

兑卦
少女
阴爻上位

《说卦传》描述了这一过程："乾，天也，故称乎父；坤，地也，故称乎母；震一索而得男，故谓之长男；巽一索而得女，故谓之长女；坎再索而得男，故谓之为中男；离再索而得女，故谓之中女；艮三索而得男，故谓之少男；兑三索而得女，故谓之少女。"

三、六十四卦

相传，商朝末年，周文王因反对商纣王的暴政而被关押在羑里（今河南汤阴县北）。在被关押期间，周文王将伏羲八卦推演成了六十四卦。

八卦两两相重构成六十四卦，每一卦分上卦、下卦。六十四卦的出现，标志《易经》结构的完成。六十四卦共 384 爻。每一卦内容包括卦名、卦象、卦辞、爻辞这四项。例如，上卦为坎水，下卦为震雷，组合为屯卦；再例，上卦为震雷，下卦为坎水，组合成解卦。

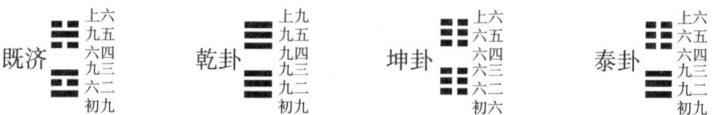

水雷屯　屯卦　　　　　雷水解　解卦

（一）六十四卦的结构

1. 卦象

六十四卦由八卦两两相重而来，每一卦由上下两个八卦组成。例如：

上乾
下乾　乾卦　　　　上乾
下坤　天地否卦　　　上坤
下乾　地天泰卦

每卦从下至上共六爻，依次成为初爻、二爻、三爻、四爻、五爻、上爻。阴爻称六，阳爻称九。例如：

既济　上六
五
九四
六三
九二
初九

乾卦　上九
九五
九四
九三
九二
初九

坤卦　上六
六五
六四
六三
六二
初六

泰卦　上六
六五
六四
九三
九二
初九

2. 卦爻辞

每一卦有卦辞，每一卦的每一爻又有爻辞。例如：

乾，元亨利贞。

初九：潜龙勿用。

九二：见龙在田，利见大人。

九三：君子终日乾乾，夕惕若，厉，无咎。

九四：或跃在渊，无咎。

九五：飞龙在天，利见大人。

上九：亢龙有悔。

"乾，元亨利贞。"为乾卦的卦辞。"元"为开元、大而本初

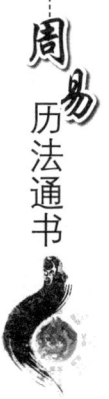

之意；"亨"为通顺、通畅之意；"利"意为有好处、有益处；"贞"意为有好的结果。乾卦卦辞的完整意思是说，事物发展从开始到结束都很顺利并能带来好处。

初九、九二、九三、九四、九五、上九对应的各条爻辞意思如下：

初九：潜龙勿用。

中国古代传说中的龙是三栖动物，可在大地、水中、天空生息活动。此时的龙在土底下，不要动，越动，身上的土埋得越多，最后永无出头之日。"潜龙勿用"意即休养生息，以待时机。

九二：见龙在田，利见大人。

这一爻说明，潜在土下的龙已经出现在田野上，必将有所作为，并且寻求能够帮助自己成就事业的贵人。

九三：君子终日乾乾，夕惕若，厉，无咎。

"乾乾"即"健健"，努力不懈的意思。九三是下卦的最上爻，预示事物发展到了一个阶段，人处在此阶段必须白天小心谨慎，晚上反省白天的过错，谦而不虚，慎而有更，采取这种人生态度才能顺利跃迁到九四。

九四：或跃在渊，无咎。

九四喻龙已入水，或是可进可退的含义，前进一步入水，后退一步在田，龙的发展空间更大了。

九五：飞龙在天，利见大人。

五爻为阳爻，又在奇数位，处于上卦的中爻位，故又中又正，这是乾卦最好的位置，也是龙最好的位置。飞龙在天，龙已得到天时地利，处于最好的发展时机。这时，飞龙找到帮助自己成功的"贵人"，成就宏图大业。

上九：亢龙有悔。

亢龙是指飞龙飞得过于高了，已没有上升的空间了，但飞龙不知收敛，以致后悔，从头再来，又处在了潜龙勿用的状态。

3.《周易》解辞规律

六十四卦的爻辞各有各的不同，但解辞的规律基本一致。

下卦的最上爻和上卦的最上爻都是警戒之辞或凶辞，体现出中国文化深深的忧患意识，不敢把事情做满、做绝，凡事留有余地。在一些农村，新房刚建成，入住之前要举行揭瓦仪式，主人把乡亲们叫来，上房揭去一片瓦，使新房破损一角，然后住进去。这种仪式就是忧患意识在民俗中的体现。

我国大部分地区四季分明，更迭往复，这种自然界的循环规律也体现在《周易》爻辞里，事物发展由小到大，由弱到强，再由盛转衰，循环往复，以至无穷。

关于爻位的好与坏，古人通常有如下理解：一卦有六爻，一、三、五是奇数爻位，故阳爻在奇数爻位为正位；二、四、六是偶数爻位，故阴爻在偶数爻位为正位。六个爻有两个中位：二爻在下卦处于中位，阴爻处此位叫"中正"。五爻在上卦处于中位，阳爻处此位叫"中正"。摇卦时，如果二爻爻位是阴爻，则称之为中正，预示吉。摇卦时，如果五爻爻位是阳爻，则称之为中正，预示吉。

雷地**豫**　震上　　
　　　　　　坤下　　六二

（二）六十四卦的卦名

八卦和六十四卦都有名称。卦名的由来问题，古代学者曾经提出不同的看法。一派主张取象说，认为八卦来源于古人对自然界中事物形象的观察，卦象和卦名是统一的，都与该卦所模拟的事物有关。如乾卦的卦象为天，"乾"即古"天"字，所

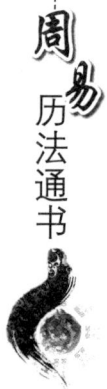

以此卦便是乾；坤卦之象为地，"坤"字之本义为地，故此卦名取为坤。另一派主取义说，认为八卦卦象各代表一定的意义，而卦名便是由此卦象所代表的意义来确定的。例如，乾卦都是阳爻，意主刚健，所以便以乾为名，"乾"有前进不息的意思；坤卦全由阴爻构成，意为柔顺，所以取名为坤，坤是顺的意思。这两种说法虽然不同，但也有一个共同的特点，都认为卦名和卦象之间有必然联系。

现代学者高亨先生提出了新的看法，他认为，古代人著书，一般都不给书中每一篇起名，篇名一般都是由后人追加的，《周易》的卦名也应该如此。开始的时候，只有爻辞和卦辞，各卦之间只靠卦画区分，后来人们才根据筮辞而加上了卦名。例如，需卦从初九到九五，每个爻辞都有"需"字，因此卦名为需。

坎上
乾下 需，有孚，光亨，贞吉；利涉大川。
初九：需于郊，利用恒，无咎。
九二：需于沙，小有言，终吉。
九三：需于泥，致寇至。
六四：需于血，出自穴。
九五：需于酒食，贞吉。
上六：入于穴，有不速之客三人来；敬之，终吉。

（三）六十四卦的卦序

通行本《周易》卦序特点是从乾、坤起始到既济、未济结束，它们之间存在着因果联系，后卦由前卦而来，或相承接，或相反对。《易传·序卦》从义理的角度对通行本《周易》卦序作解，乾坤为天地初始；屯蒙为万物与人的蒙生；有人有物便有生养问题；屯蒙之后是需卦；有需有养便有争，讼卦紧接需卦之后；在争讼白热化的时候便发生战争；师卦在讼卦后面，表示以战争解决争讼问题；在战争中争取该争取的力量，团结亲比，于是比卦在师卦之后；小畜卦以生聚；履卦以辩治；履卦后面是泰卦，泰卦是《易》思维模式的最高理想社会，是上古社会的极致；泰后否，否而泰，社会从此一乱一治地发展下去。通行本《周易》的卦序用阴阳复变的道理说明有序整体的思想，卦序间的联系和发展是阴阳联系与运动发展的结果。

上经

| 乾 | 坤 | 屯 | 蒙 | 需 | 讼 | 师 |

| 比 | 小畜 | 履 | 泰 | 否 |

| 同人 | 大有 | 谦 | 豫 | 随 |

| 蛊 | 临 | 观 | 噬嗑 | 贲 |

| 剥 | 复 | 无妄 | 大畜 | 颐 |

| 大过 | 坎 | 离 |

下经

| 咸 | 恒 | 遁 | 大壮 | 晋 | 明夷 |

| 家人 | 睽 | 蹇 | 解 | 损 | 益 |

| 夬 | 姤 | 萃 | 升 | 困 | 井 |

| 革 | 鼎 | 震 | 艮 | 渐 | 归妹 |

| 丰 | 旅 | 巽 | 兑 | 涣 | 节 |

| 中孚 | 小过 | 既济 | 未济 |

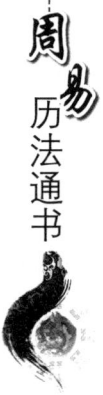

通行本《易经》六十四卦从乾、坤到既济、未济，其卦序歌诀为：

乾坤屯蒙需讼师，比小畜分履泰否，
同人大有谦豫随，蛊临观分噬嗑贲，
剥复无妄大畜颐，大过坎离三十备，
咸恒遁分及大壮，晋与明夷家人睽，
蹇解损益夬姤萃，升困井革鼎震继，
艮渐归妹丰旅巽，兑涣节分中孚至，
小过既济兼未济，是为下经三十四。

通行本《周易》卦序有两大特点：

其一，"二二相耦，非复即变"。全部六十四卦之间，相邻两卦的卦象不是阴阳爻相反，就是阴爻阳爻倒置。"复"指上卦与下卦相互对立，如屯卦与蒙卦、需卦与讼卦。"变"指相邻两卦之间每一爻都相互对立，如乾卦与坤卦、既济卦与未济卦。例如：

需卦 与 讼卦　　　乾卦 与 坤卦　　　既济卦 与 未济卦

水天需　天水讼　　上乾 上坤 水火既济 水火未济
　　　　　　　　　下乾 下坤

其二，六十四卦卦序贯穿"二二相耦"的原则，体现了儒家的伦理思想。如果我们读黑格尔的《小逻辑》，不难发现，通行本《周易》卦序的推演与《小逻辑》概念的推演有惊人的相似之处，它们都是采用思辨式语言进行推演，区别之处在于《周易》描述了人文社会，体现儒家伦理；《小逻辑》揭示了人的认识过程。六十四卦卦序具体体现了《周易》的完整结构及其思想体系，值得重视。

四、起卦

《周易》和其他书不一样，不是翻开就读，它必须先起卦，再读卦，其操作方法保持了古代人的占卜过程，也是《周易》独特之处。起卦的方法有很多种，这里简要介绍两种。

（一）蓍草起卦法

蓍（音 shī）草起卦法是最早使用的一种起卦方法，《易传·系辞》记载："大衍之数五十，其用四十有九，分而为二以象两，挂一以象三，揲之以四，以象四时，归奇于扐以象闰。五岁再闰，故再扐而后挂。"

蓍草起卦法的口诀是：四营成一变，三变成一爻，十八变成一卦。

蓍草起卦法的步骤如下：

（1）先找 50 根木棍（古人认为蓍草具有灵性，因此主张用蓍草起卦，但蓍草不大好找，所以这里以木棍代替），50 即"大衍之数"。占算之前，先拿给需要占算的人，让他默念要求得的事物。

（2）从 50 根木棍中拿出 1 根，放在一边，作为 A 组，只用 49 根来算，即所谓的"其用四十有九"。一卦有六爻，每一爻需算 3 次，所以起一卦要算 $3 \times 6 = 18$ 次。

（3）把手上余下的木棍随机分两堆，即所谓"分而为二以象两"。从两堆木棍中随机拿出 1 根，放在一边，作为 B 组，不要和 A 组弄混，即所谓"挂一以象三"。拿出其中一堆，4 根为一组，排成一排，即所谓的"揲之以四，以象四时"，最后余下的 1、2、3 或 4 根就放到一边，作为 C 组，不要和 A、B 组弄混，即所

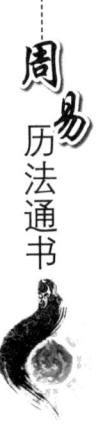

谓的"归奇于扐以象闰"。剩下的一堆同样4根一组，排成一排，最后剩下的1、2、3或4根就放C组，这就完成了一算。第二算开始，把所有排成4根一组的木棍合到一起，不要碰A、B、C组的，拿出1根放入B组（B组有2根，表示第二算），此后步骤与第一算相同。第二算后再进行第三算。

（4）三算之后，两堆木棍合到一起的数量除以4，其商有四种可能：6、7、8、9。由此我们可以得到初爻：7、9是奇数，为阳，7为少阳，9为变爻老阳；6、8是偶数，为阴，8为少阴，6为变爻老阴。

（5）得到初爻后，把49跟木棍合成一堆，再依次算二爻、三爻、四爻、五爻、上爻，就成了一卦。

卦象确定后，如何占卜呢？首先区分什么是变爻，什么是不变爻。简单地说，由九和六确定的爻被称为变爻，由七和八确定的爻，则被称为不变爻。变爻是指能变化的爻；变化的方式就是由九确定的阳爻"▬"应该变成阴爻"▬▬"，而由六确定的阴爻"▬▬"则应该变成阳爻"▬"。如果筮得的卦象六爻都由七和八来确定，则此六爻都不是变爻，这时，就用此卦的卦辞来占卜。但是，如果六爻中有变爻，那种情况就复杂得多。一般说来，有一个变爻，就用此变爻的爻辞来占卜；有两个变爻，参考第一个变爻爻辞，而以第二个变爻爻辞为依据来占卜；如果有三个或三个以上的变爻，就参考各变爻爻辞，而以卦辞来占卜。

需要指出的是，乾卦中的用九和坤卦中的用六与占法有关。乾卦六爻全部都是阳爻，按筮法，七和九都代表阳爻，但七是不变爻，九是变爻。如果乾卦六阳爻全部由九求得，即全部是变爻，这时就应该依用九来占卜。同样，坤卦六爻全部是阴爻，阴爻可由六和八求得，但六是变爻，八是不变爻，如果坤卦六阴爻全部是六，那就应该按用六来占卜。

（二）火珠林起卦法

蓍草起卦法有点烦琐，现在用其起卦的人已经很少了。从汉朝开始，人们开始用铜钱起卦，称为火珠林起卦法，是最简单的一种起卦方法。

取三枚铜钱放在手中，心里默想要预测的事情，然后把铜钱抛出，看它们的正反并记录下来：

两个面一个背时，是少阳，记为阳爻"—"；

两个背一个面时，是少阴，记为阴爻"--"；

三个背时是变爻老阳，记为"□"；

三个面时是变爻老阴，记为"×"。

一共抛 6 次，依次得到初爻至上爻。再根据老阳变少阴、老阴变少阳的原则，得到全卦。

起卦后，以变爻爻辞为主解卦。两个变爻以后出现的变爻为主解卦；三个变爻，参考卦辞解卦；没有变爻以卦辞为主解卦。

因为卦爻辞是喻言式的，所以，对卦爻辞的不同解释，往往导致截然相反的结论，有极大的歧义。解卦的基础是开阔的哲学视野和丰富的人生阅历，这样才能对卦爻辞有独到的解释。读卦和解卦的真本领全在卦爻体系之外，完全依赖于个体对社会与人生发展的悟性。

五、《易传》

通行本《周易》由《易经》和《易传》两部分组成。《易经》由六十四卦卦爻辞组成。《易传》是战国时期一部系统解释《易经》的经文文集，包括《象传》上下篇、《象传》（分《大象传》《小象传》）、《文言传》《系辞传》上下篇、《说卦传》《序卦传》《杂

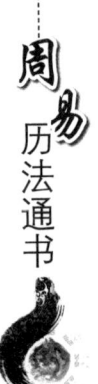

卦传》共七种十篇。这十篇著作自汉代起又被称为"十翼"。"翼"意为羽翼，引申为辅助，表示它们是解释《周易》经文的。

　　产生于先秦、秦、汉时期的《易传》有很多种，但它们的地位和影响，没有哪一部能跟《易传》相比。早在战国，或者至少在汉初，今本《周易》中的《易传》大部分就已经取得了尊贵的"经"的地位。

　　《易传》之所以能够被人们尊称为经，跟它们形成的年代有关，也跟它们的作者及其中深邃的思想有关。从司马迁《史记·太史公自序》到唐朝孔颖达的《周易正义》，都认为《易传》十篇系孔子所作，是圣人之言。后世有学者指出，今本《易传》并非孔子所著，而是出于战国时期儒家学者之手。

　　《易传》解释《易经》，完成了《周易》从巫术向哲学的演变，《易传》利用《易经》的框架结构，阐述了中国人对自然和社会普遍规律的认识，把古代的占卜之书引向了自然哲学，人的自我修养、自我完善以及政治统治等问题上来。这种将占筮活动哲学化的倾向，孔子开其先河，《易传》的作者们作了阐发。

　　《易传》是一部哲学书，但它毕竟是解释《易经》和筮法的，又同占筮有着密切关系。《易经》的卦序、爻位、卦象甚至筮法，在《易传》那里都得到系统的阐述，形成了一套规范，所以占筮这一套形式在《易传》中也理论化了，《易传》因而也是一部占筮的理论著作。《易传》有两套语言，一是关于占筮的语言，是解释卦象、爻象、爻位、筮法的；二是哲学语言，是讲宇宙人生的变易法则、人类社会的起源和发展规律的。这两套语言有时分开，但更多的时候是合在一起的，占筮中有哲理，哲理中有占筮。不懂《易传》的占筮语言，就无法深入地了解其哲理；不顾《易传》的哲学语言，一切都以占筮作解，也只能陷入荒谬，故学习《易传》既要了解其占筮语言，又要懂得其哲学语言。

（一）《彖传》

《彖传》是今本《易传》七种传文中的第一种，分为上篇和下篇。彖，本指卦辞，《彖传》则是解释卦辞的。因为《周易》的卦名往往寓于卦辞之中，或者与卦辞联在一起，所以《彖传》也兼释卦名，并由卦名、卦辞进而阐释一卦之义。《彖传》解经有如下特点。

1. 分析卦体

《彖传》对卦体的分析是从八卦的卦征与卦德入手，经卦卦征即八卦表征的八种事物，卦德指经卦所对应的八种品德。例如，屯卦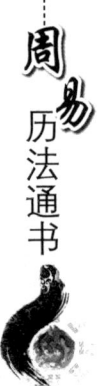的卦体为下震上坎，《彖传》说："屯，刚柔相交二生难，动乎险中，大亨贞。雷雨之动满盈。"所谓"雷雨"就是以经卦的卦象解释屯卦卦体的构成，"雷"指下震，"雨"指上坎。震为雷，坎为水，雨即水。震的卦德为动，坎的卦德为险，"动乎险中"。屯将震、坎两卦组合，体现在危险中变动以求发展之义。

2. 阐释卦名卦义

《彖传》解经，往往由卦名而及卦义，其释卦名，或用义训，或用声训，或两者并用。例如，师卦《彖传》说："师，众也。""师"指军队，军队部属众多，所以用"众"这一特征揭示师卦卦名的含义。《彖传》以卦名作为一卦的标题，以探卦名为线索，直探卦义，其方法有二：一是就卦名本字进行推阐。例如，《彖传》说睽卦："天地睽而其事同，男女睽而其志通也，万物睽而其事类也：睽之时用大矣哉！""睽"为对立，但异中有同，对立中有统一。《彖传》就是从卦名"睽"字入手，揭示睽卦的卦旨是如何化"睽"为"合"

的道理，扣住卦名"睽"字阐释了深刻的哲理。

3. 解释卦辞

《彖传》解卦辞，方法灵活，不拘一格。例如，对否卦，《彖传》是先举出卦辞，再对卦辞作总体阐释："否之匪人，不利君子贞，大往小来。则是天地不交而万物不通也，上下不交而天下无邦也。内阴而外阳，内柔而外刚，内小人而外君子，小人道长，君子道消也。"再如，对咸卦，《彖传》是先解释卦辞，再全面举出卦辞："柔上而刚下，二气感应以相与。止而说，男下女，是以亨，利贞，取女吉也。"又如，对蛊卦，《彖传》是分别引出卦辞，再逐句进行解释："蛊。元亨，而天下治也。利涉大川，往有事也。先甲三日，后甲三日，终则有始，天行也。"

4. 解释卦象

《周易》六十四卦卦名、卦义有少数与卦形之象有关。《彖传》的解释就揭示了这一点。例如，对噬嗑卦，《彖传》曰："颐中有物曰噬嗑。"颐卦的卦形为䷚，颐义为口腮，形乃口腮之象。噬嗑卦的外形为䷔，第三爻正像口腮中所含之物，所以《彖传》就以口腔中含有食物这一卦形之象来解释噬嗑卦卦名的意义。

5. 剖析爻位、爻义

卦辞总论一卦的卦义，最能体现卦义的是一卦的主爻，所以《彖传》解释卦辞等，也兼取爻位、爻义。《彖传》以爻位来说经，主要的术语有"中""刚中"。"中"是指二爻或五爻，因为它们分别居于上、下卦之中位。"刚中"指阳爻居中位。《彖传》又以爻位说和爻德说相结合以释经，提出了"正""正位""当位""得位"

等概念。"当位"是指第五爻阳爻居之,阳爻居奇位,故称"当位"。"正位"指内卦中位是阴爻居之,阴爻居偶位,故称"正位",也指外卦中位阳爻九五居之,阳爻居阳位。"女正位乎内,男正位乎外",如果内卦、外卦的中位都是阳爻居奇位,阴爻居偶位,则称之为"男女正",也称为"中正",既居中又得正,正者多吉,而"中正"尤其吉利。《彖传》贵中,尤贵"刚中"。

从组成六十四卦的内外经卦相对的爻位关系着眼,《彖传》有所谓"应""敌"的说法。如果内、外卦相对应的爻位是异性则称刚柔相应;如果相对应的是同性则称为敌,敌是应的反面。

从相邻爻位的关系着眼,《彖传》又有"乘""志行"等说。"乘"指柔爻居于邻近的刚爻之下,有阴顺阳之义。"志行"又称"顺行",指刚爻居于柔爻之上,"顺行"是"志行"的另一种说法。

6. 阐发易理

《彖传》在阐发易理过程中有许多宝贵的思想,沿用至今。其阐发易理有两个突出特点:

一是以"时"的概念说卦。所谓"时"指一卦当时的具体形势、环境与条件。每一个卦都代表一"时",代表一个具体事物,这个事物不是孤立存在的,是处在具体环境和条件下的事物。六爻则是用来表现处于特定条件下该事物发展变化的过程。所以,论卦道德要知"时",不知"时"则无以论卦。"时"是制约爻的,卦"时"一变,六爻必随之而变。例如,《彖传》说泰卦:"泰,小往大来,吉亨。则是天地交而万物通也。上下交而其志同也。"泰卦的卦形为 ䷊,下乾上坤,乾为天,天气在下而升于上,坤为地,地气在上而降于下,天地的这一升降交换位置,反映了阴阳相交和相通之义,因此"通达"是泰卦的卦"时"。

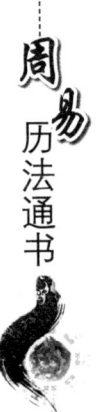

二是以"来""往""上""下""反""进"等词揭示卦的反对相次之理。今本《周易》六十四卦的排列依据"非覆即变"的法则，《彖传》采用特殊的术语"往""来""上""下"等来揭示其中的联系。自上而下曰"来"。所谓"来"，是指从其反对卦（即反转卦）的上卦爻位来到本卦的下卦爻位。例如，讼卦☰的九二爻来自其反对卦需卦☰的九五爻，所以《彖传》说讼卦："刚来而得中也。"自下而上曰"往"。所谓"往"，是指从反对卦的下卦爻位上升到本卦的上卦爻位。例如，蹇卦☰的九五爻自其反对卦的解卦☰的九二爻前往，所以《彖传》说蹇卦："往得中也。""往"有时也称"上""进"，"来"有时又称为"下""反"（即"返"）。

（二）《象传》

《象传》为今本《易传》七种中的第二种。"象"本指卦象和爻象，《象传》是解释各卦的卦象和爻象的专著。《象传》分为《大象》和《小象》。《大象》64条，分别解释《周易》六十四卦的卦名和卦义；《小象》386条，分别解释《周易》386条爻辞和用辞。

1.《大象》的解卦特点

《大象》语言简练，先言卦体组成，再点出卦名，通过分析卦体之象来解释卦名之义。例如，《大象》说遁卦："天下有山，君子以远小人，不恶而严。"这是分析卦象并由此点出卦名。所谓"天下有山"，是根据八卦的取象来解释遁卦上、下二体的构成。遁卦的卦形为☰，上乾下艮。乾为天，艮为山，山在下卦，天在上卦，故云"天下有山"。《大象》解卦常规上是由上卦及下卦，因其只言卦象，不涉及爻辞。

《大象》先言卦体的组成，再点出卦名，实际上是想通过分析卦体之象来解释卦名之义。例如，《大象》说讼卦："天与水违行，讼。"这是说天向西转，水往东流，二者相违而行，像人彼此两相乖戾，互相矛盾，所以导致争讼。这是从卦象的组合来分析讼卦卦名原因。

《大象》还从六十四卦卦体、卦名摄取卦义。《大象》"天地交泰，后以财成天地之道，辅相天地之宜"之说皆从泰卦上下体之象而来。《大象》从卦体之象取义的特点是只有善辞、没有恶辞。例如，剥卦、明夷卦都是凶卦，但《大象》说剥卦"上以厚下安宅"，《大象》说明夷卦"君子以莅众用晦而明"。人称是凶中取吉，卦虽然凶险，但人谋是起决定作用的，只要人为努力恰当，凶也能化吉。古人云："《易》为君子谋，不为小人谋。"《大象传》对卦义的阐发，尤为明显。这也可以说是一种正面引导吧。

2.《小象》解经的特点

《小象》是解释爻辞的，主论人生修养、道德伦理、政治统治等方面内容。其解说分为取义说和爻位说两种，具体可分为阐明易理、训释字义、阐释爻德、注释爻位、阐释爻义五种。

阐明易理，《小象》以"往""复""时"为重要的易理，在解释爻辞过程中很突出这些观念。

训释字义，《小象》对字义的解释，方法很灵活。例如，乾卦九四爻曰："或跃在渊，无咎。"其《小象》曰："或跃在渊，进无咎也。"这是以进释跃。

解释爻德，爻德指爻的德性象征，《小象》以阴阳、刚柔、顺从等概念来解释爻性。例如，《小象》说乾卦初九爻："潜龙勿用，阳在下也。"阳指初九。

诠释爻位，《小象》对六爻之位有许多不同说法，将初爻称

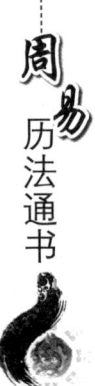

周易历法通书

为始、下、卑、穷，将三、四爻称为疑、反复。例如，《小象》说乾卦爻九三："终日乾乾，反复道也。"反复有犹豫不决之意，故又称为疑。对上爻，《小象》称之为亢、上、穷、终、盈。例如，《小象》说坤卦上六爻："龙战于野，其道穷也。""穷"与"亢"同义，都有极高之意，皆指上爻。

阐释爻义，《小象》对于六爻之义，一是从爻位进行解释，二是从爻际关系进行解释。从爻位解释爻义有"得中""当位"等说。二五爻为内、外卦之中，《小象》认为中爻为吉。当位指阴爻居偶位，阳爻居奇位。《小象》常以是否当位来说明爻辞的吉、凶、悔、吝、无咎。阴爻居奇位，阳爻居偶位就称为"失位""位不当"。"失位""位不当"就有悔、有凶。《小象》以得中、当位为吉辞之条件，那么，既得中又当位之爻，自然就更是吉利了。

（三）《文言传》

《文言传》又称《文言》，为今本《易传》的第三篇，"文言"即"文饰乾、坤两卦之言"。因为乾、坤两卦为《易经》门户，在《周易》六十四卦中意义重大，地位突出，所以特意加以文饰，以作为其他六十二卦的榜样。这样，《文言》共两节，分别解说《乾》《坤》两卦的意旨，故也称《乾文言》《坤文言》。

《文言》解释卦爻辞的特点是采取训诂和发挥卦辞大义。例如，《乾文言》说："元者善之长也，亨者嘉之会也，利者义之和也，贞者事之干也。君子体仁足以长人，嘉会足以合礼，利物足以合义，贞因足以干事。君子行此四德者，故曰乾，元、亨、利、贞。"这是逐字训释。先解释"元、亨、利、贞"四字含义，再分别引出君子四德，以君子四德诠释卦辞。

在爻位方面，《文言》有上位、中位、下位，当位、无位，相应，重刚，天、地、人位的观念。初爻所居为下位，上爻所居为上位，二、五两爻分别为两单卦的中位，《文言》由这种爻位观念发展出来的词语有"下""潜藏""贵""高""务""极""中""正中"等。阳爻居阴位或阴爻居阳位称为无位，即不当位。例如，《乾文言》所说"贵而无位"，即指上九以阳爻居偶位。重刚，指九三与九四、九二与九三相重，即阳爻与阳爻相重。天位、地位、人位：五爻为天位、二爻为地位、三爻为人位。例如，《乾文言》"飞龙在天"指九五爻位，"上不在天"指不属九五爻位，"下不在田"指不属九二爻位，"中不在人"指不属九三爻位。

（四）《系辞》

《系辞》又称《系辞传》，是今本《易传》的第四篇，分上、下两篇。《系辞》通论《易经》和筮法的大义，对一些重要观念和爻辞又作了重点诠释。《系辞传》论《易经》有以下三个特点：

1. 探求事物变化

《易经》是一本什么样的书？《系辞》认为它是一部讲圣人之道的典籍，它有四种圣人之道：一是察言，二是观度，三是制器，四是占卜，所以君子有事要做，得先向《周易》请教。而《周易》则有问必答，能告之未来，因此说是天下最精妙的典籍。

《系辞传》又认为《易经》具有两重性，它既是圣人探讨事物义理和变易法则的工具，又是载有圣人之道的典籍。它说："夫易，圣人之所以极深而研几也。唯深也，故能通天下之志；唯几也，故能成天下之务；唯神也，故不疾而速，不行而至。"这是说《周易》蕴藏着深刻的道理，圣人以它来通晓天下人的志向，它能显示出事物变化的苗头，圣人以它来成就天下的事业；它有求必应，非常神速，圣人以此来教化天下的百姓，按此来说，《周易》又是圣人探求事物变化的方向，用来治理天下、教化百

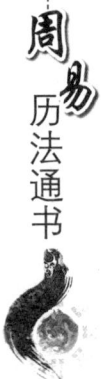

姓的典籍。

2. 预测未来变化

作为工具，在《系辞传》看来，《易经》的一个重要作用就是预测未来的变化，指导人们的行动。《系辞上》认为，《周易》包括天下的道理，能开通人的心思，确定所要做的事情。圣人就是依此通达天下之志向，规划天下之事业，推断天下之疑惑。圣人以掌握筮法、知来藏往为最高境界，可以说是用高度智慧而不是用暴力来使百姓心服。圣人的任务就是懂得天道的变化来考察百姓的事情，以蓍草这一通神之物推断未来。所以，圣人依据《周易》谨慎地修身、齐家、治国、平天下，正是为了神妙地显明其道德。这样，《周易》就成了圣人预知来事的工具，而《周易》之所以有预知来事的功能，就是因为蓍法知来，卦象藏往。蓍的"知来"是通过揲蓍成卦法实现的。揲蓍成卦法是古老的占卜方式之一。卦的"藏往"指占得一卦后，占者对卦爻辞和卦象细心体察，从卦爻辞所记述的往事中引出经验才识作为借鉴，用来指导行动。这样将知来藏往联系起来解释《周易》，其目的在于说明揲蓍求卦，是依据卦所藏之往事，推断所占之事的前途，而这种"以故知新"的方法论解释，实际是把占筮哲理化了。

关于《周易》预测未来的作用，《系辞下》认为，卦象、卦名和卦爻辞蕴藏着往事的经验教训，即使其所记载的是碎小的事，也包含着深远的道理，所以依据卦名及卦爻辞所论之往事，可以类推所占之事的前途。这种"彰往而察来"，同"知来""藏往"一样，也是使占筮的活动哲理化了。不过，在今天看来，《易经》所谓预测未来变化的作用也仅在哲理层面，即依据事物的发展规律对未来趋势做出分析判断。

3. 寻找道德训诫

《系辞》认为《易经》不但是圣人用来预测未来的工具，更是体现了圣人思想的典籍，是道德修养之书。

《易经》的卦爻辞颇多忧患之辞，这与《易经》产生的年代有关。相传周文王在羑里监狱里推演六十四卦，故忧患之辞多，这样的卦爻辞可以警醒人不忘危亡之事。做事从始至终忧患警惕，就可以不犯过错。如果其辞平易，人们就会抱着侥幸心理，结果失去警惕，招来倾覆之祸。爻象的变化虽然无常，可是其吉凶断语却有原则，正因为如此，《易经》可以使人时刻具有忧患意识，虽然没有师保的监护，也如同父母亲临，关键在于自己如何领会应用。

人们把《易经》视为忧患之书，或处忧患之世必读之书。但是《易经》的语言体系距离现代社会人们使用的生活语言有很大距离，很多人读不懂《易经》，感慨"常听说《易经》是好书，买来读不懂，就不再买相关的书了……"，这是学易人群的普遍困惑。什么人更容易读懂《易经》呢？首先是处在生活逆境中的人，其次是偶然遇到"过不去的坎儿"的人，最后才是饱学多识的人。由此可以看出，学易的人身处忧患之中更能读懂《易经》中的忧患之辞。

从忧患意识的角度去看待《周易》，它更是一本道德训诫之书。《系辞》认为处于忧患时，从《周易》中寻找圣人之道，主要是寻找其道德训诫，作为解除忧患和防止忧患的依据。《系辞下》第七章三次陈述了履、谦、复、恒、损、益、井、困、巽的卦义，认为：履卦讲循礼，是树立道德的基础；谦卦说明行为谦虚，是实践道德的柯柄；复卦说明回复正途，是遵守道德的底线；恒卦说明守正有恒，是巩固道德的前提；损卦说明自损不善，是修美

道德的途径；益卦说明施益于人，是充裕道德的方法；井卦说明井养不穷，是居守道德的处所；困卦说明遭困守操，是检验道德的准绳；巽卦说明因顺申命，是展示道德的规范。总而言之，三陈九卦是要求人们于忧患中提高道德境界，以此作为化凶为吉的手段。

《系辞传》关于《易经》一书性质的论述，将《易经》的卜筮功能降低到了极点，完成了《易经》从卜筮到哲理化的创造性转换，这给后来的思想家和易学家以深刻的影响。

（五）《说卦传》

《说卦传》又称《说卦》，是今本《易传》的第五篇。朱熹《周易本义》将它分为十一章，前六章解说八卦的性质与功能，先追溯《周易》的创作者用蓍衍卦的历史，再申言八卦的两种方位；后五章集中说明八卦的取象特点，强调八种基本物象及其象征的意义，并广引众多象例，是今天探讨易象的产生及推展的重要资料。《说卦》在论述占筮的原则和体例、阐发《周易》的义理方面，提出了不少新见解。

1. 取类比象说

在论占筮原则上，《说卦》与《系辞》是一致的，它说："昔者圣人之作易也，幽赞于神明而生蓍，参天两地而倚数，观变于阴阳而立卦，发挥于刚柔而生爻，和顺于道德而理于义，穷理尽性以至于命。"意谓《易经》系揲蓍而成，由蓍而生数，由数而立卦，由卦而推爻，有了"参天两地"的奇偶之数，才有了《周易》阴阳卦画。

在论占筮的体例上，《说卦》对于八卦的取象、八卦的关系卦位，提出了一系列新说。从取象说出发，《说卦》不仅认为乾、坤、震、巽、坎、离、艮、兑八卦有八种基本的事物象征，而且还从这些基本取象中辗转引出了一大批新的物象。例如，乾卦所取的物象有天、文、君、玉、首、马、良马、老马、瘠马、骏马、木果、金、冰、大赤等，其中，乾为天、为文、为君、为玉已见于他书，而其余则是《说卦》的新说。这些新说有的引申线索清楚，有的引申线索曲折，意义隐晦，但这些引申之象都是从经卦的基本取象和基本性质发展而来。

2. 类比人类社会家庭

如前所述，从取象说出发，《说卦》对八经卦的关系也提出了令人瞩目的见解："乾，天也，故称乎父。坤，地也，故称乎母。震一索而得男，故谓之长男；巽一索而得女，故谓之长女；坎再索而得男，故谓之中男；离再索而得女，故谓之中女；艮三索而得男，故谓之少男；兑三索而得女，故谓之少女。"这是说，乾坤为父母卦，其他卦是儿女卦，乾、坤两卦父母阴阳互求，阳求合于阴得男，阴求合于阳得女。《说卦》乾父坤母说构成了后来卦变学的理论基础。

3. 八卦与时间和空间

《说卦》对八卦在万物生成发展过程中的时间序列和空间方位的配合，提出了一种崭新的观点："万物出乎震，震东方也。齐乎巽，巽东南也，齐也者，言万物之絜齐也。离也者，明也，万物皆相见，南方之卦也。圣人南面而听天下，向明而治，盖取诸此也。坤也者，地也，万物皆致养焉，故曰致役乎坤。兑，正秋也，万物之所说也，故曰说言乎兑。战乎乾，乾西北之卦也，言阴阳相薄也。坎者，水也，正北方之卦也，劳卦也，万物之所归也，故曰劳乎坎。艮，东北之卦也，万物之所成终而所成始也，

故曰成言乎艮。"它认为，万物萌芽在东方，万物生长、整齐一致在东南方，万物旺盛而竞相显现在南方，万物都致力于大地之养在西南方，万物成熟欣悦于西方，阴阳于西北相交潜入应和，万物劳倦必当归藏于北方休息，万物在东北方终结亦在此发始。《说卦》将八卦空间方位和时间序列进行了安排，建立万物生成的模式。这种卦位说对后来易学家影响极大。京房的八卦卦气说、邵雍的后天八卦图，都是据此而立说的。

八卦时空图

4. 天、地、人三才说

《说卦》针对爻象、爻位提出了三才说："昔者圣人之作易也，将以顺性命之理，是立天之道曰阴阳、立地之道曰柔刚、立人之道曰仁义，兼三才而两之，故易六画而成卦；分阴分阳，迭用柔刚，故易六位而成章。"这里，它将六爻之位分为天、地、人三才之位，上爻、五爻为天位，三爻、四爻为人位，初爻、二爻为地位。三才各有其道，天道为阴阳二气，地道为刚柔二性，人道为仁义二德，总称为"生命之理"。这种"三才"说与《系辞》中的"三才"说完全一致，而且又对《系辞》的"三才"之说作了新的解释。

对《周易》别卦六爻由下而上的序列，《说卦》有一种说法：

"数往者顺，知来者逆，是故易逆数也。"六爻之位所以为逆数，因为易卦以占知来事，自近而远，取逆知未来之义。

《说卦》在论《易经》的义理方面也有独到之处。《说卦》通过解释《易经》的筮法，阐述八卦的取象、德性、功能和相互作用，也表达了它对万物生成的看法。《说卦》最大的特点是取象丰富，据统计，它共举象143例。它之所以不厌其烦地列举如此多的物象，有以八卦模式对万物进行分类的思想——它认为八卦能生出无穷无尽的物象，能象征世界上的万物。而这大量的物象中，最基本的又只有八种：天、地、雷、风、水、火、山、泽。这八种物象是其他众多物象的根本，也可以说是构成万物的"基因"。

5. 对立与互补

《说卦》认为，八卦所代表的八种自然现象在万物的生成过程中并不是彼此孤立、互不相干的，而是相反相成的，两两构成对立面的统一。

"穷理尽性以至于命"是《说卦》"性命之理"。通过阐述圣人作《易》的目的和《易经》卦爻结构的意义，《说卦》又提出了"穷理尽性以至于命"说。它认为圣人揲蓍成卦，其目的不只是用于卜筮，更重要的是通过卦爻象的变化法则来提高人们的道德境界，使人们的行为遵守一定的道德规范，这就是"和顺于道德而理义"。要实现这一目的，就必须了解天道和地道，对阴阳变易的法则有透彻的了解和把握，能够"穷理尽性"，就能够正确对待个人的生活处境，不被生死寿夭等问题所困扰，得以安身立命。由此可见，在《说卦》看来，《易经》是讲"性命之理"的书，谈天道、地道、人道，通过这种诠释，《易经》便成为探讨宇宙和人生原理的哲学典籍了。

（六）《序卦》

《序卦》又称《序卦传》，是通行本《易传》的第六种。

《序卦》论述了《易经》的卦序，是一篇分析《易经》六十四卦的编排次序、揭示诸卦前后相承意义的专论。《序卦》分析卦序之义，一般都据卦名立说，对六十四卦的顺序结构，从相因、相反两个方面进行分析。所谓相因，是指前后卦相承关系、条件关系、蕴涵关系。

《序卦》主旨是论卦序之义，但在论卦与卦前后相联系的关系时，它也以简约的语言概括了诸卦的含义。这些对卦义的论述，有的切合各卦的实际，有的只是取其一端，以偏赅全。为了揭示卦序之义，将六十四卦建立起因果连续性的链条，它不得不对卦义各取所需。

（七）《杂卦传》

《杂卦传》又称《杂卦》，《杂卦》在今本《易传》诸篇中最短，它以卦象"错综其义"的方法，重排《周易》六十四卦的顺序，是揭示《易经》六十四卦卦德的一篇专论。

《杂卦》将《易经》六十四卦分成了三十二组，其中乾卦与坤卦、小过卦与中孚卦、离卦与坎卦、大过卦与颐卦这四组皆是相错关系，其余二十八组皆为相综关系。

《杂卦》的主要范畴是"刚""柔"。首句"乾刚坤柔"，表达了其对立之义。乾卦由六阳爻"▬"组成，代表事物的刚健之性；《坤》卦由六阴爻"▬▬"组成，代表事物的柔弱之质。乾、坤对峙，表示万事万物无不具备刚柔两性，而其间的刚柔消长则决定了事物间的相互区别。乾、坤以下六十二卦正是以刚柔消长的不同态势来说明事物之间的差异性的。例如，"否，泰反其类也"。否卦上乾下坤，泰卦上坤下乾，一是内柔外刚，一是内刚外柔，以刚柔分类，态势正相反，故云"反其类也"。又说："剥，烂也；复，反也。"剥卦上艮下坤，卦形为䷖，柔长而刚退，复卦上坤下震䷗，卦形与剥卦正好相反，表示刚退尽而复返，虽只一刚爻居下，但表示了刚健之性的发展趋向。所以，《杂卦》将剥、复对举，以对举的方式说明刚柔消长决定了事物不同发展趋向。《杂卦》是以"反对"为内在结构形式，以"刚柔"为思想主线的。

第二章

《周易》与古代天象

　　古代中国和西方预测都用类比，但是方法有所不同。西方类比方法是同类事物比，比如人跟人比，微量元素跟微量元素比，石头跟石头比。中国的类比是把不同的事物放在一起加以比较，古人将人与天地相类比，因此得出"天人合一"的结论。例如，将人与天类比，古人认为对地球影响最大的星体就是太阳和月亮，一年有多少个月呢？月亮盈亏一年有12个月，扁鹊按照月亮的运行在人体上找出了12条经脉；一年有多少日呢？地球绕太阳公转一年有365日，扁鹊据此在12条经脉上找出300多个穴位，中医针灸就是"天人合一"思想的产物。《易经》虽然还没有明确提出"天人合一"，但是这种思想已经在其探索复杂性世界观中有所体现。

　　"天人合一"是中国古代哲学的重要观念，鲁迅先生说"天人合一"是中国知识分子的"鬼打墙"。笔者在年轻的时候读不懂鲁迅的这句话，现在，了解了中西方各种流派学说之后，随着年龄的增长，对"天人合一"观念有了越来越深切的认同，这也算一种"认祖归宗"吧！

☯ 一、日、月与《周易》

　　日、月对人类来说是最重要的两个天体，对日、月运行规律的观测和研究最终促成人们对历法、岁时、物候的认识，也是《周易》产生和发展的基础。

（一）日、月的现代天文学概念

1. 太阳

我们这里所说的日，就指太阳。现代天文学已经对太阳有了较多了解。太阳是太阳系的中心天体，是距地球最近、与地球关系最密切的一颗恒星，它的直径约 139.2 万千米，是地球的 109 倍，体积是地球的 130 万倍；质量约 2.0×10^{27} 千克，是地球的 33 万倍，约占整个太阳系总质量的 99.8%。正因为如此，太阳以强大的引力，牵制着太阳系所有的天体，包括地球围绕它运行。太阳从中心向外可分为内核、辐射层和对流层、大气层。天文学家根据理论模型估计，太阳内核的温度高达 1500 万摄氏度，不断进行着核反应，释放出巨大的能量来维持太阳的平衡。日核产生的能量主要以辐射的形式向表面传输，构成日核外的辐射层。辐射层的温度、密度和压力从内向外递减。辐射层之外是对流层，此层的气体经常处于升降起伏的对流状态，大气层里形形色色的活动现象都可能源自这个层面。太阳的大气层又分为光球、色球和日冕三层。光球层是我们实际看到的太阳表层，地球上接收到的太阳能量基本上都是由光球发射出的。光球看上去很明亮，有时会出现颗粒状的米粒组织、暗斑似的黑子，以及与黑子相伴而生的光斑。光球的外面是色球，色球层

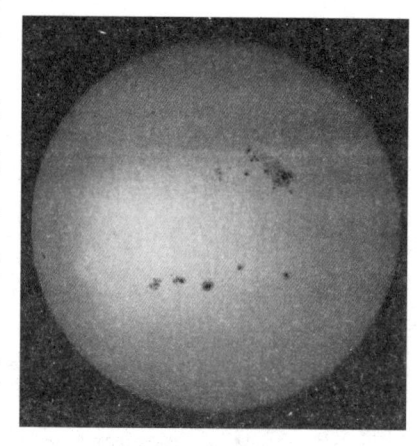

太阳光球

会产生日珥和耀斑现象，是太阳上最强烈的爆发现象。色球之上是日冕，它是太阳最外层的大气，日冕上有冕洞，不断向外喷射高温磁化的离子，这种带电粒子就是太阳风。

对于人类来说，太阳无疑是宇宙中最重要的天体。地球在自转的同时绕太阳公转，这使地球上有了昼夜交替、昼夜长短变化、四季更迭等现象。万物生长靠太阳，没有太阳，地球上就不可能有姿态万千的生命现象，当然也不会孕育出作为智能生物的人类。太阳给人们以光明和温暖，左右着地球冷暖的变化，为地球生命提供了各种形式的能源。太阳的活动也给地球和人类带来重大影响。例如，太阳黑子是光球层上炽热翻滚的气体海洋中的一个个巨大的漩涡，它们常常成群出现，由小到大，又由大变小，此生彼灭，时多时少。太阳黑子的盛衰周期大约为 11 年。有资料显示，地球上某些特大的干旱和暴雨、罕见的严寒和酷暑等异常的天气、气候现象都与太阳黑子的消长有某种对应关系。

2. 月亮

月，就是月亮、月球，它是地球唯一的天然卫星，与地球的平均距离约为 384400 千米，是距离地球最近的天体。月球的平均直径约为 3476 千米，约为地球直径的 3/11，月球的体积只相当于地球体积的 1/49；月球的质量约 7.349×10^{19} 千克，约相当于地球质量的 1/81；月面重力则差不多相当于地球重力的 1/6。

月亮本身并不发光，人们看到的月光实际上是月亮表面反射到地球的太阳光。作为地球的卫星，月球绕地球旋转，太阳、地球和月亮三者的相对位置在一个月中有规律地循环变动，因此人们看到的月亮的形状也在不断地有规律地变化着，这种变化被称为月相。天文学中的月相是以日月黄经差度数来推算的。黄经指太阳经度或天球经度，是在黄道坐标系统中用来确定天体在天球上位置的一个坐标值。而黄道则是地球轨道在天球上的投影。月相共分为八种。

朔月：农历初一日，即朔日，日月黄经差为0°；

娥眉月：约农历初二到初七，日月黄经差为0°～90°；

上弦月：农历初八前后，日月黄经差为90°；

渐盈凸月：约农历初九到十四，日月黄经差为90°～180°；

望月：望日，农历十五或十六，日月黄经差为180°；

渐亏凸月：约农历十六到二十三，日月黄经差为180°～270°；

下弦月：农历二十三，日月黄经差为270°；

残月：约农历二十四到月末，日月黄经差为270°～360°；

晦日：农历月最后一天称为晦日。

阴历和阴阳合历就是根据朔望月来设置月份的。

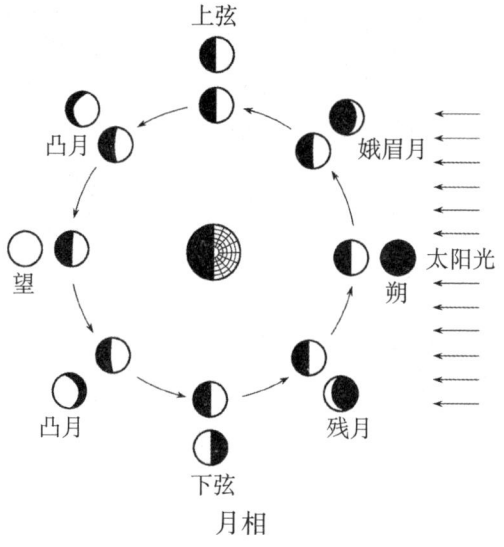

月相

（二）古人的日月崇拜

除了崇拜北斗星，我国古人还崇拜太阳和月亮，形成了日月崇拜。

在古代，太阳和月亮在人们心中有着至高无上的地位。在

远古神话传说中，就有很多以太阳和月亮为中心的故事，如羲和生日、后羿射日、夸父逐日、嫦娥奔月、吴刚伐桂等，以及古代祭日和祭月的传统礼俗都直接反映了古人对太阳和月亮的崇拜心理。究其原因，在我国古代农耕社会，太阳和月亮的运行同农业生产密切相关，农作物的生长依赖阳光照射，而传统的农历又主要根据月亮的运动规律形成。但是，由于当时生产力水平低下，人们无法科学地认识这两大天体，于是围绕它们产生了无数神秘的遐想，太阳和月亮遂被神化，日月崇拜也成为古代中国人思想观念的重要组成部分。

太阳的光芒是金黄色的，中国上古时期的部落首领黄帝其名就有太阳神之意。《韩非子·十过》记载："昔者黄帝令鬼神于泰山之上，驾象车而六蛟龙……蚩尤居前，风师边扫，雨师洒道。虎狼在前，鬼神在后。腾虹伏地，凤凰覆上，大合神鬼，作为清角。"这种场面在河南南阳王庄汉代画像石墓中有着完整的体现。在该墓的顶部，刻画着黄帝驾着由蚩尤牵引的云车、风伯口吐清风、雨师捧坛洒道，邻近的画像石上，凤、鹄高飞、蛟龙伏地、猛虎长啸，正是一幅"大合鬼神"云游四方的图画。

殷商人每天早晨有"迎日出"的礼拜仪式，晚上有"送日入"的礼拜仪式。从甲骨文残片所记录的风俗材料，可以看出当时祭祀太阳的仪式是非常隆重的。春分祭日始于周代，《礼记》记载"祭日于坛"，之后，此俗历代相传。清代潘荣陛《帝京岁时纪胜》曰："春分祭日，秋分祭月，乃国之大典，士民不得擅祀。"祭日虽比祭天、祭地典礼逊色，但仪式也颇为隆重。明代皇帝祭日礼仪有奠玉帛、礼三献、乐七奏、舞八佾，行三跪九拜大礼。清代皇帝祭日礼仪有迎神、奠玉帛、初献、亚献、终献、答福胙、车馔、送神、送燎等九项议程。

秋分是我国传统的"祭月节"。史书记载，早在西周时期，古代帝王就有春分祭日、夏至祭地、秋分祭月、冬至祭天的习俗。《周礼》记载，我国周朝时就有中秋之夜击鼓赋诗以"迎寒"的活动，周天子每年秋天都要举行"夕月"仪式。北魏、隋唐以来，历代都有秋分祭月的礼仪。后来，秋分祭月的习俗不仅在历朝历代宫庭及上层贵族中被奉行，而且逐渐影响到民间，还出现了赏月的习俗，尤其是元宵节、中秋节这些特殊的节日，还被人们赋予了亲人团聚、团圆之时的意义，成为团圆的节日。

羲和　汉代画像石刻

愿月常圆　［清］吴友如

　　在中国人的观念里，月亮是一个被寄托了无限幻想、充满诗情画意、可望而不可即的仙境。在古代交通和通信尚不发达的情形下，月亮还被人们赋予了清逸、相思和寂寞的灵魂，不少文人墨客都喜欢借月抒发人生感怀，留下了无数有关月亮的千古佳作，

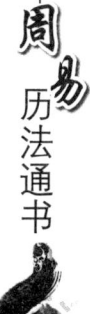

周易历法通书

李白《静夜思》《春江花月夜》、苏轼《但愿人长久》等都是其中的代表作。

（三）日月为易

古人称日为"太阳"，称月为"太阴"，认为它们分别代表阳和阴，"日者，阳之主也""月者，阴之宗也"。《周易》之"易"就由"日""月"构成，日在上，月在下，日为阳，月为阴，一阴一阳谓之"易"道，而八卦是圭表测日的记录符号。《周易·系辞上》说："悬象著明，莫大乎日月。"《系辞传》说："阴阳之义配日月。"《易纂言》："日阳精显乎昼，月阴精显乎夜，日往则月来，月往则日来，阴阳相易而成昼夜。"故"日"从月，一日一月也。天下之理，一奇一偶尽矣，象阴阳也。

月　　　　　　　日

日月为易

日、月合德，就是日、月合朔。《周易参同契》生动详细地阐发了日月合朔生化万物的特性，如谓"日月相薄蚀，常在晦朔间，水盛坎侵阳，火衰离昼昏，阴阳相饮食，交感道自然""当斯之时，天地构其精，日月相撢持，雄阳播玄施，雌阴化黄包，混沌相交接，权舆树根基。经营养鄞鄂，凝神以成躯，众夫蹈以出，蠕动莫不由"。日月合德，生的是什么？是长子震。所谓"晦至朔旦，震来受符""长子继父体，因母立兆基"是也，在六十四卦中就是屯卦，屯卦由上坎与下震组成，表示长子震是日月在水中——晦朔间生成。焦循注："屯者，天地造物之始也。造物之始，始于冥昧。"冥昧，即晦朔时。

相传，卦是伏羲发明的，而伏羲是太阳神，其妻女娲是月亮神，说明乾坤夫妻卦为日月，是有来源的。如此而谓"日月为易"，诚其本义。庄子说"易以道阴阳"，帛书《易传》说"阴阳之义合日月"，《灵枢》说"阴阳系日月"，说明"易"还是源于日月。《礼记·祭义》说："昔者，圣人建阴阳天地之情，是以为《易》。"而日月在不停地运动变化，所以《史记·太史公自序》说："《易》著天地、阴阳、四时、五行，故长于变。"可知不但"《易》以道阴阳"，还要讲天地的规律。

正因为《易》的本义是日月，是天地的代表，所以《系辞》说"《易》与天地准，故能弥纶天地之道""范围天地之化而不过""曲成万物而不遗""其大无外，其小无内"。万物化生于天地之间，必包含于天地之内。

（四）洛书与日、月

在北京中华世纪坛的壁画中，河图洛书被置于首位，其后顺序排列三皇五帝直到如今。这是因为，河图洛书先于文字而存在，在还没有发明文字之前，我们的祖先已经用河图洛书来指导生产和生活了。

洛书九个数，戴九履一，左三右七，二四为肩，六八为足，五居其腹。在古代中国，河图洛书被视为地图，九个数分别反映出北温带四正方（东、南、西、北）太阳光芒的强弱以及四隅方（东南、西南、东北、西北）月亮光芒的强弱。说白了，河图洛书就可以视作太阳和月亮照在大地上的简明图示。以洛书为例，四正方代表太阳光，四隅方代表月亮。

52

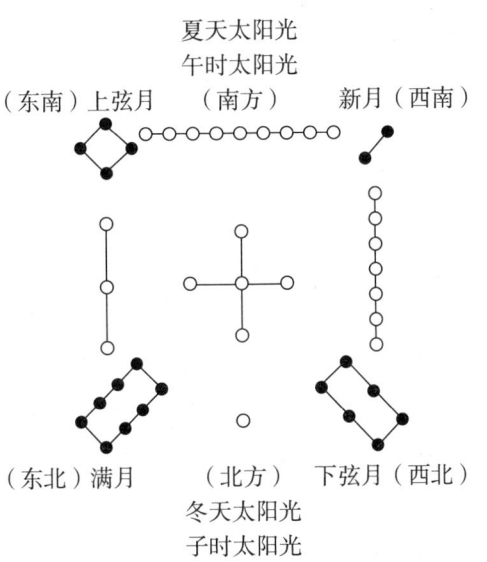

　　洛书四正方代表太阳，四正方是基数，代表阳。正东方3个圆点，说明上午（春天、东方）的太阳光不强、不热；中午9个圆点，说明中午（夏天、南方）的太阳光最强、最热；北方1个圆点，说明午夜（子时、冬天、北方）的太阳光最弱、最凉；西方7个圆点，说明下午（秋天、西面）的太阳光强于东方的太阳光两倍之多。

　　洛书四隅方代表月亮，四隅方是偶数，代表阴，用实黑点表示。东北方8个黑点，表示是满月；西南方2个圆点，表示是新月；西北方6个黑点，东南方4个黑点，分别代表上、下弦月。

　　太阳和月亮，阳数和阴数相加（东西相加、南北相加、东南加西北、西南加东北），其和相等。洛书揭示了在一个四方围合的空间范围里，阴阳气场和合，北京传统民居四合院追求的就是这种平衡气场。

　　洛书是后天宇宙图，或称狭义宇宙图。洛书用一至九个数。其中，单数（奇数）一、三、五、七、九为阳，象征天道；双数（偶数）二、四、六、八为阴，象征地道。

洛书反映天道运行规律：阳气由北方始发，按顺时针向左旋转，经过东方渐增，到达南方后极盛，然后继续旋转到西方就逐渐减弱了。因此，奇数"一"在北方，表示"一阳初生"；"三"在东方，表示"三阳开泰"；"九"在南方，表示"九阳极盛"；"七"在西方，表示"夕阳渐衰"。

洛书反映地道运行规律：阴气由西南角生发，以偶数"二"表示，然后逆时针向东南角旋转；东南角上偶数"四"，表示阴气至此逐渐增长；到了东北角上，阴气达到极盛，以偶数"八"表示；而地数"六"在西北角上，表示至此阴气逐渐消失。

洛书还体现了节气变化，一、三、九、七是"四正"，代表"二至二分"，即：北为冬至，南为夏至、东为春分、西为秋分；二、四、八、六是"四维"，代表"四立"，即：东北为立春、西南为立秋、东南为立夏、西北为立冬。"五"则居中央，是"三天"与"二地"之和的象征。

后天八卦由洛书推演而得。《说卦》谓："帝出乎震。齐乎巽。相见乎离。致役乎坤。说言乎兑。战乎乾。劳乎坎。成言乎艮。"后天卦对角数之和为十。这叫"合十"。坎一、坤二、震三、巽四、乾六、兑七、艮八为后天数。

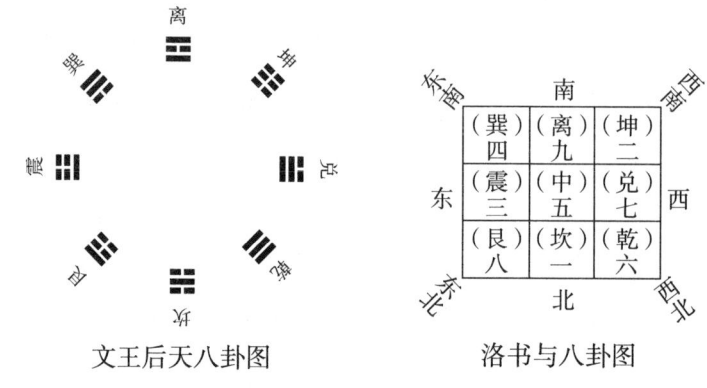

文王后天八卦图　　　　洛书与八卦图

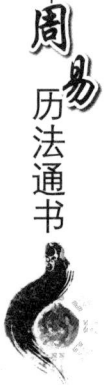

（五）阴阳学说

阴阳，最初来自古人对太阳光向背的观察，他们把物体向阳的一面叫阳，背阴的一面叫阴。阴阳概念起源于夏朝，当时的《连山》一书中已出现阴爻"--"和阳爻"—"。《山海经》称："伏羲得河图，夏人因之，说《连山》；黄帝得河图，商人因之，曰《归藏》，烈山氏得河图，周人因之，曰《周易》。"后来，阴阳概念不断得到引申，广泛用于描述自然界和人类社会两种互相对立消长、矛盾而又统一的动态平衡势力。例如，日月、昼夜、明暗、动静、内外、寒热、雌雄、男女、刚柔、迟速等，都被分成阴阳两个方面，然而这两个方面又是协调统一、相反相成的。

阴阳概念发展为阴阳学说是周朝以后，特别是《易经》对阴阳概念进行了全面概括，使之成为系统、完整的学说。阴阳学说将宇宙世间万物分为阴与阳两大类，认为一切事物的形成、发展与变化，全在于阴阳二气的运动与转换。从一定程度上看，《周易》是一部专讲阴阳变化规律的书，全书虽没有"阴阳"二字，但全部用"--"和"—"来演示阴阳的变化规律，正因此，《周易》被称为世界奇书之一，将"一阴一阳谓之道"这一观念提升为天地自然变化发展的基本规律。

古人对阴阳的认识十分丰富，认为阴阳不仅体现在不同万物之间，也存在于万物之中，万物负阴而抱阳，阴中有阳，阳中有阴。《黄帝内经》有言："平旦至日中，天之阳，阳中之阳也，日中至黄昏，天之阳，阳中之阴也；黄昏至合夜，天之阴，阴中之阴也；合夜至鸡鸣，天之阴，阴中之阳也。"又说："阳在外，阴之使也；阴在内，阳之守也。"能最贴切地表示阴阳学说的图形是宋代周敦颐的太极图，又叫阴阳鱼。

太极图

从属性上讲，古人划分阴阳的原则是：凡类似明亮的、上面的、外面的、热的、动的、快的、雄性的、刚强的以及单数的，皆属阳；凡类似黑暗的、下面的、里面的、寒的、静的、慢的、雌性的、柔弱的以及双数的，都属阴。

从规律上看，古人认为，阴阳互根，即指事物或现象中对立着的两个方面具有互相依存、互相为用的特点，处在一个统一体内。阴与阳的每一个侧面都以另一侧面作为自己存在的前提，即没有阴，阳不能存在；没有阳，阴也不存在。《素问·阴阳应象大论》曰："阴在内，阳守之，阳在外，阴之使也。"阴阳对立，即指自然的万物万象，其内部同时存在着相反的两种属性，即存在着对立的阴阳两个方面。诸如：电有正负极，磁场有南北极，建筑物有阴面、阳面，山南为阳、水南为阴，等等。阴阳转化，即是指事物或现象的阴、阳两种属性，处于动态平衡之中，此消彼长，彼进此退，且在一定条件下向其对立面转化。《周易·系辞》曰："日往月则来，月往日则来，日月相推而明生焉。寒往则暑来，暑往则寒来，寒暑相推而成岁月焉。"

中国古人对阴阳相互依存、对立、转化的论述，具备了现代唯物辩证法的世界观与认识论的特征。阴阳始终处在动态平衡中，如果这种变化出现反常，即是阴阳消长的异常反应。《周易·系辞》曰："阴阳合德，而刚柔有体。"

《易传》把阴阳称为"道"："一阴一阳之谓道，继之者善也，成之者性也。仁者见之谓之仁，知者见之谓之知，百姓日用而不知，故君子之道鲜矣。显诸仁，藏诸用，鼓万物而不与圣人同忧，盛德大业至矣哉！富有之谓大业，日新之谓盛德。生生之谓易，成象之谓乾，效法之谓坤，极教知来之谓占，通变之谓事，阴阳不测之谓神。"

如前文所述，《周易》的"易"，上半部是"日"字，下半部是变形的"月"字，合在一起成为"易"字，以示"易"的含意，

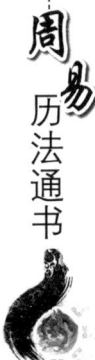

就是专门研究有关日和月，即阴和阳的问题。

所谓《周易》，即周人祖先研"易"的成果，也是周人祖先用于指导后人怎样研"易"和用"易"的一部专著，其中包含了阴阳对立观、阴阳互根观、阴阳消长观、阴阳转化观、扶阳抑阴观。这些观点正是唯物辩证法的重要组成部分。

阴阳对立观，这是说一切事物的内部都有阴和阳对立着的两个方面，事物中如果没有了这种矛盾对立的运动，这个事物同时也就不存在了。矛盾存在于一切事物的发展过程中，即每一事物的发展过程中，存在着自始至终的矛盾运动，没有矛盾就没有世界。

阴阳互根观，这是说，阴阳两方面的对立，都是把对方当作自己存在的根源，亦即当作自己存在的前提，没有对方也就没了自己。事物发展过程中的每一种矛盾的两个方面，各以和它对立的方面为自己存在的前提，没有和它作对的矛盾的一方，它自己这一方就失去了存在的条件。

阴阳消长观，这是讲，阴阳在每一事物中所体现出的矛盾与斗争的力量既不是一成不变的，也不会相互处在长期势均力敌的地位上，而往往是以一方为主，一方为次。但在发展中，这主要的一方也会变成次要的一方，使自己在矛盾中所具有的支配地位消失；而次要的一方，又会成长为主要的一方，即在矛盾中成长为具有支配地位的一方，从而使矛盾斗争的主次关系发生了根本性的变化。无论什么矛盾，矛盾的诸方面发展都是不平衡的。有时候似乎势均力敌，然而这只是暂时的和相对的情形，基本的形态则是不平衡的。矛盾着的两方面中，必有一方面是主要的，他方面是次要的，而且矛盾的主要和非主要方面相互转化着。

阴阳转化观，这又是讲阴和阳本身不是属于同一性质的东西，互相转化就是指阴变阳，阳变阴，即指性质发生了变化。矛盾的主要和非主要的方面互相转化着，事物的性质也就随着起变化。

扶阳抑阴观，在这个问题上，《周易》的作者是把阳当作正义的象征，把阴当作邪恶的象征。"扶阳抑阴"，就是教人们都要站在正义者的立场上，扶持正义，战胜邪恶，让新生力量战胜腐朽力量。任何事物的内部都有其新旧两个方面的矛盾，形成一系列的曲折斗争。斗争的结果，新的方面由小变大，上升为支配的东西，旧的方面则由大变小，变成逐步灭亡的东西。

阴阳概念最初是朴素的、经验的、唯物的。到了战国末期，以邹衍为代表的阴阳家"乃深观阴阳消息，而作怪迂之变"，在他们那里，本来质朴无华的阴阳学说变成了一种变治的方法论，这里不再赘述。

二、古人的北极星崇拜

北极星，又称勾陈一、北辰，即现代天文学所说的小熊座 α，距离地球约 400 光年。在天球上，它离北天极很近，差不多正对着地轴。因为夜晚北极星最靠近正北的方位，所以古人靠它来指引方向。古代天文学家对北极星非常尊崇，认为它固定不动，众星都绕着它转。其实，由于岁差的原因，北极星也在变更。3000年前，周代以帝星为北极星。隋唐宋元明，以天枢为北极星。

古人认为北极星是天之中心，是宇宙万事万物的本源与最高准则。《夏小正》的整个核心是北斗七星，北斗七星的中枢仍然是北极星，新近发掘的距今 6000 年的濮阳西水坡原始墓葬的苍龙、白虎与北斗图像，有力地证实了远古先民对北斗星崇拜的情结是渊源流长的。孔子说："譬如北辰，居其所而众星共（拱卫）之。"汉代桓谭《新论》也说："北极、天枢。枢，天轴也……盖

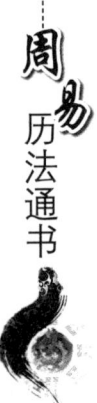

虽转而保斗不移，天亦转周匝而斗极常在，知为天之中也。"

（一）为什么古人崇拜北极星

北极星的实用价值之一是"天文日历"和"天体摆钟"，它在日历与钟表发明之前，为人类提供了计时指导。无论是渔猎还是农牧，都离不开时间与空间。游牧和农业生产为了确定节令的需要而观察北极星。气温的高低，雨量的多寡，日照的强弱，霜期的长短，都极大影响着农牧业。节令变化掌握越准确，时间划分越细致，对于畜群的繁殖与农作物的种植越有利。怎样才能把握季节时令的变化规律？《夏小正》依据北斗围绕北极星旋转来定位。

古人认为北斗星是天空中枢，于是也赋予其政治、文化含义。中国文化历来信奉"天垂象，圣人则之""观乎天文，以察时变；观乎人文，以化成天下"，北斗星遂成为"道"的化身，受到人们长久的崇拜。

北极星崇拜和太阳崇拜都在华夏文化中留下了不可磨灭的印记，北极星的崇拜因其符合大一统的封建社会意识形态要求而对政治观念、人伦道德观念等中国文化产生了极其深远的影响，太阳崇拜在历史发展过程中逐渐让位给了北极星崇拜。但是，太阳崇拜的影响在《周易》中还有体现，例如《周易》中崇阳抑阴倾向，在卦爻辞中，阳爻爻辞吉多凶少，阴爻爻辞凶多吉少；阳爻爻辞褒义多，贬义少；阴爻爻辞则相反，贬义多于褒义。

八卦反映了古人对北极星的崇拜，《系辞》说："易有太极。""太极"一词在先秦文献中指北极帝，星在中国古人心目中是有光而无体的积气，正是基于这一认识，古人才不约而同地把太极与天体（北辰或太一）崇拜混而为一，并进而抽象化地以一个大圆将其表现在八卦的符号系统之中。

（二）北斗七星

北斗七星围绕北极星转动，是古人观测天象的重要依据，在观测北斗星之前，需要先确定所处观测地点的纬度。因为北极星的地平高度等于观测者所处地的地理纬度。确定纬度后，到了晴天夜幕降临时，面向着正北方，眼睛水平视，头抬起，角度为北纬45°。这时，视野中心应该有一颗相对它的周围星星较亮的一颗星，这颗星就是北极星（天的北极是地球地轴所指的方向，实际上现在这颗星并不是在真正的天北极的位置，只是目前它是最靠近天北极的亮星）。北极星是永不落的，白天如果出现全日食，也可以看见它。在北半球观测星空时，所有星星都是围绕北极星转的，这也是为什么古人有北极星崇拜情结的缘由。

北斗星共有七颗星组成，在现代天文学上属于大熊座的一部分。实际上，这七颗星在北方的天空是比较好认的，斗勺四颗星靠近北极方向，斗柄三星在外。一般人在没有辅助工具的情况下都是先找出北斗七星再找北极星的。前面说过，北半球星辰绕着天北极顺时针旋转，在不同时候观测北斗星，它的位置会有不同。可以记住一句老话："斗柄东指，天下皆春；斗柄南指，天下皆夏；斗柄西指，天下皆秋；斗柄北指，天下皆冬。"也就是说，在春季夜幕黄昏时，可以看见斗柄指向东方，其他季节依次类推。这时候就可以顺着斗柄的方向找到斗勺。如果所在地的纬度足够高，就整夜都可以看见它（当然可能会有段时间北斗星在头顶上空）。

北斗七星在古代的名称分别是天枢、天璇、天玑、天权、玉衡、开阳、摇光。古人把这七星联系起来想象成古代舀酒的斗形。天枢、天璇、天玑、天权组成斗身，古曰魁；玉衡、开阳、摇光组成斗柄，古曰杓。实际上，北斗有九星，不过从可见光的角度来说，可以看见的有七星，其他两星可见度较低，能否看见就要

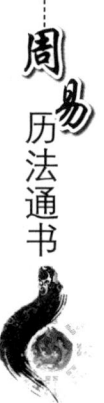

周易历法通书

看运气了，传说能看见其他两星的都是大富大贵之人。北斗也是中国住居民俗文化中辨方正位的重要参照。

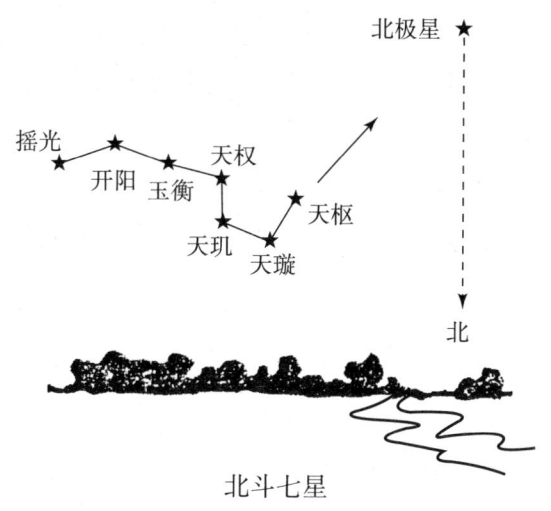

北斗七星

（三）斗纲月建

如前所述，通过北斗星斗柄可辨四季。北斗星的斗柄在四个季节分别指向四个方位，将其四个指向综合起来便构成了一个"卍"形符号。辞书解释"卍"形义，认为"卍"形是古代的一种符咒或宗教标志，象征太阳或火。

中国考古证明，"卍"形符号早在六七千年前的新石器时代就已经出现。青海出土的马家窑文化陶器上就有"十"和"卍"。"卍"形符号也可以用来描述北斗斗柄绕北极星旋转的天象，从十二个月的斗柄指向里，抽取出子、午、卯、酉四个方向，便构成此符号。从一定意义上讲，"卍"形符号实际是一个抽象的"月令"，它表示的是一年中北斗斗柄在四时的方位指向。

"卍"形仿佛告诉我们，"天帝"张开周天四角，用北斗来"指挥"形象运转，北斗斗柄从右边开始运行一月一建，一年十二建，十二建一周天。这里需要区分的是：由于地球自转一周为一天，因此北斗柄每天都旋转一周；而斗纲建月是指地球公转的斗柄旋转天象。《文曜钩》曰："其北极星下一明者，为太一之光，含元气，以斗布常。""以斗布常"，就指先民们根据北斗斗柄绕北极星旋转因而黄昏时分出现在不同方位的情况，用来记黄帝调历法的岁名和月名。先人根据北斗斗柄所指的方向，将斗柄在冬至日黄昏时分所指的方向——子位定为正月、丑位定为二月……按十二地支的顺序纪月，一年中十二个月份的月名随着斗柄的旋转产生出来。《淮南子·时则训》所言招摇十二指即是对"斗纲月建"的记录。"斗纲月建"是黄帝调历法对历月命名的法则，"卍"形符号就如同"斗纲月建"的标志。

（四）"太一"与斗纲月建

太一即北极星，北极居中不动，而斗运于外，斗有七星，自一至四为魁，自五至七为杓，斗杓旋指十二辰，所指之辰，谓之"斗纲月建"，即气令所望之方，为周岁日数，分属八宫。这样，每宫各得四十六日，惟乾巽天门、地户二宫只四十五日，共计三百六十日，以尽一岁之数。如冬至月建正北，故太一居叶蛰之宫，叶蛰即坎宫，只四十六日，主冬至、小寒、大寒三节。余仿此。

古人在每个地支纪月前要加上特定的"建"字，称为月建，意思是农历每月所安置的地支。西汉《史记·律书》曰："寅言万物始生螾（音 yǐn，萌动）然也。"西汉《淮南子·天文训》说："天维建元，常以寅始起……正月（北斗七星的斗柄）指寅……（斗柄）指寅则万物螾螾也。"螾螾，就形容蠕动的样子。东汉《释名·释天》曰："寅，演也，演生物也。""水土气通为演"，地支"寅"之义就是阳气萌动衍生万物。在农历一月即正月，阳气蠕动欲出，万物要萌发。因此，寅月与一月相配，于是正月建寅，以此类推，二月建卯、三月建辰……十一月建子、十二月建丑，但是农历一月、二月至十二月等各月的起止日跟寅月、卯月等各月的起止日

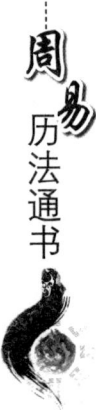

不是一一对应的，因为地支纪月是以二十四节气中的立春、惊蛰等十二节气的起始日期为界的。

唐代杜甫《草堂即事》有"荒村建子月，独树老夫家"诗句，"建子月"即"十一月建子"，相当于农历十一月。再如，南北朝时期文学家庾信《哀江南赋》首句说"戊辰之年，建亥之月，大盗移国，金陵瓦解"，"建亥之月"即"十月建亥"，相当于农历十月。西汉《淮南子·天文训》："（北斗七星的斗柄）指卯，卯则茂茂然。"茂茂，指丰盛、茂盛。《史记·律书》曰："卯之为言茂也，言万物茂也。"《释名·释天》曰："卯，冒也，载冒土而出也。"清代文字学家段玉裁《〈说文解字〉注》："卯，盖阳气至是始出地，象开门之形，字象开门也。""卯"有冒出、茂盛的意思。《史记·律书》曰："二月也……言阴阳相夹厕也。其于十二子为卯。"夹厕，就是夹杂的意思。《说文解字》："二月，万物冒地而出。"卯月与农历二月相配。《淮南子·天文训》："指辰，辰则振之也。"《说文解字》："辰，震也。三月，阳气动，雷电振，民农时也。"古时，"震""振"通用。三月阳气大盛而振动，故辰月配农历三月。因为"子者，滋也"，"子"有滋生之义，而农历十一月阳气发动、万物滋生，所以子月与十一月相配。其他农历月份与地支相配，这里不再一一详解。

☯ 三、河图、洛书与九宫

河图、洛书的数字排列和地球运行周期相应，在方位和时间方面与太阳视运动吻合，反映了一年四季阴阳盛衰消长的变化规律。

（一）河图

河图为先天本体宇宙图。河图中共有五十五个黑白点，代表"天地之数"五十五。其中，白点为单数一、三、五、七、九，代表阳，又代表天，称为"天数"；黑点为双数二、四、六、八、十，代表阴，又代表地，称为"地数"。天数相加是二十五，地数相加是三十，天地之数相加共得五十五，因此称"凡天地之数五十有五"。

河图中一至五这五个数，还被称为"生数"；六至十这五个数，称为"成数"。两者间有着相生相成的关系。而图中的东、西、南、北、中五个方位，都有一奇、一偶两组数字搭配着，表示世间万物皆由阴阳化合而生成。或者是天生，地成之；或者是地生，天成之。

北方，是阳气始生之处，就配以生数一、成数六，叫作"天一生水，地六成之"。

东方，是日出之处，阳气渐长，就配以生数三、成数八，叫作"天三生木，地八成之"。

南方，是阴气始生之处，就配以生数二、成数七，叫作"地二生火，天七成之"。

西方，是日落之处，阴气渐增，就配以生数四、成数九，叫作"地四生金，天九成之"。

中央，是中心地带，将生数五与成数十配置，叫作"天五生土，地十成之"。

总结河图与五方五行相配就是：天一地六为北、水，天三地八为东、木，天七地二为南、火，天九地四为西、金，天五地十为中、土。

先天卦对角数之和为九，这叫用九。乾一、兑二、离三、震

四、巽五、坎六、艮七、坤八为先天数。

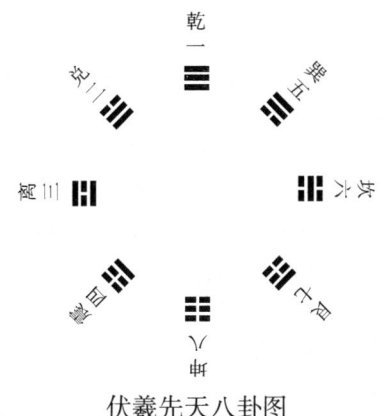

伏羲先天八卦图

（二）洛书

洛书之中，"一数"居正北方位，为一年之阴极，时值冬至；"九数"居正南方位，为一年之阳极，时值夏至。从一到九为阴消阳长，由寒到热；从九到一又为阳消阴长，从热到寒。"三数"处东方时值春分其气温，"七数"位西方为秋分之令。洛书数还象征四季六气的热度和光的强弱，一数热度最低，光度最弱，九数热度最高，光度至强。东方三为拂晓之际光线尚弱，西方七为黄昏之时，光线已转弱。

古人将斗纲建月和八卦、数字、星位相配合，把天际分为九宫以应九野，即构成九宫八风。

洛书的数字用于九宫八风，九个数字组成了九宫，即：一数叶蛰宫，二数玄委宫，三数仓门宫，四数阴洛宫，五数招摇宫，六数新洛宫，七数仓果宫，八数天留宫，九数上天宫，每宫分别代表一个方位及时令。其中，上天宫、叶蛰宫、仓门宫、仓果宫各居南、北、东、西四正方位。招摇宫属中央，玄委宫、阴洛宫、天留宫、新洛宫分别属西南、东南、东北、西北四隅。由于太一从九宫推移，节气开始交替，阴阳开始消长，气候发生变化，各种风向随之产生，如东宫婴儿风、南宫大弱风、西北宫折风等。

斗纲建月即"太一"（北极星）居中不动，北斗星围绕"太一"顺时针运转于外，以"太一"为标志一年旋指十二辰以建二十四时节。从冬至开始，斗柄从正北坎位起正月建寅，年复一周。一年之中，太一依次移行中央和八方的九宫，每一方为一宫，每宫约四十六天，占三个节气。太一从一宫移向另一宫时，当天和前几天气候和风雨皆发生变化。每一宫有一代表风，这便是九宫八风的由来。太一在每一年中按九宫方位依次移行，经常从冬至这一天起，居于叶蛰宫（冬至、小寒、大寒），计四十六日；到第四十七日后，于立春之日移居天留宫（立春、雨水、惊蛰）；四十六日后，于春分之日移居仓门宫（春分、清明、谷雨）；四十六日后，移居阴洛宫（立夏、小满、芒种）；居四十六日，届夏至移居上天宫（夏至、小暑、大暑）；四十六日后，届立秋之日又移居于玄委宫（立秋、处暑、白露）；四十六日后，至秋分之日移居仓果宫（秋分、寒露、霜降）；四十六日后，至冬至

东南 阴洛宫 木巽四 弱风 辰巳 立夏 长女	南 上天宫 火离九 大弱风 丙丁午 夏至 中女	西南 玄委宫 土坤二 谋风 未申 立秋 母
东 仓门宫 木震三 婴儿风 甲乙卯 春分 长男	中央 招摇宫 土五 辰戌丑未 戊己	西 仓果宫 金兑七 金刚风 庚辛 秋分 少女
东北 天留宫 土艮八 凶风 寅丑 立春 少男	北 叶蛰宫 水坎一 大刚风 壬子癸 冬至 中男	西北 叶蛰宫 金乾六 折风 戌亥 立冬 父

九宫八风

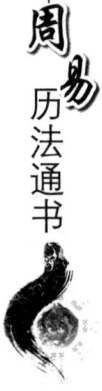

之日又移居新洛宫（立冬、小雪、大雪）；期满四十五天后又重新回到叶蛰宫。

如此，河洛之数与八卦方位、斗纲建月时辰相结合，便组成了代表四方四隅、四立、二分二至时空关系的九宫八风图，寓日月星辰、方位、时令于一体，这种盘式的九宫八风图为汉代气象预测的一种方法，也体现了华夏民族对北极星的认识和崇拜。

北极居中，何以能下九宫？前人指出，体为北极，用在北斗，以斗为"帝车"，即北斗斗柄从中央临御四正四隅而形成的。洛书九宫与八卦的阴阳变化存在的密切关系因北斗绕北极而旋转，就是北极帝星乘车临御八方之象，若根据斗柄旋指的八宫方位，便能推知四时八节的气象变化，也就是"九"代表了不同的时序。以四十五数演星斗之象，九宫八风图配合八风、八卦，中央一宫即洛书的中宫，乃周围八宫的核心。古人观测天象，认为北极星（太乙）之位恒居北方，可以作为中心定位的标准。九宫是据北斗斗柄所指，分别找出九个方位上最明亮的星作为标志，便于配合斗柄辨方定位，发现九星的方位及数目，即洛书的方位和数目。

（三）河图与洛书合一

河图形圆，阴阳合一，五行一气，无为顺生自然之道。

洛书形方，阴阳错综，五行克制，有为逆运变化之道。

圆以象天，一气流行，浑然天理，无修无证，从太极中安身，所以了性。

方以象地，两仪变化，天人合发，有增有减，在阴阳中造作，所以了命。

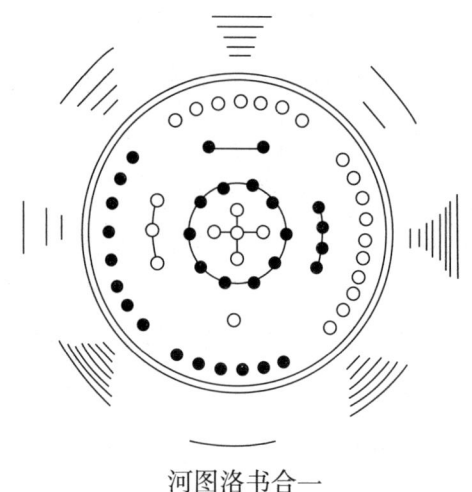

河图洛书合一

（四）古代宫殿对"天宫"的模仿

在天成象，在地成形，古代宫殿建筑来自人们对想象中的"天宫"的模仿。"天宫"是地上的社会结构的反映，地上的宫殿又依据"天宫"来设计，天地之间仿佛存在着相互作用、相互影响的互动关系。人类早期社会如同孩子的幼年，3 岁孩童有了自我认知，"我是什么"，因而客体是什么，人类处在孩童时代也是以自我为中心，这种认知模式使得人们对宇宙的认识是以地球为中心，把星象描述成天上皇宫，例如前面谈到的司马迁的《星序书》。天宫既然已被赋予了主观色彩，人法天，人间再造宫阙要依天宫的样子，于是有了像故宫这样体现天人合一观念的建筑典范。

1. 故宫

"定天保，依天室"即"象天设都"的建筑宫殿群是政治目的、建筑意图与人对天（具体说是对北极帝星恒定不动）的崇拜三位一体的表现。这种思想形成了中国式建筑传统布局的"原型"。故宫

建筑艺术体现了封建社会意识形态，尤其体现了皇权的至高无上。这个特点通过建筑的不同形式的组合布局及空间变化等表现出来。

从整体上看，故宫是一组规模宏大的建筑群，各个建筑都在一条由南到北的中轴线上。左右取得均衡对称，加上高低起伏的变化，这种建筑艺术呈现出雄伟、肃穆、开阔的气势，这条被称为"基本法式"的中轴线就是周秦以来古人寻求天人感应的抽象化表现。太和殿在两侧平衡、对称的建筑群中脱颖而出，形成高潮，从故宫布局看，深、宽、高都集中在太和殿。从故宫的对角划出两条对角线，两条对角线与中轴线的交点恰恰位于故宫的中心——太和殿。这显然是依天宫室之法天思想的体现。

整个旧北京城又体现了古人心中周天二十八宿——紫微宫——北极帝星的天体布局。明清时期，京城是全国政治、经济、文化的中心，紫禁城是京城的中心，太和殿是紫禁城的中心，在太和殿登基理政的皇帝乃是中心的中心，于是太和殿内皇帝的御座，安置在一个高约 2 米的基座上，使御座从平地升起。这实际上是重复一次太和殿的设置意图，以强调皇权的至尊。为了突出以宝座为中心的明间部分，故宫的设计者充分运用了光与色彩的装饰效果。四根盘龙金柱光彩奕奕，同其余森然林立的暗红柱列形成强烈对照，不仅突出了明间特殊重要的地位和空间范围，而且赋予了明间以相对独立的性格。殿内光线阴暗，在阴暗中闪耀着金色、绿色，有若星光，造成光怪陆离的神秘气氛。这种气氛下坐在宝座上的皇帝更像北极星，造成有光天体的视觉效果。这种设计本源自汉代董仲舒对皇权的神化，"天高其位而下其施，藏其形而见其光。高其位所以为尊也，下其施所以为仁也，藏其形所以为神也，见其光所以为明也"（《春秋繁露》）。人君法天而治，必依此天之范式。

如果说故宫是法天象的产物，那么汉宫就是直接效法北斗七星而建成的。古都长安城别出心裁地筑作北斗、南斗二星之象，蕴含着深刻的文化含义。我国古人历法依北斗星建立，以北斗星之柄所指来确定时辰与季节。因汉高祖刘邦于十月初八入主咸阳，当月又有“五星连珠”的祥瑞，故汉朝开国以后仍承秦制用颛顼历，以十月为岁首。十月在十二地支里属于“亥”，此时斗柄指西北，因而长安城西北像北斗极。南面相应建为南斗形，以合天象。一则，二斗呈拱卫北极之象，城中心为“紫微帝宫”的象征意义，正与周秦以来的筑邑传统吻合；二则，汉代崇信“斗为帝车，运于中央，临制四方（四向）”，筑长安为“斗城”则自有中央居要、四方来效、斗车运转，海内艾安的象征意义；三则，斗乃“璇玑玉衡，以齐七政”之象征，筑斗城在于“齐七政”，它意味着秩序、稳定，象征国家体制完备、政通人和。因此，它是汉代统治阶级政治理想的集中体现。

2. 未央宫

古都长安城的结构也体现了八卦定位、效法天象的理念。城内筑有长乐、未央、北宫、桂宫等宫殿。诸宫中又以未央宫为主体，故而汉人称之“紫宫”，象征北极星周围紫微垣。紫微垣是以北极星为中心的两组星辰组成的象征垣墙的星象，位于正北天区；而未央宫的位置却坐落在长安城西南隅。在八卦中，乾代表天，处西北方位；坤代表地，处西南方位。天宫紫微在天，与乾对应。人之宫阙在地，与坤对应。这样，天与地，乾与坤，紫微宫与汉王宫，西北与西南就都对应起来了。中国人又以十二地支来定方位。子为北方，午为南方，卯为东方，酉为西方，以此按十二地支顺序类推则西南为未，故汉宫主体首以“未”字命名。未在西南，为坤，为地，宫为地之中央，故称之“未央宫”。《周易》八卦是天象符号，转呈人间，人们依此来建造宫室，汉代宫殿的

主体建筑"未央宫"的文化含义就是这样来的。

汉代以后，历朝皇帝都承前人"象天设都"的传统。体象合乎天地，经纬合乎阴阳。但以后的建筑，象征的成分越来越大，对天简单仿模的成分越来越少。唐代的东都洛阳、西都长安不再以西南未地为地之中，而是筑城于北，以宫城象征紫微，以皇城象征地平线上以北极星为圆心的天象，外郭城象征周天之象，反映了以北极为天中而众星拱之的思想。一座城就类似一座"天宫"，集中反映了人们对"天宫"的想象。

在甲骨卜辞中，"帝"写作"帝"，象征天穹和天之中心，交叉处指示帝星北斗所居的天位。因此，甲骨文中"帝"字的本义是天之中心居于永恒不动地位的那颗神秘的北极星。帝代表北极星，故称北极帝星。

☯ 四、五星与五行

（一）五星

《史记·天官书》记载："天有五星，地有五行。"五星指金、木、水、火、土五大行星，又称五纬。

金星，古称明星，又名太白、太白金星。金星是距离地球最近的行星，在夜空中的亮度仅次于月球。金星于黎明见于东方叫启明，黄昏见于西方叫长庚，《诗经》云"东有启明，西有长庚"。

木星，古称岁星，简称为岁，又名摄提、重华、应星、纪星等。木星是五星中最大的一颗，也是夜半最亮的几颗星之一。因为它大而亮，古人十分重视，观测到它大约12年绕天一周（即木星绕日公转周期，实际是11.862年），每年行经一个特定的星区，故据以纪年，称"岁在某某"。有人认为甲骨文中的"岁"字即指岁星。古人把木星的周期与农事联系起来，可能因为木星和太阳活动周期相近。

水星，古称辰星。水星最靠近太阳，平时难以观测到。中国古代天文学家把一周天分为十二辰，每辰约30度。

火星，古称荧惑。它是最引人注目的一颗火红色的星，亮度时暗时明，以红光荧荧似火而得名。火星在天空中的视运行位置不断变化，让人感觉行踪不定，令人迷惑，故名"荧惑"。东汉王充《论衡·变虚》说："宋景公之时，荧惑守心。"

土星，古称镇星、填星、信星等。其大小和质量仅次于木星，有美丽的光环环绕，常引起人们对它的特殊兴趣。土星每约28年绕天一周，每年进入二十八宿中的一宿，叫岁镇一宿，好像轮流坐镇二十八宿一样，故名镇星。

（二）五行

1. 五行基本知识

关于五行学说的产生，学术界至今仍有争议。史学界认为，五行学说的创始人是孟子。孟子提出五百年必有王者兴，由尧舜至于汤五百年有余，由文王至孔子五百年有余，这近乎五行推运的说法。后来，比孟子稍晚出现的邹衍扩大五行学说，成为阴阳五行家。哲学界认为，五行的明文见于《尚书·洪范》："一曰水，二曰火，三曰木，四曰金，五曰土。水曰润下，火曰炎上，木曰曲直，金曰从革，土爱稼穑。"易学界认为，五行学说是与阴阳学说同步产生的。

对于五行属性，《尚书·洪范》将五行抽象为五种物质属性，不仅仅是五种物质。五行学说归纳客观世界是由金、木、水、火、土五种最基本的"元"构成的，自然界各种事物和现象（包括人

在内)的发展和变化都是这五种"元"不断运动和相互作用的结果。金、木、水、火、土之间的相互对立、依存和转化是宇宙间万事万物生灭的规律和原因。

五行分别具有如下特性：

木——生发、条达；

火——炎热、向上；

土——长养、化育；

金——清净、收杀；

水——寒冷、向下。

五行类属表

五行	木	火	土	金	水
方位	东	南	中	西	北
纳音	角	徵	宫	商	羽
四季	春	夏	长夏	秋	冬
五形	长	尖	方	圆	曲
五色	青	赤	黄	白	黑
五味	酸	苦	甘	辛	咸
情态	怒	喜	思	忧	恐
五智	仁	礼	信	义	智
五脏	肝	心	脾	肺	肾
五腑	胆	小肠	胃	大肠	膀胱
五官	目	舌	唇	鼻	耳
五体	筋	脉	肉	皮毛	骨
五气	风	暑	湿	燥	寒
五化	生	长	化	收	藏
五温	温	热	自然	凉	寒

2. 五行生克规律

五行学说认为五行之间具有相生相克的规律。

相生，含有互相滋生、促进、助长的意思。在相生的关系中，包含它生、生它，即顺生、逆生两个方面的关系。逆生，又叫亢乘，即五行亢乘。

相克，含有互相制约、克制、抑制的意思。同样，相克的关系中，也具有它克、克它，即顺克、逆克两个方面的关系。逆克，又叫反悔，即五行反悔。依其排列，规律为"顺次相生，隔一相克"。古称："比相生，间相胜。"顺时针为顺生、顺克；逆时针为逆生、逆克。即：水、木、火、土、金五者，相邻的依次生成，水生木，木生火，火生土，土生金，金生水；五者又间隔一个相克，水克火，木克土，土克水，火克金，金克木。这种生克关系是固定的，古人认为"逆之则乱，顺之则治"。

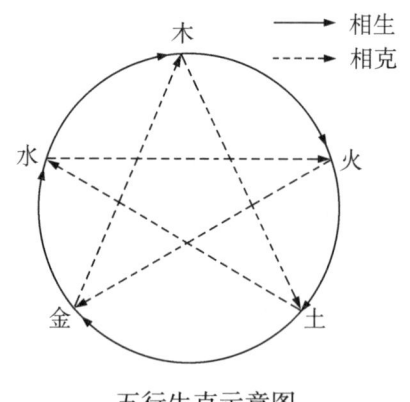

五行生克示意图

为什么五行会"顺次相生"呢？古人认为，水能滋润树木，木燃烧能产生火，火能使燃烧后的东西变成灰土，土里面能找到金属矿物，金属遇热熔化后能变成液体状态。

为什么五行会"隔一相克"呢？古人认为，水能够灭火，火

能够熔化金属，金属制品能够砍伐树木，树木的根能够穿透土壤，土能够吸收水分使之消失——这样形成一个抑制性的循环。

（三）河图与五星、五行的关系

河图以十数合五方、五行、阴阳、天地之象。图式以白圈为阳，为天，为奇数；黑点为阴，为地，为偶数；并以天地合五方，以阴阳合五行，所以图式结构分布为：一与六共宗，居北方，因天一生水，地六成之；二与七为朋，居南方，因地二生炎，天七成之；三与八为友，居东方，因天三生木，地八成之；四与九同道，居西方，因地四生金，天九成之；五与十相守，居中央，因天五生土，地十成之。

河图乃据五星出没时节而绘成。五星古称五纬，是天上五颗行星，木曰岁星，火曰荧惑星，土曰镇星，金曰太白星，水曰辰星。五星运行，以二十八宿舍为区划，由于它的轨道距日道不远，古人用以纪日。五星一般按木、火、土、金、水的顺序，相继出现于北极天空，每星各行 72 天，五星合周天 360 度。由此可见，河图乃本五星出没的天象而绘制，这也是五行的来源。因在每年农历十一月冬至前，水星见于北方，正当冬气交令，万物蛰伏，地面上唯有冰雪，水行的概念就是这样形成的；七月夏至后，火星见于南方，正当夏气交令，地面上一片炎热，火行的概念就是这样形成的；三月春分，木星见于东方，正当春气交令，草木萌芽生长，所谓"春到人间草木知"，木行的概念就是这样形成的；九月秋分，金星见于西方，古代以多代表兵器，以示秋天杀伐之气当令，万物老成凋谢，金行由此而成；五月土星见于中天，表示长夏湿土之气当令，木、火、金、水皆以此为中点，它们所引起的四时气候变化，皆从地面上表现出来，土行的概念就是这样形成的。

五、九星

（一）九星与洛书

九星是指天皇大帝、紫微大帝与北斗七星。北斗七星在我国住居民俗文化中的称谓为：破军星、武曲星、廉贞星、文曲星、禄存星、巨门星、贪狼星。天皇大帝称左辅星，紫微大帝称右弼星。

九星与洛书的关系，使其成为奇门遁甲中天象的代表，反映了古代天人合一的观念。洛书是以北极为定位星，即斗柄所指的九个方位上最明亮的星为标志，其数目方位都与洛书完全一致。这也就是一般术数中常说的"九宫"，也是古代奇门遁甲术的基础。

《周易·系辞》中说："《易》之为书也，广为悉备，有天道焉，有人道焉，有地道焉。兼三才而两之。"三才即天、地、人，三才之道即天道、地道、人道。遁甲之学法之，以奇门九宫图上、中、下三层像三才。

奇门九宫图的上层像天列九星，即天蓬、天芮、天冲、天辅、天禽、天心、天柱、天任、天英。

天蓬（又称贪狼星），休门主坎一宫属水，指奇诡的计策，亦可理解为须动脑筋的事。

天芮（又称巨门星），死门主坤二宫属土，指后勤保障的事，可视为消耗财力物力的事。

天冲（又称禄存星），伤门主震三宫属木，指攻击力量，相当于现代社会中竞争性事宜。

天辅（又称文曲星），杜门主巽四宫属木，指战争的外围环境，后被视为文化教育方面的事。

天禽（又称廉贞星），中五宫属土，指战败，有的奇门学派视之为"黄五煞"，勿用。

天心（又称武曲星），开门主乾六宫属金，指兵法的哲学背景，后被视为学术方面的事。

天柱（又称破军星），惊门主兑七宫属金，指摧毁性打击，可视为较强烈的破坏力量。

天任（又称左辅星），生门主艮八宫属土，指坚忍之举，相当于较柔性的事及需忍耐之事。

天英（又称右弼星），景门主离九宫属火，指提高士气之事，相当于心理因素方面的事。

奇门九宫图中层像人开八门，即休门、伤门、生门、杜门、景门、死门、惊门、开门。这八门分别有自己的五行属性，杜门、伤门、生门属木，景门属火，死门属土，惊门、开门属金，休门属水。明确了八门的五行属性，就知道了它们之间的生克关系。休、生、开、景四门被视为吉，以开门最吉，生门、休门、景门次吉。八门有相对固定的地理方位，即休北景南，伤东惊西，东北为生，东南为杜，西南为死，西北为开。

奇门九宫图下层像地列八卦，即坎、离、震、兑、乾、坤、艮、巽。八卦排列按照洛书之数。《系辞》曰："天生神物，圣人则之。天地变化，圣人效之。天垂象，见吉凶，圣人象之。河出图，洛出书，圣人则之。"洛书八卦九宫入门有一定的排列规则，九宫天蓬及休门与坎卦相对，称三才定位。坎为一，离为九，震为三，兑为七，乾为六，坤为二，巽为四，艮为八，中为五，由此推成阴阳十八局。

巽 四	天辅　杜门 东南　辰巳 木	离 九	天英　景门 南　午 火	坤 二	天芮　死门 西南　未、申 土
震 三	天冲　伤门 东　卯 木	中 五	天禽	兑 七	天柱　惊门 西　酉 金
艮 八	天任　生门 东北　丑寅 木	坎 一	天蓬　休门 北　子 水	乾 六	天心　开门 西北　戌亥 金

奇门九宫

（二）以洛书为底的认知图式

奇门遁甲的基本依据是以后天八卦方位配以洛书九宫，再配上九星和八门。这不是随便组合的，在古人看来，这是以人为中心，上有来自宇宙的气场，下有来自大地的能量场，上下交感作用于人类社会，形成了不同的格局。古人经过长期的体验和总结，用高度抽象的洛书为底的八卦、八门、九星来反映这种变化中的格局的规律性。用遁甲之学的语言来说，天盘是九星，人盘是八门，地盘是九宫八卦。

八卦、八门、九星都"装配"到洛书九宫之上后，还要再"装配"上八节。所谓"八节"，乃卦气分宫中的八个节气。《说卦》曰："帝出乎震，齐乎巽，相见乎离，致役乎坤，说言乎兑，战乎乾，劳乎坎，成言乎艮。"《说卦》以八卦配四时，一年四时

周易历法通书

共三百六十日，每卦占四十五日。古法曰："天有八风，以直八卦。地有八，以应八节。节有三气。气有三候。如是八节以三因之，成二十四气，更三乘之，七十二候备焉。"又《推八节以主卦为初直》第五云："冬至一宫坎，立春八宫艮，春分三宫震，立夏四宫巽，夏至九宫离，立秋二宫坤，秋分七宫兑，立冬六宫乾。"节气的变化是自然界日月星辰运行规律的一种反映，而以卦纳之，则是其运行规律的符号象征。二十四节气平均分配给八节后是这样入宫的：

坎一宫：冬至、小寒、大寒

坤二宫：立秋、处暑、白露

震三宫：春分、清明、谷雨

巽四宫：立夏、小满、芒种

乾六宫：立冬、小雪、大雪

兑七宫：秋分、寒露、霜降

艮八宫：立春、雨水、惊蛰

离九宫：夏至、小暑、大暑

（三）奇门排盘数字规律

奇门排盘的数字依据是二十四节气中的十二个"节气"与十二个"中气"。二十四节气属于太阳历，它与太阳在黄道上的周年视运动有关。从春分点（黄经 0 度）起，二十四节气将黄道等分为 24 份，太阳每走过 15 度，便经历一个节气。公历每月含两个节气，前一个称为"节气"，包括立春、惊蛰、清明、立夏、芒种、小暑、立秋、白露、寒露、立冬、大雪、小寒；后一个称为"中气"，包括雨水、春分、谷雨、小满、夏至、大暑、处暑、秋分、霜降、小雪、冬至、大寒。

1. 节与气第一个数的确定

以本宫数为二分（春分、秋分）、二至（夏至、冬至）、四立（立春、立夏、立秋、立冬）的第一个数，一个宫有三个节气，本宫主节气定好后，其他节气阴逆阳顺排列。例如，坎一宫有冬至、小寒、大寒这三个节气，则数字排列规律为：冬至采用坎宫数"一"，小寒、大寒顺数为小寒二、大寒三。

2. 每个节气的数字排列规律

一个节气包含上、中、下三局，奇门排盘五天为一局，十五天为一个节或气，数字排列规律：顺数五位，写第六位数。从冬至到夏至之间的节气，阳生，顺数；从夏至到冬至之间的节气，阴生，逆数。

坤二宫：立秋二、处暑三、白露四，每隔五位数排列：立秋二五八，处暑一四七，白露九三六。

震三宫：春分三、清明四、谷雨五，每隔五位数排列：春分三九六，清明四一七，谷雨五二八。

巽四宫：立夏四、小满五、芒种六，每隔五位数排列：立夏四一七，小满五二八，芒种六三九。

乾六宫：立冬六、小雪五、大雪四，每隔五位数排列：立冬六九三，小雪五八二，大雪四七一。

兑七宫：秋分七、寒露六、霜降五，每隔五位数排列：秋分七一四，寒露六九三，霜降五八二。

艮八宫：立春八、雨水九、惊蛰一，每隔五位数排列：立春八五二，雨水九六三，惊蛰一七四。

离九宫：夏至九、小暑八、大暑七，每隔五位数排列：夏至九三六，小暑八二五，大暑七一四。

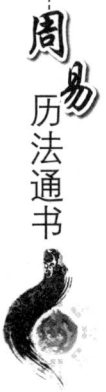

坎一宫：冬至一、小寒二、大寒三，每隔五位数排列：冬至一七四，小寒二八五，大寒三九六。

由上述节气数字排列规律，可以得到下图：

巽四宫居东南属木 立夏四一七（阳） 小满五二八（阳） 芒种六三九（阳）	离九宫居南属火 夏至九三六（阴） 小暑八二五（阴） 大暑七一四（阴）	坤二宫居西南属土 -立秋二五八（阴） 处暑一四七（阴） 白露九三六（阴）
震三宫居东属木 春分三九六（阳） 清明四一七（阳） 谷雨五二八（阳）	中宫五属土 天　禽	兑七宫居西属金 秋分七一四（阴） 寒露六九三（阴） 霜降五八二（阴）
艮八宫居东北 立春八五二（阳） 雨水九六三（阳） 惊蛰一七四（阳）	坎一宫居北属水 冬至一七四（阳） 小寒二八五（阳） 大寒三九六（阳）	乾六宫居西北属金 立冬六九三（阴） 小雪五八二（阴） 大雪四七一（阴）

奇门节气数字图

在这张图中，每个节气后都有三个数字。如冬至后为一七四，春分后为三九六，小暑后为八二五等。如果稍细心看一看，还会发现有的数字是相同的，如小满、谷雨后均是五二八，冬至和惊蛰后均是一七四，这些数字是什么意思呢？其实，它们是标明"局"的，每个节气有上、中、下三元，每个节气后的三个数字中，头一个数字是上元用局数，第二个数字是中元用局数，第三个数字是下元用局数。局有阴阳之分，如果求问的事发生在立夏的上元，根据"立夏四一七"，则答案在阳遁九局的第四局中显现。如果求问的事发生在寒露中元，根据"寒露六九三"，答案就在阴遁九局中显示。这些数字实际上是十八局的对号索引。

至此，我们看到了古人留下的反映三才在宇宙时空中流转结合模式的巨大数字模型，一个不折不扣的"天人合一"的巨大系统。

六、星象分野

（一）三垣

宋代郑樵的《通志》始称紫微、太微、天市为三垣。

三垣，指的是三个星区，太微为上垣，紫微为中垣，天市为下垣。上垣有星十颗，中垣有星十五颗，下垣有星二十五颗。紫微垣是指以北斗星为中心，集合北斗七星及其周围各星组成的星区；太微垣是指紫微垣以南和张、翼、轸星宿以北的星区；天市垣是指太微垣以西、东方苍龙七宿和北方玄武七宿交汇处以北的星区。

古代哲人将三垣同人类社会对应起来，紫微垣对应人间帝王，是帝星所在。明代郎瑛《七修类稿·天文类》"紫微垣"条这样解释说："紫乃赤黑相合而成。天垣称紫微者，取二色水火相交之象。水火相交，万物以之为生，是万物之主宰。故垣具天枢星、天皇帝星。所以天子之居，亦谓之紫宸。微者，取至精之义耳。"因为帝星居于紫微垣，故紫微垣成了天上诸星宿的中枢，对应于人间，帝王就是人间的主宰。明清帝王居住的故宫叫紫禁城，紫禁城中的"紫"就源于紫微垣。

太微垣对应的是三公九卿。

天市垣对应的是西周时的十二封国，即：晋、楚、齐、鲁、郑、秦、燕、陈、蔡、曹、卫、宋。

把三垣与人事对应起来，这是古代天人合一论最初的理论起

点，以人间想象天体，反过来又用天上的星象观照人间，天人相互呼应、相互佐证，天道成为人道遵守的规律。

（二）四象二十八宿

二十八宿又名二十八舍或二十八星，是古人为比较日、月、五星的运动而选择的二十八个星区作为观测的标志，"宿"或"舍"都有停留的意思。

二十八星宿分为四组，每组七宿，四组分别标识东、西、南、北四个方位。又根据每组星宿在天所成之象比拟为龙、鸟、虎、玄武（龟蛇）四种动物，称之为四象。著名天文学家张衡在《灵宪》里对这四象进行了富于诗意的描述："苍龙连蜷于左，白虎猛踞于右，朱雀奋翼于前，灵兽圈首于后。"四象的设立是为了方便古人观察明亮的行星在天球黄白道带内的位置。

东方七宿：角、亢、氐、房、心、尾、箕；

北方七宿：斗、牛、女、虚、危、室、壁；

西方七宿：奎、娄、胃、昴、毕、觜、参；

南方七宿：井、鬼、柳、星、张、翼、轸。

四象在中国文化史上具有十分重要的意义。在军事上，《礼记·曲礼》记曰："行，前生雀，而后玄武；左青龙而右白虎。"意思是军队布阵按四象来布。在建筑上，《三辅黄图·汉宫》曰："苍龙、白虎、朱雀、玄武，天之四灵，以正四方，王者制宫阙殿阁取法焉。"这是建筑宫阙殿门取四象定四方的实例。在住居环境上，《三国志》说，当玄武藏头、苍龙无足、白虎衔尸、朱雀悲哭时，四危以备，法当灭族。意思是住居环境周围山水形若上述之状，不利择宅。四方地形的审理标准为"玄武垂头，朱雀翔舞，青龙蜿蜒，白虎驯服"。其中，玄武指后方（北方）来龙（山脉）要求由高降下，到此面止，过渡为坡地或平地，

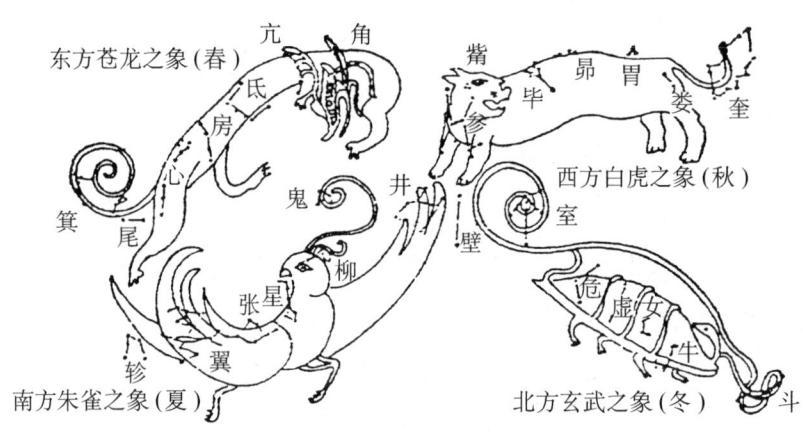

东方苍龙之象（春）

亢　角

氐

房

心

箕

尾

鬼　井

柳

张星

轸　翼

南方朱雀之象（夏）

觜　昴　胃

毕　娄

参　奎

西方白虎之象（秋）

室

壁

危　虚　女

牛

北方玄武之象（冬）　斗

四象

故曰"垂头"；朱雀指前方（南方）的流水，要求东西横过，或两水交流，悠缓有情，绕抱而去，如手臂卫护，故曰"蜿蜒"；白虎指右边（西方）的山峦，要求柔顺展抱，又应比青龙稍短，故曰"驯服"。

青龙、朱雀、白虎、玄武最初以在天东、南、西、北的星辰总称，在以后漫长的历史发展中，四象被赋予更多的内容和人文含义。

青龙：古代瑞兽之一，又指太岁星，在天为东方星宿总名，古代行军于旗上绘青龙以指代东方。住居民俗文化以青龙为东方或左方地形，属鳞虫，五行属木，颜色为苍（青色），五脏为肝，干支为甲寅。青龙之山，以蜿蜒回环为吉；青龙之砂，以高大无缺为吉；青龙之水，以屈曲兜抱为吉。住宅之东有流水亦谓青龙。

朱雀：古代瑞兽之一，在天为南方七宿的合称，古代用以指代南方，行军时绘朱雀于旗而居南。住居民俗文化以朱雀指南方或前方地形，属羽虫，五行属火，颜色为赤，五脏为心，干支为丙午。朱雀一般特指墓地或住宅前方的水流，专以止聚生气，至关重要，以翔舞有情、微曲内抱为吉。南方的山势亦可谓朱雀。住宅之前

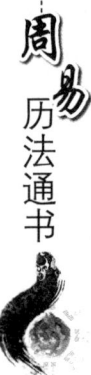

有汗池亦谓朱雀。

白虎：古代瑞兽之一，在天为西方七宿的总名，用以指代西方。住居民俗文化中以白虎为西方、左方地形，属毛虫，五行属金，颜色为白，五脏为肺，干支为庚申。白虎之山，以顺服为吉；白虎之砂，以低矮为吉；白虎之水，以环抱如带为吉。住宅之西有通路亦谓白虎。

玄武：古代瑞兽之一，在天为北方七宿之总名，又指北方太阳之神，用来指代北方。住居环境民俗文化中以玄武为北方，后方的地形属介虫，五行属水，颜色为黑，五脏为肾，干支为壬子。玄武之山即住宅后方之来龙（龙，指山脉），以降下垂为吉；玄武之水，以重重兜抱为吉。住宅之后有丘陵亦谓玄武。

凤凰：传说中的鸟名，古代瑞兽之一。住居民俗文化以四兽居四方，以中央为得五气俱全之地，为人所居。人为倮虫，五行属土，颜色为黄，五脏为脾，干支为戊己。但人不可与四兽并列，凤凰毛具五色，故用来拟人而居中，即阳宅位置所在。

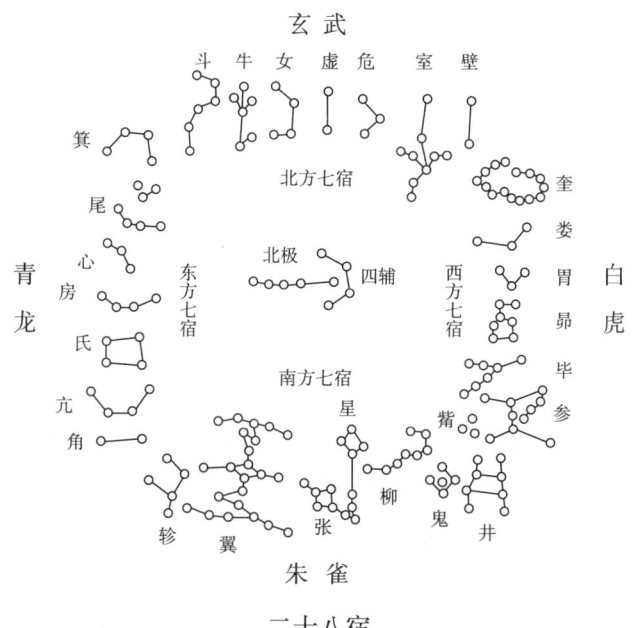

二十八宿

二十八宿中的室宿和壁宿二星相连组成长方形，像古代农具锄的形状，锄古称"定"，故室宿和壁宿二星又合称为定星。据记载，古代定星中天时为营造建设房屋的大好时光，如《诗·鄘风·定之方中》云："定之方中，作于楚宫。揆之以日，作于楚室。"

（三）其他天象名称

1. 六神

六神，又称六兽，是在东方青龙、西方白虎、南方朱雀、北方玄武四象基础上，又设定中央勾陈、腾蛇的总称，它们分别代表天球黄道上的六个星座。

2. 白道

白道，是月球的轨道面与天球的相接之线，线包围的区域也称白道面。

3. 黄道

黄道，是地球的轨道面与天球相接之线，线包围的区域也称黄道面。

4. 黄道带

黄道带，是天球以上黄道为中心的一条假设的带，日、月及各行星的运行都在这个带内。

5. 七曜

七曜，又称七政，是日、月和火、水、木、金、土五星的

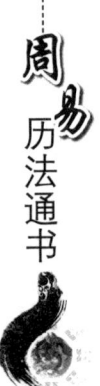

合称。古人认为这七个星体都是发光而且明亮的，所以称之为"曜"。"曜"是明亮的意思。之所以又称之为七政，《尚书大传》说"七者得失，在君之政，故谓之政"。七曜中，水、火、木、金、土五大行星又称为五星。七曜代表一个星期七天，日曜日是星期日，月曜日是星期一，其余依此顺推。但在中国古代没有星期纪日法，而以二十八宿代表四个星期的每一天，即一个月二十八天。

星期、曜日、二十八宿对应表

星期	四	五	六	日	一	二	三
曜日	木	金	土	日	月	火	水
二十八宿	角 斗 奎 井	亢 牛 娄 鬼	氐 女 胃 柳	房 虚 昴 星	心 危 毕 张	尾 室 觜 翼	箕 壁 参 轸

中国古代天文学将实际观测到的火、水、金、木、土五星合起来称为五纬。"纬"字的意思是织物的横线，因为五星在天球上的视运行轨迹像纬线一样由东向西（实际上是由西向东）穿梭运动，故而得名五纬。在中国传统文化中，火、水、木、金、土名称代表五行，为了避免混淆，实际应用时五星又有别名：木星在东方，称为岁星；金星在西方，称为太白星；火星在南方，称为荧惑；水星在北方，称为辰星；土星在中央，称为镇星。

6. 十二辰

中国古代天文学将天球沿天赤道从东向西360度等分为十二部分，每部分30度为一辰，用十二地支（子、丑、寅、卯、辰、巳、午、未、申、酉、戌、亥）与之对应，故而得名十二辰。

7. 十二次宫

中国古代天文学为观测五星的位置和轨道，把黄道带自西向东划分为十二等份，称作十二次。次与宿为同一意义，即"止、停留、住"的意思。也就是说，十二次为五星所停留之处所，因一年之中太阳与太阴会合十二次，故而得名。

十二次、十二辰、二十八宿与州对应表

十二辰	丑	子	亥	戌	酉	申	未	午	巳	辰	卯	寅
分野	吴越	齐	卫	鲁	赵	晋	秦	周	楚	郑	宋	燕
十二次	星纪	玄枵	娵訾	降娄	大梁	实沈	鹑首	鹑火	鹑尾	寿星	大火	析木
州	扬州	青州	并州	徐州	冀州	益州	雍州	三河	荆州	允州	豫州	幽州
二十八宿	斗牛女	虚危	室壁	奎娄胃	昴毕	觜参	井鬼	柳星张	翼轸	角亢	氐房心	尾箕

七、中西方古代天象观比较

中国古代星座的划分，明显地反映出中国天文学体系与西方天文学体系的不同。中国古人把星座称为星官，所划分的星座数比西方多得多，而且这些星宿的名称也明显地显示出古代社会的特色。

中国古代的天象世界是一个以"帝星"为中心，以三垣、四象、二十八宿为主干的组织严密、等级森严的庞大的"空中社会"。在这一体系中，"帝星"所"居住"的紫微垣是最庄严、最神圣

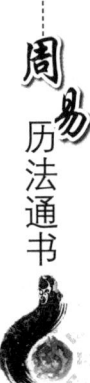

的所在，它被想象成为一个位于北天区的巨大的天宫神阙，宫殿的中心是天帝——太一居住的地方；在"帝"的左右，有"四辅""三公"诸星佐政；近身二星是"子属（太子）""后钩"诸星是后妃的宫室；两班文武组成了一条坚固的防卫屏障，同时又象征着天界紫微禁宫的牢不可破的城垣。其外围，二十八宿像二十八个忠心耿耿的天将拱卫着北极帝星。由二十八宿再组合形成四象——东方苍龙，西方白虎，南方朱雀，北方玄武，象征四大保护神，为天帝"镇四方而避不祥"。

西汉史学家司马迁著《史记·天官书》，把整个星空类比成一个人间世界，发展了天人合一的思想。在司马迁的《史记·天官书》中，天界中间的星官为最高统治者，叫作"太一"；天极宫是太一卿相"三公""太子""庶子""正妃""后宫"之属，这些组成了天空的中心；紫宫十二星是宫外守护着的一群"藩臣"；北斗是"太一"的帝车，运行于中央，临制四向；文星宫有"上将""次将""贵相""司全"等官员；天宫之外还有"离宫"，它在银河之外，河上有通往那里的桥梁——"阁道"；有主管祠事的"舆鬼"，有主管草木的"柳"，有招待宾客的"厨"，有接待元客的"羽翿"，有管风的"军"；天宫还有自己的"天库"，天库里有"五军"；昴、毕之间有一条"天街"……司马迁确实是在正史中构建星官社会的第一人，此后，星象学者开始广泛地使用"星官"一词。司马迁《天官书》保留了一个完整的天文星象体系，此后，历代正史都设有《天文志》，使天文成为中国历史上真正的"官方"的学部。

相比较而言，古希腊星座的名称往往和优美的神话故事联系在一起。公元前 270 年前后，古希腊诗人阿拉托斯曾作诗《物象》，诗中提到 47 个星座，其中，北天区的 14 个星座如大熊、小熊、天龙、仙王、仙女、仙后、英仙、御夫、武仙、蛇夫、飞马、天鹅、天鹰、天琴等都与古希腊神话有关。公元前 2 世纪，黄道诸星座经过古希腊天文学家喜帕恰斯整理，将璞勒阿斯特星归入金牛座，剩余的白羊、金牛、双子、巨蟹、狮子、室女、天秤、天蝎、人马、摩羯、宝瓶、双鱼 12 个星座全与神话有关。希腊的天国是一个绚丽的神话世界，它是古希腊神话体系的一部分，具有丰富的想象力、浓厚的世俗生活色彩与鲜明的民族特色。

登德拉神庙的黄道十二宫图绘

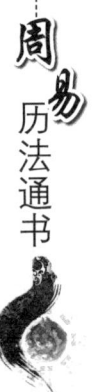

第三章

《周易》八卦与历法

引子：诸葛亮"草船借箭"之谜

《三国演义》描写著名战役"赤壁之战"中有"草船借箭"一幕，大致情景是这样的：

周瑜问诸葛亮："在水上打仗，什么武器最好？"

诸葛亮说："箭。"

周瑜说："时间紧迫，马上与曹操军队开战了，十天之内请造箭十万支。"

诸葛亮说："既然不知与曹军开战的确切时间，十天造十万支箭太慢了，我三天内造十万支箭。"

周瑜说："此话当真？如果三天之内不见十万支箭，当以军法处置。"

鲁肃得知后很担忧，对诸葛亮说："别说三天内造不出十万只箭，就是十天内也造不出十万支箭呀！我替你向周瑜求情。"

诸葛亮说："周郎十天内让我造箭十万支，本意是想法子害死我，如果推掉这件事情，周郎也会找别的借口。鲁公请放心。"

第一天，周瑜派鲁肃探查诸葛亮在干什么，鲁肃见到诸葛亮在弹琴，报之周瑜；第二天，周瑜又派鲁肃去打探诸葛亮的动静，见诸葛亮还在弹琴。第二天晚上，诸葛亮向鲁肃借船20只，每只船上安插100个草人。

第三天早晨，诸葛亮请鲁肃上船，俩人对饮笑谈，船不知不觉地开往江心，逼近曹营，小童报告"快到曹营了"。鲁肃大惊，以为诸葛亮造不出十万支箭，要向曹操投降了。正在这时，船队"一"字排开，船上将士擂鼓呐喊。

因为当时天降大雾，曹操不知敌军有多少，不让战舰迎敌，只命令放箭，不过一会儿，小童来报："箭已插满！"

诸葛亮命令道："调转船头，继续收箭。"

待到云开雾散之时，诸葛亮已率船队离开并让士兵们高呼："谢曹丞相赠箭。"

原来，诸葛亮早在十天之前已用《周易》算出当日必降大雾。在《周易》八卦中，乾代表晴天，坤代表阴天，震代表大风日，巽代表风日，坎代表雨日，离代表大晴天，艮代表大雾日，兑代表雨天。"艮"卦表示大雾之日，诸葛亮用奇门遁甲和纳甲法推算出艮日出船可以乘着大雾"借"剑。这是将《周易》八卦历法运用于占候，在当时科技不发达的情况下，其存在有一定的价值。

一、先秦历法与《周易》

从上古到清末，中国历史上一共产生过102部历法，这些历法对中国文化与文明产生过重大影响，比如夏历、商历、周历、西汉太初历、隋唐大衍历和皇极历等。其中，先秦时期夏、商、周三代历法与《周易》关系最为密切。

（一）夏历和《夏小正》中的物候

夏历又称农历、阴历、旧历，是中国传统历法之一。农历属于阴阳合历，月份根据月相确定，平均历月等于一个朔望月，但设置闰月以使平均历年为一个回归年，设置二十四节气以反映季

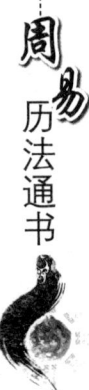

节的变化特征，所以又有阳历的成分。因为这种历法相传创始于夏代，所以称为夏历。

由于二十四节气对于农业生产有重要意义，因而人们常把夏历称为"农历"，但二十四节气是根据太阳视运动在黄道上的位置即地球绕太阳运动的轨道位置确定的，属于太阳历，所以把农历称为"阴历"是不恰当的。

夏历年份分为平年和闰年，平年 12 个月，全年 354～355 天；闰年 13 个月，全年 383～384 天。月份分为大月和小月，大月 30 天，小月 29 天。一年中哪个月大，哪个月小，年年不同，由计算决定。

中国最早的历书是《夏小正》，收于《大戴礼记》一书中。《礼记》是战国时期的著作，但所收《夏小正》中的天文历法史料，在时序上却早于战国时序一个月。《夏小历》的记叙与战国时的星象不吻合，人们根据岁差造成时序推迟的原理进行计算，认为该书中的天文历法史料早于战国 2000 年，应该属于传说中的尧、舜以及夏初时期的。《夏小正》记载的是夏代人的天文历法规则。

《夏小正》逐条记载了一年四季各月的物候、天文以及相应的农事、渔猎活动，经文如下：

正月：启蛰。雁北乡。雉震呴。鱼陟负冰。农纬厥耒。初岁祭耒始用骊。囿有见韭。时有俊风。寒日涤冻涂。田鼠出。农率均田。獭献鱼。鹰则为鸠。农及雪泽。初服于公田。采芸。鞠则见。初昏参中。斗柄悬在下。柳稊。梅、杏、杝桃则华。缇缟。鸡桴粥。

二月：往耰黍，禅。初俊羔助厥母粥。绥多女士。丁亥万用入学。祭鲔。荣堇、采蘩。昆小虫抵蚳。来降燕。乃睇燕乙也。剥鳝。有鸣仓庚。荣芸，时有见稊，始收。

三月：参则伏。摄桑。委杨。（粗）羊。螜则鸣。颁冰。采识。

妾、子始蚕。执养宫事。祈麦实。越有小旱。田鼠化为鴽。拂桐芭。鸣鸠。

四月：昴则见。初昏南门正。鸣札。囿有见杏。鸣蜮。王萯秀。取荼。秀幽。越有大旱。执陟攻驹。

五月：参则见。浮游有殷。鴃则鸣。时有养日。乃瓜。良蜩鸣。匽之兴，五日翕，望乃伏。启灌蓝蓼。鸠为鹰。唐蜩鸣。初昏大火中。煮梅。蓄兰。菽糜。颁马。将闲诸则。

六月：初昏斗柄正在上。煮桃。鹰始挚。

七月：秀萑苇。狸子肇肆。湟潦生苹。爽死。荓秀。汉案户。寒蝉鸣。初昏织女正东乡。时有霖雨。灌荼。斗柄悬在下则旦。

八月：剥瓜。玄校。剥枣。栗零。丹鸟羞白鸟。辰则伏。鹿人从。鴽为鼠。参中则旦。

九月：内火。遰鸿雁。主夫出火。陟玄鸟蛰。熊、黑、貊、貉、鼬、鼩则穴，若蛰而。荣鞠树麦。王始裘。辰系于日。雀入于海为蛤。

十月：豺祭兽。初昏南门见。黑鸟浴。时有养夜。雉入于淮，为蜃。织女正北乡，则旦。

十一月：王狩。陈筋革。啬人不从。于时月也，万物不通。陨麋角。

十二月：鸣弋。元驹贲。纳卵蒜。虞人入梁。陨麋角。

与《礼记·月令》相比，《夏小正》在内容上显得粗放，但它是现存中国第一部时宪书，与当时天象和后世夏历的农事月份完全吻合，说明它是夏代古人对天象、物候观测的记录。这部书里重点突出了天文历法与农事的结合，所以，《夏小正》又被视为一部农家历。

《夏小正》最可贵的贡献在于它最早发现了月份的递增与北斗星斗柄移动的密切关系。斗转星移，季节运行，北斗作为古人

观念中的帝王，运于中央，节制东、西、南、北四方，因此有四时节度皆系于斗的说法。

《夏小正》中出现了冬至、惊蛰等名词，二十四节气有关农事节令名词始出于《夏小正》。在《夏小正》中还可以见到二十八宿中的参宿、尾宿之名，同时又有南门、织女、北斗等星宿名，说明夏代对星空的观察结果已具备后世天象体系的雏形。

西汉孟喜易学采用了《夏小正》中的大量内容，唐朝僧人一行作的七十二候表中也采用了《夏小正》对天象、物候观测记录，突出了易经、气候、农事三者之间的关系。

（二）商历与干支纪日

与《夏小正》同时期的历法是商历。夏、商两代分别直承于原始社会的古老部族，各有自己的承续传统。传统的夏、商称谓应该是指两个先后建立的朝代，并不说明他们就是先启后承的同一个邦国。夏、商是两个长期并存的独立政权。独力主政并建立号令天下意义上的国家，夏在前而商在后。在各自不同的发展历程中，夏、商各有其自成体系的历法——夏历和商历，两历分别创制、互不相承。

商历是夏历之外的又一个历法系统。它的起源很早，可以远溯到原始社会。《左传·襄公九年》记载，晋国大夫七弱说："陶唐代之火正阏伯，居商丘，祀大火，而火纪时焉。相土因之，故商主大火。"商人的历法肇始于唐尧时代，它以大火星作为纪时标准，与夏历观斗柄以春夏秋冬寒暑往来推算一年之回归的方法不同。

商历纪日方法与夏历也不同。夏历以数字纪日，每月自初一、初二至廿九、三十。商历以天干地支的相互配合作为各日的名号，自甲子、乙丑至壬寅、癸卯，60 日一循环。干支纪日法作为数字纪日的参照从商到清一直使用，到了辛亥革命后也没有被完全废止。

干支纪日长期使用，历经三千年而不衰，说明其有旺盛的生命力，这是商代的创造，也是商对中华传统历法文化做出的重要贡献。

商历和夏历一样是以星象定农时的历法。它以小麦的收成为岁首，不以绝大多数作物的生长为起点。虽然商历不是一部成熟的历法，但毕竟已经是一部成形的有特点的历法，它具备了年、月、日的概念，有岁首、日首等明确的标志点。在古代历法史上，商历称得上是一个重要里程碑。

商历的干支纪日到汉代发展到干支纪年，而干支纪年是《周易》"象数派"的语言和工具，《周易》纳甲法也离不开干支纪年。历代流传下来的《周易》十余种认识方法，几乎每一种都要用到干支，以至于有些民间易学老者把《周易》的要点概括为十天干、十二地支、五行，共含 27 个字：甲、乙、丙、丁、戊、己、庚、辛、壬、癸；子、丑、寅、卯、辰、巳、午、未、申、酉、戌、亥；金、木、水、火、土。

（三）周历与岁星纪年

中国上古根据不同的农业牧业生产情况需要，分别产生过太阳历法和太阴历法。所谓的太阴历法，就是古代天文学家们先将地球看成静止点，然后根据日晷测影确立一年为 365.25 个太阳日，再根据这个太阳年的参考系，确立每太阳年 365.25 天内，月亮绕地球所转的圈数，并根据月亮圆缺周期，将每太阳年分段成多少个月和每月多少日。这样，就产生出了我们现在使用的农历的雏形，即每太阳年有 12 个或 13 个月，每个月有 30 天。

周朝的历法是太阳历法，它根据日晷测影，先将地球看成静

止点，然后把一年划分成春、夏、秋、冬四季，寒、风、缓、热、雨、干六季，藏、生、长、化、成、收六节气。由此可见，周历主要是根据地球上农作物生长周期来划分季节的。

周历法之所以是太阳历，就是因为它以冬至节为一年开始的标志。冬至节，其实就是太阳相对于地球视运行到最南端，此后，太阳视运行就开始向北运转了。所以，周朝人将冬至交节时刻，看成是新的一年的开始，并将一个太阳年分成24段，形成二十四节气，每月含两个节气。

阴阳历法究竟是什么时候起源的，至今都还没有定论。但是，西汉太初历是阴阳历法，是确信无疑的。西汉太初历是由当时巴蜀地区的阆中人落下闳等人创立的，其最大的功劳是计算出了太阳和月亮之间的相对复合运动的周期关系，这需要极高的抽象思维能力、丰富的数学知识及农业生产经验。

我国古代历法有"三正"，即周、殷（商）、夏三代建正分别以子月、丑月、寅月为正月。建正孟春，意思是夏历是以孟春月（春之第一月）为正月，这时北斗杓指寅位。我们可以通过列表简单地明白三正的对应关系。

夏、商、周历月比较

月建	子	丑	寅	卯	辰	巳	午	未	申	酉	戌	亥
夏	十一月	十二月	正月	二月	三月	四月	五月	六月	七月	八月	九月	十月
商	十二月	正月	二月	三月	四月	五月	六月	七月	八月	九月	十月	十一月
周	正月	二月	三月	四月	五月	六月	七月	八月	九月	十月	十一月	十二月
节候	仲冬	季冬	孟春	仲春	季春	孟夏	仲夏	季夏	孟秋	仲秋	季秋	孟冬

古代天文学的内容更多是星象学，发展到周代，后世星象学的基本内容已大体具备，其中具有重要意义的二十八宿，在周初已经基本确定下来了。在商代的甲骨文中，虽然关于天象的记

录为数不少，但关于二十八宿仅出现了火、鸟二星之名，在《尚书·尧典》中也仅出现了星、心、虚、昴四宿之名。在周代典籍《诗经》中就提到了定（室、壁）、毕、心（大火）、箕、斗、参、昴等宿之名，加上此前已出现的鸟、虚、星诸宿，至此，二十八宿之中已有十一宿有了明文记载。二十八宿是古人为了方便观察日月五星的周天运行情况而在天球黄道附近选择设置的分段标志。二十八宿的形成和固定化，绝非一朝一代的事，而是长期天象观测和研究的结果在周初基本固定下来，这是天文学得到重要发展的标志。

周人对于星空的观察，比夏人和商人更为广泛深入。在天文观测中，周人在实践中不仅认识了许多新星，而且掌握了更多的天文知识。特别可贵的是周人把星空的轮转和月球的运行与季节的来临联系起来看待，使中国历法阴阳历的特征得以强化。周人对月相变化的观察十分细致、认真。他们已经能够根据月相的变化，判断出阴历月内历日的前后。掌握了月相的变化，知朔日"日月交会"，胐日"新月初现"，就会掌握朔望月的大小，推知小月为 29 日。周历小月正是 29 日，这是有史料证明的。以下是周历历日表例：

引文	二月既望	越六日								三月（三月）	越三日					越三日					越五日				
干支	庚寅	辛卯	壬辰	癸巳	甲午	乙未	丙申	丁酉	戊戌	己亥	庚子	辛丑	壬寅	癸卯	甲辰	乙巳	丙午	丁未	戊申	己酉	庚戌	辛亥	壬子	癸丑	甲寅	乙卯
日数	16	17	18	19	20	21	22	23	24	25	26	27	28	29	1	2	胐	4	5	6	7	8	9	10	11	12

可见周人注重月相，能掌握朔望月的大小，在历法史上，这是一个了不起的进步，现代人编写历书还都以周历为模本。

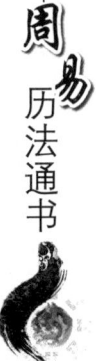

此外，周代对五大行星的观测也有了重要的进步和记载。《诗经》中提到"明星""启明""长庚"，都是指五大行星中的金星。木星，古人称之为"岁星"，在商代甲骨文中已有了"岁"字。古人观察岁星，发现它12年行1周天，于是根据木星运行的周期和区段创建了岁星纪年法。这种纪年法在周代就已得到使用。

岁星纪年法是把周天分为12段（叫"十二次"），根据岁星的行次来纪年，岁星1年行1次，12年行1周天。十二次起自星纪，按逆时针方向运行，依次为：星纪、玄枵、娵訾、降娄、大梁、实沈、鹑首、鹑火、鹑尾、寿星、大火、析木。如果岁星走在降娄，则称之为"岁在降娄"，依此类推。周武王伐殷之年称"岁在鹑火"，表示岁星当年的运行位置在鹑火之次。周代人又创建了一种与岁星纪年法相反的太岁纪年法。他们假想出一个天体称作"太岁"，与岁星运行方向相反，而速度相同，也是1年行1次，12年行1周天。周人用十二地支表示太岁行次的12区段，称作"十二辰"。

十二次与十二辰对应表

十二次	星纪	玄枵	娵訾	降娄	大梁	实沈	鹑首	鹑火	鹑尾	寿星	大火	析木
十二辰	丑	子	亥	戌	酉	申	未	午	巳	辰	卯	寅

十二次与十二辰

太岁纪年法自周代发明以来，便成为古代天文历法的重要组成部分，一直被天文星象学所沿用，直到明清时期星象家的星盘，仍少不了这些内容。

（四）春秋历法中的节气与月建

春秋历法的贡献是确立了节气的概念。春秋时期，《左传》提到"日南至"就是冬至，该书已确立了二至二分，即冬至、夏至、春分、秋分，这等于把《尧典》里的日永、日短、日中、宵中换成了统一的节气的名称。此外，春秋时期天文学家还提出了八节：分（春分、秋分）、至（冬至、夏至）、启（立春、立夏）、闭（立冬、立秋）。可以说，二十四节气的产生与逐步完备的大致线索是：起于《尧典》，滥觞于《夏小正》，至春秋而初具雏形，至《淮南子》全部完成。这中间，春秋时期的创造起着绩丝成线的作用。

春秋时期是我国历法从多种多样走向一致的年代。岁星纪年、月建纪月、节气分时，都为这种统一准备了条件。

春秋历法的贡献还在于月建纪月法的创立。

月份不同也是各种历法的对立之处。为了比较各种历法月份设置的差异，春秋时期天文学家曾以大火星出没为标准来比较各历的月份先后。《左传·召公七年》记载"火出，于夏为三月，于商为四月，于周为五月"，三历先后各差一个月。

《夏小正》说，正月初昏，斗柄悬在下，六月初昏，斗柄正在上。春秋把斗柄指向与月份联系在一起。冬至斗上指正北，北为正位，此时为周历正月，称周建子；一月之后，斗指北方偏东，为丑位，此时为殷历正月，称殷为建丑；再过一个月，称夏建寅；而后，斗指东为卯，斗指东方偏南为辰，这样依次序把十二个月的斗指方位定为十二"辰"位。辰位之说，统一

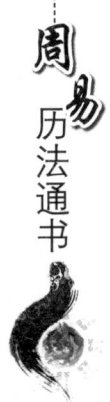

了不同历法的不同月份，不管何时向月，只要一说北斗星所指辰位，就知道现在是什么季节。这样，不仅可以算出各种历法的月份，连各历法本身的错误也能得到纠正，这是春秋历法的一大贡献。

二、《周易》依卦定历

（一）卦与天文

有不少人指出，《周易》本身是天文观测的产物，其图式里那些循环往复天道轮回的观念是受天文观测的启示而产生的。"四象"即"青龙""白虎""朱雀""玄武"就是指四大星象，"五行"最早也产生于"五星"——金星、火星、木星、水星、土星。中国古人特别重视北斗，认为北斗星是上苍用来开启整个宇宙机器运转的"枢纽"，"五行"中的春、夏、秋、冬对位，就是刚刚入夜时北斗星半柄的指向。

现代学者闻一多研究易学的视角很独特，他认为《周易》首篇"乾卦"爻辞"潜龙勿用""见龙在田""飞龙在天"等字样的根源不过是东方苍龙七宿之象。当这些星宿在地平线以下看不见时就称"潜龙"，露出地平线时称"见龙在田"，以后星宿冉冉上升，就成为"或既在渊""飞龙在天"，升到最高点开始下降，就是"亢龙有悔"了。由此看来，乾卦象本来是自然现象的写实描述，后来逐步地被提炼成抽象性的哲学符号。

南怀瑾先生认为乾卦▤，六爻皆阳，表示阳气极盛，描述的是太阳运动的规律。他说："乾卦亦代表太阳，代表太阳一天一夜的隐现……第一个是夜里的太阳，躺在下面——地球的另一面，过去说在海底，在地心的那一面，我们看不见的为'潜龙'。当早晨太阳从地平线上升起的时候，光明透出来了，这时叫'见龙在田'。'飞龙在天'是日当午时，'亢龙有悔'是日落西时。"坤卦 ䷁，六爻皆阴，表示阴气极盛，描述冬季，坤卦初爻爻辞说"履霜坚冰至"，脚踏在大地上，鞋上沾有霜，冬季就要来了。

八卦是古人将天文与人文相统一得出的认识，是古人预知未来、调整人生的一套哲学理论。八卦阐述的道理是古人仰观天文、俯察地理、近取诸身、远取诸物概括出来的。八卦除了代表八种自然物质之外，也是古人预测天气的依据：

☰	☷	☳	☴	☵	☲	☶	☱
乾晴日	坤阴天	震大风	巽风	坎雨日	离大晴	艮大雾	兑雨日

（二）卦气说

《周易》与天文气象的有意识的结合始于汉易。汉代易学是易学史上的一个重要发展阶段，秦始皇焚书却不焚《周易》，先秦易学的传授并未中断。汉王朝建立后，由于统治者表彰儒家，提倡经学，《周易》被尊为六经之首，对《周易》的解说成为专门的学问。将《周易》与天文气象相结合最有名的学者是孟喜、京房，合称孟京易学。孟京易学的形成和发展同西汉的哲学和天文学有密切联系。孟京易学属于今文经学派。董仲舒是汉代今文经学的大师，以解说《公羊春秋》而闻名。今文经学解经，提倡阴阳灾异，此种学风对孟京易学影响很大。西汉时期，天文学有很大发展，《淮南子·天文训》和《史记·天官书》乃战国以来天象观测和天文学理论的总结。以《礼记·月令》代表的历书，在西汉很流行。武帝时，推行太初历，是古代历法的一大改革，其影响亦很大。当时，从理论上解释天文现象的是阴阳五行说。由于天文学和医学的进步，战国以来，阴阳五行学说有了很大的发

展。西汉时期各哲学流派，几乎都讲阴阳五行学说。董仲舒的哲学就是儒家天命论和阴阳五行学说相结合的产物。《淮南子》则以阴阳二气解释世界的物质构成。天文学和阴阳五行学说的发展，对《周易》与天文气象结合解释气候的变化起了深刻的影响，孟京易学就是在这样的学术背景下诞生的，孟京易学的核心是卦气说。

"易本于气，而后人以人事明之"，即说《周易》卦象是解说一年节气的变化，以六十四卦配四时、十二月、二十四节气、七十二候，这就是所谓的卦气说。

卦气说来源于《礼记·月令》《吕氏春秋·十二纪》《淮南子·天文训》《淮南子·时则训》，这几篇都讲一年气候的变化，其中关于二十四节气的区分、七十二候的说法大体具备。孟喜用六十四卦解说一年节气的变化。他以坎、震、离、兑为四正卦，主管一年四季，这一说法来源于本书第一章介绍过的《说卦》八卦方位说。

孟喜解释坎卦："坎以阴包阳，故自北正。""以阴包阳"指坎卦象，两阴爻，中为阳爻。此卦居于正北方，即"自北正"。其中，阴爻表示阴气开始萌动，但还未上升，故此初六爻为十一月中冬至。到了二月，凝固之气消失，坎卦用事结束，此即"坎运终焉"。

孟喜解释震卦："春分出于震，始据万物之元，为主于内，则群阴化而从之。"说震卦初画（☳），为阳爻，表示万物初生，乃一卦之主，其上两阴爻皆顺从之，意味着阳气兴起，故此卦初九爻为春分。可是，其气运行到正南方，丰盛万物的作用已尽，震卦用事至此结束。

孟喜解释离卦："离以阳包阴，故自南正。""以阳包阴"指离卦类象，两阳爻，中为阴爻。居于正南方，所以说"自南正"。其中，阴爻表示"微阴生于地下"，阴气还未彰明，故此卦初九为夏至。可是到了八月，草木衰落，"文明之质衰"，离卦用事，至此结束。

孟喜解释兑卦："仲秋阴形于兑，始循万物之未，为主于内，则群阳降而承之。"是说兑卦三阴爻居上位，表示万物开始衰落，为一卦之主，其下两阳爻奉承之，意味阴气兴起，故此卦初九爻为秋分，可是其气运行到正北方，成就万物之功已穷尽，兑卦用事，至此结束。

总之，"阳七之静始于坎"，"阳七"指坎卦中阳爻，乃少阳之象（在易学词汇里，少阳为七），表示阳气尚未兴起；"阳九之动始于震"，"阳九"指震卦中的阳爻，为老阳之象，表示阳气兴起；"阴八之静始于离"，"阴八"指离卦中的阴爻，乃少阴之象，表示阴气尚未兴起；"阴六之动始于兑"，"阴六"指兑卦中的阴爻，乃老阴之象，表示阴气兴起。

孟喜卦气说提到的这些内容是对《周易·说卦》中八方四时的阐发。以四季配四方，见于《月令》等著作。太阳从东方升起，使人感到暖和，所以，以东方配春天。太阳西落，使人感到阴凉，所以，以西方配秋天。处于中原地区的人，认为南方热，北方寒，所以，以南方配夏天，以北方配冬天。《说卦》以坎、离、震、兑相配，是取此四卦的卦义。震为动，表示万物初生，故配春天、东方。离为明，表示万物茂盛皆相见，故配夏天、南方。兑为悦，表示万物长成而喜悦，故配秋天、西方。坎为劳，表示万物皆疲劳，需闭藏，故配冬天、北方。

孟喜以奇偶之数和爻象解释此四卦。以阳爻奇数代表阳气，阴爻偶数代表阴气。把阳卦坎、震视为阳气生息的过程。坎卦的阳爻，其数为七，意味着阳气微弱；震卦阳爻，其数为九，意味着阳气壮大。把兑看作阴气生息的过程。离卦的阴爻，其数为八，意味着阴气微弱；兑卦的阴爻，其数为六，意味着阴气壮大。因为阳主进，以九为极限；阴主退，以六为极限。这样，四正卦所居的方位，便代表阴阳二气于一年之中消息过程。可以看出，孟喜将《月令》和《说卦》中的四时配四方说发展成为卦气说，其特点是以卦象中阴阳奇偶之数解释阴阳二气消长的过程。古人用六十四卦体系表征自然界阴阳消长转化的气候规律见下图。

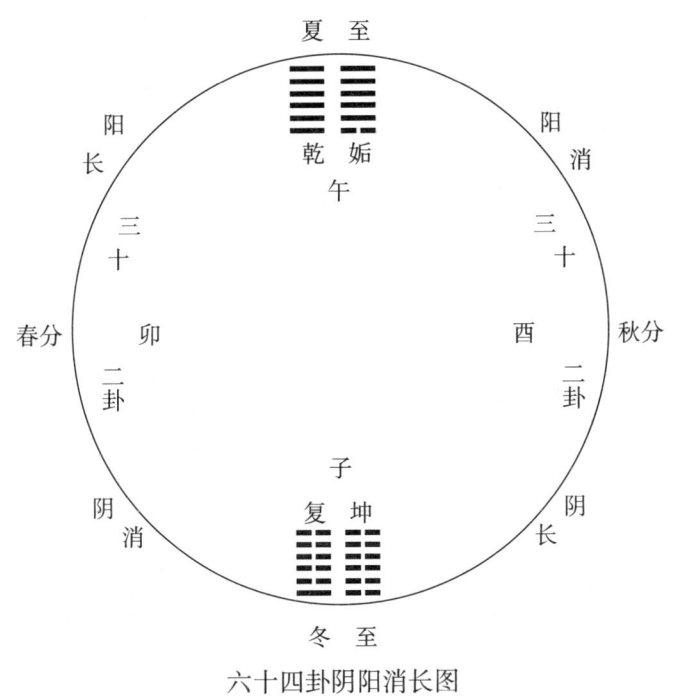

六十四卦阴阳消长图

《周易》六十四卦应用在古气候学上，体现着阴阳消长的规律，中国古气象学以文王八卦为基础，合卦象、方位、时令、干支自为一体，用以预测气候，即：自子至亥，以成东、西、南、北之方，秋、冬、春、夏之位，子、午为阴阳之极，卯、酉为阴阳之间，是为四正。四正定而四隅立，二十四节气分居，而时序顺。以一岁而言，则冬至以后属阳，夏至以后属阴。以一日而言，则子时以后属阳，午时以后属阴。

《新唐书·卷二十七上》记载唐代僧人一行论卦气：

自冬至初，中孚用事。一月之策，九六七八，是为三十。而卦以地六，候以天五。五六相乘，消息一变。十有二变而岁复初。坎、震、离、兑，二十四气，次主一爻。其初则二至二分也。坎以阴包阳，故自北正。微阳动于下，升而未达，极于二月，凝固之气消，坎运终焉。春分出于震，始于万物之元，为主于内，则群阴化而从之。极于正南，而丰大之变穷，震功究焉。离以阳包阴，故自南正，微阴生于地下，积而未章，至于八月，文明之质衰，离运终焉。仲秋阴形于兑，始循万物之末，为主于内，则群阳降而承之。极于北正，而天泽之施穷，兑功究焉。故阳七之静始于坎；阳九之动始于震。阴八之静始于离，阴六之动始于兑。故四象之变，皆兼六爻，而中节之备矣。

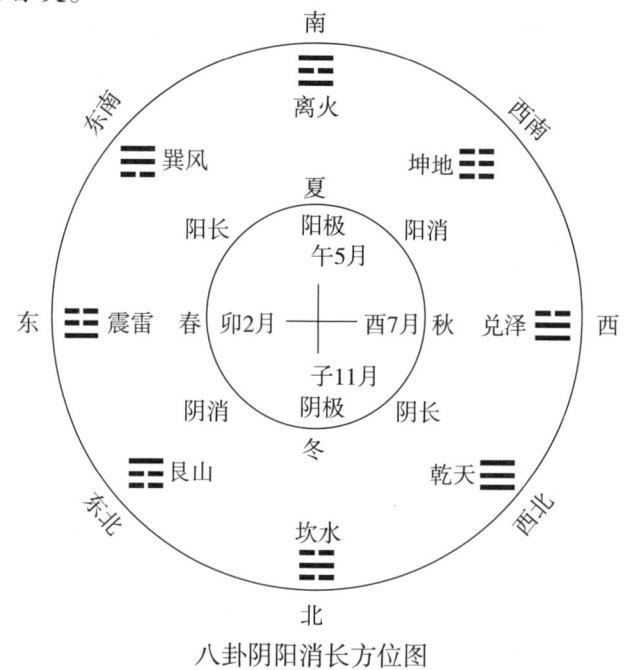

八卦阴阳消长方位图

大致意思是说：从冬至初候开始，配以中孚卦，此即"中孚用事"。一月的日数，等于筮法中九、六、七、八之数的总和，

此即"是为三十"。"卦以地六"，是说每月配五个卦，每卦主管六日余，所以称为"地六"。按《系辞》天地之数的说法，地六为地数中的中数。"候以天五"，候指七十二候，是说七十二候中每两候之间，五日有余，所以称为"天五"，因为五为天数中的中数。"五六相乘"是说，五乘六为三十日，代表一个月的日数。"消息一变"，指一个月的气候的变化。一年十二月，其节气的变化有十二阶段，往复循环，此即"十有二变而岁复初"。"坎、震、离、兑，二十四气"，是说此四卦称为四正卦，各主管二十四节气中的六个节气，即从冬至到惊蛰为坎卦用事，春分到芒种为震卦用事，夏至到白露为离卦用事，秋分到大雪为兑卦用事。"次主一爻"，是说一卦六爻，每一爻又主管一个节气，如坎卦初六为冬至，九二为小寒，六三为大寒，六四为立春，九五为雨水，上六为惊蛰。其他三正卦类此。"其初则二至二分"，是说四正卦的初爻分别为冬至、夏至、春分、秋分。下文分别对四正卦所以主管四时的原因做了解释。按《新唐书·历志》，其他六十卦，则配以七十二候，此六十卦，按辟（君）、公、侯、卿、大夫五爵位分为五组，每组各有十二卦。十二辟卦为：复、临、泰、大壮、夬、乾、姤、遁、否、观、剥、坤，又称十二月之主卦或十二月卦。十二候卦为：屯、小过、需、豫、旅、大有、鼎、恒、巽、归妹、艮、未济。其他卦分别为公、卿、大夫卦。

二十四节气，每一节气分为三候，即初候、次候和末候，共七十二候。配六十卦时，初候为始卦、次候为中卦、末候为终卦。凡初候二十四，配以公卦和候卦；次候二十四，配以辟卦和大夫卦；末候二十四，配以候卦和卿卦。六十卦配七十二候，缺十二卦，则以候卦补之。候卦又分内外，每月的月首称为节，月中称为中，二十四节气就分为中气和节气两类，中气十二，节气十二。就一年的节气变化来说，十一月中冬至，初候为公卦中孚，次候为辟卦复，末候为候卦屯内，此为一年节气变化的开始。到次年十一月节大雪末候颐卦，为一年节气变化的终结。

孟喜总结道："四象之变，皆兼六爻，而中、节之应备矣。"

（三）十二消息卦

孟喜的卦气说用十二消息卦说明二十四节气阴阳消息的过程，凡是有历法的地方，总有阴阳八卦出现。"消"指卦体中阳爻消减，阴爻增长；"息"指阴爻息减而阳爻生。十二消息卦，又叫十二辟卦，包括复卦、临卦、泰卦、大壮卦、夬卦、乾卦、姤卦、遁卦、否卦、观卦、剥卦、坤卦，被分别配以十二月建，也称"十二月卦"。

十二消息卦是依卦确定历法的典型，以七十二候图中的十二辟卦代表一年十二月，其顺序见下表。

十二消息卦

卦名	卦象	消息	斗建	月份	季节
复 卦	䷗	一阳息阴	建子	十一月	仲冬
临 卦	䷒	二阳息阴	建丑	腊月	季冬
泰 卦	䷊	三阳息阴	建寅	正月	孟春
大壮卦	䷡	四阳息阴	建卯	二月	仲春
夬 卦	䷪	五阳息阴	建辰	三月	季春
乾 卦	䷀	六阳息阴	建巳	四月	孟夏
姤 卦	䷫	一阴消阳	建午	五月	仲夏
遁 卦	䷠	二阴消阳	建未	六月	季夏
否 卦	䷋	三阴消阳	建申	七月	孟秋
观 卦	䷓	四阴消阳	建酉	八月	仲秋
剥 卦	䷖	五阴消阳	建戌	九月	季春
坤 卦	䷁	六阴消阳	建亥	十月	孟冬

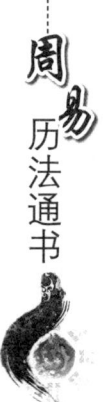

此十二卦代表一年节气中的中气，十二卦共七十二爻，代表七十二候。为什么选这十二卦来代表十二月呢？因为其中的刚柔二爻的变化体现了阴阳二气消长的过程。前六卦，即从复卦到乾卦，表示阳爻逐渐增加，从下往上增长的过程，阳爻代表阳气，故而说明阳气增长的过程。复卦象为一阳生，临卦象为二阳生，泰卦象为三阳生，大壮卦象为四阳生，夬卦象为五阳生，乾卦六爻皆阳，表示阳气极盛，此为阳息的过程，同时也是阴消的过程。后六卦，从姤卦到坤卦，表示阴爻逐渐增加，阴气逐渐增长的过

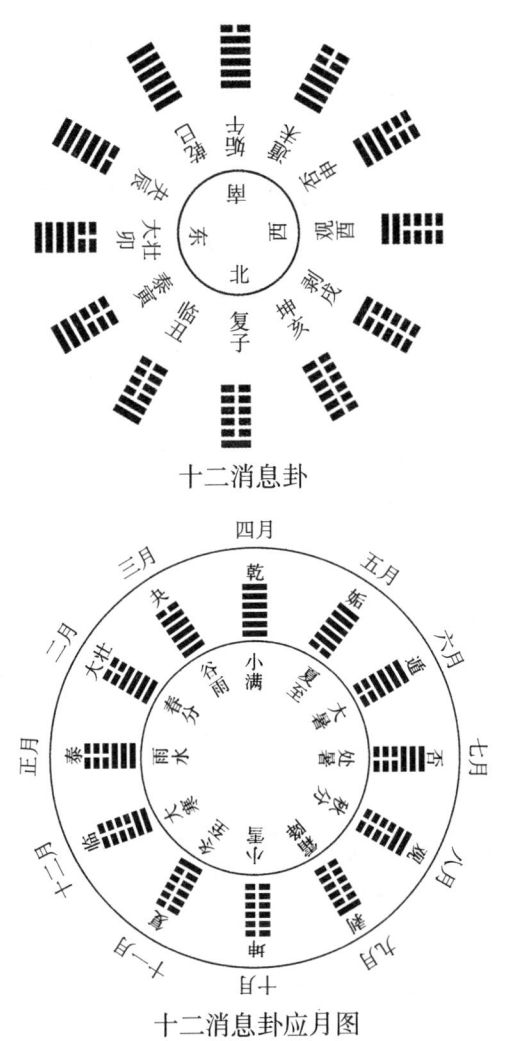

十二消息卦

十二消息卦应月图

程，姤卦象为一阴生，遁卦象为二阴生，否卦象为三阴生，观卦象为四阴生，剥卦象为五阴生，坤卦象六爻皆阴，表示阴气极盛，此为阴息的过程，同时也是阳消的过程。

关于七十二候，复卦初九表示阳气始动，为十一月冬至次候；到乾卦六爻皆阳，表示阳极盛，为四月小满次候；姤卦初六爻表示阴气始动，为五月夏至次候；到坤卦六爻皆阴，表示阴气盛极，为十月小雪次候。这样，十二消息卦又象征二十四节气和七十二候的变化。就爻象的变化来说，前六卦为阳息阴消的过程，又叫息卦；后六卦为阴息阳消的过程，又被称为消卦。一年节气的变化，亦是如此。此说源于《象传》的爻位说，如以剥卦为"柔的变化"，夬卦为"刚决柔"，所谓"消息盈虚，天行也"。

孟喜是汉易代表人物之一，他以六十卦配一年的日数，认为六十卦中每月配五个卦，每卦主管六日七分，此即"卦以地六，候以天五"说。七分指一日之八十分之七，按此说法，六十卦所代表的总日数为三百六十五日多，当一年之数，与太初历相适应。

十二消息卦揭示了诸葛亮赤壁之战"借东风"之谜，时值十一月冬，一般刮西北风，哪里来的东风？请看十一月辟卦是地雷复一阳生，十一月中，冬季，的确有几天刮东风，这几天所刮的东风在诸葛亮的预测之中。

《御定星历考原》对十二消息卦与十二月建的对应关系有详细的说明：

正月，孟春。郑注曰：孟春者，日月会于娵訾，而斗建寅之辰也。正月，三阳之月，泰，三阳之卦，故以配之。

二月，仲春。郑注曰：仲春者，日月会于降娄，而斗建卯之辰也。二月，四阳之月，大壮，四月之卦，故以配之。

三月，季春。郑注曰：季春者，日月会于大梁，而斗建辰之辰也。三月，五阳之月，夬，五阳之卦，故以配之。

四月，孟夏。郑注曰：孟夏者，日月会于实沈，而斗建巳之辰也。四月，纯阳之月，乾，纯阳之卦，故以配之。

五月，仲夏。郑注曰：仲夏者，日月会于鹑首，而斗建午之辰也。夏至，一阴始生，姤，一阴之卦，故以配之。

六月，季夏。郑注曰：季夏者，日月会于鹑火，而斗建未之辰也。六月，二阴之月，遁，二阴之卦，故以配之。

七月，孟秋。郑注曰：孟秋者，日月会于鹑尾，而斗建申之辰也。七月，三阴之月，否，三阴之卦，故以配之。

八月，仲秋。郑注曰：仲秋者，日月会于寿星，而斗建酉之辰也。八月，四阴之月，观，四阴之卦，故以配之。

九月，季秋。郑注曰：季秋者，日月会于大火，而斗建戌之辰也。九月，五阴之月，剥五阴之卦，故以配之。

十月，孟冬。郑注曰：孟冬者，日月会于析木，而斗建亥之辰也。十月，纯阴之月，坤，纯阴之卦，故以配之。

十一月，仲冬。郑注曰：仲冬者，日月会于星纪，而斗建子之辰也。冬至，一阳始生，复，一阳之卦，故以配之。

十二月，季冬。郑注曰：季冬者，日月会于玄枵，而斗建丑之辰也。十二月，二阳之月，临，二阳之卦，故以配之。

相对于月建而言，天上的十二星次与地上的十二方位相应对显，二而会一，共同摄纳对方于自身之中，并皆由表征地上十二方位的十二地支所表示。

古代还有十二律吕，其音声与十二月相配，肇乎各月气的消息流变，因乎气的消息流变所促成的天人合一的宇宙律动。十二律吕之说，早已形成。就传世文献言之，至迟在东周景王（前544年—前520年在位）时已相当完备。

十二律吕相应有所值的十二辰之位：黄钟值子，大吕值丑，大蔟值寅，夹钟值卯，姑洗值辰，中吕值巳，蕤宾值午，林钟值未，夷则值申，南吕值酉，无射值戌，应钟值亥。

东汉经学家郑玄诠释《周礼·春官》"以合阴阳之声"一段时说："'以合阴阳之声'者，声之阴阳各有合。黄钟，子之气也，十一月建焉，而辰在星纪。大吕，丑之气也，十二月建焉，而辰在玄枵。大蔟，寅之气也，正月建焉，而辰在娵訾。应钟，亥之气也，十月建焉，而辰在析木。姑洗，辰之气也，三月建焉，而辰在大梁。南吕，酉之气也，八月建焉，而辰在寿星。蕤宾，午之气也，五月建焉，而辰在鹑首。林钟，未之气也，六月建焉，而辰在鹑火。夷则，申之气也，七月建焉，而辰在鹑尾。中吕，巳之气也，四月建焉，而辰在实沈。无射，戌之气也，九月建焉，而辰在大火。夹钟，卯之气也，二月建焉，而辰在降娄。辰与建交错贸处如表里然，是其合也。"于是，将十二律吕所值十二辰之位与前述它们彼此之间以三分损益下的相生所正定的乾阳坤阴之位相对接，乾阳坤阴所值的十二辰即豁然显露出来：

黄钟值子，乾初爻之阳即值子矣；林钟值未，坤初爻之阴即值未矣。

大蔟值寅，乾二爻之阳即值寅矣；南吕值酉，坤二爻之阴即值酉矣。

姑洗值辰，乾三爻之阳即值辰矣；应钟值亥，坤三爻之阴即值亥矣。

蕤宾值午，乾四爻之阳即值午矣；大吕值丑，坤四爻之阴即值丑矣。

夷则值申，乾五爻之阳即值申矣；夹钟值卯，坤五爻之阴即值卯矣。

无射值戌，乾上爻之阳即值戌矣；中吕值巳，坤上爻之阴即值巳矣。

由此也就有了所谓"隔八相生"说：律之生吕，吕之生律，

将自身数在内，依照自左而右即今所言顺时针之顺序，每隔八辰而生之。例如，黄钟生林钟，黄钟值子，隔子、丑、寅、卯、辰、巳、午、未八辰而生之；南吕生姑洗，南吕值酉，隔酉、戌、亥、子、丑、寅、卯、辰八辰而生之。乾阳坤阴间，也有了隔八相生之内涵。当然，这里应当指出，十二律吕中阳律黄钟所值十一月子位，恰是阳气开始息长之位，乾卦初爻正值此；五月午之位，阴气开始息长，但位属阳，阴退一位而值六月未，坤卦初爻值此，此又恰系阴吕林钟所值之位。

（四）爻辰说

爻辰说发明人是东汉经学家郑玄，字康成，北海高密人。他以"但念述先圣之元意，思整百家之不齐，亦庶几以竭吾才"的学术胸襟和文化自觉融会贯通两汉经学，总结出爻辰说。爻辰，即六十四卦诸爻所纳的子、丑、寅、卯、辰、巳、午、未、申、酉、戌、亥十二辰。爻而纳辰，故名爻辰。爻辰说用六十四卦推演时间，解释天地间的阴阳变化，形成了以卦爻纪年、纪月的历法体系。但是由于汉代天文历法仍存在许多不足，与实际的天象运行并不完全吻合，因此爻辰说也有很多缺陷。

郑玄在汉易卦气说的易学大语境下，以爻辰说呼应八卦卦气说，以爻辰图式呼应八卦卦气图式，视爻为基本单位，表示天地宇宙间年复一年的阴阳二气之消息、物候节气时序之更替、万物万象之生化。

卦气说主要有两种基本形态。一种是以八卦为符号系统的八卦卦气说，一种是以六十四卦为符号系统的六十四卦卦气说。孟喜的卦气说，属于后一种。《易纬乾凿度》在《说卦传》八卦图式与孟喜、京房卦气说的基础上，明确诠释了八卦卦气说与八卦卦气图式：

天地有春、秋、冬、夏之节，故生四时。四时各有阴阳刚柔之分，故生八卦。八卦成列，天地之道立，雷、风、水、火、山、泽之象定矣。其布散用事也，震生物于东方，位在二月。巽散之于东南，位在四月。离长之于南方，位在五月。坤养之于西南方，位在六月。兑收之于西方，位在八月。乾制之于西北方，位在十月。坎藏之于北方，位在十一月。艮终始之于东北方，位在十二月。八卦之气终，则四正四维之分明，生长收藏之道备；阴阳之体定，神明之德通，而万物各以其类成矣。……岁三百六十日，而天气周，八卦用事，各四十五日，方备岁焉。故艮渐正月，巽渐三月，坤渐七月，乾渐九月，而各以卦之所言为月也。

　　八卦揭示天地贯通施化过程中，展演成的汇为四时的具有阴阳刚柔之分的八种气。因其由卦所涵摄符示，因卦而彰显出其自身，即径称卦气。八种气出现于相应月份，具体实现了天地对于万物万象的生长收藏。气与卦合二为一后所称的卦气，其显用就在这些相应月份内。通而言之，一岁约为360日，八卦卦气各有45个显用之日，八卦遂分别涵摄符示相应45日内阴阳消息、时令交替、万物生化之具体情状；细而究之，震、离、兑、坎四正卦的卦气集中显用于四时至正最显之象所在的四仲之月，巽、坤、乾、艮四维卦的卦气则显用于四时的孟季之月，即震气显用于仲春二月卯，位在正东；巽气显用于孟夏四月巳及季春三月辰，位在东南；离气显用于仲夏五月午，位在正南；坤气显用于孟秋七月申及季夏六月未，位在西南；兑气显用于仲秋八月酉，位在正西；乾气显用于孟冬十月亥及季秋九月戌，位在西北；坎气显用于仲冬十一月子，位在正北；艮气显用于孟春正月寅及季冬十二月丑，位在东南。四正卦的卦气各集中显用一月，四维卦的卦气分别显用两个月。而就四维卦之卦气显用所在的孟、季两个月再予比观，则其显用之位更在四孟。于是十二月各月之气与八卦卦

气的对应关系即是：子气即坎气，丑气、寅气即艮气，卯气即震气，辰气、巳气即巽气，午气即离气，未气、申气即坤气，酉气即兑气，戌气、亥气即乾气。

（五）纳甲说

纳甲，就是把八卦与十天干相配，相传出于西汉易学家京房的《京氏易传》。《京氏易传》说："分天地乾坤之象，益之以甲乙壬癸，震巽之象配庚辛，坎离之象配戊己，艮兑之象配丙丁。八卦分阴阳，六位配五行，光明四通，交易立节。"十天干对应一至十。一、三、五、七、九为阳数，一和九分别是阳数的开始和结束；二、四、六、八、十为阴数，二和十分别是阴数的开始和结束。乾坤包含阴阳始终之意，所以乾卦配以一和九，即甲和壬；坤卦配以二和十，即乙和癸。其余六卦，仿画卦的自下而上依次匹配。震卦一阳生于下，配以七，即庚；巽卦一阴生于下，配以八，即辛。坎卦阳爻位于中间，所以配以五，即戊；离卦阴爻位于中间，所以配以六，即己。艮卦阳爻在上，所以配以三，即丙；兑卦阴爻在上，所以配以四，即丁。

纳甲

天干	甲	乙	丙	丁	戊	己	庚	辛	壬	癸
数字	一	二	三	四	五	六	七	八	九	十
八卦	乾	坤	艮	兑	坎	离	震	巽	乾	坤
卦象	☰	☷	☶	☱	☵	☲	☳	☴	☰	☷

东汉魏伯阳在《周易参同契》中进一步发展了纳甲说，将其与月相盈亏变化相结合："坎戊月精，离己日光，日月为易，刚柔相当，土王四季，罗络始终，青赤黑白，各居一方，皆秉中宫，戊巳之功。"又说："三日出为爽，震庚受西方。八日兑受丁，上

弦平如绳。十五干体就，盛满甲东方。蟾蜍与兔魄，日月气双明，蟾蜍视卦节，兔者吐生光。七八道已讫，屈伸低下降，十六转受统，巽辛见平明，艮直于丙南，下弦二十三，坤乙三十日，阳路丧其朋，节尽相禅与，继体复生龙，壬癸配甲乙，乾坤括始终。"

以八卦应月相，坎卦和离卦被视为日月的本体，居中不用；初三月生明，初昏之时月见于庚方，对应一阳始生的震卦；初八上弦，初昏之时月见于丁方，对应二阳浸盛的兑卦；十五日望，初昏之时月见于甲方，对应三阳盛满的乾卦；十七日月生魄，黎明之时月见于辛方，对应一阴始生的巽卦；二十三日下弦，黎明之时月见于丙方，对应二阴浸盛的艮卦；三十日晦，黎明之时月在乙方，对应三阴盛满的坤卦。

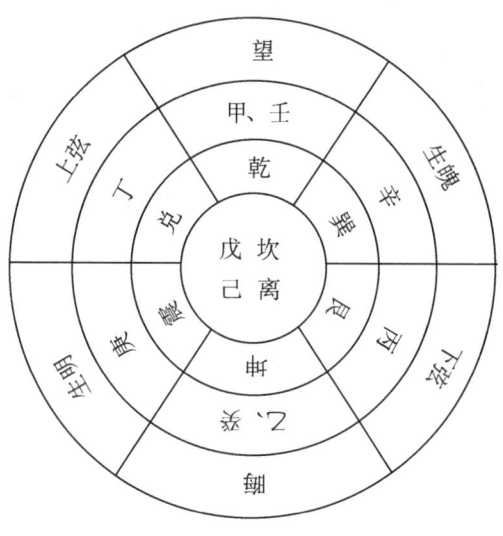

八卦月相对应图

将八卦的六爻与十二地支相配称为纳甲纳十二支。因乾坤两卦纳两天干，因此分内外卦。乾内卦纳甲，初爻至三爻分别为甲子、甲寅、甲辰；外卦纳壬，四爻至上爻分别为壬午、壬申、壬戌。坤卦内卦纳乙，纳支分别为乙未、乙巳、乙卯；外卦纳癸，纳支分别为癸丑、癸亥、癸酉。震卦纳庚，初爻至上爻分别为庚子、庚寅、庚辰、庚午、庚申、庚未。坎卦纳戊，初爻至上爻分别为戊寅、戊辰、戊午、戊申、戊戌、戊子。艮卦纳丙，初爻至上爻分别为丙辰、丙午、丙申、丙戌、丙子、丙寅。兑卦纳丁，初爻至上爻分别为丁巳、丁卯、丁丑、丁亥、丁酉、丁未。离卦纳己，初爻至上爻分别为己卯、己丑、己亥、己酉、己未、己巳。巽卦纳辛，初爻至上爻分别为辛丑、辛亥、辛酉、辛未、辛巳、辛卯。

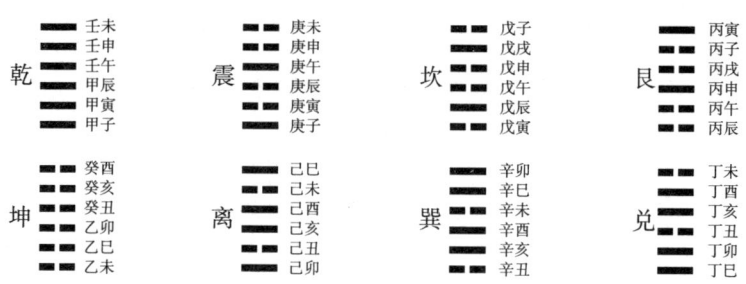

| 乾 | 壬戌 壬申 壬午 甲辰 甲寅 甲子 | 震 | 庚戌 庚申 庚午 庚辰 庚寅 庚子 | 坎 | 戊子 戊戌 戊午 戊辰 戊寅 | 艮 | 丙寅 丙子 丙戌 丙申 丙午 丙辰 |
| 坤 | 癸酉 癸亥 癸丑 乙卯 乙巳 乙未 | 离 | 己巳 己未 己酉 己亥 己丑 己卯 | 巽 | 辛卯 辛巳 辛未 辛酉 辛亥 辛丑 | 兑 | 丁未 丁酉 丁亥 丁丑 丁卯 丁巳 |

（六）奇门遁甲与历法

奇门遁甲是易学的重要分支。我国古人认为，十天干中的乙、丙、丁分别代表天上的日、月、星，所以把它们称为"三奇"。《易经》又以八卦变相的"开、休、生、伤、杜、景、死、惊"八门为"奇门"。古代占星家认为，三奇必须配合八门，并以门为主。两者配合产生许多"格"，古人由这些格推演八卦九宫结局，进而形成奇门遁甲术。"遁甲"中的"甲"指六甲，即甲子、甲戌、甲申、甲午、甲辰、甲寅，它们是十干之首，最为尊贵，藏而不现，隐遁于六仪之下。"六仪"就是戊、己、庚、辛、壬、癸。在奇门遁甲格局中，十天干的三奇、六仪分置九宫，由甲统领。

九宫可以说是奇门遁甲的底图，象征天时，对应着九星。奇门九宫图在本书第二章已有详细讲解，这里不再赘述。

传说，奇门遁甲是黄帝与蚩尤作战时，九天玄女秘密传授给黄帝的。最初九天玄女所传奇门有 4320 局，黄帝的宰相风后，将其压缩为1080局，到了周朝，姜子牙进一步将其压缩至72活局。至汉代，张良根据节气又对其进行了改革，确立了18局。从传说可以看出，奇门遁甲局数的演变和时辰、节气是密不可分的。奇门遁甲历中，一年有二十四节气，一个节气的15天被分为三元，上元、中元、下元各5天，以冬至上元为年首，到第二年的冬至为一年，共360天。每天12个时辰，一个时辰一个格局，则一年的总局数是360×12＝4320。但在这4320局中，每一局重复了4次，实为4320÷4=1080局。而一年24个节气，每个节气分上、中、下三元，则为24×3＝72局。如果从六十干支纪

		上 1	上 2	上 3	上 8
	冬至	中 7	小寒 中 8	大寒 中 9	立春 中 5
		下 4	下 5	下 6	下 2
阳遁	雨水	上 9 中 6 下 3	惊蛰 上 1 中 7 下 4	春分 上 3 中 9 下 6	清明 上 4 中 1 下 7
	谷雨	上 5 中 2 下 8	立夏 上 4 中 1 下 7	小满 上 5 中 2 下 8	芒种 上 6 中 3 下 9
阴遁	夏至	上 9 中 3 下 6	小暑 上 8 中 2 下 5	大暑 上 7 中 1 下 4	立秋 上 2 中 5 下 8
	处暑	上 1 中 4 下 7	白露 上 9 中 3 下 6	秋分 上 7 中 1 下 4	寒露 上 6 中 9 下 3
	霜降	上 5 中 8 下 2	立冬 上 6 中 9 下 3	小雪 上 5 中 8 下 2	大雪 上 4 中 7 下 1

周易历法通书

时的角度考虑，则可简化为 $1080 \div 60 = 18$ 局。这十八局分为阳遁九局和阴遁九局，可以根据二十四节气来判断奇门遁甲的局数，然后再根据时辰干支确定九星和八门的落宫。

（七）卦象对中国古代气候学的影响

中国古代气候学是用八卦组成的六十四卦阴阳爻体系来表征气候的冷暖、太阳的升落、月亮的圆缺、天气的阴晴变化的。八卦的基本符号是阴爻"- -"和阳爻"—"，代表月亮和太阳，八卦的产生就是对天象的最直接、最抽象的概括。由六十四卦组成的阴阳爻体系是古人对天气、气候原始而朴素的描摹。

八卦、六十四卦和任一卦中的六爻都蕴含着阴阳盛衰消息的易理。

八卦阴阳消长：

阳：

乾卦 ☰	阳盛极
离卦 ☲	阳极——阴生
巽卦 ☴	阳消阴长
艮卦 ☶	阴长阳弱

阴：

坤卦 ☷	阴盛极
坎卦 ☵	阴极——阳长
震卦 ☳	阴消阳长
兑卦 ☱	阳长阴弱

六十四卦阴阳消长：

阳：

乾卦 ䷀	阳盛极
姤卦 ䷫	阳极——阴生
遁卦 ䷠	阳多阴少
坎卦 ䷜	阴中含阳
否卦 ䷋	阴阳平衡
观卦 ䷓	阳消阴长
剥卦 ䷖	阴长阳弱

阴：

坤卦 ䷁	阴盛极
复卦 ䷗	阴极——阳长
临卦 ䷒	阴多阳少
离卦 ䷝	阳中含阴
泰卦 ䷊	阴阳平衡
大壮卦 ䷡	阴消阳长
夬卦 ䷪	阳长阴弱

每一卦由于爻位和爻数的变易，亦反映着阴阳消长的规律，即使纯阳卦或纯阴卦，其中也存在着阴阳的盛衰。《易传》以六、五两爻象天，三、四两爻象人，下、初二爻象地，即所谓易卦六爻象天、地、人三才之说。《易经》六爻是一个阴阳组合系统，反映着阴阳盛衰及其转化。例如乾卦☰，虽然每卦皆为阳爻，而《易经》原文的论述却有阳气由微到盛、由盛到阴的变易过程：

初九：潜龙勿用（初爻阳气尚微，勿过用，宜潜伏勿动）。

九二：见龙在田，利见大人（二爻阳已渐盛，可以出潜活动）。

九四：或跃在渊，无咎（四爻阳已旺盛，或飞跃或潜隐可以灵活变化）。

九五：飞龙在天，利见大人（五爻阳已大盛，可以尽施阳刚之德）。

上九：亢龙有悔（该卦阳已极盛，物极必反，阳极必阴）。

同样，坤卦是纯阴之卦，但爻辞也体现了其间阴阳的盛衰规律，如"初六，履霜坚冰至"，坤卦虽为坚阴，亦系从微寒开始，积凉而成，说明阴寒由微到盛的渐变过程。

太阳日周期历十二时辰为一日，合今 24 小时，1440 分钟。《焦氏易林》依序卦顺序一卦值一日，而坎、离、震、兑值二至二分。乾值甲子，坤值乙丑，直至未济值癸亥。周而复始，六周尽三百六十日。以一日十二时辰再分，则以乾坤两卦代表昼夜，乾坤计十二爻，每爻当一个时辰，十二爻当十二时辰。以十二地支记十二时辰，十二消息卦相配以表示阴阳消长变化之象。再以乾坤两卦三百六十策，其余每卦得六策。坎、离、震、兑四卦计二十四策，以演二十四气。三百六十策合周天三百六十度。《尚书·尧典》说："以闰月四时成岁。"一岁十二个月计三百五十四日，闰年十三个月计三百八十四日。《周易》以乾坤至涣共五十九卦，计三百五十四爻，以当十二月三百五十四日。六十四卦计三百八十四爻，以当闰年十三个月三百八十四日之数。卦气五日一候，每月六候，十二月计七十二候。每月配五卦，十二月配六十卦，余四卦坎、离、震、兑分主四时。每月五卦计三十爻，一爻主一日，五卦以当六候；十二月六十卦，以当七十二候。在六十卦中，每月以辟卦为主，故称十二月卦。以十二月卦表示十二月二十四节气晷景（晷表之投影，日影）的变化。从冬至子月起的六个月，晷景由最长不断缩短，《周易》以复、临、泰、大壮、夬、乾六卦，表示阳长阴消之象。从夏至午月起的六个月，则晷景由最短不断增长，《周易》以姤、遁、否、观、剥、坤六卦，表示阴长阳消之象。

一年四时，每时三个月，四时为十二个月，以春夏秋冬表示之。天球以二十八宿为刻度，四象分布四方。每时更一象限，四时更四象，限为一周天。古以二分二至定中星，易卦以坎、离、震、兑四卦纪四时。春分点在东方，青龙七宿居之，象征春三月，万物发陈，故以震卦配之。夏至点在南方，朱雀七宿居之，象征夏三月，万物蕃茂，故以离卦配之。秋分点在西方，白虎七宿居之，象征秋三月，万物成熟，故以兑卦配之。冬至点在北方，玄武七宿居之，象征冬三月，万物闭藏，故以坎卦配之。古法还以五星定四时。一年之中，每星各占七十二日，五星恰好三百六十日之数。乾、坤二卦策数亦为三百六十策。土、木、火三星轨道大而在外，计之恰好乾之策二百一十六；金、水二星轨道小而在内，计之恰合坤之策一百四十有四。以卦纪年，两卦值一年，六十四卦恰值三十二年。《易纬·乾凿度》说："法于乾坤，三十二岁而周六十四卦，三百八十四爻，万有一千五百二十坼，复于贞也。"就是说，每年两卦合一岁周天之数，即三百六十度。三十二对卦值三十二年，即为 $360 \times 32=11520$（策），所以《系辞》有"乾之策二百一十有六，坤之策百四十有四。凡三百有六十，当期之日。二篇之策，万有一千五百二十，当万物之数也"的说法。

古代曾以卦纪年，两卦值一年，六十四卦恰值三十二年。《易纬·乾凿度》说："法干乾坤，三十二岁而周六十四卦，三百八十四爻，万有一千五百二十拆，复于贞也。"以上是说，每年两卦合一岁周天之数，即 360 度，三十二对卦值三十二年即 11520 策。西汉初年的《淮南子·天文训》中也有关于一年、十年、六十年三种周期的记载。其中一年分五段，每一段为七十二天；十年也分为五个阶段，每段为七百二十天。六十年亦有一千四百四十气，恰合一周六十岁。纪年时用十天干和十二地支组合的六十甲子。

八卦是在古天文学的基础上发现的，它是与古天文历纪协同发展起来的，也是古代天文历数的最初形式（无文字符号）。因此，在古代，通过历数可以证实八卦与天文学的密切关系，八卦与六十花甲数一起，不仅可以动态地反映天象，而且还能推演历数，所以八卦与甲子都是象数兼赅的。它们既是天体运行的客观标志，又是协调律历度数，统一纪年纪月纪日纪时周期的象数符号。八卦与甲子的相继出现并有机地结合起来反映天地阴阳之象，这充分说明古人以之为宇宙规律，故称其为"天道""神道"。

古人认为历数是天时推移的根据和可靠标志。西汉司马迁《史记》曰："黄帝考定星历，建之五行，起消息，正闰余……各司其序，不相乱也。"可见我国早在黄帝时代已经有了精确的历法。

易学观念是我国古人描述天地万物最自然、最简单质朴的方法论。古人以地球为观测点，日月星辰的视运动为观测结果，因此，所观察到的是太阳每天从东方升起，经过南方（所谓上经天运动），落入西方，而日月星辰每年从西向东运动。北半球人

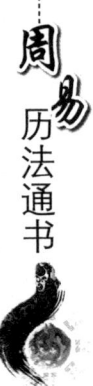

们只能观察到地平线以上一半天空的天体运行情况，当然还有地平线以下观察不到的"北方"。所以，古人时空观念是以上为南、下为北、左为东、右为西（所谓面南而立，向明而治）。不论天体运动何等复杂，古人都运用太极、河洛、易卦干支体系等极其简单、质朴、明了的图像和算式将其动态地描述出来，其阴阳曲线、圈与点、阴爻或阳爻、卦、干支等，都旨在具体、鲜明地反映物质时空运动。

☯ 三、观天象、定候节的传统历法

（一）四季和二十四节气

二十四节气最早起源于我国春秋战国时期的黄河流域，是古人观察太阳在黄道上的周年视运动规律并进行总结的成果，是中国人的伟大发明创造，至今对我国农业生产仍有重要的指导意义。

二十四节气包括：春季的立春、雨水、惊蛰、春分、清明、谷雨；夏季的立夏、小满、芒种、夏至、小暑、大暑；秋季的立秋、处暑、白露、秋分、寒露、霜降；冬季的立冬、小雪、大雪、冬至、小寒、大寒。可见，二十四节气是按照春、夏、秋、冬四季（古称"四时"）更替来划分的，而四季更替又是由地球绕太阳公转形成的，所以，二十四节气属于阳历。从现代天文学角度讲，天文学家按照太阳在黄道上周年视运动的位置变化，亦即地球绕太阳公转一周的位置变化，把一年四季细分为二十四节气。在天球黄道坐标系统中，自黄道上黄经 0° 起，太阳每运行 15° 为一个"节气"，历时 15 天左右，这样依次划分，一年一周 360°，共二十四节气。

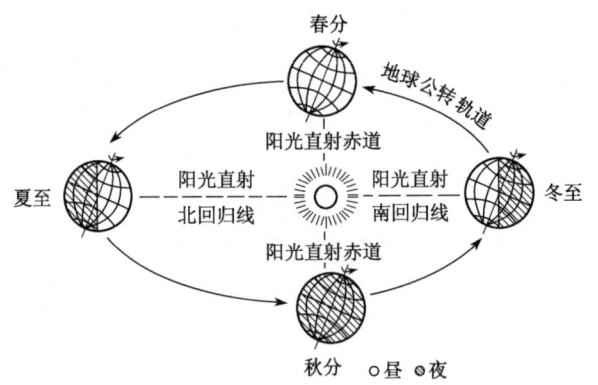

四季及昼夜变化成因示意图

从公历看，二十四节气的起始时间每年大致固定，前后相差一两天。为了帮助记忆，人们从每个节气各取一个字，按次序组成一首节气歌：

春雨惊春清谷天，夏满芒夏暑相连；

秋处露秋寒霜降，冬雪雪冬小大寒。

上半年来六、廿一，下半年来八、廿三；

每月两节日期定，最多不差一两天。

四季节气名称、日期、太阳到达黄经位置

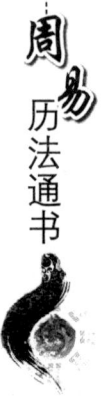

	节气名	立春	雨水	惊蛰	春分	清明	谷雨
春季	节气日期	2月3日、4日或5日	2月18日、19日或20日	3月5日、6日或7日	3月20日、21日或22日	4月4日、5日或6日	4月19日、20日或21日
	太阳到达黄经	315°	330°	345°	0°	15°	30°
	节气名	立夏	小满	芒种	夏至	小暑	大暑
夏季	节气日期	5月5日、6日或7日	5月20日、21日或22日	6月5日、6日或7日	6月21日或22日	7月6日、7日或8日	7月22日、23日或24日
	太阳到达黄经	45°	60°	75°	90°	105°	120°
	节气名	立秋	处暑	白露	秋分	寒露	霜降
秋季	节气日期	8月7日、8日或9日	8月22日、23日或24日	9月7日、8日或9日	9月22日、23日或24日	10月8日或9日	10月23日或24日

126

周易历法通书

秋季	节气名	立春	雨水	惊蛰	春分	清明	谷雨
	太阳到达黄经	135°	150°	165°	180°	195°	210°
冬季	节气名	立冬	小雪	大雪	冬至	小寒	大寒
	节气日期	11月7日或8日	11月21日、22日或23日	12月6日、7日或8日	12月21日、22日或23日	1月5日、6日或7日	1月20日或21日
	太阳到达黄经	225°	240°	255°	270°	285°	300°

127

需要注意的是，我国古代干支历法中年和月的时间起点是二十四节气。干支纪年中一年的起始时间是立春节气日，而不是农历正月初一。干支纪月的起始时间则是立春、惊蛰、清明、立夏、芒种、小暑、立秋、白露、寒露、立冬、大雪、小寒这十二个节气的交节时刻，而不是农历每月初一。

二十四节气的含义分别如下：

立春：春季的开始。

雨水：春风和煦，冰雪融化，空气湿润，雨水增多。

惊蛰：能听到春雷，蛰伏在泥土中的各种冬眠动物将苏醒过来开始活动。

春分：这一天，太阳直射赤道，南北半球昼夜相等。

清明：气候清爽温暖，草木返青，开始繁荣。

谷雨：降水明显增多，滋润大地，有利于谷物生长。

立夏：夏天的开始，气温显著升高、降水充沛，农作物进入生长旺季。

小满：麦类作物的籽粒开始饱满，但尚未成熟。

芒种：小麦、大麦等有芒作物成熟可收割。

夏至：这一天，太阳直射北回归线，北半球白昼最长、黑夜最短。

小暑：天气开始炎热。

大暑：一年中最热的节气。

立秋：秋季的开始，秋高气爽，月明风清。

处暑：炎热夏季即将结束，暑气就要消散。

白露：天气转凉，水汽开始凝结成霜。

秋分：这一天，太阳直射赤道，南北半球昼夜相等。

寒露：气温逐渐降低，露水更凉。

霜降：天气日渐寒冷，开始出现霜。

立冬：冬季开始，黄河中下游地区即将结冰。

小雪：气温下降，开始出现降雪。

大雪：北方降雪增多，地面开始出现积雪。

冬至：这一天，太阳直射南回归线，北半球白昼最短，黑夜最长。

小寒：气温逐渐降低，天气越来越寒冷。

大寒：一年中最冷的时节。

（二）农历

农历，又称夏历，相传起源于夏朝，本书前文介绍夏历时已简单提及，这里进一步系统阐述一下。从中国历法发展与存世文献看，秦汉以前的农历多是干支纪日，农历以数字纪日大概从西汉后期才开始，至魏晋才逐渐通行起来。作为中国传统历法的重要代表，农历至今在我们的生活中仍占据重要地位并被广泛使用，春节、端午、中秋等重要的传统节日都依农历而定。

在民间，农历又被称为阴历。而实际上，农历是一种阴阳合历。根据月球环绕地球运行而产生的圆缺盈缩变化周期规律所订的历法称为阴历，根据太阳直射点的移动规律周期所制订的历法称为阳历，农历是涵盖月球运行规律及太阳运行规律的阴阳历。它以月球绕地球运行一周为一个月的长度，重视月球圆缺盈亏的月相变化，又设置闰月以使每年的平均长度尽可能接近回归年，还兼顾二十四节气以反映季节的变化特征，把月亮和太阳的运行规则合为一体。

农历的月长度是以朔望月为准的，大月 30 天，小月 29 天，大月和小月相互弥补，使历月的平均长度接近朔望月。农历月的平均长度约 29 天半。农历把月亮黄经和太阳黄经相同的那一天，即朔日，作为月首。农历每月的头一天（初一）必须是朔日，这使得大小月的安排不固定，需要通过严格的观测和计算来确定。因此，农历中连续两个月是大月或小月的事常有发生。

古代天文学家规定中国农历的 12 个月份要以 12 个中气作为标志，即每个月份必须含有一个中气。如前所述，古天文学家把二十四节气中排在单数位置的称节气，排在偶数位置的称中气，一年共有 12 个节气和 12 个中气，农历中月份的名称也是由"中气"来决定的。各月所含中气为：正月雨水、二月春分、三月谷雨、四月小满、五月夏至、六月大暑、七月处暑、八月秋分、九月霜降、十月小雪、十一月冬至、十二月大寒。如遇不含中气的月份，则设置为闰月。

农历月与二十四节气一般对应关系

月份	正月	二月	三月	四月	五月	六月	七月	八月	九月	十月	十一月	十二月
节	立春	惊蛰	清明	立夏	芒种	小暑	立秋	白露	寒露	立冬	大雪	小寒
气	雨水	春分	谷雨	小满	夏至	大暑	处暑	秋分	霜降	小雪	冬至	大寒

农历设置闰月是为了解决农历与回归年长度差的问题。农历中大月 30 天，小月 29 天，一年 12 个月共 354 或 355 天，比一回归年（365.2422 天）少 11 天左右，积累 4 年就要少 1 个多月。这样下去 9 年后就相差 3 个月，就会出现农历年初在夏天；17 年后就相差 6 个月，就会出现农历年初在回归年年尾的逆反现象。若一年设置 13 个朔望月，则农历年长度比回归年又多出 18 天多。

这样，也会出现天时与历法不合、时序错乱颠倒的现象。为了解决这一问题，古代先民在天文观测的基础上，找出了设置闰月的办法。由于太阳、月亮运动的复杂性，有时中气并不落在相应的月份，会出现不含中气的月份，农历把没有中气的那个月设置为闰月，并以上月命名为闰几月。例如2009年夏至节气出现在6月21日，其后有小暑（7月7日）和大暑（7月23日）两个节气，由于农历五月的下一个月初一为公历6月23日，月末二十九在公历7月21日，所以农历五月的下一个月只有节气小暑，没有中气大暑，因此设置了闰五月。

农历的置闰规律是"19年7闰"，即在19个农历年中设置7个闰月，如此，19个农历年与19个回归年的长度几乎相同。设置闰月的年份有13个月，全年约384天。虽然不像阳历那样准确，但这种置闰方法可以使农历月份与节气不会相差太远，其缺点是平年与闰年的天数差别大。

（三）七十二物候

我国古代黄河中下游地区的物候历，完整记载见于公元前2世纪的《逸周书·时训解》，以五日为候，三候为气，六气为时，四时为岁，一年二十四节气共七十二候。各候均以一个物候现象相应，称候应。其中，植物候应有植物的幼芽萌动、开花、结实等，动物候应有动物的始振、始鸣、交配、迁徙等，非生物候应有始冻、解冻、雷始发声等。七十二候候应的依次变化，反映了一年中气候变化的一般情况。中国古代天文学将二十四节气的每一节气分为三候，一候为五日，每候都有与之对应的应时而生的自然现象，叫作候应。七十二候候应具体如下：

孟春之正月候应：

东风解冻。蛰虫始振。鱼陟负冰。獭祭鱼。候雁北。草木萌动。

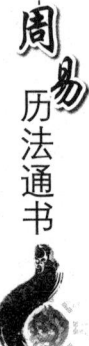

仲春之二月候应：

桃始华。仓庚（黄莺）鸣。鹰化为鸠。玄鸟（燕子）至。雷乃发声。始电。

季春之三月候应：

桐始华。田鼠化为鴽。虹始见。萍始生。鸣鸠拂其羽。戴胜降于桑。

孟夏之四月候应：

蝼蝈（蛙）鸣。蚯蚓出。王瓜生。苦菜秀。靡草死。麦秋至。

仲夏之五月六候候应：

螳螂生。鵙始鸣。反舌无声。鹿角解。蝈始鸣。半夏生。

季夏之六月候应：

温风至。蟋蟀居壁。鹰始挚。腐草为萤。土润溽暑。大雨时行。

孟秋之七月候应：

凉风至。白露降。寒蝉鸣。鹰祭鸟。天地始肃。禾乃登。

中秋之八月候应：

鸿雁来。玄鸟归。群鸟养羞。雷乃收声。蛰虫坏户。水始涸。

季秋之九月候应：

鸿雁来宾。雀入大水为蛤。菊有黄华。豺乃祭兽。草木黄落。蛰虫咸俯。

孟冬之十月候应：

水始冰。地始冻。雉入大水为蜃。虹藏不见。天气上升，地气下降。闭塞成冬。

仲冬之十一月候应：

鹖旦不鸣。虎始交。荔挺出。蚯蚓结。麋角解。水泉动。

季冬之十二月候应：

雁北乡。鹊始巢。雉始雊。鸡始乳。征鸟厉疾。水泽腹坚。

七十二候与卦气表

常气	月中节 四正卦	初候 始卦	次卦 中卦	末候 终卦
冬至	11月中 坎初六	蚯蚓结 公中孚	麋角解 辟 复	水泉动 候屯内
小寒	12月节 坎九二	雁北乡 公屯外	鹊始巢 大夫谦	雉始鸲 卿 睽
大寒	12月中 坎六三	鸡始乳 公 升	征鸟厉疾 辟 临	水泽腹坚 候小过内
立春	正月节 坎六四	东风解冻 候小过外	蛰虫始振 大夫蒙	鱼上冰 卿 盖
雨水	正月中 坎九五	獭祭鱼 公了断	候雁北 辟 泰	草木萌动 候需内
惊蛰	二月节 坎上六	桃始华 候需外	仓庚鸣 大夫随	鹰化为鸠 卿 晋
春分	二月中 震九初	玄鸟至 公 解	雷乃发声 辟大壮	始电 候豫内
清明	三月节 震六二	桐始华 候豫外	田鼠化为鴽 大夫讼	虹始见 卿 蛊
谷雨	三月中 震六三	萍始生 公草草	鸣鸠拂其羽 辟 夬	戴胜降于桑 候旅内
立夏	四月节 震九四	蝼蝈鸣 候旅外	蚯蚓出 大夫师	王瓜生 卿 比
小满	四月中 震六五	苦菜秀 公小畜	靡草死 辟 乾	麦秋至 候大有内
芒种	五月节 震上六	螳螂生 候大有外	鵙始鸣 大夫家人	反舌无声 卿 井

周易历法通书

常气	月中节 四正卦	初 候 始 卦	次 卦 中 卦	末 候 终 卦
夏至	五月中 离初九	鹿角解	蜩始鸣 辟始	半夏生 候鼎内
小暑	六月节 离六二	温风至 候鼎外	蟋蟀居壁 大夫丰	鹰始挚 卿涣
大暑	六月中 离九三	腐草为萤 公履	土润溽暑 辟遁	大雨时行 候恒内
立秋	七月节 离九四	凉风至 候恒外	白露降 大夫节	寒蝉鸣 卿同人
处暑	七月中 离六五	鹰祭鸟 公损	天地始肃 辟否	禾乃登 候巽内
白露	八月节 离上九	鸿雁来 候巽外	玄鸟归 大夫萃	群鸟养羞 卿大畜
秋分	八月中 兑初九	雷乃收声 公贲	蛰虫坏户 辟观	水始涸 候归妹内
寒露	九月节 兑九二	鸿雁来宾 候归妹外	雀入大水为蛤 大夫无妄	菊有黄华 卿明类
霜降	九月中 兑六三	豹乃祭兽 公 困	草木黄落 辟剥	蛰虫咸俯 候艮内
立冬	十月节 兑九四	水始冰 候艮外	地始冻 大夫既济	雉入大水为蜃 卿噬嗑
小雪	十月中 兑九五	虹藏不见 公大过	天气升腾, 地气下降 辟坤	闭塞成冬 候未济内
大雪	十一月节 兑上六	鹖旦不鸣 候永济外	虎始交 大夫寒	荔挺生 卿 颐

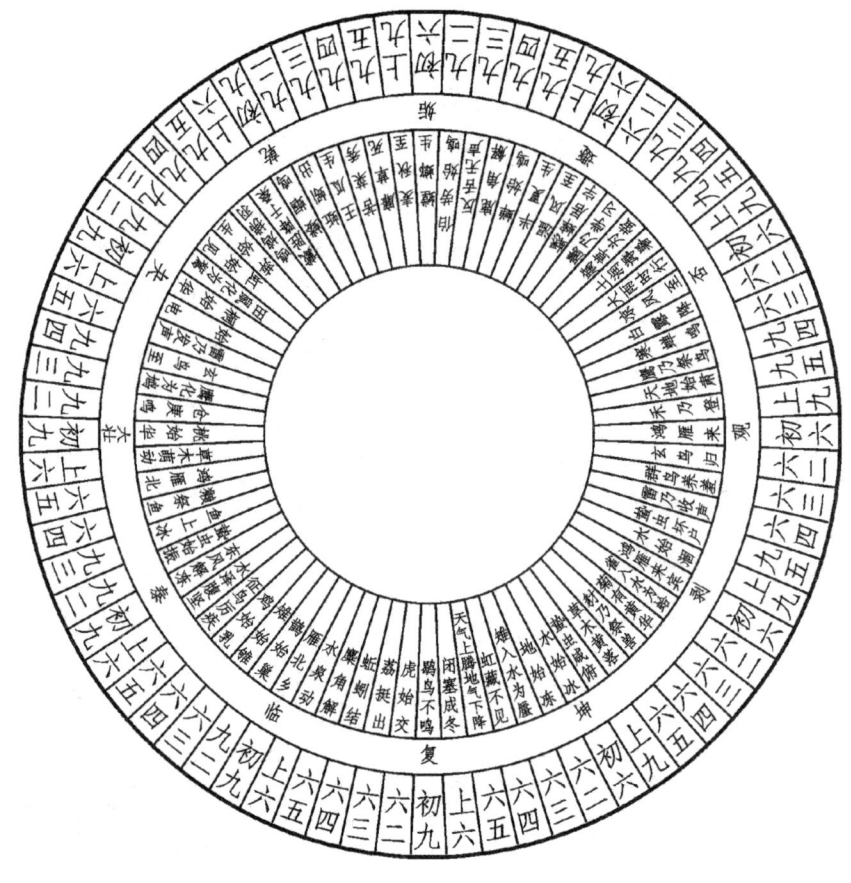

七十二候

（四）天干地支

1. 干支

天干、地支，简称干支，是我国古代的一种计序符号，产生于殷商时期，当时甲骨文中已有干支纪日的记录，后来又用于纪年、纪月、纪时，干支历法距今已有4000多年的历史。干支在古代应用广泛，与八卦配合还能用来辨方正位。

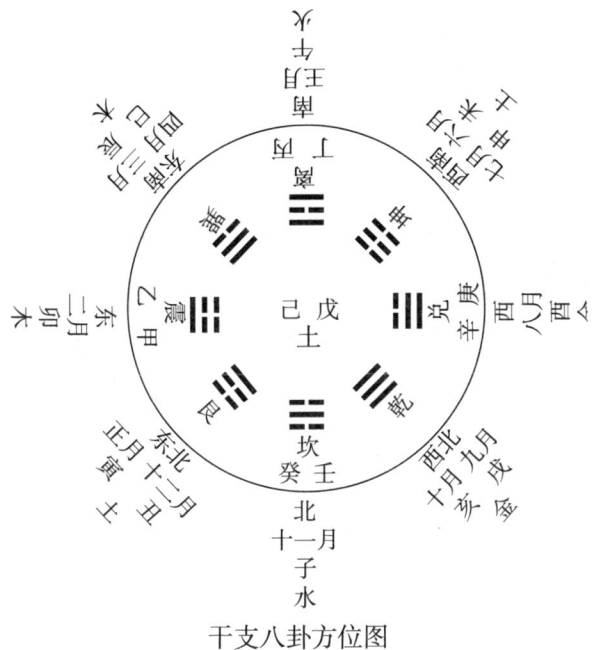

干支八卦方位图

　　东汉许慎《说文解字》记载十天干和十二地支原始含义分别如下：

　　十天干

　　甲：东方之孟，阳气萌动，从木戴孚甲之象。

　　乙：象春草木冤曲而出，阴气尚强，其出乙乙也，与丨同意。

　　丙：位南方，万物成炳然，阴气初起，阳气将亏。从一入门。一者，阳也。

　　丁：夏时万物皆丁实，象形。

　　戊：中宫也，象六甲五龙相拘绞也。

　　己：中宫也，象万物辟藏诎形也。

　　庚：位西方，象秋时万物庚庚有实也。

　　辛：秋时万物成而孰；金刚；味辛，辛痛即泣出。从一，从 **辛**。辛，罪也。

壬：位北方也。阴极阳生，故易曰龙战于野，战者，接也，象人怀妊之形。

癸：冬时，水土平，可揆度也，象水从四方流入地中之形。

十二地支

子：十一月，阳气动，万物滋。人以为称，象形。

丑：纽也。十二月，万物动，用事，象手之形。时加丑，亦举手时也。

寅：髕也。正月，阳气动，去黄泉，欲上出，阴尚强，象不达，髕寅于下也。

卯：冒也。二月，万物冒地而出，象开门之形，故二月为天门。

辰：震也。三月，阳气动，雷电振，民农时也。物皆生，从乙、匕，象芒达。

巳：已也。四月，阳气已出，阴气已藏，万物见，成文章，故巳为蛇，象形。

午：牾也。五月，阴气午逆阳，冒地而出。

未：味也。六月，滋味也。五行，木老于未，象木重枝叶也。

申：神也。七月，阴气成，体自申束。从臼，自持也。吏臣舖时听事，申旦政也。

酉：就也。八月，黍成，可为酎酒，象古文酉之形。

戌：灭也。九月，阳气微，万物毕成，阳下入地也。五行，土生于戊，盛于戌。从戊含一。

亥：荄也。十月，微阳起，接盛阴。从二，二，古文上字。一人男，一人女也。从乙，象怀子咳咳之形。

2. 干支组合

商代开始出现干支纪日，后世逐步发展到干支纪年、纪月、纪时，形成我国特有的干支历法。十天干和十二地支的最小公倍

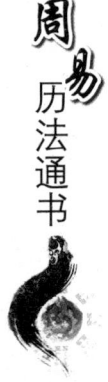

数是 60，将它们依次两两相配排列组合起来，60 个组合循环一周，便形成了"六十甲子"。在中国采用公历之前，人们长期用六十甲子纪年纪月纪日，例如，2019 年是己亥年，2020 年是庚子年，而下一个己亥年则是在 60 年以后的 2079 年。

六十甲子

1 甲子	2 乙丑	3 丙寅	4 丁卯	5 戊辰	6 己巳	7 庚午	8 辛未	9 壬申	10 癸酉
11 甲戌	12 乙亥	13 丙子	14 丁丑	15 戊寅	16 己卯	17 庚辰	18 辛巳	19 壬午	20 癸未
21 甲申	22 乙酉	23 丙戌	24 丁亥	25 戊子	26 己丑	27 庚寅	28 辛卯	29 壬辰	30 癸巳
31 甲午	32 乙未	33 丙申	34 丁酉	35 戊戌	36 己亥	37 庚子	38 辛丑	39 壬寅	40 癸卯
41 甲辰	42 乙巳	43 丙午	44 丁未	45 戊申	46 己酉	47 庚戌	48 辛亥	49 壬子	50 癸丑
51 甲寅	52 乙卯	53 丙辰	54 丁巳	55 戊午	56 己未	57 庚申	58 辛酉	59 壬戌	60 癸亥

六十甲子来源于土、水、木三星的天文相会现象。木星绕太阳一周约 12 年，土星绕太阳一周约 30 年，水星绕太阳一周约 0.25 年，三者的最小公倍数是 60。也就是说，大约每过 60 年，土、水、木三星相会一次。十二月建制来源于太阴历，即在地球绕太阳一周期内，月亮环绕地球约 12 周，形成 12 个月。

由 3 个六十甲子推得 180 年，叫三元。九星纪年从甲子年开始，180 年为一个周期，其中所含 3 个 60 年依次为上元、中元、下元。上元甲子年配一白，此后九星依次逆行循环纪年，乙丑年配九紫、丙寅年配八白……至癸亥年，上元六十年结束。中元甲子年入中宫的星不再为一白，而为四绿，其后九星依然逐年逆行。到了下元甲子年，入中宫的星为七赤，其后九星依然逐年逆行。这 180 年结束，回到上元甲子年时，又配以一白，如此循环往复。九星纪年以 60 年干支循环一轮为一元，那么，究竟以哪个甲子年为上元呢？目前可查的上元是从隋仁寿四年（604 年）开始的，即隋代刘焯创制《皇极历》之年。从这年起推算，到清同治三年

（1864年），上、中、下三元已循环了7次，此年复为上元甲子年，一白入中宫，1924年为中元甲子年，四绿入中宫；1984年为下元甲子年，金星入中宫。至2045年复为上元甲子年。2019年己亥岁属于下元甲子年，九星是八白土星，2020年庚子岁的九星为七赤金星。九星值年又称年紫白，民间以一白、六白、八白、九紫为吉星，九紫最吉，三白次吉，并以紫白所在方位为当年的吉方。

3. 干支纪年

干支纪年萌芽于西汉，通行于东汉。汉章帝元和二年（85年），朝廷下令在全国推行干支纪年。有人认为汉武帝以前已用干支纪年，应是后人推算出来的。干支纪年在我国历史纪年中被广泛使用。例如，东汉晚期的黄巾起义口号："苍天已死，黄天当立，岁在甲子，天下大吉。""岁在甲子"中的"甲子"即指甲子年，也就是公元184年。我国近代史的许多重要历史事件的发生年代常用干支表示，如甲午战争（1894年）、戊戌变法（1898年）、辛丑条约（1901年）、辛亥革命（1911年）等。干支纪年法比干支纪日法起源晚些，但至今也已使用了约两千年。

如前所述，必须特别注意的是，干支纪年以立春作为一年的开始即岁首，不是以农历正月初一作为一年的开始。例如，公历2019年2月4日（农历狗年十二月三十日）是立春日，此日之前属于戊戌年，自此日开始直到公历2020年2月4日（农历鼠年正月十一日）之前是己亥年，2020年2月4日立春日开始为庚子年。

将公元纪年推算成干支纪年是有方法可循的。

公历年份数减去3，再除以10，不管商数，余数就是天干序数；公历年份数减去3，再除以12，不管商数，余数就是地支序数。举例来说，要推算2020年的干支，则：

（2020-3）÷10=201.7，余数 7 对应天干序数为 7 的"庚"；

（2020-3）÷12 ≈ 168.1，余数 1 对应地支序数为 1 的"子"。

综合起来，就可以知道 2020 年的干支是庚子。

利用干支纪年法，我国民间还流行一种推岁数的"属相"，又叫"生肖"。属相就是以 12 种动物分别对应十二地支，如鼠对应子，地支为子的年份也称为鼠年，形成生肖纪年。

十二地支对应十二生肖

十二地支	子	丑	寅	卯	辰	巳	午	未	申	酉	戌	亥
十二生肖	鼠	牛	虎	兔	龙	蛇	马	羊	猴	鸡	狗	猪

4. 干支纪月

干支纪月实际用的是地支。地支纪月用十二月建，即中国古代天文学的"斗建"。

斗建的意义是"随斗杓所指建十二月"。如前所述，我国古代以十二辰纪月，即以北极为中心，把天穹的大圆周等分为 12 个区域，分别以十二地支命名，然后根据北极斗星的斗柄方向在人们的视觉中每月移运一辰、每年转动一周天的特点，以斗柄每月所指辰名来命名该月，称为"月建"。为使斗柄指示的方向与月份更密切配合，人们以十二地支表示方位，夏正十一月黄昏时斗柄指北方子，十二月、正月指东北方丑、寅，二月指东方卯，依此顺推，十月指西北方亥。这就是古代天文历法中经常提到的"十一月建子""十二月建丑""正月建寅"等的意思。

农历月份与十二地支对应表

农历月份	正月	二月	三月	四月	五月	六月	七月	八月	九月	十月	十一月	十二月
十二地支	寅	卯	辰	巳	午	未	由	酉	戌	亥	子	丑

如同干支纪年，对于干支纪月也需要注意，用干支组合表示月份的方法是按照二十四节气划分各月的。一年十二个月的干支纪月是以二十四节气中的立春、惊蛰、清明、立夏、芒种、小暑、立秋、白露、寒露、立冬、大雪、小寒这十二节开始的时间为起点的。比如，公历 2019 年 2 月 4 日 11 时 14 分立春，从此刻开始至 2019 年 3 月 6 日 5 时 10 分惊蛰交节之前是丙寅月，而农历正月初一并不是寅月的开始。干支纪月每 5 年为一个周期，闰月不计干支，每年从寅月开始，一年中的十二个月与十二地支依次对应，这样每月的地支是固定不变的。从立春日至惊蛰前一日为寅月，从惊蛰日至清明前一日为卯月，从清明日至立夏前一日为辰月，依次类推，从小寒日至立春前一日为丑月。因此，农历与公历都有闰月，而干支纪月每年固定为十二个月，各月的地支是固定不变的。这也是闰月不设独立的干支纪月的原因。纪月的地支（简称月支）再与天干相配，组成干支纪月。

表示月的天干（简称月干）配月的方法很多，民间广泛应用的是年干起月干口诀：

甲己之年丙作首，乙庚之岁戊为头；

丙辛之岁从庚算，丁壬壬寅正月求；

戊癸甲寅建正月，十干年月顺行流。

月干支查询表

月份 月干支 年干	正月	二月	三月	四月	五月	六月	七月	八月	九月	十月	十一月	十二月
甲、己	丙寅	丁卯	戊辰	己巳	庚午	辛未	壬申	癸酉	甲戌	乙亥	丙子	丁丑
乙、庚	戊寅	己卯	庚辰	辛巳	壬午	癸未	甲申	乙酉	丙戌	丁亥	戊子	己丑
丙、辛	庚寅	辛卯	壬辰	癸巳	甲午	乙未	丙申	丁酉	戊戌	己亥	庚子	辛丑
丁、壬	壬寅	癸卯	甲辰	乙巳	丙午	丁未	戊申	己酉	庚戌	辛亥	壬子	癸丑
戊、癸	甲寅	乙卯	丙辰	丁巳	戊午	己未	庚申	辛酉	壬戌	癸亥	甲子	乙丑

5.干支纪日

干支最早见于历法就是用于纪日，干支纪日法也叫甲子纪日法。考古发现，在商朝后期一块甲骨上，刻有完整的六十甲子。而文献记载，春秋时期鲁隐公三年二月己巳日（公元前720年农历二月初十），曾发生一次日食。这是中国使用干支纪日的比较确切的证据。至今2700多年，干支纪日从未间断。干支纪日，每天一个日序，甲子为第一日，乙丑为第二日，丙寅为第三日⋯⋯60日为一周期。一周期完了再由甲子起循环。但由于农历的月大月小没有一定规律可循，因此对于干支纪日，目前尚无简便的推算方法，最好借助于历表查询。

6.干支纪时

干支纪时是用十二地支把一天分为12个时辰，一个时辰相当于现今的两个小时。干支纪时每5天（60小时）为一个循环，每日各时辰的地支是固定的，23时至1时前为子时，1时至3时前是丑时，依此顺推，21时至23时前是亥时。若遇上这一时刻一秒不差地正处在上下两个时辰的交界处，就应该算作下一个时辰。比如1时整，应算作丑时；3时整，算作寅时。其余依此类推。还必须注意的是，子时又分0时整到0时59分59秒的早子时和23时整到23时59分59秒的晚子时(又称"子夜"或"夜子"）。根据日干判断时干支的口诀是日上起时歌诀：

> 甲己还加甲，乙庚丙作初；
>
> 丙辛从戊起，丁壬庚子居；
>
> 戊癸何方发，壬子是真途。

时辰 时干支 日干	23时 至1 时前	1时 至3 时前	3时 至5 时前	5时 至7 时前	7时 至9 时前	9时至 11时 前	11时 至13 时前	13时 至15 时前	15时 至17 时前	17时 至19 时前	19时 至21 时前	21时 至23 时前
甲、己	甲子	乙丑	丙寅	丁卯	戊辰	己巳	庚午	辛未	壬申	癸酉	甲戌	乙亥
乙、庚	丙子	丁丑	戊寅	己卯	庚辰	辛巳	壬午	癸未	甲申	乙酉	丙戌	丁亥
丙、辛	戊子	己丑	庚寅	辛卯	壬辰	癸巳	甲午	乙未	丙申	丁酉	戊戌	己亥
丁、壬	庚子	辛丑	壬寅	癸卯	甲辰	乙巳	丙午	丁未	戊申	己酉	庚戌	辛亥
戊、癸	壬子	癸丑	甲寅	乙卯	丙辰	丁巳	戊午	己未	庚申	辛酉	壬戌	癸亥
时辰 初、正	23时 子初, 0时 子正	1时 子初, 2时 子正	3时 子初, 4时 子正	5时 子初, 6时 子正	7时 子初, 8时 子正	9时 子初, 10时 子正	11时 子初, 12时 子正	13时 子初, 14时 子正	15时 子初, 16时 子正	17时 子初, 18时 子正	19时 子初, 20时 子正	21时 子初, 22时 子正
古俗称	夜半	鸡鸣	平旦	日出	食时	隔中	日中	日昳	晡食	日入	黄昏	人定

注：1时、3时、5时、7时、9时……终止时间均指截至这一钟点前的59分59秒，如3—5时，即指3时整至4时59分59秒这段时间。

7. 干支与阴阳五行

干支各配阴阳，遵循奇数为阳、偶数为阴的原则。十天干中，甲、丙、戊、庚、壬为阳；乙、丁、己、辛、癸为阴。十二地支中，子、寅、辰、午、申、戌为阳，丑、卯、巳、未、酉、亥为阴。干支各有五行所属，十天干中，甲乙属木，丙丁属火，戊己属土，庚辛属金，壬癸属水；十二地支中，寅卯属木，巳午属火，辰戌丑未属土，申酉属金，亥子属水。

天干属性

天干	甲	乙	丙	丁	戊	己	庚	辛	壬	癸
阴阳	阳	阴	阳	阴	阳	阴	阳	阴	阳	阴
五行	木		火		土		金		水	

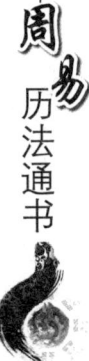

不同天干配合相同五行，所象征的意义也有区别：

甲木属森林大木，乙木属花草小木；

丙火属太阳大火，丁火属灯盏小火；

戊土属大地之土，己土属田园之土；

庚金属斧铁之金，辛金属珠饰之金；

壬水属大海之水，癸水属雨露之水。

地支属性

地支	子	丑	寅	卯	辰	巳	午	未	申	酉	戌	亥
阴阳	阳	阴	阳	阴	阳	阴	阳	阴	阳	阴	阳	阴
五行	水	土	木	木	土	火	火	土	金	金	土	水

天干、地支之间还分别存在合化、相冲、相刑、相害等关系，合化就是相互吸引融合。相冲就是相互克制，地支相冲实为对冲，在八卦图上，卯为木在东，酉为金在西，午为火在南，子为水在北，其他地支也都是处在相对的位置上。地支相刑是指互相惩罚，相害指相互损害。具体如下：

天干合化
- 甲己合化土
- 乙庚合化金
- 丙辛合化水
- 丁壬合化木
- 戊癸合化火

地支六合
- 子丑合土　寅亥合木
- 卯戌合火　辰酉合金
- 巳申合水　午未合土

地支三合 $\begin{cases} 申子辰合水 \\ 亥卯未合木 \\ 寅午戌合火 \\ 巳酉丑合金 \\ 辰戌丑未合土 \end{cases}$

天干相冲 $\begin{cases} 甲戊相冲 \quad 乙己相冲 \\ 丙庚相冲 \quad 丁辛相冲 \\ 戊壬相冲 \quad 己癸相冲 \\ 庚甲相冲 \quad 辛乙相冲 \\ 壬丙相冲 \quad 癸丁相冲 \end{cases}$

地支相冲 $\begin{cases} 子午相冲 \quad 卯酉相冲 \\ 寅申相冲 \quad 巳亥相冲 \\ 辰戌相冲 \quad 丑未相冲 \end{cases}$

地支相刑 $\begin{cases} 一刑：子刑卯，卯刑子，为无礼之刑； \\ 二刑：寅刑巳，巳刑申，申刑寅，恃势之刑； \\ 三刑：丑刑未，未刑戌，戌刑丑，无恩之刑； \\ 辰午酉亥自相刑 \end{cases}$

地支相害 $\begin{cases} 子未相害 \quad 丑午相害 \\ 寅巳相害 \quad 辰卯相害 \\ 申亥相害 \quad 酉戌相害 \end{cases}$

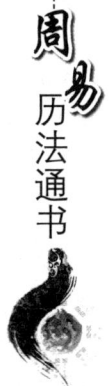

周易历法通书

第四章

解读《周易》智慧

☯ 一、《周易》从占筮术向哲学的演变

如前所述，《周易》包括《易经》和《易传》两部分。《易经》是一部筮书，《易传》是一部哲学书。但是，《易传》的哲学思想是在《易经》特殊的占筮结构和筮法基础上建立起来的，虽然这两个部分在内容上有差别，但在形式上却存在着联系，因而形成了一种哲学与巫术的奇妙结合，这也是中外思想史上一个极为特殊的现象。从《易经》到《易传》的发展过程实际上是人类认识发展史的一个缩影。我们从中可以看到人类抽象思维是怎样逐步发展的，可以看到这种在宗教巫术的基础上孕育产生的哲学思想体系是怎样扬弃了巫术的内容，同时又利用了巫术的形式，进而使《周易》本身拥有了不同于其他哲学体系的独一无二的特点。

占卜这种宗教巫术在世界各个民族中都曾普遍流行，形式多样。殷人盛行龟卜，而周人龟卜、筮占并用，例如司马迁所著《史记·龟策列传》有云："三王不同龟，四夷各异卜，然各以决吉凶。"古希腊人根据飞禽和牺牲的脏腑占问吉凶，也有凭借神圣橡树的叶声和溪间的水声占问吉凶的。占卜形式多种多样，为什么唯独从中国的占筮中发展出了一套哲学思想体系？这套哲学体系中许多思想至今影响着中华民族的思维方式和行为方式，并成

为中华文化的源头活水，而其他一些占卜却还停留在宗教巫术阶段，这种现象究竟该怎样解释？

占算是巫术的一个重要内容。巫术以预设的神灵世界的起初存在为前提，它虽然包含宗教因素，但与宗教相比，又是一种低层次的迷信意识。巫术所重视的是现实世界的具体功利，而不是以构建系统神学世界观为目标。另一方面，巫术又超越宗教之处，这在于它不像宗教那样更重视神格，使人文依附于神文，而是在迷信的外衣下包含着对人类主体力量的确认和自为、自强的入世精神，它力图通过人们特定的仪式化的行为程序来预测乃至干预鬼神意志和未来的吉凶，以"运动幻觉的方式"在意念上控制生存环境。占算所履行的正是巫术的这种预测功能，从这个意义上，可将之视为古代先民的未来学、预测学。

巫术蕴涵着世界观的因素，却又没有系统的神学世界观体系及其对主体力量的确认，就这两方面说，任何巫术都具有超脱自身而向世俗哲学转化的抽象可能性。具体到占算术来看，这种可能性的程度和升华为现实要受自身的哲理因素的丰富程度和诸多复杂而特殊的政治文化条件的制约。筮法之所以能发展为哲学，正是由于自身具备相当的哲理因素，且西周到春秋战国时期的政治文化环境为之提供了条件，而其他占算方式之所以不能获得哲学形态，也正是由于缺乏这些因素和条件。

（一）占算形式的规范化

殷商时期只有龟卜，没有成熟的蓍筮。《系辞下》说："易之兴也，其当于殷之末世，周之盛德。"这一说法反映了筮法在商末西周才逐渐成熟的历史事实。

筮法主要是在卜法的基础上形成，是卜官们为了简化龟卜烦琐的占算程序，降低龟卜兆纹的辨析难度及其解释的随意性而创

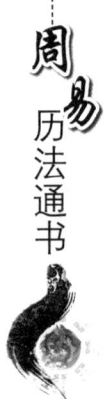

造的。由商末到西周，《易经》的产生经历了一个由龟兆到单卦（八卦），由单卦到重卦（六十四卦）的过程。《易经》的出现标志着一种简约化、规范化的新的占算系统的完成。

筮法这种新的占算技术基本上克服了龟卜的种种弱点，这体现在其以规范化、标准化的卦画符号系统取代了错综难辩的龟兆；以数一象一事相统一的严整体系克服了因反常龟兆而产生的解释的歧义现象；它以占算工具易得（用著草）、操作程序简便而弥补了龟卜占算工具（龟甲）匮乏、操作烦琐的缺陷；其易于掌握，便于广泛流传，从而克服了龟卜不易学习、难以普及的弱点。后世的治"易"著作将筮法的这种规范化、简约化的特点概括为"简易"，使人"易知""易从"，并认为"简易"是《周易》的主要特点和根本法则。

从卜法到筮法的演进不能仅视为巫术迷信的精致化过程，卜法的诸多弱点体现了一种烦琐无序的原始思维状态，而商周先民智力素质上的进步为扬弃这种占算方式提供了主观前提。因此，由卜法发展到筮法，实际上是从巫术这潭污水中倒映出商周先民由经验上的混乱、无序向系统、有序的理性思维进化的过程，是商周先民思维从原始状态开始提升的重要标识。

卜官们所创造的巫法使占算技术得以完备，然而它又派生了一个极为重要的副产品，那就是筮法的规范化、简约化使之产生出多方面的远远超出于巫术的哲理因素，正是这些因素使《易经》向世俗哲学转化的抽象可能性转变为现实。这是卜官们始料未及的。

第一，规范化、标准化的卦画符号为阐发哲学思想提供了适宜的形式。卦象体系的基本符号是阴爻"- -"和阳爻"—"，它们是占卜内容的符号化处理。阴爻、阳爻象征着存在于天地万物之中的两种既相反又相成的属性和势力，而由阴、阳爻构成的各卦卦象则代表着这两种势力相互作用而产生的事物的不同结果。虽然《易经》尚未明确提出阴、阳范畴，但是实际上，它已经把阴、阳视为宇宙万物所普遍具有的基本属性，将一切变化的原因归结为阴、阳这两种势力在相互作用过程中力量的消长。

在"与天地准""弥纶天地之道"的易理中，最根本的就是阴、阳相互作用和彼此转化的道理。这个道理在乾卦、坤卦、泰卦、否卦、剥卦、复卦等的文辞中都有充分的体现。这种思想实际上是在巫术的外衣下，对宇宙变动原因的哲学思考。《易经》文辞所包含的这种原始的对立统一思想并非完全取决于卦画形式的规范化，但这种规范的形式无疑对其哲理因素的丰富提供了良好的条件，给予了重要的影响。

此外，《易经》文辞中还包含了不少关于事物生成、变动的哲学思想，兼及宇宙、政治、军事、伦理、道德等方面，这在非筮辞部分较为突出。这些议论虽非《易经》文辞的主要部分，但其丰富程度却超过其他古代占算书，并且它们或多或少地与占算形式的规范化有一定联系。这些哲学思想正是《易经》哲学化的主要内在根据。

第二，《易经》卦象系统的完备性和周密性包含着系统的哲学宇宙观的萌芽。《易经》作为占筮书，被视为具有推测人间吉凶祸福乃至一切事物变化结果的功能。这本身就包含着宇宙观的成分，而六十四卦卦象又穷尽了八卦成对参伍排比的一切可能性。这种卦象系统的完备性自然而然地被视为囊括宇宙间一切变化法则的基本图式，它的卦象、文辞也被赋予"范围天地而不过，曲成万物而不遗"的意义。虽然有些文辞好像与所占的事情无关系，但是由于《易经》具有系统客观的意义，占筮者不必拘泥于原辞，可以"引而申之，触类而长之"，由原辞比附类推一切事物的变化结果。

冯友兰先生说:"照《易传》的解释,《易经》可以说是一部事物规律的代数学。它虽然也认为,事物的发展是没有穷尽的,但是它认为这部'代数学'可以包括过去现在和未来一切可能有的规律。"《易传》的这种解释说明了占筮的基本方法包含的哲理因素并非其作者们独创。《易经》这种周备的符号逻辑式的宇宙观框架无疑是其向宇宙哲学体系发展的一个非常重要的因素。

第三,占筮中数的变化规律给后世从象数角度阐发易理以启迪。在筮法中,数的变化具有特殊意义,蓍草数目的变化结果决定了每爻的性质和由爻构成的卦象的差别,而不同的卦爻象又预示着事物的不同结果。因此在数—象—事统一的占筮系统中,数的变化具有决定性作用。另外,人们发现,在用 50 根蓍草求卦时,每"三变"所剩的蓍草数目只能是 36、32、28、24 这四种情况,并且八个纯卦无论怎样重叠排比均不脱离六十四卦卦象的范围。存在于筮法之中的这些规律超出了当时人们的知识水平,人们由于对之难以索解而朦胧地产生了崇拜数的神秘情绪,而后世的一些治易学者又将这种神秘情绪理解转化为以象数论宇宙演化的学说,以为这些数字规律体现了宇宙演化的基本法则。

第四,在筮法这种简约化的占算技术中,"以变为占"的占筮原则和"分而为二"的占筮方法很值得注意。"以变为占"在占筮过程中的各个环节均有体现,如"三变"而成一爻,"十有八变而成卦",逢"九"或"六"须变爻,于是由"本卦"演变出"之卦",占卜要看变爻的爻辞,等等。后世学者普遍认为"变易"是易理的一个基本内容,"以变为占"的原则是效法天地万物变化的规律。另外,在占筮的每一"变"都需运用"分而为二"的方法,成卦的 18 次变化中就有 18 次"分而为二"出现。这种层层"分而为二"的占算方法对《易传》以后以阴阳表述对立统一的哲学传统有着深刻的影响。《系辞上》以等比数列构造宇宙生成模式的做法也无疑是受了这种层层"分而为二"的占筮方法的启迪。

《易经》在以上四个方面所包含的哲学宇宙观因素，均与《易经》占算形式的规范化、简约化密切相关，并且在很大程度上是由之决定的。这些哲理因素规定了《易经》哲学化的现实可能性，而西周到春秋战国时期特殊的政治、文化环境又为《易经》的哲学化提供了社会条件。

（二）先秦史官的特殊地位

在商周时期，占算是作为统治集团所垄断用以联结天人关系，论证王权至上的上层巫术而存在的。占算结果在决策国家大事时，具有举足轻重的地位。

周朝统治集团所用的占算方式是传统的卜法和新起的筮法。筮法在产生初期，地位低于卜法，遇有大事往往是先卜后筮，或者大事用卜，小事用筮。只是到了后来，筮法由于其规范、简约、无歧义等优点，才逐渐取得了与卜法相抗衡的地位，成为王室诸侯决策大事的一种基本依据。

由于占算具有如此重要的政治职能，因此掌管占算的官员有着特殊的政治地位。在商代，掌管占卜的是商王辅佐集团的基本成员——巫与史。在周朝，掌管历史文献、卜筮的是大史、大卜。在商末周初所设置的最高权力机构卿事寮中大史、大祝与大卜合称"三左"，其中，位居"三左"之首的大史，其政治地位和文化职能尤其值得重视，他们最先将占筮导向哲学。

在"学在官府"的商周时期，史官是文化层次最高的官员，他们的职能范围一方面是掌管起草文书，策命诸侯和卿大夫、记载史实、编写史书、保管国家典籍、天文历法等世俗文化和事务；另一方面又负责联系神鬼、解释灾祥、掌管卜筮、祭典乃至圆梦

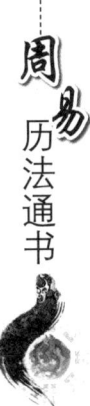

等巫术事宜。史官以其所掌握的世俗文化和巫术文化备王室及诸侯咨询，是王室和诸侯的主要顾问官员。

史官是以卜筮代鬼神发言而参议朝政的，但他们不是单纯的巫师集团。在世俗文化与巫术文化融于一体的商周时期，他们兼管这两种不同性质的文化，兼负世俗文化官员和上层巫师的双重职能，而在这两种文化和职能中，他们更偏重于前者。在春秋时期，史官以他们双重职能之便，成为将《易经》导向世俗文化，赋予其人文精神的开风气者，而《易经》的世俗化、人文化正是其由巫术转化为哲学的必要起始阶段。

春秋时期社会的大动荡使人的能动作用越来越突出地表现出来，世俗文化的地位日趋重要，震撼着传统的天命鬼神观念。在这种状况下，史官更多地对占筮做世俗化的解释，进一步将富于哲理性的《易经》推向世俗哲学，这一方面体现在他们将《易经》的文辞作为论政治、谈修身、讲伦理、究天道的哲理格言而在日常场合加以援引；另一方面也体现在他们用社会的历史经验和自然界规律性的现象作为参照，去比附解释《易经》文辞和占筮结果。《左传》《国语》中便有六七十处这样的从事物的自因来解释占算结果的例证。史官的这种治易态度，正是《易经》走向哲学的最初征兆。就此意义上说，它开启了春秋战国时期知识阶层广泛引《易》入论的风气，史官成为《周易》从占筮术向哲学转化的关键。

（三）诸子百家引《易》入论

春秋战国时期，在诸子蜂起、百家争鸣的思想大解放浪潮中，充满了进取、入世的人文精神，为《易》向世俗哲学的发展提供了良好的文化环境。在春秋时期，史官以世俗文化解释《易经》的风气逐渐影响到一般知识阶层。如《左传》记载着庄子引师卦初六爻辞论证军队纪律的重要性，郑国子产引复卦上六爻辞说明君主为政之道，这些都是不经占筮而直接引证《易经》文辞入论的例证。

在"学在官府"的背景下，尽管《易》出现了向世俗哲学发展的端倪，然而由于其隶属于官府文化的上层巫术，因此，它的主要职能仍然是沟通天人关系、预测吉凶，仍然不能超脱巫术的桎梏。要想使《易》进一步发展为哲学，就必须打破官府垄断文化的局面，将《易经》和世俗社会中富于人文精神的诸子学说相结合，进而完成其哲学化的过程。

春秋末期儒家创始人孔子开门授徒，提倡"有教无类"，首次打破了"学在官府"的状况，使包括《易》在内的上层文化走向民间，为《易》的进一步哲学化创造了条件。并且，孔子较为明确地把《易经》看做一部立身处世的道德教育书。《论语》中有数处谈《易》，均是从道德修养的角度予以阐发的。孔子重人事、远鬼神的治学态度对后世学者儒家以人文精神解释易理有重大影响。

战国时期，《易经》的哲理因素被诸子广泛重视，引《易》入论蔚然成风。《易》于此时方真正开始由上层巫术向世俗哲学转化。《系辞上》对当时知识阶层重《易》的态度作了这样的描述："《易》有圣人之道四焉：以言者尚其辞，以动者尚其变，以制器者尚其象，以卜筮者尚其占。"《易经》已不拘泥于原有的占筮作用，人们对它的文辞、变动规律、卦象体系进行了多角度的探讨。战国末期的儒家学者荀子不仅广引《易》之卦辞、卦象比附人事，而且提出了"善易者不占"的论断，这反映了当时学者普遍的治《易》态度，说明《易经》的占筮职能在学术界已退居次要地位。

在诸子百家中阐发易理最为精彩并最终完成《易经》哲学化的是儒家学者。从当时的思想界状况看，也只有儒家能够完成这一使命。其原因简单说有三：成书于西周并反映西周社会思想的《易经》与推崇西周文化的儒家学说有着内在的契合性；道、墨、名、法、阴阳诸家学说均在不同方面、不同程度上与《易经》的宇宙、人生思想相抵牾，不能将之发挥为与自身学说相协调的宇宙哲学；在孔子"六合之外，存而不论"思想影响下，早期儒家学说在宇宙观上是一个空白，因此有体系不完整的缺陷，《易传》作者将《易经》发挥为带有儒家色彩的哲学体系，正是出于填补这一空白，完善儒家思想体系的内在需要。

综上所述，《周易》从占筮巫术向哲学的转化经历了三个阶段：从《易经》成书后的西周至春秋时期，史官以世俗文化解《易》，《易经》人文化、世俗化初见端倪，这是转化的酝酿阶段；从春秋末期到战国中期，以儒家学者为主的诸子治易成风，不仅深化了《易经》世俗化、人文化的程度，且将之推向世俗哲学的轨道，这是转化的开始阶段；从战国中期到西汉初期，"十翼"陆续完成，这是转化的完成阶段。

《易传》作者们将与鬼谋的"易"变为与人谋的"易"，构造了多层次二分法的宇宙化生论，论述了以日新、生生、有为、尚刚强为特征的天道观，建立了以宇宙哲学为根基、以人生问题为核心、以政治人伦为功能的泛哲学体系。《易传》对《易经》的解释在后世具有至高的权威性。两千多年来，儒家学者们在研究《周易》或建立自己的宇宙哲学时，只能对《易传》所做的解释有所侧重、有所损益，而不能抛开《易经》的思想去独辟蹊径。

《易传》虽然包含一些神秘主义色彩，但毕竟是和《易经》占筮性质截然不同的哲学体系。21世纪的学者们认为：《易传》赋予《易经》的人文精神和哲学宇宙论意义，反映了华夏先民智力的进步、东方特色哲学思维方式的成熟和宇宙论模式的定型化。

二、《周易》探索复杂性的世界观

（一）两幅世界图景

西方管理智慧和方法是应对必然性的智慧和方法，但是在应对成长企业的机缘变化和偶发事件方面，西方管理智慧和方法则显得有些不足。《周易》中蕴含的东方管理智慧和方法恰恰可以弥补西方管理智慧和方法的缺憾，为成长企业发展的机遇和不确定性提供智慧启迪和操作方案。《周易》管理智慧和方法是应对偶然性的智慧和方法，它和西方管理智慧同样是对"管理之道"的体认。《周易》管理智慧在"道"的层面可以给管理者一双"慧眼"，使管理者可以"走一步看两步"，未雨绸缪；《周易》管理智慧在操作层面可以为成长企业的"立项"把脉，为成长企业老板的职业生涯作诊断；《周易》管理智慧为企业家提出组建生死团队的最佳方案，并为成长企业所处的外在环境提供咨询和建议。《周易》管理智慧和方法向成长企业家敞开一扇大门，教企业家学会用全新的方法去管理企业！

《周易》——东方智慧，为企业管理者提供了一种崭新的管理视野！

管理者面对两种不同的世界画面："简单性"的世界画面和"复杂性"的世界画面；管理者所面临的困境是：用长期习得的"简单性"理念去应对"复杂性"的企业管理现实。

1. 简单性的世界图景

简单性的世界图景是牛顿力学框架所描绘的。人们把世界的和谐与有序的基础理解为"一"，"一"代表了简单性，世界的多

样性被理解为具有同一性。"多"的共性是由在逻辑上简单又简单、数量上少之又少的原理支配，概括性最大的最简单的原理就成为化生万物的字母。一切事物都可以毫无遗漏地从原先存在的因素中导出。如果我们想要知道一个物体的运动轨迹，可以将该物体的初始条件代入牛顿第二运动定律 $F=ma$（F 表示物体所受合力，m 表示物体质量，a 表示物体加速度），便可以计算出物体运动轨迹的过去和无限的未来。在这个框架中，无论多么复杂的现象，我们都可以用这种解析的、还原的方法清晰地解释，这是一个必然性的（线性因果）、简单性的世界画面，也是近代科学的基础。

在这个框架体系中，复杂的、充满了活力的现象世界被还原成为数条逻辑规律，偶然性被说成是必然性的外在表现形式，太阳底下没有新事物。

经理人在课堂上从西方管理教科书中学习的方法也是必然性、简单性、还原论的科学管理方法。

但是，当经理人面对企业经营管理现实的时候则发现：那些可以纳入牛顿力学体系的，可以精确解析的、清晰的、简单的企业经营管理现象已经不多了，它们在企业经营管理世界复杂画面中只是凤毛麟角，大多数企业经营管理现象是混沌的、非线性因果的复杂现象，就像无数心理参数作用下的股市，下一秒钟是涨是跌，谁也说不清楚，甚至连股市的技术分析专家也说不清楚，股评人也和我们普通人一样肉眼凡胎，当这一秒钟过去时才能得知股市的升与降，犹如"密纳法的猫头鹰，黄昏之后才起飞"。股市的复杂性、偶然性、不确定性正是现代企业经营管理现实的缩影，也是现代经济生活和社会生活的缩影。

2. 复杂性的世界图景

而今人们在牛顿力学所描绘的简单性的世界图景中也发现了

"复杂性"，有些科学家在研究"探索复杂性"的问题，经济管理世界也如是。与牛顿力学所描绘的简单的世界图景相比，今天的世界图景发生了巨大变化，人们都在寻找可以应对复杂性即随机现象和偶然性的智慧。

纵观人类思维的发展历史，除《周易》外，还没有应对偶然性的智慧，或者说即使有也是处在低级的巫术水平。西方智慧是应对必然性的智慧，从柏拉图到亚里士多德、康德、黑格尔，都是在讲对简单性、必然性的认识，只有中华民族的《周易》智慧是应对偶然性的智慧。《易经》六十四卦有384爻，每一爻都是一种应对变化模式……我们的祖先发明了一系列"从现象认识现象""异质类比"等不同于西方科学的认识方法，每一种认识方法都是中国古代先民生存智慧的总结，都有它的独到之处和存在的价值。《周易》在从巫术向哲学转变的过程中，形成了已长久积淀在人们性格中的文化心理结构——理性化的巫传统，发掘这种结构，了解其长久维系的文化精神，将有助于我们应对现代企业经营管理的复杂性和不确定性，也有助于我们应对日常生活和工作中的偶发事件。

在现实生活中，我们面对的大部分是复杂性的世界画面，清晰的、可解析的必然画面已经越来越少。

管理者面对两种不同的世界画面——"简单性"和"复杂性"，他们所面临的困境是：用长期习得的简单性理念去应对复杂性的企业管理现实，试问经理人："你能不产生困惑吗？"换脑！《周易》重塑你的世界观！这就是经济管理世界"易学热"的原因。

人们在什么情况下会去读《周易》？在"哈姆雷特"状态（"To be or not to be？"）面临重大选择时读《周易》，在承受超常压力时读《周易》，在忧患时读《周易》。当人身处困境之中，当以往所学的全部书本知识和积累的全部人生经验都不能使人走出困境

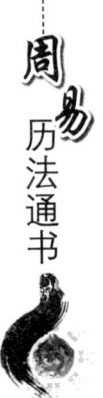

时，读《周易》能够获得意想不到的智慧和忠告。企业家面对的生存压力比较大，也更喜欢读《周易》。

（二）《周易》东方智慧的特点

异质类比是中国古代天人合一思想的认识论基础。

《说卦传》认为天、地、雷、风、山、泽、水、火这八种自然物质阴阳相对立、两两相偶，在运动变化中化生万物，并将自然界的万事万物纳入八卦的体系。

《说卦传》以及在《说卦传》的基础上衍生出来梅花易术等八卦体系涉及纷繁复杂的客观物质世界和人类社会生活，促成了古人特有的天、地、人三者合一的宇宙观和世界观，影响了中国人几千年的思维方式和文化传统，并成为中华文明的源头活水。为什么这样说呢？因为，八卦在体现古代先民世界观的同时也构成了他们独特的认知体系，这个独特体系的特点是取类比象的思维方法，我们把这种思维方法称为"东方式的智慧"，其本质是类比推理。

类比推理的基本做法是：如果两个或两类对象有若干相似属性，而其中一个或一类对象还有某个已知属性，我们就推出另一个或另一类对象也有类似的属性。即：

A 类事物有 a、b、c、d 属性

B 类事物有 a、b、c 属性

那么，B 类事物也可能有 d 属性。

举一个例子：

地球有：大气圈、水圈、生物圈，因此有人（智能生命）

在无垠宇宙中某一星球也有：大气圈、水圈、生物圈

那么，这个星球也可能有像人类一样的智慧生命。

可以看出，类比推理本身就是一种探索未知领域，知往察来，预测未来的认知方法。东西方预测学都是建立在类比推理基础上的，西方许多经济预测方式都基于类比推理，而东方智慧一开始就具有预测功能。

黑格尔认为，类比推理是一步达到真理性认识的思维方法。的确，类比推理直观简单，免去了烦琐的演绎推理和归纳推理。

但是，中国式的取类比象的推理方法与西方式的类比推理还有很大的区别。

首先是取类的方法不同，西方类比推理必须是在同属、同质、同类的事物之间进行，例如，地球与其他天体、化学元素与化学元素、人与人之间，取其本质属性进行比较，最后，得出结论和真理性的认识。中国式的取类比象在不同事物之间进行。例如因为人体内的血是红色的，所以古人认为藏红花、红枣、阿胶等红色或红褐色的物质都有补血的功能，古人就是通过这种类比推理发现了一些草药的治疗和保健功能的。

其次，中国人取类比象的前提是"天人合一"，古代先民目光远大，取类比象的对象是天、地、人、日、月、星。古人取一年有 12 个月，对比人体有 12 条经脉。闰年 13 个月，对比人体任督脉循环大小周天，这样人体与 13 个月一致，有 13 条经脉。"天人合一"的例证有很多，一年有 365 个日子，正如人体 365 个穴位。西方人曾经用了各种物理手段来找经脉，他们用了声学、光学、磁学、电学、热力学等各种方法，但都没有找到可视、可见、可触的实体物质。但是，经脉确实存在，几千年来针灸及其对疾病的治疗效果就是证明，西方智慧却发现不了。

类比推理也有极大的局限性，如果我们把两类事物的本质属性加以比较，我们可以一步达到真理性的认识，如果我们把两类事物的非本质属性加以比较，那么，我们就会"失之毫厘，谬以千里"。

例如：

我第一天吃了花生米、炸带鱼、五粮液、米饭，我醉了。

我第二天吃了花生米、红烧肉、二锅头、馒头，我又醉了。

（因为两天都吃了花生米）

所以，吃花生米是我醉了的原因。

从这个例子可以看出类比推理带有极大的或然性，中国式的东方智慧也打上了或然性的烙印，我们从中国古代先民的八卦认知图式中也不难看出这种牵强附会的痕迹。

三、《周易》东方现象学体系

（一）西方认识论与东方智慧认识方法比较

西方认识论是从现象认识本质，东方智慧是从现象认识现象。

西方认识论是纵向认识世界，我们从小到大学的认识方法都是从现象认识本质，再从一级本质深入到二级本质、三级本质以至于多级本质，随着学龄的积累，我们对世界本质的认识无限地深入下去。这是西方认识论带给我们的科学认识方法。西方认识论适应于认识世界普遍联系中的因果联系。但是，世界的普遍联系是多种多样的，因果联系只是世界的普遍联系中的一种联系，而不是普遍联系的全部。西方认识论只适用于具有"在此之前，由此之故"的因果联系的本质世界事物，这是大量的。现象界的非因果的事物被西方传统认识论抛弃在视野之外的同时，西方传统认识论及方法论对于认识有着非线性因果联系的纷繁复杂的现象界也无能为力。东方智慧是认识现象界的智慧，认为现象是非常重要的，现象不应仅仅是本质的反映，现象本身就带有本体性，整个世界就是一个错综复杂的现象本体，从现象就能认识现象。《易经》是东方智慧的典型代表，易经的认识论体系是一个现象学的认识体系，它是从现象认识现象，例如梅花易数就是在一个庞大的现象学体系下认识世界万物。

（二）梅花易数是东方现象学体系

1. 邵雍和梅花易数

邵雍生活于北宋年间。年轻时刻苦自学，才学奇博，后来在洛阳城中过隐逸生活，是象数学术系统的开山者。他依托《易经》创造出一套"易外别传"的理论，对我国的易学研究与发展作出了重要贡献，特别是在运用八卦进行信息认识方法上。他以八卦来类比万事万物，把年月日时的值用数学计算方法装入卦中，列出卦象，求出动爻，根据八卦阴阳五行排列，以用生克方法，兼用《周易》爻辞来进行判断，这就是梅花易数。邵雍发明的是普遍应用的《易经》认识复杂现象世界的重要方法之一。

邵雍由象数学构建出宇宙万物生成的图式，并且以此来解释世界，认知古往今来治乱盛衰的命运。他最著名的占卜要算他在洛阳的天津桥上听到杜鹃叫声，预卜出皇帝要启用南方人，政治上会起变乱——王安石变法。

邵雍的梅花易数实际上把有形的物还原为无形的气数。梅花易数通过对运行的气作数的把握来掌握其事态的发展状况。梅花易数的现象学认识框架的母本来源于《周易·说卦传》。

2. 梅花易数的运算方法

邵雍把数引入易学，也把数的运算引入易学体系。要了解梅花易数，就要了解邵雍的"数"的内涵。

所谓"数"，有以下几方面内涵：

① 卦数：乾 1，兑 2，离 3，震 4，巽 5，坎 6，艮 7，坤 8。

② 爻数：一爻（初爻）为 1，二爻为 2，三爻为 3，四爻为 4，五爻为 5，大爻（上爻）为 6。

③ 互卦数。

④ 十天干数：甲 1，乙 2，丙 3，丁 4，戊 5，己 6，庚 7，辛 8，壬 9，癸 10。

⑤ 十二地支数：子 1，丑 2，寅 3，卯 4，辰 5，巳 6，午 7，未 8，申 9，酉 10，戌 11，亥 12。

⑥ 方位数乾西北为 1，兑西为 2，离南为 3，震东为 4，巽东南为 5，坎北为 6，艮东北为 7，坤西南为 8。

⑦ 泛指所见可数的物数。

⑧ 泛指计量数。

知道了数的内涵，就可以用这些已知的数来起卦了。起卦的方法有以下几种：

（1）时间起卦

时间起卦，主要是用邵雍梅花易数中年月日时的起卦法。首先要选定农历时间。然后将年月日时换算成相应的数字。年用其地支——子、丑、寅、卯、辰、巳、午、未、申、酉、戌、亥，分别对应 1—12，年支为子则年数为 1，为丑则年数为 2，依次类推；农历为几月则月数就是几，如正月为 1，五月为 5；农历为几日则日数就是几，如初五为 5，二十二日为 22；时数用其时辰地支数分别对应 1—12，如卯时为 4，亥时为 12。得到年、月、日、时数后，将年、月、日数相加作为上卦数，将年、月、日、时数相加作为下卦数。如果所得的各数之和大于8，则用其除以8，余数作为卦数（整除时卦数为8）。卦数由1—8分别对应乾、兑、离、震、巽、坎、艮、坤。上下卦相合则得到完整的卦象。此外还要求动爻，如果年、月、日、时数之和为6，则动爻数为6，如果年、月、日、时数之和大于6，则用其除以6，余数为动爻数。

例如，用2019年3月2日11点10分起卦，其农历日期为己亥年正月二十六日午时，年数为12，月数为1，日数为26，时数为7。

上卦：12+1+26=39，39÷8=4……7，即上卦数为7，即艮卦；
下卦：12+1+26+7=46，46÷8=5……6，即下卦数为6，即坎卦；
动爻：12+1+26+7=46，46÷6=7……4，即动爻数为4。

上坤、下艮，则完整的卦象为谦卦。

（2）方位数起卦

某人或某物在某时往某方去，要知道去后的情况，就可以起卦。具体方法为：上卦为事件的主体，如老人为乾卦，少女即为兑卦。下卦为去往的方向，如去东方即为震卦，去西方为兑卦，等等。动爻是以上卦数与下卦数之和加上事件发生的时间。

例如，《梅花易数》记载：己丑日卯时。一老叟往巽方，有忧色，问其何以有忧，曰："无。"怪而占之。老叟为乾，作上卦。巽方下卦。又乾为1，巽为5，卯时为4，总数为10，以6除之，求应变之爻，得2，余数为4，四爻动。

（3）物数起卦

物数就是指见到的物的数量，以此物数作上卦，以所见时间作下卦。再以上卦数与下卦数之和除以6，求应变之爻。

举例：有人酉时在野外地面见到三道亮光，不知为何征兆，为此起卦如下：

上卦：地光数为 3，即离。

下卦：酉时为 10，大于 8，所以用 8 除之余 2，即兑。

上离下兑为睽卦。再用上卦数 3 和下卦数 2 之和加时数，酉时为 5，总计为 15，以 6 除之，余 3，三爻为应变之爻。

（4）字数起卦

通过别人写的字来起卦。首先要看字数，以分上下卦。具体分法如下。

一字：一为太极，如混沌不明，不可用之。如字画清晰，可分上下、左右，即可左或上画数作上卦数，右或下画数作下卦数，以该字笔画总数除 6 求动爻数。

二字：以前一字笔画数，用 8 除之，余数为上卦数。后一字笔画数，用 8 除之，余数为下卦数。再以二字总笔画数用 6 除，求得应变之爻。

三字：前一字为上卦，后二字为下卦。三字总笔画用 6 除，求得应变爻数。

四字：前二字为上卦，后二字为下卦。

五字：前二字为上卦，后三字为下卦。

六字：前三字为上卦，后三字为下卦。

七字：前三字为上卦，后四字为下卦。

八字：前四字为上卦，后四字为下卦。

九字：前四字为上卦，后五字为下卦。

十字：前五字为上卦，后五字为下卦。

四至十个字的动爻求法与三字同。

十一字以上者，不以笔画计算，以一半字数为上卦，一半字数为下卦，字的总数用 6 除，求动爻。若字数为单数，上卦数少 1，下卦数多 1，例如 11 个字，上卦为 5，下卦取 6。

另外，也可以用字的声调数来起卦。

举例：以"大河落日圆"起卦，其法如下。

上卦：大，4声；河，2声。总计6声，即坎。

下卦：落为4声，日为4声，圆为2声，总计10声，用8除余2，即兑。

动爻：上卦总数6加上下卦总数10得16，用6除，余4，即四爻动。

（5）量数起卦

许多物品有固定的计量单位数，如：布有匹、丈、尺、寸，粮食有袋、吨、斤、克等。起卦的方法是：以大单位为上卦，以小单位为下卦，再以大单位数与小单位数之和用6除，求得变爻。

举例：3丈5尺，3丈为上卦，5尺为下卦，和为8，用6除，余2，为二爻动。

（6）起卦加数

按年月日时起卦，一个时辰内只有一个卦象，对于在同一个时辰内，有多人来问卦者，不能以同一卦象断事，或有多人同来占一事，也不能以同一卦象论之。为此，可用姓氏笔画数相加，进行起卦。

如有黄某、田某、张某在同一日为同类事占卜，可分别在年、月、日数中，加上三人的姓氏笔画数，这样，同一时辰的卦就属于不同姓氏的卦了，再以余数求应变之爻。

（7）以物起卦

就是根据八卦所象征的事物，看一看所占问的事物属于什么卦，所属卦的卦数，就是作上卦的物卦之数。同时，八卦都有方位所属，离在南，坎在北，震在东，兑在西，巽在东南，坤在西南，乾在西北，艮在东北。知道了方位，就可知道该方之卦及卦数，此方卦之数作下卦。

（8）以卦起数法

数又分先天之数和后天之数，先得数，以数起卦，这个数叫先天之数；先得卦，以卦起数，这个数叫后天之数。以卦起数，就是以物起卦，再根据卦得数。物为上卦，方位为下卦，从而得出"本卦"与"互卦"。再用物卦之数、方卦之数、时数之和数除以 6 求应变之爻及其"变卦"。卦成之后，根据《易经》中相关的爻辞，体用五行生克、卦气及八卦所象征的事物，对各种卦象进行分析，对所问事物的结果作出判断。

四、《周易》社会哲学精神

《易经》最早是以预测为功能的占筮书，它以独特的卦爻体系及相应占算方法来实现其预测功能，从这个意义上讲，它是我国现存最早的有系统的巫术著作，书中既体现了古代先民蒙昧的认知，也体现了他们力图以人的智能直接预测、干涉自然过程的能动精神和确信自身主体力量的原始观念。《易经》卦、爻辞是对占筮结果的记录，由于占筮是以肯定天人联系和天人沟通的可能性为前提的，因此，其文辞中自然包含着对天人关系和人生反思的哲理议论。这些议论在《易经》中依附于占筮，并且支离零散。《易传》作者从儒家立场出发，对《易经》卦爻体系、文辞及筮算方式中所包含的哲理因素进行了系统化的阐释和发挥，从而将这种特殊的占筮巫术引入了哲学的殿堂。《易传》的产生不仅是《周易》哲学化的完成，而且以其天人学说为儒学奠定了宇宙论的哲学基础，从而弥补了先秦儒学在这方面的理论缺陷，使儒学摆脱了议论松散的状况而获得了完备的哲学形态。

从人学的角度看，《易传》作者主要是从人作为道德主体这一儒家的既定思想传统来立论的。它对人本质的反思不是从人的先天本性入手去推证道德属性是否出于自然天性，而是着重对儒家的道德观念进行宇宙论证明，再反过来用人法天道的思想，以虚拟的道德化的宇宙法则论证儒家诸道德理想、道德原则的合理性，这是其天人学说的基本思路。这种思路一方面是吸取了道家构建学说体系的方法，使儒学具有同样的系统性；另一方面则与它的解释对象——《易经》直接相关。因为《易经》作为以预测为功能的巫术著作，就是以天人沟通的可行性和自然过程的可预测、可遵循为既定前提的。《易传》的天人合德思想与其说是为《易经》所制约的，不如说它正是利用了《易经》的这种观念而从儒家的角度大张旗鼓地进行了再创造。

　　《周易》是中国人最早的一部道德行为训诫书，它提出了人生最高的道德境界和人文伦理精神，也提出了百姓"日用而不知"的最低行为规范。

（一）君子自强不息的创业精神

　　对于"自强不息"这一成语，人们并不陌生，陌生的是这一成语的出处。当一些人知道清华校训"自强不息""厚德载物"出于《周易》时，非常惊讶。为什么惊讶呢？第一，其原认为《周易》是一部"算命"的书，是巫术，怎么会有如此深刻体现民族精神的语言？第二，是认为《周易》是一部与历法有关的书籍，怎么会有如此崇尚卓越的人文精神？

　　"天行健，君子以自强不息"，这句话确实很耐人寻味。"以"是"应当"的意思。君子应当自强不息，为什么？因为"天行健"。中国伦理的基础是人法地、地法天、天法道、道法自然。天的道是什么？天道是"健"，何谓"健"？健即刚，《周易》用纯阳来表示"刚健"。在古人看来，天之所以有这种刚健之性，是由于它周流运转，没有停息的时候；生生相续，没有衰竭的时候。三国时刘表这样描述天的刚健："天体之行，昼夜不息，周而复始，

无时亏退，故云天行健，此为天之自然之象。"古人以天文学意义上的天作为根据，解释乾卦"刚健"之性的来源。"崇效天，卑法地"是《周易》八卦的起源。观乎天文以察时变、观乎人文以化成天下是《易传》的精华，《象传》几乎全是为提升人类的德性而作；天地的品格是人类完善自我的榜样力量，是凭主体自觉在道德实践中不断实现天人之间的德性互动。

《周易》中与"刚健"之德有关的品格除了"自强不息"，还有"日新精神""拼搏精神""浩然正气"。

自强不息是努力向上，积极进取，自我肯定，自我勉励，矢志不渝。坚持独立的人格尊严和意志，对自己充满信心。"三军可夺帅，匹夫不可夺志""不降其志，不辱其身""志士仁人，无求生以害仁，有杀身以成仁"，这些古代名言都表现了刚健自强的人格魅力。

日新之谓盛德，是说德性的修炼不像用铁水铸器，一蹴而就，而是需要"积薄为厚，积卑而高""如切如磋，如琢如磨"，日新其德，勇往直前。"君子终日乾乾，夕惕若厉，无咎"，君子整天自强不息，晚上也不敢有丝毫的懈怠，这样将不会有灾祸。

（二）君子厚德载物的包容精神

乾与坤分别从不同方面表现了自然宇宙的基本品格。与对乾——天道的认识一样，古人通过对地道——坤的认识"地势坤，君子以厚德载物"，找到了提升民族德性的道路。《周易》"自强不息"和"厚德载物"，在塑造中华民族的品格方面起了巨大的作用。

坤卦的德性是"顺"，地势坤即地势顺。坤卦六爻皆阴，为纯阴之卦，坤也是阴柔的代表，"柔顺"构成了阴爻的基本品格。

我国古代以农业立国，土地对人们意味着什么？意味着生存的依据。中国古人将大地比喻为母亲，对其的赞美和独特的情感是不言而喻的。《易传》作者对坤卦的特性有这样的赞美：美德至极啊，配合天开创万物的大地！万物依靠大地而生长，大地顺从、禀承天的志向，大地深厚而能普载万物，德性广大而能久远无疆。大地含育一切使之发扬光大，万物亨通畅达遍受滋养。

《周易》从三个方面注释厚德载物，一是宽广能容，二是敦厚能载，三是以柔济刚。

"宽容"是大地的品格之一。"宽"即广博，"容"即无所不包。上没有辽阔天空就不能覆盖整个世界，下没有宽广的大地就不能承载万物。泰山对土石没有好恶，都加以容纳，所以泰山形高体大；江海对细流不加选择，都能吸收，所以能够形成它的浩瀚。君子要像天地那样气魄宏大，才能使万物齐备；要像山海那样涵养宽广，才能使国家富强。"宽容"历来被视为一种美德，"百川归海，有容乃大""宽则得众""君子不责人所不及，不强人所不能"。师卦《大象》有云："地中有水，师。君子以容民畜众。"

敦厚能载也是大地的一种品格，人们折服于大地载育万物的能力，并从大地的品格和能力中体悟出了任劳任怨、吃苦耐劳、慈悲忍让的德性诉求。对于"厚"的美德，《系辞上》曰："劳而不伐，有功而不德，厚之至也。"

柔而济刚是大地最突出的品格，也是中国文化最突出的品格。只刚不柔，结果是："金刚则折，革刚则裂；人君刚则国家灭；人臣刚则交友绝。夫刚则不和，不和则不用，是故四马不和，取道不长；父子不和，其世破亡；弟兄不和，不能久同；夫妻不和，家室大凶。《易》曰：'二人同心，其利断金。'由不刚也。"刚柔相济则和。人在道德实践中除了培养自己刚健有为的性格，同时

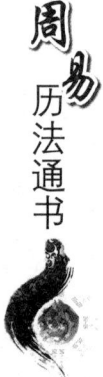

还要善于培养柔顺的品格，发挥柔顺的作用，以求收到互济互利的效果。柔弱克刚强也是由大地品格引申出来的一种人生策略。人在起步的时候，在草创天地的时候要以柔顺的品格与强大的对手共处，学习对手的长处，窥视对手的短处，寻找恰当的时机，超越对手，以柔弱克刚强。

（三）忧患意识

所谓忧患意识，指居安思危，其内化于民族主体的德性自觉之中，成为一种思维定势及处世方法。《周易》卦象和爻辞都蕴含着"明于忧患与故"的意识。《系辞传》说：《周易》这部包含处世之道的哲学宝典，人们是须臾不可远离的，它给人们的警示是：变化没有休止，变化不拘于一定的形式，哪怕是上下不同的方向、刚柔不同的体性之间，也是周流运动的。所以，《周易》不拘泥、不执著，一切以时间、地点、条件为转移。另外，它还能使人们出入行藏谨慎有度，行为处世心存戒惧，并能使人认识忧患所在及忧患之因。整部《易经》都是由占卜之辞组成的，这中间体现了古代先民的生存智慧和经验。通过占筮的形式，《易经》要求人们对自己的处境和言行时刻保持警惕，有忧患意识，以自省和改过改善自己的处境，从而避免不幸。也正因为如此，《易传》才特别强调它的"明于忧患与故"的作用，并被视为"圣人所以崇德而广业"的宝典。

忧患意识是人作为主体自身潜藏的，它不是尊天法地而得出的品质，而是根植于人本身的，是人之为人的责任意识的扩充与彰显。只有自己创业或担当责任时，才会有这种忧患意识。这种忧患意识实际蕴藏着坚强意志和奋发精神。

《周易》的忧患意识可以分为三个层面，慎初的、趋吉的、补过的。这三个层面，大可以指天下、国家，小可以指自我。积善之人，必有余庆；积不善之人，必有余殃。在《周易》中，认识判断包含价值判断，两者共同在主体忧患意识中发挥着作用。

孔子晚年喜读《易经》，并说五十读易，少犯错误。孔子认为：凡是危险的事情发生，都曾经逸乐安居其位；凡是灭亡的事情发生，都曾自恃万事整治，因此，君子安居而不忘倾危，生存而不忘灭亡，整治而不忘败乱，才可以保全自身而国运常新，所以《周易》中说：心中时时自警：将要灭亡，将要灭亡，就能像系结于丛生的桑树一样安然无恙。这段话是孔子阐发否卦九五爻辞时提出的见解，他告诉人们要时时以失败灭亡的经验教训为"反面教材"提醒自己，以便"终日乾乾"而免于咎祸。孔子是一位忧患意识十分强烈的思想家。

生于忧患而死于安乐，忧患是一个磨炼自我、修养自我的过程。这个过程充满了荆棘和痛苦，需要人们用百倍的毅力和勇气去面对，去克服，并在生存的勇气中砥砺自己的意志，增强自己的能力，提升自己的境界，完善自己的德性。

在漫长的历史演进中，忧患意识已经成为中华民族精神的一个重要方面，它既是一种忧国忧民的爱国主义精神，又是一种关心国家和民族的责任意识，还蕴含着自力更生、艰苦奋斗、发愤图强和无私奉献的精神。

"自强不息""厚德载物"以天地之道作为基础，"忧患意识"则为人的主体自觉意识，然而人道与天地之道是相通的，处忧患而不悲，效法天道自强不息，效法地道厚德载物。"自强不息""厚德载物""忧患意识"三者构成了《周易》的精髓，也是中华民族精神的重要方面。

（四）中道而行

求"中"是中国传统思想的一大特色，"中正"来自《周易》

对"中位"的重视。"中位"是卦二、五之位，二位是阴爻，五位是阳爻，则是又中又正（即偶位阴爻、奇位阳爻为正位）。"尚中正"是人的行为准则。中庸之道是行为之道。中庸之道讲"居两用中"。凡是居于两个极端的东西在发展中都要走向灭亡，凡是居于中间的东西在发展中都会走向壮大。事实也是这样，中道而行，只有中道才能行，只有中道而行才能取得大的发展。

客观物质世界的发展是按中道而行，人类社会的发展以及人处世也要中道而行。中庸是无过无不及，恰到好处的中正之道。相传，周庙有一器皿，注满水就要倒下来，把水排空就要倾斜，恰到好处就能端正。孔子由此悟出保持端正的方法是，身居高位而能善待下人，盈满而能虚己，富足而能节俭，尊贵而能处卑贱，机智而能自甘愚拙，勇敢而能自居怯懦，雄辩而能自甘木讷，博大而能自居浅薄，贤明而能自居暗弱。要而言之，减损一点，不让它达到极致。

在《周易》的卦爻辞中，二爻、五爻当位，即阴爻居二，阳爻居五，其爻辞一般都吉。三爻、六爻（即下卦的最上爻和上卦的上爻）爻辞都是警示、告诫之辞，最著名的是乾卦上九爻爻辞："亢龙有悔。""尚中正"也是一种忧患意识的表现。

（五）和合之道

和合之道不是一方消灭、打倒另一方，而是"万物并育而不相害，道并行而不相悖"的互补法、双赢法。在当今社会，竞争不可避免，竞争的结果不是一方吃掉、打垮另一方，而是双方或多方并育并行，共同促进，互动互补，相得益彰。

和合之道的核心是并育并行，遵循的原则是"不害""不悖"。不害不悖就能互补，创造共赢局面。相害相悖地不断斗争，只能两败俱伤，百害而无一利。

和合之道是《周易》中表达出来的一种思维形态。洛书作为《周易》八卦的起源，是一张完美的和合数表，六十四卦按后天卦序排列也是一张完美的和合数表。和合之道就体现在其中。

古代洛书中，上下相加等于15，左右相加等于15，对角线相加也等于15。

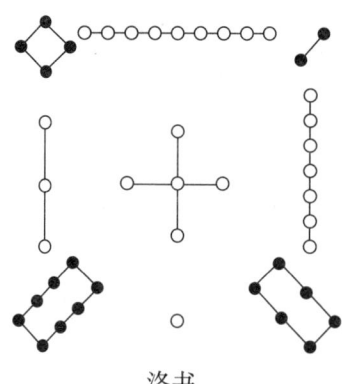

洛书

东南 4	南 9	西南 2
东 3	中 5	西 7
东北 8	北 1	西北 6

洛书九宫数

现代六十四卦和合数表（发明人：郑继兵）

坤 坤	艮 坤	坎 坤	巽 坤	震 坤	离 坤	兑 坤	乾 坤
坤 艮	艮 艮	坎 艮	巽 艮	震 艮	离 艮	兑 艮	乾 艮
坤 坎	艮 坎	坎 坎	巽 坎	震 坎	离 坎	兑 坎	乾 坎
坤 巽	艮 巽	坎 巽	巽 巽	震 巽	离 巽	兑 巽	乾 巽
坤 震	艮 震	坎 震	巽 震	震 震	离 震	兑 震	乾 震
坤 离	艮 离	坎 离	巽 离	震 离	离 离	兑 离	乾 离
坤 兑	兑 兑	坎 兑	巽 兑	震 兑	离 兑	兑 兑	乾 兑
坤 乾	艮 乾	坎 乾	巽 乾	震 乾	离 乾	兑 乾	乾 乾

周易历法通书

卦序与卦数对应关系如下：

坤　艮　坎　巽　震　离　兑　乾

8　　3　　2　　7　　6　　1　　4　　9

将六十四卦结构图中每一卦换成该卦卦数，则成：

8 8	3 8	2 8	7 8	6 8	1 8	4 8	9 8
8 3	3 3	2 3	7 3	6 3	1 3	4 3	9 3
8 2	3 2	2 2	7 2	6 2	1 2	4 2	9 2
8 7	3 7	2 7	7 7	6 7	1 7	4 7	9 7
8 6	3 6	2 6	7 6	6 6	1 6	4 6	9 6
8 1	3 1	2 1	7 1	6 1	1 1	4 1	9 1
8 4	3 4	2 4	7 4	6 4	1 4	4 4	9 4
8 9	3 9	2 9	7 9	6 9	1 9	4 9	9 9

再将上表每一格的两数相加，便成六十四卦和合数表：

16	11	10	15	14	9	12	17
11	6	5	10	9	4	7	12
10	5	4	9	8	3	6	11
15	10	9	14	13	8	11	16
14	9	8	13	12	7	10	15
9	4	3	8	7	2	5	10
12	7	6	11	10	5	8	13
17	12	11	16	15	10	13	18

六十四卦和合数表具有神奇的平衡对称关系，其中包括：

① 全部 64 个数总和 640，平均每数为 10；

② 左半部 32 个数之和为 320，右半部 32 个数之和为 320；

③ 上半部 32 个数之和为 320，下半部 32 个数之和为 320；

④ 左上、右上、左下、右下四部分 16 个数之和均为 160；

⑤ 左上到右下对角线两侧之数呈辐射性对称；

⑥ 任意 4 数对角相加，其和相等；

⑦ 任意 9 数对角相加与对角线相加，其和相等；

⑧ 任意 16 数对角相加与对角线相加，其和相等；

⑨ 任意 25 数对角相加与对角线相加，其和相等；

⑩ 任意 36 数对角相加与对角线相加，其和相等；

⑪ 任意 49 数对角相加与对角线相加，其和相等；

⑫ 总 64 数对角相加与对角线相加，其和相等；

⑬ 任意横矩阵对角相加，其和相等；

⑭ 任意竖矩阵对角相加，其和相等；

⑮ 任意 4 数之和(9 数之和)与对称 4 数之和(与对称 9 数之和)对角相加相等。

还可以举出无数的对称和合数，如"十"，纵横框内数字之和相等，不计其数。

《周易》中蕴含的道德伦理、人文精神还有很多，几乎每一卦都体现一种人文伦理，由于篇幅有限，兹不一一列举，读者可在阅读《周易》时细细体会。

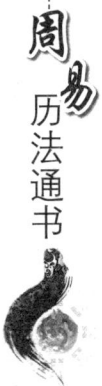

第五章

2000—2018 年
阴阳干支五行历

公元 2000 年

农历　己卯(兔)年　太岁伍仲　九星一白
　　　庚辰(龙)年　太岁童德　九星九紫

公历	1 月 星期	农历	干支	星宿	五行	2 月 星期	农历	干支	星宿	五行	3 月 星期	农历	干支	星宿	五行	4 月 星期	农历	干支	星宿	五行
1	六	廿五	戊午	胃	破火	二	廿六	己丑	觜	建火	三	廿六	戊午	参	定火	六	廿七	己丑	柳	开火
2	日	廿六	己未	昴	危火	三	廿七	庚寅	参	除木	四	廿七	己未	井	执火	日	廿八	庚寅	星	闭木
3	一	廿七	庚申	毕	成木	四	廿八	辛卯	井	满木	五	廿八	庚申	鬼	破木	一	廿九	辛卯	张	建木
4	二	廿八	辛酉	觜	收木	五	廿九	壬辰	鬼	满水	六	廿九	辛酉	柳	危木	二	三十	壬辰	翼	建水
5	三	廿九	壬戌	参	开水	六	**正月**	癸巳	柳	平水	日	三十	壬戌	星	危水	三	**三月**	癸巳	轸	除水
6	四	三十	癸亥	井	开水	日	初二	甲午	星	定水	一	**二月**	癸亥	张	成水	四	初二	甲午	角	满金
7	五	**十二**	甲子	鬼	闭金	一	初三	乙未	张	执金	二	初二	甲子	翼	收金	五	初三	乙未	亢	平金
8	六	初二	乙丑	柳	建金	二	初四	丙申	翼	破火	三	初三	乙丑	轸	开金	六	初四	丙申	氐	定火
9	日	初三	丙寅	星	除火	三	初五	丁酉	轸	危火	四	初四	丙寅	角	闭火	日	初五	丁酉	房	执火
10	一	初四	丁卯	张	满火	四	初六	戊戌	角	成木	五	初五	丁卯	亢	建火	一	初六	戊戌	心	破木
11	二	初五	戊辰	翼	平木	五	初七	己亥	亢	收木	六	初六	戊辰	氐	除木	二	初七	己亥	尾	危木
12	三	初六	己巳	轸	定木	六	初八	庚子	氐	开土	日	初七	己巳	房	满木	三	初八	庚子	箕	成土
13	四	初七	庚午	角	执土	日	初九	辛丑	房	闭土	一	初八	庚午	心	平土	四	初九	辛丑	斗	收土
14	五	初八	辛未	亢	破土	一	初十	壬寅	心	建金	二	初九	辛未	尾	定土	五	初十	壬寅	牛	开金
15	六	初九	壬申	氐	危金	二	十一	癸卯	尾	除金	三	初十	壬申	箕	执金	六	十一	癸卯	女	闭金
16	日	初十	癸酉	房	成金	三	十二	甲辰	箕	满火	四	十一	癸酉	斗	破金	日	十二	甲辰	虚	建火
17	一	十一	甲戌	心	收火	四	十三	乙巳	斗	平火	五	十二	甲戌	牛	危火	一	十三	乙巳	危	除火
18	二	十二	乙亥	尾	开火	五	十四	丙午	牛	定水	六	十三	乙亥	女	成火	二	十四	丙午	室	满水
19	三	十三	丙子	箕	闭水	六	十五	丁未	女	执水	日	十四	丙子	虚	收水	三	十五	丁未	壁	平水
20	四	十四	丁丑	斗	建水	日	十六	戊申	虚	破土	一	十五	丁丑	危	开水	四	十六	戊申	奎	定土
21	五	十五	戊寅	牛	除土	一	十七	己酉	危	危土	二	十六	戊寅	室	闭土	五	十七	己酉	娄	执土
22	六	十六	己卯	女	满土	二	十八	庚戌	室	成金	三	十七	己卯	壁	建土	六	十八	庚戌	胃	破金
23	日	十七	庚辰	虚	平金	三	十九	辛亥	壁	收金	四	十八	庚辰	奎	除金	日	十九	辛亥	昴	危金
24	一	十八	辛巳	危	定金	四	二十	壬子	奎	开木	五	十九	辛巳	娄	满金	一	二十	壬子	毕	成木
25	二	十九	壬午	室	执木	五	廿一	癸丑	娄	闭木	六	二十	壬午	胃	平木	二	廿一	癸丑	觜	收木
26	三	二十	癸未	壁	破木	六	廿二	甲寅	胃	建水	日	廿一	癸未	昴	定木	三	廿二	甲寅	参	开水
27	四	廿一	甲申	奎	危水	日	廿三	乙卯	昴	除水	一	廿二	甲申	毕	执水	四	廿三	乙卯	井	闭水
28	五	廿二	乙酉	娄	成水	一	廿四	丙辰	毕	满土	二	廿三	乙酉	觜	破水	五	廿四	丙辰	鬼	建土
29	六	廿三	丙戌	胃	收土	二	廿五	丁巳	觜	平土	三	廿四	丙戌	参	成土	六	廿五	丁巳	柳	除土
30	日	廿四	丁亥	昴	开土						四	廿五	丁亥	井	成土	日	廿六	戊午	星	满火
31	一	廿五	戊子	毕	闭火						五	廿六	戊子	鬼	收火					

节气	1月	2月	3月	4月
	小寒:6日巳时	立春:4日戌时	惊蛰:5日未时	清明:4日戌时
	大寒:21日丑时	雨水:19日申时	春分:20日申时	谷雨:20日丑时

月干支: 十二月丁丑　正月戊寅　二月己卯　三月庚辰

公元 2000 年

农历 庚辰(龙)年 太岁童德 九星九紫

公历	星期	农历	干支	星宿	五行	星期	农历	干支	星宿	五行	星期	农历	干支	星宿	五行	星期	农历	干支	星宿	五行
		5 月					6 月					7 月					8 月			
1	一	廿七	己未	张	平火	四	廿九	庚寅	角	收木	六	三十	庚申	氐	满木	二	初二	辛卯	尾	成木
2	二	廿八	庚申	翼	定火	五	五月	辛卯	亢	开木	日	六月	辛酉	房	平木	三	初三	壬辰	箕	收水
3	三	廿九	辛酉	轸	执木	六	初二	壬辰	氐	闭水	一	初二	壬戌	心	定水	四	初四	癸巳	斗	开水
4	四	四月	壬戌	角	破水	日	初三	癸巳	房	建水	二	初三	癸亥	尾	执水	五	初五	甲午	牛	闭金
5	五	初二	癸亥	亢	破水	一	初四	甲午	心	建金	三	初四	甲子	箕	破金	六	初六	乙未	女	建金
6	六	初三	甲子	氐	危金	二	初五	乙未	尾	除金	四	初五	乙丑	斗	危火	日	初七	丙申	虚	除火
7	日	初四	乙丑	房	成金	三	初六	丙申	箕	满火	五	初六	丙寅	牛	危火	一	初八	丁酉	危	除火
8	一	初五	丙寅	心	收火	四	初七	丁酉	斗	平火	六	初七	丁卯	女	成火	二	初九	戊戌	室	满木
9	二	初六	丁卯	尾	开火	五	初八	戊戌	牛	定木	日	初八	戊辰	虚	收木	三	初十	己亥	壁	平木
10	三	初七	戊辰	箕	闭木	六	初九	己亥	女	执木	一	初九	己巳	危	开木	四	十一	庚子	奎	定土
11	四	初八	己巳	斗	建木	日	初十	庚子	虚	破土	二	初十	庚午	室	闭土	五	十二	辛丑	娄	执土
12	五	初九	庚午	牛	除土	一	十一	辛丑	危	危土	三	十一	辛未	壁	建土	六	十三	壬寅	胃	破金
13	六	初十	辛未	女	满土	二	十二	壬寅	室	成金	四	十二	壬申	奎	除金	日	十四	癸卯	昴	危金
14	日	十一	壬申	虚	平金	三	十三	癸卯	壁	收金	五	十三	癸酉	娄	满金	一	十五	甲辰	毕	成火
15	一	十二	癸酉	危	定金	四	十四	甲辰	奎	开火	六	十四	甲戌	胃	平火	二	十六	乙巳	觜	收火
16	二	十三	甲戌	室	执火	五	十五	乙巳	娄	闭火	日	十五	乙亥	昴	定火	三	十七	丙午	参	开水
17	三	十四	乙亥	壁	破火	六	十六	丙午	胃	建水	一	十六	丙子	毕	执水	四	十八	丁未	井	闭水
18	四	十五	丙子	奎	危水	日	十七	丁未	昴	除水	二	十七	丁丑	觜	破水	五	十九	戊申	鬼	建土
19	五	十六	丁丑	娄	成水	一	十八	戊申	毕	满土	三	十八	戊寅	参	危土	六	二十	己酉	柳	除土
20	六	十七	戊寅	胃	收土	二	十九	己酉	觜	平土	四	十九	己卯	井	成土	日	廿一	庚戌	星	满金
21	日	十八	己卯	昴	开土	三	二十	庚戌	参	定金	五	二十	庚辰	鬼	收金	一	廿二	辛亥	张	平金
22	一	十九	庚辰	毕	闭金	四	廿一	辛亥	井	执金	六	廿一	辛巳	柳	开金	二	廿三	壬子	翼	定木
23	二	二十	辛巳	觜	建金	五	廿二	壬子	鬼	破木	日	廿二	壬午	星	闭木	三	廿四	癸丑	轸	执水
24	三	廿一	壬午	参	除木	六	廿三	癸丑	柳	危木	一	廿三	癸未	张	建木	四	廿五	甲寅	角	破水
25	四	廿二	癸未	井	满木	日	廿四	甲寅	星	成水	二	廿四	甲申	翼	除水	五	廿六	乙卯	亢	危水
26	五	廿三	甲申	鬼	平水	一	廿五	乙卯	张	收水	三	廿五	乙酉	轸	满水	六	廿七	丙辰	氐	成土
27	六	廿四	乙酉	柳	定水	二	廿六	丙辰	翼	开土	四	廿六	丙戌	角	平土	日	廿八	丁巳	房	收土
28	日	廿五	丙戌	星	执土	三	廿七	丁巳	轸	闭土	五	廿七	丁亥	亢	定土	一	廿九	戊午	心	开火
29	一	廿六	丁亥	张	破土	四	廿八	戊午	角	建火	六	廿八	戊子	氐	执火	二	八月	己未	尾	闭火
30	二	廿七	戊子	翼	危火	五	廿九	己未	亢	除火	日	廿九	己丑	房	破火	三	初二	庚申	箕	建木
31	三	廿八	己丑	轸	成火						一	七月	庚寅	心	危木	四	初三	辛酉	斗	除木

节气	立夏:5日午时　小满:21日丑时	芒种:5日申时　夏至:21日巳时	小暑:7日寅时　大暑:22日戌时	立秋:7日未时　处暑:23日寅时

月干支：四月辛巳　五月壬午　六月癸未　七月甲申　八月乙酉

180

周易历法通书

公元2000年

农历 庚辰(龙)年 太岁童德 九星九紫

公历	9月 星期	农历	干支	星宿	五行	10月 星期	农历	干支	星宿	五行	11月 星期	农历	干支	星宿	五行	12月 星期	农历	干支	星宿	五行
1	五	初四	壬戌	牛	满水	日	初四	壬辰	虚	收水	三	初六	癸亥	壁	除水	五	初六	癸巳	娄	破水
2	六	初五	癸亥	女	平水	一	初五	癸巳	危	成水	四	初七	甲子	奎	满金	六	初七	甲午	胃	危金
3	日	初六	甲子	虚	定金	二	初六	甲午	室	收金	五	初八	乙丑	娄	平金	日	初八	乙未	昴	成金
4	一	初七	乙丑	危	执金	三	初七	乙未	壁	开金	六	初九	丙寅	胃	定火	一	初九	丙申	毕	收火
5	二	初八	丙寅	室	破火	四	初八	丙申	奎	闭火	日	初十	丁卯	昴	执火	二	初十	丁酉	觜	开火
6	三	初九	丁卯	壁	危火	五	初九	丁酉	娄	建火	一	十一	戊辰	毕	破木	三	十一	戊戌	参	闭木
7	四	初十	戊辰	奎	危木	六	初十	戊戌	胃	除木	二	十二	己巳	觜	破木	四	十二	己亥	井	闭木
8	五	十一	己巳	娄	成木	日	十一	己亥	昴	除木	三	十三	庚午	参	危土	五	十三	庚子	鬼	建土
9	六	十二	庚午	胃	收土	一	十二	庚子	毕	满土	四	十四	辛未	井	成土	六	十四	辛丑	柳	除土
10	日	十三	辛未	昴	开土	二	十三	辛丑	觜	平土	五	十五	壬申	鬼	收金	日	十五	壬寅	星	满金
11	一	十四	壬申	毕	闭金	三	十四	壬寅	参	定金	六	十六	癸酉	柳	开金	一	十六	癸卯	张	平金
12	二	十五	癸酉	觜	建金	四	十五	癸卯	井	执金	日	十七	甲戌	星	闭火	二	十七	甲辰	翼	定火
13	三	十六	甲戌	参	除火	五	十六	甲辰	鬼	破火	一	十八	乙亥	张	建火	三	十八	乙巳	轸	执火
14	四	十七	乙亥	井	满火	六	十七	乙巳	柳	危火	二	十九	丙子	翼	除水	四	十九	丙午	角	破水
15	五	十八	丙子	鬼	平水	日	十八	丙午	星	成水	三	二十	丁丑	轸	满水	五	二十	丁未	亢	危水
16	六	十九	丁丑	柳	定水	一	十九	丁未	张	收水	四	廿一	戊寅	角	平土	六	廿一	戊申	氐	成土
17	日	二十	戊寅	星	执土	二	二十	戊申	翼	开土	五	廿二	己卯	亢	定土	日	廿二	己酉	房	收土
18	一	廿一	己卯	张	破土	三	廿一	己酉	轸	闭土	六	廿三	庚辰	氐	执金	一	廿三	庚戌	心	开金
19	二	廿二	庚辰	翼	危金	四	廿二	庚戌	角	建金	日	廿四	辛巳	房	破金	二	廿四	辛亥	尾	闭金
20	三	廿三	辛巳	轸	成金	五	廿三	辛亥	亢	除金	一	廿五	壬午	心	危木	三	廿五	壬子	箕	建木
21	四	廿四	壬午	角	收木	六	廿四	壬子	氐	满木	二	廿六	癸未	尾	成木	四	廿六	癸丑	斗	除木
22	五	廿五	癸未	亢	开木	日	廿五	癸丑	房	平木	三	廿七	甲申	箕	收水	五	廿七	甲寅	牛	满水
23	六	廿六	甲申	氐	闭水	一	廿六	甲寅	心	定水	四	廿八	乙酉	斗	开水	六	廿八	乙卯	女	平水
24	日	廿七	乙酉	房	建水	二	廿七	乙卯	尾	执水	五	廿九	丙戌	牛	闭土	日	廿九	丙辰	虚	定土
25	一	廿八	丙戌	心	除土	三	廿八	丙辰	箕	成土	六	三十	丁亥	女	建土	一	三十	丁巳	危	执土
26	二	廿九	丁亥	尾	满土	四	廿九	丁巳	斗	危土	日	十一月	戊子	虚	除火	二	十二月	戊午	室	破火
27	三	三十	戊子	箕	平火	五	十月	戊午	牛	成火	一	初二	己丑	危	满火	三	初二	己未	壁	危火
28	四	九月	己丑	斗	定火	六	初二	己未	女	收火	二	初三	庚寅	室	平木	四	初三	庚申	奎	成木
29	五	初二	庚寅	牛	执木	日	初三	庚申	虚	开木	三	初四	辛卯	壁	定木	五	初四	辛酉	娄	收木
30	六	初三	辛卯	女	破木	一	初四	辛酉	危	闭木	四	初五	壬辰	奎	执水	六	初五	壬戌	胃	开水
31						二	初五	壬戌	室	建水						日	初六	癸亥	昴	闭水

节气	白露:7日申时	寒露:8日辰时	立冬:7日巳时	大雪:7日寅时
	秋分:23日丑时	霜降:23日巳时	小雪:22日辰时	冬至:21日亥时

月干支: 九月丙戌　十月丁亥　十一月戊子　十二月己丑

公元 2001 年

农历　庚辰(龙)年　　太岁童德　九星九紫
　　　辛巳(蛇)年(闰四月)　太岁郑祖　九星八白

公历	1月 星期	农历	干支	星宿	五行	2月 星期	农历	干支	星宿	五行	3月 星期	农历	干支	星宿	五行	4月 星期	农历	干支	星宿	五行
1	一	初七	甲子	毕	建 金	四	初九	乙未	井	破 金	四	初七	癸亥	井	收 水	日	初八	甲午	星	平 金
2	二	初八	乙丑	觜	除 金	五	初十	丙申	鬼	危 火	五	初八	甲子	鬼	开 金	一	初九	乙未	张	定 金
3	三	初九	丙寅	参	满 火	六	十一	丁酉	柳	成 火	六	初九	乙丑	柳	闭 金	二	初十	丙申	翼	执 火
4	四	初十	丁卯	井	平 火	日	十二	戊戌	星	成 木	日	初十	丙寅	星	建 火	三	十一	丁酉	轸	破 火
5	五	十一	戊辰	鬼	平 木	一	十三	己亥	张	收 木	一	十一	丁卯	张	建 火	四	十二	戊戌	角	破 木
6	六	十二	己巳	柳	定 木	二	十四	庚子	翼	开 土	二	十二	戊辰	翼	除 木	五	十三	己亥	亢	危 木
7	日	十三	庚午	星	执 土	三	十五	辛丑	轸	闭 土	三	十三	己巳	轸	满 木	六	十四	庚子	氐	成 土
8	一	十四	辛未	张	破 土	四	十六	壬寅	角	建 金	四	十四	庚午	角	平 土	日	十五	辛丑	房	收 土
9	二	十五	壬申	翼	危 金	五	十七	癸卯	亢	除 金	五	十五	辛未	亢	定 土	一	十六	壬寅	心	开 金
10	三	十六	癸酉	轸	成 金	六	十八	甲辰	氐	满 火	六	十六	壬申	氐	执 金	二	十七	癸卯	尾	闭 金
11	四	十七	甲戌	角	收 火	日	十九	乙巳	房	平 火	日	十七	癸酉	房	破 金	三	十八	甲辰	箕	建 火
12	五	十八	乙亥	亢	开 火	一	二十	丙午	心	定 水	一	十八	甲戌	心	危 火	四	十九	乙巳	斗	除 火
13	六	十九	丙子	氐	闭 水	二	廿一	丁未	尾	执 水	二	十九	乙亥	尾	成 火	五	二十	丙午	牛	满 水
14	日	二十	丁丑	房	建 水	三	廿二	戊申	箕	破 土	三	二十	丙子	箕	收 水	六	廿一	丁未	女	平 水
15	一	廿一	戊寅	心	除 土	四	廿三	己酉	斗	危 土	四	廿一	丁丑	斗	开 水	日	廿二	戊申	虚	定 土
16	二	廿二	己卯	尾	满 土	五	廿四	庚戌	牛	成 金	五	廿二	戊寅	牛	闭 土	一	廿三	己酉	危	执 土
17	三	廿三	庚辰	箕	平 金	六	廿五	辛亥	女	收 金	六	廿三	己卯	女	建 土	二	廿四	庚戌	室	破 金
18	四	廿四	辛巳	斗	定 金	日	廿六	壬子	虚	开 木	日	廿四	庚辰	虚	除 金	三	廿五	辛亥	壁	危 金
19	五	廿五	壬午	牛	执 木	一	廿七	癸丑	危	闭 木	一	廿五	辛巳	危	满 金	四	廿六	壬子	奎	成 木
20	六	廿六	癸未	女	破 木	二	廿八	甲寅	室	建 水	二	廿六	壬午	室	平 木	五	廿七	癸丑	娄	收 木
21	日	廿七	甲申	虚	危 水	三	廿九	乙卯	壁	除 水	三	廿七	癸未	壁	定 木	六	廿八	甲寅	胃	开 水
22	一	廿八	乙酉	危	成 水	四	三十	丙辰	奎	满 土	四	廿八	甲申	奎	执 水	日	廿九	乙卯	昴	闭 水
23	二	廿九	丙戌	室	收 土	五	**二月**	丁巳	娄	平 土	五	廿九	乙酉	娄	破 水	一	**四月**	丙辰	毕	建 土
24	三	**正月**	丁亥	壁	开 土	六	初二	戊午	胃	定 火	六	三十	丙戌	胃	危 土	二	初二	丁巳	觜	除 土
25	四	初二	戊子	奎	闭 火	日	初三	己未	昴	执 火	日	**三月**	丁亥	昴	成 土	三	初三	戊午	参	满 火
26	五	初三	己丑	娄	建 木	一	初四	庚申	毕	破 木	一	初二	戊子	毕	收 火	四	初四	己未	井	平 木
27	六	初四	庚寅	胃	除 木	二	初五	辛酉	觜	危 木	二	初三	己丑	觜	开 火	五	初五	庚申	鬼	定 木
28	日	初五	辛卯	昴	满 土	三	初六	壬戌	参	成 水	三	初四	庚寅	参	闭 木	六	初六	辛酉	柳	执 木
29	一	初六	壬辰	毕	平 水						四	初五	辛卯	井	建 木	日	初七	壬戌	星	破 水
30	二	初七	癸巳	觜	定 水						五	初六	壬辰	鬼	除 水	一	初八	癸亥	张	危 水
31	三	初八	甲午	参	执 金						六	初七	癸巳	柳	满 水					

节气	1月	2月	3月	4月
	小寒:5日未时	立春:4日丑时	惊蛰:5日戌时	清明:5日丑时
	大寒:20日辰时	雨水:18日亥时	春分:20日亥时	谷雨:20日辰时

月干支: 正月庚寅　二月辛卯　三月壬辰　四月癸巳

周易历法通书

公元 2001 年

农历 辛巳(蛇)年(闰四月) 太岁郑祖 九星八白

公历	5 月					6 月					7 月					8 月				
	星期	农历	干支	星宿	五行	星期	农历	干支	星宿	五行	星期	农历	干支	星宿	五行	星期	农历	干支	星宿	五行
1	二	初九	甲子	翼	成金	五	初十	乙未	亢	满金	日	十一	乙丑	房	危金	三	十二	丙申	箕	除火
2	三	初十	乙丑	轸	收金	六	十一	丙申	氐	平火	一	十二	丙寅	心	成火	四	十三	丁酉	斗	满火
3	四	十一	丙寅	角	开火	日	十二	丁酉	房	定火	二	十三	丁卯	尾	收火	五	十四	戊戌	牛	平木
4	五	十二	丁卯	亢	闭火	一	十三	戊戌	心	执木	三	十四	戊辰	箕	开木	六	十五	己亥	女	定木
5	六	十三	戊辰	氐	闭木	二	十四	己亥	尾	执木	四	十五	己巳	斗	闭木	日	十六	庚子	虚	执土
6	日	十四	己巳	房	建木	三	十五	庚子	箕	破土	五	十六	庚午	牛	建土	一	十七	辛丑	危	破土
7	一	十五	庚午	心	除土	四	十六	辛丑	斗	危土	六	十七	辛未	女	建土	二	十八	壬寅	室	破金
8	二	十六	辛未	尾	满土	五	十七	壬寅	牛	成金	日	十八	壬申	虚	除金	三	十九	癸卯	壁	危金
9	三	十七	壬申	箕	平金	六	十八	癸卯	女	收金	一	十九	癸酉	危	满金	四	二十	甲辰	奎	成火
10	四	十八	癸酉	斗	定金	日	十九	甲辰	虚	开火	二	二十	甲戌	室	平火	五	廿一	乙巳	娄	收火
11	五	十九	甲戌	牛	执火	一	二十	乙巳	危	闭火	三	廿一	乙亥	壁	定火	六	廿二	丙午	胃	开金
12	六	二十	乙亥	女	破火	二	廿一	丙午	室	建水	四	廿二	丙子	奎	执水	日	廿三	丁未	昴	闭水
13	日	廿一	丙子	虚	危水	三	廿二	丁未	壁	除水	五	廿三	丁丑	娄	破水	一	廿四	戊申	毕	建土
14	一	廿二	丁丑	危	成水	四	廿三	戊申	奎	满土	六	廿四	戊寅	胃	危土	二	廿五	己酉	觜	除土
15	二	廿三	戊寅	室	收土	五	廿四	己酉	娄	平土	日	廿五	己卯	昴	成土	三	廿六	庚戌	参	满金
16	三	廿四	己卯	壁	开土	六	廿五	庚戌	胃	定金	一	廿六	庚辰	毕	收金	四	廿七	辛亥	井	平金
17	四	廿五	庚辰	奎	闭金	日	廿六	辛亥	昴	执金	二	廿七	辛巳	觜	开金	五	廿八	壬子	鬼	定木
18	五	廿六	辛巳	娄	建金	一	廿七	壬子	毕	破木	三	廿八	壬午	参	闭木	六	廿九	癸丑	柳	执木
19	六	廿七	壬午	胃	除木	二	廿八	癸丑	觜	危木	四	廿九	癸未	井	建木	日	七月	丙寅	星	破水
20	日	廿八	癸未	昴	满木	三	廿九	甲寅	参	成水	五	三十	甲申	鬼	除水	一	初二	乙卯	张	危水
21	一	廿九	甲申	毕	平水	四	五月	乙卯	井	收水	六	六月	乙酉	柳	满水	二	初三	丙辰	翼	成土
22	二	三十	乙酉	觜	定水	五	初二	丙辰	鬼	开土	日	初二	丙戌	星	平土	三	初四	丁巳	轸	收土
23	三	闰四	丙戌	参	执土	六	初三	丁巳	柳	闭土	一	初三	丁亥	张	定土	四	初五	戊午	角	开火
24	四	初二	丁亥	井	破土	日	初四	戊午	星	建火	二	初四	戊子	翼	执火	五	初六	己未	亢	闭火
25	五	初三	戊子	鬼	危火	一	初五	己未	张	除火	三	初五	己丑	轸	破火	六	初七	庚申	氐	建木
26	六	初四	己丑	柳	成火	二	初六	庚申	翼	满木	四	初六	庚寅	角	危木	日	初八	辛酉	房	除木
27	日	初五	庚寅	星	收土	三	初七	辛酉	轸	平木	五	初七	辛卯	亢	成木	一	初九	壬戌	心	满水
28	一	初六	辛卯	张	开土	四	初八	壬戌	角	定水	六	初八	壬辰	氐	收水	二	初十	癸亥	尾	平水
29	二	初七	壬辰	翼	闭水	五	初九	癸亥	亢	执水	日	初九	癸巳	房	开水	三	十一	甲子	箕	定金
30	三	初八	癸巳	轸	建水	六	初十	甲子	氐	破金	一	初十	甲午	心	闭金	四	十二	乙丑	斗	执金
31	四	初九	甲午	角	除金						二	十一	乙未	尾	建金	五	十三	丙寅	牛	破火
节气	立夏:5 日酉时　小满:21 日辰时					芒种:5 日亥时　夏至:21 日申时					小暑:7 日巳时　大暑:23 日丑时					立秋:7 日酉时　处暑:23 日巳时				

月干支: 闰四月癸巳　五月甲午　六月乙未　七月丙申

公元 2001 年

农历 辛巳(蛇)年(闰四月) 太岁郑祖 九星八白

公历	9月 星期	农历	干支	星宿	五行	10月 星期	农历	干支	星宿	五行	11月 星期	农历	干支	星宿	五行	12月 星期	农历	干支	星宿	五行
1	六	十四	丁卯	女	成火	一	十五	丁酉	危	建火	四	十六	戊辰	奎	破木	六	十七	戊戌	胃	闭木
2	日	十五	戊辰	虚	成木	二	十六	戊戌	室	除木	五	十七	己巳	娄	危木	日	十八	己亥	昴	建木
3	一	十六	己巳	危	收木	三	十七	己亥	壁	满木	六	十八	庚午	胃	成土	一	十九	庚子	毕	除土
4	二	十七	庚午	室	开土	四	十八	庚子	奎	平土	日	十九	辛未	昴	收土	二	二十	辛丑	觜	满土
5	三	十八	辛未	壁	闭土	五	十九	辛丑	娄	定土	一	二十	壬申	毕	开金	三	廿一	壬寅	参	平金
6	四	十九	壬申	奎	建金	六	二十	壬寅	胃	执金	二	廿一	癸酉	觜	闭金	四	廿二	癸卯	井	定金
7	五	二十	癸酉	娄	建金	日	廿一	癸卯	昴	破金	三	廿二	甲戌	参	闭火	五	廿三	甲辰	鬼	定火
8	六	廿一	甲戌	胃	除火	一	廿二	甲辰	毕	破火	四	廿三	乙亥	井	建水	六	廿四	乙巳	柳	执火
9	日	廿二	乙亥	昴	满火	二	廿三	乙巳	觜	危火	五	廿四	丙子	鬼	除水	日	廿五	丙午	星	破水
10	一	廿三	丙子	毕	平水	三	廿四	丙午	参	成水	六	廿五	丁丑	柳	满水	一	廿六	丁未	张	危水
11	二	廿四	丁丑	觜	定水	四	廿五	丁未	井	收水	日	廿六	戊寅	星	平土	二	廿七	戊申	翼	成土
12	三	廿五	戊寅	参	执土	五	廿六	戊申	鬼	开土	一	廿七	己卯	张	定土	三	廿八	己酉	轸	收土
13	四	廿六	己卯	井	破土	六	廿七	己酉	柳	闭土	二	廿八	庚辰	翼	执金	四	廿九	庚戌	角	开金
14	五	廿七	庚辰	鬼	危金	日	廿八	庚戌	星	建金	三	廿九	辛巳	轸	破金	五	三十	辛亥	亢	闭金
15	六	廿八	辛巳	柳	成金	一	廿九	辛亥	张	除金	四	十月	壬午	角	危木	六	十一月	壬子	氐	建木
16	日	廿九	壬午	星	收木	二	三十	壬子	翼	满木	五	初二	癸未	亢	成水	日	初二	癸丑	房	除木
17	一	八月	癸未	张	开木	三	九月	癸丑	轸	平木	六	初三	甲申	氐	收水	一	初三	甲寅	心	满水
18	二	初二	甲申	翼	闭水	四	初二	甲寅	角	定水	日	初四	乙酉	房	开水	二	初四	乙卯	尾	平水
19	三	初三	乙酉	轸	建水	五	初三	乙卯	亢	执水	一	初五	丙戌	心	闭土	三	初五	丙辰	箕	定土
20	四	初四	丙戌	角	除土	六	初四	丙辰	氐	破土	二	初六	丁亥	尾	建土	四	初六	丁巳	斗	执土
21	五	初五	丁亥	亢	满土	日	初五	丁巳	房	危土	三	初七	戊子	箕	除火	五	初七	戊午	牛	破火
22	六	初六	戊子	氐	平火	一	初六	戊午	心	成火	四	初八	己丑	斗	满火	六	初八	己未	女	危火
23	日	初七	己丑	房	定火	二	初七	己未	尾	收火	五	初九	庚寅	牛	平木	日	初九	庚申	虚	成木
24	一	初八	庚寅	心	执木	三	初八	庚申	箕	开木	六	初十	辛卯	女	定木	一	初十	辛酉	危	收木
25	二	初九	辛卯	尾	破木	四	初九	辛酉	斗	闭木	日	十一	壬辰	虚	执水	二	十一	壬戌	室	开水
26	三	初十	壬辰	箕	危水	五	初十	壬戌	牛	建水	一	十二	癸巳	危	破水	三	十二	癸亥	壁	闭水
27	四	十一	癸巳	斗	成水	六	十一	癸亥	女	除水	二	十三	甲午	室	危金	四	十三	甲子	奎	建金
28	五	十二	甲午	牛	收金	日	十二	甲子	虚	满金	三	十四	乙未	壁	成金	五	十四	乙丑	娄	除金
29	六	十三	乙未	女	开金	一	十三	乙丑	危	平金	四	十五	丙申	奎	收火	六	十五	丙寅	胃	满火
30	日	十四	丙申	虚	闭火	二	十四	丙寅	室	定火	五	十六	丁酉	娄	开火	日	十六	丁卯	昴	平火
31						三	十五	丁卯	壁	执火						一	十七	戊辰	毕	定木

节气	白露:7日亥时　秋分:23日辰时	寒露:8日未时　霜降:23日申时	立冬:7日申时　小雪:22日未时	大雪:7日巳时　冬至:22日寅时

月干支	八月丁酉	九月戊戌	十月己亥	十一月庚子

周易历法通书

公元 2002 年

农历 辛巳(蛇)年 太岁郑祖 九星八白
壬午(马)年 太岁路明 九星七赤

公历	1月 星期	农历	干支	星宿	五行	2月 星期	农历	干支	星宿	五行	3月 星期	农历	干支	星宿	五行	4月 星期	农历	干支	星宿	五行
1	二	十八	己巳	觜	执木	五	二十	庚子	鬼	闭土	五	十八	戊辰	鬼	满木	一	十九	己亥	张	成木
2	三	十九	庚午	参	破土	六	廿一	辛丑	柳	建土	六	十九	己巳	柳	平木	二	二十	庚子	翼	收土
3	四	二十	辛未	井	危土	日	廿二	壬寅	星	除金	日	二十	庚午	星	定土	三	廿一	辛丑	轸	开土
4	五	廿一	壬申	鬼	成金	一	廿三	癸卯	张	除金	一	廿一	辛未	张	执土	四	廿二	壬寅	角	闭金
5	六	廿二	癸酉	柳	成金	二	廿四	甲辰	翼	满火	二	廿二	壬申	翼	破金	五	廿三	癸卯	亢	闭金
6	日	廿三	甲戌	星	收火	三	廿五	乙巳	轸	平火	三	廿三	癸酉	轸	破金	六	廿四	甲辰	氐	建土
7	一	廿四	乙亥	张	开火	四	廿六	丙午	角	定水	四	廿四	甲戌	角	危火	日	廿五	乙巳	房	除土
8	二	廿五	丙子	翼	闭水	五	廿七	丁未	亢	执水	五	廿五	乙亥	亢	成火	一	廿六	丙午	心	满水
9	三	廿六	丁丑	轸	建水	六	廿八	戊申	氐	破土	六	廿六	丙子	氐	收水	二	廿七	丁未	尾	平水
10	四	廿七	戊寅	角	除土	日	廿九	己酉	房	危土	日	廿七	丁丑	房	开水	三	廿八	戊申	箕	定土
11	五	廿八	己卯	亢	满土	一	三十	庚戌	心	成金	一	廿八	戊寅	心	闭土	四	廿九	己酉	斗	执土
12	六	廿九	庚辰	氐	平金	二	**正月**	辛亥	尾	收金	二	廿九	己卯	尾	建土	五	三十	庚戌	牛	破金
13	日	**十二**	辛巳	房	定金	三	初二	壬子	箕	开木	三	三十	庚辰	箕	除金	六	**三月**	辛亥	女	危金
14	一	初二	壬午	心	执木	四	初三	癸丑	斗	闭木	四	**二月**	辛巳	斗	满金	日	初二	壬子	虚	成木
15	二	初三	癸未	尾	破木	五	初四	甲寅	牛	建水	五	初二	壬午	牛	平木	一	初三	癸丑	危	收木
16	三	初四	甲申	箕	危水	六	初五	乙卯	女	除水	六	初三	癸未	女	定木	二	初四	甲寅	室	开水
17	四	初五	乙酉	斗	成水	日	初六	丙辰	虚	满土	日	初四	甲申	虚	执水	三	初五	乙卯	壁	闭水
18	五	初六	丙戌	牛	收土	一	初七	丁巳	危	平土	一	初五	乙酉	危	破水	四	初六	丙辰	奎	建土
19	六	初七	丁亥	女	开土	二	初八	戊午	室	定火	二	初六	丙戌	室	危土	五	初七	丁巳	娄	除土
20	日	初八	戊子	虚	闭火	三	初九	己未	壁	执火	三	初七	丁亥	壁	成土	六	初八	戊午	胃	满火
21	一	初九	己丑	危	建火	四	初十	庚申	奎	破木	四	初八	戊子	奎	收火	日	初九	己未	昴	平火
22	二	初十	庚寅	室	除木	五	十一	辛酉	娄	危木	五	初九	己丑	娄	开火	一	初十	庚申	毕	定木
23	三	十一	辛卯	壁	满木	六	十二	壬戌	胃	成水	六	初十	庚寅	胃	闭木	二	十一	辛酉	觜	执木
24	四	十二	壬辰	奎	平水	日	十三	癸亥	昴	收水	日	十一	辛卯	昴	建木	三	十二	壬戌	参	破水
25	五	十三	癸巳	娄	定水	一	十四	甲子	毕	开金	一	十二	壬辰	毕	除水	四	十三	癸亥	井	危水
26	六	十四	甲午	胃	执金	二	十五	乙丑	觜	闭金	二	十三	癸巳	觜	满水	五	十四	甲子	鬼	成金
27	日	十五	乙未	昴	破金	三	十六	丙寅	参	建火	三	十四	甲午	参	平金	六	十五	乙丑	柳	收金
28	一	十六	丙申	毕	危火	四	十七	丁卯	井	除火	四	十五	乙未	井	定金	日	十六	丙寅	星	开火
29	二	十七	丁酉	觜	成火						五	十六	丙申	鬼	执火	一	十七	丁卯	张	闭火
30	三	十八	戊戌	参	收木						六	十七	丁酉	柳	破火	二	十八	戊辰	翼	建木
31	四	十九	己亥	井	开木						日	十八	戊戌	星	危木					

节气

	1月	2月	3月	4月
	小寒:5日戌时	立春:4日辰时	惊蛰:6日丑时	清明:5日辰时
	大寒:20日未时	雨水:19日寅时	春分:21日寅时	谷雨:20日未时

月干支: 十二月辛丑　　正月壬寅　　二月癸卯　　三月甲辰

公元 2002 年

公历	5 月 星期	农历	干支	星宿	五行	6 月 星期	农历	干支	星宿	五行	7 月 星期	农历	干支	星宿	五行	8 月 星期	农历	干支	星宿	五行
1	三	十九	己巳	轸	除木	六	廿一	庚子	氐	危土	一	廿一	庚午	心	建土	四	廿三	辛丑	斗	破土
2	四	二十	庚午	角	满土	日	廿二	辛丑	房	成土	二	廿二	辛未	尾	除土	五	廿四	壬寅	牛	危金
3	五	廿一	辛未	亢	平土	一	廿三	壬寅	心	收金	三	廿三	壬申	箕	满金	六	廿五	癸卯	女	成金
4	六	廿二	壬申	氐	定金	二	廿四	癸卯	尾	开金	四	廿四	癸酉	斗	平金	日	廿六	甲辰	虚	收火
5	日	廿三	癸酉	房	执金	三	廿五	甲辰	箕	闭火	五	廿五	甲戌	牛	定火	一	廿七	乙巳	危	开火
6	一	廿四	甲戌	心	执火	四	廿六	乙巳	斗	闭火	六	廿六	乙亥	女	执火	二	廿八	丙午	室	闭水
7	二	廿五	乙亥	尾	破火	五	廿七	丙午	牛	建水	日	廿七	丙子	虚	执水	三	廿九	丁未	壁	建水
8	三	廿六	丙子	箕	危水	六	廿八	丁未	女	除水	一	廿八	丁丑	危	破水	四	三十	戊申	奎	建土
9	四	廿七	丁丑	斗	成水	日	廿九	戊申	虚	满土	二	廿九	戊寅	室	危土	五	七月	己酉	娄	除土
10	五	廿八	戊寅	牛	收土	一	三十	己酉	危	平土	三	六月	己卯	壁	成土	六	初二	庚戌	胃	满金
11	六	廿九	己卯	女	开土	二	五月	庚戌	室	定金	四	初二	庚辰	奎	收金	日	初三	辛亥	昴	平金
12	日	四月	庚辰	虚	闭金	三	初二	辛亥	壁	执金	五	初三	辛巳	娄	开金	一	初四	壬子	毕	定木
13	一	初二	辛巳	危	建金	四	初三	壬子	奎	破木	六	初四	壬午	胃	闭木	二	初五	癸丑	觜	执木
14	二	初三	壬午	室	除木	五	初四	癸丑	娄	危木	日	初五	癸未	昴	建木	三	初六	甲寅	参	破水
15	三	初四	癸未	壁	满木	六	初五	甲寅	胃	成水	一	初六	甲申	毕	除水	四	初七	乙卯	井	危水
16	四	初五	甲申	奎	平水	日	初六	乙卯	昴	收水	二	初七	乙酉	觜	满水	五	初八	丙辰	鬼	成土
17	五	初六	乙酉	娄	定水	一	初七	丙辰	毕	开土	三	初八	丙戌	参	平土	六	初九	丁巳	柳	收土
18	六	初七	丙戌	胃	执土	二	初八	丁巳	觜	闭土	四	初九	丁亥	井	定土	日	初十	戊午	星	开火
19	日	初八	丁亥	昴	破土	三	初九	戊午	参	建火	五	初十	戊子	鬼	执火	一	十一	己未	张	闭火
20	一	初九	戊子	毕	危火	四	初十	己未	井	除火	六	十一	己丑	柳	破火	二	十二	庚申	翼	建木
21	二	初十	己丑	觜	成火	五	十一	庚申	鬼	满木	日	十二	庚寅	星	危木	三	十三	辛酉	轸	除木
22	三	十一	庚寅	参	收木	六	十二	辛酉	柳	平木	一	十三	辛卯	张	成木	四	十四	壬戌	角	满水
23	四	十二	辛卯	井	开木	日	十三	壬戌	星	定水	二	十四	壬辰	翼	收水	五	十五	癸亥	亢	平水
24	五	十三	壬辰	鬼	闭水	一	十四	癸亥	张	执水	三	十五	癸巳	轸	开水	六	十六	甲子	氐	定金
25	六	十四	癸巳	柳	建水	二	十五	甲子	翼	破金	四	十六	甲午	角	闭金	日	十七	乙丑	房	执金
26	日	十五	甲午	星	除金	三	十六	乙丑	轸	危金	五	十七	乙未	亢	建金	一	十八	丙寅	心	破火
27	一	十六	乙未	张	满金	四	十七	丙寅	角	成火	六	十八	丙申	氐	除火	二	十九	丁卯	尾	危火
28	二	十七	丙申	翼	平火	五	十八	丁卯	亢	收火	日	十九	丁酉	房	满火	三	二十	戊辰	箕	成木
29	三	十八	丁酉	轸	定火	六	十九	戊辰	氐	开木	一	二十	戊戌	心	平木	四	廿一	己巳	斗	收木
30	四	十九	戊戌	角	执木	日	二十	己巳	房	闭木	二	廿一	己亥	尾	定木	五	廿二	庚午	牛	开土
31	五	二十	己亥	亢	破木						三	廿二	庚子	箕	执土	六	廿三	辛未	女	闭土

节气	立夏:6日子时 小满:21日未时	芒种:6日寅时 夏至:21日亥时	小暑:7日未时 大暑:23日辰时	立秋:8日子时 处暑:23日申时

月干支: 四月乙巳　五月丙午　六月丁未　七月戊申

186

周易历法通书

公元 2002 年

农历 壬午(马)年 太岁路明 九星七赤

公历	9月 星期	农历	干支	星宿	五行	10月 星期	农历	干支	星宿	五行	11月 星期	农历	干支	星宿	五行	12月 星期	农历	干支	星宿	五行
1	日	廿四	壬申	虚	建金	二	廿五	壬寅	室	执金	五	廿七	癸酉	娄	闭金	日	廿七	癸卯	昴	定金
2	一	廿五	癸酉	危	除金	三	廿六	癸卯	壁	破金	六	廿八	甲戌	胃	建火	一	廿八	甲辰	毕	执火
3	二	廿六	甲戌	室	满火	四	廿七	甲辰	奎	危火	日	廿九	乙亥	昴	除火	二	廿九	乙巳	觜	破火
4	三	廿七	乙亥	壁	平火	五	廿八	乙巳	娄	成火	一	三十	丙子	毕	满水	三	十一	丙午	参	危水
5	四	廿八	丙子	奎	定水	六	廿九	丙午	胃	收水	二	十月	丁丑	觜	平水	四	初二	丁未	井	成水
6	五	廿九	丁丑	娄	执金	日	九月	丁未	昴	开水	三	初二	戊寅	参	定土	五	初三	戊申	鬼	收土
7	六	八月	戊寅	胃	破土	一	初二	戊申	毕	闭土	四	初三	己卯	井	定土	六	初四	己酉	柳	收土
8	日	初二	己卯	昴	破土	二	初三	己酉	觜	闭土	五	初四	庚辰	鬼	执金	日	初五	庚戌	星	开金
9	一	初三	庚辰	毕	危金	三	初四	庚戌	参	建金	六	初五	辛巳	柳	破金	一	初六	辛亥	张	闭金
10	二	初四	辛巳	觜	成金	四	初五	辛亥	井	除金	日	初六	壬午	星	危木	二	初七	壬子	翼	建木
11	三	初五	壬午	参	收木	五	初六	壬子	鬼	满木	一	初七	癸未	张	成木	三	初八	癸丑	轸	除木
12	四	初六	癸未	井	开木	六	初七	癸丑	柳	平木	二	初八	甲申	翼	收水	四	初九	甲寅	角	满水
13	五	初七	甲申	鬼	闭水	日	初八	甲寅	星	定水	三	初九	乙酉	轸	开水	五	初十	乙卯	亢	平水
14	六	初八	乙酉	柳	建水	一	初九	乙卯	张	执水	四	初十	丙戌	角	闭土	六	十一	丙辰	氐	定土
15	日	初九	丙戌	星	除土	二	初十	丙辰	翼	破土	五	十一	丁亥	亢	建土	日	十二	丁巳	房	执土
16	一	初十	丁亥	张	满土	三	十一	丁巳	轸	危土	六	十二	戊子	氐	除火	一	十三	戊午	心	破火
17	二	十一	戊子	翼	平火	四	十二	戊午	角	成火	日	十三	己丑	房	满火	二	十四	己未	尾	危火
18	三	十二	己丑	轸	定火	五	十三	己未	亢	收火	一	十四	庚寅	心	平木	三	十五	庚申	箕	成木
19	四	十三	庚寅	角	执木	六	十四	庚申	氐	开木	二	十五	辛卯	尾	定木	四	十六	辛酉	斗	收木
20	五	十四	辛卯	亢	破木	日	十五	辛酉	房	闭木	三	十六	壬辰	箕	执水	五	十七	壬戌	牛	开水
21	六	十五	壬辰	氐	危水	一	十六	壬戌	心	建水	四	十七	癸巳	斗	破水	六	十八	癸亥	女	闭水
22	日	十六	癸巳	房	成水	二	十七	癸亥	尾	除水	五	十八	甲午	牛	危金	日	十九	甲子	虚	建金
23	一	十七	甲午	心	收金	三	十八	甲子	箕	满金	六	十九	乙未	女	成金	一	二十	乙丑	危	除金
24	二	十八	乙未	尾	开金	四	十九	乙丑	斗	平金	日	二十	丙申	虚	收火	二	廿一	丙寅	室	满火
25	三	十九	丙申	箕	闭火	五	二十	丙寅	牛	定火	一	廿一	丁酉	危	开火	三	廿二	丁卯	壁	平火
26	四	二十	丁酉	斗	建火	六	廿一	丁卯	女	执火	二	廿二	戊戌	室	闭木	四	廿三	戊辰	奎	定木
27	五	廿一	戊戌	牛	除木	日	廿二	戊辰	虚	破木	三	廿三	己亥	壁	建木	五	廿四	己巳	娄	执木
28	六	廿二	己亥	女	满木	一	廿三	己巳	危	危木	四	廿四	庚子	奎	除土	六	廿五	庚午	胃	破土
29	日	廿三	庚子	虚	平土	二	廿四	庚午	室	成土	五	廿五	辛丑	娄	满土	日	廿六	辛未	昴	危土
30	一	廿四	辛丑	危	定土	三	廿五	辛未	壁	收土	六	廿六	壬寅	胃	平金	一	廿七	壬申	毕	成金
31						四	廿六	壬申	奎	开金						二	廿八	癸酉	觜	收金

节气:

	9月	10月	11月	12月
	白露:8日寅时	寒露:8日戌时	立冬:7日亥时	大雪:7日申时
	秋分:23日午时	霜降:23日亥时	小雪:22日戌时	冬至:22日巳时

月干支: 八月己酉　　九月庚戌　　十月辛亥　　十一月壬子

公元 2003 年

公历	1月 星期	1月 农历	1月 干支	1月 星宿	1月 五行	2月 星期	2月 农历	2月 干支	2月 星宿	2月 五行	3月 星期	3月 农历	3月 干支	3月 星宿	3月 五行	4月 星期	4月 农历	4月 干支	4月 星宿	4月 五行
1	三	廿九	甲戌	参	开火	六	正月	乙巳	柳	定火	六	廿九	癸酉	柳	危金	二	三十	甲辰	翼	除火
2	四	三十	乙亥	井	闭火	日	初二	丙午	星	执水	日	三十	甲戌	星	成火	三	三月	乙巳	轸	满火
3	五	十二	丙子	鬼	建水	一	初三	丁未	张	破水	一	二月	乙亥	张	收水	四	初二	丙午	角	平水
4	六	初二	丁丑	柳	除水	二	初四	戊申	翼	破土	二	初二	丙子	翼	开水	五	初三	丁未	亢	定水
5	日	初三	戊寅	星	满土	三	初五	己酉	轸	危土	三	初三	丁丑	轸	闭水	六	初四	戊申	氐	定土
6	一	初四	己卯	张	满土	四	初六	庚戌	角	成金	四	初四	戊寅	角	闭土	日	初五	己酉	房	执土
7	二	初五	庚辰	翼	平金	五	初七	辛亥	亢	收金	五	初五	己卯	亢	建土	一	初六	庚戌	心	破金
8	三	初六	辛巳	轸	定金	六	初八	壬子	氐	开木	六	初六	庚辰	氐	除金	二	初七	辛亥	尾	危金
9	四	初七	壬午	角	执木	日	初九	癸丑	房	闭木	日	初七	辛巳	房	满金	三	初八	壬子	箕	成木
10	五	初八	癸未	亢	破木	一	初十	甲寅	心	建水	一	初八	壬午	心	平木	四	初九	癸丑	斗	收木
11	六	初九	甲申	氐	危水	二	十一	乙卯	尾	除水	二	初九	癸未	尾	定木	五	初十	甲寅	牛	开水
12	日	初十	乙酉	房	成水	三	十二	丙辰	箕	满土	三	初十	甲申	箕	执水	六	十一	乙卯	女	闭水
13	一	十一	丙戌	心	收土	四	十三	丁巳	斗	平土	四	十一	乙酉	斗	破水	日	十二	丙辰	虚	建土
14	二	十二	丁亥	尾	开土	五	十四	戊午	牛	定火	五	十二	丙戌	牛	危土	一	十三	丁巳	危	除土
15	三	十三	戊子	箕	闭火	六	十五	己未	女	执火	六	十三	丁亥	女	成土	二	十四	戊午	室	满火
16	四	十四	己丑	斗	建火	日	十六	庚申	虚	破木	日	十四	戊子	虚	收火	三	十五	己未	壁	平火
17	五	十五	庚寅	牛	除木	一	十七	辛酉	危	危木	一	十五	己丑	危	开火	四	十六	庚申	奎	定木
18	六	十六	辛卯	女	满木	二	十八	壬戌	室	成木	二	十六	庚寅	室	闭木	五	十七	辛酉	娄	执木
19	日	十七	壬辰	虚	平水	三	十九	癸亥	壁	收水	三	十七	辛卯	壁	建木	六	十八	壬戌	胃	破水
20	一	十八	癸巳	危	定水	四	二十	甲子	奎	开金	四	十八	壬辰	奎	除水	日	十九	癸亥	昴	危水
21	二	十九	甲午	室	执金	五	廿一	乙丑	娄	闭金	五	十九	癸巳	娄	满水	一	二十	甲子	毕	成金
22	三	二十	乙未	壁	破金	六	廿二	丙寅	胃	建火	六	二十	甲午	胃	平金	二	廿一	乙丑	觜	收金
23	四	廿一	丙申	奎	危火	日	廿三	丁卯	昴	除火	日	廿一	乙未	昴	定金	三	廿二	丙寅	参	开火
24	五	廿二	丁酉	娄	成火	一	廿四	戊辰	毕	满木	一	廿二	丙申	毕	执火	四	廿三	丁卯	井	闭火
25	六	廿三	戊戌	胃	收木	二	廿五	己巳	觜	平木	二	廿三	丁酉	觜	破火	五	廿四	戊辰	鬼	建土
26	日	廿四	己亥	昴	开木	三	廿六	庚午	参	定土	三	廿四	戊戌	参	危木	六	廿五	己巳	柳	除木
27	一	廿五	庚子	毕	闭土	四	廿七	辛未	井	执土	四	廿五	己亥	井	成木	日	廿六	庚午	星	满土
28	二	廿六	辛丑	觜	建土	五	廿八	壬申	鬼	破金	五	廿六	庚子	鬼	收土	一	廿七	辛未	张	平土
29	三	廿七	壬寅	参	除金						六	廿七	辛丑	柳	开土	二	廿八	壬申	翼	定金
30	四	廿八	癸卯	井	满金						日	廿八	壬寅	星	闭金	三	廿九	癸酉	轸	执金
31	五	廿九	甲辰	鬼	平火						一	廿九	癸卯	张	建金					

节气	小寒:6日丑时　大寒:20日戌时	立春:4日未时　雨水:19日巳时	惊蛰:6日辰时　春分:21日巳时	清明:5日午时　谷雨:20日戌时
月干支	十二月癸丑	正月甲寅	二月乙卯	三月丙辰

周易历法通书

公元 2003 年

农历 癸未(羊)年 太岁魏仁 九星六白

公历	5 月					6 月					7 月					8 月				
	星期	农历	干支	星宿	五行	星期	农历	干支	星宿	五行	星期	农历	干支	星宿	五行	星期	农历	干支	星宿	五行
1	四	四月	甲戌	角	破火	日	初二	乙巳	房	建火	二	初二	乙亥	尾	执火	五	初四	丙午	牛	闭水
2	五	初二	乙亥	亢	危火	一	初三	丙午	心	除水	三	初三	丙子	箕	破水	六	初五	丁未	女	建水
3	六	初三	丙子	氐	成水	二	初四	丁未	尾	满水	四	初四	丁丑	斗	危水	日	初六	戊申	虚	除土
4	日	初四	丁丑	房	收水	三	初五	戊申	箕	平土	五	初五	戊寅	牛	成土	一	初七	己酉	危	满土
5	一	初五	戊寅	心	开土	四	初六	己酉	斗	定土	六	初六	己卯	女	收土	二	初八	庚戌	室	平金
6	二	初六	己卯	尾	开土	五	初七	庚戌	牛	定金	日	初七	庚辰	虚	开金	三	初九	辛亥	壁	定金
7	三	初七	庚辰	箕	闭金	六	初八	辛亥	女	执金	一	初八	辛巳	危	开金	四	初十	壬子	奎	执木
8	四	初八	辛巳	斗	建金	日	初九	壬子	虚	破木	二	初九	壬午	室	闭木	五	十一	癸丑	娄	破木
9	五	初九	壬午	牛	除木	一	初十	癸丑	危	危木	三	初十	癸未	壁	建木	六	十二	甲寅	胃	破水
10	六	初十	癸未	女	满木	二	十一	甲寅	室	成水	四	十一	甲申	奎	除水	日	十三	乙卯	昴	危水
11	日	十一	甲申	虚	平水	三	十二	乙卯	壁	收水	五	十二	乙酉	娄	满水	一	十四	丙辰	毕	成土
12	一	十二	乙酉	危	定水	四	十三	丙辰	奎	开土	六	十三	丙戌	胃	平土	二	十五	丁巳	觜	收土
13	二	十三	丙戌	室	执土	五	十四	丁巳	娄	闭土	日	十四	丁亥	昴	定土	三	十六	戊午	参	开火
14	三	十四	丁亥	壁	破土	六	十五	戊午	胃	建火	一	十五	戊子	毕	执火	四	十七	己未	井	闭火
15	四	十五	戊子	奎	危火	日	十六	己未	昴	除火	二	十六	己丑	觜	破火	五	十八	庚申	鬼	建木
16	五	十六	己丑	娄	成火	一	十七	庚申	毕	满木	三	十七	庚寅	参	危木	六	十九	辛酉	柳	除木
17	六	十七	庚寅	胃	收木	二	十八	辛酉	觜	平木	四	十八	辛卯	井	成木	日	二十	壬戌	星	满水
18	日	十八	辛卯	昴	开木	三	十九	壬戌	参	定水	五	十九	壬辰	鬼	收水	一	廿一	癸亥	张	平水
19	一	十九	壬辰	毕	闭水	四	二十	癸亥	井	执水	六	二十	癸巳	柳	开水	二	廿二	甲子	翼	定金
20	二	二十	癸巳	觜	建水	五	廿一	甲子	鬼	破金	日	廿一	甲午	星	闭金	三	廿三	乙丑	轸	执金
21	三	廿一	甲午	参	除金	六	廿二	乙丑	柳	危金	一	廿二	乙未	张	建金	四	廿四	丙寅	角	破火
22	四	廿二	乙未	井	满金	日	廿三	丙寅	星	成火	二	廿三	丙申	翼	除火	五	廿五	丁卯	亢	危火
23	五	廿三	丙申	鬼	平火	一	廿四	丁卯	张	收火	三	廿四	丁酉	轸	满火	六	廿六	戊辰	氐	成木
24	六	廿四	丁酉	柳	定火	二	廿五	戊辰	翼	开木	四	廿五	戊戌	角	平木	日	廿七	己巳	房	收木
25	日	廿五	戊戌	星	执木	三	廿六	己巳	轸	闭木	五	廿六	己亥	亢	定木	一	廿八	庚午	心	开土
26	一	廿六	己亥	张	破木	四	廿七	庚午	角	建土	六	廿七	庚子	氐	执土	二	廿九	辛未	尾	闭土
27	二	廿七	庚子	翼	危土	五	廿八	辛未	亢	除土	日	廿八	辛丑	房	破土	三	三十	壬申	箕	建金
28	三	廿八	辛丑	轸	成土	六	廿九	壬申	氐	满金	一	廿九	壬寅	心	危金	四	八月	癸酉	斗	除金
29	四	廿九	壬寅	角	收金	日	三十	癸酉	房	平金	二	七月	癸卯	尾	成金	五	初二	甲戌	牛	满火
30	五	三十	癸卯	亢	开金	一	六月	甲戌	心	定火	三	初二	甲辰	箕	收火	六	初三	乙亥	女	平火
31	六	五月	甲辰	氐	闭火						四	初三	乙巳	斗	开火	日	初四	丙子	虚	定水
节气	立夏:6日卯时　小满:21日戌时					芒种:6日巳时　夏至:22日寅时					小暑:7日戌时　大暑:23日未时					立秋:8日卯时　处暑:23日亥时				

月干支: 四月丁巳　五月戊午　六月己未　七月庚申　八月辛酉

公元 2003 年

农历　癸未(羊)年　太岁魏仁　九星六白

公历	9 月 星期	农历	干支	星宿	五行	10 月 星期	农历	干支	星宿	五行	11 月 星期	农历	干支	星宿	五行	12 月 星期	农历	干支	星宿	五行
1	一	初五	丁丑	危	执水	三	初六	丁未	壁	开水	六	初八	戊寅	胃	定土	一	初八	戊申	毕	收土
2	二	初六	戊寅	室	破土	四	初七	戊申	奎	闭土	日	初九	己卯	昴	执土	二	初九	己酉	觜	开土
3	三	初七	己卯	壁	危土	五	初八	己酉	娄	建土	一	初十	庚辰	毕	破金	三	初十	庚戌	参	闭金
4	四	初八	庚辰	奎	成金	六	初九	庚戌	胃	除金	二	十一	辛巳	觜	危金	四	十一	辛亥	井	建金
5	五	初九	辛巳	娄	收金	日	初十	辛亥	昴	满金	三	十二	壬午	参	成木	五	十二	壬子	鬼	除木
6	六	初十	壬午	胃	开木	一	十一	壬子	毕	平木	四	十三	癸未	井	收木	六	十三	癸丑	柳	满木
7	日	十一	癸未	昴	闭木	二	十二	癸丑	觜	定木	五	十四	甲申	鬼	开水	日	十四	甲寅	星	满水
8	一	十二	甲申	毕	闭水	三	十三	甲寅	参	执水	六	十五	乙酉	柳	开水	一	十五	乙卯	张	平水
9	二	十三	乙酉	觜	建水	四	十四	乙卯	井	执水	日	十六	丙戌	星	闭土	二	十六	丙辰	翼	定土
10	三	十四	丙戌	参	除土	五	十五	丙辰	鬼	破土	一	十七	丁亥	张	建土	三	十七	丁巳	轸	执土
11	四	十五	丁亥	井	满土	六	十六	丁巳	柳	危土	二	十八	戊子	翼	除火	四	十八	戊午	角	破火
12	五	十六	戊子	鬼	平火	日	十七	戊午	星	成火	三	十九	己丑	轸	满火	五	十九	己未	亢	危火
13	六	十七	己丑	柳	定火	一	十八	己未	张	收火	四	二十	庚寅	角	平木	六	二十	庚申	氐	成木
14	日	十八	庚寅	星	执木	二	十九	庚申	翼	开木	五	廿一	辛卯	亢	定木	日	廿一	辛酉	房	收木
15	一	十九	辛卯	张	破木	三	二十	辛酉	轸	闭木	六	廿二	壬辰	氐	执水	一	廿二	壬戌	心	开水
16	二	二十	壬辰	翼	危水	四	廿一	壬戌	角	建水	日	廿三	癸巳	房	破水	二	廿三	癸亥	尾	闭水
17	三	廿一	癸巳	轸	成水	五	廿二	癸亥	亢	除水	一	廿四	甲午	心	危金	三	廿四	甲子	箕	建金
18	四	廿二	甲午	角	收金	六	廿三	甲子	氐	满金	二	廿五	乙未	尾	成金	四	廿五	乙丑	斗	除金
19	五	廿三	乙未	亢	开金	日	廿四	乙丑	房	平金	三	廿六	丙申	箕	收火	五	廿六	丙寅	牛	满火
20	六	廿四	丙申	氐	闭火	一	廿五	丙寅	心	定火	四	廿七	丁酉	斗	开火	六	廿七	丁卯	女	平火
21	日	廿五	丁酉	房	建火	二	廿六	丁卯	尾	执火	五	廿八	戊戌	牛	闭木	日	廿八	戊辰	虚	定木
22	一	廿六	戊戌	心	除木	三	廿七	戊辰	箕	破木	六	廿九	己亥	女	建木	一	廿九	己巳	危	执木
23	二	廿七	己亥	尾	满木	四	廿八	己巳	斗	危木	日	三十	庚子	虚	除土	二	**十二**	庚午	室	破土
24	三	廿八	庚子	箕	平土	五	廿九	庚午	牛	成土	一	**十一**	辛丑	危	满土	三	初二	辛未	壁	危土
25	四	廿九	辛丑	斗	定土	六	**十月**	辛未	女	收土	二	初二	壬寅	室	平金	四	初三	壬申	奎	成金
26	五	**九月**	壬寅	牛	执金	日	初二	壬申	虚	开金	三	初三	癸卯	壁	定金	五	初四	癸酉	娄	收金
27	六	初二	癸卯	女	破金	一	初三	癸酉	危	闭金	四	初四	甲辰	奎	执金	六	初五	甲戌	胃	开火
28	日	初三	甲辰	虚	危火	二	初四	甲戌	室	建火	五	初五	乙巳	娄	破木	日	初六	乙亥	昴	闭火
29	一	初四	乙巳	危	成火	三	初五	乙亥	壁	除火	六	初六	丙午	胃	危水	一	初七	丙子	毕	建水
30	二	初五	丙午	室	收水	四	初六	丙子	奎	满水	日	初七	丁未	昴	成水	二	初八	丁丑	觜	除水
31						五	初七	丁丑	娄	平水						三	初九	戊寅	参	满土

节气	9 月	10 月	11 月	12 月
	白露:8日巳时	寒露:9日丑时	立冬:8日寅时	大雪:7日亥时
	秋分:23日酉时	霜降:24日寅时	小雪:23日丑时	冬至:22日申时

月干支：九月壬戌　十月癸亥　十一月甲子　十二月乙丑

周易历法通书

公元 2004 年

农历 癸未(羊)年 太岁魏仁 九星六白
甲申(猴)年(闰二月) 太岁方公 九星五黄

公历	1 月 星期	农历	干支	星宿	五行	2 月 星期	农历	干支	星宿	五行	3 月 星期	农历	干支	星宿	五行	4 月 星期	农历	干支	星宿	五行
1	四	初十	己卯	井	平土	日	十一	庚戌	星	收金	一	十一	己卯	张	除土	四	十二	庚戌	角	危金
2	五	十一	庚辰	鬼	定金	一	十二	辛亥	张	开金	二	十二	庚辰	翼	满金	五	十三	辛亥	亢	成金
3	六	十二	辛巳	柳	执金	二	十三	壬子	翼	闭木	三	十三	辛巳	轸	平金	六	十四	壬子	氐	收木
4	日	十三	壬午	星	破木	三	十四	癸丑	轸	平木	四	十四	壬午	角	定木	日	十五	癸丑	房	收木
5	一	十四	癸未	张	危木	四	十五	甲寅	角	建水	五	十五	癸未	亢	定木	一	十六	甲寅	心	开水
6	二	十五	甲申	翼	危水	五	十六	乙卯	亢	除水	六	十六	甲申	氐	执水	二	十七	乙卯	尾	闭水
7	三	十六	乙酉	轸	成水	六	十七	丙辰	氐	满土	日	十七	乙酉	房	破水	三	十八	丙辰	箕	建土
8	四	十七	丙戌	角	收土	日	十八	丁巳	房	平土	一	十八	丙戌	心	危土	四	十九	丁巳	斗	除土
9	五	十八	丁亥	亢	开土	一	十九	戊午	心	定火	二	十九	丁亥	尾	成土	五	二十	戊午	牛	满火
10	六	十九	戊子	氐	闭火	二	二十	己未	尾	执火	三	二十	戊子	箕	收火	六	廿一	己未	女	平火
11	日	二十	己丑	房	建火	三	廿一	庚申	箕	破木	四	廿一	己丑	斗	开火	日	廿二	庚申	虚	定木
12	一	廿一	庚寅	心	除火	四	廿二	辛酉	斗	危木	五	廿二	庚寅	牛	闭木	一	廿三	辛酉	危	执木
13	二	廿二	辛卯	尾	满木	五	廿三	壬戌	牛	成水	六	廿三	辛卯	女	建木	二	廿四	壬戌	室	破水
14	三	廿三	壬辰	箕	平水	六	廿四	癸亥	女	收水	日	廿四	壬辰	虚	除水	三	廿五	癸亥	壁	危水
15	四	廿四	癸巳	斗	定水	日	廿五	甲子	虚	开金	一	廿五	癸巳	危	满水	四	廿六	甲子	奎	成金
16	五	廿五	甲午	牛	执金	一	廿六	乙丑	危	闭金	二	廿六	甲午	室	平金	五	廿七	乙丑	娄	收金
17	六	廿六	乙未	女	破金	二	廿七	丙寅	室	建火	三	廿七	乙未	壁	定金	六	廿八	丙寅	胃	开火
18	日	廿七	丙申	虚	危火	三	廿八	丁卯	壁	除火	四	廿八	丙申	奎	执火	日	廿九	丁卯	昴	闭火
19	一	廿八	丁酉	危	成火	四	廿九	戊辰	奎	满木	五	廿九	丁酉	娄	破火	一	三月	戊辰	毕	建木
20	二	廿九	戊戌	室	收木	五	二月	己巳	娄	平木	六	三十	戊戌	胃	危木	二	初二	己巳	觜	除木
21	三	三十	己亥	壁	开木	六	初二	庚午	胃	定土	日	闰二	己亥	昴	成木	三	初三	庚午	参	满土
22	四	正月	庚子	奎	闭土	日	初三	辛未	昴	执土	一	初二	庚子	毕	收土	四	初四	辛未	井	平土
23	五	初二	辛丑	娄	建土	一	初四	壬申	毕	破金	二	初三	辛丑	觜	开土	五	初五	壬申	鬼	定金
24	六	初三	壬寅	胃	除金	二	初五	癸酉	觜	危金	三	初四	壬寅	参	闭金	六	初六	癸酉	柳	执金
25	日	初四	癸卯	昴	满金	三	初六	甲戌	参	成火	四	初五	癸卯	井	建金	日	初七	甲戌	星	破火
26	一	初五	甲辰	毕	平火	四	初七	乙亥	井	收火	五	初六	甲辰	鬼	除火	一	初八	乙亥	张	危火
27	二	初六	乙巳	觜	定火	五	初八	丙子	鬼	开水	六	初七	乙巳	柳	满火	二	初九	丙子	翼	成水
28	三	初七	丙午	参	执土	六	初九	丁丑	柳	闭水	日	初八	丙午	星	平水	三	初十	丁丑	轸	收水
29	四	初八	丁未	井	破土	日	初十	戊寅	星	建土	一	初九	丁未	张	定水	四	十一	戊寅	角	开土
30	五	初九	戊申	鬼	危土						二	初十	戊申	翼	执土	五	十二	己卯	亢	闭土
31	六	初十	己酉	柳	成土						三	十一	己酉	轸	破土					

节气	小寒:6日辰时 大寒:21日丑时	立春:4日戌时 雨水:19日申时	惊蛰:5日未时 春分:20日未时	清明:4日酉时 谷雨:20日丑时

月干支:正月丙寅　二月丁卯　闰二月丁卯　三月戊辰

公元 2004 年

农历 甲申(猴)年(闰二月) 太岁方公 九星五黄

公历	5月 星期	5月 农历	5月 干支	5月 星宿	5月 五行	6月 星期	6月 农历	6月 干支	6月 星宿	6月 五行	7月 星期	7月 农历	7月 干支	7月 星宿	7月 五行	8月 星期	8月 农历	8月 干支	8月 星宿	8月 五行
1	六	十三	庚辰	氐	建金	二	十四	辛亥	尾	破木	四	十四	辛巳	斗	闭金	日	十六	壬子	虚	执木
2	日	十四	辛巳	房	除金	三	十五	壬子	箕	危木	五	十五	壬午	牛	建木	一	十七	癸丑	危	破木
3	一	十五	壬午	心	满木	四	十六	癸丑	斗	成木	六	十六	癸未	女	除木	二	十八	甲寅	室	危水
4	二	十六	癸未	尾	平木	五	十七	甲寅	牛	收水	日	十七	甲申	虚	满水	三	十九	乙卯	壁	成水
5	三	十七	甲申	箕	平水	六	十八	乙卯	女	收水	一	十八	乙酉	危	平水	四	二十	丙辰	奎	收土
6	四	十八	乙酉	斗	定水	日	十九	丙辰	虚	开土	二	十九	丙戌	室	定土	五	廿一	丁巳	娄	开土
7	五	十九	丙戌	牛	执土	一	二十	丁巳	危	闭土	三	二十	丁亥	壁	定土	六	廿二	戊午	胃	开火
8	六	二十	丁亥	女	破土	二	廿一	戊午	室	建火	四	廿一	戊子	奎	执火	日	廿三	己未	昴	闭火
9	日	廿一	戊子	虚	危火	三	廿二	己未	壁	除火	五	廿二	己丑	娄	破火	一	廿四	庚申	毕	建木
10	一	廿二	己丑	危	成火	四	廿三	庚申	奎	满木	六	廿三	庚寅	胃	危木	二	廿五	辛酉	觜	除木
11	二	廿三	庚寅	室	收木	五	廿四	辛酉	娄	平木	日	廿四	辛卯	昴	成木	三	廿六	壬戌	参	满水
12	三	廿四	辛卯	壁	开木	六	廿五	壬戌	胃	定水	一	廿五	壬辰	毕	收水	四	廿七	癸亥	井	平水
13	四	廿五	壬辰	奎	闭水	日	廿六	癸亥	昴	执水	二	廿六	癸巳	觜	开水	五	廿八	甲子	鬼	定金
14	五	廿六	癸巳	娄	建水	一	廿七	甲子	毕	破金	三	廿七	甲午	参	闭金	六	廿九	乙丑	柳	执金
15	六	廿七	甲午	胃	除金	二	廿八	乙丑	觜	危金	四	廿八	乙未	井	建金	日	三十	丙寅	星	破火
16	日	廿八	乙未	昴	满金	三	廿九	丙寅	参	成火	五	廿九	丙申	鬼	除火	一	七月	丁卯	张	危火
17	一	廿九	丙申	毕	平火	四	三十	丁卯	井	收火	六	六月	丁酉	柳	满火	二	初二	戊辰	翼	成木
18	二	三十	丁酉	觜	定火	五	五月	戊辰	鬼	开木	日	初二	戊戌	星	平木	三	初三	己巳	轸	收木
19	三	四月	戊戌	参	执木	六	初二	己巳	柳	闭木	一	初三	己亥	张	定木	四	初四	庚午	角	开土
20	四	初二	己亥	井	破木	日	初三	庚午	星	建土	二	初四	庚子	翼	执土	五	初五	辛未	亢	闭土
21	五	初三	庚子	鬼	危土	一	初四	辛未	张	除土	三	初五	辛丑	轸	破土	六	初六	壬申	氐	建金
22	六	初四	辛丑	柳	成土	二	初五	壬申	翼	满金	四	初六	壬寅	角	危金	日	初七	癸酉	房	除金
23	日	初五	壬寅	星	收金	三	初六	癸酉	轸	平金	五	初七	癸卯	亢	成金	一	初八	甲戌	心	满火
24	一	初六	癸卯	张	开金	四	初七	甲戌	角	定火	六	初八	甲辰	氐	收火	二	初九	乙亥	尾	平火
25	二	初七	甲辰	翼	闭火	五	初八	乙亥	亢	执火	日	初九	乙巳	房	开火	三	初十	丙子	箕	定水
26	三	初八	乙巳	轸	建火	六	初九	丙子	氐	破水	一	初十	丙午	心	闭水	四	十一	丁丑	斗	执水
27	四	初九	丙午	角	除水	日	初十	丁丑	房	危水	二	十一	丁未	尾	建水	五	十二	戊寅	牛	破土
28	五	初十	丁未	亢	满水	一	十一	戊寅	心	成土	三	十二	戊申	箕	除土	六	十三	己卯	女	危土
29	六	十一	戊申	氐	平土	二	十二	己卯	尾	收土	四	十三	己酉	斗	满土	日	十四	庚辰	虚	成金
30	日	十二	己酉	房	定土	三	十三	庚辰	箕	开金	五	十四	庚戌	牛	平金	一	十五	辛巳	危	收金
31	一	十三	庚戌	心	执金						六	十五	辛亥	女	定金	二	十六	壬午	室	开木

节气	立夏:5日午时 小满:21日丑时	芒种:5日申时 夏至:21日辰时	小暑:7日丑时 大暑:22日戌时	立秋:7日午时 处暑:23日丑时

月干支: 四月己巳　五月庚午　六月辛未　七月壬申

周易 历法通书

公元 2004 年

农历　甲申(猴)年(闰二月)　太岁方公　九星五黄

公历	9月 星期	农历	干支	星宿	五行	10月 星期	农历	干支	星宿	五行	11月 星期	农历	干支	星宿	五行	12月 星期	农历	干支	星宿	五行
1	三	十七	癸未	壁	闭木	五	十八	癸丑	娄	定木	一	十九	甲申	毕	开水	三	二十	甲寅	参	平水
2	四	十八	甲申	奎	建水	六	十九	甲寅	胃	执水	二	二十	乙酉	觜	闭水	四	廿一	乙卯	井	定水
3	五	十九	乙酉	娄	除水	日	二十	乙卯	昴	破水	三	廿一	丙戌	参	建土	五	廿二	丙辰	鬼	执土
4	六	二十	丙戌	胃	满土	一	廿一	丙辰	毕	危土	四	廿二	丁亥	井	除土	六	廿三	丁巳	柳	破土
5	日	廿一	丁亥	昴	平土	二	廿二	丁巳	觜	成土	五	廿三	戊子	鬼	满火	日	廿四	戊午	星	危火
6	一	廿二	戊子	毕	定火	三	廿三	戊午	参	收火	六	廿四	己丑	柳	平火	一	廿五	己未	张	成火
7	二	廿三	己丑	觜	定火	四	廿四	己未	井	开火	日	廿五	庚寅	星	平木	二	廿六	庚申	翼	成木
8	三	廿四	庚寅	参	执木	五	廿五	庚申	鬼	开木	一	廿六	辛卯	张	定木	三	廿七	辛酉	轸	收木
9	四	廿五	辛卯	井	破木	六	廿六	辛酉	柳	闭木	二	廿七	壬辰	翼	执水	四	廿八	壬戌	角	开水
10	五	廿六	壬辰	鬼	危水	日	廿七	壬戌	星	建水	三	廿八	癸巳	轸	破水	五	廿九	癸亥	亢	闭水
11	六	廿七	癸巳	柳	成水	一	廿八	癸亥	张	除水	四	廿九	甲午	角	危金	六	三十	甲子	氐	建金
12	日	廿八	甲午	星	收金	二	廿九	甲子	翼	满金	五	十月	乙未	亢	成金	日	十一	乙丑	房	除金
13	一	廿九	乙未	张	开金	三	三十	乙丑	轸	平金	六	初二	丙申	氐	收火	一	初二	丙寅	心	满火
14	二	八月	丙申	翼	闭火	四	九月	丙寅	角	定火	日	初三	丁酉	房	开火	二	初三	丁卯	尾	平火
15	三	初二	丁酉	轸	建火	五	初二	丁卯	亢	执火	一	初四	戊戌	心	闭木	三	初四	戊辰	箕	定木
16	四	初三	戊戌	角	除木	六	初三	戊辰	氐	破木	二	初五	己亥	尾	建木	四	初五	己巳	斗	执木
17	五	初四	己亥	亢	满木	日	初四	己巳	房	危木	三	初六	庚子	箕	除土	五	初六	庚午	牛	破土
18	六	初五	庚子	氐	平土	一	初五	庚午	心	成土	四	初七	辛丑	斗	满土	六	初七	辛未	女	危土
19	日	初六	辛丑	房	定土	二	初六	辛未	尾	收土	五	初八	壬寅	牛	平金	日	初八	壬申	虚	成金
20	一	初七	壬寅	心	执金	三	初七	壬申	箕	开金	六	初九	癸卯	女	定金	一	初九	癸酉	危	收金
21	二	初八	癸卯	尾	破金	四	初八	癸酉	斗	闭金	日	初十	甲辰	虚	执火	二	初十	甲戌	室	开火
22	三	初九	甲辰	箕	危火	五	初九	甲戌	牛	建火	一	十一	乙巳	危	破火	三	十一	乙亥	壁	闭火
23	四	初十	乙巳	斗	成火	六	初十	乙亥	女	除火	二	十二	丙午	室	危水	四	十二	丙子	奎	建水
24	五	十一	丙午	牛	收水	日	十一	丙子	虚	满水	三	十三	丁未	壁	成水	五	十三	丁丑	娄	除水
25	六	十二	丁未	女	开水	一	十二	丁丑	危	平水	四	十四	戊申	奎	收土	六	十四	戊寅	胃	满土
26	日	十三	戊申	虚	闭土	二	十三	戊寅	室	定土	五	十五	己酉	娄	开土	日	十五	己卯	昴	平土
27	一	十四	己酉	危	建土	三	十四	己卯	壁	执土	六	十六	庚戌	胃	闭金	一	十六	庚辰	毕	定金
28	二	十五	庚戌	室	除金	四	十五	庚辰	奎	破金	日	十七	辛亥	昴	建金	二	十七	辛巳	觜	执金
29	三	十六	辛亥	壁	满金	五	十六	辛巳	娄	危金	一	十八	壬子	毕	除木	三	十八	壬午	参	破木
30	四	十七	壬子	奎	平木	六	十七	壬午	胃	成木	二	十九	癸丑	觜	满木	四	十九	癸未	井	危木
31						日	十八	癸未	昴	收木						五	二十	甲申	鬼	成水

节气	9月	10月	11月	12月
	白露:7日申时	寒露:8日卯时	立冬:7日巳时	大雪:7日丑时
	秋分:23日子时	霜降:23日巳时	小雪:22日辰时	冬至:21日戌时

月干支：八月癸酉　　九月甲戌　　十月乙亥　　十一月丙子

公元 2005 年

公历	1 月 星期	农历	干支	星宿	五行	2 月 星期	农历	干支	星宿	五行	3 月 星期	农历	干支	星宿	五行	4 月 星期	农历	干支	星宿	五行
1	六	廿一	乙酉	柳	收 水	二	廿三	丙辰	翼	平 土	二	廿一	甲申	翼	破 水	五	廿三	乙卯	亢	建 水
2	日	廿二	丙戌	星	开 土	三	廿四	丁巳	轸	定 土	三	廿二	乙酉	轸	危 水	六	廿四	丙辰	氐	除 土
3	一	廿三	丁亥	张	闭 土	四	廿五	戊午	角	执 火	四	廿三	丙戌	角	成 土	日	廿五	丁巳	房	满 土
4	二	廿四	戊子	翼	建 火	五	廿六	己未	亢	执 火	五	廿四	丁亥	亢	收 土	一	廿六	戊午	心	平 火
5	三	廿五	己丑	轸	建 火	六	廿七	庚申	氐	破 木	六	廿五	戊子	氐	收 火	二	廿七	己未	尾	平 火
6	四	廿六	庚寅	角	除 木	日	廿八	辛酉	房	危 木	日	廿六	己丑	房	开 火	三	廿八	庚申	箕	定 木
7	五	廿七	辛卯	亢	满 木	一	廿九	壬戌	心	成 水	一	廿七	庚寅	心	闭 木	四	廿九	辛酉	斗	执 木
8	六	廿八	壬辰	氐	平 水	二	三十	癸亥	尾	收 水	二	廿八	辛卯	尾	建 木	五	三十	壬戌	牛	破 水
9	日	廿九	癸巳	房	定 金	三	**正月**	甲子	箕	开 金	三	廿九	壬辰	箕	除 水	六	**三月**	癸亥	女	危 水
10	一	**十二**	甲午	心	执 金	四	**初二**	乙丑	斗	闭 金	四	**二月**	癸巳	斗	满 水	日	初二	甲子	虚	成 金
11	二	初二	乙未	尾	破 金	五	初三	丙寅	牛	建 火	五	初二	甲午	牛	平 金	一	初三	乙丑	危	收 金
12	三	初三	丙申	箕	危 火	六	初四	丁卯	女	除 火	六	初三	乙未	女	定 金	二	初四	丙寅	室	开 火
13	四	初四	丁酉	斗	成 火	日	初五	戊辰	虚	满 木	日	初四	丙申	虚	执 火	三	初五	丁卯	壁	闭 火
14	五	初五	戊戌	牛	收 火	一	初六	己巳	危	平 木	一	初五	丁酉	危	破 火	四	初六	戊辰	奎	建 木
15	六	初六	己亥	女	开 木	二	初七	庚午	室	定 土	二	初六	戊戌	室	危 木	五	初七	己巳	娄	除 木
16	日	初七	庚子	虚	闭 土	三	初八	辛未	壁	执 土	三	初七	己亥	壁	成 木	六	初八	庚午	胃	满 土
17	一	初八	辛丑	危	建 土	四	初九	壬申	奎	破 金	四	初八	庚子	奎	收 土	日	初九	辛未	昴	平 土
18	二	初九	壬寅	室	除 金	五	初十	癸酉	娄	危 金	五	初九	辛丑	娄	开 土	一	初十	壬申	毕	定 金
19	三	初十	癸卯	壁	满 金	六	十一	甲戌	胃	成 火	六	初十	壬寅	胃	闭 金	二	十一	癸酉	觜	执 金
20	四	十一	甲辰	奎	平 火	日	十二	乙亥	昴	收 火	日	十一	癸卯	昴	建 金	三	十二	甲戌	参	破 火
21	五	十二	乙巳	娄	定 火	一	十三	丙子	毕	开 水	一	十二	甲辰	毕	除 火	四	十三	乙亥	井	危 火
22	六	十三	丙午	胃	执 水	二	十四	丁丑	觜	闭 水	二	十三	乙巳	觜	满 火	五	十四	丙子	鬼	成 水
23	日	十四	丁未	昴	破 水	三	十五	戊寅	参	建 土	三	十四	丙午	参	平 水	六	十五	丁丑	柳	收 水
24	一	十五	戊申	毕	危 土	四	十六	己卯	井	除 土	四	十五	丁未	井	定 水	日	十六	戊寅	星	开 土
25	二	十六	己酉	觜	成 土	五	十七	庚辰	鬼	满 金	五	十六	戊申	鬼	执 土	一	十七	己卯	张	闭 土
26	三	十七	庚戌	参	收 金	六	十八	辛巳	柳	平 金	六	十七	己酉	柳	破 土	二	十八	庚辰	翼	建 金
27	四	十八	辛亥	井	开 金	日	十九	壬午	星	定 金	日	十八	庚戌	星	危 金	三	十九	辛巳	轸	除 金
28	五	十九	壬子	鬼	闭 木	一	二十	癸未	张	执 木	一	十九	辛亥	张	成 金	四	二十	壬午	角	满 木
29	六	二十	癸丑	柳	建 木						二	二十	壬子	翼	收 木	五	廿一	癸未	亢	平 木
30	日	廿一	甲寅	星	除 水						三	廿一	癸丑	轸	开 木	六	廿二	甲申	氐	定 水
31	一	廿二	乙卯	张	满 水						四	廿二	甲寅	角	闭 水					

节气	小寒:5日未时 大寒:20日辰时	立春:4日丑时 雨水:18日亥时	惊蛰:5日戌时 春分:20日戌时	清明:5日子时 谷雨:20日辰时

月干支:　十二月丁丑　　正月戊寅　　二月己卯　　三月庚辰

周易历法通书

公元 2005 年

农历 乙酉(鸡)年 太岁蒋嵩 九星四绿

公历	5 月 星期	农历	干支	星宿	五行	6 月 星期	农历	干支	星宿	五行	7 月 星期	农历	干支	星宿	五行	8 月 星期	农历	干支	星宿	五行
1	日	廿三	乙酉	房	执水	三	廿五	丙辰	箕	闭土	五	廿五	丙戌	牛	定土	一	廿七	丁巳	危	开土
2	一	廿四	丙戌	心	破土	四	廿六	丁巳	斗	建土	六	廿六	丁亥	女	执土	二	廿八	戊午	室	闭火
3	二	廿五	丁亥	尾	危土	五	廿七	戊午	牛	除火	日	廿七	戊子	虚	破火	三	廿九	己未	壁	建火
4	三	廿六	戊子	箕	成火	六	廿八	己未	女	满火	一	廿八	己丑	危	危火	四	三十	庚申	奎	除木
5	四	廿七	己丑	斗	成火	日	廿九	庚申	虚	满木	二	廿九	庚寅	室	成木	五	七月	辛酉	娄	满木
6	五	廿八	庚寅	牛	收木	一	三十	辛酉	危	平木	三	六月	辛卯	壁	收木	六	初二	壬戌	胃	平水
7	六	廿九	辛卯	女	开木	二	五月	壬戌	室	定水	四	初二	壬辰	奎	收水	日	初三	癸亥	昴	平水
8	日	四月	壬辰	虚	闭水	三	初二	癸亥	壁	执水	五	初三	癸巳	娄	开水	一	初四	甲子	毕	定金
9	一	初二	癸巳	危	建水	四	初三	甲子	奎	破金	六	初四	甲午	胃	闭金	二	初五	乙丑	觜	执金
10	二	初三	甲午	室	除金	五	初四	乙丑	娄	危金	日	初五	乙未	昴	建金	三	初六	丙寅	参	破火
11	三	初四	乙未	壁	满金	六	初五	丙寅	胃	成火	一	初六	丙申	毕	除火	四	初七	丁卯	井	危火
12	四	初五	丙申	奎	平火	日	初六	丁卯	昴	收火	二	初七	丁酉	觜	满火	五	初八	戊辰	鬼	成木
13	五	初六	丁酉	娄	定火	一	初七	戊辰	毕	开木	三	初八	戊戌	参	平木	六	初九	己巳	柳	收木
14	六	初七	戊戌	胃	执木	二	初八	己巳	觜	闭木	四	初九	己亥	井	定木	日	初十	庚午	星	开土
15	日	初八	己亥	昴	破木	三	初九	庚午	参	建土	五	初十	庚子	鬼	执土	一	十一	辛未	张	闭土
16	一	初九	庚子	毕	危土	四	初十	辛未	井	除土	六	十一	辛丑	柳	破土	二	十二	壬申	翼	建金
17	二	初十	辛丑	觜	成土	五	十一	壬申	鬼	满金	日	十二	壬寅	星	危金	三	十三	癸酉	轸	除金
18	三	十一	壬寅	参	收金	六	十二	癸酉	柳	平金	一	十三	癸卯	张	成金	四	十四	甲戌	角	满火
19	四	十二	癸卯	井	开金	日	十三	甲戌	星	定火	二	十四	甲辰	翼	收火	五	十五	乙亥	亢	平火
20	五	十三	甲辰	鬼	闭火	一	十四	乙亥	张	执火	三	十五	乙巳	轸	开火	六	十六	丙子	氐	定水
21	六	十四	乙巳	柳	建火	二	十五	丙子	翼	破水	四	十六	丙午	角	闭水	日	十七	丁丑	房	执水
22	日	十五	丙午	星	除水	三	十六	丁丑	轸	危水	五	十七	丁未	亢	建水	一	十八	戊寅	心	破土
23	一	十六	丁未	张	满水	四	十七	戊寅	角	成土	六	十八	戊申	氐	除土	二	十九	己卯	尾	危土
24	二	十七	戊申	翼	平土	五	十八	己卯	亢	收土	日	十九	己酉	房	满土	三	二十	庚辰	箕	成金
25	三	十八	己酉	轸	定土	六	十九	庚辰	氐	开金	一	二十	庚戌	心	平金	四	廿一	辛巳	斗	收金
26	四	十九	庚戌	角	执金	日	二十	辛巳	房	闭金	二	廿一	辛亥	尾	定金	五	廿二	壬午	牛	开木
27	五	二十	辛亥	亢	破金	一	廿一	壬午	心	建木	三	廿二	壬子	箕	执木	六	廿三	癸未	女	闭木
28	六	廿一	壬子	氐	危木	二	廿二	癸未	尾	除木	四	廿三	癸丑	斗	破木	日	廿四	甲申	虚	建水
29	日	廿二	癸丑	房	成木	三	廿三	甲申	箕	满水	五	廿四	甲寅	牛	危水	一	廿五	乙酉	危	除水
30	一	廿三	甲寅	心	收水	四	廿四	乙酉	斗	平水	六	廿五	乙卯	女	成水	二	廿六	丙戌	室	满土
31	二	廿四	乙卯	尾	开水						日	廿六	丙辰	虚	收土	三	廿七	丁亥	壁	平土

节气

5月	6月	7月	8月
立夏:5日酉时	芒种:5日亥时	小暑:7日辰时	立秋:7日酉时
小满:21日卯时	夏至:21日未时	大暑:23日丑时	处暑:23日辰时

月干支: 四月辛巳　五月壬午　六月癸未　七月甲申

195

公元 2005 年

公历	9月 星期	农历	干支	星宿	五行	10月 星期	农历	干支	星宿	五行	11月 星期	农历	干支	星宿	五行	12月 星期	农历	干支	星宿	五行
1	四	廿八	戊子	奎	定火	六	廿八	戊午	胃	收火	二	三十	己丑	觜	平火	四	十一月	己未	井	成火
2	五	廿九	己丑	娄	执火	日	廿九	己未	昴	开火	三	十月	庚寅	参	定木	五	初二	庚申	鬼	收木
3	六	三十	庚寅	胃	破木	一	九月	庚申	毕	闭木	四	初二	辛卯	井	执木	六	初三	辛酉	柳	开木
4	日	八月	辛卯	昴	危木	二	初二	辛酉	觜	建木	五	初三	壬辰	鬼	破水	日	初四	壬戌	星	闭水
5	一	初二	壬辰	毕	成水	三	初三	壬戌	参	除水	六	初四	癸巳	柳	危水	一	初五	癸亥	张	建水
6	二	初三	癸巳	觜	收水	四	初四	癸亥	井	满水	日	初五	甲午	星	成金	二	初六	甲子	翼	除金
7	三	初四	甲午	参	收金	五	初五	甲子	鬼	平金	一	初六	乙未	张	成金	三	初七	乙丑	轸	除金
8	四	初五	乙未	井	开金	六	初六	乙丑	柳	平金	二	初七	丙申	翼	收火	四	初八	丙寅	角	满火
9	五	初六	丙申	鬼	闭火	日	初七	丙寅	星	定火	三	初八	丁酉	轸	开火	五	初九	丁卯	亢	平火
10	六	初七	丁酉	柳	建火	一	初八	丁卯	张	执火	四	初九	戊戌	角	闭木	六	初十	戊辰	氐	定木
11	日	初八	戊戌	星	除木	二	初九	戊辰	翼	破木	五	初十	己亥	亢	建木	日	十一	己巳	房	执木
12	一	初九	己亥	张	满木	三	初十	己巳	轸	危木	六	十一	庚子	氐	除土	一	十二	庚午	心	破土
13	二	初十	庚子	翼	平土	四	十一	庚午	角	成土	日	十二	辛丑	房	满土	二	十三	辛未	尾	危土
14	三	十一	辛丑	轸	定土	五	十二	辛未	亢	收土	一	十三	壬寅	心	平金	三	十四	壬申	箕	成金
15	四	十二	壬寅	角	执金	六	十三	壬申	氐	开金	二	十四	癸卯	尾	定金	四	十五	癸酉	斗	收金
16	五	十三	癸卯	亢	破金	日	十四	癸酉	房	闭金	三	十五	甲辰	箕	执火	五	十六	甲戌	牛	开火
17	六	十四	甲辰	氐	危火	一	十五	甲戌	心	建火	四	十六	乙巳	斗	破火	六	十七	乙亥	女	闭火
18	日	十五	乙巳	房	成火	二	十六	乙亥	尾	除火	五	十七	丙午	牛	危水	日	十八	丙子	虚	建水
19	一	十六	丙午	心	收水	三	十七	丙子	箕	满水	六	十八	丁未	女	成水	一	十九	丁丑	危	除水
20	二	十七	丁未	尾	开水	四	十八	丁丑	斗	平水	日	十九	戊申	虚	收土	二	二十	戊寅	室	满土
21	三	十八	戊申	箕	闭土	五	十九	戊寅	牛	定土	一	二十	己酉	危	开土	三	廿一	己卯	壁	平土
22	四	十九	己酉	斗	建土	六	二十	己卯	女	执土	二	廿一	庚戌	室	闭金	四	廿二	庚辰	奎	定金
23	五	二十	庚戌	牛	除金	日	廿一	庚辰	虚	破金	三	廿二	辛亥	壁	建金	五	廿三	辛巳	娄	执金
24	六	廿一	辛亥	女	满金	一	廿二	辛巳	危	危金	四	廿三	壬子	奎	除木	六	廿四	壬午	胃	破木
25	日	廿二	壬子	虚	平木	二	廿三	壬午	室	成木	五	廿四	癸丑	娄	满木	日	廿五	癸未	昴	危木
26	一	廿三	癸丑	危	定木	三	廿四	癸未	壁	收木	六	廿五	甲寅	胃	平水	一	廿六	甲申	毕	成水
27	二	廿四	甲寅	室	执水	四	廿五	甲申	奎	开水	日	廿六	乙卯	昴	定水	二	廿七	乙酉	觜	收水
28	三	廿五	乙卯	壁	破水	五	廿六	乙酉	娄	闭水	一	廿七	丙辰	毕	执土	三	廿八	丙戌	参	开土
29	四	廿六	丙辰	奎	危土	六	廿七	丙戌	胃	建土	二	廿八	丁巳	觜	破土	四	廿九	丁亥	井	闭土
30	五	廿七	丁巳	娄	成土	日	廿八	丁亥	昴	除土	三	廿九	戊午	参	危火	五	三十	戊子	鬼	建火
31						一	廿九	戊子	毕	满火						六	十二月	己丑	柳	除火

节气	白露:7日戌时 秋分:23日卯时	寒露:8日午时 霜降:23日申时	立冬:7日申时 小雪:22日未时	大雪:7日辰时 冬至:22日丑时

月干支: 八月乙酉　九月丙戌　十月丁亥　十一月戊子

196

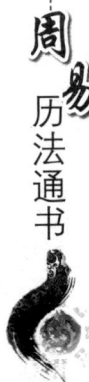

周易历法通书

公元 2006 年

农历 乙酉(鸡)年　　太岁蒋嵩 九星四绿
丙戌(狗)年(闰七月)　太岁向般 九星三碧

公历	1 月 星期	农历	干支	星宿	五行	2 月 星期	农历	干支	星宿	五行	3 月 星期	农历	干支	星宿	五行	4 月 星期	农历	干支	星宿	五行
1	日	初二	庚寅	星	满木	三	初四	辛酉	轸	成木	三	初二	己丑	轸	闭火	六	初四	庚申	氐	执木
2	一	初三	辛卯	张	平木	四	初五	壬戌	角	收水	四	初三	庚寅	角	建木	日	初五	辛酉	房	破木
3	二	初四	壬辰	翼	定水	五	初六	癸亥	亢	开水	五	初四	辛卯	亢	除木	一	初六	壬戌	心	危水
4	三	初五	癸巳	轸	执水	六	初七	甲子	氐	开金	六	初五	壬辰	氐	满水	二	初七	癸亥	尾	成水
5	四	初六	甲午	角	执金	日	初八	乙丑	房	闭金	日	初六	癸巳	房	平水	三	初八	甲子	箕	成金
6	五	初七	乙未	亢	破金	一	初九	丙寅	心	建火	一	初七	甲午	心	平金	四	初九	乙丑	斗	收金
7	六	初八	丙申	氐	危火	二	初十	丁卯	尾	除火	二	初八	乙未	尾	定金	五	初十	丙寅	牛	开火
8	日	初九	丁酉	房	成火	三	十一	戊辰	箕	满木	三	初九	丙申	箕	执火	六	十一	丁卯	女	闭火
9	一	初十	戊戌	心	收木	四	十二	己巳	斗	平木	四	初十	丁酉	斗	破火	日	十二	戊辰	虚	建木
10	二	十一	己亥	尾	开木	五	十三	庚午	牛	定土	五	十一	戊戌	牛	危木	一	十三	己巳	危	除木
11	三	十二	庚子	箕	闭土	六	十四	辛未	女	执土	六	十二	己亥	女	成木	二	十四	庚午	室	满土
12	四	十三	辛丑	斗	建土	日	十五	壬申	虚	破金	日	十三	庚子	虚	收土	三	十五	辛未	壁	平土
13	五	十四	壬寅	牛	除金	一	十六	癸酉	危	危金	一	十四	辛丑	危	开土	四	十六	壬申	奎	定金
14	六	十五	癸卯	女	满金	二	十七	甲戌	室	成火	二	十五	壬寅	室	闭金	五	十七	癸酉	娄	执金
15	日	十六	甲辰	虚	平火	三	十八	乙亥	壁	收火	三	十六	癸卯	壁	建金	六	十八	甲戌	胃	破火
16	一	十七	乙巳	危	定火	四	十九	丙子	奎	开水	四	十七	甲辰	奎	除火	日	十九	乙亥	昴	危火
17	二	十八	丙午	室	执水	五	二十	丁丑	娄	闭水	五	十八	乙巳	娄	满火	一	二十	丙子	毕	成水
18	三	十九	丁未	壁	破水	六	廿一	戊寅	胃	建土	六	十九	丙午	胃	平水	二	廿一	丁丑	觜	收水
19	四	二十	戊申	奎	危土	日	廿二	己卯	昴	除土	日	二十	丁未	昴	定水	三	廿二	戊寅	参	开土
20	五	廿一	己酉	娄	成土	一	廿三	庚辰	毕	满金	一	廿一	戊申	毕	执土	四	廿三	己卯	井	闭土
21	六	廿二	庚戌	胃	收金	二	廿四	辛巳	觜	平金	二	廿二	己酉	觜	破土	五	廿四	庚辰	鬼	建金
22	日	廿三	辛亥	昴	开金	三	廿五	壬午	参	定木	三	廿三	庚戌	参	危金	六	廿五	辛巳	柳	除金
23	一	廿四	壬子	毕	闭木	四	廿六	癸未	井	执木	四	廿四	辛亥	井	成金	日	廿六	壬午	星	满木
24	二	廿五	癸丑	觜	建木	五	廿七	甲申	鬼	破水	五	廿五	壬子	鬼	收木	一	廿七	癸未	张	平木
25	三	廿六	甲寅	参	除水	六	廿八	乙酉	柳	危水	六	廿六	癸丑	柳	开木	二	廿八	甲申	翼	定水
26	四	廿七	乙卯	井	满水	日	廿九	丙戌	星	成土	日	廿七	甲寅	星	闭水	三	廿九	乙酉	轸	执水
27	五	廿八	丙辰	鬼	平土	一	三十	丁亥	张	收土	一	廿八	乙卯	张	建水	四	三十	丙戌	角	破土
28	六	廿九	丁巳	柳	定土	二	二月	戊子	翼	开火	二	廿九	丙辰	翼	除土	五	四月	丁亥	亢	危土
29	日	正月	戊午	星	执火						三	三月	丁巳	轸	满土	六	初二	戊子	氐	成火
30	一	初二	己未	张	破火						四	初二	戊午	角	平火	日	初三	己丑	房	收火
31	二	初三	庚申	翼	危木						五	初三	己未	亢	定火					

节气	小寒:5日戌时 大寒:20日未时	立春:4日辰时 雨水:19日寅时	惊蛰:6日丑时 春分:21日丑时	清明:5日卯时 谷雨:20日未时

月干支：十二月己丑　正月庚寅　二月辛卯　三月壬辰　四月癸巳

公元 2006 年

农历 丙戌(狗)年(闰七月) 太岁向般 九星三碧

公历	5 月 星期	农历	干支	星宿	五行	6 月 星期	农历	干支	星宿	五行	7 月 星期	农历	干支	星宿	五行	8 月 星期	农历	干支	星宿	五行
1	一	初四	庚寅	心	开木	四	初六	辛酉	斗	定木	六	初六	辛卯	女	收木	二	初八	壬戌	室	平水
2	二	初五	辛卯	尾	闭木	五	初七	壬戌	牛	执水	日	初七	壬辰	虚	开木	三	初九	癸亥	壁	定水
3	三	初六	壬辰	箕	建水	六	初八	癸亥	女	破水	一	初八	癸巳	危	闭水	四	初十	甲子	奎	执金
4	四	初七	癸巳	斗	除水	日	初九	甲子	虚	危金	二	初九	甲午	室	建金	五	十一	乙丑	娄	破金
5	五	初八	甲午	牛	除金	一	初十	乙丑	危	成金	三	初十	乙未	壁	除金	六	十二	丙寅	胃	危火
6	六	初九	乙未	女	满金	二	十一	丙寅	室	成火	四	十一	丙申	奎	满火	日	十三	丁卯	昴	成火
7	日	初十	丙申	虚	平火	三	十二	丁卯	壁	收火	五	十二	丁酉	娄	满火	一	十四	戊辰	毕	成木
8	一	十一	丁酉	危	定火	四	十三	戊辰	奎	开木	六	十三	戊戌	胃	平木	二	十五	己巳	觜	收木
9	二	十二	戊戌	室	执木	五	十四	己巳	娄	闭木	日	十四	己亥	昴	定木	三	十六	庚午	参	开土
10	三	十三	己亥	壁	破木	六	十五	庚午	胃	建土	一	十五	庚子	毕	执土	四	十七	辛未	井	闭土
11	四	十四	庚子	奎	危土	日	十六	辛未	昴	除土	二	十六	辛丑	觜	破土	五	十八	壬申	鬼	建金
12	五	十五	辛丑	娄	成土	一	十七	壬申	毕	满金	三	十七	壬寅	参	危金	六	十九	癸酉	柳	除金
13	六	十六	壬寅	胃	收金	二	十八	癸酉	觜	平金	四	十八	癸卯	井	成金	日	二十	甲戌	星	满火
14	日	十七	癸卯	昴	开金	三	十九	甲戌	参	定火	五	十九	甲辰	鬼	收火	一	廿一	乙亥	张	平火
15	一	十八	甲辰	毕	闭火	四	二十	乙亥	井	执火	六	二十	乙巳	柳	开火	二	廿二	丙子	翼	定水
16	二	十九	乙巳	觜	建火	五	廿一	丙子	鬼	破水	日	廿一	丙午	星	闭水	三	廿三	丁丑	轸	执水
17	三	二十	丙午	参	除水	六	廿二	丁丑	柳	危水	一	廿二	丁未	张	建水	四	廿四	戊寅	角	破土
18	四	廿一	丁未	井	满水	日	廿三	戊寅	星	成土	二	廿三	戊申	翼	除土	五	廿五	己卯	亢	危土
19	五	廿二	戊申	鬼	平土	一	廿四	己卯	张	收土	三	廿四	己酉	轸	满土	六	廿六	庚辰	氐	成金
20	六	廿三	己酉	柳	定土	二	廿五	庚辰	翼	开金	四	廿五	庚戌	角	平金	日	廿七	辛巳	房	收金
21	日	廿四	庚戌	星	执金	三	廿六	辛巳	轸	闭金	五	廿六	辛亥	亢	定金	一	廿八	壬午	心	开水
22	一	廿五	辛亥	张	破金	四	廿七	壬午	角	建木	六	廿七	壬子	氐	执水	二	廿九	癸未	尾	闭水
23	二	廿六	壬子	翼	危木	五	廿八	癸未	亢	除木	日	廿八	癸丑	房	破木	三	三十	甲申	箕	建水
24	三	廿七	癸丑	轸	成木	六	廿九	甲申	氐	满水	一	廿九	甲寅	心	危水	四	闰七	乙酉	斗	除水
25	四	廿八	甲寅	角	收水	日	三十	乙酉	房	平水	二	七月	乙卯	尾	成水	五	初二	丙戌	牛	满土
26	五	廿九	乙卯	亢	开水	一	六月	丙戌	心	定土	三	初二	丙辰	箕	收土	六	初三	丁亥	女	平土
27	六	五月	丙辰	氐	闭土	二	初二	丁亥	尾	执土	四	初三	丁巳	斗	开土	日	初四	戊子	虚	定火
28	日	初二	丁巳	房	建土	三	初三	戊子	箕	破火	五	初四	戊午	牛	闭火	一	初五	己丑	危	执火
29	一	初三	戊午	心	除火	四	初四	己丑	斗	危火	六	初五	己未	女	建火	二	初六	庚寅	室	破木
30	二	初四	己未	尾	满火	五	初五	庚寅	牛	成木	日	初六	庚申	虚	除木	三	初七	辛卯	壁	危木
31	三	初五	庚申	箕	平木						一	初七	辛酉	危	满木	四	初八	壬辰	奎	成水

节气

5月	6月	7月	8月
立夏:5日夜子	芒种:6日寅时	小暑:7日未时	立秋:7日夜子
小满:21日午时	夏至:21日戌时	大暑:23日辰时	处暑:23日未时

月干支:五月甲午　六月乙未　七月丙申　闰七月丙申

周易历法通书

公元 2006 年

农历 丙戌(狗)年(闰七月) 太岁向般 九星三碧

公历	9月 星期	农历	干支	星宿	五行	10月 星期	农历	干支	星宿	五行	11月 星期	农历	干支	星宿	五行	12月 星期	农历	干支	星宿	五行
1	五	初九	癸巳	娄	收水	日	初十	癸亥	昴	满水	三	十一	甲午	参	成金	五	十一	甲子	鬼	除金
2	六	初十	甲午	胃	开金	一	十一	甲子	毕	平金	四	十二	乙未	井	收金	六	十二	乙丑	柳	满金
3	日	十一	乙未	昴	闭金	二	十二	乙丑	觜	定金	五	十三	丙申	鬼	平火	日	十三	丙寅	星	平火
4	一	十二	丙申	毕	建火	三	十三	丙寅	参	执火	六	十四	丁酉	柳	闭火	一	十四	丁卯	张	定火
5	二	十三	丁酉	觜	除火	四	十四	丁卯	井	破火	日	十五	戊戌	星	建木	二	十五	戊辰	翼	执木
6	三	十四	戊戌	参	满木	五	十五	戊辰	鬼	危木	一	十六	己亥	张	除木	三	十六	己巳	轸	破木
7	四	十五	己亥	井	平木	六	十六	己巳	柳	成木	二	十七	庚子	翼	满土	四	十七	庚午	角	破土
8	五	十六	庚子	鬼	平土	日	十七	庚午	星	成土	三	十八	辛丑	轸	满土	五	十八	辛未	亢	危土
9	六	十七	辛丑	柳	定土	一	十八	辛未	张	收土	四	十九	壬寅	角	平金	六	十九	壬申	氐	成金
10	日	十八	壬寅	星	执金	二	十九	壬申	翼	开金	五	二十	癸卯	亢	定金	日	二十	癸酉	房	收金
11	一	十九	癸卯	张	破金	三	二十	癸酉	轸	闭金	六	廿一	甲辰	氐	执火	一	廿一	甲戌	心	开火
12	二	二十	甲辰	翼	危火	四	廿一	甲戌	角	建火	日	廿二	乙巳	房	破火	二	廿二	乙亥	尾	闭火
13	三	廿一	乙巳	轸	成火	五	廿二	乙亥	亢	除火	一	廿三	丙午	心	危水	三	廿三	丙子	箕	建水
14	四	廿二	丙午	角	收水	六	廿三	丙子	氐	满水	二	廿四	丁未	尾	成水	四	廿四	丁丑	斗	除水
15	五	廿三	丁未	亢	开水	日	廿四	丁丑	房	平水	三	廿五	戊申	箕	收土	五	廿五	戊寅	牛	满土
16	六	廿四	戊申	氐	闭土	一	廿五	戊寅	心	定土	四	廿六	己酉	斗	开土	六	廿六	己卯	女	平土
17	日	廿五	己酉	房	建土	二	廿六	己卯	尾	执土	五	廿七	庚戌	牛	闭金	日	廿七	庚辰	虚	定金
18	一	廿六	庚戌	心	除金	三	廿七	庚辰	箕	破金	六	廿八	辛亥	女	建金	一	廿八	辛巳	危	执金
19	二	廿七	辛亥	尾	满金	四	廿八	辛巳	斗	危金	日	廿九	壬子	虚	除木	二	廿九	壬午	室	破木
20	三	廿八	壬子	箕	平木	五	廿九	壬午	牛	成木	一	三十	癸丑	危	满木	三	十一	癸未	壁	危木
21	四	廿九	癸丑	斗	定木	六	三十	癸未	女	收水	二	十月	甲寅	室	平水	四	初二	甲申	奎	成水
22	五	八月	甲寅	牛	执水	日	九月	甲申	虚	开水	三	初二	乙卯	壁	定水	五	初三	乙酉	娄	收水
23	六	初二	乙卯	女	破水	一	初二	乙酉	危	闭水	四	初三	丙辰	奎	执土	六	初四	丙戌	胃	开土
24	日	初三	丙辰	虚	危土	二	初三	丙戌	室	建土	五	初四	丁巳	娄	破土	日	初五	丁亥	昴	闭土
25	一	初四	丁巳	危	成土	三	初四	丁亥	壁	除土	六	初五	戊午	胃	危火	一	初六	戊子	毕	建火
26	二	初五	戊午	室	收火	四	初五	戊子	奎	满火	日	初六	己未	昴	成火	二	初七	己丑	觜	除火
27	三	初六	己未	壁	开火	五	初六	己丑	娄	平火	一	初七	庚申	毕	收木	三	初八	庚寅	参	满木
28	四	初七	庚申	奎	闭木	六	初七	庚寅	胃	定木	二	初八	辛酉	觜	开木	四	初九	辛卯	井	平木
29	五	初八	辛酉	娄	建木	日	初八	辛卯	昴	执木	三	初九	壬戌	参	闭木	五	初十	壬辰	鬼	定水
30	六	初九	壬戌	胃	除水	一	初九	壬辰	毕	破水	四	初十	癸亥	井	建水	六	十一	癸巳	柳	执水
31						二	初十	癸巳	觜	危水						日	十二	甲午	星	破金

节气	9月	10月	11月	12月
	白露:8日丑时	寒露:8日酉时	立冬:7日亥时	大雪:7日未时
	秋分:23日午时	霜降:23日亥时	小雪:22日戌时	冬至:22日辰时

月干支：八月丁酉　九月戊戌　十月己亥　十一月庚子

公元 2007 年

1 月

公历	星期	农历	干支	星宿	五行
1	一	十三	乙未	张	危金
2	二	十四	丙申	翼	成火
3	三	十五	丁酉	轸	收火
4	四	十六	戊戌	角	开木
5	五	十七	己亥	亢	闭木
6	六	十八	庚子	氐	闭土
7	日	十九	辛丑	房	建土
8	一	二十	壬寅	心	除金
9	二	廿一	癸卯	尾	满金
10	三	廿二	甲辰	箕	平火
11	四	廿三	乙巳	斗	定火
12	五	廿四	丙午	牛	执水
13	六	廿五	丁未	女	破水
14	日	廿六	戊申	虚	危土
15	一	廿七	己酉	危	成土
16	二	廿八	庚戌	室	收金
17	三	廿九	辛亥	壁	开金
18	四	三十	壬子	奎	闭木
19	五	**十二**	癸丑	娄	建木
20	六	初二	甲寅	胃	除水
21	日	初三	乙卯	昴	满水
22	一	初四	丙辰	毕	平土
23	二	初五	丁巳	觜	定土
24	三	初六	戊午	参	执火
25	四	初七	己未	井	破火
26	五	初八	庚申	鬼	危木
27	六	初九	辛酉	柳	成木
28	日	初十	壬戌	星	收水
29	一	十一	癸亥	张	开水
30	二	十二	甲子	翼	闭金
31	三	十三	乙丑	轸	建金

节气：小寒：6日丑时　大寒：20日戌时

2 月

公历	星期	农历	干支	星宿	五行
1	四	十四	丙寅	角	除火
2	五	十五	丁卯	亢	满火
3	六	十六	戊辰	氐	平木
4	日	十七	己巳	房	平木
5	一	十八	庚午	心	定土
6	二	十九	辛未	尾	执土
7	三	二十	壬申	箕	破金
8	四	廿一	癸酉	斗	危金
9	五	廿二	甲戌	牛	成火
10	六	廿三	乙亥	女	收火
11	日	廿四	丙子	虚	开水
12	一	廿五	丁丑	危	闭水
13	二	廿六	戊寅	室	建土
14	三	廿七	己卯	壁	除土
15	四	廿八	庚辰	奎	满金
16	五	廿九	辛巳	娄	平金
17	六	三十	壬午	胃	定木
18	日	**正月**	癸未	昴	执水
19	一	初二	甲申	毕	破水
20	二	初三	乙酉	觜	危水
21	三	初四	丙戌	参	成土
22	四	初五	丁亥	井	收土
23	五	初六	戊子	鬼	开火
24	六	初七	己丑	柳	闭火
25	日	初八	庚寅	星	建木
26	一	初九	辛卯	张	除木
27	二	初十	壬辰	翼	满水
28	三	十一	癸巳	轸	平水

节气：立春：4日未时　雨水：19日巳时

3 月

公历	星期	农历	干支	星宿	五行
1	四	十二	甲午	角	定金
2	五	十三	乙未	亢	执金
3	六	十四	丙申	氐	破火
4	日	十五	丁酉	房	危火
5	一	十六	戊戌	心	成木
6	二	十七	己亥	尾	成木
7	三	十八	庚子	箕	收土
8	四	十九	辛丑	斗	开土
9	五	二十	壬寅	牛	闭金
10	六	廿一	癸卯	女	建金
11	日	廿二	甲辰	虚	除火
12	一	廿三	乙巳	危	满火
13	二	廿四	丙午	室	平水
14	三	廿五	丁未	壁	定水
15	四	廿六	戊申	奎	执土
16	五	廿七	己酉	娄	破土
17	六	廿八	庚戌	胃	危金
18	日	廿九	辛亥	昴	成金
19	一	**二月**	壬子	毕	收木
20	二	初二	癸丑	觜	开木
21	三	初三	甲寅	参	闭水
22	四	初四	乙卯	井	建水
23	五	初五	丙辰	鬼	除土
24	六	初六	丁巳	柳	满土
25	日	初七	戊午	星	平火
26	一	初八	己未	张	定火
27	二	初九	庚申	翼	执木
28	三	初十	辛酉	轸	破木
29	四	十一	壬戌	角	危水
30	五	十二	癸亥	亢	成水
31	六	十三	甲子	氐	收金

节气：惊蛰：6日辰时　春分：21日辰时

4 月

公历	星期	农历	干支	星宿	五行
1	日	十四	乙丑	房	开金
2	一	十五	丙寅	心	闭火
3	二	十六	丁卯	尾	建火
4	三	十七	戊辰	箕	除木
5	四	十八	己巳	斗	除木
6	五	十九	庚午	牛	满土
7	六	二十	辛未	女	平土
8	日	廿一	壬申	虚	定金
9	一	廿二	癸酉	危	执金
10	二	廿三	甲戌	室	破火
11	三	廿四	乙亥	壁	危火
12	四	廿五	丙子	奎	成水
13	五	廿六	丁丑	娄	收水
14	六	廿七	戊寅	胃	开土
15	日	廿八	己卯	昴	闭土
16	一	廿九	庚辰	毕	建金
17	二	**三月**	辛巳	觜	除金
18	三	初二	壬午	参	满木
19	四	初三	癸未	井	平木
20	五	初四	甲申	鬼	定水
21	六	初五	乙酉	柳	执水
22	日	初六	丙戌	星	破土
23	一	初七	丁亥	张	危土
24	二	初八	戊子	翼	成火
25	三	初九	己丑	轸	收火
26	四	初十	庚寅	角	开木
27	五	十一	辛卯	亢	闭木
28	六	十二	壬辰	氐	建水
29	日	十三	癸巳	房	除水
30	一	十四	甲午	心	满金

节气：清明：5日午时　谷雨：20日戌时

月干支： 十二月辛丑　　正月壬寅　　二月癸卯　　三月甲辰

公元 2007 年

农历 丁亥(猪)年 太岁封齐 九星二黑

公历	5月 星期	5月 农历	5月 干支	5月 星宿	5月 五行	6月 星期	6月 农历	6月 干支	6月 星宿	6月 五行	7月 星期	7月 农历	7月 干支	7月 星宿	7月 五行	8月 星期	8月 农历	8月 干支	8月 星宿	8月 五行
1	二	十五	乙未	尾	平金	五	十六	丙寅	牛	收火	日	十七	丙申	虚	满火	三	十九	丁卯	壁	成火
2	三	十六	丙申	箕	定火	六	十七	丁卯	女	开火	一	十八	丁酉	危	平火	四	二十	戊辰	奎	收木
3	四	十七	丁酉	斗	执火	日	十八	戊辰	虚	闭木	二	十九	戊戌	室	定木	五	廿一	己巳	娄	开木
4	五	十八	戊戌	牛	破木	一	十九	己巳	危	建木	三	二十	己亥	壁	执木	六	廿二	庚午	胃	闭土
5	六	十九	己亥	女	危木	二	二十	庚午	室	除土	四	廿一	庚子	奎	破土	日	廿三	辛未	昴	建土
6	日	二十	庚子	虚	危土	三	廿一	辛未	壁	除土	五	廿二	辛丑	娄	危土	一	廿四	壬申	毕	除金
7	一	廿一	辛丑	危	成土	四	廿二	壬申	奎	满金	六	廿三	壬寅	胃	成金	二	廿五	癸酉	觜	满金
8	二	廿二	壬寅	室	收金	五	廿三	癸酉	娄	平金	日	廿四	癸卯	昴	收金	三	廿六	甲戌	参	满火
9	三	廿三	癸卯	壁	开金	六	廿四	甲戌	胃	定火	一	廿五	甲辰	毕	收火	四	廿七	乙亥	井	平火
10	四	廿四	甲辰	奎	闭火	日	廿五	乙亥	昴	执火	二	廿六	乙巳	觜	开火	五	廿八	丙子	鬼	定水
11	五	廿五	乙巳	娄	建火	一	廿六	丙子	毕	破水	三	廿七	丙午	参	闭水	六	廿九	丁丑	柳	执水
12	六	廿六	丙午	胃	除水	二	廿七	丁丑	觜	危水	四	廿八	丁未	井	建水	日	三十	戊寅	星	破土
13	日	廿七	丁未	昴	满水	三	廿八	戊寅	参	成土	五	廿九	戊申	鬼	除土	一	七月	己卯	张	危土
14	一	廿八	戊申	毕	平土	四	廿九	己卯	井	收土	六	六月	己酉	柳	满土	二	初二	庚辰	翼	成金
15	二	廿九	己酉	觜	定土	五	五月	庚辰	鬼	开金	日	初二	庚戌	星	平金	三	初三	辛巳	轸	收金
16	三	三十	庚戌	参	执金	六	初二	辛巳	柳	闭金	一	初三	辛亥	张	定金	四	初四	壬午	角	开木
17	四	四月	辛亥	井	破金	日	初三	壬午	星	建木	二	初四	壬子	翼	执木	五	初五	癸未	亢	闭木
18	五	初二	壬子	鬼	危木	一	初四	癸未	张	除木	三	初五	癸丑	轸	破木	六	初六	甲申	氐	建水
19	六	初三	癸丑	柳	成木	二	初五	甲申	翼	满水	四	初六	甲寅	角	危水	日	初七	乙酉	房	除水
20	日	初四	甲寅	星	收水	三	初六	乙酉	轸	平水	五	初七	乙卯	亢	成水	一	初八	丙戌	心	满土
21	一	初五	乙卯	张	开水	四	初七	丙戌	角	定土	六	初八	丙辰	氐	收土	二	初九	丁亥	尾	平土
22	二	初六	丙辰	翼	闭土	五	初八	丁亥	亢	执土	日	初九	丁巳	房	开土	三	初十	戊子	箕	定火
23	三	初七	丁巳	轸	建土	六	初九	戊子	氐	破火	一	初十	戊午	心	闭火	四	十一	己丑	斗	执火
24	四	初八	戊午	角	除火	日	初十	己丑	房	危火	二	十一	己未	尾	建火	五	十二	庚寅	牛	破木
25	五	初九	己未	亢	满火	一	十一	庚寅	心	成木	三	十二	庚申	箕	除木	六	十三	辛卯	女	危木
26	六	初十	庚申	氐	平木	二	十二	辛卯	尾	收木	四	十三	辛酉	斗	满木	日	十四	壬辰	虚	成水
27	日	十一	辛酉	房	定木	三	十三	壬辰	箕	开水	五	十四	壬戌	牛	平水	一	十五	癸巳	危	收水
28	一	十二	壬戌	心	执水	四	十四	癸巳	斗	闭水	六	十五	癸亥	女	定水	二	十六	甲午	室	开金
29	二	十三	癸亥	尾	破水	五	十五	甲午	牛	建金	日	十六	甲子	虚	执金	三	十七	乙未	壁	闭金
30	三	十四	甲子	箕	危金	六	十六	乙未	女	除金	一	十七	乙丑	危	破金	四	十八	丙申	奎	建火
31	四	十五	乙丑	斗	成金						二	十八	丙寅	室	危火	五	十九	丁酉	娄	除火

节气	5月	6月	7月	8月
	立夏:6日卯时	芒种:6日巳时	小暑:7日戌时	立秋:8日卯时
	小满:21日酉时	夏至:22日丑时	大暑:23日未时	处暑:23日戌时

月干支:四月乙巳　五月丙午　六月丁未　七月戊申

公元 2007 年

农历 丁亥(猪)年 太岁封齐 九星二黑

公历	9月 星期	农历	干支	星宿	五行	10月 星期	农历	干支	星宿	五行	11月 星期	农历	干支	星宿	五行	12月 星期	农历	干支	星宿	五行
1	六	二十	戊戌	胃	满木	一	廿一	戊辰	毕	危木	四	廿二	己亥	井	除木	六	廿二	己巳	柳	破木
2	日	廿一	己亥	昴	平木	二	廿二	己巳	觜	成木	五	廿三	庚子	鬼	满土	日	廿三	庚午	星	危土
3	一	廿二	庚子	毕	定土	三	廿三	庚午	参	收土	六	廿四	辛丑	柳	平土	一	廿四	辛未	张	成土
4	二	廿三	辛丑	觜	执土	四	廿四	辛未	井	开土	日	廿五	壬寅	星	定金	二	廿五	壬申	翼	收金
5	三	廿四	壬寅	参	破金	五	廿五	壬申	鬼	闭金	一	廿六	癸卯	张	执金	三	廿六	癸酉	轸	开金
6	四	廿五	癸卯	井	危金	六	廿六	癸酉	柳	建金	二	廿七	甲辰	翼	破火	四	廿七	甲戌	角	闭火
7	五	廿六	甲辰	鬼	成火	日	廿七	甲戌	星	除火	三	廿八	乙巳	轸	危火	五	廿八	乙亥	亢	闭火
8	六	廿七	乙巳	柳	成火	一	廿八	乙亥	张	满火	四	廿九	丙午	角	危水	六	廿九	丙子	氐	建水
9	日	廿八	丙午	星	收水	二	廿九	丙子	翼	满水	五	三十	丁未	亢	成水	日	三十	丁丑	房	除水
10	一	廿九	丁未	张	开水	三	三十	丁丑	轸	平水	六	**十月**	戊申	氐	收土	一	**十一月**	戊寅	心	满土
11	二	**八月**	戊申	翼	闭土	四	**九月**	戊寅	角	定土	日	初二	己酉	房	开土	二	初二	己卯	尾	平土
12	三	初二	己酉	轸	建土	五	初二	己卯	亢	执土	一	初三	庚戌	心	闭金	三	初三	庚辰	箕	定金
13	四	初三	庚戌	角	除金	六	初三	庚辰	氐	破金	二	初四	辛亥	尾	建金	四	初四	辛巳	斗	执金
14	五	初四	辛亥	亢	满金	日	初四	辛巳	房	危金	三	初五	壬子	箕	除木	五	初五	壬午	牛	破木
15	六	初五	壬子	氐	平木	一	初五	壬午	心	成木	四	初六	癸丑	斗	满木	六	初六	癸未	女	危木
16	日	初六	癸丑	房	定木	二	初六	癸未	尾	收木	五	初七	甲寅	牛	平水	日	初七	甲申	虚	成水
17	一	初七	甲寅	心	执水	三	初七	甲申	箕	开水	六	初八	乙卯	女	定水	一	初八	乙酉	危	收水
18	二	初八	乙卯	尾	破水	四	初八	乙酉	斗	闭水	日	初九	丙辰	虚	执土	二	初九	丙戌	室	开土
19	三	初九	丙辰	箕	危土	五	初九	丙戌	牛	建土	一	初十	丁巳	危	破土	三	初十	丁亥	壁	闭土
20	四	初十	丁巳	斗	成土	六	初十	丁亥	女	除土	二	十一	戊午	室	危火	四	十一	戊子	奎	建火
21	五	十一	戊午	牛	收火	日	十一	戊子	虚	满火	三	十二	己未	壁	成火	五	十二	己丑	娄	除火
22	六	十二	己未	女	开火	一	十二	己丑	危	平火	四	十三	庚申	奎	收木	六	十三	庚寅	胃	满木
23	日	十三	庚申	虚	闭木	二	十三	庚寅	室	定木	五	十四	辛酉	娄	开木	日	十四	辛卯	昴	平木
24	一	十四	辛酉	危	建木	三	十四	辛卯	壁	执木	六	十五	壬戌	胃	闭水	一	十五	壬辰	毕	定水
25	二	十五	壬戌	室	除水	四	十五	壬辰	奎	破水	日	十六	癸亥	昴	建水	二	十六	癸巳	觜	执水
26	三	十六	癸亥	壁	满水	五	十六	癸巳	娄	危水	一	十七	甲子	毕	除金	三	十七	甲午	参	破金
27	四	十七	甲子	奎	平金	六	十七	甲午	胃	成金	二	十八	乙丑	觜	满金	四	十八	乙未	井	危金
28	五	十八	乙丑	娄	定金	日	十八	乙未	昴	收金	三	十九	丙寅	参	平火	五	十九	丙申	鬼	成火
29	六	十九	丙寅	胃	执火	一	十九	丙申	毕	开火	四	二十	丁卯	井	定火	六	二十	丁酉	柳	收火
30	日	二十	丁卯	昴	破火	二	二十	丁酉	觜	闭火	五	廿一	戊辰	鬼	执木	日	廿一	戊戌	星	开木
31						三	廿一	戊戌	参	建木						一	廿二	己亥	张	闭木

节气				
白露:8日辰时 秋分:23日酉时	寒露:9日子时 霜降:24日寅时	立冬:8日寅时 小雪:23日子时	大雪:7日戌时 冬至:22日未时

月干支:八月己酉　九月庚戌　十月辛亥　十一月壬子

202

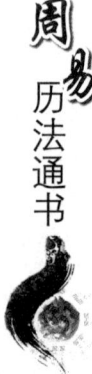

周易历法通书

公元 2008 年

农历 丁亥(猪)年 太岁封齐 九星二黑
戊子(鼠)年 太岁郢班 九星一白

公历	1 月 星期	农历	干支	星宿	建除	五行	2 月 星期	农历	干支	星宿	建除	五行	3 月 星期	农历	干支	星宿	建除	五行	4 月 星期	农历	干支	星宿	建除	五行
1	二	廿三	庚子	翼	建	土	五	廿五	辛未	亢	破	土	六	廿四	庚子	氐	开	土	二	廿五	辛未	尾	定	土
2	三	廿四	辛丑	轸	除	土	六	廿六	壬申	氐	危	金	日	廿五	辛丑	房	闭	土	三	廿六	壬申	箕	执	金
3	四	廿五	壬寅	角	满	金	日	廿七	癸酉	房	成	金	一	廿六	壬寅	心	建	金	四	廿七	癸酉	斗	破	金
4	五	廿六	癸卯	亢	平	金	一	廿八	甲戌	心	成	火	二	廿七	癸卯	尾	除	金	五	廿八	甲戌	牛	破	火
5	六	廿七	甲辰	氐	定	火	二	廿九	乙亥	尾	收	火	三	廿八	甲辰	箕	除	火	六	廿九	乙亥	女	危	火
6	日	廿八	乙巳	房	执	火	三	三十	丙子	箕	开	水	四	廿九	乙巳	斗	满	火	日	三月	丙子	虚	成	水
7	一	廿九	丙午	心	执	水	四	正月	丁丑	斗	闭	水	五	三十	丙午	牛	平	水	一	初二	丁丑	危	收	水
8	二	十二	丁未	尾	破	水	五	初二	戊寅	牛	建	土	六	二月	丁未	女	定	水	二	初三	戊寅	室	开	土
9	三	初二	戊申	箕	危	土	六	初三	己卯	女	除	土	日	初二	戊申	虚	执	土	三	初四	己卯	壁	闭	土
10	四	初三	己酉	斗	成	土	日	初四	庚辰	虚	满	金	一	初三	己酉	危	破	土	四	初五	庚辰	奎	建	金
11	五	初四	庚戌	牛	收	金	一	初五	辛巳	危	平	金	二	初四	庚戌	室	危	金	五	初六	辛巳	娄	除	金
12	六	初五	辛亥	女	开	金	二	初六	壬午	室	定	木	三	初五	辛亥	壁	成	金	六	初七	壬午	胃	满	木
13	日	初六	壬子	虚	闭	木	三	初七	癸未	壁	执	木	四	初六	壬子	奎	收	木	日	初八	癸未	昴	平	木
14	一	初七	癸丑	危	建	木	四	初八	甲申	奎	破	水	五	初七	癸丑	娄	开	木	一	初九	甲申	毕	定	水
15	二	初八	甲寅	室	除	水	五	初九	乙酉	娄	危	金	六	初八	甲寅	胃	闭	水	二	初十	乙酉	觜	执	水
16	三	初九	乙卯	壁	满	水	六	初十	丙戌	胃	成	土	日	初九	乙卯	昴	建	水	三	十一	丙戌	参	破	土
17	四	初十	丙辰	奎	平	土	日	十一	丁亥	昴	收	土	一	初十	丙辰	毕	除	土	四	十二	丁亥	井	危	火
18	五	十一	丁巳	娄	定	土	一	十二	戊子	毕	开	火	二	十一	丁巳	觜	满	土	五	十三	戊子	鬼	成	火
19	六	十二	戊午	胃	执	火	二	十三	己丑	觜	闭	火	三	十二	戊午	参	平	火	六	十四	己丑	柳	收	水
20	日	十三	己未	昴	破	火	三	十四	庚寅	参	建	木	四	十三	己未	井	定	火	日	十五	庚寅	星	开	木
21	一	十四	庚申	毕	危	木	四	十五	辛卯	井	除	木	五	十四	庚申	鬼	执	木	一	十六	辛卯	张	闭	木
22	二	十五	辛酉	觜	成	木	五	十六	壬辰	鬼	满	水	六	十五	辛酉	柳	破	木	二	十七	壬辰	翼	建	水
23	三	十六	壬戌	参	收	水	六	十七	癸巳	柳	平	水	日	十六	壬戌	星	危	水	三	十八	癸巳	轸	除	水
24	四	十七	癸亥	井	开	水	日	十八	甲午	星	定	金	一	十七	癸亥	张	成	水	四	十九	甲午	角	满	金
25	五	十八	甲子	鬼	闭	金	一	十九	乙未	张	执	金	二	十八	甲子	翼	收	金	五	二十	乙未	亢	平	金
26	六	十九	乙丑	柳	建	金	二	二十	丙申	翼	破	火	三	十九	乙丑	轸	开	金	六	廿一	丙申	氐	定	火
27	日	二十	丙寅	星	除	火	三	廿一	丁酉	轸	危	火	四	二十	丙寅	角	闭	火	日	廿二	丁酉	房	执	火
28	一	廿一	丁卯	张	满	火	四	廿二	戊戌	角	成	木	五	廿一	丁卯	亢	建	火	一	廿三	戊戌	心	破	木
29	二	廿二	戊辰	翼	平	木	五	廿三	己亥	亢	收	木	六	廿二	戊辰	氐	除	木	二	廿四	己亥	尾	危	木
30	三	廿三	己巳	轸	定	木							日	廿三	己巳	房	满	木	三	廿五	庚子	箕	成	土
31	四	廿四	庚午	角	执	土							一	廿四	庚午	心	平	土						

节气	小寒:6日辰时 大寒:21日子时	立春:4日戌时 雨水:19日未时	惊蛰:5日午时 春分:20日未时	清明:4日酉时 谷雨:20日子时

月干支：十二月癸丑　　正月甲寅　　二月乙卯　　三月丙辰

公元 2008 年

农历 戊子(鼠)年 太岁郢班 九星一白

公历	5月 星期	农历	干支	星宿	五行	6月 星期	农历	干支	星宿	五行	7月 星期	农历	干支	星宿	五行	8月 星期	农历	干支	星宿	五行
1	四	廿六	辛丑	斗	收 土	日	廿八	壬申	虚	平 金	二	廿八	壬寅	室	成 金	五	七月	癸酉	娄	满 金
2	五	廿七	壬寅	牛	开 金	一	廿九	癸酉	危	定 金	三	廿九	癸卯	壁	收 金	六	初二	甲戌	胃	平 火
3	六	廿八	癸卯	女	闭 金	二	三十	甲戌	室	执 火	四	六月	甲辰	奎	开 火	日	初三	乙亥	昴	定 火
4	日	廿九	甲辰	虚	建 火	三	五月	乙亥	壁	破 火	五	初二	乙巳	娄	闭 火	一	初四	丙子	毕	执 水
5	一	四月	乙巳	危	建 火	四	初二	丙子	奎	破 水	六	初三	丙午	胃	建 水	二	初五	丁丑	觜	破 水
6	二	初二	丙午	室	除 水	五	初三	丁丑	娄	危 水	日	初四	丁未	昴	除 水	三	初六	戊寅	参	危 土
7	三	初三	丁未	壁	满 水	六	初四	戊寅	胃	成 土	一	初五	戊申	毕	除 土	四	初七	己卯	井	危 土
8	四	初四	戊申	奎	平 土	日	初五	己卯	昴	收 土	二	初六	己酉	觜	满 土	五	初八	庚辰	鬼	成 金
9	五	初五	己酉	娄	定 土	一	初六	庚辰	毕	开 金	三	初七	庚戌	参	平 土	六	初九	辛巳	柳	收 金
10	六	初六	庚戌	胃	执 金	二	初七	辛巳	觜	闭 金	四	初八	辛亥	井	定 金	日	初十	壬午	星	开 木
11	日	初七	辛亥	昴	破 金	三	初八	壬午	参	建 木	五	初九	壬子	鬼	执 木	一	十一	癸未	张	闭 木
12	一	初八	壬子	毕	危 木	四	初九	癸未	井	除 水	六	初十	癸丑	柳	破 木	二	十二	甲申	翼	建 水
13	二	初九	癸丑	觜	成 木	五	初十	甲申	鬼	满 水	日	十一	甲寅	星	危 水	三	十三	乙酉	轸	除 水
14	三	初十	甲寅	参	收 水	六	十一	乙酉	柳	平 水	一	十二	乙卯	张	成 水	四	十四	丙戌	角	满 土
15	四	十一	乙卯	井	开 水	日	十二	丙戌	星	定 土	二	十三	丙辰	翼	收 土	五	十五	丁亥	亢	平 土
16	五	十二	丙辰	鬼	闭 土	一	十三	丁亥	张	执 土	三	十四	丁巳	轸	开 土	六	十六	戊子	氐	定 火
17	六	十三	丁巳	柳	建 土	二	十四	戊子	翼	破 火	四	十五	戊午	角	闭 火	日	十七	己丑	房	执 火
18	日	十四	戊午	星	除 火	三	十五	己丑	轸	危 火	五	十六	己未	亢	建 火	一	十八	庚寅	心	破 水
19	一	十五	己未	张	满 火	四	十六	庚寅	角	成 木	六	十七	庚申	氐	除 木	二	十九	辛卯	尾	危 水
20	二	十六	庚申	翼	平 木	五	十七	辛卯	亢	收 木	日	十八	辛酉	房	满 木	三	二十	壬辰	箕	成 水
21	三	十七	辛酉	轸	定 木	六	十八	壬辰	氐	开 水	一	十九	壬戌	心	平 水	四	廿一	癸巳	斗	收 水
22	四	十八	壬戌	角	执 水	日	十九	癸巳	房	闭 水	二	二十	癸亥	尾	定 水	五	廿二	甲午	牛	开 金
23	五	十九	癸亥	亢	破 水	一	二十	甲午	心	建 金	三	廿一	甲子	箕	执 金	六	廿三	乙未	女	闭 金
24	六	二十	甲子	氐	危 金	二	廿一	乙未	尾	除 金	四	廿二	乙丑	斗	破 金	日	廿四	丙申	虚	建 火
25	日	廿一	乙丑	房	成 金	三	廿二	丙申	箕	满 火	五	廿三	丙寅	牛	危 火	一	廿五	丁酉	危	除 火
26	一	廿二	丙寅	心	收 火	四	廿三	丁酉	斗	平 火	六	廿四	丁卯	女	成 火	二	廿六	戊戌	室	满 木
27	二	廿三	丁卯	尾	开 火	五	廿四	戊戌	牛	定 木	日	廿五	戊辰	虚	收 木	三	廿七	己亥	壁	平 木
28	三	廿四	戊辰	箕	闭 木	六	廿五	己亥	女	执 木	一	廿六	己巳	危	开 木	四	廿八	庚子	奎	定 土
29	四	廿五	己巳	斗	建 木	日	廿六	庚子	虚	破 土	二	廿七	庚午	室	闭 土	五	廿九	辛丑	娄	执 土
30	五	廿六	庚午	牛	除 土	一	廿七	辛丑	危	危 土	三	廿八	辛未	壁	建 土	六	三十	壬寅	胃	破 金
31	六	廿七	辛未	女	满 土						四	廿九	壬申	奎	除 金	日	八月	癸卯	昴	危 金

节气	立夏:5日午时　小满:21日子时	芒种:5日申时　夏至:21日辰时	小暑:7日丑时　大暑:22日酉时	立秋:7日午时　处暑:23日丑时

月干支: 四月丁巳　五月戊午　六月己未　七月庚申　八月辛酉

204

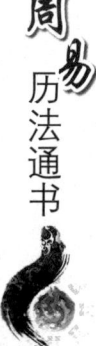

周易历法通书

公元 2008 年

农历 戊子(鼠)年 太岁郢班 九星一白

公历	9月 星期	农历	干支	星宿	五行	10月 星期	农历	干支	星宿	五行	11月 星期	农历	干支	星宿	五行	12月 星期	农历	干支	星宿	五行
1	一	初二	甲辰	柳	成火	三	初三	甲戌	参	除火	六	初四	乙巳	柳	危火	一	初四	乙亥	张	建火
2	二	初三	乙巳	觜	收火	四	初四	乙亥	井	满火	日	初五	丙午	星	成水	二	初五	丙子	翼	除水
3	三	初四	丙午	参	开水	五	初五	丙子	鬼	平水	一	初六	丁未	张	收水	三	初六	丁丑	轸	满水
4	四	初五	丁未	井	闭水	六	初六	丁丑	柳	定水	二	初七	戊申	翼	开土	四	初七	戊寅	角	平土
5	五	初六	戊申	鬼	建土	日	初七	戊寅	星	执土	三	初八	己酉	轸	闭土	五	初八	己卯	亢	定土
6	六	初七	己酉	柳	除土	一	初八	己卯	张	破土	四	初九	庚戌	角	建金	六	初九	庚辰	氐	执金
7	日	初八	庚戌	星	除金	二	初九	庚辰	翼	危金	五	初十	辛亥	亢	建金	日	初十	辛巳	房	执金
8	一	初九	辛亥	张	满金	三	初十	辛巳	轸	危金	六	十一	壬子	氐	除木	一	十一	壬午	心	破木
9	二	初十	壬子	翼	平木	四	十一	壬午	角	成木	日	十二	癸丑	房	满木	二	十二	癸未	尾	危木
10	三	十一	癸丑	轸	定木	五	十二	癸未	亢	收木	一	十三	甲寅	心	平水	三	十三	甲申	箕	成水
11	四	十二	甲寅	角	执水	六	十三	甲申	氐	开水	二	十四	乙卯	尾	定水	四	十四	乙酉	斗	收水
12	五	十三	乙卯	亢	破水	日	十四	乙酉	房	闭水	三	十五	丙辰	箕	执土	五	十五	丙戌	牛	开土
13	六	十四	丙辰	氐	危土	一	十五	丙戌	心	建土	四	十六	丁巳	斗	破土	六	十六	丁亥	女	闭水
14	日	十五	丁巳	房	成土	二	十六	丁亥	尾	除土	五	十七	戊午	牛	危火	日	十七	戊子	虚	建火
15	一	十六	戊午	心	收火	三	十七	戊子	箕	满火	六	十八	己未	女	成火	一	十八	己丑	危	除火
16	二	十七	己未	尾	开火	四	十八	己丑	斗	平火	日	十九	庚申	虚	收木	二	十九	庚寅	室	满木
17	三	十八	庚申	箕	闭木	五	十九	庚寅	牛	定木	一	二十	辛酉	危	开木	三	二十	辛卯	壁	平木
18	四	十九	辛酉	斗	建木	六	二十	辛卯	女	执木	二	廿一	壬戌	室	闭水	四	廿一	壬辰	奎	定水
19	五	二十	壬戌	牛	除水	日	廿一	壬辰	虚	破水	三	廿二	癸亥	壁	建水	五	廿二	癸巳	娄	执水
20	六	廿一	癸亥	女	满水	一	廿二	癸巳	危	危水	四	廿三	甲子	奎	除金	六	廿三	甲午	胃	破金
21	日	廿二	甲子	虚	平金	二	廿三	甲午	室	成金	五	廿四	乙丑	娄	满金	日	廿四	乙未	昴	危金
22	一	廿三	乙丑	危	定金	三	廿四	乙未	壁	收金	六	廿五	丙寅	胃	平火	一	廿五	丙申	毕	成火
23	二	廿四	丙寅	室	执火	四	廿五	丙申	奎	开火	日	廿六	丁卯	昴	定火	二	廿六	丁酉	觜	收火
24	三	廿五	丁卯	壁	破火	五	廿六	丁酉	娄	闭火	一	廿七	戊辰	毕	执木	三	廿七	戊戌	参	开木
25	四	廿六	戊辰	奎	危木	六	廿七	戊戌	胃	建木	二	廿八	己巳	觜	破木	四	廿八	己亥	井	闭木
26	五	廿七	己巳	娄	成木	日	廿八	己亥	昴	除木	三	廿九	庚午	参	危土	五	廿九	庚子	鬼	建土
27	六	廿八	庚午	胃	收土	一	廿九	庚子	毕	满土	四	三十	辛未	井	成土	六	**十二**	辛丑	柳	除土
28	日	廿九	辛未	昴	开土	二	三十	辛丑	觜	平土	五	**十一月**	壬申	鬼	收金	日	初二	壬寅	星	满金
29	一	**九月**	壬申	毕	闭金	三	**十月**	壬寅	参	定金	六	初二	癸酉	柳	开金	一	初三	癸卯	张	平金
30	二	初二	癸酉	觜	建金	四	初二	癸卯	井	执金	日	初三	甲戌	星	闭火	二	初四	甲辰	翼	定火
31						五	初三	甲辰	鬼	破火						三	初五	乙巳	轸	执火

节气			
白露:7日未时 秋分:22日夜子	寒露:8日卯时 霜降:23日巳时	立冬:7日巳时 小雪:22日卯时	大雪:7日丑时 冬至:21日戌时

月干支: 九月壬戌　十月癸亥　十一月甲子　十二月乙丑

公元 2009 年

农历　戊子(鼠)年　　　太岁郢班　九星一白
　　　己丑(牛)年(闰五月)　太岁潘佑　九星九紫

公历	1月 星期	农历	干支	星宿	五行	2月 星期	农历	干支	星宿	五行	3月 星期	农历	干支	星宿	五行	4月 星期	农历	干支	星宿	五行
1	四	初六	丙午	角	破水	日	初七	丁丑	房	建水	日	初五	乙巳	房	平火	三	初六	丙子	箕	收水
2	五	初七	丁未	亢	危水	一	初八	戊寅	心	除土	一	初六	丙午	心	定水	四	初七	丁丑	斗	开水
3	六	初八	戊申	氐	成土	二	初九	己卯	尾	满土	二	初七	丁未	尾	执水	五	初八	戊寅	牛	闭土
4	日	初九	己酉	房	收土	三	初十	庚辰	箕	满金	三	初八	戊申	箕	破土	六	初九	己卯	女	闭土
5	一	初十	庚戌	心	收金	四	十一	辛巳	斗	平金	四	初九	己酉	斗	破土	日	初十	庚辰	虚	建金
6	二	十一	辛亥	尾	开金	五	十二	壬午	牛	定木	五	初十	庚戌	牛	危金	一	十一	辛巳	危	除金
7	三	十二	壬子	箕	闭木	六	十三	癸未	女	执木	六	十一	辛亥	女	成金	二	十二	壬午	室	满木
8	四	十三	癸丑	斗	建木	日	十四	甲申	虚	破水	日	十二	壬子	虚	收木	三	十三	癸未	壁	平木
9	五	十四	甲寅	牛	除水	一	十五	乙酉	危	危水	一	十三	癸丑	危	开木	四	十四	甲申	奎	定水
10	六	十五	乙卯	女	满水	二	十六	丙戌	室	成土	二	十四	甲寅	室	闭水	五	十五	乙酉	娄	执水
11	日	十六	丙辰	虚	平土	三	十七	丁亥	壁	收土	三	十五	乙卯	壁	建水	六	十六	丙戌	胃	破土
12	一	十七	丁巳	危	定土	四	十八	戊子	奎	开火	四	十六	丙辰	奎	除土	日	十七	丁亥	昴	危土
13	二	十八	戊午	室	执火	五	十九	己丑	娄	闭火	五	十七	丁巳	娄	满土	一	十八	戊子	毕	成火
14	三	十九	己未	壁	破火	六	二十	庚寅	胃	建木	六	十八	戊午	胃	平火	二	十九	己丑	觜	收火
15	四	二十	庚申	奎	危木	日	廿一	辛卯	昴	除木	日	十九	己未	昴	定火	三	二十	庚寅	参	开木
16	五	廿一	辛酉	娄	成木	一	廿二	壬辰	毕	满水	一	二十	庚申	毕	执木	四	廿一	辛卯	井	闭木
17	六	廿二	壬戌	胃	收水	二	廿三	癸巳	觜	平水	二	廿一	辛酉	觜	破木	五	廿二	壬辰	鬼	建水
18	日	廿三	癸亥	昴	开水	三	廿四	甲午	参	定金	三	廿二	壬戌	参	危水	六	廿三	癸巳	柳	除水
19	一	廿四	甲子	毕	闭金	四	廿五	乙未	井	执金	四	廿三	癸亥	井	成水	日	廿四	甲午	星	满金
20	二	廿五	乙丑	觜	建金	五	廿六	丙申	鬼	破火	五	廿四	甲子	鬼	收金	一	廿五	乙未	张	平金
21	三	廿六	丙寅	参	除火	六	廿七	丁酉	柳	危火	六	廿五	乙丑	柳	开金	二	廿六	丙申	翼	定火
22	四	廿七	丁卯	井	满火	日	廿八	戊戌	星	成木	日	廿六	丙寅	星	闭火	三	廿七	丁酉	轸	执火
23	五	廿八	戊辰	鬼	平木	一	廿九	己亥	张	收木	一	廿七	丁卯	张	建火	四	廿八	戊戌	角	破木
24	六	廿九	己巳	柳	定木	二	三十	庚子	翼	开土	二	廿八	戊辰	翼	除木	五	廿九	己亥	亢	危木
25	日	三十	庚午	星	执土	三	二月	辛丑	轸	闭土	三	廿九	己巳	轸	满木	六	四月	庚子	氐	成土
26	一	正月	辛未	张	破土	四	初二	壬寅	角	建金	四	三十	庚午	角	平土	日	初二	辛丑	房	收土
27	二	初二	壬申	翼	危金	五	初三	癸卯	亢	除金	五	三月	辛未	亢	定土	一	初三	壬寅	心	开金
28	三	初三	癸酉	轸	成金	六	初四	甲辰	氐	满火	六	初二	壬申	氐	执金	二	初四	癸卯	尾	闭金
29	四	初四	甲戌	角	收火						日	初三	癸酉	房	破金	三	初五	甲辰	箕	建火
30	五	初五	乙亥	亢	开火						一	初四	甲戌	心	危火	四	初六	乙巳	斗	除火
31	六	初六	丙子	氐	闭水						二	初五	乙亥	尾	成火					

节气										
小寒:5日未时	立春:4日子时	惊蛰:5日酉时	清明:4日夜子
大寒:20日卯时	雨水:18日戌时	春分:20日戌时	谷雨:20日卯时

月干支: 正月丙寅　二月丁卯　三月戊辰　四月己巳

206

周易历法通书

公元 2009 年

农历 己丑(牛)年(闰五月) 太岁潘佑 九星九紫

公历	5月 星期	农历	干支	星宿	五行	6月 星期	农历	干支	星宿	五行	7月 星期	农历	干支	星宿	五行	8月 星期	农历	干支	星宿	五行
1	五	初七	丙午	牛	满水	一	初九	丁丑	危	成水	三	初九	丁未	壁	除水	六	十一	戊寅	胃	危土
2	六	初八	丁未	女	平水	二	初十	戊寅	室	收土	四	初十	戊申	奎	满土	日	十二	己卯	昴	成土
3	日	初九	戊申	虚	定土	三	十一	己卯	壁	开土	五	十一	己酉	娄	平土	一	十三	庚辰	毕	收金
4	一	初十	己酉	危	执土	四	十二	庚辰	奎	闭金	六	十二	庚戌	胃	定金	二	十四	辛巳	觜	开金
5	二	十一	庚戌	室	执金	五	十三	辛巳	娄	闭金	日	十三	辛亥	昴	执金	三	十五	壬午	参	闭木
6	三	十二	辛亥	壁	破金	六	十四	壬午	胃	建木	一	十四	壬子	毕	破木	四	十六	癸未	井	建木
7	四	十三	壬子	奎	危木	日	十五	癸未	昴	除木	二	十五	癸丑	觜	破木	五	十七	甲申	鬼	建木
8	五	十四	癸丑	娄	成木	一	十六	甲申	毕	满水	三	十六	甲寅	参	危水	六	十八	乙酉	柳	除水
9	六	十五	甲寅	胃	收水	二	十七	乙酉	觜	平水	四	十七	乙卯	井	成水	日	十九	丙戌	星	满水
10	日	十六	乙卯	昴	开水	三	十八	丙戌	参	定土	五	十八	丙辰	鬼	收土	一	二十	丁亥	张	平土
11	一	十七	丙辰	毕	闭土	四	十九	丁亥	井	执土	六	十九	丁巳	柳	开土	二	廿一	戊子	翼	定火
12	二	十八	丁巳	觜	建土	五	二十	戊子	鬼	破火	日	二十	戊午	星	闭火	三	廿二	己丑	轸	执火
13	三	十九	戊午	参	除火	六	廿一	己丑	柳	危火	一	廿一	己未	张	建火	四	廿三	庚寅	角	破木
14	四	二十	己未	井	满火	日	廿二	庚寅	星	成木	二	廿二	庚申	翼	除木	五	廿四	辛卯	亢	危木
15	五	廿一	庚申	鬼	平木	一	廿三	辛卯	张	收木	三	廿三	辛酉	轸	满木	六	廿五	壬辰	氐	成水
16	六	廿二	辛酉	柳	定木	二	廿四	壬辰	翼	开水	四	廿四	壬戌	角	平水	日	廿六	癸巳	房	收水
17	日	廿三	壬戌	星	执水	三	廿五	癸巳	轸	闭水	五	廿五	癸亥	亢	定水	一	廿七	甲午	心	开金
18	一	廿四	癸亥	张	破水	四	廿六	甲午	角	建金	六	廿六	甲子	氐	执金	二	廿八	乙未	尾	闭金
19	二	廿五	甲子	翼	危金	五	廿七	乙未	亢	除金	日	廿七	乙丑	房	破金	三	廿九	丙申	箕	建火
20	三	廿六	乙丑	轸	成金	六	廿八	丙申	氐	满火	一	廿八	丙寅	心	危火	四	七月	丁酉	斗	除火
21	四	廿七	丙寅	角	收火	日	廿九	丁酉	房	平火	二	廿九	丁卯	尾	成火	五	初二	戊戌	牛	满木
22	五	廿八	丁卯	亢	开火	一	三十	戊戌	心	定木	三	六月	戊辰	箕	收木	六	初三	己亥	女	平木
23	六	廿九	戊辰	氐	闭木	二	闰五	己亥	尾	执木	四	初二	己巳	斗	开木	日	初四	庚子	虚	定土
24	日	五月	己巳	房	建木	三	初二	庚子	箕	破土	五	初三	庚午	牛	闭土	一	初五	辛丑	危	执土
25	一	初二	庚午	心	除土	四	初三	辛丑	斗	危土	六	初四	辛未	女	建土	二	初六	壬寅	室	破金
26	二	初三	辛未	尾	满土	五	初四	壬寅	牛	成金	日	初五	壬申	虚	除金	三	初七	癸卯	壁	危金
27	三	初四	壬申	箕	平金	六	初五	癸卯	女	收金	一	初六	癸酉	危	满金	四	初八	甲辰	奎	成火
28	四	初五	癸酉	斗	定金	日	初六	甲辰	虚	开火	二	初七	甲戌	室	平火	五	初九	乙巳	娄	收火
29	五	初六	甲戌	牛	执火	一	初七	乙巳	危	闭火	三	初八	乙亥	壁	定火	六	初十	丙午	胃	开水
30	六	初七	乙亥	女	破火	二	初八	丙午	室	建水	四	初九	丙子	奎	执水	日	十一	丁未	昴	闭水
31	日	初八	丙子	虚	危水						五	初十	丁丑	娄	破水	一	十二	戊申	毕	建土

节气			
立夏:5日申时	芒种:5日戌时	小暑:7日辰时	立秋:7日酉时
小满:21日卯时	夏至:21日未时	大暑:23日子时	处暑:23日辰时

月干支: 五月庚午　　闰五月庚午　　六月辛未　　七月壬申

公元 2009 年

农历 己丑(牛)年(闰五月) 太岁潘佑 九星九紫

公历	9 月 星期	农历	干支	星宿	五行	10 月 星期	农历	干支	星宿	五行	11 月 星期	农历	干支	星宿	五行	12 月 星期	农历	干支	星宿	五行
1	二	十三	己酉	觜	除 土	四	十三	己卯	井	破 土	日	十五	庚戌	星	建 金	二	十五	庚辰	翼	执 金
2	三	十四	庚戌	参	满 金	五	十四	庚辰	鬼	危 金	一	十六	辛亥	张	除 金	三	十六	辛巳	轸	破 金
3	四	十五	辛亥	井	平 金	六	十五	辛巳	柳	成 金	二	十七	壬子	翼	满 木	四	十七	壬午	角	危 木
4	五	十六	壬子	鬼	定 木	日	十六	壬午	星	收 木	三	十八	癸丑	轸	平 木	五	十八	癸未	亢	成 木
5	六	十七	癸丑	柳	执 木	一	十七	癸未	张	开 木	四	十九	甲寅	角	定 水	六	十九	甲申	氐	收 水
6	日	十八	甲寅	星	破 水	二	十八	甲申	翼	闭 水	五	二十	乙卯	亢	执 水	日	二十	乙酉	房	开 水
7	一	十九	乙卯	张	破 水	三	十九	乙酉	轸	建 水	六	廿一	丙辰	氐	执 土	一	廿一	丙戌	心	开 土
8	二	二十	丙辰	翼	危 土	四	二十	丙戌	角	建 土	日	廿二	丁巳	房	破 土	二	廿二	丁亥	尾	闭 土
9	三	廿一	丁巳	轸	成 土	五	廿一	丁亥	亢	除 土	一	廿三	戊午	心	危 火	三	廿三	戊子	箕	建 火
10	四	廿二	戊午	角	收 火	六	廿二	戊子	氐	满 火	二	廿四	己未	尾	成 火	四	廿四	己丑	斗	除 火
11	五	廿三	己未	亢	开 火	日	廿三	己丑	房	平 火	三	廿五	庚申	箕	收 木	五	廿五	庚寅	牛	满 木
12	六	廿四	庚申	氐	闭 木	一	廿四	庚寅	心	定 木	四	廿六	辛酉	斗	开 木	六	廿六	辛卯	女	平 木
13	日	廿五	辛酉	房	建 木	二	廿五	辛卯	尾	执 木	五	廿七	壬戌	牛	闭 水	日	廿七	壬辰	虚	定 水
14	一	廿六	壬戌	心	除 水	三	廿六	壬辰	箕	破 水	六	廿八	癸亥	女	建 水	一	廿八	癸巳	危	执 水
15	二	廿七	癸亥	尾	满 水	四	廿七	癸巳	斗	危 水	日	廿九	甲子	虚	除 金	二	廿九	甲午	室	破 金
16	三	廿八	甲子	箕	平 金	五	廿八	甲午	牛	成 金	一	三十	乙丑	危	满 金	三	十一	乙未	壁	危 金
17	四	廿九	乙丑	斗	定 金	六	廿九	乙未	女	收 金	二	十月	丙寅	室	平 火	四	初二	丙申	奎	成 火
18	五	三十	丙寅	牛	执 火	日	九月	丙申	虚	开 火	三	初二	丁卯	壁	定 火	五	初三	丁酉	娄	收 火
19	六	八月	丁卯	女	破 火	一	初二	丁酉	危	闭 火	四	初三	戊辰	奎	执 木	六	初四	戊戌	胃	开 木
20	日	初二	戊辰	虚	危 木	二	初三	戊戌	室	建 木	五	初四	己巳	娄	破 木	日	初五	己亥	昴	闭 木
21	一	初三	己巳	危	成 木	三	初四	己亥	壁	除 木	六	初五	庚午	胃	危 土	一	初六	庚子	毕	建 土
22	二	初四	庚午	室	收 土	四	初五	庚子	奎	满 土	日	初六	辛未	昴	成 土	二	初七	辛丑	觜	除 土
23	三	初五	辛未	壁	开 土	五	初六	辛丑	娄	平 土	一	初七	壬申	毕	收 金	三	初八	壬寅	参	满 金
24	四	初六	壬申	奎	闭 金	六	初七	壬寅	胃	定 金	二	初八	癸酉	觜	开 金	四	初九	癸卯	井	平 金
25	五	初七	癸酉	娄	建 金	日	初八	癸卯	昴	执 金	三	初九	甲戌	参	闭 火	五	初十	甲辰	鬼	定 火
26	六	初八	甲戌	胃	除 火	一	初九	甲辰	毕	破 火	四	初十	乙亥	井	建 火	六	十一	乙巳	柳	执 火
27	日	初九	乙亥	昴	满 火	二	初十	乙巳	觜	危 火	五	十一	丙子	鬼	除 水	日	十二	丙午	星	破 水
28	一	初十	丙子	毕	平 水	三	十一	丙午	参	成 水	六	十二	丁丑	柳	满 水	一	十三	丁未	张	危 水
29	二	十一	丁丑	觜	定 水	四	十二	丁未	井	收 水	日	十三	戊寅	星	平 土	二	十四	戊申	翼	成 土
30	三	十二	戊寅	参	执 土	五	十三	戊申	鬼	开 土	一	十四	己卯	张	定 土	三	十五	己酉	轸	收 土
31						六	十四	己酉	柳	闭 土						四	十六	庚戌	角	开 金

节气	白露:7日戌时 秋分:23日卯时	寒露:8日午时 霜降:23日未时	立冬:7日未时 小雪:22日午时	大雪:7日辰时 冬至:22日丑时

月干支: 八月癸酉　九月甲戌　十月乙亥　十一月丙子

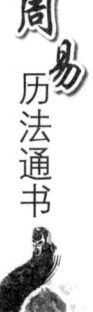

周易历法通书

公元 2010 年

农历 己丑(牛)年 太岁潘佑 九星九紫
庚寅(虎)年 太岁邬桓 九星八白

公历	1月 星期	农历	干支	星宿	五行	2月 星期	农历	干支	星宿	五行	3月 星期	农历	干支	星宿	五行	4月 星期	农历	干支	星宿	五行
1	五	十七	辛亥	亢	闭金	一	十八	壬午	心	执木	一	十六	庚戌	心	成金	四	十七	辛巳	斗	满金
2	六	十八	壬子	氐	建木	二	十九	癸未	尾	破木	二	十七	辛亥	尾	收金	五	十八	壬午	牛	平木
3	日	十九	癸丑	房	除木	三	二十	甲申	箕	危水	三	十八	壬子	箕	开木	六	十九	癸未	女	定木
4	一	二十	甲寅	心	满水	四	廿一	乙酉	斗	危水	四	十九	癸丑	斗	闭木	日	二十	甲申	虚	执水
5	二	廿一	乙卯	尾	满水	五	廿二	丙戌	牛	成土	五	二十	甲寅	牛	建水	一	廿一	乙酉	危	执水
6	三	廿二	丙辰	箕	平土	六	廿三	丁亥	女	收土	六	廿一	乙卯	女	建水	二	廿二	丙戌	室	破土
7	四	廿三	丁巳	斗	定土	日	廿四	戊子	虚	开火	日	廿二	丙辰	虚	除土	三	廿三	丁亥	壁	危土
8	五	廿四	戊午	牛	执火	一	廿五	己丑	危	闭火	一	廿三	丁巳	危	满土	四	廿四	戊子	奎	成火
9	六	廿五	己未	女	破火	二	廿六	庚寅	室	建木	二	廿四	戊午	室	平火	五	廿五	己丑	娄	收火
10	日	廿六	庚申	虚	危木	三	廿七	辛卯	壁	除木	三	廿五	己未	壁	定火	六	廿六	庚寅	胃	开木
11	一	廿七	辛酉	危	成木	四	廿八	壬辰	奎	满水	四	廿六	庚申	奎	执木	日	廿七	辛卯	昴	闭木
12	二	廿八	壬戌	室	收水	五	廿九	癸巳	娄	平水	五	廿七	辛酉	娄	破木	一	廿八	壬辰	毕	建水
13	三	廿九	癸亥	壁	开水	六	三十	甲午	胃	定金	六	廿八	壬戌	胃	危水	二	廿九	癸巳	觜	除水
14	四	三十	甲子	奎	闭金	日	正月	乙未	昴	执金	日	廿九	癸亥	昴	成水	三	三月	甲午	参	满金
15	五	十二	乙丑	娄	建金	一	初二	丙申	毕	破火	一	三十	甲子	毕	收金	四	初二	乙未	井	平金
16	六	初二	丙寅	胃	除火	二	初三	丁酉	觜	危火	二	二月	乙丑	觜	开金	五	初三	丙申	鬼	定火
17	日	初三	丁卯	昴	满火	三	初四	戊戌	参	成木	三	初二	丙寅	参	闭火	六	初四	丁酉	柳	执火
18	一	初四	戊辰	毕	平木	四	初五	己亥	井	收木	四	初三	丁卯	井	建火	日	初五	戊戌	星	破木
19	二	初五	己巳	觜	定木	五	初六	庚子	鬼	开土	五	初四	戊辰	鬼	除木	一	初六	己亥	张	危木
20	三	初六	庚午	参	执土	六	初七	辛丑	柳	闭土	六	初五	己巳	柳	满木	二	初七	庚子	翼	成土
21	四	初七	辛未	井	破土	日	初八	壬寅	星	建金	日	初六	庚午	星	平土	三	初八	辛丑	轸	收土
22	五	初八	壬申	鬼	危金	一	初九	癸卯	张	除金	一	初七	辛未	张	定土	四	初九	壬寅	角	开金
23	六	初九	癸酉	柳	成金	二	初十	甲辰	翼	满火	二	初八	壬申	翼	执金	五	初十	癸卯	亢	闭金
24	日	初十	甲戌	星	收火	三	十一	乙巳	轸	平水	三	初九	癸酉	轸	破金	六	十一	甲辰	氐	建火
25	一	十一	乙亥	张	开火	四	十二	丙午	角	定水	四	初十	甲戌	角	危火	日	十二	乙巳	房	除火
26	二	十二	丙子	翼	闭水	五	十三	丁未	亢	执水	五	十一	乙亥	亢	成火	一	十三	丙午	心	满水
27	三	十三	丁丑	轸	建水	六	十四	戊申	氐	破土	六	十二	丙子	氐	收水	二	十四	丁未	尾	平水
28	四	十四	戊寅	角	除土	日	十五	己酉	房	危土	日	十三	丁丑	房	开水	三	十五	戊申	箕	定土
29	五	十五	己卯	亢	满土						一	十四	戊寅	心	闭土	四	十六	己酉	斗	执土
30	六	十六	庚辰	氐	平金						二	十五	己卯	尾	建土	五	十七	庚戌	牛	破金
31	日	十七	辛巳	房	定金						三	十六	庚辰	箕	除金					

节气

1月	2月	3月	4月
小寒:5日戌时	立春:4日卯时	惊蛰:6日子时	清明:5日卯时
大寒:20日午时	雨水:19日丑时	春分:21日丑时	谷雨:20日午时

月干支: 十二月丁丑　　正月戊寅　　二月己卯　　三月庚辰

公元 2010 年

农历 庚寅(虎)年 太岁邬桓 九星八白

公历	5月 星期	农历	干支	星宿	五行	6月 星期	农历	干支	星宿	五行	7月 星期	农历	干支	星宿	五行	8月 星期	农历	干支	星宿	五行
1	六	十八	辛亥	女	危金	二	十九	壬午	室	除木	四	二十	壬子	奎	破木	日	廿一	癸未	昴	建木
2	日	十九	壬子	虚	成木	三	二十	癸未	壁	满木	五	廿一	癸丑	娄	危木	一	廿二	甲申	毕	除水
3	一	二十	癸丑	危	收木	四	廿一	甲申	奎	平水	六	廿二	甲寅	胃	成水	二	廿三	乙酉	觜	满水
4	二	廿一	甲寅	室	开水	五	廿二	乙酉	娄	定水	日	廿三	乙卯	昴	收水	三	廿四	丙戌	参	平土
5	三	廿二	乙卯	壁	开水	六	廿三	丙戌	胃	执土	一	廿四	丙辰	毕	开土	四	廿五	丁亥	井	定土
6	四	廿三	丙辰	奎	闭土	日	廿四	丁亥	昴	执土	二	廿五	丁巳	觜	闭土	五	廿六	戊子	鬼	执火
7	五	廿四	丁巳	娄	建土	一	廿五	戊子	毕	破火	三	廿六	戊午	参	闭火	六	廿七	己丑	柳	执火
8	六	廿五	戊午	胃	除火	二	廿六	己丑	觜	危火	四	廿七	己未	井	建火	日	廿八	庚寅	星	破木
9	日	廿六	己未	昴	满火	三	廿七	庚寅	参	成木	五	廿八	庚申	鬼	除木	一	廿九	辛卯	张	危木
10	一	廿七	庚申	毕	平火	四	廿八	辛卯	井	收木	六	廿九	辛酉	柳	满木	二	七月	壬辰	翼	成水
11	二	廿八	辛酉	觜	定木	五	廿九	壬辰	鬼	开水	日	三十	壬戌	星	平水	三	初二	癸巳	轸	收水
12	三	廿九	壬戌	参	执水	六	五月	癸巳	柳	闭水	一	六月	癸亥	张	定水	四	初三	甲午	角	开金
13	四	三十	癸亥	井	破水	日	初二	甲午	星	建金	二	初二	甲子	翼	执金	五	初四	乙未	亢	闭金
14	五	四月	甲子	鬼	危金	一	初三	乙未	张	除金	三	初三	乙丑	轸	破金	六	初五	丙申	氐	建火
15	六	初二	乙丑	柳	成金	二	初四	丙申	翼	满火	四	初四	丙寅	角	危火	日	初六	丁酉	房	除火
16	日	初三	丙寅	星	收火	三	初五	丁酉	轸	平火	五	初五	丁卯	亢	成火	一	初七	戊戌	心	满木
17	一	初四	丁卯	张	开火	四	初六	戊戌	角	定木	六	初六	戊辰	氐	收木	二	初八	己亥	尾	平木
18	二	初五	戊辰	翼	闭木	五	初七	己亥	亢	执土	日	初七	己巳	房	开木	三	初九	庚子	箕	定土
19	三	初六	己巳	轸	建木	六	初八	庚子	氐	破土	一	初八	庚午	心	闭土	四	初十	辛丑	斗	执土
20	四	初七	庚午	角	除土	日	初九	辛丑	房	危土	二	初九	辛未	尾	建土	五	十一	壬寅	牛	破金
21	五	初八	辛未	亢	满土	一	初十	壬寅	心	成金	三	初十	壬申	箕	除金	六	十二	癸卯	女	危金
22	六	初九	壬申	氐	平金	二	十一	癸卯	尾	收金	四	十一	癸酉	斗	满金	日	十三	甲辰	虚	成火
23	日	初十	癸酉	房	定金	三	十二	甲辰	箕	开火	五	十二	甲戌	牛	平火	一	十四	乙巳	危	收火
24	一	十一	甲戌	心	执火	四	十三	乙巳	斗	闭火	六	十三	乙亥	女	定火	二	十五	丙午	室	开水
25	二	十二	乙亥	尾	破火	五	十四	丙午	牛	建水	日	十四	丙子	虚	执水	三	十六	丁未	壁	闭水
26	三	十三	丙子	箕	危水	六	十五	丁未	女	除水	一	十五	丁丑	危	破水	四	十七	戊申	奎	建土
27	四	十四	丁丑	斗	成水	日	十六	戊申	虚	满土	二	十六	戊寅	室	危土	五	十八	己酉	娄	除土
28	五	十五	戊寅	牛	收土	一	十七	己酉	危	平土	三	十七	己卯	壁	成土	六	十九	庚戌	胃	满金
29	六	十六	己卯	女	开土	二	十八	庚戌	室	定金	四	十八	庚辰	奎	收金	日	二十	辛亥	昴	平木
30	日	十七	庚辰	虚	闭金	三	十九	辛亥	壁	执金	五	十九	辛巳	娄	开金	一	廿一	壬子	毕	定木
31	一	十八	辛巳	危	建金						六	二十	壬午	胃	闭木	二	廿二	癸丑	觜	执木

节气

5月	6月	7月	8月
立夏:5日亥时	芒种:6日丑时	小暑:7日未时	立秋:7日亥时
小满:21日午时	夏至:21日戌时	大暑:23日卯时	处暑:23日未时

月干支：四月辛巳　五月壬午　六月癸未　七月甲申

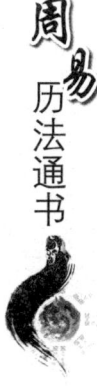

周易历法通书

公元 2010 年

农历 庚寅(虎)年 太岁邬桓 九星八白

公历	9 月 星期	农历	干支	星宿	五行	10 月 星期	农历	干支	星宿	五行	11 月 星期	农历	干支	星宿	五行	12 月 星期	农历	干支	星宿	五行
1	三	廿三	甲寅	参	破水	五	廿四	甲申	鬼	闭水	一	廿五	乙卯	张	执水	三	廿六	乙酉	轸	开水
2	四	廿四	乙卯	井	危水	六	廿五	乙酉	柳	建水	二	廿六	丙辰	翼	破土	四	廿七	丙戌	角	闭土
3	五	廿五	丙辰	鬼	成土	日	廿六	丙戌	星	除土	三	廿七	丁巳	轸	危土	五	廿八	丁亥	亢	建土
4	六	廿六	丁巳	柳	收土	一	廿七	丁亥	张	满土	四	廿八	戊午	角	成火	六	廿九	戊子	氐	除火
5	日	廿七	戊午	星	开火	二	廿八	戊子	翼	平火	五	廿九	己未	亢	收火	日	三十	己丑	房	满火
6	一	廿八	己未	张	闭火	三	廿九	己丑	轸	定火	六	十月	庚申	氐	开木	一	十一月	庚寅	心	平木
7	二	廿九	庚申	翼	建木	四	三十	庚寅	角	执木	日	初二	辛酉	房	开木	二	初二	辛卯	尾	平木
8	三	八月	辛酉	轸	建木	五	九月	辛卯	亢	执木	一	初三	壬戌	心	闭水	三	初三	壬辰	箕	定水
9	四	初二	壬戌	角	除水	六	初二	壬辰	氐	破水	二	初四	癸亥	尾	建水	四	初四	癸巳	斗	执水
10	五	初三	癸亥	亢	满水	日	初三	癸巳	房	危水	三	初五	甲子	箕	除金	五	初五	甲午	牛	破金
11	六	初四	甲子	氐	平金	一	初四	甲午	心	成金	四	初六	乙丑	斗	满金	六	初六	乙未	女	危金
12	日	初五	乙丑	房	定金	二	初五	乙未	尾	收金	五	初七	丙寅	牛	平火	日	初七	丙申	虚	成火
13	一	初六	丙寅	心	执火	三	初六	丙申	箕	开火	六	初八	丁卯	女	定火	一	初八	丁酉	危	收火
14	二	初七	丁卯	尾	破火	四	初七	丁酉	斗	闭火	日	初九	戊辰	虚	执木	二	初九	戊戌	室	开木
15	三	初八	戊辰	箕	危木	五	初八	戊戌	牛	建木	一	初十	己巳	危	破木	三	初十	己亥	壁	闭木
16	四	初九	己巳	斗	成木	六	初九	己亥	女	除木	二	十一	庚午	室	危土	四	十一	庚子	奎	建土
17	五	初十	庚午	牛	收土	日	初十	庚子	虚	满土	三	十二	辛未	壁	成土	五	十二	辛丑	娄	除土
18	六	十一	辛未	女	开土	一	十一	辛丑	危	平土	四	十三	壬申	奎	收金	六	十三	壬寅	胃	满金
19	日	十二	壬申	虚	闭金	二	十二	壬寅	室	定金	五	十四	癸酉	娄	开金	日	十四	癸卯	昴	平金
20	一	十三	癸酉	危	建金	三	十三	癸卯	壁	执金	六	十五	甲戌	胃	闭火	一	十五	甲辰	毕	定火
21	二	十四	甲戌	室	除火	四	十四	甲辰	奎	破火	日	十六	乙亥	昴	建火	二	十六	乙巳	觜	执火
22	三	十五	乙亥	壁	满火	五	十五	乙巳	娄	危火	一	十七	丙子	毕	除水	三	十七	丙午	参	破水
23	四	十六	丙子	奎	平水	六	十六	丙午	胃	成水	二	十八	丁丑	觜	满水	四	十八	丁未	井	危水
24	五	十七	丁丑	娄	定水	日	十七	丁未	昴	收水	三	十九	戊寅	参	平土	五	十九	戊申	鬼	成土
25	六	十八	戊寅	胃	执土	一	十八	戊申	毕	开土	四	二十	己卯	井	定土	六	二十	己酉	柳	收土
26	日	十九	己卯	昴	破土	二	十九	己酉	觜	闭土	五	廿一	庚辰	鬼	执金	日	廿一	庚戌	星	开金
27	一	二十	庚辰	毕	危金	三	二十	庚戌	参	建金	六	廿二	辛巳	柳	破金	一	廿二	辛亥	张	闭金
28	二	廿一	辛巳	觜	成金	四	廿一	辛亥	井	除金	日	廿三	壬午	星	危木	二	廿三	壬子	翼	建木
29	三	廿二	壬午	参	收水	五	廿二	壬子	鬼	满木	一	廿四	癸未	张	成木	三	廿四	癸丑	轸	除木
30	四	廿三	癸未	井	开水	六	廿三	癸丑	柳	平木	二	廿五	甲申	翼	收水	四	廿五	甲寅	角	满水
31						日	廿四	甲寅	星	定水						五	廿六	乙卯	亢	平水

| 节气 | 白露:8日丑时　秋分:23日午时 | 寒露:8日酉时　霜降:23日戌时 | 立冬:7日戌时　小雪:22日酉时 | 大雪:7日未时　冬至:22日辰时 |

月干支:八月乙酉　九月丙戌　十月丁亥　十一月戊子

公元 2011 年

农历　庚寅(虎)年　太岁邬桓　九星八白
　　　辛卯(兔)年　太岁范宁　九星七赤

公历	1 月 星期	农历	干支	星宿	五行	2 月 星期	农历	干支	星宿	五行	3 月 星期	农历	干支	星宿	五行	4 月 星期	农历	干支	星宿	五行
1	六	廿七	丙辰	氐	定土	二	廿九	丁亥	尾	开土	二	廿七	乙卯	尾	除水	五	廿八	丙戌	牛	危土
2	日	廿八	丁巳	房	执土	三	三十	戊子	箕	闭火	三	廿八	丙辰	箕	满水	六	廿九	丁亥	女	成土
3	一	廿九	戊午	心	破火	四	正月	己丑	斗	建火	四	廿九	丁巳	斗	平水	日	三月	戊子	虚	收火
4	二	十二	己未	尾	危火	五	初二	庚寅	牛	建木	五	三十	戊午	牛	定火	一	初二	己丑	危	开火
5	三	初二	庚申	箕	成木	六	初三	辛卯	女	除木	六	二月	己未	女	执火	二	初三	庚寅	室	开木
6	四	初三	辛酉	斗	成木	日	初四	壬辰	虚	满水	日	初二	庚申	虚	执木	三	初四	辛卯	壁	闭木
7	五	初四	壬戌	牛	收水	一	初五	癸巳	危	平水	一	初三	辛酉	危	破木	四	初五	壬辰	奎	建水
8	六	初五	癸亥	女	开水	二	初六	甲午	室	定金	二	初四	壬戌	室	危金	五	初六	癸巳	娄	除水
9	日	初六	甲子	虚	闭金	三	初七	乙未	壁	执金	三	初五	癸亥	壁	成金	六	初七	甲午	胃	满金
10	一	初七	乙丑	危	建金	四	初八	丙申	奎	破火	四	初六	甲子	奎	收金	日	初八	乙未	昴	平金
11	二	初八	丙寅	室	除火	五	初九	丁酉	娄	危火	五	初七	乙丑	娄	开金	一	初九	丙申	毕	定火
12	三	初九	丁卯	壁	满火	六	初十	戊戌	胃	成木	六	初八	丙寅	胃	闭火	二	初十	丁酉	觜	执火
13	四	初十	戊辰	奎	平木	日	十一	己亥	昴	收木	日	初九	丁卯	昴	建火	三	十一	戊戌	参	破木
14	五	十一	己巳	娄	定木	一	十二	庚子	毕	开土	一	初十	戊辰	毕	除木	四	十二	己亥	井	危木
15	六	十二	庚午	胃	执土	二	十三	辛丑	觜	闭土	二	十一	己巳	觜	满木	五	十三	庚子	鬼	成土
16	日	十三	辛未	昴	破土	三	十四	壬寅	参	建金	三	十二	庚午	参	平土	六	十四	辛丑	柳	收土
17	一	十四	壬申	毕	危金	四	十五	癸卯	井	除金	四	十三	辛未	井	定土	日	十五	壬寅	星	开金
18	二	十五	癸酉	觜	成金	五	十六	甲辰	鬼	满火	五	十四	壬申	鬼	执金	一	十六	癸卯	张	闭金
19	三	十六	甲戌	参	收火	六	十七	乙巳	柳	平火	六	十五	癸酉	柳	破金	二	十七	甲辰	翼	建火
20	四	十七	乙亥	井	开火	日	十八	丙午	星	定水	日	十六	甲戌	星	危火	三	十八	乙巳	轸	除火
21	五	十八	丙子	鬼	闭水	一	十九	丁未	张	执水	一	十七	乙亥	张	成火	四	十九	丙午	角	满水
22	六	十九	丁丑	柳	建水	二	二十	戊申	翼	破土	二	十八	丙子	翼	收水	五	二十	丁未	亢	平水
23	日	二十	戊寅	星	除土	三	廿一	己酉	轸	危土	三	十九	丁丑	轸	开水	六	廿一	戊申	氐	定土
24	一	廿一	己卯	张	满土	四	廿二	庚戌	角	成金	四	二十	戊寅	角	闭土	日	廿二	己酉	房	执土
25	二	廿二	庚辰	翼	平金	五	廿三	辛亥	亢	收金	五	廿一	己卯	亢	建土	一	廿三	庚戌	心	破金
26	三	廿三	辛巳	轸	定金	六	廿四	壬子	氐	开木	六	廿二	庚辰	氐	除金	二	廿四	辛亥	尾	危金
27	四	廿四	壬午	角	执木	日	廿五	癸丑	房	闭木	日	廿三	辛巳	房	满金	三	廿五	壬子	箕	成木
28	五	廿五	癸未	亢	破木	一	廿六	甲寅	心	建水	一	廿四	壬午	心	平木	四	廿六	癸丑	斗	收木
29	六	廿六	甲申	氐	危水						二	廿五	癸未	尾	定木	五	廿七	甲寅	牛	开水
30	日	廿七	乙酉	房	成水						三	廿六	甲申	箕	执木	六	廿八	乙卯	女	闭水
31	一	廿八	丙戌	心	收土						四	廿七	乙酉	斗	破水					
节气	小寒:6日子时　大寒:20日酉时					立春:4日午时　雨水:19日辰时					惊蛰:6日卯时　春分:21日辰时					清明:5日午时　谷雨:20日酉时				

月干支：十二月己丑　　正月庚寅　　二月辛卯　　三月壬辰

212

周易历法通书

公元 2011 年

农历　辛卯(兔)年　太岁范宁　九星七赤

公历	5 月					6 月					7 月					8 月				
	星期	农历	干支	星宿	五行	星期	农历	干支	星宿	五行	星期	农历	干支	星宿	五行	星期	农历	干支	星宿	五行
1	日	廿九	丙辰	虚	建土	三	三十	丁亥	壁	破土	五	六月	丁巳	娄	闭土	一	初二	戊子	毕	执火
2	一	三十	丁巳	危	除土	四	五月	戊子	奎	危火	六	初二	戊午	胃	建火	二	初三	己丑	觜	破火
3	二	四月	戊午	室	满土	五	初二	己丑	娄	成火	日	初三	己未	昴	除火	三	初四	庚寅	参	危木
4	三	初二	己未	壁	平火	六	初三	庚寅	胃	收木	一	初四	庚申	毕	满木	四	初五	辛卯	井	成木
5	四	初三	庚申	奎	定木	日	初四	辛卯	昴	开木	二	初五	辛酉	觜	平木	五	初六	壬辰	鬼	收水
6	五	初四	辛酉	娄	定木	一	初五	壬辰	毕	开水	三	初六	壬戌	参	定水	六	初七	癸巳	柳	开水
7	六	初五	壬戌	胃	执木	二	初六	癸巳	觜	闭水	四	初七	癸亥	井	定水	日	初八	甲午	星	闭金
8	日	初六	癸亥	昴	破水	三	初七	甲午	参	建金	五	初八	甲子	鬼	执金	一	初九	乙未	张	闭金
9	一	初七	甲子	毕	危金	四	初八	乙未	井	除金	六	初九	乙丑	柳	破金	二	初十	丙申	翼	建火
10	二	初八	乙丑	觜	成金	五	初九	丙申	鬼	满火	日	初十	丙寅	星	危火	三	十一	丁酉	轸	除火
11	三	初九	丙寅	参	收火	六	初十	丁酉	柳	平火	一	十一	丁卯	张	成火	四	十二	戊戌	角	满木
12	四	初十	丁卯	井	开火	日	十一	戊戌	星	定木	二	十二	戊辰	翼	收木	五	十三	己亥	亢	平木
13	五	十一	戊辰	鬼	闭木	一	十二	己亥	张	执木	三	十三	己巳	轸	开木	六	十四	庚子	氐	定土
14	六	十二	己巳	柳	建木	二	十三	庚子	翼	破土	四	十四	庚午	角	闭土	日	十五	辛丑	房	执土
15	日	十三	庚午	星	除土	三	十四	辛丑	轸	危土	五	十五	辛未	亢	建土	一	十六	壬寅	心	破金
16	一	十四	辛未	张	满土	四	十五	壬寅	角	成金	六	十六	壬申	氐	除金	二	十七	癸卯	尾	危金
17	二	十五	壬申	翼	平金	五	十六	癸卯	亢	收金	日	十七	癸酉	房	满金	三	十八	甲辰	箕	成火
18	三	十六	癸酉	轸	定金	六	十七	甲辰	氐	开火	一	十八	甲戌	心	平火	四	十九	乙巳	斗	收火
19	四	十七	甲戌	角	执火	日	十八	乙巳	房	闭火	二	十九	乙亥	尾	定火	五	二十	丙午	牛	开水
20	五	十八	乙亥	亢	破火	一	十九	丙午	心	建水	三	二十	丙子	箕	执水	六	廿一	丁未	女	闭水
21	六	十九	丙子	氐	危水	二	二十	丁未	尾	除水	四	廿一	丁丑	斗	破水	日	廿二	戊申	虚	建土
22	日	二十	丁丑	房	成水	三	廿一	戊申	箕	满土	五	廿二	戊寅	牛	危土	一	廿三	己酉	危	除土
23	一	廿一	戊寅	心	收土	四	廿二	己酉	斗	平土	六	廿三	己卯	女	成土	二	廿四	庚戌	室	满金
24	二	廿二	己卯	尾	开土	五	廿三	庚戌	牛	定金	日	廿四	庚辰	虚	收金	三	廿五	辛亥	壁	平金
25	三	廿三	庚辰	箕	闭金	六	廿四	辛亥	女	执金	一	廿五	辛巳	危	开金	四	廿六	壬子	奎	定木
26	四	廿四	辛巳	斗	建金	日	廿五	壬子	虚	破木	二	廿六	壬午	室	闭木	五	廿七	癸丑	娄	执木
27	五	廿五	壬午	牛	除木	一	廿六	癸丑	危	危木	三	廿七	癸未	壁	建木	六	廿八	甲寅	胃	破水
28	六	廿六	癸未	女	满木	二	廿七	甲寅	室	成水	四	廿八	甲申	奎	除水	日	廿九	乙卯	昴	危水
29	日	廿七	甲申	虚	平水	三	廿八	乙卯	壁	收水	五	廿九	乙酉	娄	满水	一	八月	丙辰	毕	成土
30	一	廿八	乙酉	危	定水	四	廿九	丙辰	奎	开土	六	三十	丙戌	胃	平土	二	初二	丁巳	觜	收土
31	二	廿九	丙戌	室	执土						日	七月	丁亥	昴	定土	三	初三	戊午	参	开火
节气	立夏:6日寅时					芒种:6日辰时					小暑:7日酉时					立秋:8日寅时				
	小满:21日酉时					夏至:22日丑时					大暑:23日午时					处暑:23日戌时				

月干支:四月癸巳　　五月甲午　　六月乙未　　七月丙申　　八月丁酉

公元 2011 年

农历 辛卯(兔)年 太岁范宁 九星七赤

公历	9 月 星期	农历	干支	星宿	五行	10 月 星期	农历	干支	星宿	五行	11 月 星期	农历	干支	星宿	五行	12 月 星期	农历	干支	星宿	五行
1	四	初四	己未	井	闭火	六	初五	己丑	柳	定火	二	初六	庚申	翼	开木	四	初七	庚寅	角	平木
2	五	初五	庚申	鬼	建木	日	初六	庚寅	星	执木	三	初七	辛酉	轸	闭木	五	初八	辛卯	亢	定木
3	六	初六	辛酉	柳	除木	一	初七	辛卯	张	破木	四	初八	壬戌	角	建水	六	初九	壬辰	氐	执水
4	日	初七	壬戌	星	满水	二	初八	壬辰	翼	危水	五	初九	癸亥	亢	除水	日	初十	癸巳	房	破水
5	一	初八	癸亥	张	平水	三	初九	癸巳	轸	成水	六	初十	甲子	氐	满金	一	十一	甲午	心	危金
6	二	初九	甲子	翼	定金	四	初十	甲午	角	收金	日	十一	乙丑	房	平金	二	十二	乙未	尾	成金
7	三	初十	乙丑	轸	执金	五	十一	乙未	亢	开金	一	十二	丙寅	心	定火	三	十三	丙申	箕	成火
8	四	十一	丙寅	角	执火	六	十二	丙申	氐	开火	二	十三	丁卯	尾	定火	四	十四	丁酉	斗	收火
9	五	十二	丁卯	亢	破火	日	十三	丁酉	房	闭火	三	十四	戊辰	箕	执木	五	十五	戊戌	牛	开木
10	六	十三	戊辰	氐	危木	一	十四	戊戌	心	建木	四	十五	己巳	斗	破木	六	十六	己亥	女	闭木
11	日	十四	己巳	房	成木	二	十五	己亥	尾	除木	五	十六	庚午	牛	危土	日	十七	庚子	虚	建土
12	一	十五	庚午	心	收土	三	十六	庚子	箕	满土	六	十七	辛未	女	成土	一	十八	辛丑	危	除土
13	二	十六	辛未	尾	开土	四	十七	辛丑	斗	平土	日	十八	壬申	虚	收金	二	十九	壬寅	室	满金
14	三	十七	壬申	箕	闭金	五	十八	壬寅	牛	定金	一	十九	癸酉	危	开金	三	二十	癸卯	壁	平金
15	四	十八	癸酉	斗	建金	六	十九	癸卯	女	执金	二	二十	甲戌	室	闭火	四	廿一	甲辰	奎	定火
16	五	十九	甲戌	牛	除火	日	二十	甲辰	虚	破火	三	廿一	乙亥	壁	建火	五	廿二	乙巳	娄	执火
17	六	二十	乙亥	女	满火	一	廿一	乙巳	危	危火	四	廿二	丙子	奎	除水	六	廿三	丙午	胃	破水
18	日	廿一	丙子	虚	平水	二	廿二	丙午	室	成水	五	廿三	丁丑	娄	满水	日	廿四	丁未	昴	危水
19	一	廿二	丁丑	危	定水	三	廿三	丁未	壁	收水	六	廿四	戊寅	胃	平土	一	廿五	戊申	毕	成土
20	二	廿三	戊寅	室	执土	四	廿四	戊申	奎	开土	日	廿五	己卯	昴	定土	二	廿六	己酉	觜	收土
21	三	廿四	己卯	壁	破土	五	廿五	己酉	娄	闭土	一	廿六	庚辰	毕	执金	三	廿七	庚戌	参	开金
22	四	廿五	庚辰	奎	危金	六	廿六	庚戌	胃	建金	二	廿七	辛巳	觜	破金	四	廿八	辛亥	井	闭金
23	五	廿六	辛巳	娄	成金	日	廿七	辛亥	昴	除金	三	廿八	壬午	参	危木	五	廿九	壬子	鬼	建木
24	六	廿七	壬午	胃	收木	一	廿八	壬子	毕	满木	四	廿九	癸未	井	成木	六	三十	癸丑	柳	除木
25	日	廿八	癸未	昴	开木	二	廿九	癸丑	觜	平木	五	**十一**	甲申	鬼	收水	日	**十二**	甲寅	星	满水
26	一	廿九	甲申	毕	闭水	三	三十	甲寅	参	定水	六	初二	乙酉	柳	开水	一	初二	乙卯	张	平水
27	二	**九月**	乙酉	觜	建水	四	**十月**	乙卯	井	执水	日	初三	丙戌	星	闭土	二	初三	丙辰	翼	定土
28	三	初二	丙戌	参	除土	五	初二	丙辰	鬼	破土	一	初四	丁亥	张	建土	三	初四	丁巳	轸	执土
29	四	初三	丁亥	井	满土	六	初三	丁巳	柳	危土	二	初五	戊子	翼	除火	四	初五	戊午	角	破火
30	五	初四	戊子	鬼	平火	日	初四	戊午	星	成火	三	初六	己丑	轸	满火	五	初六	己未	亢	危火
31						一	初五	己未	张	收火						六	初七	庚申	氐	成木
节气	白露:8日辰时 秋分:23日酉时					寒露:8日夜子 霜降:24日丑时					立冬:8日丑时 小雪:23日子时					大雪:7日戌时 冬至:22日未时				
月干支:	九月戊戌					十月己亥					十一月庚子					十二月辛丑				

214

周易历法通书

公元 2012 年

农历 辛卯(兔)年　太岁范宁 九星七赤
　　 壬辰(龙)年(闰四月)　太岁彭泰 九星六白

公历	1 月 星期	农历	干支	星宿	五行	2 月 星期	农历	干支	星宿	五行	3 月 星期	农历	干支	星宿	五行	4 月 星期	农历	干支	星宿	五行
1	日	初八	辛酉	房	收木	三	初十	壬辰	箕	平水	四	初九	辛酉	斗	危木	日	十一	壬辰	虚	除水
2	一	初九	壬戌	心	开水	四	十一	癸巳	斗	定水	五	初十	壬戌	牛	成水	一	十二	癸巳	危	满水
3	二	初十	癸亥	尾	闭水	五	十二	甲午	牛	执金	六	十一	癸亥	女	收水	二	十三	甲午	室	平金
4	三	十一	甲子	箕	建金	六	十三	乙未	女	执金	日	十二	甲子	虚	开金	三	十四	乙未	壁	平金
5	四	十二	乙丑	斗	除金	日	十四	丙申	虚	破火	一	十三	乙丑	危	开金	四	十五	丙申	奎	定火
6	五	十三	丙寅	牛	除火	一	十五	丁酉	危	危火	二	十四	丙寅	室	闭火	五	十六	丁酉	娄	执火
7	六	十四	丁卯	女	满火	二	十六	戊戌	室	成木	三	十五	丁卯	壁	建火	六	十七	戊戌	胃	破木
8	日	十五	戊辰	虚	平木	三	十七	己亥	壁	收木	四	十六	戊辰	奎	除木	日	十八	己亥	昴	危木
9	一	十六	己巳	危	定木	四	十八	庚子	奎	开土	五	十七	己巳	娄	满木	一	十九	庚子	毕	成土
10	二	十七	庚午	室	执土	五	十九	辛丑	娄	闭土	六	十八	庚午	胃	平土	二	二十	辛丑	觜	收土
11	三	十八	辛未	壁	破土	六	二十	壬寅	胃	建金	日	十九	辛未	昴	定土	三	廿一	壬寅	参	开金
12	四	十九	壬申	奎	危金	日	廿一	癸卯	昴	除金	一	二十	壬申	毕	执金	四	廿二	癸卯	井	闭金
13	五	二十	癸酉	娄	成金	一	廿二	甲辰	毕	满火	二	廿一	癸酉	觜	破金	五	廿三	甲辰	鬼	建火
14	六	廿一	甲戌	胃	收火	二	廿三	乙巳	觜	平火	三	廿二	甲戌	参	危火	六	廿四	乙巳	柳	除火
15	日	廿二	乙亥	昴	开火	三	廿四	丙午	参	定水	四	廿三	乙亥	井	成火	日	廿五	丙午	星	满水
16	一	廿三	丙子	毕	闭水	四	廿五	丁未	井	执水	五	廿四	丙子	鬼	收水	一	廿六	丁未	张	平水
17	二	廿四	丁丑	觜	建水	五	廿六	戊申	鬼	破土	六	廿五	丁丑	柳	开水	二	廿七	戊申	翼	定土
18	三	廿五	戊寅	参	除土	六	廿七	己酉	柳	危土	日	廿六	戊寅	星	闭土	三	廿八	己酉	轸	执土
19	四	廿六	己卯	井	满土	日	廿八	庚戌	星	成金	一	廿七	己卯	张	建土	四	廿九	庚戌	角	破金
20	五	廿七	庚辰	鬼	平金	一	廿九	辛亥	张	收金	二	廿八	庚辰	翼	除金	五	三十	辛亥	亢	危金
21	六	廿八	辛巳	柳	定金	二	三十	壬子	翼	开木	三	廿九	辛巳	轸	满金	六	四月	壬子	氐	成木
22	日	廿九	壬午	星	执木	三	二月	癸丑	轸	闭木	四	三月	壬午	角	平木	日	初二	癸丑	房	收木
23	一	正月	癸未	张	破木	四	初二	甲寅	角	建水	五	初二	癸未	亢	定木	一	初三	甲寅	心	开水
24	二	初二	甲申	翼	危水	五	初三	乙卯	亢	除水	六	初三	甲申	氐	执水	二	初四	乙卯	尾	闭水
25	三	初三	乙酉	轸	成水	六	初四	丙辰	氐	满土	日	初四	乙酉	房	破水	三	初五	丙辰	箕	建土
26	四	初四	丙戌	角	收土	日	初五	丁巳	房	平土	一	初五	丙戌	心	危土	四	初六	丁巳	斗	除土
27	五	初五	丁亥	亢	开土	一	初六	戊午	心	定火	二	初六	丁亥	尾	成土	五	初七	戊午	牛	满火
28	六	初六	戊子	氐	闭火	二	初七	己未	尾	执火	三	初七	戊子	箕	收火	六	初八	己未	女	平火
29	日	初七	己丑	房	建火	三	初八	庚申	箕	破木	四	初八	己丑	斗	开火	日	初九	庚申	虚	定木
30	一	初八	庚寅	心	除木						五	初九	庚寅	牛	闭木	一	初十	辛酉	危	执木
31	二	初九	辛卯	尾	满木						六	初十	辛卯	女	建木					

节气	小寒:6日卯时　大寒:21日子时	立春:4日酉时　雨水:19日未时	惊蛰:5日午时　春分:20日未时	清明:4日酉时　谷雨:20日子时

月干支：正月壬寅　二月癸卯　三月甲辰　四月乙巳

公元 2012 年

农历 壬辰(龙)年(闰四月)　太岁彭泰　九星六白

公历	5月 星期	农历	干支	星宿	五行	6月 星期	农历	干支	星宿	五行	7月 星期	农历	干支	星宿	五行	8月 星期	农历	干支	星宿	五行
1	二	十一	壬戌	室	破水	五	十二	癸巳	娄	建水	日	十三	癸亥	昂	执水	三	十四	甲午	参	闭金
2	三	十二	癸亥	壁	危水	六	十三	甲午	胃	除金	一	十四	甲子	毕	破金	四	十五	乙未	井	建金
3	四	十三	甲子	奎	成金	日	十四	乙未	昂	满金	二	十五	乙丑	觜	危金	五	十六	丙申	鬼	除火
4	五	十四	乙丑	娄	收金	一	十五	丙申	毕	平火	三	十六	丙寅	参	成火	六	十七	丁酉	柳	满火
5	六	十五	丙寅	胃	收火	二	十六	丁酉	觜	平火	四	十七	丁卯	井	收火	日	十八	戊戌	星	平木
6	日	十六	丁卯	昂	开火	三	十七	戊戌	参	定木	五	十八	戊辰	鬼	开木	一	十九	己亥	张	定木
7	一	十七	戊辰	毕	闭木	四	十八	己亥	井	执木	六	十九	己巳	柳	开木	二	二十	庚子	翼	定土
8	二	十八	己巳	觜	建木	五	十九	庚子	鬼	破土	日	二十	庚午	星	闭土	三	廿一	辛丑	轸	执土
9	三	十九	庚午	参	除土	六	二十	辛丑	柳	危土	一	廿一	辛未	张	建土	四	廿二	壬寅	角	破金
10	四	二十	辛未	井	满土	日	廿一	壬寅	星	成金	二	廿二	壬申	翼	除金	五	廿三	癸卯	亢	危金
11	五	廿一	壬申	鬼	平金	一	廿二	癸卯	张	收金	三	廿三	癸酉	轸	满金	六	廿四	甲辰	氐	成火
12	六	廿二	癸酉	柳	定金	二	廿三	甲辰	翼	开火	四	廿四	甲戌	角	平火	日	廿五	乙巳	房	收火
13	日	廿三	甲戌	星	执火	三	廿四	乙巳	轸	闭火	五	廿五	乙亥	亢	定火	一	廿六	丙午	心	开水
14	一	廿四	乙亥	张	破火	四	廿五	丙午	角	建水	六	廿六	丙子	氐	执水	二	廿七	丁未	尾	闭水
15	二	廿五	丙子	翼	危水	五	廿六	丁未	亢	除水	日	廿七	丁丑	房	破水	三	廿八	戊申	箕	建土
16	三	廿六	丁丑	轸	成水	六	廿七	戊申	氐	满土	一	廿八	戊寅	心	危土	四	廿九	己酉	斗	除土
17	四	廿七	戊寅	角	收土	日	廿八	己酉	房	平土	二	廿九	己卯	尾	成土	五	七月	庚戌	牛	满金
18	五	廿八	己卯	亢	开土	一	廿九	庚戌	心	定金	三	三十	庚辰	箕	收金	六	初二	辛亥	女	平金
19	六	廿九	庚辰	氐	闭金	二	五月	辛亥	尾	执金	四	六月	辛巳	斗	开金	日	初三	壬子	虚	定木
20	日	三十	辛巳	房	建金	三	初二	壬子	箕	破木	五	初二	壬午	牛	闭木	一	初四	癸丑	危	执木
21	一	闰四	壬午	心	除木	四	初三	癸丑	斗	危木	六	初三	癸未	女	建木	二	初五	甲寅	室	破水
22	二	初二	癸未	尾	满木	五	初四	甲寅	牛	成水	日	初四	甲申	虚	除水	三	初六	乙卯	壁	危水
23	三	初三	甲申	箕	平水	六	初五	乙卯	女	收水	一	初五	乙酉	危	满水	四	初七	丙辰	奎	成土
24	四	初四	乙酉	斗	定水	日	初六	丙辰	虚	开土	二	初六	丙戌	室	平土	五	初八	丁巳	娄	收土
25	五	初五	丙戌	牛	执土	一	初七	丁巳	危	闭土	三	初七	丁亥	壁	定土	六	初九	戊午	胃	开火
26	六	初六	丁亥	女	破土	二	初八	戊午	室	建火	四	初八	戊子	奎	执木	日	初十	己未	昂	闭火
27	日	初七	戊子	虚	危火	三	初九	己未	壁	除火	五	初九	己丑	娄	破火	一	十一	庚申	毕	建木
28	一	初八	己丑	危	成火	四	初十	庚申	奎	满木	六	初十	庚寅	胃	危木	二	十二	辛酉	觜	除木
29	二	初九	庚寅	室	收木	五	十一	辛酉	娄	平木	日	十一	辛卯	昂	成木	三	十三	壬戌	参	满金
30	三	初十	辛卯	壁	开木	六	十二	壬戌	胃	定水	一	十二	壬辰	毕	收水	四	十四	癸亥	井	平水
31	四	十一	壬辰	奎	闭水						二	十三	癸巳	觜	开水	五	十五	甲子	鬼	定金

节气	立夏:5日巳时　小满:20日夜子	芒种:5日未时　夏至:21日辰时	小暑:7日子时　大暑:22日酉时	立秋:7日巳时　处暑:23日丑时

月干支: 闰四月乙巳　五月丙午　六月丁未　七月戊申

周易历法通书

公元 2012 年

农历 壬辰(龙)年(闰四月) 太岁彭泰 九星六白

公历	9月 星期	农历	干支	星宿	五行	10月 星期	农历	干支	星宿	五行	11月 星期	农历	干支	星宿	五行	12月 星期	农历	干支	星宿	五行
1	六	十六	乙丑	柳	执金	一	十六	乙未	张	开金	四	十八	丙寅	角	定火	六	十八	丙申	氐	收火
2	日	十七	丙寅	星	破火	二	十七	丙申	翼	闭火	五	十九	丁卯	亢	执火	日	十九	丁酉	房	开火
3	一	十八	丁卯	张	危火	三	十八	丁酉	轸	建火	六	二十	戊辰	氐	破木	一	二十	戊戌	心	闭木
4	二	十九	戊辰	翼	成木	四	十九	戊戌	角	除木	日	廿一	己巳	房	危木	二	廿一	己亥	尾	建木
5	三	二十	己巳	轸	收木	五	二十	己亥	亢	满木	一	廿二	庚午	心	成土	三	廿二	庚子	箕	除土
6	四	廿一	庚午	角	开土	六	廿一	庚子	氐	平土	二	廿三	辛未	尾	收土	四	廿三	辛丑	斗	满土
7	五	廿二	辛未	亢	开土	日	廿二	辛丑	房	定土	三	廿四	壬申	箕	开金	五	廿四	壬寅	牛	满金
8	六	廿三	壬申	氐	闭金	一	廿三	壬寅	心	定金	四	廿五	癸酉	斗	开金	六	廿五	癸卯	女	平金
9	日	廿四	癸酉	房	建金	二	廿四	癸卯	尾	执金	五	廿六	甲戌	牛	闭火	日	廿六	甲辰	虚	定火
10	一	廿五	甲戌	心	除火	三	廿五	甲辰	箕	破火	六	廿七	乙亥	女	建火	一	廿七	乙巳	危	执火
11	二	廿六	乙亥	尾	满火	四	廿六	乙巳	斗	危火	日	廿八	丙子	虚	除水	二	廿八	丙午	室	破水
12	三	廿七	丙子	箕	平水	五	廿七	丙午	牛	成水	一	廿九	丁丑	危	满水	三	廿九	丁未	壁	危水
13	四	廿八	丁丑	斗	定水	六	廿八	丁未	女	收水	二	三十	戊寅	室	平土	四	十一	戊申	奎	成土
14	五	廿九	戊寅	牛	执土	日	廿九	戊申	虚	开土	三	十月	己卯	壁	定土	五	初二	己酉	娄	收土
15	六	三十	己卯	女	破土	一	九月	己酉	危	闭土	四	初二	庚辰	奎	执金	六	初三	庚戌	胃	开金
16	日	八月	庚辰	虚	危金	二	初二	庚戌	室	建金	五	初三	辛巳	娄	破金	日	初四	辛亥	昴	闭金
17	一	初二	辛巳	危	成金	三	初三	辛亥	壁	除金	六	初四	壬午	胃	危木	一	初五	壬子	毕	建木
18	二	初三	壬午	室	收木	四	初四	壬子	奎	满木	日	初五	癸未	昴	成木	二	初六	癸丑	觜	除木
19	三	初四	癸未	壁	开木	五	初五	癸丑	娄	平木	一	初六	甲申	毕	收水	三	初七	甲寅	参	满水
20	四	初五	甲申	奎	闭水	六	初六	甲寅	胃	定水	二	初七	乙酉	觜	开水	四	初八	乙卯	井	平水
21	五	初六	乙酉	娄	建水	日	初七	乙卯	昴	执水	三	初八	丙戌	参	闭土	五	初九	丙辰	鬼	定土
22	六	初七	丙戌	胃	除土	一	初八	丙辰	毕	破土	四	初九	丁亥	井	建土	六	初十	丁巳	柳	执土
23	日	初八	丁亥	昴	满土	二	初九	丁巳	觜	危土	五	初十	戊子	鬼	除火	日	十一	戊午	星	破火
24	一	初九	戊子	毕	平火	三	初十	戊午	参	成火	六	十一	己丑	柳	满火	一	十二	己未	张	危火
25	二	初十	己丑	觜	定火	四	十一	己未	井	收火	日	十二	庚寅	星	平木	二	十三	庚申	翼	成木
26	三	十一	庚寅	参	执木	五	十二	庚申	鬼	开木	一	十三	辛卯	张	定木	三	十四	辛酉	轸	收木
27	四	十二	辛卯	井	破木	六	十三	辛酉	柳	闭木	二	十四	壬辰	翼	执水	四	十五	壬戌	角	开水
28	五	十三	壬辰	鬼	危水	日	十四	壬戌	星	建水	三	十五	癸巳	轸	破水	五	十六	癸亥	亢	闭水
29	六	十四	癸巳	柳	成水	一	十五	癸亥	张	除水	四	十六	甲午	角	危金	六	十七	甲子	氐	建金
30	日	十五	甲午	星	收金	二	十六	甲子	翼	满金	五	十七	乙未	亢	成金	日	十八	乙丑	房	除金
31						三	十七	乙丑	轸	平金						一	十九	丙寅	心	满火

节气	白露:7日未时　秋分:22日亥时	寒露:8日卯时　霜降:23日辰时	立冬:7日辰时　小雪:22日卯时	大雪:7日丑时　冬至:21日戌时

月干支： 八月己酉　九月庚戌　十月辛亥　十一月壬子

公元 2013 年

公历	1月 星期	农历	干支	星宿	五行	2月 星期	农历	干支	星宿	五行	3月 星期	农历	干支	星宿	五行	4月 星期	农历	干支	星宿	五行
1	二	二十	丁卯	尾	平火	五	廿一	戊戌	牛	收木	五	二十	丙寅	牛	建火	一	廿一	丁酉	危	破火
2	三	廿一	戊辰	箕	定木	六	廿二	己亥	女	开木	六	廿一	丁卯	女	除火	二	廿二	戊戌	室	危木
3	四	廿二	己巳	斗	执木	日	廿三	庚子	虚	闭土	日	廿二	戊辰	虚	满木	三	廿三	己亥	壁	成木
4	五	廿三	庚午	牛	破土	一	廿四	辛丑	危	闭土	一	廿三	己巳	危	平木	四	廿四	庚子	奎	成土
5	六	廿四	辛未	女	破土	二	廿五	壬寅	室	建金	二	廿四	庚午	室	平土	五	廿五	辛丑	娄	收土
6	日	廿五	壬申	虚	危金	三	廿六	癸卯	壁	除金	三	廿五	辛未	壁	定土	六	廿六	壬寅	胃	开金
7	一	廿六	癸酉	危	成金	四	廿七	甲辰	奎	满火	四	廿六	壬申	奎	执金	日	廿七	癸卯	昴	闭金
8	二	廿七	甲戌	室	收火	五	廿八	乙巳	娄	平火	五	廿七	癸酉	娄	破金	一	廿八	甲辰	毕	建火
9	三	廿八	乙亥	壁	开火	六	廿九	丙午	胃	定水	六	廿八	甲戌	胃	危火	二	廿九	乙巳	觜	除火
10	四	廿九	丙子	奎	闭水	日	**正月**	丁未	昴	执水	日	廿九	乙亥	昴	成火	三	**三月**	丙午	参	满水
11	五	三十	丁丑	娄	建水	一	初二	戊申	毕	破土	一	三十	丙子	毕	收水	四	初二	丁未	井	平水
12	六	**十二**	戊寅	胃	除土	二	初三	己酉	觜	危土	二	**二月**	丁丑	觜	开水	五	初三	戊申	鬼	定土
13	日	初二	己卯	昴	满土	三	初四	庚戌	参	成金	三	初二	戊寅	参	闭土	六	初四	己酉	柳	执土
14	一	初三	庚辰	毕	平金	四	初五	辛亥	井	收金	四	初三	己卯	井	建土	日	初五	庚戌	星	破金
15	二	初四	辛巳	觜	定金	五	初六	壬子	鬼	开木	五	初四	庚辰	鬼	除金	一	初六	辛亥	张	危金
16	三	初五	壬午	参	执木	六	初七	癸丑	柳	闭木	六	初五	辛巳	柳	满金	二	初七	壬子	翼	成木
17	四	初六	癸未	井	破木	日	初八	甲寅	星	建水	日	初六	壬午	星	平木	三	初八	癸丑	轸	收木
18	五	初七	甲申	鬼	危水	一	初九	乙卯	张	除水	一	初七	癸未	张	定木	四	初九	甲寅	角	开水
19	六	初八	乙酉	柳	成水	二	初十	丙辰	翼	满土	二	初八	甲申	翼	执水	五	初十	乙卯	亢	闭水
20	日	初九	丙戌	星	收土	三	十一	丁巳	轸	平土	三	初九	乙酉	轸	破水	六	十一	丙辰	氐	建土
21	一	初十	丁亥	张	开土	四	十二	戊午	角	定火	四	初十	丙戌	角	危土	日	十二	丁巳	房	除土
22	二	十一	戊子	翼	闭火	五	十三	己未	亢	执火	五	十一	丁亥	亢	成土	一	十三	戊午	心	满火
23	三	十二	己丑	轸	建火	六	十四	庚申	氐	破木	六	十二	戊子	氐	收火	二	十四	己未	尾	平火
24	四	十三	庚寅	角	除木	日	十五	辛酉	房	危木	日	十三	己丑	房	开火	三	十五	庚申	箕	定木
25	五	十四	辛卯	亢	满木	一	十六	壬戌	心	成水	一	十四	庚寅	心	闭木	四	十六	辛酉	斗	执木
26	六	十五	壬辰	氐	平水	二	十七	癸亥	尾	收水	二	十五	辛卯	尾	建木	五	十七	壬戌	牛	破水
27	日	十六	癸巳	房	定水	三	十八	甲子	箕	开金	三	十六	壬辰	箕	除水	六	十八	癸亥	女	危水
28	一	十七	甲午	心	执金	四	十九	乙丑	斗	闭金	四	十七	癸巳	斗	满水	日	十九	甲子	虚	成金
29	二	十八	乙未	尾	破金						五	十八	甲午	牛	平金	一	二十	乙丑	危	收金
30	三	十九	丙申	箕	危火						六	十九	乙未	女	定金	二	廿一	丙寅	室	开火
31	四	二十	丁酉	斗	成火						日	二十	丙申	虚	执火					

节气

1月	2月	3月	4月
小寒:5日午时 大寒:20日卯时	立春:4日子时 雨水:18日戌时	惊蛰:5日酉时 春分:20日戌时	清明:4日夜子 谷雨:20日卯时

月干支: 十二月癸丑　　正月甲寅　　二月乙卯　　三月丙辰

218

公元 2013 年

农历 癸巳(蛇)年 太岁徐舜 九星五黄

公历	5月 星期 农历 干支 星宿 五行	6月 星期 农历 干支 星宿 五行	7月 星期 农历 干支 星宿 五行	8月 星期 农历 干支 星宿 五行
1	三 廿二 丁卯 壁 闭 火	六 廿三 戊戌 胃 执 木	一 廿四 戊辰 毕 开 木	四 廿五 己亥 井 定 木
2	四 廿三 戊辰 奎 建 木	日 廿四 己亥 昴 破 木	二 廿五 己巳 觜 闭 木	五 廿六 庚子 鬼 执 土
3	五 廿四 己巳 娄 除 木	一 廿五 庚子 毕 危 土	三 廿六 庚午 参 建 土	六 廿七 辛丑 柳 破 土
4	六 廿五 庚午 胃 满 土	二 廿六 辛丑 觜 成 土	四 廿七 辛未 井 除 土	日 廿八 壬寅 星 危 金
5	日 廿六 辛未 昴 满 土	三 廿七 壬寅 参 成 金	五 廿八 壬申 鬼 满 金	一 廿九 癸卯 张 成 金
6	一 廿七 壬申 毕 平 金	四 廿八 癸卯 井 收 金	六 廿九 癸酉 柳 平 金	二 三十 甲辰 翼 收 火
7	二 廿八 癸酉 觜 定 金	五 廿九 甲辰 鬼 开 火	日 三十 甲戌 星 平 火	三 七月 乙巳 轸 收 火
8	三 廿九 甲戌 参 执 火	六 五月 乙巳 柳 闭 火	一 六月 乙亥 张 定 火	四 初二 丙午 角 开 水
9	四 三十 乙亥 井 破 火	日 初二 丙午 星 建 水	二 初二 丙子 翼 执 水	五 初三 丁未 亢 闭 水
10	五 四月 丙子 鬼 危 水	一 初三 丁未 张 除 水	三 初三 丁丑 轸 破 水	六 初四 戊申 氐 建 土
11	六 初二 丁丑 柳 成 水	二 初四 戊申 翼 满 土	四 初四 戊寅 角 危 土	日 初五 己酉 房 除 土
12	日 初三 戊寅 星 收 土	三 初五 己酉 轸 平 土	五 初五 己卯 亢 成 土	一 初六 庚戌 心 满 金
13	一 初四 己卯 张 开 土	四 初六 庚戌 角 定 金	六 初六 庚辰 氐 收 金	二 初七 辛亥 尾 平 金
14	二 初五 庚辰 翼 闭 金	五 初七 辛亥 亢 执 金	日 初七 辛巳 房 开 金	三 初八 壬子 箕 定 木
15	三 初六 辛巳 轸 建 金	六 初八 壬子 氐 破 木	一 初八 壬午 心 闭 木	四 初九 癸丑 斗 执 木
16	四 初七 壬午 角 除 木	日 初九 癸丑 房 危 木	二 初九 癸未 尾 建 木	五 初十 甲寅 牛 破 水
17	五 初八 癸未 亢 满 木	一 初十 甲寅 心 成 水	三 初十 甲申 箕 除 水	六 十一 乙卯 女 危 水
18	六 初九 甲申 氐 平 水	二 十一 乙卯 尾 收 水	四 十一 乙酉 斗 满 水	日 十二 丙辰 虚 成 土
19	日 初十 乙酉 房 定 水	三 十二 丙辰 箕 开 土	五 十二 丙戌 牛 平 土	一 十三 丁巳 危 收 土
20	一 十一 丙戌 心 执 土	四 十三 丁巳 斗 闭 土	六 十三 丁亥 女 定 土	二 十四 戊午 室 开 火
21	二 十二 丁亥 尾 破 土	五 十四 戊午 牛 建 火	日 十四 戊子 虚 执 火	三 十五 己未 壁 闭 火
22	三 十三 戊子 箕 危 火	六 十五 己未 女 除 火	一 十五 己丑 危 破 火	四 十六 庚申 奎 建 木
23	四 十四 己丑 斗 成 火	日 十六 庚申 虚 满 木	二 十六 庚寅 室 危 木	五 十七 辛酉 娄 除 木
24	五 十五 庚寅 牛 收 木	一 十七 辛酉 危 平 木	三 十七 辛卯 壁 成 木	六 十八 壬戌 胃 满 水
25	六 十六 辛卯 女 开 木	二 十八 壬戌 室 定 水	四 十八 壬辰 奎 收 水	日 十九 癸亥 昴 平 水
26	日 十七 壬辰 虚 闭 水	三 十九 癸亥 壁 执 水	五 十九 癸巳 娄 开 水	一 二十 甲子 毕 定 金
27	一 十八 癸巳 危 建 水	四 二十 甲子 奎 破 金	六 二十 甲午 胃 闭 金	二 廿一 乙丑 觜 执 金
28	二 十九 甲午 室 除 金	五 廿一 乙丑 娄 危 金	日 廿一 乙未 昴 建 金	三 廿二 丙寅 参 破 火
29	三 二十 乙未 壁 满 金	六 廿二 丙寅 胃 成 火	一 廿二 丙申 毕 除 火	四 廿三 丁卯 井 危 火
30	四 廿一 丙申 奎 平 火	日 廿三 丁卯 昴 收 火	二 廿三 丁酉 觜 满 火	五 廿四 戊辰 鬼 成 木
31	五 廿二 丁酉 娄 定 火		三 廿四 戊戌 参 平 木	六 廿五 己巳 柳 收 木
节气	立夏:5日申时 小满:21日卯时	芒种:5日戌时 夏至:21日未时	小暑:7日夜子 大暑:22日申时	立秋:7日申时 处暑:23日辰时

月干支:四月丁巳　五月戊午　六月己未　七月庚申

公元 2013 年

农历 癸巳(蛇)年 太岁徐舜 九星五黄

公历	9 月 星期	农历	干支	星宿	五行	10 月 星期	农历	干支	星宿	五行	11 月 星期	农历	干支	星宿	五行	12 月 星期	农历	干支	星宿	五行
1	日	廿六	庚午	星	开土	二	廿七	庚子	翼	平土	五	廿八	辛未	亢	收土	日	廿九	辛丑	房	满土
2	一	廿七	辛未	张	闭土	三	廿八	辛丑	轸	定土	六	廿九	壬申	氐	开金	一	三十	壬寅	心	平金
3	二	廿八	壬申	翼	建金	四	廿九	壬寅	角	执金	日	十月	癸酉	房	闭金	二	十一	癸卯	尾	定金
4	三	廿九	癸酉	轸	除金	五	三十	癸卯	亢	破金	一	初二	甲戌	心	建火	三	初二	甲辰	箕	执火
5	四	八月	甲戌	角	满火	六	九月	甲辰	氐	危火	二	初三	乙亥	尾	除火	四	初三	乙巳	斗	破火
6	五	初二	乙亥	亢	平火	日	初二	乙巳	房	成火	三	初四	丙子	箕	满水	五	初四	丙午	牛	危水
7	六	初三	丙子	氐	平水	一	初三	丙午	心	收水	四	初五	丁丑	斗	满水	六	初五	丁未	女	危水
8	日	初四	丁丑	房	定水	二	初四	丁未	尾	收水	五	初六	戊寅	牛	平土	日	初六	戊申	虚	成土
9	一	初五	戊寅	心	执土	三	初五	戊申	箕	开土	六	初七	己卯	女	定土	一	初七	己酉	危	收土
10	二	初六	己卯	尾	破土	四	初六	己酉	斗	闭土	日	初八	庚辰	虚	执金	二	初八	庚戌	室	开金
11	三	初七	庚辰	箕	危金	五	初七	庚戌	牛	建金	一	初九	辛巳	危	破金	三	初九	辛亥	壁	闭金
12	四	初八	辛巳	斗	成金	六	初八	辛亥	女	除金	二	初十	壬午	室	危木	四	初十	壬子	奎	建木
13	五	初九	壬午	牛	收木	日	初九	壬子	虚	满木	三	十一	癸未	壁	成木	五	十一	癸丑	娄	除木
14	六	初十	癸未	女	开木	一	初十	癸丑	危	平木	四	十二	甲申	奎	收水	六	十二	甲寅	胃	满水
15	日	十一	甲申	虚	闭水	二	十一	甲寅	室	定水	五	十三	乙酉	娄	开水	日	十三	乙卯	昴	平水
16	一	十二	乙酉	危	建水	三	十二	乙卯	壁	执水	六	十四	丙戌	胃	闭土	一	十四	丙辰	毕	定土
17	二	十三	丙戌	室	除土	四	十三	丙辰	奎	破土	日	十五	丁亥	昴	建土	二	十五	丁巳	觜	执土
18	三	十四	丁亥	壁	满土	五	十四	丁巳	娄	危土	一	十六	戊子	毕	除火	三	十六	戊午	参	破火
19	四	十五	戊子	奎	平土	六	十五	戊午	胃	成火	二	十七	己丑	觜	满火	四	十七	己未	井	危火
20	五	十六	己丑	娄	定火	日	十六	己未	昴	收火	三	十八	庚寅	参	平木	五	十八	庚申	鬼	成木
21	六	十七	庚寅	胃	执木	一	十七	庚申	毕	开木	四	十九	辛卯	井	定木	六	十九	辛酉	柳	收木
22	日	十八	辛卯	昴	破木	二	十八	辛酉	觜	闭木	五	二十	壬辰	鬼	执水	日	二十	壬戌	星	开水
23	一	十九	壬辰	毕	危水	三	十九	壬戌	参	建水	六	廿一	癸巳	柳	破水	一	廿一	癸亥	张	闭水
24	二	二十	癸巳	觜	成水	四	二十	癸亥	井	除水	日	廿二	甲午	星	危金	二	廿二	甲子	翼	建金
25	三	廿一	甲午	参	收金	五	廿一	甲子	鬼	满金	一	廿三	乙未	张	成金	三	廿三	乙丑	轸	除金
26	四	廿二	乙未	井	开金	六	廿二	乙丑	柳	平金	二	廿四	丙申	翼	收火	四	廿四	丙寅	角	满火
27	五	廿三	丙申	鬼	闭火	日	廿三	丙寅	星	定火	三	廿五	丁酉	轸	开火	五	廿五	丁卯	亢	平火
28	六	廿四	丁酉	柳	建火	一	廿四	丁卯	张	执火	四	廿六	戊戌	角	闭木	六	廿六	戊辰	氐	定木
29	日	廿五	戊戌	星	除木	二	廿五	戊辰	翼	破木	五	廿七	己亥	亢	建木	日	廿七	己巳	房	执木
30	一	廿六	己亥	张	满木	三	廿六	己巳	轸	危木	六	廿八	庚子	氐	除土	一	廿八	庚午	心	破土
31						四	廿七	庚午	角	成土						二	廿九	辛未	尾	危土

节气

	9 月	10 月	11 月	12 月
	白露:7日戌时	寒露:8日巳时	立冬:7日未时	大雪:7日辰时
	秋分:23日寅时	霜降:23日未时	小雪:22日午时	冬至:22日丑时

月干支：八月辛酉　　九月壬戌　　十月癸亥　　十一月甲子

220

周易历法通书

公元2014年

农历 癸巳(蛇)年 甲午(马)年(闰九月)　太岁徐舜 九星五黄　太岁张词 九星四绿

公历	1 月 星期 农历 干支 星宿 五行	2 月 星期 农历 干支 星宿 五行	3 月 星期 农历 干支 星宿 五行	4 月 星期 农历 干支 星宿 五行
1	三 十二 壬申 箕 成 金	六 初二 癸卯 女 满 金	六 二月 辛未 女 执 土	二 初二 壬寅 室 闭 金
2	四 初二 癸酉 斗 收 金	日 初三 甲辰 虚 平 火	日 初二 壬申 虚 破 金	三 初三 癸卯 壁 建 金
3	五 初三 甲戌 牛 开 火	一 初四 乙巳 危 定 火	一 初三 癸酉 危 危 金	四 初四 甲辰 奎 除 火
4	六 初四 乙亥 女 闭 火	二 初五 丙午 室 定 水	二 初四 甲戌 室 成 火	五 初五 乙巳 娄 满 火
5	日 初五 丙子 虚 闭 水	三 初六 丁未 壁 执 水	三 初五 乙亥 壁 收 火	六 初六 丙午 胃 满 水
6	一 初六 丁丑 危 建 水	四 初七 戊申 奎 破 土	四 初六 丙子 奎 收 水	日 初七 丁未 昴 平 水
7	二 初七 戊寅 室 除 土	五 初八 己酉 娄 危 土	五 初七 丁丑 娄 开 水	一 初八 戊申 毕 定 土
8	三 初八 己卯 壁 满 土	六 初九 庚戌 胃 成 金	六 初八 戊寅 胃 闭 土	二 初九 己酉 觜 执 土
9	四 初九 庚辰 奎 平 金	日 初十 辛亥 昴 收 金	日 初九 己卯 昴 建 土	三 初十 庚戌 参 破 金
10	五 初十 辛巳 娄 定 金	一 十一 壬子 毕 开 木	一 初十 庚辰 毕 除 金	四 十一 辛亥 井 危 金
11	六 十一 壬午 胃 执 木	二 十二 癸丑 觜 闭 木	二 十一 辛巳 觜 满 金	五 十二 壬子 鬼 成 木
12	日 十二 癸未 昴 破 木	三 十三 甲寅 参 建 水	三 十二 壬午 参 平 木	六 十三 癸丑 柳 收 木
13	一 十三 甲申 毕 危 水	四 十四 乙卯 井 除 水	四 十三 癸未 井 定 木	日 十四 甲寅 星 开 水
14	二 十四 乙酉 觜 成 水	五 十五 丙辰 鬼 满 土	五 十四 甲申 鬼 执 水	一 十五 乙卯 张 闭 水
15	三 十五 丙戌 参 收 土	六 十六 丁巳 柳 平 土	六 十五 乙酉 柳 破 水	二 十六 丙辰 翼 建 土
16	四 十六 丁亥 井 开 土	日 十七 戊午 星 定 火	日 十六 丙戌 星 危 土	三 十七 丁巳 轸 除 土
17	五 十七 戊子 鬼 闭 火	一 十八 己未 张 执 火	一 十七 丁亥 张 成 土	四 十八 戊午 角 满 火
18	六 十八 己丑 柳 建 火	二 十九 庚申 翼 破 木	二 十八 戊子 翼 收 火	五 十九 己未 亢 平 火
19	日 十九 庚寅 星 除 木	三 二十 辛酉 轸 危 木	三 十九 己丑 轸 开 火	六 二十 庚申 氐 定 木
20	一 二十 辛卯 张 满 木	四 廿一 壬戌 角 成 水	四 二十 庚寅 角 闭 木	日 廿一 辛酉 房 执 木
21	二 廿一 壬辰 翼 平 水	五 廿二 癸亥 亢 收 水	五 廿一 辛卯 亢 建 木	一 廿二 壬戌 心 破 水
22	三 廿二 癸巳 轸 定 水	六 廿三 甲子 氐 开 金	六 廿二 壬辰 氐 除 水	二 廿三 癸亥 尾 危 水
23	四 廿三 甲午 角 执 金	日 廿四 乙丑 房 闭 金	日 廿三 癸巳 房 满 水	三 廿四 甲子 箕 成 金
24	五 廿四 乙未 亢 破 金	一 廿五 丙寅 心 建 火	一 廿四 甲午 心 平 金	四 廿五 乙丑 斗 收 金
25	六 廿五 丙申 氐 危 火	二 廿六 丁卯 尾 除 火	二 廿五 乙未 尾 定 金	五 廿六 丙寅 牛 开 火
26	日 廿六 丁酉 房 成 火	三 廿七 戊辰 箕 满 木	三 廿六 丙申 箕 执 火	六 廿七 丁卯 女 闭 火
27	一 廿七 戊戌 心 收 木	四 廿八 己巳 斗 平 木	四 廿七 丁酉 斗 破 火	日 廿八 戊辰 虚 建 木
28	二 廿八 己亥 尾 开 木	五 廿九 庚午 牛 定 土	五 廿八 戊戌 牛 危 木	一 廿九 己巳 危 除 木
29	三 廿九 庚子 箕 闭 土		六 廿九 己亥 女 成 木	二 四月 庚午 室 满 土
30	四 三十 辛丑 斗 建 土		日 三十 庚子 虚 收 土	三 初二 辛未 壁 平 土
31	五 正月 壬寅 牛 除 金		一 三月 辛丑 危 开 土	

节气

小寒:5日酉时	立春:4日卯时	惊蛰:6日子时	清明:5日寅时
大寒:20日午时	雨水:19日丑时	春分:21日子时	谷雨:20日午时

月干支： 十二月乙丑　正月丙寅　二月丁卯　三月戊辰　四月己巳

公元 2014 年

农历 甲午(马)年(闰九月) 太岁张词 九星四绿

公历	5月 星期	农历	干支	星宿	五行	6月 星期	农历	干支	星宿	五行	7月 星期	农历	干支	星宿	五行	8月 星期	农历	干支	星宿	五行
1	四	初三	壬申	奎	定金	日	初四	癸卯	昴	开金	二	初五	癸酉	觜	平金	五	初六	甲辰	鬼	收火
2	五	初四	癸酉	娄	执金	一	初五	甲辰	毕	闭火	三	初六	甲戌	参	定火	六	初七	乙巳	柳	开火
3	六	初五	甲戌	胃	破火	二	初六	乙巳	觜	建火	四	初七	乙亥	井	执火	日	初八	丙午	星	闭水
4	日	初六	乙亥	昴	危火	三	初七	丙午	参	除水	五	初八	丙子	鬼	破水	一	初九	丁未	张	建水
5	一	初七	丙子	毕	成水	四	初八	丁未	井	满水	六	初九	丁丑	柳	危水	二	初十	戊申	翼	除土
6	二	初八	丁丑	觜	成水	五	初九	戊申	鬼	满土	日	初十	戊寅	星	成土	三	十一	己酉	轸	满土
7	三	初九	戊寅	参	收土	六	初十	己酉	柳	平土	一	十一	己卯	张	成土	四	十二	庚戌	角	满金
8	四	初十	己卯	井	开土	日	十一	庚戌	星	定金	二	十二	庚辰	翼	收金	五	十三	辛亥	亢	平金
9	五	十一	庚辰	鬼	闭金	一	十二	辛亥	张	执金	三	十三	辛巳	轸	开金	六	十四	壬子	氐	定木
10	六	十二	辛巳	柳	建金	二	十三	壬子	翼	破木	四	十四	壬午	角	闭木	日	十五	癸丑	房	执木
11	日	十三	壬午	星	除木	三	十四	癸丑	轸	危木	五	十五	癸未	亢	建木	一	十六	甲寅	心	破水
12	一	十四	癸未	张	满木	四	十五	甲寅	角	成水	六	十六	甲申	氐	除水	二	十七	乙卯	尾	危水
13	二	十五	甲申	翼	平水	五	十六	乙卯	亢	收水	日	十七	乙酉	房	满水	三	十八	丙辰	箕	成土
14	三	十六	乙酉	轸	定水	六	十七	丙辰	氐	开土	一	十八	丙戌	心	平土	四	十九	丁巳	斗	收土
15	四	十七	丙戌	角	执土	日	十八	丁巳	房	闭土	二	十九	丁亥	尾	定土	五	二十	戊午	牛	开火
16	五	十八	丁亥	亢	破土	一	十九	戊午	心	建火	三	二十	戊子	箕	执火	六	廿一	己未	女	闭火
17	六	十九	戊子	氐	危火	二	二十	己未	尾	除火	四	廿一	己丑	斗	破火	日	廿二	庚申	虚	建木
18	日	二十	己丑	房	成火	三	廿一	庚申	箕	满木	五	廿二	庚寅	牛	危木	一	廿三	辛酉	危	除木
19	一	廿一	庚寅	心	收木	四	廿二	辛酉	斗	平木	六	廿三	辛卯	女	成木	二	廿四	壬戌	室	满水
20	二	廿二	辛卯	尾	开木	五	廿三	壬戌	牛	收水	日	廿四	壬辰	虚	收水	三	廿五	癸亥	壁	平水
21	三	廿三	壬辰	箕	闭水	六	廿四	癸亥	女	执水	一	廿五	癸巳	危	开水	四	廿六	甲子	奎	定金
22	四	廿四	癸巳	斗	建水	日	廿五	甲子	虚	破金	二	廿六	甲午	室	闭金	五	廿七	乙丑	娄	执金
23	五	廿五	甲午	牛	除金	一	廿六	乙丑	危	危金	三	廿七	乙未	壁	建金	六	廿八	丙寅	胃	破火
24	六	廿六	乙未	女	满金	二	廿七	丙寅	室	成火	四	廿八	丙申	奎	除火	日	廿九	丁卯	昴	危火
25	日	廿七	丙申	虚	平火	三	廿八	丁卯	壁	收火	五	廿九	丁酉	娄	满火	一	八月	戊辰	毕	成木
26	一	廿八	丁酉	危	定火	四	廿九	戊辰	奎	开木	六	三十	戊戌	胃	平木	二	初二	己巳	觜	收木
27	二	廿九	戊戌	室	执火	五	六月	己巳	娄	闭木	日	七月	己亥	昴	定木	三	初三	庚午	参	开土
28	三	三十	己亥	壁	破木	六	初二	庚午	胃	建土	一	初二	庚子	毕	执土	四	初四	辛未	井	闭土
29	四	五月	庚子	奎	危土	日	初三	辛未	昴	除土	二	初三	辛丑	觜	破土	五	初五	壬申	鬼	建金
30	五	初二	辛丑	娄	成土	一	初四	壬申	毕	满金	三	初四	壬寅	参	危金	六	初六	癸酉	柳	除金
31	六	初三	壬寅	胃	收金						四	初五	癸卯	井	成金	日	初七	甲戌	星	满火

节气	5月	6月	7月	8月
	立夏:5日亥时	芒种:6日丑时	小暑:7日午时	立秋:7日亥时
	小满:21日巳时	夏至:21日酉时	大暑:23日卯时	处暑:23日午时

月干支: 五月庚午　六月辛未　七月壬申　八月癸酉

222

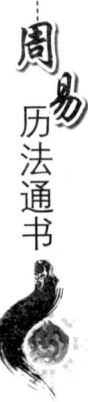

周易历法通书

公元 2014 年

农历 甲午(马)年(闰九月) 太岁张词 九星四绿

公历	9月 星期	农历	干支	星宿	五行	10月 星期	农历	干支	星宿	五行	11月 星期	农历	干支	星宿	五行	12月 星期	农历	干支	星宿	五行
1	一	初八	乙亥	张	平火	三	初八	乙巳	轸	成火	六	初九	丙子	氐	满水	一	初十	丙午	心	危水
2	二	初九	丙子	翼	定水	四	初九	丙午	角	收水	日	初十	丁丑	房	平水	二	十一	丁未	尾	成水
3	三	初十	丁丑	轸	执水	五	初十	丁未	亢	开水	一	十一	戊寅	心	定土	三	十二	戊申	箕	收土
4	四	十一	戊寅	角	破土	六	十一	戊申	氐	闭土	二	十二	己卯	尾	执土	四	十三	己酉	斗	开土
5	五	十二	己卯	亢	危土	日	十二	己酉	房	建土	三	十三	庚辰	箕	破金	五	十四	庚戌	牛	闭金
6	六	十三	庚辰	氐	成金	一	十三	庚戌	心	除金	四	十四	辛巳	斗	危金	六	十五	辛亥	女	建金
7	日	十四	辛巳	房	收金	二	十四	辛亥	尾	满金	五	十五	壬午	牛	危木	日	十六	壬子	虚	建木
8	一	十五	壬午	心	收木	三	十五	壬子	箕	满木	六	十六	癸未	女	成木	一	十七	癸丑	危	除木
9	二	十六	癸未	尾	开木	四	十六	癸丑	斗	平水	日	十七	甲申	虚	收水	二	十八	甲寅	室	满水
10	三	十七	甲申	箕	闭水	五	十七	甲寅	牛	定水	一	十八	乙酉	危	开水	三	十九	乙卯	壁	平水
11	四	十八	乙酉	斗	建水	六	十八	乙卯	女	执水	二	十九	丙戌	室	闭土	四	二十	丙辰	奎	定土
12	五	十九	丙戌	牛	除土	日	十九	丙辰	虚	破土	三	二十	丁亥	壁	建土	五	十一	丁巳	娄	执土
13	六	二十	丁亥	女	满土	一	二十	丁巳	危	危土	四	廿一	戊子	奎	除火	六	十二	戊午	胃	破火
14	日	廿一	戊子	虚	平火	二	廿一	戊午	室	成火	五	廿二	己丑	娄	满火	日	十三	己未	昴	危火
15	一	廿二	己丑	危	定火	三	廿二	己未	壁	收火	六	廿三	庚寅	胃	平木	一	十四	庚申	毕	成木
16	二	廿三	庚寅	室	执木	四	廿三	庚申	奎	开木	日	廿四	辛卯	昴	定木	二	廿五	辛酉	觜	收木
17	三	廿四	辛卯	壁	破木	五	廿四	辛酉	娄	闭木	一	廿五	壬辰	毕	执水	三	廿六	壬戌	参	开水
18	四	廿五	壬辰	奎	危水	六	廿五	壬戌	胃	建水	二	廿六	癸巳	觜	破水	四	廿七	癸亥	井	闭水
19	五	廿六	癸巳	娄	成水	日	廿六	癸亥	昴	除水	三	廿七	甲午	参	危金	五	廿八	甲子	鬼	建金
20	六	廿七	甲午	胃	收金	一	廿七	甲子	毕	满金	四	廿八	乙未	井	成金	六	廿九	乙丑	柳	除金
21	日	廿八	乙未	昴	开金	二	廿八	乙丑	觜	平金	五	廿九	丙申	鬼	收火	日	三十	丙寅	星	满火
22	一	廿九	丙申	毕	闭火	三	廿九	丙寅	参	定火	六	十月	丁酉	柳	开火	一	十一	丁卯	张	平火
23	二	三十	丁酉	觜	建火	四	三十	丁卯	井	执火	日	初二	戊戌	星	闭木	二	初二	戊辰	翼	定木
24	三	九月	戊戌	参	除木	五	闰九	戊辰	鬼	破木	一	初三	己亥	张	建木	三	初三	己巳	轸	执木
25	四	初二	己亥	井	满木	六	初二	己巳	柳	危木	二	初四	庚子	翼	除土	四	初四	庚午	角	破土
26	五	初三	庚子	鬼	平土	日	初三	庚午	星	成土	三	初五	辛丑	轸	满土	五	初五	辛未	亢	危土
27	六	初四	辛丑	柳	定土	一	初四	辛未	张	收土	四	初六	壬寅	角	平金	六	初六	壬申	氐	成金
28	日	初五	壬寅	星	执金	二	初五	壬申	翼	开金	五	初七	癸卯	亢	定金	日	初七	癸酉	房	收金
29	一	初六	癸卯	张	破金	三	初六	癸酉	轸	闭金	六	初八	甲辰	氐	执火	一	初八	甲戌	心	开火
30	二	初七	甲辰	翼	危火	四	初七	甲戌	角	建火	日	初九	乙巳	房	破火	二	初九	乙亥	尾	闭火
31						五	初八	乙亥	亢	除火						三	初十	丙子	箕	建水

节气

9月	10月	11月	12月
白露:8日丑时	寒露:8日申时	立冬:7日戌时	大雪:7日未时
秋分:23日巳时	霜降:23日戌时	小雪:22日酉时	冬至:22日辰时

月干支: 九月甲戌　闰九月甲戌　十月乙亥　十一月丙子

公元 2015 年

公历	1 月					2 月					3 月					4 月				
	星期	农历	干支	星宿	五行	星期	农历	干支	星宿	五行	星期	农历	干支	星宿	五行	星期	农历	干支	星宿	五行
1	四	十一	丁丑	斗	除水	日	十三	戊申	虚	危土	日	十一	丙子	虚	开水	三	十三	丁未	壁	定水
2	五	十二	戊寅	牛	满土	一	十四	己酉	危	成土	一	十二	丁丑	危	闭水	四	十四	戊申	奎	执土
3	六	十三	己卯	女	平土	二	十五	庚戌	室	收金	二	十三	戊寅	室	建土	五	十五	己酉	娄	破土
4	日	十四	庚辰	虚	定金	三	十六	辛亥	壁	收金	三	十四	己卯	壁	除土	六	十六	庚戌	胃	危金
5	一	十五	辛巳	危	执金	四	十七	壬子	奎	开木	四	十五	庚辰	奎	满金	日	十七	辛亥	昴	危金
6	二	十六	壬午	室	执木	五	十八	癸丑	娄	闭木	五	十六	辛巳	娄	满金	一	十八	壬子	毕	成木
7	三	十七	癸未	壁	破木	六	十九	甲寅	胃	建水	六	十七	壬午	胃	平木	二	十九	癸丑	觜	收木
8	四	十八	甲申	奎	危水	日	二十	乙卯	昴	除水	日	十八	癸未	昴	定木	三	二十	甲寅	参	开水
9	五	十九	乙酉	娄	成水	一	廿一	丙辰	毕	满土	一	十九	甲申	毕	执水	四	廿一	乙卯	井	闭水
10	六	二十	丙戌	胃	收土	二	廿二	丁巳	觜	平土	二	二十	乙酉	觜	破水	五	廿二	丙辰	鬼	建土
11	日	廿一	丁亥	昴	开土	三	廿三	戊午	参	定火	三	廿一	丙戌	参	危土	六	廿三	丁巳	柳	除土
12	一	廿二	戊子	毕	闭火	四	廿四	己未	井	执火	四	廿二	丁亥	井	成土	日	廿四	戊午	星	满火
13	二	廿三	己丑	觜	建火	五	廿五	庚申	鬼	破木	五	廿三	戊子	鬼	收火	一	廿五	己未	张	平火
14	三	廿四	庚寅	参	除木	六	廿六	辛酉	柳	危木	六	廿四	己丑	柳	开火	二	廿六	庚申	翼	定木
15	四	廿五	辛卯	井	满木	日	廿七	壬戌	星	成水	日	廿五	庚寅	星	闭木	三	廿七	辛酉	轸	执木
16	五	廿六	壬辰	鬼	平水	一	廿八	癸亥	张	收水	一	廿六	辛卯	张	建木	四	廿八	壬戌	角	破水
17	六	廿七	癸巳	柳	定水	二	廿九	甲子	翼	开金	二	廿七	壬辰	翼	除水	五	廿九	癸亥	亢	危水
18	日	廿八	甲午	星	执金	三	三十	乙丑	轸	闭金	三	廿八	癸巳	轸	满水	六	三十	甲子	氐	成金
19	一	廿九	乙未	张	破火	四	正月	丙寅	角	建火	四	廿九	甲午	角	平金	日	三月	乙丑	房	收金
20	二	十二	丙申	翼	危火	五	初二	丁卯	亢	除火	五	二月	乙未	亢	定金	一	初二	丙寅	心	开火
21	三	初二	丁酉	轸	成水	六	初三	戊辰	氐	满木	六	初二	丙申	氐	执火	二	初三	丁卯	尾	闭火
22	四	初三	戊戌	角	收水	日	初四	己巳	房	平木	日	初三	丁酉	房	破火	三	初四	戊辰	箕	建木
23	五	初四	己亥	亢	开木	一	初五	庚午	心	定土	一	初四	戊戌	心	危木	四	初五	己巳	斗	除木
24	六	初五	庚子	氐	闭土	二	初六	辛未	尾	执土	二	初五	己亥	尾	成木	五	初六	庚午	牛	满土
25	日	初六	辛丑	房	建土	三	初七	壬申	箕	破金	三	初六	庚子	箕	收土	六	初七	辛未	女	平土
26	一	初七	壬寅	心	除金	四	初八	癸酉	斗	危金	四	初七	辛丑	斗	开土	日	初八	壬申	虚	定金
27	二	初八	癸卯	尾	满金	五	初九	甲戌	牛	成火	五	初八	壬寅	牛	闭金	一	初九	癸酉	危	执金
28	三	初九	甲辰	箕	平火	六	初十	乙亥	女	收火	六	初九	癸卯	女	建金	二	初十	甲戌	室	破火
29	四	初十	乙巳	斗	定火						日	初十	甲辰	虚	除火	三	十一	乙亥	壁	危火
30	五	十一	丙午	牛	执水						一	十一	乙巳	危	满火	四	十二	丙子	奎	成水
31	六	十二	丁未	女	破水						二	十二	丙午	室	平水					
节气	小寒:6日子时					立春:4日午时					惊蛰:6日卯时					清明:5日巳时				
	大寒:20日酉时					雨水:19日辰时					春分:21日卯时					谷雨:20日酉时				
月干支:	十二月丁丑					正月戊寅					二月己卯					三月庚辰				

224

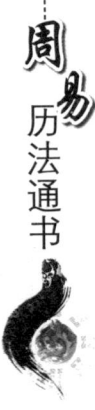

周易历法通书

公元2015年　　　　农历 乙未(羊)年 太岁杨贤 九星三碧

公历	星期	农历	干支	星宿	五行	星期	农历	干支	星宿	五行	星期	农历	干支	星宿	五行	星期	农历	干支	星宿	五行
	5 月					**6 月**					**7 月**					**8 月**				
1	五	十三	丁丑	娄收	水	一	十五	戊申	毕平	土	三	十六	戊寅	参成	土	六	十七	己酉	柳满	土
2	六	十四	戊寅	胃开	土	二	十六	己酉	觜定	土	四	十七	己卯	井收	土	日	十八	庚戌	星平	金
3	日	十五	己卯	昴闭	土	三	十七	庚戌	参执	金	五	十八	庚辰	鬼开	金	一	十九	辛亥	张定	金
4	一	十六	庚辰	毕建	金	四	十八	辛亥	井破	金	六	十九	辛巳	柳闭	金	二	二十	壬子	翼执	木
5	二	十七	辛巳	觜除	金	五	十九	壬子	鬼危	木	日	二十	壬午	星建	木	三	廿一	癸丑	轸破	木
6	三	十八	壬午	参满	木	六	二十	癸丑	柳危	木	一	廿一	癸未	张除	木	四	廿二	甲寅	角危	水
7	四	十九	癸未	井满	木	日	廿一	甲寅	星成	水	二	廿二	甲申	翼除	木	五	廿三	乙卯	亢成	水
8	五	二十	甲申	鬼平	水	一	廿二	乙卯	张收	水	三	廿三	乙酉	轸满	木	六	廿四	丙辰	氐成	水
9	六	廿一	乙酉	柳定	水	二	廿三	丙辰	翼开	土	四	廿四	丙戌	角平	水	日	廿五	丁巳	房收	水
10	日	廿二	丙戌	星执	土	三	廿四	丁巳	轸闭	土	五	廿五	丁亥	亢定	水	一	廿六	戊午	心开	火
11	一	廿三	丁亥	张破	土	四	廿五	戊午	角建	火	六	廿六	戊子	氐执	火	二	廿七	己未	尾闭	火
12	二	廿四	戊子	翼危	火	五	廿六	己未	亢除	火	日	廿七	己丑	房破	火	三	廿八	庚申	箕建	木
13	三	廿五	己丑	轸成	火	六	廿七	庚申	氐满	木	一	廿八	庚寅	心危	木	四	廿九	辛酉	斗除	木
14	四	廿六	庚寅	角收	木	日	廿八	辛酉	房平	木	二	廿九	辛卯	尾成	木	五	**七月**	壬戌	牛满	水
15	五	廿七	辛卯	亢开	木	一	廿九	壬戌	心定	水	三	三十	壬辰	箕收	水	六	初二	癸亥	女平	水
16	六	廿八	壬辰	氐闭	水	二	**五月**	癸亥	尾执	水	四	**六月**	癸巳	斗开	水	日	初三	甲子	虚定	金
17	日	廿九	癸巳	房建	水	三	初二	甲子	箕破	金	五	初二	甲午	牛闭	金	一	初四	乙丑	危执	金
18	一	**四月**	甲午	心除	金	四	初三	乙丑	斗危	金	六	初三	乙未	女建	金	二	初五	丙寅	室破	火
19	二	初二	乙未	尾满	金	五	初四	丙寅	牛成	火	日	初四	丙申	虚除	火	三	初六	丁卯	壁危	火
20	三	初三	丙申	箕平	火	六	初五	丁卯	女收	火	一	初五	丁酉	危满	火	四	初七	戊辰	奎成	木
21	四	初四	丁酉	斗定	火	日	初六	戊辰	虚开	木	二	初六	戊戌	室平	木	五	初八	己巳	娄收	木
22	五	初五	戊戌	牛执	木	一	初七	己巳	危闭	木	三	初七	己亥	壁定	木	六	初九	庚午	胃开	土
23	六	初六	己亥	女破	木	二	初八	庚午	室建	土	四	初八	庚子	奎执	土	日	初十	辛未	昴闭	土
24	日	初七	庚子	虚危	土	三	初九	辛未	壁除	土	五	初九	辛丑	娄破	土	一	十一	壬申	毕建	金
25	一	初八	辛丑	危成	土	四	初十	壬申	奎满	金	六	初十	壬寅	胃危	金	二	十二	癸酉	觜除	金
26	二	初九	壬寅	室收	金	五	十一	癸酉	娄平	金	日	十一	癸卯	昴成	金	三	十三	甲戌	参满	火
27	三	初十	癸卯	壁开	金	六	十二	甲戌	胃定	火	一	十二	甲辰	毕收	火	四	十四	乙亥	井平	火
28	四	十一	甲辰	奎闭	火	日	十三	乙亥	昴执	火	二	十三	乙巳	觜开	火	五	十五	丙子	鬼定	水
29	五	十二	乙巳	娄建	火	一	十四	丙子	毕破	水	三	十四	丙午	参闭	水	六	十六	丁丑	柳执	水
30	六	十三	丙午	胃除	水	二	十五	丁丑	觜危	水	四	十五	丁未	井建	水	日	十七	戊寅	星破	土
31	日	十四	丁未	昴满	水						五	十六	戊申	鬼除	土	一	十八	己卯	张危	土

节气	立夏:6日寅时　小满:21日申时	芒种:6日辰时　夏至:22日子时	小暑:7日酉时　大暑:23日午时	立秋:8日寅时　处暑:23日酉时

月干支：四月辛巳　　五月壬午　　六月癸未　　七月甲申

公元 2015 年

公历	9 月 星期	农历	干支	星宿	五行	10 月 星期	农历	干支	星宿	五行	11 月 星期	农历	干支	星宿	五行	12 月 星期	农历	干支	星宿	五行
1	二	十九	庚辰	翼	成金	四	十九	庚戌	角	除金	日	二十	辛巳	房	危金	二	二十	辛亥	尾	建金
2	三	二十	辛巳	轸	收金	五	二十	辛亥	亢	满金	一	廿一	壬午	心	成木	三	廿一	壬子	箕	除木
3	四	廿一	壬午	角	开木	六	廿一	壬子	氐	平木	二	廿二	癸未	尾	收木	四	廿二	癸丑	斗	满木
4	五	廿二	癸未	亢	闭木	日	廿二	癸丑	房	定木	三	廿三	甲申	箕	开水	五	廿三	甲寅	牛	平水
5	六	廿三	甲申	氐	建水	一	廿三	甲寅	心	执水	四	廿四	乙酉	斗	闭水	六	廿四	乙卯	女	定水
6	日	廿四	乙酉	房	除水	二	廿四	乙卯	尾	破水	五	廿五	丙戌	牛	建土	日	廿五	丙辰	虚	执土
7	一	廿五	丙戌	心	满土	三	廿五	丙辰	箕	危土	六	廿六	丁亥	女	除土	一	廿六	丁巳	危	执土
8	二	廿六	丁亥	尾	满土	四	廿六	丁巳	斗	危土	日	廿七	戊子	虚	除火	二	廿七	戊午	室	破火
9	三	廿七	戊子	箕	平火	五	廿七	戊午	牛	成火	一	廿八	己丑	危	满火	三	廿八	己未	壁	危火
10	四	廿八	己丑	斗	定火	六	廿八	己未	女	收火	二	廿九	庚寅	室	平木	四	廿九	庚申	奎	成木
11	五	廿九	庚寅	牛	执木	日	廿九	庚申	虚	开木	三	三十	辛卯	壁	定木	五	**十一**	辛酉	娄	收木
12	六	三十	辛卯	女	破木	一	三十	辛酉	危	闭木	四	**十月**	壬辰	奎	执木	六	初二	壬戌	胃	开水
13	日	**八月**	壬辰	虚	危水	二	**九月**	壬戌	室	建水	五	初二	癸巳	娄	破水	日	初三	癸亥	昴	闭水
14	一	初二	癸巳	危	成水	三	初二	癸亥	壁	除水	六	初三	甲午	胃	危金	一	初四	甲子	毕	建金
15	二	初三	甲午	室	收金	四	初三	甲子	奎	满金	日	初四	乙未	昴	成金	二	初五	乙丑	觜	除金
16	三	初四	乙未	壁	开金	五	初四	乙丑	娄	平金	一	初五	丙申	毕	收火	三	初六	丙寅	参	满火
17	四	初五	丙申	奎	闭火	六	初五	丙寅	胃	定火	二	初六	丁酉	觜	开火	四	初七	丁卯	井	平火
18	五	初六	丁酉	娄	建火	日	初六	丁卯	昴	执火	三	初七	戊戌	参	闭木	五	初八	戊辰	鬼	定木
19	六	初七	戊戌	胃	除木	一	初七	戊辰	毕	破木	四	初八	己亥	井	建木	六	初九	己巳	柳	执木
20	日	初八	己亥	昴	满木	二	初八	己巳	觜	危木	五	初九	庚子	鬼	除土	日	初十	庚午	星	破土
21	一	初九	庚子	毕	平土	三	初九	庚午	参	成土	六	初十	辛丑	柳	满土	一	十一	辛未	张	危土
22	二	初十	辛丑	觜	定土	四	初十	辛未	井	收土	日	十一	壬寅	星	平金	二	十二	壬申	翼	成金
23	三	十一	壬寅	参	执金	五	十一	壬申	鬼	开金	一	十二	癸卯	张	定金	三	十三	癸酉	轸	收金
24	四	十二	癸卯	井	破金	六	十二	癸酉	柳	闭金	二	十三	甲辰	翼	执火	四	十四	甲戌	角	开火
25	五	十三	甲辰	鬼	危火	日	十三	甲戌	星	建火	三	十四	乙巳	轸	破火	五	十五	乙亥	亢	闭火
26	六	十四	乙巳	柳	成火	一	十四	乙亥	张	除火	四	十五	丙午	角	危水	六	十六	丙子	氐	建水
27	日	十五	丙午	星	收水	二	十五	丙子	翼	满水	五	十六	丁未	亢	成水	日	十七	丁丑	房	除水
28	一	十六	丁未	张	开水	三	十六	丁丑	轸	平水	六	十七	戊申	氐	收土	一	十八	戊寅	心	满土
29	二	十七	戊申	翼	闭土	四	十七	戊寅	角	定土	日	十八	己酉	房	开土	二	十九	己卯	尾	平土
30	三	十八	己酉	轸	建土	五	十八	己卯	亢	执土	一	十九	庚戌	心	闭金	三	二十	庚辰	箕	定金
31						六	十九	庚辰	氐	破金						四	廿一	辛巳	斗	执金

节气	白露:8日卯时 秋分:23日申时	寒露:8日亥时 霜降:24日丑时	立冬:8日丑时 小雪:22日夜子	大雪:7日酉时 冬至:22日午时

月干支： 八月乙酉　九月丙戌　十月丁亥　十一月戊子

周易历法通书

公元 2016 年

农历　乙未(羊)年　太岁杨贤　九星三碧
　　　丙申(猴)年　太岁管仲　九星二黑

公历	1 月					2 月					3 月					4 月				
	星期	农历	干支	星宿	五行	星期	农历	干支	星宿	五行	星期	农历	干支	星宿	五行	星期	农历	干支	星宿	五行
1	五	廿二	壬午	牛	破 木	一	廿三	癸丑	危	建 木	二	廿三	壬午	室	定 木	五	廿四	癸丑	娄	开 木
2	六	廿三	癸未	女	危 木	二	廿四	甲寅	室	除 水	三	廿四	癸未	壁	执 木	六	廿五	甲寅	胃	闭 水
3	日	廿四	甲申	虚	成 水	三	廿五	乙卯	壁	满 水	四	廿五	甲申	奎	破 水	日	廿六	乙卯	昴	建 水
4	一	廿五	乙酉	危	收 水	四	廿六	丙辰	奎	满 土	五	廿六	乙酉	娄	危 水	一	廿七	丙辰	毕	建 土
5	二	廿六	丙戌	室	开 土	五	廿七	丁巳	娄	平 土	六	廿七	丙戌	胃	危 土	二	廿八	丁巳	觜	除 土
6	三	廿七	丁亥	壁	开 土	六	廿八	戊午	胃	定 火	日	廿八	丁亥	昴	成 土	三	廿九	戊午	参	满 火
7	四	廿八	戊子	奎	闭 火	日	廿九	己未	昴	执 火	一	廿九	戊子	毕	收 火	四	三月	己未	井	平 火
8	五	廿九	己丑	娄	建 火	一	正月	庚申	毕	破 木	二	三十	己丑	觜	开 火	五	初二	庚申	鬼	定 木
9	六	三十	庚寅	胃	除 木	二	初二	辛酉	觜	危 木	三	二月	庚寅	参	闭 木	六	初三	辛酉	柳	执 木
10	日	十二	辛卯	昴	满 木	三	初三	壬戌	参	成 水	四	初二	辛卯	井	建 木	日	初四	壬戌	星	破 木
11	一	初二	壬辰	毕	平 水	四	初四	癸亥	井	收 水	五	初三	壬辰	鬼	除 水	一	初五	癸亥	张	危 水
12	二	初三	癸巳	觜	定 水	五	初五	甲子	鬼	开 金	六	初四	癸巳	柳	满 水	二	初六	甲子	翼	成 金
13	三	初四	甲午	参	执 金	六	初六	乙丑	柳	闭 金	日	初五	甲午	星	平 金	三	初七	乙丑	轸	收 金
14	四	初五	乙未	井	破 金	日	初七	丙寅	星	建 火	一	初六	乙未	张	定 金	四	初八	丙寅	角	开 火
15	五	初六	丙申	鬼	危 火	一	初八	丁卯	张	除 火	二	初七	丙申	翼	执 火	五	初九	丁卯	亢	闭 火
16	六	初七	丁酉	柳	成 火	二	初九	戊辰	翼	满 木	三	初八	丁酉	轸	破 火	六	初十	戊辰	氐	建 木
17	日	初八	戊戌	星	收 木	三	初十	己巳	轸	平 木	四	初九	戊戌	角	危 木	日	十一	己巳	房	除 木
18	一	初九	己亥	张	开 木	四	十一	庚午	角	定 土	五	初十	己亥	亢	成 木	一	十二	庚午	心	满 土
19	二	初十	庚子	翼	闭 土	五	十二	辛未	亢	执 土	六	十一	庚子	氐	收 土	二	十三	辛未	尾	平 土
20	三	十一	辛丑	轸	建 土	六	十三	壬申	氐	破 金	日	十二	辛丑	房	开 土	三	十四	壬申	箕	定 金
21	四	十二	壬寅	角	除 金	日	十四	癸酉	房	危 金	一	十三	壬寅	心	闭 金	四	十五	癸酉	斗	执 金
22	五	十三	癸卯	亢	满 金	一	十五	甲戌	心	成 火	二	十四	癸卯	尾	建 金	五	十六	甲戌	牛	破 火
23	六	十四	甲辰	氐	平 火	二	十六	乙亥	尾	收 火	三	十五	甲辰	箕	除 火	六	十七	乙亥	女	危 火
24	日	十五	乙巳	房	定 火	三	十七	丙子	箕	开 水	四	十六	乙巳	斗	满 火	日	十八	丙子	虚	成 水
25	一	十六	丙午	心	执 水	四	十八	丁丑	斗	闭 水	五	十七	丙午	牛	平 水	一	十九	丁丑	危	收 水
26	二	十七	丁未	尾	破 水	五	十九	戊寅	牛	建 土	六	十八	丁未	女	定 水	二	二十	戊寅	室	开 土
27	三	十八	戊申	箕	危 土	六	二十	己卯	女	除 土	日	十九	戊申	虚	执 土	三	廿一	己卯	壁	闭 土
28	四	十九	己酉	斗	成 土	日	廿一	庚辰	虚	满 金	一	二十	己酉	危	破 土	四	廿二	庚辰	奎	建 土
29	五	二十	庚戌	牛	收 金	一	廿二	辛巳	危	平 金	二	廿一	庚戌	室	危 金	五	廿三	辛巳	娄	除 金
30	六	廿一	辛亥	女	开 金						三	廿二	辛亥	壁	成 金	六	廿四	壬午	胃	满 木
31	日	廿二	壬子	虚	闭 木						四	廿三	壬子	奎	收 木					
节气	小寒:6日卯时					立春:4日酉时					惊蛰:5日午时					清明:4日申时				
	大寒:20日夜子					雨水:19日未时					春分:20日午时					谷雨:19日夜子				

月干支：十二月己丑　　　正月庚寅　　　二月辛卯　　　三月壬辰

公元 2016 年

农历 丙申(猴)年 太岁管仲 九星二黑

公历	5月 星期	农历	干支	星宿	五行	6月 星期	农历	干支	星宿	五行	7月 星期	农历	干支	星宿	五行	8月 星期	农历	干支	星宿	五行
1	日	廿五	癸未	昴	平木	三	廿六	甲寅	参	收水	五	廿七	甲申	鬼	满水	一	廿九	乙卯	张	成水
2	一	廿六	甲申	毕	定水	四	廿七	乙卯	井	开水	六	廿八	乙酉	柳	平水	二	三十	丙辰	翼	收土
3	二	廿七	乙酉	觜	执水	五	廿八	丙辰	鬼	闭土	日	廿九	丙戌	星	定土	三	七月	丁巳	轸	开土
4	三	廿八	丙戌	参	破土	六	廿九	丁巳	柳	建土	一	六月	丁亥	张	执土	四	初二	戊午	角	闭火
5	四	廿九	丁亥	井	破土	日	五月	戊午	星	建火	二	初二	戊子	翼	破火	五	初三	己未	亢	建火
6	五	三十	戊子	鬼	危火	一	初二	己未	张	除火	三	初三	己丑	轸	危火	六	初四	庚申	氐	除木
7	六	四月	己丑	柳	成火	二	初三	庚申	翼	满木	四	初四	庚寅	角	危火	日	初五	辛酉	房	除木
8	日	初二	庚寅	星	收木	三	初四	辛酉	轸	平木	五	初五	辛卯	亢	成木	一	初六	壬戌	心	满水
9	一	初三	辛卯	张	开木	四	初五	壬戌	角	定水	六	初六	壬辰	氐	收水	二	初七	癸亥	尾	平水
10	二	初四	壬辰	翼	闭水	五	初六	癸亥	亢	执水	日	初七	癸巳	房	开水	三	初八	甲子	箕	定金
11	三	初五	癸巳	轸	建水	六	初七	甲子	氐	破金	一	初八	甲午	心	闭金	四	初九	乙丑	斗	执金
12	四	初六	甲午	角	除金	日	初八	乙丑	房	危金	二	初九	乙未	尾	建金	五	初十	丙寅	牛	破火
13	五	初七	乙未	亢	满金	一	初九	丙寅	心	成火	三	初十	丙申	箕	除火	六	十一	丁卯	女	危火
14	六	初八	丙申	氐	平火	二	初十	丁卯	尾	收火	四	十一	丁酉	斗	满火	日	十二	戊辰	虚	成木
15	日	初九	丁酉	房	定火	三	十一	戊辰	箕	开木	五	十二	戊戌	牛	平木	一	十三	己巳	危	收木
16	一	初十	戊戌	心	执木	四	十二	己巳	斗	闭木	六	十三	己亥	女	定木	二	十四	庚午	室	开土
17	二	十一	己亥	尾	破木	五	十三	庚午	牛	建土	日	十四	庚子	虚	执土	三	十五	辛未	壁	闭土
18	三	十二	庚子	箕	危土	六	十四	辛未	女	除土	一	十五	辛丑	危	破土	四	十六	壬申	奎	建金
19	四	十三	辛丑	斗	成土	日	十五	壬申	虚	满金	二	十六	壬寅	室	危金	五	十七	癸酉	娄	除金
20	五	十四	壬寅	牛	收金	一	十六	癸酉	危	平金	三	十七	癸卯	壁	成金	六	十八	甲戌	胃	满火
21	六	十五	癸卯	女	开金	二	十七	甲戌	室	定火	四	十八	甲辰	奎	收火	日	十九	乙亥	昴	平火
22	日	十六	甲辰	虚	闭火	三	十八	乙亥	壁	执火	五	十九	乙巳	娄	开火	一	二十	丙子	毕	定水
23	一	十七	乙巳	危	建火	四	十九	丙子	奎	破水	六	二十	丙午	胃	闭水	二	廿一	丁丑	觜	执水
24	二	十八	丙午	室	除水	五	二十	丁丑	娄	危水	日	廿一	丁未	昴	建水	三	廿二	戊寅	参	破土
25	三	十九	丁未	壁	满水	六	廿一	戊寅	胃	成土	一	廿二	戊申	毕	除土	四	廿三	己卯	井	危土
26	四	二十	戊申	奎	平土	日	廿二	己卯	昴	收土	二	廿三	己酉	觜	满土	五	廿四	庚辰	鬼	成金
27	五	廿一	己酉	娄	定土	一	廿三	庚辰	毕	开金	三	廿四	庚戌	参	平金	六	廿五	辛巳	柳	收金
28	六	廿二	庚戌	胃	执金	二	廿四	辛巳	觜	闭金	四	廿五	辛亥	井	定金	日	廿六	壬午	星	开木
29	日	廿三	辛亥	昴	破金	三	廿五	壬午	参	建木	五	廿六	壬子	鬼	执木	一	廿七	癸未	张	闭木
30	一	廿四	壬子	毕	危木	四	廿六	癸未	井	除木	六	廿七	癸丑	柳	破木	二	廿八	甲申	翼	建水
31	二	廿五	癸丑	觜	成木						日	廿八	甲寅	星	危水	三	廿九	乙酉	轸	除水

节气	5月	6月	7月	8月
	立夏:5日巳时	芒种:5日未时	小暑:7日子时	立秋:7日巳时
	小满:20日亥时	夏至:21日卯时	大暑:22日酉时	处暑:23日子时

月干支:四月癸巳　五月甲午　六月乙未　七月丙申

228

周易历法通书

公元 2016 年

农历 丙申(猴)年 太岁管仲 九星二黑

公历	9 月 星期	农历	干支	星宿	五行	10 月 星期	农历	干支	星宿	五行	11 月 星期	农历	干支	星宿	五行	12 月 星期	农历	干支	星宿	五行
1	四	八月	丙戌	角	满 土	六	九月	丙辰	氐	危 土	二	初二	丁亥	尾	除 土	四	初三	丁巳	斗	破 土
2	五	初二	丁亥	亢	平 土	日	初二	丁巳	房	成 土	三	初三	戊子	箕	满 火	五	初四	戊午	牛	危 火
3	六	初三	戊子	氐	定 火	一	初三	戊午	心	收 火	四	初四	己丑	斗	平 火	六	初五	己未	女	成 火
4	日	初四	己丑	房	执 火	二	初四	己未	尾	开 火	五	初五	庚寅	牛	定 木	日	初六	庚申	虚	收 木
5	一	初五	庚寅	心	破 木	三	初五	庚申	箕	闭 木	六	初六	辛卯	女	执 木	一	初七	辛酉	危	开 木
6	二	初六	辛卯	尾	危 木	四	初六	辛酉	斗	建 木	日	初七	壬辰	虚	破 水	二	初八	壬戌	室	闭 水
7	三	初七	壬辰	箕	危 水	五	初七	壬戌	牛	除 水	一	初八	癸巳	危	破 水	三	初九	癸亥	壁	闭 水
8	四	初八	癸巳	斗	成 水	六	初八	癸亥	女	除 水	二	初九	甲午	室	危 金	四	初十	甲子	奎	建 金
9	五	初九	甲午	牛	收 金	日	初九	甲子	虚	满 金	三	初十	乙未	壁	成 金	五	十一	乙丑	娄	除 金
10	六	初十	乙未	女	开 金	一	初十	乙丑	危	平 金	四	十一	丙申	奎	收 火	六	十二	丙寅	胃	满 火
11	日	十一	丙申	虚	闭 火	二	十一	丙寅	室	定 火	五	十二	丁酉	娄	开 火	日	十三	丁卯	昴	平 火
12	一	十二	丁酉	危	建 火	三	十二	丁卯	壁	执 火	六	十三	戊戌	胃	闭 木	一	十四	戊辰	毕	定 木
13	二	十三	戊戌	室	除 木	四	十三	戊辰	奎	破 木	日	十四	己亥	昴	建 木	二	十五	己巳	觜	执 木
14	三	十四	己亥	壁	满 木	五	十四	己巳	娄	危 木	一	十五	庚子	毕	除 土	三	十六	庚午	参	破 土
15	四	十五	庚子	奎	平 土	六	十五	庚午	胃	成 土	二	十六	辛丑	觜	满 土	四	十七	辛未	井	危 土
16	五	十六	辛丑	娄	定 土	日	十六	辛未	昴	收 土	三	十七	壬寅	参	平 金	五	十八	壬申	鬼	成 金
17	六	十七	壬寅	胃	执 金	一	十七	壬申	毕	开 金	四	十八	癸卯	井	定 金	六	十九	癸酉	柳	收 金
18	日	十八	癸卯	昴	破 金	二	十八	癸酉	觜	闭 金	五	十九	甲辰	鬼	执 火	日	二十	甲戌	星	开 火
19	一	十九	甲辰	毕	危 火	三	十九	甲戌	参	建 火	六	二十	乙巳	柳	破 火	一	廿一	乙亥	张	闭 火
20	二	二十	乙巳	觜	成 火	四	二十	乙亥	井	除 火	日	廿一	丙午	星	危 水	二	廿二	丙子	翼	建 水
21	三	廿一	丙午	参	收 水	五	廿一	丙子	鬼	满 水	一	廿二	丁未	张	成 水	三	廿三	丁丑	轸	除 水
22	四	廿二	丁未	井	开 水	六	廿二	丁丑	柳	平 水	二	廿三	戊申	翼	收 土	四	廿四	戊寅	角	满 土
23	五	廿三	戊申	鬼	闭 土	日	廿三	戊寅	星	定 土	三	廿四	己酉	轸	开 土	五	廿五	己卯	亢	平 土
24	六	廿四	己酉	柳	建 土	一	廿四	己卯	张	执 土	四	廿五	庚戌	角	闭 金	六	廿六	庚辰	氐	定 金
25	日	廿五	庚戌	星	除 金	二	廿五	庚辰	翼	破 金	五	廿六	辛亥	亢	建 金	日	廿七	辛巳	房	执 金
26	一	廿六	辛亥	张	满 金	三	廿六	辛巳	轸	危 金	六	廿七	壬子	氐	除 木	一	廿八	壬午	心	破 木
27	二	廿七	壬子	翼	平 木	四	廿七	壬午	角	成 木	日	廿八	癸丑	房	满 木	二	廿九	癸未	尾	危 木
28	三	廿八	癸丑	轸	定 木	五	廿八	癸未	亢	收 木	一	廿九	甲寅	心	平 水	三	三十	甲申	箕	成 水
29	四	廿九	甲寅	角	执 水	六	廿九	甲申	氐	开 水	二	十一月	乙卯	尾	定 土	四	十二月	乙酉	斗	收 水
30	五	三十	乙卯	亢	破 水	日	三十	乙酉	房	闭 水	三	初二	丙辰	箕	执 土	五	初二	丙戌	牛	开 土
31						一	十月	丙戌	心	建 土						六	初三	丁亥	女	闭 土

节气	白露:7日午时 秋分:22日亥时	寒露:8日寅时 霜降:23日辰时	立冬:7日辰时 小雪:22日卯时	大雪:7日子时 冬至:21日酉时

月干支:八月丁酉　九月戊戌　十月己亥　十一月庚子　十二月辛丑

公元 2017 年

农历 丙申(猴)年　　　　太岁管仲 九星二黑
　　 丁酉(鸡)年(闰六月)　太岁康杰 九星一白

公历	1 月 星期	农历	干支	星宿	五行	2 月 星期	农历	干支	星宿	五行	3 月 星期	农历	干支	星宿	五行	4 月 星期	农历	干支	星宿	五行
1	日	初四	戊子	虚	建火	三	初五	己未	壁	破火	三	初四	丁亥	壁	收土	六	初五	戊午	胃	平火
2	一	初五	己丑	危	除火	四	初六	庚申	奎	危木	四	初五	戊子	奎	开火	日	初六	己未	昴	定火
3	二	初六	庚寅	室	满木	五	初七	辛酉	娄	危木	五	初六	己丑	娄	闭火	一	初七	庚申	毕	执木
4	三	初七	辛卯	壁	平木	六	初八	壬戌	胃	成水	六	初七	庚寅	胃	建木	二	初八	辛酉	觜	执木
5	四	初八	壬辰	奎	平水	日	初九	癸亥	昴	收水	日	初八	辛卯	昴	建木	三	初九	壬戌	参	破水
6	五	初九	癸巳	娄	定水	一	初十	甲子	毕	开金	一	初九	壬辰	毕	除水	四	初十	癸亥	井	危水
7	六	初十	甲午	胃	执金	二	十一	乙丑	觜	闭金	二	初十	癸巳	觜	满水	五	十一	甲子	鬼	成金
8	日	十一	乙未	昴	破金	三	十二	丙寅	参	建火	三	十一	甲午	参	平金	六	十二	乙丑	柳	收金
9	一	十二	丙申	毕	危火	四	十三	丁卯	井	除火	四	十二	乙未	井	定金	日	十三	丙寅	星	开火
10	二	十三	丁酉	觜	成火	五	十四	戊辰	鬼	满木	五	十三	丙申	鬼	执火	一	十四	丁卯	张	闭火
11	三	十四	戊戌	参	收木	六	十五	己巳	柳	平木	六	十四	丁酉	柳	破火	二	十五	戊辰	翼	建木
12	四	十五	己亥	井	开木	日	十六	庚午	星	定土	日	十五	戊戌	星	危木	三	十六	己巳	轸	除木
13	五	十六	庚子	鬼	闭土	一	十七	辛未	张	执土	一	十六	己亥	张	成木	四	十七	庚午	角	满土
14	六	十七	辛丑	柳	建土	二	十八	壬申	翼	破金	二	十七	庚子	翼	收土	五	十八	辛未	亢	平土
15	日	十八	壬寅	星	除金	三	十九	癸酉	轸	危金	三	十八	辛丑	轸	开土	六	十九	壬申	氐	定金
16	一	十九	癸卯	张	满金	四	二十	甲戌	角	成火	四	十九	壬寅	角	闭金	日	二十	癸酉	房	执金
17	二	二十	甲辰	翼	平火	五	廿一	乙亥	亢	收火	五	二十	癸卯	亢	建金	一	廿一	甲戌	心	破火
18	三	廿一	乙巳	轸	定火	六	廿二	丙子	氐	开水	六	廿一	甲辰	氐	除火	二	廿二	乙亥	尾	危火
19	四	廿二	丙午	角	执水	日	廿三	丁丑	房	闭水	日	廿二	乙巳	房	满火	三	廿三	丙子	箕	成水
20	五	廿三	丁未	亢	破水	一	廿四	戊寅	心	建土	一	廿三	丙午	心	平水	四	廿四	丁丑	斗	收水
21	六	廿四	戊申	氐	危土	二	廿五	己卯	尾	除土	二	廿四	丁未	尾	定水	五	廿五	戊寅	牛	开土
22	日	廿五	己酉	房	成土	三	廿六	庚辰	箕	满金	三	廿五	戊申	箕	执土	六	廿六	己卯	女	闭土
23	一	廿六	庚戌	心	收金	四	廿七	辛巳	斗	平金	四	廿六	己酉	斗	破土	日	廿七	庚辰	虚	建金
24	二	廿七	辛亥	尾	开金	五	廿八	壬午	牛	定木	五	廿七	庚戌	牛	危金	一	廿八	辛巳	危	除金
25	三	廿八	壬子	箕	闭木	六	廿九	癸未	女	执木	六	廿八	辛亥	女	成金	二	廿九	壬午	室	满木
26	四	廿九	癸丑	斗	建木	日	二月	甲申	虚	破水	日	廿九	壬子	虚	收木	三	四月	癸未	壁	平木
27	五	三十	甲寅	牛	除水	一	初二	乙酉	危	危木	一	三十	癸丑	危	开木	四	初二	甲申	奎	定水
28	六	正月	乙卯	女	满水	二	初三	丙戌	室	成土	二	三月	甲寅	室	闭水	五	初三	乙酉	娄	执木
29	日	初二	丙辰	虚	平土						三	初二	乙卯	壁	建水	六	初四	丙戌	胃	破土
30	一	初三	丁巳	危	定土						四	初三	丙辰	奎	除土	日	初五	丁亥	昴	危土
31	二	初四	戊午	室	执火						五	初四	丁巳	娄	满土					

节气	1 月	2 月	3 月	4 月
	小寒:5日午时	立春:3日夜子	惊蛰:5日酉时	清明:4日亥时
	大寒:20日卯时	雨水:18日戌时	春分:20日酉时	谷雨:20日卯时

月干支：正月壬寅　　二月癸卯　　三月甲辰　　四月乙巳

230

公元 2017 年

农历　丁酉(鸡)年(闰六月)　太岁康杰　九星一白

公历	5月 星期	农历	干支	星宿	五行	6月 星期	农历	干支	星宿	五行	7月 星期	农历	干支	星宿	五行	8月 星期	农历	干支	星宿	五行
1	一	初六	戊子	毕	成火	四	初七	己未	井	满火	六	初八	己丑	柳	危火	二	初十	庚申	翼	除木
2	二	初七	己丑	觜	收火	五	初八	庚申	鬼	平火	日	初九	庚寅	星	成火	三	十一	辛酉	轸	满木
3	三	初八	庚寅	参	开木	六	初九	辛酉	柳	定木	一	初十	辛卯	张	收木	四	十二	壬戌	角	平水
4	四	初九	辛卯	井	闭木	日	初十	壬戌	星	执水	二	十一	壬辰	翼	开水	五	十三	癸亥	亢	定水
5	五	初十	壬辰	鬼	闭水	一	十一	癸亥	张	执水	三	十二	癸巳	轸	闭水	六	十四	甲子	氐	执金
6	六	十一	癸巳	柳	建水	二	十二	甲子	翼	破金	四	十三	甲午	角	建金	日	十五	乙丑	房	破金
7	日	十二	甲午	星	除金	三	十三	乙丑	轸	危金	五	十四	乙未	亢	建金	一	十六	丙寅	心	破火
8	一	十三	乙未	张	满金	四	十四	丙寅	角	成火	六	十五	丙申	氐	除火	二	十七	丁卯	尾	危火
9	二	十四	丙申	翼	平火	五	十五	丁卯	亢	收火	日	十六	丁酉	房	满火	三	十八	戊辰	箕	成木
10	三	十五	丁酉	轸	定火	六	十六	戊辰	氐	开木	一	十七	戊戌	心	平木	四	十九	己巳	斗	收木
11	四	十六	戊戌	角	执木	日	十七	己巳	房	闭木	二	十八	己亥	尾	定木	五	二十	庚午	牛	开土
12	五	十七	己亥	亢	破木	一	十八	庚午	心	建土	三	十九	庚子	箕	执土	六	廿一	辛未	女	闭金
13	六	十八	庚子	氐	危土	二	十九	辛未	尾	除土	四	二十	辛丑	斗	破土	日	廿二	壬申	虚	建金
14	日	十九	辛丑	房	成土	三	二十	壬申	箕	满金	五	廿一	壬寅	牛	危金	一	廿三	癸酉	危	除金
15	一	二十	壬寅	心	收金	四	廿一	癸酉	斗	平金	六	廿二	癸卯	女	成金	二	廿四	甲戌	室	满火
16	二	廿一	癸卯	尾	开金	五	廿二	甲戌	牛	定火	日	廿三	甲辰	虚	收火	三	廿五	乙亥	壁	平火
17	三	廿二	甲辰	箕	闭火	六	廿三	乙亥	女	执火	一	廿四	乙巳	危	开火	四	廿六	丙子	奎	定水
18	四	廿三	乙巳	斗	建火	日	廿四	丙子	虚	破水	二	廿五	丙午	室	闭水	五	廿七	丁丑	娄	执水
19	五	廿四	丙午	牛	除水	一	廿五	丁丑	危	危水	三	廿六	丁未	壁	建水	六	廿八	戊寅	胃	破土
20	六	廿五	丁未	女	满水	二	廿六	戊寅	室	成土	四	廿七	戊申	奎	除土	日	廿九	己卯	昴	危土
21	日	廿六	戊申	虚	平土	三	廿七	己卯	壁	收土	五	廿八	己酉	娄	满土	一	三十	庚辰	毕	成金
22	一	廿七	己酉	危	定土	四	廿八	庚辰	奎	开金	六	廿九	庚戌	胃	平金	二	七月	辛巳	觜	收金
23	二	廿八	庚戌	室	执金	五	廿九	辛巳	娄	闭金	日	闰六	辛亥	昴	定金	三	初二	壬午	参	开木
24	三	廿九	辛亥	壁	破金	六	六月	壬午	胃	建木	一	初二	壬子	毕	执木	四	初三	癸未	井	闭木
25	四	三十	壬子	奎	危木	日	初二	癸未	昴	除木	二	初三	癸丑	觜	破木	五	初四	甲申	鬼	建水
26	五	五月	癸丑	娄	成木	一	初三	甲申	毕	满水	三	初四	甲寅	参	危水	六	初五	乙酉	柳	除水
27	六	初二	甲寅	胃	收水	二	初四	乙酉	觜	平水	四	初五	乙卯	井	成水	日	初六	丙戌	星	满土
28	日	初三	乙卯	昴	开水	三	初五	丙戌	参	定土	五	初六	丙辰	鬼	收土	一	初七	丁亥	张	平土
29	一	初四	丙辰	毕	闭土	四	初六	丁亥	井	执土	六	初七	丁巳	柳	开土	二	初八	戊子	翼	定火
30	二	初五	丁巳	觜	建土	五	初七	戊子	鬼	破火	日	初八	戊午	星	闭火	三	初九	己丑	轸	执火
31	三	初六	戊午	参	除火						一	初九	己未	张	建火	四	初十	庚寅	角	破木

节气	立夏:5日申时　小满:21日寅时	芒种:5日戌时　夏至:21日午时	小暑:7日卯时　大暑:22日夜子	立秋:7日申时　处暑:23日卯时

月干支：五月丙午　六月丁未　闰六月丁未　七月戊申

公元 2017 年

农历 丁酉(鸡)年(闰六月) 太岁康杰 九星一白

公历	9月 星期	农历	干支	星宿	五行	10月 星期	农历	干支	星宿	五行	11月 星期	农历	干支	星宿	五行	12月 星期	农历	干支	星宿	五行
1	五	十一	辛卯	亢	危木	日	十二	辛酉	房	建木	三	十三	壬辰	箕	破水	五	十四	壬戌	牛	闭水
2	六	十二	壬辰	氐	成水	一	十三	壬戌	心	除水	四	十四	癸巳	斗	危水	六	十五	癸亥	女	建水
3	日	十三	癸巳	房	收水	二	十四	癸亥	尾	满水	五	十五	甲午	牛	成金	日	十六	甲子	虚	除金
4	一	十四	甲午	心	开金	三	十五	甲子	箕	平金	六	十六	乙未	女	收金	一	十七	乙丑	危	满金
5	二	十五	乙未	尾	闭金	四	十六	乙丑	斗	定金	日	十七	丙申	虚	开火	二	十八	丙寅	室	平火
6	三	十六	丙申	箕	建火	五	十七	丙寅	牛	执火	一	十八	丁酉	危	闭火	三	十九	丁卯	壁	定火
7	四	十七	丁酉	斗	建火	六	十八	丁卯	女	破火	二	十九	戊戌	室	闭木	四	二十	戊辰	奎	定木
8	五	十八	戊戌	牛	除木	日	十九	戊辰	虚	破木	三	二十	己亥	壁	建木	五	廿一	己巳	娄	执木
9	六	十九	己亥	女	满木	一	二十	己巳	危	危木	四	廿一	庚子	奎	除土	六	廿二	庚午	胃	破土
10	日	二十	庚子	虚	平土	二	廿一	庚午	室	成土	五	廿二	辛丑	娄	满土	日	廿三	辛未	昴	危土
11	一	廿一	辛丑	危	定土	三	廿二	辛未	壁	收土	六	廿三	壬寅	胃	平金	一	廿四	壬申	毕	成金
12	二	廿二	壬寅	室	执金	四	廿三	壬申	奎	开金	日	廿四	癸卯	昴	定金	二	廿五	癸酉	觜	收金
13	三	廿三	癸卯	壁	破金	五	廿四	癸酉	娄	闭金	一	廿五	甲辰	毕	执火	三	廿六	甲戌	参	开火
14	四	廿四	甲辰	奎	危火	六	廿五	甲戌	胃	建火	二	廿六	乙巳	觜	破火	四	廿七	乙亥	井	闭火
15	五	廿五	乙巳	娄	成火	日	廿六	乙亥	昴	除火	三	廿七	丙午	参	危水	五	廿八	丙子	鬼	建水
16	六	廿六	丙午	胃	收水	一	廿七	丙子	毕	满水	四	廿八	丁未	井	成水	六	廿九	丁丑	柳	除水
17	日	廿七	丁未	昴	开水	二	廿八	丁丑	觜	平水	五	廿九	戊申	鬼	收土	日	三十	戊寅	星	满土
18	一	廿八	戊申	毕	闭土	三	廿九	戊寅	参	定土	六	十月	己酉	柳	开土	一	十一	己卯	张	平土
19	二	廿九	己酉	觜	建土	四	三十	己卯	井	执土	日	初二	庚戌	星	闭金	二	初二	庚辰	翼	定金
20	三	八月	庚戌	参	除金	五	九月	庚辰	鬼	破金	一	初三	辛亥	张	建金	三	初三	辛巳	轸	执金
21	四	初二	辛亥	井	满金	六	初二	辛巳	柳	危金	二	初四	壬子	翼	除木	四	初四	壬午	角	破木
22	五	初三	壬子	鬼	平木	日	初三	壬午	星	成木	三	初五	癸丑	轸	满木	五	初五	癸未	亢	危木
23	六	初四	癸丑	柳	定木	一	初四	癸未	张	收木	四	初六	甲寅	角	平木	六	初六	甲申	氐	成水
24	日	初五	甲寅	星	执水	二	初五	甲申	翼	开水	五	初七	乙卯	亢	定水	日	初七	乙酉	房	收水
25	一	初六	乙卯	张	破水	三	初六	乙酉	轸	闭水	六	初八	丙辰	氐	执土	一	初八	丙戌	心	开土
26	二	初七	丙辰	翼	危土	四	初七	丙戌	角	建土	日	初九	丁巳	房	破土	二	初九	丁亥	尾	闭土
27	三	初八	丁巳	轸	成土	五	初八	丁亥	亢	除土	一	初十	戊午	心	危火	三	初十	戊子	箕	建火
28	四	初九	戊午	角	收火	六	初九	戊子	氐	满火	二	十一	己未	尾	成火	四	十一	己丑	斗	除火
29	五	初十	己未	亢	开火	日	初十	己丑	房	平火	三	十二	庚申	箕	收木	五	十二	庚寅	牛	满木
30	六	十一	庚申	氐	闭木	一	十一	庚寅	心	定木	四	十三	辛酉	斗	开木	六	十三	辛卯	女	平木
31						二	十二	辛卯	尾	执木						日	十四	壬辰	虚	定水

节气			
白露:7日酉时	寒露:8日巳时	立冬:7日未时	大雪:7日卯时
秋分:23日寅时	霜降:23日未时	小雪:22日午时	冬至:22日子时

月干支:八月己酉 九月庚戌 十月辛亥 十一月壬子

232

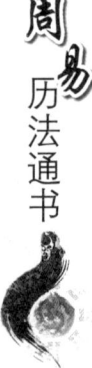
周易历法通书

公元 2018 年

农历　丁酉(鸡)年 太岁康杰 九星一白
　　　戊戌(狗)年 太岁姜武 九星九紫

公历	1月 星期	农历	干支	星宿	五行	2月 星期	农历	干支	星宿	五行	3月 星期	农历	干支	星宿	五行	4月 星期	农历	干支	星宿	五行
1	一	十五	癸巳	危	执水	四	十六	甲子	奎	闭金	四	十四	壬辰	奎	满水	日	十六	癸亥	昴	成水
2	二	十六	甲午	室	破金	五	十七	乙丑	娄	建金	五	十五	癸巳	娄	平水	一	十七	甲子	毕	收金
3	三	十七	乙未	壁	危金	六	十八	丙寅	胃	除火	六	十六	甲午	胃	定金	二	十八	乙丑	觜	开金
4	四	十八	丙申	奎	成火	日	十九	丁卯	昴	除火	日	十七	乙未	昴	执金	三	十九	丙寅	参	闭火
5	五	十九	丁酉	娄	成火	一	二十	戊辰	毕	满木	一	十八	丙申	毕	执火	四	二十	丁卯	井	闭火
6	六	二十	戊戌	胃	收木	二	廿一	己巳	觜	平木	二	十九	丁酉	觜	破火	五	廿一	戊辰	鬼	建木
7	日	廿一	己亥	昴	开木	三	廿二	庚午	参	定土	三	二十	戊戌	参	危土	六	廿二	己巳	柳	除木
8	一	廿二	庚子	毕	闭土	四	廿三	辛未	井	执土	四	廿一	己亥	井	成土	日	廿三	庚午	星	满土
9	二	廿三	辛丑	觜	建土	五	廿四	壬申	鬼	破金	五	廿二	庚子	鬼	收土	一	廿四	辛未	张	平土
10	三	廿四	壬寅	参	除金	六	廿五	癸酉	柳	危金	六	廿三	辛丑	柳	开土	二	廿五	壬申	翼	定金
11	四	廿五	癸卯	井	满金	日	廿六	甲戌	星	成火	日	廿四	壬寅	星	闭金	三	廿六	癸酉	轸	执金
12	五	廿六	甲辰	鬼	平火	一	廿七	乙亥	张	收火	一	廿五	癸卯	张	建金	四	廿七	甲戌	角	破火
13	六	廿七	乙巳	柳	定火	二	廿八	丙子	翼	开水	二	廿六	甲辰	翼	除火	五	廿八	乙亥	亢	危火
14	日	廿八	丙午	星	执水	三	廿九	丁丑	轸	闭水	三	廿七	乙巳	轸	满火	六	廿九	丙子	氐	成水
15	一	廿九	丁未	张	破水	四	三十	戊寅	角	建土	四	廿八	丙午	角	平水	日	三十	丁丑	房	收水
16	二	三十	戊申	翼	危土	五	**正月**	己卯	亢	除土	五	廿九	丁未	亢	定水	一	**三月**	戊寅	心	开土
17	三	**十二**	己酉	轸	成土	六	初二	庚辰	氐	满金	六	**二月**	戊申	氐	执土	二	初二	己卯	尾	闭土
18	四	初二	庚戌	角	收金	日	初三	辛巳	房	平金	日	初二	己酉	房	破土	三	初三	庚辰	箕	建金
19	五	初三	辛亥	亢	开金	一	初四	壬午	心	定木	一	初三	庚戌	心	危金	四	初四	辛巳	斗	除金
20	六	初四	壬子	氐	闭木	二	初五	癸未	尾	执木	二	初四	辛亥	尾	成金	五	初五	壬午	牛	满木
21	日	初五	癸丑	房	建木	三	初六	甲申	箕	破水	三	初五	壬子	箕	收木	六	初六	癸未	女	平木
22	一	初六	甲寅	心	除水	四	初七	乙酉	斗	危水	四	初六	癸丑	斗	开木	日	初七	甲申	虚	定水
23	二	初七	乙卯	尾	满水	五	初八	丙戌	牛	成土	五	初七	甲寅	牛	闭水	一	初八	乙酉	危	执水
24	三	初八	丙辰	箕	平土	六	初九	丁亥	女	收土	六	初八	乙卯	女	建水	二	初九	丙戌	室	破土
25	四	初九	丁巳	斗	定土	日	初十	戊子	虚	开火	日	初九	丙辰	虚	除土	三	初十	丁亥	壁	收土
26	五	初十	戊午	牛	执火	一	十一	己丑	危	闭火	一	初十	丁巳	危	满土	四	十一	戊子	奎	成火
27	六	十一	己未	女	破火	二	十二	庚寅	室	建木	二	十一	戊午	室	平火	五	十二	己丑	娄	收火
28	日	十二	庚申	虚	危木	三	十三	辛卯	壁	除木	三	十二	己未	壁	定火	六	十三	庚寅	胃	开木
29	一	十三	辛酉	危	成木						四	十三	庚申	奎	执木	日	十四	辛卯	昴	闭木
30	二	十四	壬戌	室	收水						五	十四	辛酉	娄	破木	一	十五	壬辰	毕	建水
31	三	十五	癸亥	壁	开水						六	十五	壬戌	胃	危水					

节气	1月	2月	3月	4月
	小寒:5日酉时	立春:4日卯时	惊蛰:5日夜子	清明:5日寅时
	大寒:20日午时	雨水:19日丑时	春分:21日子时	谷雨:20日午时

月干支：十二月癸丑　　正月甲寅　　二月乙卯　　三月丙辰

公元 2018 年

农历 戊戌(狗)年 太岁姜武 九星九紫

公历	5月 星期	农历	干支	星宿	五行	6月 星期	农历	干支	星宿	五行	7月 星期	农历	干支	星宿	五行	8月 星期	农历	干支	星宿	五行
1	二	十六	癸巳	觜	除水	五	十八	甲子	鬼	危金	日	十八	甲午	星	建金	三	二十	乙丑	轸	破金
2	三	十七	甲午	参	满金	六	十九	乙丑	柳	成金	一	十九	乙未	张	除金	四	廿一	丙寅	角	危火
3	四	十八	乙未	井	平金	日	二十	丙寅	星	收火	二	二十	丙申	翼	满火	五	廿二	丁卯	亢	成火
4	五	十九	丙申	鬼	定火	一	廿一	丁卯	张	开火	三	廿一	丁酉	轸	平火	六	廿三	戊辰	氐	收木
5	六	二十	丁酉	柳	定火	二	廿二	戊辰	翼	闭木	四	廿二	戊戌	角	定木	日	廿四	己巳	房	开木
6	日	廿一	戊戌	星	执木	三	廿三	己巳	轸	闭木	五	廿三	己亥	亢	执木	一	廿五	庚午	心	闭土
7	一	廿二	己亥	张	破木	四	廿四	庚午	角	建土	六	廿四	庚子	氐	执土	二	廿六	辛未	尾	闭土
8	二	廿三	庚子	翼	危土	五	廿五	辛未	亢	除土	日	廿五	辛丑	房	破土	三	廿七	壬申	箕	建金
9	三	廿四	辛丑	轸	成土	六	廿六	壬申	氐	满金	一	廿六	壬寅	心	危金	四	廿八	癸酉	斗	除金
10	四	廿五	壬寅	角	收金	日	廿七	癸酉	房	平金	二	廿七	癸卯	尾	成金	五	廿九	甲戌	牛	满火
11	五	廿六	癸卯	亢	开金	一	廿八	甲戌	心	定火	三	廿八	甲辰	箕	收火	六	七月	乙亥	女	平火
12	六	廿七	甲辰	氐	闭火	二	廿九	乙亥	尾	执火	四	廿九	乙巳	斗	开火	日	初二	丙子	虚	定水
13	日	廿八	乙巳	房	建火	三	三十	丙子	箕	破水	五	六月	丙午	牛	闭水	一	初三	丁丑	危	执水
14	一	廿九	丙午	心	除水	四	五月	丁丑	斗	危水	六	初二	丁未	女	建水	二	初四	戊寅	室	破土
15	二	四月	丁未	尾	满水	五	初二	戊寅	牛	成土	日	初三	戊申	虚	除土	三	初五	己卯	壁	危土
16	三	初二	戊申	箕	平土	六	初三	己卯	女	收土	一	初四	己酉	危	满土	四	初六	庚辰	奎	成金
17	四	初三	己酉	斗	定土	日	初四	庚辰	虚	开金	二	初五	庚戌	室	平金	五	初七	辛巳	娄	收金
18	五	初四	庚戌	牛	执金	一	初五	辛巳	危	闭金	三	初六	辛亥	壁	定金	六	初八	壬午	胃	开木
19	六	初五	辛亥	女	破金	二	初六	壬午	室	建木	四	初七	壬子	奎	执木	日	初九	癸未	昴	闭木
20	日	初六	壬子	虚	危木	三	初七	癸未	壁	除木	五	初八	癸丑	娄	破木	一	初十	甲申	毕	建水
21	一	初七	癸丑	危	成木	四	初八	甲申	奎	满水	六	初九	甲寅	胃	危水	二	十一	乙酉	觜	除水
22	二	初八	甲寅	室	收水	五	初九	乙酉	娄	平水	日	初十	乙卯	昴	成水	三	十二	丙戌	参	满土
23	三	初九	乙卯	壁	开水	六	初十	丙戌	胃	定土	一	十一	丙辰	毕	收土	四	十三	丁亥	井	平土
24	四	初十	丙辰	奎	闭土	日	十一	丁亥	昴	执土	二	十二	丁巳	觜	开土	五	十四	戊子	鬼	定火
25	五	十一	丁巳	娄	建土	一	十二	戊子	毕	破火	三	十三	戊午	参	闭火	六	十五	己丑	柳	执火
26	六	十二	戊午	胃	除火	二	十三	己丑	觜	危火	四	十四	己未	井	建火	日	十六	庚寅	星	破木
27	日	十三	己未	昴	满火	三	十四	庚寅	参	成木	五	十五	庚申	鬼	除木	一	十七	辛卯	张	危木
28	一	十四	庚申	毕	平木	四	十五	辛卯	井	收木	六	十六	辛酉	柳	满木	二	十八	壬辰	翼	成水
29	二	十五	辛酉	觜	定木	五	十六	壬辰	鬼	开水	日	十七	壬戌	星	平水	三	十九	癸巳	轸	收水
30	三	十六	壬戌	参	执水	六	十七	癸巳	柳	闭水	一	十八	癸亥	张	定水	四	二十	甲午	角	开金
31	四	十七	癸亥	井	破水						二	十九	甲子	翼	执金	五	廿一	乙未	亢	闭金

节气	立夏:5日亥时 小满:21日巳时	芒种:6日丑时 夏至:21日酉时	小暑:7日午时 大暑:23日卯时	立秋:7日亥时 处暑:23日午时

月干支: 四月丁巳 五月戊午 六月己未 七月庚申

234

周易历法通书

公元 2018 年

农历　戊戌(狗)年　太岁姜武　九星九紫

公历	9 月 星期	农历	干支	星宿	五行	10 月 星期	农历	干支	星宿	五行	11 月 星期	农历	干支	星宿	五行	12 月 星期	农历	干支	星宿	五行
1	六	廿二	丙申	氐	建火	一	廿二	丙寅	心	执火	四	廿四	丁酉	斗	闭火	六	廿四	丁卯	女	定火
2	日	廿三	丁酉	房	除火	二	廿三	丁卯	尾	破火	五	廿五	戊戌	牛	建火	日	廿五	戊辰	虚	执火
3	一	廿四	戊戌	心	满木	三	廿四	戊辰	箕	危木	六	廿六	己亥	女	除木	一	廿六	己巳	危	破木
4	二	廿五	己亥	尾	平木	四	廿五	己巳	斗	成木	日	廿七	庚子	虚	满土	二	廿七	庚午	室	危土
5	三	廿六	庚子	箕	定土	五	廿六	庚午	牛	收土	一	廿八	辛丑	危	平土	三	廿八	辛未	壁	成土
6	四	廿七	辛丑	斗	执土	六	廿七	辛未	女	开土	二	廿九	壬寅	室	定金	四	廿九	壬申	奎	收金
7	五	廿八	壬寅	牛	破金	日	廿八	壬申	虚	闭金	三	三十	癸卯	壁	定金	五	**十一**	癸酉	娄	收金
8	六	廿九	癸卯	女	破金	一	廿九	癸酉	危	闭金	四	**十月**	甲辰	奎	执火	六	初二	甲戌	胃	开火
9	日	三十	甲辰	虚	危火	二	**九月**	甲戌	室	建火	五	初二	乙巳	娄	破火	日	初三	乙亥	昴	闭火
10	一	**八月**	乙巳	危	成火	三	初二	乙亥	壁	除火	六	初三	丙午	胃	危水	一	初四	丙子	毕	建水
11	二	初二	丙午	室	收水	四	初三	丙子	奎	满水	日	初四	丁未	昴	成水	二	初五	丁丑	觜	除水
12	三	初三	丁未	壁	开水	五	初四	丁丑	娄	平水	一	初五	戊申	毕	收土	三	初六	戊寅	参	满土
13	四	初四	戊申	奎	闭土	六	初五	戊寅	胃	定土	二	初六	己酉	觜	开土	四	初七	己卯	井	平土
14	五	初五	己酉	娄	建土	日	初六	己卯	昴	执土	三	初七	庚戌	参	闭金	五	初八	庚辰	鬼	定金
15	六	初六	庚戌	胃	除金	一	初七	庚辰	毕	破金	四	初八	辛亥	井	建金	六	初九	辛巳	柳	执金
16	日	初七	辛亥	昴	满金	二	初八	辛巳	觜	危金	五	初九	壬子	鬼	除木	日	初十	壬午	星	破木
17	一	初八	壬子	毕	平木	三	初九	壬午	参	成木	六	初十	癸丑	柳	满木	一	十一	癸未	张	危木
18	二	初九	癸丑	觜	定木	四	初十	癸未	井	收木	日	十一	甲寅	星	平水	二	十二	甲申	翼	成水
19	三	初十	甲寅	参	执水	五	十一	甲申	鬼	开水	一	十二	乙卯	张	定水	三	十三	乙酉	轸	收水
20	四	十一	乙卯	井	破水	六	十二	乙酉	柳	闭水	二	十三	丙辰	翼	执土	四	十四	丙戌	角	开土
21	五	十二	丙辰	鬼	危土	日	十三	丙戌	星	建土	三	十四	丁巳	轸	破土	五	十五	丁亥	亢	闭土
22	六	十三	丁巳	柳	成土	一	十四	丁亥	张	除土	四	十五	戊午	角	危火	六	十六	戊子	氐	建火
23	日	十四	戊午	星	收火	二	十五	戊子	翼	满火	五	十六	己未	亢	成火	日	十七	己丑	房	除火
24	一	十五	己未	张	开火	三	十六	己丑	轸	平火	六	十七	庚申	氐	收木	一	十八	庚寅	心	满木
25	二	十六	庚申	翼	闭木	四	十七	庚寅	角	定木	日	十八	辛酉	房	开木	二	十九	辛卯	尾	平木
26	三	十七	辛酉	轸	建木	五	十八	辛卯	亢	执木	一	十九	壬戌	心	闭水	三	二十	壬辰	箕	定水
27	四	十八	壬戌	角	除水	六	十九	壬辰	氐	破水	二	二十	癸亥	尾	建水	四	廿一	癸巳	斗	执水
28	五	十九	癸亥	亢	满水	日	二十	癸巳	房	危水	三	廿一	甲子	箕	除金	五	廿二	甲午	牛	破金
29	六	二十	甲子	氐	平金	一	廿一	甲午	心	成金	四	廿二	乙丑	斗	满金	六	廿三	乙未	女	危金
30	日	廿一	乙丑	房	定金	二	廿二	乙未	尾	收金	五	廿三	丙寅	牛	平火	日	廿四	丙申	虚	成水
31						三	廿三	丙申	箕	开火						一	廿五	丁酉	危	收火

节气	白露:8日子时　秋分:23日巳时	寒露:8日申时　霜降:23日戌时	立冬:7日戌时　小雪:22日酉时	大雪:7日午时　冬至:22日卯时

月干支: 八月辛酉　九月壬戌　十月癸亥　十一月甲子

第六章

2019—2035 年
周易八卦历

公元 2019 年　　　农历己亥（猪）年

（太岁己亥,干土支水,纳音属木,岁德甲,贵人在子、申,岁禄午,岁马巳,奏书乾,博士巽,力士艮,利南北不利东西。）

1月大　十二月 乙丑 临卦 天道行西　三十 夜子 小寒　十五 酉时 大寒

阳历	农历干支 星期 星宿 五行	日神方位(奇门节元) 喜财贵五神神神鬼	九星 八卦	八门方位 开生休门门门	六十四卦 及爻数
1	廿六戊戌 二室 开水	东正正西 南北北北	七赤坤	正正东 西南	六五
2	廿七己亥 三壁 闭木	冬至中7	八白乾	正正东 西南	上六
3	廿八庚子 四奎 建土	西正正 北东北北	九紫兑	正正北 西北	屯初九
4	廿九辛丑 五娄 除金	西正正 南北北	一白离	正正西 西北	六二
5	三十壬寅 六胃 危金	[小寒]子	二黑震	西西正 北北	六三
6	十二 癸卯 日昴 满木	东正东正 南北东北	三碧坤	西西正 西南	六四
7	初二甲辰 一毕 平火	冬至下4	四绿乾	西西正 西西	九五
8	初三乙巳 二觜 定火	正正西 北南北东	五黄兑	正正东 西北	上六
9	初四丙午 三参 执木	西正西西 南北东北	六白离	正正东 西北	谦初六
10	初五丁未 四井 破水	正正正 南北南北	七赤震	正正北 西北	六二
11	初六戊申 五鬼 危土	东正正 南北东南	八白巽	正正北 西北	九三
12	初七己酉 六柳 成土	小寒上2	九紫坎	东西正 南南	六四
13	初八庚戌 日星 收金	西正正 北东南南	一白艮	正正南 南北	六五
14	初九辛亥 一张 开金	东正东西 南北北	二黑坤	西西正 东北	上六
15	初十壬子 二翼 闭木	正正东西 南北北	三碧乾	西东正 北北	睽初九
16	十一癸丑 三轸 建木	东正正 南东南南	四绿兑	西北正 东北	九二
17	十二甲寅 四角 除水	小寒中8	五黄离	西北正 西北	六三
18	十三乙卯 五亢 满水	西东正 北南北北	六白震	正正西 西北	九四
19	十四丙辰 六氐 平土	正正东 西南北南	七赤巽	正正东 西南	九五
20	十五丁巳 日房 定土	[大寒] 酉	八白坎	正正西 西北	上九
21	十六戊午 一心 执火	东正正 南北北	九紫艮	东东正 北南南	升初六
22	十七己未 二尾 破火	小寒下5	一白坤	正正北 西北	九二
23	十八庚申 三箕 危木	西正正 北东北东	二黑兑	东东正 北南东	九三
24	十九辛酉 四斗 成水	东正东西 南北北东	三碧兑	东东正 北南东	六四
25	二十壬戌 五牛 收水	正正西 西北	四绿离	东东正 北南东	六五
26	廿一癸亥 六女 开水	东正正 南南南东	五黄震	正正东 西南南	上六
27	廿二甲子 日虚 闭金	大寒上3	六白巽	西正西 北北	临初九
28	廿三乙丑 一危 建金	西东正 南北北	七赤坎	西东正 北北	九二
29	廿四丙寅 二室 除火	西正正 南北南	八白艮	西北 北	六三
30	廿五丁卯 三壁 满火	正东正 南西北	九紫坤	正 西北	六四
31	廿六戊辰 四奎 平木	东正正 南北南东	一白乾	正正西 南北	六五

2月平　一 月 丙寅 泰卦 天道行南　三十 午时 立春　十五 辰时 雨水

阳历	农历干支 星期 星宿 五行	日神方位(奇门节元) 喜财贵五神神神鬼	九星 八卦	八门方位 开生休门门门	六十四卦 及爻数
1	廿七己巳 五娄 定木	大寒中9	二黑兑	正正西 西南	上六
2	廿八庚午 六胃 执土	西北正 东西南东	三碧离	东东正 北东	小过初六
3	廿九辛未 日昴 破金	西正西 正北东	四绿震	东东正 北东	六二
4	三十壬申 一毕 破水	[立春]午	五黄巽	东东正 北东	九三
5	正月 癸酉 二觜 危金	正正正 南北南南	六白坎	东东正 南南	九四
6	初二甲戌 三参 成火	大寒下6	七赤艮	正正东 西南	六五
7	初三乙亥 四井 收火	西东正 北东南南	八白坤	正正东 西南	上六
8	初四丙子 五鬼 开水	正正正 南西北北	九紫乾	西北正 西西	蒙初六
9	初五丁丑 六柳 闭水	正正西 西北	一白兑	正正正 西西	九二
10	初六戊寅 日星 建土	东正正 南北南北	二黑离	西北正 北	六三
11	初七己卯 一张 除土	立春上8	三碧震	正正东 西北	六四
12	初八庚辰 二翼 满金	西北正 东北南南	四绿巽	西东正 北西	六五
13	初九辛巳 三轸 平金	西 南北北	五黄坎	西东正 北西	上九
14	初十壬午 四角 定木	东正正 西南北东	六白艮	正正东 西北	益初九
15	十一癸未 五亢 执木	东正正 南东南	七赤坤	正正东 西北	六二
16	十二甲申 六氐 破水	立春中5	八白乾	西北正 东北	六三
17	十三乙酉 日房 危金	西东正正 南北东南	九紫兑	东西正 北南	六四
18	十四丙戌 一心 成土	正正西 西北北	一白离	正正东 西南	九五
19	十五丁亥 二尾 收土	[雨水]辰	二黑震	正正东 西南	上九
20	十六戊子 三箕 开水	东东正 东西北北	三碧巽	西北正 北	渐初六
21	十七己丑 四斗 闭火	立春下2	四绿坎	西北正 北	六二
22	十八庚寅 五牛 建木	西正正 正南北	五黄艮	西北正 东北	九三
23	十九辛卯 六女 除木	东正正 南南北	六白坤	正正西 西南	六四
24	二十壬辰 日虚 满水	西正正 南南北北	七赤乾	正正西 西南	九五
25	廿一癸巳 一危 平水	东正正 北南南东	八白兑	正正东 西西	上九
26	廿二甲午 二室 定金	雨水上9	九紫离	东东正 北东	泰初九
27	廿三乙未 三壁 执金	西正正 北北北	一白震	东东正 北东	九二
28	廿四丙申 四奎 破火	西正西 西北北	二黑巽	东东正 北东	九三

（太岁己亥，干土支水，纳音属木，岁德甲，贵人在子、申、岁禄午，岁马巳，奏书乾，博士巽，力士艮，利南北不利东西。）

3月大	二月丁卯 大壮卦 天道行西南	三十 卯时 惊蛰 / 十五 卯时 春分	**4月小**	三月戊辰 夬卦 天道行北	初一 巳时 清明 / 十六 申时 谷雨

阳历	农历干支	星期	星宿	五行	日神方位(奇门节元) 喜财贵五神神神鬼	九星	八卦	八门方位 开生休门门门	六十四卦	及爻数	农历干支	星期	星宿	五行	日神方位(奇门节元) 喜财贵五神神神鬼	九星	八卦	八门方位 开生休门门门	六十四卦	及爻数
1	廿五丁酉	五	娄	危火	正东 西南 正西 西北	三碧坎		正东 东南 正南		六四	廿六戊辰	一	毕	除木	东北 正东 正南 东南	七赤坤		正东 西南 西北		九四
2	廿六戊戌	六	胃	成木	东北 正东 正西 西北	四绿艮		正东 东南 东南		六五	廿七己巳	二	觜	满木	春分中9	八白乾		正东 西南 正西		六五
3	廿七己亥	日	昴	收水	雨水中6	五黄坤		正东 东南 东南		上六	廿八庚午	三	参	平土	正东 西北 东南 东南	九紫离		东北 正东 正东		上六
4	廿八庚子	一	毕	开土	西北 正北 正西 西北	六白乾		正东 正西 西北		上六	廿九辛未	四	井	定土	西北 正西 正南 东北 正南	一白离		东南 正东 东南	豫	初六
5	廿九辛丑	二	觜	闭土	正南 东北 西北 西北	七赤兑		正东 西北 东南	需	初九	三月壬申	五	鬼	定金	[清明] 巳	二黑坤		东北 正东 正东		六二
6	三十壬寅	三	参	金	[惊蛰] 卯	八白离		正东 正西 正西		九二	初二癸酉	六	柳	执金	东北 正东 正南 东南	三碧震		正东 西南 正东		六三
7	二月癸卯	四	井	建金	东南 正南 正南 正南	九紫艮		西北 西北 正西		九三	初三甲戌	日	星	破土	春分下6	四绿兑		东北 西南 正东		九四
8	初二甲辰	五	鬼	除火	雨水下3	一白坤		西北 西北 正西		六四	初四乙亥	一	张	危火	西北 正西 正北 西北	五黄离		东北 正东 正东		六五
9	初三乙巳	六	柳	满土	正东 正东 正东 正东	二黑乾		西北 正西 正东		九五	初五丙子	二	翼	成水	西北 正东 正东 正东	六白震		正东 西南 正西		上六
10	初四丙午	日	星	平水	正南 西北 正北 西北	三碧兑		正东 正东 东北		上六	初六丁丑	三	轸	收水	正东 正西 东北 正南	七赤巽		正东 西北 正北	讼	初六
11	初五丁未	一	张	定水	正南 西南 正北 西北	四绿离		正南 正北 正东	随	初九	初七戊寅	四	角	开土	西北 正东 正东 正南	八白坎		西北 西北 东北		九二
12	初六戊申	二	翼	执土	东北 正北 东西 东西	五黄震		正东 正北 正东		六二	初八己卯	五	亢	闭土	清明上4	九紫艮		西南 正东 正南		六三
13	初七己酉	三	轸	破土	惊蛰上1	六白巽		东南 西南 正南		六三	初九庚辰	六	氐	建金	东南 正东 正南 东南	一白坤		西南 正西 西北		九四
14	初八庚戌	四	角	危金	西北 西南 正南 东南	七赤坎		西北 西南 正南		九四	初十辛巳	日	房	除金	东南 正东 西北 东南	二黑乾		东北 西北 西北		九五
15	初九辛亥	五	亢	成金	西北 东北 正南 东南	八白艮		西北 东北 正南		九五	十一壬午	一	心	满木	正东 正东 正南 东南	三碧离		正东 正东 东北		上九
16	初十壬子	六	氐	收木	西南 东北 西北 东南	九紫坤		东北 正北 正南		上六	十二癸未	二	尾	平木	正东 正南 东南 正南	四绿离		正东 正东 东北	蛊	初六
17	十一癸丑	日	房	开水	东南 正东 正东 西北	一白乾		东北 正西 正南	晋	初六	十三甲申	三	箕	定木	清明中1	五黄震		东北 西南 正东		九二
18	十二甲寅	一	心	闭水	惊蛰中7	二黑兑		西北 西北 正北		六二	十四乙酉	四	斗	执土	东北 西南 正南 东南	六白巽		东南 正东 正南		六三
19	十三乙卯	二	尾	建水	东北 西北 正北 西北	三碧离		正南 西北 正北		六三	十五丙戌	五	牛	破土	西北 正东 正西 东北	七赤坎		正东 正南 正南		六四
20	十四丙辰	三	箕	除火	正南 正西 正北 正北	四绿震		正南 西南 正南		九四	十六丁亥	六	女	满土	[谷雨] 申	八白艮		西南 正东 东北		六五
21	十五丁巳	四	斗	满土	[春分] 卯	五黄巽		正西 西南 正南		六五	十七戊子	日	虚	成火	东北 正东 西南 东南	九紫坤		西南 东北 正北		上九
22	十六戊午	五	牛	平火	东南 正东 正西 东南	六白坎		东南 正南 正北		上九	十八己丑	一	危	收火	清明下7	一白离		东北 正东 正南	革	初九
23	十七己未	六	女	定土	惊蛰下4	七赤艮		东北 正北 正东	解	初六	十九庚寅	二	室	开木	东南 西北 东东 东东	二黑坎		西北 正北 正北		六二
24	十八庚申	日	虚	执木	西北 东北 西北 东南	八白坤		正东 东北 正北		九二	二十辛卯	三	壁	闭木	东南 东南 正南 正南	三碧离		东南 正东 正南		九三
25	十九辛酉	一	危	破水	西北 西北 西东 东南	九紫乾		正东 正东 西北		六三	廿一壬辰	四	奎	建水	东南 正东 正西 正南	四绿震		正东 正东 正东		九四
26	二十壬戌	二	室	危水	正南 正北 西北 西北	一白兑		正东 正东 西北		九四	廿二癸巳	五	娄	除金	东北 正东 正东 西北	五黄巽		正东 正西 西西		九五
27	廿一癸亥	三	壁	成水	正南 西南 正南 东	二黑离		东东 正东 正西		六五	廿三甲午	六	胃	满金	谷雨上5	六白艮		东北 正东 东		上六
28	廿二甲子	四	奎	收金	春分上3	三碧震		东东 正东 正东		上六	廿四乙未	日	昴	平金	东北 西南 西正 东南	七赤坤		东北 正东 正北	夬	初九
29	廿三乙丑	五	娄	开金	西北 东南 正南 东	四绿巽		西东 西南 正南	大壮	初九	廿五丙申	一	毕	定火	西北 正东 正东 正南	八白坎		东北 正东 正东		九二
30	廿四丙寅	六	胃	闭火	东南 正东 正东 东	五黄坎		东东 正东 正东		九二	廿六丁酉	二	觜	执火	西北 正东 正东 正南	九紫乾		正东 正东 东		九三
31	廿五丁卯	日	昴	建火	正东 西南 正南 正北	六白乾		正东 正西 正西		九三										

周易历法通书

公元 2019 年　　农历己亥(猪)年

太岁己亥,干土支水,纳音属木,岁德甲,贵人在子、申,岁禄午,岁马巳,奏书乾,博士巽,力士艮,利南北不利东西。

5月大　　四　月己巳　乾卦　天道行西　　初二 寅时 立夏　十七 申时 小满

阳历	农历干支 星期星宿五行	日神方位(奇门节元)喜财贵神神鬼	九星八卦	八门方位开生休门门门	六十四卦	及爻数
1	廿七戊戌 三参破木	东正西西/南北北北	一白兑	正正东/东南南		九四
2	廿八己亥 四井危木 谷雨中2		二黑离	正正东/东南南		九五
3	廿九庚子 五鬼危土	西正正东/北北南南	三碧震	正正东/西北南		上六
4	三十辛丑 六柳收土	西正东东/南北南北	四绿巽	正正东/西北南	旅	初六
5	四月壬寅 日星开金	正正东西/南北南北	五黄乾	正正东/西北南		六二
6	初二癸卯 一张开木 [立夏]寅		六白兑	西西正/北南北		九三
7	初三甲辰 二翼闭火 谷雨下8		七赤离	西正正/北南北		九四
8	初四乙巳 三轸建火	西正西北/北东北东	八白震	西正正/北南北		六五
9	初五丙午 四角危水	西西正南/北东南北	九紫巽	正正东/北北北		上九
10	初六丁未 五亢满水	正西正正/南北南北	一白坎	正正东/北北北	师	初六
11	初七戊申 六氐平土	东正西西/南北南南	二黑艮	西正正/北北东		九二
12	初八己酉 日房定土 立夏上4		三碧坤	东西正/南南南		六三
13	初九庚戌 一心执金	西正正西/北南南南	四绿乾	东正正/南南南		六四
14	初十辛亥 二尾破金	东正东南/北南北南	五黄兑	正正东/南南南		六五
15	十一壬子 三箕危木	正正东东/北北南南	六白离	西东正/北北北		上六
16	十二癸丑 四斗成木	东正东南/南南南南	七赤震	西正正/北北北		上六
17	十三甲寅 五牛收水 立夏中1		八白巽	东东正/北北东	比	初六
18	十四乙卯 六女开水	西东西北/南北北北	九紫坎	正西正/西南南		六二
19	十五丙辰 日虚闭土	正正东南/北南北北	一白艮	正正东/南南南		六三
20	十六丁巳 一危建土	正正西西/南北北北	二黑坤	正正东/南南南		六四
21	十七戊午 二室除火 [小满]申		三碧乾	东东正/北南东		九五
22	十八己未 三壁满水 立夏下7		四绿兑	东东正/北南东		上六
23	十九庚申 四奎平木	西西西正/北北东	五黄离	东东正/南东东	小畜	初九
24	二十辛酉 五娄定木	西正东西/北北北东	六白震	西东正/南东东		九二
25	廿一壬戌 五胃执木	正正西西/南北北东	七赤巽	正正东/南东南		九三
26	廿二癸亥 日昴破水	东正东正/南南南东	八白坎	正正东/南东南		六四
27	廿三甲子 一毕成金 小满上5		九紫艮	正正东/北北北		九五
28	廿四乙丑 二觜成金	西东正正/南北南东	九紫坤	西东正/北北北		上九
29	廿五丙寅 三参收火	东正西南/南北南西	八白乾	西正正/北北北	乾	初九
30	廿六丁卯 四井开水	东正正南/西北北西	七赤兑	正正东/西西南		九二
31	廿七戊辰 五鬼闭木	东正正北/南南东西	六白离	正正东/西西南		九三

6月小　　五　月庚午　姤卦　天道行西北　　初四 辰时 芒种　十九 夜子 夏至

阳历	农历干支 星期星宿五行	日神方位(奇门节元)喜财贵神神鬼	九星八卦	八门方位开生休门门门	六十四卦	及爻数
1	廿八己巳 六柳建木 小满中2		五黄震	正正东/西北南		九四
2	廿九庚午 日星除土	西正西西/北南南南	四绿巽	东东正/北北东		九五
3	五月辛未 一张满土	西正东东/南北北东	三碧兑	东东正/北北东		上九
4	初二壬申 二翼平金	正正东西/南北南东	二黑震	东东正/北北东	大有	初九
5	初三癸酉 三轸定金	东正正正/南南北东	一白震	东东正/西东南		九二
6	初四甲戌 四角执火 [芒种]8		九紫巽	东东正/西东南		九三
7	初五乙亥 五亢执水	东西东西/南北北北	八白艮	东东正/西东南		九四
8	初六丙子 六氐破水	西西北北/西西北北	七赤艮	西正正/西西北		六五
9	初七丁丑 日房危水	西正西西/北北北北	六白坤	正正东/西西北		上九
10	初八戊寅 一心成土	东东正北/北北南南	五黄乾	正正东/西西北	家人	初九
11	初九己卯 二尾收土 芒种上6		四绿兑	东东正/南西西		六二
12	初十庚辰 三箕开金	西正东东/南北北南	三碧离	西西正/南西西		九三
13	十一辛巳 四斗闭金	东东正北/北北北西	二黑震	西西正/北北西		六四
14	十二壬午 五牛建木	西正西正/南南南南	一白巽	正正东/北北东		九五
15	十三癸未 六女除木	东东正正/南东东南	九紫离	正正东/北北东		上九
16	十四甲申 日虚满水 芒种中3		八白艮	正正东/北北东	井	初六
17	十五乙酉 一危平水	西正东东/南北南东	七赤坤	正正东/南南南		九二
18	十六丙戌 二室定土	西正东正/南北北北	六白乾	西西正/南南南		九三
19	十七丁亥 三壁执土	正正东东/南北北北	五黄兑	正正东/南南南		六四
20	十八戊子 四奎破水	东正东西/南南南南	四绿离	东东正/南南南		九五
21	十九己丑 五娄危木 [夏至]9		三碧震	西东正/北北北		上六
22	二十庚寅 六胃成木	西正东东/南北南南	二黑巽	西东正/北北北	咸	初六
23	廿一辛卯 日昴收木	西正东东/南北北东	一白坎	正正东/西东南		六二
24	廿二壬辰 一毕开水	正正东西/南北南北	九紫艮	西西正/西东南		九三
25	廿三癸巳 二觜闭水	正正东正/南北南东	八白坤	正正东/西东南		九四
26	廿四甲午 三参建金 夏至上9		七赤乾	东东正/北东东		九五
27	廿五乙未 四井除金	西正东正/南北南东	六白兑	西东正/北北东		上六
28	廿六丙申 五鬼满火	西正东正/南北南北	五黄离	东东正/北北东	姤	初六
29	廿七丁酉 六柳平火	正正东西/南北北北	四绿震	正正东/东南南		九二
30	廿八戊戌 日星定木	正正东西/北南北南	三碧巽	正正东/东南南		九三

公元 2019 年　　　农历己亥(猪)年　　　（太岁己亥，干土支水，纳音属木，岁德甲，贵人在子、申，岁禄午，岁马巳，奏书乾，博士巽，力士艮，利南北不利东西。）

7月大

六　月辛未　遁卦　天道行东　　初五　酉时　小暑　　廿一　巳时　大暑

阳历	农历干支 星期 星宿 五行	日神方位(奇门节元) 喜财贵五神神鬼	九八星卦	八门方位 生门休门开门	六十四卦	及爻数
1	廿九己亥 一张执土	夏至中 3	二黑坎	正东西 东南南		九四
2	三十庚子 二翼破土	西正正 北东北南	一白艮	正正西 西北北		九五
3	六月辛丑 三轸危土	西正正 南东北北	九紫离	正正西 西北北		上九
4	初二壬寅 四角成金	正东正 北北南	八白震	正正西 西北北	鼎 初六	
5	初三癸卯 五亢收金	东正正 南东南南	七赤巽	正正西 西西西		九二
6	初四甲辰 六氐开水	夏至下 6	六白坎	正正西 西北北		九三
7	初五乙巳 日房开水	[小暑] 酉	五黄艮	西正正 西北北		九四
8	初六丙午 一心闭水	正正正 南东北北	四绿坤	正正东 北北南		六五
9	初七丁未 二尾建火	正正正 南西北北	三碧乾	正正东 北北南		上九
10	初八戊申 三箕除土	东正正 南北东南	二黑兑	正正东 北东北	丰 初九	
11	初九己酉 四斗满土	小暑上 8	一白艮	东西正 南西南		六二
12	初十庚戌 五牛平金	西正正 南东北南	九紫震	正东西 北北南		九三
13	十一辛亥 六女定金	西正正 南东北南	八白巽	东东正 南北南		九四
14	十二壬子 日虚执水	正东正 南南南北	七赤坎	正东西 北北北		六五
15	十三癸丑 一危破木	东正东 南南南	六白艮	正正西 北北北		上六
16	十四甲寅 二室危水	小暑中 2	五黄坤	西西正 北北北	涣 初六	
17	十五乙卯 三壁成木	西正正 北南北南	四绿乾	正正西 西南南		九二
18	十六丙辰 四奎收土	西正正 南西北南	三碧兑	正正西 西南南		六三
19	十七丁巳 五娄成土	正正正 南北北南	二黑离	正正西 西南南		六四
20	十八戊午 六胃闭水	东正正 北南北东	一白震	东正东 北南正		九五
21	十九己未 日昴建火	小暑下 5	九紫巽	东正东 北南北		上九
22	二十庚申 一毕除木	西正正 北东北北	八白艮	东正东 北东北	履 初九	
23	廿一辛酉 二觜满木	[大暑] 巳	七赤艮	正正东 北东北		九二
24	廿二壬戌 三参平水	正正西 南西西	六白坤	正正东 北东北		六三
25	廿三癸亥 四井定水	东正东 南东东	五黄乾	东正东 北东东		九四
26	廿四甲子 五鬼执金	大暑上 7	四绿兑	西正西 北北北		九五
27	廿五乙丑 六柳破金	西正西 北南南南	三碧离	东正东 北北南		上九
28	廿六丙寅 日星危火	西正西 西北南南	二黑震	正正东 北北南		上九
29	廿七丁卯 一张成火	正正正 南西南北	一白坎	正正西 北北南	通 初六	
30	廿八戊辰 二翼收木	正正正 北东南东	九紫坤	正正西 西北南		六二
31	廿九己巳 三轸开木	大暑中 1	八白艮	正正西 西北南		九三

8月大

七　月壬申　否卦　天道行北　　初八　寅时　立秋　　廿三　酉时　处暑

阳历	农历干支 星期 星宿 五行	日神方位(奇门节元) 喜财贵五神神鬼	九八星卦	八门方位 生门休门开门	六十四卦	及爻数
1	七月庚午 四角破土	西正西西 南东北南	七赤震	东东正 北北东		九四
2	初二辛未 五亢建土	西正西正 南东北南	六白巽	东东正 北北东		九五
3	初三壬申 六氐除金	西正西正 南东北南	五黄坎	东东正 北北东		上九
4	初四癸酉 日房满金	东正正正 南东南南	四绿艮	正正东 北北东	恒 初六	
5	初五甲戌 一心平火	大暑下 4	三碧坤	正正东 北北东		九二
6	初六乙亥 二尾定火	西正正正 北南北南	二黑乾	正正东 北北东		九三
7	初七丙子 三箕执火	西西正正 西北北北	一白兑	正正东 北北东		九四
8	初八丁丑 四牛破土	正正正正 南北北北	九紫离	正正东 北北东		六五
9	初九戊寅 五牛危土	东正正正 南北北东	八白震	正正东 北北东		上六
10	初十己卯 六女危土	立秋上 2	七赤巽	西正正 北西正	节 初九	
11	十一庚辰 日虚成金	西正正正 北东北南	六白坎	西正正 北西北		九二
12	十二辛巳 一危收金	西正正正 北东北南	五黄艮	西正正 北西北		六三
13	十三壬午 二室开木	正正正正 南南南北	四绿坤	正东正 北北北		六四
14	十四癸未 三壁开木	东正正东 南南南	三碧乾	正东正 北北北		九五
15	十五甲申 四奎成水	立秋中 5	二黑兑	东正东 北南正		上六
16	十六乙酉 五娄除水	西西正正 北南南东	一白震	东正东 南南南	同人 初九	
17	十七丙戌 六胃满土	西正正正 南西北北	九紫巽	正正东 北南南		六二
18	十八丁亥 日昴平土	正正正正 南北北北	八白艮	东西正 南南南		六三
19	十九戊子 一毕定火	东正正正 北南北东	七赤坎	正东东 北北北		九四
20	二十己丑 二觜执火	西正正正 北东北南	六白艮	东东正 北南正		九五
21	廿一庚寅 三参破木	正正正正 北东东南	五黄坤	正东东 北北东		上九
22	廿二辛卯 四井危木	正正正正 南东南北	四绿乾	西正正 北西南	损 初九	
23	廿三壬辰 五鬼成水	[处暑] 酉	三碧兑	正正东 北东北		九二
24	廿四癸巳 六柳收水	东正正东 南南南北	二黑离	正正东 北西南		六三
25	廿五甲午 日星开金	处暑上 1	一白震	东东正 北北东		六四
26	廿六乙未 一张闭金	西正西正 南南北南	九紫巽	东东正 北南东		六五
27	廿七丙申 二翼建火	西正正正 南西北北	八白坎	东东正 北南东		上九
28	廿八丁酉 三轸除火	正正西正 南西北北	七赤艮	正正东 北东东	否 初六	
29	廿九戊戌 四角满木	东正西正 北南北东	六白坤	正正东 北南南		六二
30	八月己亥 五亢平木	处暑中 4	五黄巽	东正东 北南南		六三
31	初二庚子 六氐定土	西正正正 北东北北	四绿坎	正正西 西北北		九四

公元 2019 年　　　农历己亥(猪)年

（太岁己亥，干土支水，纳音属木，岁德甲，贵人在子、申，岁禄午，岁马巳，奏书乾，博士巽，力士艮，利南北不利东西。）

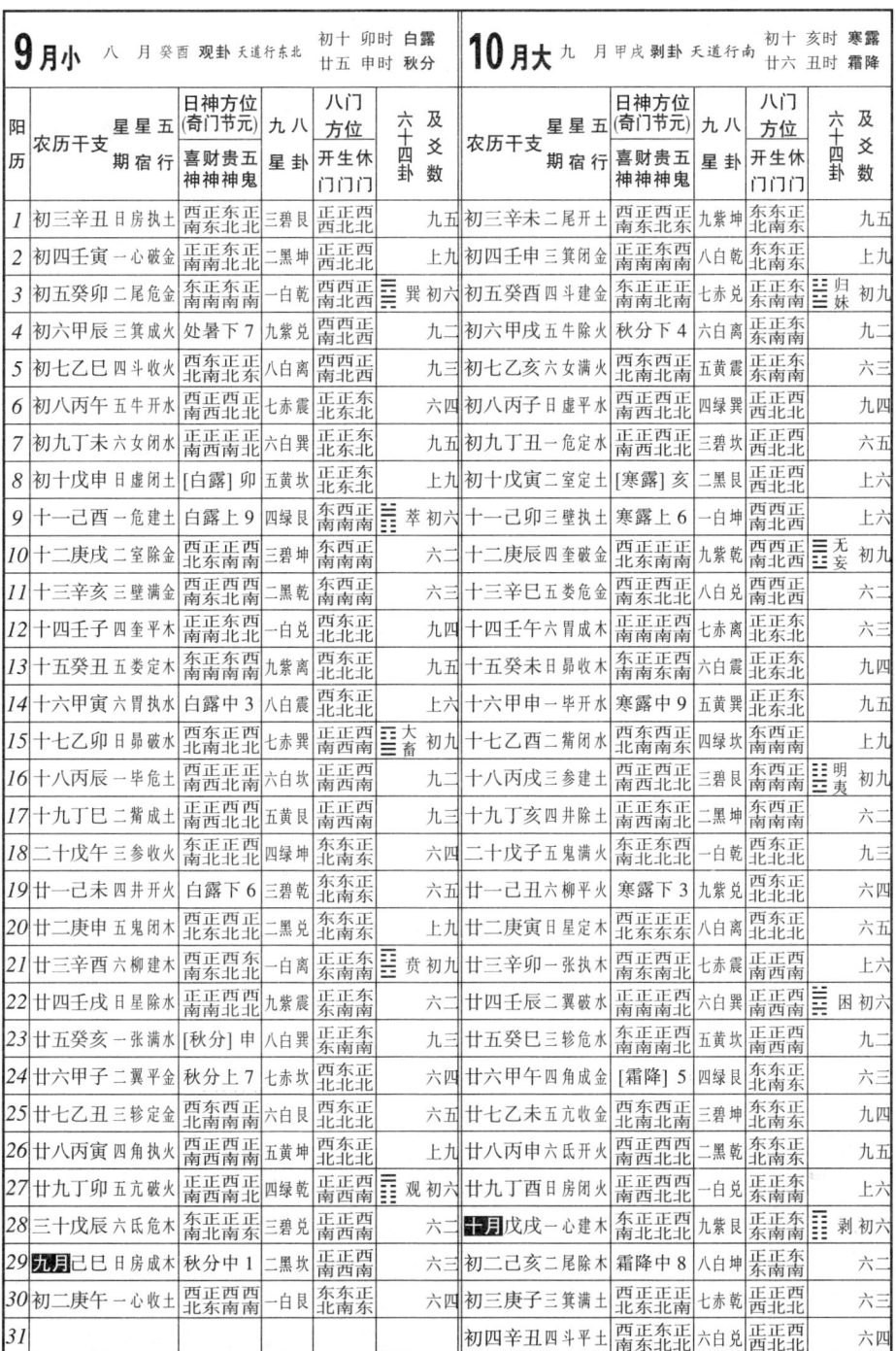

9月小　八 月癸酉　观卦　天道行东北　初十 卯时 白露　廿五 申时 秋分

阳历	农历干支 星期宿行五	日神方位(奇门节元) 喜财贵五神神神鬼	九星八卦	八门方位 开生休门门门	六十四卦	及爻数
1	初三辛丑 八房属土	西正西东东正 南东北正	三碧艮	正正西西北北		九五
2	初四壬寅 一心破金	正正东西南北北	二黑坤	正正西北北		上九
3	初五癸卯 二尾危金	东西东正南南南南	一白乾	西西西正西西	巽 初六
4	初六甲辰 三箕成土	处暑下 7	九紫离	西正正北东		九二
5	初七乙巳 四斗收火	西东正正北北北东	八白离	西正西南南西		九三
6	初八丙午 五牛开水	西正西西南北北北	七赤震	正正东北东东		六四
7	初九丁未 六女闭火	正正正东南北北北	六白巽	正正东北东东		九五
8	初十戊申 日虚闭土	[白露] 卯	五黄坎	正正东北北东		上九
9	十一己酉 一危建土	白露上 9	四绿艮	东西正南南南	萃 初六
10	十二庚戌 二室除金	西正西西北南南西	三碧坤	东北东南南东		六二
11	十三辛亥 三壁满金	西西东北北北北	二黑乾	东北东南南东		六三
12	十四壬子 四奎平木	正正东北东北	一白兑	东东北北北		九四
13	十五癸丑 五娄定木	东正正北南南南	九紫离	西东北北北		九五
14	十六甲寅 六胃执木	白露中 3	八白震	西正东北北		上六
15	十七乙卯 日昴破木	西东西西北北北北	七赤巽	正西西南南南	大畜 初九
16	十八丙辰 一毕危土	西西正正南北南	六白坎	正正西西南南		六二
17	十九丁巳 二觜成土	西正正正南北北	五黄艮	正正西西南南		九三
18	二十戊午 三参收木	东正西正北北北北	四绿坤	东东正北北东		六四
19	廿一己未 四井开火	白露下 6	三碧乾	西东北北北东		六五
20	廿二庚申 五鬼闭土	西正正正北北北东	二黑兑	西东北北北东		上九
21	廿三辛酉 六柳建金	西正西东南北北北	一白离	正正东南南南	贲 初九
22	廿四壬戌 日星除水	西正西西南北北北	九紫震	正正东南南南		六二
23	廿五癸亥 一张满水	[秋分] 申	八白巽	正正西西南南		九三
24	廿六甲子 二翼平金	秋分上 7	七赤坎	西东正北北东		六四
25	廿七乙丑 三轸定金	东西正正北南南南	六白艮	西北北东东		六五
26	廿八丙寅 四角执木	西西正正北南南西	五黄坤	西正西南南西		上九
27	廿九丁卯 五亢破火	正正正正南南南西	四绿乾	正正西南南南	观 初六
28	三十戊辰 六氐危木	东正西东北北东	三碧艮			六二
29	九月己巳 日房成木	秋分中 1	二黑卦	正正西西南南		六三
30	初二庚午 一心收土	西正西东北北东南	一白艮	东西正南南东		六四
31						

10月大　九 月甲戌　剥卦　天道行南　初十 亥时 寒露　廿六 丑时 霜降

阳历	农历干支 星期宿行五	日神方位(奇门节元) 喜财贵五神神神鬼	九星八卦	八门方位 开生休门门门	六十四卦	及爻数
1	初三辛未 二尾开土	西正西东东北北	九紫坤	东东正西北东		九五
2	初四壬申 三箕闭金	正正东西南南南	八白乾	东东正西北东		上九
3	初五癸酉 四斗建金	东西东正南南南	七赤兑	东东正南南南	归妹 初九
4	初六甲戌 五牛除火	秋分下 4	六白离	正正东东东		九二
5	初七乙亥 六女满火	西东正正北北南	五黄震	正正东东东		六三
6	初八丙子 日虚平水	西正西西南北北北	四绿巽	西正西东东		九四
7	初九丁丑 一危定水	正正正东南北北	三碧艮	正正西西东		六五
8	初十戊寅 二室定木	[寒露] 亥	二黑艮	正正东西北		上六
9	十一己卯 三壁执土	寒露上 6	一白坤	正正西北西		上六
10	十二庚辰 四奎破金	西正正东北东南南	九紫乾	西西正西西	无妄 初九
11	十三辛巳 五娄危金	西正西东北北北	八白兑	西北东北西		六二
12	十四壬午 六胃成木	正正东西南南南	七赤离	东北北东东		六三
13	十五癸未 日昴收木	东正正东南南南	六白震	西东北北东		九四
14	十六甲申 一毕开水	寒露中 9	五黄巽	西东北北东		九五
15	十七乙酉 二觜闭金	东东西正南南南	四绿坎	东东正南南南		上九
16	十八丙戌 三参建土	西正正正南北北	三碧艮	东东正南南南	明夷 初九
17	十九丁亥 四井除土	正正东正南北北	二黑坤	正正西西南南		六二
18	二十戊子 五鬼满水	东正正西北北北北	一白乾	西东正西南		六三
19	廿一己丑 六柳平火	寒露下 3	九紫兑	西东北北东		六四
20	廿二庚寅 日星定木	西正正东北北东南	八白离	西北北东北		六五
21	廿三辛卯 一张执金	西正正正北东南南	七赤震	正正西西南		上六
22	廿四壬辰 二翼破水	西正西西南北北北	六白巽	正正东南南南	困 初六
23	廿五癸巳 三轸危水	东正正正南南南	五黄坎	正正西西南南		九二
24	廿六甲午 四角成金	[霜降] 5	四绿艮	东东正南南东		六三
25	廿七乙未 五亢收金	西正东正北南北东	三碧坤	西北北东东		九四
26	廿八丙申 六氐开水	西正西正南北南北	二黑乾	正正西南南西		九五
27	廿九丁酉 日房闭火	正正西东南北北	一白兑	正正东南南南		上六
28	十月戊戌 一心建金	西东北正南北东	九紫艮	正正东东东	剥 初六
29	初二己亥 二尾除木	霜降中 8	八白坤	正正东西东		六二
30	初三庚子 三箕满土	西正西东北南北南	七赤乾	西北东北东		六三
31	初四辛丑 四斗平土	西正东正南东北北	六白兑	正正西西北北		六四

公元 2019 年　　　农历己亥(猪)年

太岁己亥,干土支水,纳音属木,岁德甲,贵人在子、申,岁禄午,岁马巳,奏书乾,博士巽,力士艮,利南北不利东西。

11月小　十月乙亥　坤卦　天道行东　　十二 丑时 立冬　廿六 亥时 小雪

阳历	农历干支星期宿行五行	日神方位(奇门节元)喜财贵五神鬼	九星八卦	八门方位开门生门休门	六十四卦及爻数
1	初五壬寅五牛定金	正正东正南南	五黄离	正正东西北北	六五
2	初六癸卯六女执金	东正东南南南	四绿震	西西正北西	上九
3	初七甲辰日虚破火	霜降下2　西西正南南	三碧巽	西西正南南	艮 初六
4	初八乙巳一危危火	西东正正东东	二黑坎	西西东北北	六二
5	初九丙午二室成水	西正东北北	一白艮	正正东北北	九三
6	初十丁未三壁收水	正西西南北	九紫坤	正正东北北	六四
7	十一戊申四奎开土	东正正西北南	八白乾	正正西南南	六五
8	十二己酉五娄开土	[立冬]6　七赤兑	七赤兑	东西正南南	上九
9	十三庚戌六胃闭金	西正正北东西	六白离	东西正南南	既济 初九
10	十四辛亥日昴建水	西正正东北北	五黄震	东东正北北	六二
11	十五壬子一毕除木	正正东南南北	四绿巽	西东正北北	九三
12	十六癸丑二觜满土	东东正东南南	三碧坎	正东西南北	六四
13	十七甲寅三参平水	立冬中9　西东北北	二黑艮	西东北北	九五
14	十八乙卯四井定水	东东正南北北	一白坤	西南南东	上六
15	十九丙辰五鬼执土	西正正正南北北	九紫乾	正正西南南	噬嗑 初九
16	二十丁巳六柳破土	正正东南北北	八白兑	正西西北东	六二
17	廿一戊午日星危火	西正西北北北	七赤离	正正东北东	六三
18	廿二己未一张成木	立冬下3　东东正南北	六白震	东东正南北	九四
19	廿三庚申二翼收木	西东正北北北	五黄巽	西东正南北	六五
20	廿四辛酉三轸开木	西正东南北北	四绿坎	正正东南北	上九
21	廿五壬戌四角闭水	正正东西南北	三碧艮	正正东东南	大过 初六
22	廿六癸亥五亢建水	[小雪]亥　东东正南东	二黑坤	东东正南东	九二
23	廿七甲子六氐除金	小雪上5　西东正南东	一白乾	西东正南东	九三
24	廿八乙丑日房满金	东东正南东南	九紫离	西东正南东	九四
25	廿九丙寅一心平火	西西东南南南	二黑离	西西东南南	九五
26	三十 丁卯二尾定木	正正正东东南	三碧坤	正正西东南	上六
27	初二戊辰三箕执木	东东正北东东	四绿乾	正正东南南	坤 初六
28	初三己巳四斗破木	小雪下8　正正东南南	五黄兑	正正东南南	六二
29	初四庚午五牛危土	西正东西南南	六白离	东东正南东	六三
30	初五辛未六女成土	西北北东北	七赤震	东东正南东	六四
31					

12月大　十一月丙子　复卦　天道行东南　　十二 酉时 大雪　廿七 午时 冬至

阳历	农历干支星期宿行五行	日神方位(奇门节元)喜财贵五神鬼	九星八卦	八门方位开门生门休门	六十四卦及爻数
1	初六壬申日虚收金	正南东西南南	八白巽	东东正南南	六五
2	初七癸酉一危开金	东正东北南南	九紫坎	东东正南南	上六
3	初八甲戌二室闭火	小雪下2　正正东南南	一白艮	正正东南南	未济 初六
4	初九乙亥三壁闭火	东东正正东南	二黑坤	正正东南南	九二
5	初十丙子四奎除水	西正东北北	三碧乾	正正西北北	六三
6	十一丁丑五娄满水	西正西南北北	四绿兑	正正东南南	九四
7	十二戊寅六胃满土	[大雪]酉　正正东西南	五黄离	正正东西南	六五
8	十三己卯日昴平土	大雪上4　西西正北西	六白震	西西正北西	上九
9	十四庚辰一毕定金	西北东东南南	七赤巽	西东正北西	蹇 初六
10	十五辛巳二觜执金	西正东北北	八白坎	西东正北西	六二
11	十六壬午三参破木	正正东南南	九紫艮	北东正北北	九三
12	十七癸未四井危木	东正正南南	一白坤	正正东西北	六四
13	十八甲申五鬼成水	大雪中7　西正正北东	二黑乾	正东北北	九五
14	十九乙酉六柳收水	东正南南东	三碧兑	东南南南	上六
15	二十丙戌日星开土	西正西北北	四绿离	东西正南南	颐 初九
16	廿一丁亥一张闭土	正正东北北	五黄震	东东正南南	六二
17	廿二戊子二翼建火	东正北北北	六白巽	北北北东	六三
18	廿三己丑三轸除火	大雪下1　西正东	七赤坎	西正东	六四
19	廿四庚寅四角满木	东东正北北	八白艮	西正东南	六五
20	廿五辛卯五亢平木	西正东南北	九紫坤	东正正南北	上九
21	廿六壬辰六氐定水	正正正南北	一白乾	正正东西南	上九
22	廿七癸巳日房执火	[冬至]午　正正东南东	二黑兑	正正东南东	中孚 初九
23	廿八甲午一心破金	冬至上1　东东正南东	三碧离	东东正南东	九二
24	廿九乙未二尾危金	西正东南东	四绿震	西东正南东	六三
25	三十丙申三箕成火	西东南南南	五黄巽	西东正南东	六四
26	十二 丁酉四斗收火	东正正东南东	六白乾	正正东南南	九五
27	初二戊戌五牛开木	东正正北北	七赤兑	东正正东南	上九
28	初三己亥六女闭木	冬至中7　东东正南东	八白离	东东正南东	复 初九
29	初四庚子日虚建土	西正西北北	九紫震	正正东南东	六二
30	初五辛丑一危除土	西东北北北	一白巽	西正东北北	六三
31	初六壬寅二室满金	正正东正南北	二黑坎	正正西北北	六四

244

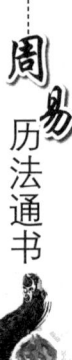

周易历法通书

公元 2020 年(闰)　农历庚子(鼠)年
(闰四月)

太岁庚子,干金支水,纳音属土,岁德庚,贵人在丑、未,岁禄申,岁马寅,奏书乾,博士巽,力士艮,利东西不利南北。

1月大　十二月 丁丑 临卦 天道行西　十二 卯时 小寒　廿六 亥时 大寒

阳历	农历干支 星期星宿五行	日神方位(奇门节元)喜财贵神神鬼	九星八卦	八门方位开生休门门门	六十四卦及爻数
1	初七癸卯 三壁平金	东正正正南南南	三碧艮	西正西西北西	六五
2	初八甲辰 四奎定火	冬至下 4	四绿坤	西正西南北西	上六
3	初九乙巳 五娄执火	西东正北北东	五黄乾	西正西南北西	屯初九
4	初十丙午 六胃破水	西东西北北东	六白兑	正正东南北东	六二
5	十一丁未 日昴危水	正正正南西北	七赤离	正正正北北南	六三
6	十二戊申 一毕成土	[小寒]卯	八白震	正正正北北南	六四
7	十三己酉 二觜收金	小寒上 2	九紫巽	东西正北北南	九五
8	十四庚戌 三参收金	西北东西北南东西	一白坎	东西正南南南	上六
9	十五辛亥 四井开金	西东西北北西	二黑艮	东西正北北西	谦初六
10	十六壬子 五鬼闭水	正正东南北北	三碧坤	西东正北北北	六二
11	十七癸丑 六柳建水	东东西南南南	四绿乾	西正正北北东	九三
12	十八甲寅 日星除土	小寒中 8	五黄兑	西东正南北正	六四
13	十九乙卯 一张满水	西东西北北北	六白坎	正正正南南南	六五
14	二十丙辰 二翼平土	西南西北南西南	七赤震	正正正南南西	上六
15	廿一丁巳 三轸定土	正正正西西西	八白巽	东正正南北东	睽初九
16	廿二戊午 四角执火	东正正南北北	九紫坎	东东西北南东	九二
17	廿三己未 五亢破火	小寒下 5	一白艮	东正正北南东	六三
18	廿四庚申 六氐危木	西东西北正南北东	二黑艮	西东正北南东	九四
19	廿五辛酉 日房成木	西东东南北北	三碧乾	西正正南东南	九五
20	廿六壬戌 一心收水	[大寒]亥	四绿兑	正正东南北东	上九
21	廿七癸亥 二尾开水	正大正正南南南正	五黄离	正正东南北东	升初六
22	廿八甲子 三箕闭金	大寒上 3	六白震	正正东北北北	九二
23	廿九乙丑 四斗建金	西东西正南正南东	七赤巽	西东西北北东	九三
24	三十丙寅 五牛除火	西正正东南南东	八白坎	西东东北北东	六四
25	一月丁卯 六女满土	西正正南北北	九紫离	西正正南西北	六五
26	初二戊辰 日虚平木	东正正北正东	一白震	正正西南西东	上六
27	初三己巳 一危定木	大寒中 9	二黑巽	正正西南南西	临初九
28	初四庚午 二室执土	西正西西南南	三碧坎	东东正南北东	九二
29	初五辛未 三壁破土	西正西北东南	四绿艮	东东正北南东	六三
30	初六壬申 四奎危金	西正西西南南	五黄坤	东东正南北南	六四
31	初七癸酉 五娄成金	东正正北南南	六白乾	正正东东南南	六五

2月闰　一 月 戊寅 泰卦 天道行南　十一 酉时 立春　廿六 午时 雨水

阳历	农历干支 星期星宿五行	日神方位(奇门节元)喜财贵神神鬼	九星八卦	八门方位开生休门门门	六十四卦及爻数
1	初八甲戌 六胃收火	大寒下 6	七赤兑	正东东东北南	上六
2	初九乙亥 日昴开火	西东西北北南	八白离	东正西南东南	小过初六
3	初十丙子 一毕闭水	西东西北北南北	九紫震	西东正西北东	六二
4	十一丁丑 二觜闭水	[立春]酉	一白巽	正正西北东西	九三
5	十二戊寅 三参建土	东正正西北北南	二黑坎	正正西北北西	九四
6	十三己卯 四井除土	立春上 8	三碧艮	正正西南北西	六五
7	十四庚辰 五鬼满土	西正正东北南	四绿坤	西正正北北西	上六
8	十五辛巳 六柳平金	西东北北南东	五黄乾	西正正北北西	蒙初六
9	十六壬午 日星定木	西东南南南南	六白兑	东北东北西南	九二
10	十七癸未 一张执水	东正西南东南	七赤离	东东东北东北	六三
11	十八甲申 二翼破水	立春中 5	八白震	西东东北北东	六四
12	十九乙酉 三轸危金	西东西正南南东	九紫巽	东东正南北正	六五
13	二十丙戌 四角成土	西正西北北东	一白坎	正正西南南南	上九
14	廿一丁亥 五亢收土	东正正南北北	二黑艮	正正正南南西	益初九
15	廿二戊子 六氐开水	东东东西南北东	三碧坤	东东正南北东	六二
16	廿三己丑 日房闭火	立春下 2	四绿乾	西东正北北东	六三
17	廿四庚寅 一心建木	东正东东南南东	五黄兑	西东东北北东	六四
18	廿五辛卯 二尾除木	西东东南北北	六白离	正正西南西北	九五
19	廿六壬辰 三箕满水	[雨水]午	七赤震	正正西南西南	上九
20	廿七癸巳 四斗平水	西正正南北南	八白巽	正正西南南西	渐初六
21	廿八甲午 五牛定金	雨水上 9	九紫离	东东正北南东	六二
22	廿九乙未 六女执金	西正正北北南	一白艮	东东正北南东	九三
23	二月丙申 一虚破水	西正东西北南南	二黑震	东东正南北南	六四
24	初二丁酉 一危危火	正正正南西南	三碧巽	正正东东南南	九五
25	初三戊戌 二室成木	正正东北正东	四绿坎	东东东东南南	上九
26	初四己亥 三壁收水	雨水中 6	五黄艮	正正东南北南	泰初九
27	初五庚子 四奎开土	西正东北北南	六白坤	西正东南北南	九二
28	初六辛丑 五娄闭土	正正东正南南	七赤乾	西正东南北南	九三
29	初七壬寅 六胃建金	西正东北北北	八白兑	正正西东北北	六四

公元 2020 年(闰)　农历庚子(鼠)年
(闰四月)

太岁庚子,干金支水,纳音属土,岁德庚,贵人在丑、未,岁禄申,岁马寅,奏书乾,博士巽,力士艮,利东西不利南北。

3月大 二 月 己卯 大壮卦 天道行西南　十二 巳时 惊蛰　廿七 午时 春分

4月小 三 月 庚辰 夬卦 天道行北　十二 申时 清明　廿七 亥时 谷雨

阳历	农历干支 星期	星宿 五行	日神方位(奇门节元)喜财贵五神神神鬼	九星八卦	八门方位 开生休门门门	六十四卦 及爻数	阳历	农历干支 星期	星宿 五行	日神方位(奇门节元)喜财贵五神神神鬼	九星八卦	八门方位 开生休门门门	六十四卦 及爻数
1	初八癸卯 日	昴除金	东正北正南西	九紫离	西西正南北西	六五	1	初九甲戌 三	参闭火	春分下6	四绿巽	正正东南北	六五
2	初九甲辰 一	毕满火	雨水下3	一白震	西西正南北正	上六	2	初十乙亥 四	井成火	西东北正南南	五黄坎	正正东南南	上六
3	初十乙巳 二	觜平火	西东北南北东	二黑巽	西西正南北东	上六	3	十一丙子 五	鬼收水	西东北正北北	六白艮	西西北北南	豫初六
4	十一丙午 三	参定水	西正北南北正	三碧坎	正正东北东北	需初九	4	十二丁丑 六	柳收水	[清明]申	七赤坤	正正东西西	六二
5	十二丁未 四	井定水	[惊蛰]巳	四绿艮	正正北北东北	九二	5	十三戊寅 日	星开土	东北南北北	八白乾	西西北北南	六三
6	十三戊申 五	鬼执土	东正北东南	五黄坤	正正北北东北	九三	6	十四己卯 一	张闭土	清明上4	九紫兑	西北东北北	九四
7	十四己酉 六	柳破土	惊蛰上1	六白乾	东西正南南南	六四	7	十五庚辰 二	翼建金	西北正正南南	一白离	西南正北西	六五
8	十五庚戌 日	星危金	西北东正南南	七赤兑	正正北南南	九五	8	十六辛巳 三	轸除金	西东北正北东	二黑震	西西北北南	上六
9	十六辛亥 一	张成水	西东西正南北	八白离	东西正北南北	上六	9	十七壬午 四	角满木	正正正西南北	三碧巽	正正东南北	讼初六
10	十七壬子 二	翼收木	正正东西南北北	九紫震	西东北北北	随初九	10	十八癸未 五	亢平木	东正正西南南	四绿坎	正正北北北	九二
11	十八癸丑 三	轸开土	正正南南南东南	一白巽	西东北北东	六二	11	十九甲申 六	氐建水	清明中1	五黄艮	正北北北北	六三
12	十九甲寅 四	角闭水	惊蛰中7	二黑坎	西东北北东	六三	12	二十乙酉 日	房执木	西东正南南东	六白坤	东东北南北	九四
13	二十乙卯 五	亢建水	西东北南北北	三碧艮	西南正北北	九四	13	廿一丙戌 一	心破土	正正东北北北	七赤乾	正正南北北	九五
14	廿一丙辰 六	氐除土	正东南西北南	四绿坤	西南正北南	九五	14	廿二丁亥 二	尾危土	西正北正北北	八白兑	正正北南南	上九
15	廿二丁巳 日	房满土	正正西南北北	五黄乾	正东北南东	上六	15	廿三戊子 三	箕成水	东东正南北北	九紫离	西西北正南	蛊初六
16	廿三戊午 一	心平火	东正正南北北	六白兑	东东北南东	晋初六	16	廿四己丑 四	斗收火	清明下7	一白震	正正东北北	九二
17	廿四己未 二	尾定火	惊蛰下4	七赤离	东西南正北	六二	17	廿五庚寅 五	牛开木	东东北正东南	二黑巽	正正东北北	九三
18	廿五庚申 三	箕执木	西正北正北北东	八白震	正北正北东	六三	18	廿六辛卯 六	女闭木	西东南北北	三碧艮	正西南南	六四
19	廿六辛酉 四	斗破木	西北东东南南	九紫巽	西北正南正	九四	19	廿七壬辰 日	虚建水	[谷雨]亥	四绿坤	正正南南南	六五
20	廿七壬戌 五	牛危水	[春分]午	一白坎	正正北南东	六五	20	廿八癸巳 一	危满水	东正正南西	五黄坤	正东北西	上九
21	廿八癸亥 六	女成水	正正南南南东	二黑艮	正正南北南	上九	21	廿九甲午 二	室满金	谷雨上5	六白乾	东东北东	革初九
22	廿九甲子 日	虚收金	春分上3	三碧坤	正北北正北	解初六	22	三十乙未 三	壁平金	正正北北北北	七赤兑	正正北东	六二
23	三十乙丑 一	危开金	西东北南南正	四绿乾	西东北北东	九二	23	四月丙申 四	奎定火	西东南西东	八白艮	东东北东	九三
24	三月丙寅 二	室闭火	正东南西北北	五黄巽	西北北南北	六三	24	初二丁酉 五	娄执火	正正东北北	九紫巽	正正东北	九四
25	初二丁卯 三	壁建木	正正东西北北	六白坎	正正东南北	九四	25	初三戊戌 六	胃破土	正正北北北	一白坤	正正东北	九五
26	初三戊辰 四	奎除木	东正北南东	七赤艮	正正西南东	六五	26	初四己亥 日	昴危木	谷雨中2	二黑乾	正正北东	上六
27	初四己巳 五	娄满木	春分中9	八白坤	正正东南北	上六	27	初五庚子 一	毕成土	西正北北东	三碧兑	西西正北	夬初九
28	初五庚午 六	胃平土	西正西正南西	九紫乾	东东北南东	大壮初九	28	初六辛丑 二	觜收金	正正东北正	四绿离	正正西北	九二
29	初六辛未 日	昴定土	西正北正东	一白兑	东东北南东	九二	29	初七壬寅 三	参开金	西北正南正	五黄震	西北北	九三
30	初七壬申 一	毕执金	西北正南正南	二黑离	正正东南南	九三	30	初八癸卯 四	井闭金	西东北南南	六白巽	西北北	九四
31	初八癸酉 二	觜破金	东正北正南	三碧震	正正东南南	九四							

周易历法通书

公元 2020 年(闰)　农历庚子(鼠)年
(闰四月)

(太岁庚子,干金支水,纳音属土,岁德庚,贵人在丑、未,岁禄申,岁马寅,奏书乾,博士巽,力士艮,利东西不利南北。)

| 5月大 | 四　月辛巳　乾卦　天道行西 | 十三　辰时　立夏 | | 廿八　亥时　小满 |

| 6月小 | 五　月壬午　姤卦　天道行西北 | 十四　午时　芒种 | | 初一　卯时　夏至 |

5月大

阳历	农历干支 星期 星宿 五行	日神方位(奇门节元)喜财贵五神神神鬼	九星 八卦	八门方位 开生休门门门	六十四卦 及爻数
1	初九甲辰 五鬼 角火 谷雨下8	西西正西	七赤坎	西正正南	九五
2	初十乙巳 六柳除火	西东正正北东北东	八白艮	西正东北	上六
3	十一丙午 日星平水	西西正正南南北东	九紫坤	西东北北	旅 初六
4	十二丁未 一张平火	正正正西北东	一白乾	正东东	六二
5	十三戊申 二翼平土 [立夏]辰	西正正北南东	二黑兑	西东东	九三
6	十四己酉 三轸定土 立夏上4	西正正	三碧离	西正南	九四
7	十五庚戌 四角执金	西正正西东	四绿震	西东正南	六五
8	十六辛亥 五亢破金	西西正东北北	五黄巽	东西正南	上九
9	十七壬子 六氐危木	西正东北北东北	六白坎	西东正北北	师 初六
10	十八癸丑 日房成水	东正正西南南北	七赤艮	西正北北	六二
11	十九甲寅 一心收水 立夏中1	西西正正	八白坤	西北北	六三
12	二十乙卯 二尾开木	东西正南	九紫乾	西正南	六四
13	廿一丙辰 三箕闭土	西西正北西南	一白兑	正西南	六五
14	廿二丁巳 四斗建土	西西正南北东	二黑离	正正正南南	上六
15	廿三戊午 五牛除火	东正正南南	三碧震	东正正南东	上六
16	廿四己未 六女满火 立夏下7	西东正南北东	四绿巽	东正正南东	比 初六
17	廿五庚申 一虚平土	西西正正北东北北	五黄坎	西正东北	六二
18	廿六辛酉 一危定木	西西正东	六白艮	正正南南	六三
19	廿七壬戌 二室执水	正正西北北	七赤坤	正正南南	六四
20	廿八癸亥 三壁破水 [小满]亥	正正东东	八白乾	东东正东	九五
21	廿九甲子 四奎危金 小满上5	西东正北北	九紫兑	西正北	上六
22	三十乙丑 五娄成金	西东正北南南	九紫坤	西正正北北	小畜 初九
23	闰四丙寅 六胃收火	西正正	八白坎	正正西南北	初二
24	初二丁卯 日昴开火	正正西北西南	七赤艮	正正西南	九三
25	初三戊辰 一毕闭木	东正正北东东	六白坤	正西东	六四
26	初四己巳 二觜建木 小满中2	正西西西南	五黄乾	正正西北	九五
27	初五庚午 三参除土	西西正北南东	四绿兑	正西北	上九
28	初六辛未 四井满土	东东正南南	三碧离	乾 初九
29	初七壬申 五鬼平金	正正西南南	二黑震	东正南东	九二
30	初八癸酉 六柳定金	西东正北东南	一白巽	东东正东	九三
31	初九甲戌 日星执火 小满下8	正正东南南	九紫坎	东正东南南	九四

6月小

阳历	农历干支 星期 星宿 五行	日神方位(奇门节元)喜财贵五神神神鬼	九星 八卦	八门方位 开生休门门门	六十四卦 及爻数
1	初十乙亥 一张破火	东西西正北西南东	八白艮	正东东北	九五
2	十一丙子 二翼危水	西西正北北	七赤坤	正西北	上九
3	十二丁丑 三轸成水	西西正北东	六白乾	西正北北	大有 初九
4	十三戊寅 四角收土	东正正北东东	五黄兑	正西西	九二
5	十四己卯 五亢收土 [芒种]6	正正正北东南	四绿离	西正正南西	九三
6	十五庚辰 六氐开金	西正正北南南	三碧震	西正正南西	九四
7	十六辛巳 日房闭金	西西东正南南	二黑巽	西正正南南	六五
8	十七壬午 一心建木	正正正西南南	一白坎	正北北	上九
9	十八癸未 二尾除木	东正东正南南东	九紫艮	东正北北	家人 初九
10	十九甲申 三箕满木 芒种中3	东正正北东南东	八白坤	正东东	六二
11	二十乙酉 四斗平水	西正正北南东	七赤乾	东西正南南	九三
12	廿一丙戌 五牛定土	西西正北东	六白兑	西正正	六四
13	廿二丁亥 六女执土	正正正西东	五黄离	东西正南南	九五
14	廿三戊子 日虚破火	西正正北东南	四绿震	东西北北	上九
15	廿四己丑 一危成火 芒种下9	西正东南东东	三碧巽	西西正北南	井 初六
16	廿五庚寅 二室成木	西正正北东东东	二黑坎	西北北	九二
17	廿六辛卯 三壁收木	西西正南北北	一白艮	西正南	九三
18	廿七壬辰 四奎开水	正正正西南南	九紫坤	西西正南	六四
19	廿八癸巳 五娄闭水	正正东正南南东	八白乾	东东正南	九五
20	廿九甲午 六胃建金 夏至上9	东东正南南	七赤兑	东东正东	上六
21	五月乙未 日昴除金 [夏至]卯	西东正南北东	六白艮	东东正南东	咸 初六
22	初二丙申 一毕满火	西西正北北	五黄坤	西西北北	六二
23	初三丁酉 二觜平火	正正正北东	四绿乾	正正西北	九三
24	初四戊戌 三参定木	东正正北东东	三碧兑	正正东东	九四
25	初五己亥 四井执木 夏至中3	东正东正南南北	二黑离	西正正	九五
26	初六庚子 五鬼破土	西东正北东北南	一白震	正正西北	上六
27	初七辛丑 六柳危土	西西正北南南	九紫巽	西西正北南	姤 初六
28	初八壬寅 日星成金	正正西南北东	八白艮	正正西北	九二
29	初九癸卯 一张收金	东东东正南南	七赤坤	西东正北	九三
30	初十甲辰 二翼开火 夏至下6	东西西正北西南	六白坤	西正南西	九四

公元 2020 年(闰)　农历庚子(鼠)年

(闰四月)

（太岁庚子,干金支水,纳音属土,岁德庚,贵人在丑、未,岁禄申,岁马寅,奏书乾,博士巽,力士艮,利东西不利南北。）

7月大　六 月癸未　遁卦　天道行东　十六 夜子 小暑　初二 申时 大暑

阳历	农历干支	星期星宿五行	日神方位(奇门节元)喜财贵神神鬼	九星八卦	八门方位开门生门休门	六十四卦及爻数
1	十一乙巳	三轸闭火	西南东北正北	五黄乾	西西正北北	九五
2	十二丙午	四角建水	西正西南西北	四绿兑	正正东北东北	上九
3	十三丁未	五亢除火	正南西南北	三碧离	西北东北	鼎初六
4	十四戊申	六氐满土	东正西南东南	二黑震	西北北东北	九二
5	十五己酉	日房平土	小暑上8	一白巽	西南南南	九三
6	十六庚戌	一心平金	[小暑]子	九紫离	东西南南	九四
7	十七辛亥	二尾定金	西南东北正东	八白艮	东西南南	六五
8	十八壬子	三箕执水	西南南北北北	七赤坤	西北北北	上九
9	十九癸丑	四斗破水	东正南西北	六白乾	西东北北	丰初九
10	二十甲寅	五牛危水	西北北北	五黄兑	西东北北	六二
11	廿一乙卯	六女成水	西北南北北	四绿离	正南西西	九三
12	十二丙辰	日虚收土	西正西南西北	三碧震	正南西北	九四
13	廿三丁巳	一危开土	正南西南北	二黑巽	正南西北	六五
14	廿四戊午	二室闭火	东北北北	一白坎	东东北北	上六
15	廿五己未	三壁建火	小暑下5	九紫艮	东东北东	涣初六
16	廿六庚申	四奎除金	西北北北	八白坤	西南南北	九二
17	廿七辛酉	五娄满金	西正西东	七赤兑	正正西北	六三
18	廿八壬戌	六胃平水	正正西北	六白兑	正正东南	六四
19	廿九癸亥	日昴定水	东南南东	五黄震	东东南南	九五
20	三十甲子	一毕执金	大暑上7	四绿坤	西东北南	上九
21	六月乙丑	二觜破金	东南西南南	三碧坤	西北北南	履初九
22	初二丙寅	三参危水	[大暑]申	二黑震	西东北北	九二
23	初三丁卯	四井成火	正南西西	一白离	正正西北	六三
24	初四戊辰	五鬼收木	西北南东	九紫离	正南西北	九四
25	初五己巳	六柳开木	大暑中1	八白艮	正正西西	九五
26	初六庚午	日星闭土	西正北东南南	七赤巽	东东正南	上九
27	初七辛未	一张建土	南东北北	六白坎	东东正南	上九
28	初八壬申	二翼除金	正正西南	五黄艮	东东正南	遁初六
29	初九癸酉	三轸满金	东正正东	四绿坤	东东正南	六二
30	初十甲戌	四角平火	大暑下4	三碧乾	正正西北	九四
31	十一乙亥	五亢定火	西东西南北南	二黑巽	正正东北	九四

8月大　七 月甲申　否卦　天道行北　十八 巳时 立秋　初四 夜子 处暑

阳历	农历干支	星期星宿五行	日神方位(奇门节元)喜财贵神神鬼	九星八卦	八门方位开门生门休门	六十四卦及爻数
1	十二丙子	六氐执水	西正西西正北	一白离	正正西北	九五
2	十三丁丑	日房破水	西南东北北	九紫震	正正西北	上九
3	十四戊寅	一心危土	东正东北	八白巽	西西正北	恒初六
4	十五己卯	二尾成土	立秋上2	七赤坎	西西正	九二
5	十六庚辰	三箕收金	西北东北南	六白艮	西西正	九三
6	十七辛巳	四斗开金	西正东北	五黄坤	正正西北	九四
7	十八壬午	五牛开木	[立秋]巳	四绿乾	正正东北	六五
8	十九癸未	六女闭木	西正南东南	三碧兑	西北北北	上六
9	二十甲申	日虚建水	立秋中5	二黑离	正正东东	节初九
10	廿一乙酉	一危除水	西东南东东	一白震	东西南南	九二
11	廿二丙戌	二室满土	西正西北	九紫巽	西南南北	六三
12	廿三丁亥	三壁平土	正正西北	八白坎	西南南北	六四
13	廿四戊子	四奎定火	东正北北	七赤艮	西东北北	九五
14	廿五己丑	五娄执火	立秋下8	六白坤	西东北北	上六
15	廿六庚寅	六胃破木	西正东东	五黄乾	西北北北	同人初九
16	廿七辛卯	日昴危木	西南东北	四绿兑	正正西西	六二
17	廿八壬辰	一毕成水	正正正西	三碧离	正正西西	九三
18	廿九癸巳	二觜收水	西正南北	二黑震	正正西西	九四
19	七月甲午	三参开金	处暑上1	一白乾	正正东北南东	九五
20	初二乙未	四井闭金	西东西西	九紫震	正正东北	上九
21	初三丙申	五鬼建火	西正东东	八白离	东东北北东	损初九
22	初四丁酉	六柳除火	[处暑]子	七赤震	正正东东	九二
23	初五戊戌	日星满木	东正西西	六白坎	正正西北	六三
24	初六己亥	一张平木	处暑中4	五黄坎	西东北北	六四
25	初七庚子	二翼定土	西正正东	四绿艮	正正西西	六五
26	初八辛丑	三轸执土	西正南南	三碧坤	正正东东	上九
27	初九壬寅	四角破金	西正南东	二黑乾	西西正北	否初六
28	初十癸卯	五亢危金	东正正东	一白兑	西西正北	六二
29	十一甲辰	六氐成火	处暑下7	九紫离	西西正	六三
30	十二乙巳	日房收木	西东南北东	八白震	西东北北	九四
31	十三丙午	一心开水	西南东北北	七赤巽	正正北东	九五

周易历法通书

公元 2020 年(闰)　农历庚子(鼠)年
(闰四月)

（太岁庚子,干金支水,纳音属土,岁德在庚,贵人在丑、未,岁禄申,岁马寅,奏书乾,博士巽,力士艮,利东西不利南北。）

9月小　八月 乙酉 观卦 天道行东北　二十 午时 白露　初六 亥时 秋分

阳历	农历干支	星期星宿五行	日神方位(奇门节元)喜财贵五鬼	九星八卦	八门方位开生休门	六十四卦及爻数
1	十四丁未	二尾闭水	正正正正/南西西北	六白坎	正正东/北东北	上九
2	十五戊申	三箕建土	东正正西/北东东南	五黄艮	正正东/北东南	巽 初六
3	十六己酉	四斗除土	白露上9	四绿坤	东西正/南南西	九二
4	十七庚戌	五牛满金	西正正正/北东西南	三碧乾	正正东/南南西	九三
5	十八辛亥	六女平金	西正西西/东北南南	二黑兑	东正东/南南西	六四
6	十九壬子	日虚定木	正正正正/南南北北	一白离	西正东/北北西	九五
7	二十癸丑	一危执木	[白露]午	九紫震	东东正/南东北	上九
8	廿一甲寅	二室执水	白露中3	八白巽	西正正/南北北	萃 初六
9	廿二乙卯	三壁破水	西东南/北南北北	七赤坎	西正正/南西西	六二
10	廿三丙辰	四奎危土	正正正正/南南西北	六白艮	正正西/南西西	九四
11	廿四丁巳	五娄成土	正正正西/南南北北	五黄坤	正正西/南南南	九四
12	廿五戊午	六胃收火	东正正西/南北北北	四绿乾	正正东/北东北	九五
13	廿六己未	日昴开木	白露下6	三碧兑	东正东/北东东	上六
14	廿七庚申	一毕闭木	西正正正/北东东南	二黑震	东正东/南东北	大畜 初九
15	廿八辛酉	二觜建木	西东南正/南北东东	一白巽	正正东/东东南	九二
16	廿九壬戌	三参除水	正正正西/南南北北	九紫离	正正东/南南南	九三
17	八月癸亥	四井满水	东正东正/南南南东	八白兑	东正东/南南东	六四
18	初二甲子	五鬼平金	秋分上7	七赤离	正东正/北东北	六五
19	初三乙丑	六柳定金	西东正正/北南南南	六白震	西正东/北北北	上九
20	初四丙寅	日星执木	西正东正/南南西南	五黄巽	西正正/北北北	贲 初九
21	初五丁卯	一张破火	正正西正/南南南西	四绿坎	正正西/南南西	六二
22	初六戊辰	二翼危木	[秋分]亥	三碧艮	正正西/南东西	九三
23	初七己巳	三轸成木	秋分中1	二黑坤	正正西/南东南	六四
24	初八庚午	四角收土	西正西西/北东南南	一白乾	东正西/南东东	六五
25	初九辛未	五亢闭土	西东南正/南北东北	九紫兑	正正西/北东东	上九
26	初十壬申	六氐闭金	正正东西/南南北南	八白离	东东正/北东西	观 初六
27	十一癸酉	日房建金	东正正正/南南北东	七赤震	正正东/东东南	六二
28	十二甲戌	一心定火	秋分下4	六白巽	东东正/东东南	六三
29	十三乙亥	二尾满火	西东西正/南南北北	五黄坎	正正西/东东南	六四
30	十四丙子	三箕平水	西正正/南东北	四绿艮	正正西/北北北	九五
31						

10月大　九月 丙戌 剥卦 天道行南　廿二 寅时 寒露　初七 辰时 霜降

阳历	农历干支	星期星宿五行	日神方位(奇门节元)喜财贵五鬼	九星八卦	八门方位开生休门	六十四卦及爻数
1	十五丁丑	四斗定水	正正正正/南西西北	三碧坤	正正西/西北北	上九
2	十六戊寅	五牛执土	东正正西/北东东南	二黑乾	正正西/南东南	归妹 初九
3	十七己卯	六女破土	寒露上6	一白兑	西西正/南西西	九二
4	十八庚辰	日虚危金	西正正正/北东西南	九紫离	正正东/南东南	六三
5	十九辛巳	一危成金	西东北北/东北南北	八白震	西西正/南北东	九四
6	二十壬午	二室执木	正正正正/南南南南	七赤巽	东正东/北东东	六五
7	廿一癸未	三壁开木	东正正西/南南南西	六白坎	正正东/东东东	上六
8	廿二甲申	四奎开水	[寒露]9	五黄艮	正正东/北东北	上六
9	廿三乙酉	五娄闭水	东东正东/北南南东	四绿坤	东西正/南南南	无妄 初九
10	廿四丙戌	六胃收土	西正正西/南西南东	三碧乾	东西正/南南南	六二
11	廿五丁亥	日昴除土	正正正西/南西南北	二黑兑	东正正/南南南	六三
12	廿六戊子	一毕满火	东正正正/北东东北	一白离	正正东/北北东	九四
13	廿七己丑	二觜平木	寒露下3	九紫震	西正东/北北北	九五
14	廿八庚寅	三参定木	西正正正/北东东东	八白巽	东正正/南东北	上九
15	廿九辛卯	四井执木	西东北正/南北东北	七赤坎	正正西/东东南	明夷 初九
16	三十壬辰	五鬼破土	正正正西/南南南北	六白离	正正东/南西南	六二
17	九月癸巳	六柳危水	东东正正/南南南北	五黄离	正正东/南西南	九三
18	初二甲午	日星成金	霜降上5	四绿震	东东正/北东北	六四
19	初三乙未	一张收金	西东西正/北南北北	三碧巽	东东正/东东北	六五
20	初四丙申	二翼开火	西正正正/南西北北	二黑坎	东东正/北东东	上六
21	初五丁酉	三轸闭火	正正正西/南西北北	一白艮	正正东/东南东	困 初六
22	初六戊戌	四角建木	东正正西/北东北北	九紫坤	正正西/东南东	九二
23	初七己亥	五亢除木	[霜降]8	八白乾	正正东/东南东	六三
24	初八庚子	六氐满土	西正西西/北东南南	七赤兑	正正西/北北北	九四
25	初九辛丑	日房平土	西东南正/南北东北	六白离	西正正/北北北	九五
26	初十壬寅	一心定金	正正正西/南南北南	五黄震	正正西/西北北	上六
27	十一癸卯	二尾执金	东正东正/南南北东	四绿巽	西正正/北西西	剥 初六
28	十二甲辰	三箕破火	霜降下2	三碧坎	西正正/南西西	六二
29	十三乙巳	四斗危火	东东正正/南南北东	二黑艮	西正正/南东西	六三
30	十四丙午	五牛成水	西正西正/南东北	一白坤	正正东/北东北	六四
31	十五丁未	六女收水	正正正正/北东北	九紫乾	正正东/北东北	六五

公元 2020 年(闰)　农历庚子(鼠)年
（闰四月）

太岁庚子，干金支水，纳音属土，岁德庚，贵人在丑、未，岁禄申，岁马寅，奏书乾，博士巽，力士艮，利东西不利南北。

11月小　十月丁亥　坤卦　天道行东
廿二 辰时 立冬　初八 寅时 小雪

阳历	农历干支星期星宿五行	日神方位(奇门节元)喜财贵五神神神鬼	九星八卦	八门方位开生休门门门	六十四卦及爻数
1	十六戊申日虚开土	东正正西南北东北	八白兑	正正东东北	上九
2	十七己酉一危闭土	立冬上6	七赤离	东西正南东南	艮 初六
3	十八庚戌二室建金	东正西北东南南	八白震	东西正南东南	六二
4	十九辛亥三壁除金	西正西西南东北南	五黄巽	东正正南东北	九三
5	二十壬子四奎满木	正正东西南南北东	四绿坎	西东正北北北	六四
6	廿一癸丑五娄平木	东正西南南东南	三碧艮	西正东北北东	六五
7	廿二甲寅六胃平水	[立冬]9	二黑坤	西东正北北南	上九
8	廿三乙卯日昴定水	西东正北南北	一白乾	正正西南西南	既济 初九
9	廿四丙辰一毕执土	西东正南西北	九紫兑	正正东西南南	六二
10	廿五丁巳二觜破土	正正东南西北	八白离	正正东南西南	九三
11	廿六戊午三参危火	东正东南北北北	七赤震	正正东北南东	六四
12	廿七己未四井成水	立冬下3	六白巽	东东正南北南	六五
13	廿八庚申五鬼收木	西正东北东北	五黄坎	东东正南北东	上六
14	廿九辛酉六柳开木	东南正北东北	四绿艮	东东正东南北	噬嗑 初九
15	十月壬戌日星闭土	正正西东北南	三碧震	东东正南北东	六二
16	初二癸亥一张建水	东正正南南东	二黑巽	东东正南南东	六三
17	初三甲子二翼除金	小雪上5	一白坎	西东正北北北	九四
18	初四乙丑三轸满金	西东正南南南	一白艮	西东正北北	六五
19	初五丙寅四角平火	西正东北南南	二黑坤	西东正北北	上九
20	初六丁卯五亢定火	西正东北南南	三碧乾	正正西南西	大过 初六
21	初七戊辰六氐执土	东正正南北东	四绿兑	正正西南西	九二
22	初八己巳日房破木	[小雪]8	五黄离	正正西南西	九三
23	初九庚午一心危土	西正东北南西	六白震	东正正北南西	九四
24	初十辛未二尾成土	西正东北东东	七赤巽	东正正北南东	九五
25	十一壬申三箕收金	正正东南南东	八白坎	正正东南西南	上六
26	十二癸酉四斗开金	东正南北南	九紫离	正正东东南西	坤 初六
27	十三甲戌五牛闭火	小雪下2	一白坤	东东正南东北	六二
28	十四乙亥六女建火	西东正南西北	二黑乾	正正东南东北	六三
29	十五丙子日虚除水	西正东南西北	三碧离	正正东西北北	六四
30	十六丁丑一危满水	西正东北北北	四绿离	西正东西北北	六五
31					

12月大　十一月戊子　复卦　天道行东南
廿三 子时 大雪　初七 酉时 冬至

阳历	农历干支星期星宿五行	日神方位(奇门节元)喜财贵五神神神鬼	九星八卦	八门方位开生休门门门	六十四卦及爻数
1	十七戊寅二室平土	东正正北北东北	五黄震	正正西西北西	上六
2	十八己卯三壁定金	大雪上4	六白巽	西北正北西西	未济 初六
3	十九庚辰四奎执金	东正西北东南南	七赤坎	西北正北西西	九二
4	二十辛巳五娄破金	西正西西南东北	八白艮	西西正北北北	六三
5	廿一壬午六胃危木	正正东西南南北	九紫坤	正正东东北北	九四
6	廿二癸未日昴成木	东正西南南东南	一白乾	正正东北北北	六五
7	廿三甲申一毕成水	[大雪]7	二黑兑	正正东东北	上九
8	廿四乙酉二觜收水	西东正南南东	三碧离	东西正南南南	蹇 初六
9	廿五丙戌三参闭土	西东正南西北	四绿震	东西正南南南	六二
10	廿六丁亥四井闭土	正正东南西北	五黄巽	东西正南南北	九三
11	廿七戊子五鬼建火	东正东南北北北	六白坎	西东正北北北	六四
12	廿八己丑六柳除火	大雪下1	七赤艮	正正东南西南	九五
13	廿九庚寅日星满木	东正南北南东东	八白坤	西东正北北	上六
14	三十辛卯一张平木	东正南南东	九紫乾	正正东西南南	颐 初九
15	十一壬辰二翼定水	正正正西	一白巽	正正西南西	六二
16	初二癸巳三轸执水	东正正南南北	二黑坎	正正西南西	六三
17	初三甲午四角破金	冬至上1	三碧艮	东正正北南东	六四
18	初四乙未五亢危金	西东正南南南	四绿坤	东正正北南东	六五
19	初五丙申六氐成火	西正东北南南	五黄乾	正正东北南东	上九
20	初六丁酉日房收火	西正东北南南	六白兑	正正东东南西	上九
21	初七戊戌一心开木	东正正南北东	七赤离	正正东东南南	中孚 初九
22	初八己亥二尾闭木	冬至中7	八白震	正正东东南东	九二
23	初九庚子三箕建土	西正正北南西	九紫坤	东正正北南西	六三
24	初十辛丑四斗除土	西正东北东东	一白坎	西正东西北	六四
25	十一壬寅五牛满金	正正东南南北	二黑艮	正正东北北北	九五
26	十二癸卯六女平金	东正正南南南	三碧坤	西西正北北	上九
27	十三甲辰日虚定火	冬至下4	四绿乾	西西正北北西	复 初九
28	十四乙巳一危执火	西东正南北东北	五黄震	正正东北北	六二
29	十五丙午二室破水	西正东南北北	六白艮	正正东北北	六三
30	十六丁未三壁危水	西正东北北北	七赤震	正正东北北	六四
31	十七戊申四奎成土	东正正西北北东南	八白巽	正正东北北	六五

周易历法通书

（太岁辛丑,干金支土,纳音属土,岁德丙,贵人在寅、午,岁禄酉,岁马亥,奏书乾,博士巽,力士艮,利南北不利东西。）

1月大　十二月 己丑 临卦 天道行西　廿二 午时 小寒　初八 寅时 大寒

阳历	农历干支 星期星宿五行	日神方位(奇门节元) 喜财贵五神神神鬼	九星八卦	八门方位 开生休门门门	六十四卦及爻数
1	十八己酉 五娄收土	小寒上2	九紫坎	东西正北东南	上六
2	十九庚戌 六胃开金	西正西北东南南	一白艮	东正正南东南	屯初九
3	二十辛亥 日昴闭金	西东正南南北东	二黑坤	正正西南东南	六二
4	廿一壬子 一毕建木	正正东西南北	三碧乾	西正西北北北	六三
5	廿二癸丑 二觜建木	[小寒]午	四绿兑	西正西北北北	六四
6	廿三甲寅 三参破水	小寒中8	五黄离	西正西北北北	九五
7	廿四乙卯 四井满木	西正西北南北北	六白震	正正西西南	上六
8	廿五丙辰 五鬼平土	西正西南北北	七赤巽	正正西南南	谦初六
9	廿六丁巳 六柳定土	正正西南北北	八白坎	正正西南南	六二
10	廿七戊午 日星执火	东正正南北北北	九紫艮	东正正南北东	九三
11	廿八己未 一张破水	西正西南北东	一白坤	正正西北东	六四
12	廿九庚申 二翼危木	西正西正南北	二黑乾	东正正南北东	六五
13	十二辛酉 三轸成木	西正西东南北北	三碧坎	正正西南南	上六
14	初二壬戌 四角收水	西南西北北南	四绿艮	东正正南北东	睽初九
15	初三癸亥 五亢开水	东正南南南东	五黄坤	西正西南南东	九二
16	初四甲子 六氐闭金	大寒上3	六白乾	西东正北北东	六三
17	初五乙丑 日房建金	东东西南南南	七赤兑	西东正南南南	九四
18	初六丙寅 一心除火	西西西南北北	八白离	西东正北北北	九五
19	初七丁卯 二尾满火	西西南南北	九紫震	西正西南南南	上九
20	初八戊辰 三箕平木	[大寒]寅	一白巽	正正西南南	升初六
21	初九己巳 四斗定木	大寒中9	二黑坎	正正西西南	九二
22	初十庚午 五牛执土	西西正北东南南	三碧艮	东东正北南东	九三
23	十一辛未 六女破土	西西东南南北西	四绿坤	东正正北东南	六四
24	十二壬申 日虚危金	西南东北北西	五黄乾	正正西南北西	六五
25	十三癸酉 一危成金	东东正正南南	六白兑	正正东南北南	上六
26	十四甲戌 二室收火	大寒下6	七赤离	正正东东南南	临初九
27	十五乙亥 三壁开水	西西正北南北东	八白震	正正东东南南	九二
28	十六丙子 四奎闭水	西西西南西南	九紫巽	正正西北北北	六三
29	十七丁丑 五娄建水	正正西北北北	一白坎	正正西北北北	六四
30	十八戊寅 六胃闭土	正正南北南北	二黑艮	西正西北北	六五
31	十九己卯 日昴满土	立春上8	三碧坤	西东正南北西	上六

2月平　一月庚寅 泰卦 天道行南　廿二 亥时 立春　初七 酉时 雨水

阳历	农历干支 星期星宿五行	日神方位(奇门节元) 喜财贵五神神神鬼	九星八卦	八门方位 开生休门门门	六十四卦及爻数
1	二十庚辰 一毕平金	西正正正北南东南	四绿乾	西正西北北西	小过初六
2	廿一辛巳 二觜定金	西东东正南北北	五黄兑	西正西北北西	六二
3	廿二壬午 三参破木	[立春]亥	六白离	正正东北北东	九三
4	廿三癸未 四井执木	东东正西南南东南	七赤震	西正西北北北	九四
5	廿四甲申 五鬼破水	立春中5	八白巽	东东正北北东	六五
6	廿五乙酉 六柳危木	东东西正南南东	九紫离	西正西北北北	上六
7	廿六丙戌 日星成土	西西西北北北	一白艮	东正正南南东	蒙初六
8	廿七丁亥 一张收土	西西正南南南北	二黑坤	西正西北北北	九二
9	廿八戊子 二翼破火	东正东南北南	三碧震	西东正北北北	六三
10	廿九己丑 三轸闭木	立春下2	四绿兑	西正西北北	六四
11	三十庚寅 四角建木	西正西北东东南	五黄离	西正西北北	六五
12	一月辛卯 五亢满木	西正西北东南	六白震	正正西南北西	上九
13	初二壬辰 六氐满水	正正东南南南	七赤巽	正正西西南	益初九
14	初三癸巳 日房平水	正正东东南北	八白坎	正正西东南	六二
15	初四甲午 一心定金	雨水上9	九紫艮	东东正北东东	六三
16	初五乙未 二尾执金	西东东北北南	一白坤	西正西北北	六四
17	初六丙申 三箕破火	东正东南南南	二黑乾	西东正北北	九五
18	初七丁酉 四斗危火	[雨水]西	三碧兑	正正东东南南	上九
19	初八戊戌 五牛成木	东北北北	四绿离	正正东东南南	渐初六
20	初九己亥 六女收木	雨水中6	五黄震	正正西西南	六二
21	初十庚子 日虚开土	东正东北北东	六白巽	正正西北北	九三
22	十一辛丑 一危闭土	西正东南北东	七赤坎	正正西北北	六四
23	十二壬寅 二室建金	正正南南南东	八白艮	西正东北北西	九五
24	十三癸卯 三壁除金	正正南南南南	九紫坤	西正西北北西	上九
25	十四甲辰 四奎满火	雨水下3	一白乾	西东正南北西	泰初九
26	十五乙巳 五娄平火	东东正北南北东	二黑兑	西正正北北西	九二
27	十六丙午 六胃定水	西正正北北东	三碧离	东正东北北北	九三
28	十七丁未 日昴执水	正正正南西北东	四绿震	正正正北东东	六四

(太岁辛丑,干金支土,纳音属土,岁德丙,贵人在寅、午,岁禄酉,岁马亥,奏书乾,博士巽,力士艮,利南北不利东西。)

3月大

二月辛卯　大壮卦　天道行西南　　廿二　申时　惊蛰　初八　酉时　春分

阳历	农历干支 星期 星宿 五行 喜财贵五神神神鬼	日神方位(奇门节元)	九星 八卦	八门方位 开生休门门门	六十四卦	及爻数
1	十八戊申 一毕破土	东正正西北北东南	五黄巽	正正东南东南		六五
2	十九己酉 二觜危土	惊蛰上1	六白坎	东西正南西南		上六
3	二十庚戌 三参成金	西正正西北东南南	七赤艮	西正东南东南		上六
4	廿一辛亥 四井收金	西正西西南北东南	八白坤	东正正北东南	需 初九	
5	廿二壬子 五鬼收水	[惊蛰] 申	九紫乾	西东正北北南		九二
6	廿三癸丑 六柳开水	东正正南南东南	一白兑	正正西北北南		九三
7	廿四甲寅 日星闭木	惊蛰中7	二黑离	西正东南东南		六四
8	廿五乙卯 一张建水	西东正西北南北北	三碧震	正正东南西南		九五
9	廿六丙辰 二翼除土	西正西东西南正南	四绿巽	正正东南西南		上六
10	廿七丁巳 三轸满土	正正正西南东北东	五黄坎	正正西西北南	随 初九	
11	廿八戊午 四角平水	东正正南北北北	六白艮	正正东北北南		六二
12	廿九己未 五亢定火	惊蛰下4	七赤坤	东东正北北东		六三
13	二月庚申 六氐执木	西正东北东北北	八白巽	正正东北东东		九四
14	初二辛酉 日房破木	东正东南东北北	九紫坎	东东正东北南		九五
15	初三壬戌 一心危水	正正西西北东南	一白乾	正正西南东南		上六
16	初四癸亥 二尾成水	东正东南南东	二黑坤	正正正西南南	晋 初六	
17	初五甲子 三箕收金	春分上3	三碧乾	东北北北		六二
18	初六乙丑 四斗开金	西东正北南东南南	四绿兑	东北北北		六三
19	初七丙寅 五牛闭水	西东正北南正南南	五黄离	东北北北		九四
20	初八丁卯 六女建火	[春分] 酉	六白震	正正东南西南		六五
21	初九戊辰 日虚除木	东正正南北东	七赤巽	正正西南西南		上九
22	初十己巳 一危满土	春分中9	八白坎	正正西南西南	解 初六	
23	十一庚午 二室平土	西正东西北南东南	九紫艮	东正东南南南		九二
24	十二辛未 三壁定土	西正东北东北东	一白坤	正正西南东南		六三
25	十三壬申 四奎执金	正正东西南东南	二黑乾	东东正北南南		九四
26	十四癸酉 五娄破金	东正正北西北南	三碧震	东东正南南南		六五
27	十五甲戌 六胃危火	春分下6	四绿离	正正正西南南		上六
28	十六乙亥 日昂成水	西东正南西南北	五黄巽	正正东南西北	大壮 初九	
29	十七丙子 一毕收水	西正西南西北北	六白坎	正正东西北北		九二
30	十八丁丑 二觜开水	西正西南北西北	七赤坤	正正西西北北		九三
31	十九戊寅 三参闭土	东正正南北北南	八白艮	正正西西北北		九四

4月小

三月壬辰　夬卦　天道行北　　廿三　亥时　清明　初九　寅时　谷雨

阳历	农历干支 星期 星宿 五行 喜财贵五神神神鬼	日神方位(奇门节元)	九星 八卦	八门方位 开生休门门门	六十四卦	及爻数
1	二十己卯 四井建土	清明上4	九紫坤	西南北北西		六五
2	廿一庚辰 五鬼除金	西正正北东南南	一白乾	西南北北西		上六
3	廿二辛巳 六柳满金	西正东南北东北	二黑兑	西南北北西	豫 初六	
4	廿三壬午 日星满木	[清明] 亥	三碧离	正正东北东北		六二
5	廿四癸未 一张平木	东正正西南南东南	四绿震	正正东北北北		六三
6	廿五甲申 二翼定水	清明中1	五黄巽	正正东北北北		九四
7	廿六乙酉 三轸执水	西正西西正南南东	六白坎	东东正北南南		六五
8	廿七丙戌 四角破土	西正西北西北北	七赤艮	东正西南南南		上六
9	廿八丁亥 五亢危土	西正西北南正南	八白坤	正正西南南南	讼 初六	
10	廿九戊子 六氐成火	东正东北东北北	九紫震	西正东南北北		九二
11	三十己丑 日房危火	清明下7	一白兑	正正西北北北		六三
12	三月庚寅 一心开木	西正东北东北南	二黑坎	正正东北北北		九四
13	初二辛卯 二尾闭木	西正东南东北北	三碧震	正正西西南南		九五
14	初三壬辰 三箕建水	西正正南南东南	四绿坤	正正东南南南		上九
15	初四癸巳 四斗除水	正正正西北东南	五黄乾	正正西西南南	蛊 初六	
16	初五甲午 五牛满金	谷雨上5	六白坎	东东正北南东		九二
17	初六乙未 六女平金	西正东南北南南	七赤离	东东正北北东		九三
18	初七丙申 日虚定火	西正西南西南南	八白震	东东正东北北		六四
19	初八丁酉 一危执火	正正正西南东南	九紫巽	正正东东北北		六五
20	初九戊戌 二室破木	[谷雨] 寅	一白坎	正正东东北北		上九
21	初十己亥 三壁危木	谷雨中2	二黑艮	正正东南南东	革 初九	
22	十一庚子 四奎成土	东正东北东北南	三碧坤	正正西北北北		六二
23	十二辛丑 五娄收土	东正东正南东南	四绿乾	正正西北北北		九三
24	十三壬寅 六胃开金	正正东南东南南	五黄兑	正正西西北北		九四
25	十四癸卯 日昂闭金	正正正南东南南	六白离	正正西北东北		九五
26	十五甲辰 一毕建金	谷雨下8	七赤震	西西正北北西		上六
27	十六乙巳 二觜除火	西正正北东正南东	八白巽	西西正北北西	夬 初九	
28	十七丙午 三参满火	西正西南西南北	九紫坎	正正东北东北		九二
29	十八丁未 四井平水	西正西南正南北	一白艮	正正东北北北		九三
30	十九戊申 五鬼定土	东正正北东北南	二黑坤	正正西西北北		九四

周易历法通书

公元 2021 年　　农历辛丑(牛)年

(太岁辛丑，干金支土，纳音属土，岁德丙，贵人在寅、午，岁禄酉，岁马亥，奏书乾，博士巽，力士艮，利南北不利东西。)

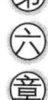

5月大　四　月 癸巳 **乾卦** 天道行西　廿四 未时 **立夏**　初十 寅时 **小满**

阳历	农历干支	星期 星宿 五行	日神方位(奇门节元) 喜神 财神 贵神 五鬼	九星 八卦	八门方位 开门 生门 休门	六十四卦	及爻数
1	二十己酉	六柳执土	立夏上 4	三碧乾	东西正 南南南		九五
2	廿一庚戌	日星破金	西正正西 北东南南	四绿兑	东西正 南南南		上六
3	廿二辛亥	一张危金	西正西西 南东北南	五黄离	东西正 南南南	旅	初六
4	廿三壬子	二翼成木	正正东西 南南北北	六白震	西东正 北北北		六二
5	廿四癸丑	三轸成木	[立夏] 未	七赤巽	西东正 北北北		九三
6	廿五甲寅	四角收水	立夏中 1	八白坎	西东正 北北北		九四
7	廿六乙卯	五亢开水	西东正西 北南北北	九紫艮	正正西 南西南		六五
8	廿七丙辰	六氐闭土	西正正正 南西北南	一白坤	正正西 南西南		上九
9	廿八丁巳	日房建土	正正西西 南西北北	二黑乾	正正西 南西南	师	初六
10	廿九戊午	一心除火	东正正西 南北北北	三碧兑	东东正 北南东		九二
11	三十己未	二尾满火	立夏下 7	四绿离	东东正 北南东		六三
12	**四月**庚申	三箕平木	西正西正 北东北北	五黄艮	东东正 北南东		六四
13	初二辛酉	四斗定木	西正西东 南东北北	六白坤	正正东 东南南		六五
14	初三壬戌	五牛执水	正正西西 南南北北	七赤乾	正正东 东南南		上六
15	初四癸亥	六女破水	东正东正 南南南东	八白兑	正正东 东南南		上六
16	初五甲子	日虚危金	小满上 5	九紫离	西东正 北北北	比	初六
17	初六乙丑	一危成金	西东西正 北南南南	九紫震	西东正 北北北		六二
18	初七丙寅	二室收火	西正西正 南西南南	八白巽	西东正 北北北		六三
19	初八丁卯	三壁开火	正正西正 南西南北	七赤坎	正正西 南西南		六四
20	初九戊辰	四奎闭木	东正正正 南北南东	六白艮	正正西 南西南		九五
21	初十己巳	五娄建木	[小满] 2	五黄坤	正正西 南西南		上六
22	十一庚午	六胃除土	西正西西 北东南南	四绿乾	东东正 北南东	小畜	初九
23	十二辛未	日昴满土	西正西正 南东北东	三碧兑	东东正 北南东		九二
24	十三壬申	一毕平金	正正东西 南南南南	二黑离	东东正 北南东		九三
25	十四癸酉	二觜定金	东正正正 南南北南	一白震	正正东 东南南		六四
26	十五甲戌	三参执火	小满下 8	九紫巽	正正东 东南南		九五
27	十六乙亥	四井破火	西东西正 北南北南	八白坎	正正东 东南南		上九
28	十七丙子	五鬼危水	西正西正 南西北北	七赤艮	正正西 西北北	乾	初九
29	十八丁丑	六柳成水	正正西正 南西北北	六白坤	正正西 西北北		九二
30	十九戊寅	日星收土	东正正正 南北北南	五黄乾	正正西 西北北		九三
31	二十己卯	一张开土	芒种上 6	四绿兑	西西正 南北西		九四

6月小　五　月 甲午 **姤卦** 天道行西北　廿五 酉时 **芒种**　十二 午时 **夏至**

阳历	农历干支	星期 星宿 五行	日神方位(奇门节元) 喜神 财神 贵神 五鬼	九星 八卦	八门方位 开门 生门 休门	六十四卦	及爻数
1	廿一庚辰	二翼闭金	西正正正 北东南南	三碧离	西西正 南北西		九五
2	廿二辛巳	三轸建金	西正西正 南东北北	二黑震	西西正 南北西		上九
3	廿三壬午	四角除木	正正正西 南南南南	一白巽	正正东 北东北	大有	初九
4	廿四癸未	五亢满木	东正正西 南南东南	九紫坎	正正东 北东北		九二
5	廿五甲申	六氐满水	[芒种] 3	八白艮	正正东 北东北		九三
6	廿六乙酉	日房平水	西东西正 北南南东	七赤坤	东西正 南南南		九四
7	廿七丙戌	一心定土	西正西正 南西北北	六白乾	东西正 南南南		六五
8	廿八丁亥	二尾执土	正正东正 南西南北	五黄兑	东西正 南南南		上九
9	廿九戊子	三箕破火	东正东西 南北北北	四绿离	西东正 北北北	家人	初九
10	**五月**己丑	四斗危火	芒种下 9	三碧坤	西东正 北北北		六二
11	初二庚寅	五牛成木	西正正正 北东东东	二黑乾	西东正 北北北		九三
12	初三辛卯	六女收木	西正西正 南东南北	一白兑	正正西 南西南		六四
13	初四壬辰	日虚开水	正正正西 南南南北	九紫离	正正西 南西南		九五
14	初五癸巳	一危闭水	东正正西 南南南北	八白震	正正西 南西南		上九
15	初六甲午	二室建金	夏至上 9	七赤巽	东东正 北南东	井	初六
16	初七乙未	三壁除金	西东西正 北南北南	六白坎	东东正 北南东		九二
17	初八丙申	四奎满火	西正西西 南西北北	五黄艮	东东正 北南东		九三
18	初九丁酉	五娄平火	正正西西 南西北北	四绿坤	正正东 东南南		六四
19	初十戊戌	六胃定木	东正正西 南北北北	三碧乾	正正东 东南南		九五
20	十一己亥	日昴执木	夏至中 3	二黑兑	正正东 东南南		上六
21	十二庚子	一毕破土	[夏至] 午	一白离	正正西 西北北	咸	初六
22	十三辛丑	二觜危土	西正东正 南东北北	九紫震	正正西 西北北		六二
23	十四壬寅	三参成金	正正东正 南南北北	八白巽	正正西 西北北		九三
24	十五癸卯	四井收金	东正东正 南南南南	七赤坎	西西正 南北西		九四
25	十六甲辰	五鬼开火	夏至下 6	六白艮	西西正 南北西		九五
26	十七乙巳	六柳闭火	西东正正 北南北东	五黄坤	西西正 南北西		上六
27	十八丙午	日星建水	西正西正 南西北北	四绿乾	正正东 北东北	姤	初六
28	十九丁未	一张除水	正正正正 南西南北	三碧兑	正正东 北东北		九二
29	二十戊申	二翼满土	东正正西 南北东南	二黑离	正正东 北东北		九三
30	廿一己酉	三轸平土	小暑上 8	一白震	东西正 南南南		九四

公元 2021 年　　　　农历辛丑(牛)年

（太岁辛丑,干金支土,纳音属土,岁德丙,贵人在寅、午,岁禄酉,岁马亥,奏书乾,博士巽,力士艮,利南北不利东西。）

7月大　六 月乙未 遯卦 天道行东　　廿八 卯时 小暑　十三 亥时 大暑

阳历	农历干支 星期星宿五行	日神方位(奇门节元) 喜财贵五神神鬼	九星八卦	八门方位 开门生门休门	六十四卦及爻数
1	廿二庚戌 四角定金	西北正东西南西南	九紫巽	东南西南正南	九五
2	廿三辛亥 五亢执金	正东西北正南东南	八白坎	西南正南正南	上九
3	廿四壬子 六氐破木	正北正东西北正南	七赤艮	西正东正南	鼎 初六
4	廿五癸丑 日房危木	东南正南西南正南	六白坤	西东北北北	九二
5	廿六甲寅 一心成水	小暑中2	五黄乾	西北北北	九三
6	廿七乙卯 二尾收水	西北东北西北北	四绿兑	正正正南	九四
7	廿八丙辰 三箕收土	[小暑]卯	三碧离	正正西南	六五
8	廿九丁巳 四斗开土	东南西北北北	二黑震	正南西南	上九
9	三十戊午 五牛闭火	东南正北北北	一白巽	东北东北东	丰 初九
10	六月己未 六女建火	小暑下5	九紫乾	西北西南北	六二
11	初二庚申 一虚除金	西南西北北正	八白兑	东南正正	九三
12	初三辛酉 一危满木	正南正东东北	七赤艮	正正东南	九四
13	初四壬戌 二室平水	正南正南北北	六白震	东正南南东	六五
14	初五癸亥 三壁定水	东南东东正东	五黄坤	正东南东	上六
15	初六甲子 四奎执金	大暑上7	四绿坎	西东北北	涣 初六
16	初七乙丑 五娄破金	西北南西南	三碧艮	西北北北	九二
17	初八丙寅 六胃危火	西正南西北	二黑坤	西南西南	六三
18	初九丁卯 日昴成火	西南正南北	一白乾	正南西南	六四
19	初十戊辰 一毕收木	东正正正	九紫震	正东正南	九五
20	十一己巳 二觜开木	大暑中1	八白离	正正西南	上九
21	十二庚午 三参闭土	西北东南正南	七赤震	正北南南	履 初九
22	十三辛未 四井建土	[大暑]亥	六白巽	东正东南	九二
23	十四壬申 五鬼除金	正正东南正南	五黄震	东正南东	六三
24	十五癸酉 六柳满金	东正南北南	四绿兑	正东南南	九四
25	十六甲戌 日星平火	大暑下4	三碧坤	东南南南	九五
26	十七乙亥 一张定火	西东西南正南	二黑乾	正东南南	上九
27	十八丙子 二翼执水	西正正北	一白兑	正东北	上九
28	十九丁丑 三轸破水	正正西北	九紫震	西北西南	遁 初六
29	二十戊寅 四角危土	正北北北	八白震	东北北北	六二
30	廿一己卯 五亢成土	立秋上2	七赤巽	西西正北	九三
31	廿二庚辰 六氐收金	西北东南正南	六白坎	西南正南	九四

8月大　七 月丙申 否卦 天道行北　　廿九 未时 立秋　十六 卯时 处暑

阳历	农历干支 星期星宿五行	日神方位(奇门节元) 喜财贵五神神鬼	九星八卦	八门方位 开门生门休门	六十四卦及爻数
1	廿三辛巳 日房开金	西东北北正北正北	五黄艮	西北西北西	九五
2	廿四壬午 一心闭木	正南南南正南	四绿坤	正东北北	上九
3	廿五癸未 二尾建木	东正西西	三碧乾	正正东北	恒 初六
4	廿六甲申 三箕除水	立秋中5	二黑兑	正正东北	九二
5	廿七乙酉 四斗满水	西东南南东	一白离	东东正南南	九三
6	廿八丙戌 五牛平土	西东西正南	九紫震	东东正南	九四
7	廿九丁亥 六女平土	[立秋]未	八白巽	东南正南	六五
8	七月戊子 日虚执火	东西北北正北	七赤兑	正正北北	上六
9	初二己丑 一危执金	立秋下8	六白离	西东东北	节 初九
10	初三庚寅 二室破木	西北东东东	五黄震	西南北南	九二
11	初四辛卯 三壁危木	西东东南北	四绿巽	正正东南	六三
12	初五壬辰 四奎成水	正正东西	三碧艮	西西南南	六四
13	初六癸巳 五娄收水	东正东南北	二黑艮	东西正南	九五
14	初七甲午 六胃开金	处暑上1	一白坤	东东正东	上六
15	初八乙未 日昴闭金	西东南南南	九紫乾	东北正东	同人 初九
16	初九丙申 一毕建火	西东西北北	八白兑	正正东东	六二
17	初十丁酉 二觜除火	西正西南北	七赤离	正正东南	九三
18	十一戊戌 三参满木	东正北北南	六白震	东正东南	九四
19	十二己亥 四井平水	处暑中4	五黄巽	正东南南	九五
20	十三庚子 五鬼定土	西正北北正北南	四绿坎	西正北北	上九
21	十四辛丑 六柳执土	西东南东正南	三碧艮	西北北北	损 初九
22	十五壬寅 日星破金	正正东南东	二黑坤	西正东东	九二
23	十六癸卯 一张危金	[处暑]卯	一白乾	西西正南	六三
24	十七甲辰 二翼成水	处暑下7	九紫兑	正北正南	六四
25	十八乙巳 三轸收火	西东正南北东	八白离	西东南南	六五
26	十九丙午 四角开水	西正东南正南	七赤震	正正东北	上九
27	二十丁未 五亢闭土	西正南西南	六白巽	正北东南	否 初六
28	廿一戊申 六氐建土	东正正西北南	五黄绿	正北东北	六二
29	廿二己酉 日房除土	白露上9	四绿艮	东西南南	六三
30	廿三庚戌 一心满金	西正正西正南	三碧坤	东东正南	九四
31	廿四辛亥 二尾平金	西正东西南	二黑乾	东西南南	九五

254

公元 2021 年　　　农历辛丑(牛)年

（太岁辛丑,千金支土,纳音属土,岁德丙,贵人在寅、午,岁禄酉,岁马亥,奏书乾,博士巽,力士艮,利南北不利东西。）

9月小　八　月　丁酉　观卦　天道行东北
初一 酉时 白露
十七 寅时 秋分

阳历	农历干支 星期 宿 五行	日神方位(奇门节元) 喜财贵五神神神鬼	九星 八卦	八门方位 开生休门门门	六十四卦	及爻数
1	廿五壬子 三箕 定木	正正东西 南南北北	一白 兑	西东正 北北北		上九
2	廿六癸丑 四斗 执木	东正东正 南南南南	九紫 离	西东正 北北北	巽	初六
3	廿七甲寅 五牛 破木	白露中 3	八白 震	西东正 北北北		九二
4	廿八乙卯 六女 危水	西东西 北南西北	七赤 巽	正正西 南西西		九三
5	廿九丙辰 一虚 成土	东正西西 南南北北	六白 坎	正正西 南西西		六四
6	三十丁巳 一危 收土	正正西西 南南北北	五黄 艮	正正西 南西西		九五
7	八月戊午 二室 收火	[白露] 酉	四绿 离	东东正 北南东		上九
8	初二己未 三壁 开火	白露下 6	三碧 震	西西正 北北北	萃	初六
9	初三庚申 四奎 闭木	西西西 北东北	二黑 巽	正正西 南西西		六二
10	初四辛酉 五娄 建木	西正东 南北北北	一白 坎	正正西 东南南		六三
11	初五壬戌 六胃 除土	西正正 南北北北	九紫 艮	正正西 东南南		九四
12	初六癸亥 日昴 满水	东正东 南南南东	八白 离	正正西 东南南		九五
13	初七甲子 一毕 平金	秋分上 7	七赤 乾	西东正 北北北		上六
14	初八乙丑 二觜 定金	西东西正 南南北北	六白 兑	西东正 北北北	大畜	初九
15	初九丙寅 三参 执火	西正东正 南南北南	五黄 离	西东正 北北北		九二
16	初十丁卯 四井 破火	西正西西 南南北北	四绿 震	正正西 南西西		九三
17	十一戊辰 五鬼 危木	东正东 南南南东	三碧 巽	正正西 南西西		六四
18	十二己巳 六柳 成木	秋分中 1	二黑 坎	正正西 南西西		六五
19	十三庚午 日星 收土	西正东正 北东南南	一白 艮	正正西 东南南		上九
20	十四辛未 一张 开土	西正正正 南东北东	九紫 离	东东正 北南东	贲	初九
21	十五壬申 二翼 闭金	西正正 南南北南	八白 乾	正正西 南西西		六二
22	十六癸酉 三轸 建金	东正正正 南西北正	七赤 兑	正正西 南西西		九三
23	十七甲戌 四角 除火	[秋分] 4	六白 离	正正东 东南南		六四
24	十八乙亥 五亢 满火	西正东 北南南北	五黄 震	正正西 东南南		六五
25	十九丙子 六氐 平水	西正正 南西北北	四绿 巽	正正东 南西北		上九
26	二十丁丑 日房 定水	正正西 南西北北	三碧 坎	正正西 西北北	观	初六
27	廿一戊寅 一心 执土	东正正 南北北北	二黑 艮	西西正 西北南		六二
28	廿二己卯 二尾 破土	寒露上 6	一白 坤	西西正 南西北		六三
29	廿三庚辰 三箕 危金	西正东 南北南南	九紫 乾	西西正 南西北		六四
30	廿四辛巳 四斗 成金	西正东正 北南北北	八白 兑	西西正 北南北		九五
31						

10月大　九　月　戊戌　剥卦　天道行南
初三 巳时 寒露
十八 午时 霜降

农历干支 星期 宿 五行	日神方位(奇门节元) 喜财贵五神神神鬼	九星 八卦	八门方位 开生休门门门	六十四卦	及爻数
廿五壬午 五牛 收木	正正东西 南南北北	七赤 离	正正东 北北北		上九
廿六癸未 六女 开木	东正东西 南南南东	六白 震	西东正 北北北	归妹	初九
廿七甲申 日虚 闭水	寒露中 9	五黄 巽	正正西 北东北		九二
廿八乙酉 一危 建水	西东正正 南南东东	四绿 坎	东西正 北南北		六三
廿九丙戌 二室 除土	西正东北 南西北北	三碧 艮	东东正 南北南		九四
九月丁亥 三壁 满土	正正东正 南南北东	二黑 震	西东正 北北北		六五
初二戊子 四奎 平火	东正东西 北南北北	一白 巽	西东正 北北北		上六
初三己丑 五娄 平火	[寒露] 3	九紫 坎	正正西 北东北		上六
初四庚寅 六胃 定木	西正正 东东东	八白 艮	西西正 南东北	无妄	初九
初五辛卯 日昴 执木	西正东北 南南南北	七赤 坤	正正西 南西西		六二
初六壬辰 一毕 破水	西正正西 南南北北	六白 乾	正正西 西西西		六三
初七癸巳 二觜 危火	东正东西 南南南北	五黄 兑	正正西 西西西		九四
初八甲午 三参 成金	霜降上 5	四绿 离	东东正 北南南		九五
初九乙未 四井 收金	东东西正 南南北北	三碧 震	西东正 北北北		上九
初十丙申 五鬼 开火	西正西西 南南北北	二黑 巽	东东正 北南东	明夷	初九
十一丁酉 六柳 闭火	正正正东 南西北北	一白 坎	正正东 西南南		六二
十二戊戌 日星 建木	正正正西 南南北北	九紫 艮	正正东 西北北		六三
十三己亥 一张 除木	霜降中 8	八白 坤	正正东 西南南		六四
十四庚午 二翼 满土	西正东正 北东南南	七赤 乾	西北正 西北北		六五
十五辛丑 三轸 平土	正正东西 南东北南	六白 离	正正西 西北北		上六
十六壬寅 四角 定金	正正正 南南北	五黄 离	正正东 西北北	困	初六
十七癸卯 五亢 执金	东正正 南南南	四绿 巽	西北正 西北北		九二
十八甲辰 六氐 破火	[霜降] 2	三碧 震	西北正 西北北		六三
十九乙巳 日房 危火	正正东 北北东	二黑 坎	西北正 西北北		九四
二十丙午 一心 成水	西正西正 南西北北	一白 艮	正正东 北北东		九五
廿一丁未 二尾 收水	正正西 南西北北	九紫 坤	正正东 北北北		上六
廿二戊申 三箕 开土	东正正 南北北南	八白 乾	西北正 西北东	剥	初六
廿三己酉 四斗 闭土	立冬上 6	七赤 兑	东西正 南西南		六二
廿四庚戌 五牛 建金	西正东 南北南南	六白 离	东西正 南西南		六三
廿五辛亥 六女 除金	西正东正 北南北东	五黄 震	东西正 南西南		六四
廿六壬子 日虚 满木	正正东西 南南北北	四绿 巽	西东正 北北北		六五

公元 2021 年　　　农历辛丑(牛)年

太岁辛丑，干金支土，纳音属土，岁德丙，贵人在寅、午，岁禄酉，岁马亥，奏书乾，博士巽，力士艮，利南北不利东西。

11月小　十月己亥　坤卦　天道行东　初三 午时 立冬　十八 巳时 小雪

阳历	农历干支 星期 星宿 五行	日神方位(奇门节元) 喜财贵五鬼	九星八卦	八门方位 开门生门休门	六十四卦 及爻数
1	廿七癸丑一危平木	东南 正北 东西 北北	三碧坎	东正北	上九
2	廿八甲寅二室定水	立冬中9 西北 正北 东北	二黑艮	西北 正北 东北	艮 初六
3	廿九乙卯三壁执水	西南 东北 西北 正北	一白坤	正北 东南 西南	六二
4	三十丙辰四奎破土	西南 正北 西北 西北	九紫乾	西南 正北 西北	九三
5	十月丁巳五娄危土	正南 正北 西北 西北	八白巽	正北 西南 西北	六四
6	初二戊午六胃成火	正南 东北 北 西北	七赤坎	正北 东北 西	六五
7	初三己未日昴成火	[立冬]3 正北 正北 东	六白艮	东北 正南 东	上九
8	初四庚申一毕收木	西北 正北 东北	五黄坤	正北 东南 东	既济 初九
9	初五辛酉二觜开木	正西 正西 东北	四绿乾	东北 东正东	六二
10	初六壬戌三参闭水	正南 西北 北	三碧兑	正西 正南 南	九三
11	初七癸亥四井建水	东南 南 东	二黑离	西南 南 东	六四
12	初八甲子五鬼除金	小雪上5 东北 正北 北	一白震	东正北	九五
13	初九乙丑六柳满金	西南 东北 南	一白震	西北 正南 北	上六
14	初十丙寅日星平木	正南 西南 南	二黑坤	西北 北北	噬嗑 初九
15	十一丁卯一张定火	正南 西北 西北	三碧巽	正南 西南 南	六二
16	十二戊辰二翼执木	东北 正南 东	四绿坤	正西 西南	六三
17	十三己巳三轸破木	小雪中8	五黄乾	东正南	九四
18	十四庚午四角危土	西北 东南 东	六白坎	东北 正东	六五
19	十五辛未五亢成土	西南 南 东	七赤离	西南 南北	上九
20	十六壬申六氐收金	正南 东北 西	八白震	东北 正东	大过 初六
21	十七癸酉日房开金	东南 正正 东	九紫巽	正南 东南	九二
22	十八甲戌一心闭火	[小雪]2	一白坎	正南 东南	九三
23	十九乙亥二尾建火	西南 西北 北	二黑艮	正北 东南	九四
24	二十丙子三箕除水	西南 正北 北	三碧兑	正北 正北	九五
25	廿一丁丑四斗满水	正南 西北 北	四绿坤	正南 正北	上六
26	廿二戊寅五牛平土	东北 正北 东	五黄兑	正南 西北	坤 初六
27	廿三己卯六女定土	大雪上4	六白坎	西南 西西	六二
28	廿四庚辰日虚执金	西南 正北 南	七赤震	西西 正	六三
29	廿五辛巳一危破金	西北 正西 北	八白巽	西西 正	六四
30	廿六壬午二室危木	东南 南 北	九紫坎	东东 北	六五
31					

12月大　十一月庚子　复卦　天道行东南　初四 卯时 大雪　十八 夜子 冬至

阳历	农历干支 星期 星宿 五行	日神方位(奇门节元) 喜财贵五鬼	九星八卦	八门方位 开门生门休门	六十四卦 及爻数
1	廿七癸未三壁成木	东北 正北 西 南	一白艮	正北 东 东	上六
2	廿八甲申四奎收水	大雪中7	二黑坤	西南 东北	未济 初六
3	廿九乙酉五娄开水	西南 正北 南 东	三碧乾	东南 南南	九二
4	十一丙戌六胃闭土	西南 正北 西北	四绿坎	东西 南南	六三
5	初二丁亥日昴建土	正南 正北 西北	五黄艮	正南 南南	九四
6	初三戊子一毕除火	正南 东北 北	六白坤	正北 北北	六五
7	初四己丑二觜满火	[大雪]1	七赤乾	西北 北北	上九
8	初五庚寅三参满木	东北 东东 东	八白震	西西 南南	蹇 初六
9	初六辛卯四井平木	正西 正西 北	九紫离	正正 南南	六二
10	初七壬辰五鬼定水	正南 西北 北	一白震	正西 东南	九三
11	初八癸巳六柳执水	东南 南 东	二黑巽	西南 南南	六四
12	初九甲午日星破金	闰大雪上4	三碧乾	东东 南北	九五
13	初十乙未一张危金	西南 西北 南	四绿艮	东南 东南	上六
14	十一丙申二翼成火	西南 西南 正	五黄坤	东北 正东	颐 初九
15	十二丁酉三轸收火	正南 西北 西北	六白乾	正西 南南	六二
16	十三戊戌四角开木	东北 正南 东	七赤兑	正西 南南	六三
17	十四己亥五亢闭木	闰大雪中7	八白离	正正 东东	六四
18	十五庚子六氐建土	西南 东北 东	九紫震	西北 北北	六五
19	十六辛丑日房除土	西南 西北 北	一白巽	正正 北北	上九
20	十七壬寅一心满金	正南 正北 东	二黑坎	正正 东北	上九
21	十八癸卯二尾平金	[冬至]子	三碧艮	西南 北西	中孚 初九
22	十九甲辰三箕定水	闰大雪下1	四绿坤	东北 正西	九二
23	二十乙巳四斗执火	东东 正正 南	五黄乾	西南 南南	六三
24	廿一丙午五牛破水	西南 正北 北	六白兑	东北 北北	六四
25	廿二丁未六女危水	西南 正北 北	七赤离	东东 正	九五
26	廿三戊申日虚成土	东北 正北 东	八白震	东北 东南	上九
27	廿四己酉一危收金	冬至上1	九紫坤	东东 南南	复 初九
28	廿五庚戌二室开金	西南 正北 南	一白坎	西西 北北	六二
29	廿六辛亥三壁闭金	西北 正西 北	二黑艮	东北 正东	六三
30	廿七壬子四奎建木	东南 南 北	三碧坤	东东 北北	六四
31	廿八癸丑五娄除木	东北 东南 西	四绿乾	西西 北北	六五

256

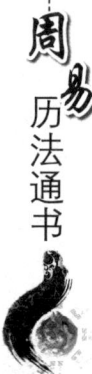

周易历法通书

公元 2022 年　农历壬寅(虎)年

太岁壬寅,干水支木,纳音属金,岁德壬,贵人在卯、巳,岁禄亥,岁马申,秦书艮,博士坤,力士巽,利东西不利南北。

1月大　十二月 辛丑 临卦 天道行西
初三 酉时 小寒　　十八 巳时 大寒

阳历	农历干支 星期 星宿 五行	日神方位(奇门节元)	九星八卦	八门方位 开门生门休门	六十四卦及爻数
1	廿九甲寅 六胃满水	冬至中7	五黄兑	西东正北北北	上六
2	三十乙卯 日昴平木		六白乾	西西南	屯 初九
3	十二 丙辰 一毕定土		七赤兑	正正西南北北	六二
4	初二丁巳 二觜执土		八白坤	正正西南北北	六三
5	初三戊午 三参执火	[小寒] 酉	九紫离	东东正北南东	六四
6	初四己未 四井破火	冬至下4	一白坎	东东正北南东	九五
7	初五庚申 五鬼危水		二黑震	东东正北南东	上六
8	初六辛酉 六柳成木		三碧震	正正东南北北	谦 初六
9	初七壬戌 日星收水		四绿巽	正正东南北	六二
10	初八癸亥 一张开水		五黄艮	东东正南南东	九三
11	初九甲子 二翼闭金	小寒上2	六白艮		六四
12	初十乙丑 三轸建金		七赤兑	西东正北北北	六五
13	十一丙寅 四角除火		八白乾	西正西南北北	上六
14	十二丁卯 五氐满木		九紫兑	正正西南北北	睽 初九
15	十三戊辰 六氐平木		一白离	正正西南北北	九二
16	十四己巳 日房定木	小寒中8	二黑坤	正正西南南	六三
17	十五庚午 一心执土		三碧巽	东东正北南东	九四
18	十六辛未 二尾破土		四绿震	东东正北南东	九五
19	十七壬申 三箕危金		五黄乾	东东正北南东	上九
20	十八癸酉 四斗成金	[大寒] 巳	六白坤	升 初六	
21	十九甲戌 五牛收水	小寒下5	七赤乾	正正东南南	九二
22	二十乙亥 六女开水		八白兑	正正东南南	九三
23	廿一丙子 日虚闭火		九紫离	西正东南西北	六四
24	廿二丁丑 一危建水		一白震	西东正北北北	六五
25	廿三戊寅 二室除土		二黑巽	东南正北北北	上六
26	廿四己卯 三壁满土	大寒上3	三碧坎	临 初九	
27	廿五庚辰 四奎平金		四绿震	西西正南北北	九二
28	廿六辛巳 五娄定金		五黄巽	西西正南北北	六三
29	廿七壬午 六星执木		六白乾	正正东北东北	六四
30	廿八癸未 日昴破木		七赤兑	正正东北东北	六五
31	廿九甲申 一毕危水	大寒中9	八白震	正正东北东北	上六

2月平　一月 壬寅 泰卦 天道行南
初四 寅时 立春　　十九 子时 雨水

阳历	农历干支 星期 星宿 五行	日神方位(奇门节元)	九星八卦	八门方位 开门生门休门	六十四卦及爻数
1	一月乙酉 二觜成水		九紫巽	东西正南南南	小过 初六
2	初二丙戌 三参建土		一白坎	东西正南南南	六二
3	初三丁亥 四井开土		二黑坤	东西正南南南	九三
4	初四戊子 五鬼开火	[立春] 寅	三碧坤	西东正北北北	九四
5	初五己丑 六柳闭火	大寒下6	四绿巽		六五
6	初六庚寅 日星建木		五黄离		上六
7	初七辛卯 一张除木		六白离	正正东南西北	蒙 初六
8	初八壬辰 二翼满土		七赤震	正正东南南	九二
9	初九癸巳 三轸平水		八白艮	正正东南南	六三
10	初十甲午 四角定金	立春上8	九紫坎	东东正南南东	六四
11	十一乙未 五亢执金		一白艮	东东正南南东	六五
12	十二丙申 六氐破火		二黑震	东东正北北北	上九
13	十三丁酉 日房危火		三碧震	东东正南南北	益 初九
14	十四戊戌 一心成木		四绿巽	正正西南南	六二
15	十五己亥 二尾收木	立春中5	五黄坤	东东正南南东	六三
16	十六庚子 三箕开土		六白震	西西北北	六四
17	十七辛丑 四斗闭土		七赤坤	西正西南南	九五
18	十八壬寅 五牛建金		八白坎	西正西南南	上九
19	十九癸卯 六女除金	[雨水] 子	九紫离	渐 初六	
20	二十甲辰 日虚满火	立春下2	一白坎	西西南	六二
21	廿一乙巳 一危平火		二黑震	西北北	九三
22	廿二丙午 二室定火		三碧坤	正正东北东	六四
23	廿三丁未 三壁执木		四绿巽	西北东北	九五
24	廿四戊申 四奎破土		五黄震	西北东北	上九
25	廿五己酉 五娄危土	雨水上9	六白坤	泰 初九	
26	廿六庚戌 六胃成金		七赤坎	东西南南	九二
27	廿七辛亥 日昴收金		八白艮	东西南南	九三
28	廿八壬子 一毕开木		九紫坤	西东正北北北	六四

公元 2022 年　　农历壬寅(虎)年

太岁壬寅，干水支木，纳音属金，岁德壬，贵人在卯、巳，岁禄亥，岁马申，奏书艮，博士坤，力士巽，利东西不利南北。

3月大　二月癸卯　大壮卦天道行西南　｜　初三亥时 惊蛰　十八夜子 春分

阳历	农历干支 星期 星宿 五行	日神方位(奇门节元) 喜财贵五神 神神鬼	九星八卦	八门方位 开生休门门门	六十四卦及爻数
1	廿九癸丑 二觜闭木	东东东西 北北南北	一白乾	西北 正北	六五
2	三十甲寅 三参建木 雨水中6		二黑兑	西东正 北北	上六
3	二月乙卯 四井除水	西东正西 北北南北	三碧坎	正东正 南南	上六
4	初二丙辰 五鬼满土	西正正西 南西北北	四绿艮	正正西 南西南	需 初九
5	初三丁巳 六柳满土	[惊蛰] 亥	五黄坤	西正西 南北北	九二
6	初四戊午 日星平火	东正正正 北北南北	六白乾	东东正 南北正	九三
7	初五己未 一张定火 雨水下3	东正正 南北南东	七赤兑	东正正 南北东	六四
8	初六庚申 二翼执木	西东西正 北北北北	八白离	正正东 南北北	九五
9	初七辛酉 三轸破木	西东西西 北北南南	九紫震	正正正 南北南	上六
10	初八壬戌 四角危水	正东西西 南南北北	一白巽	正正西 南南南	随 初九
11	初九癸亥 五亢成水	正正正正 北南南东	二黑坎	东东正 南南南	六二
12	初十甲子 六氐收金 惊蛰上1	东正正西 北南北北	三碧坤	西东正 北北北	六三
13	十一乙丑 日房开金	西正西西 南南南北	四绿坤	正正东 南南南	九四
14	十二丙寅 一心闭火	西正正西 北北北北	五黄乾	正正正 北北北	九五
15	十三丁卯 二尾建火	正正正西 南西南南	六白兑	正正西 南西南	上六
16	十四戊辰 三箕除木	东正正正 北南南北	七赤离	正正西 南西南	晋 初六
17	十五己巳 四斗满木 惊蛰中7		八白震	正正西 南西南	六二
18	十六庚午 五牛平土	西正正西 北东南北	九紫巽	东东正 南北东	六三
19	十七辛未 六女定土	东正西正 南东北东	一白坎	正正西 南西南	九四
20	十八壬申 日虚执金	[春分] 子	二黑艮	东东正 南南南	六五
21	十九癸酉 一危破金	东正正西 南北南南	三碧坤	正正东 南南东	上九
22	二十甲戌 二室危火 惊蛰下4		四绿乾	正正正 南北南	解 初六
23	廿一乙亥 三壁成火	东东西正 北南北南	五黄兑	正正东 南南南	六二
24	廿二丙子 四奎收水	西正正正 北东北北	六白离	东东正 南北北	六三
25	廿三丁丑 五娄开水	正正正西 北南南西	七赤震	正正东 南北西	九四
26	廿四戊寅 六胃闭土	东正正东 北北南南	八白巽	正正西 南北北	六五
27	廿五己卯 日昴建土 春分上3		九紫离	西正西 南北西	上六
28	廿六庚辰 一毕除金	西正正西 南南南北	一白艮	西西正 南南北	大壮 初九
29	廿七辛巳 二觜满金	西正正南 北南南东	二黑坤	西正正 南北北	九二
30	廿八壬午 三参平木	正东西东 南南南南	三碧兑	西东正 北北北	九三
31	廿九癸未 四井定木	东正正东 北南东北	四绿兑	正正东 南北东	九四

4月小　三月甲辰　夬卦天道行北　｜　初五寅时 清明　二十巳时 谷雨

阳历	农历干支 星期 星宿 五行	日神方位(奇门节元) 喜财贵五神 神神鬼	九星八卦	八门方位 开生休门门门	六十四卦及爻数
1	三月甲申 五鬼执水 春分中9		五黄艮	正东正 北东北	六五
2	初二乙酉 六柳破水	西东西西 北南南南	六白坤	西西正 南南南	上六
3	初三丙戌 日星危土	正正西西 南南南南	七赤乾	西东正 南南南	豫 初六
4	初四丁亥 一张成土	正正正西 南南南南	八白离	西东正 南南南	六二
5	初五戊子 二翼成火	[清明] 寅	九紫离	西正西 南北北	六三
6	初六己丑 三轸收火 春分下6		一白震	东东正 南北正	九四
7	初七庚寅 四角开木	北东东东	二黑巽	西正正 北北正	六五
8	初八辛卯 五亢闭木	东正正 南东南东	三碧坎	正正西 南西南	上六
9	初九壬辰 六氐建水	西正正正 北东南南	四绿艮	正正西 南西南	讼 初六
10	初十癸巳 日房除水	西正正正 北南南东	五黄坤	正正西 南南南	九二
11	十一甲午 一心满金 清明上4		六白乾	东东正 南南东	六三
12	十二乙未 二尾平金	东东西正 北南北东	七赤兑	正正西 南北东	九四
13	十三丙申 三箕定火	正正西西 南南南南	八白离	东东正 南北东	九五
14	十四丁酉 四斗执火	正正正西 南南南南	九紫震	正正东 南北南	上九
15	十五戊戌 五牛破木	正正正西 北北北北	一白巽	正正东 南东南	蛊 初六
16	十六己亥 六女危木 清明中1		二黑坎	西正西 南南南	九二
17	十七庚子 日虚成土	正正东正 北南南南	三碧艮	正正西 南北北	九三
18	十八辛丑 一危收土	西正东正 北南南南	四绿坤	正正东 南北北	六四
19	十九壬寅 二室开金	西正正正 北东南南	五黄乾	正正东 南北北	六五
20	二十癸卯 三壁闭金	[谷雨] 巳	六白坎	西西正 南南正	上九
21	廿一甲辰 四奎建木 清明下7		七赤坤	西西正 南南南	革 初九
22	廿二乙巳 五娄除火	东东西正 北南北东	八白震	西西正 南南南	六二
23	廿三丙午 六胃满水	正正西正 北南南南	九紫巽	正正东 南北北	九四
24	廿四丁未 日昴平水	西正正正 北南南南	一白坎	东东正 南北东	九四
25	廿五戊申 一毕定土	正正正西 北北北北	二黑艮	东东正 南北东	九五
26	廿六己酉 二觜执土 谷雨上5		三碧坤	东西正 南南南	上六
27	廿七庚戌 三参破金	西正正西 北南南南	四绿乾	西东正 南南南	夬 初九
28	廿八辛亥 四井危金	西正正西 北南南南	五黄兑	西东正 南南南	九二
29	廿九壬子 五鬼成水	正正正东 南北北北	六白艮	西东正 南南南	九三
30	三十癸丑 六柳收水	东正东东 南南南南	七赤震	西东正 北北北	九四

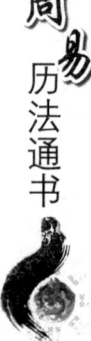

周易历法通书

公元 2022 年　　农历壬寅(虎)年

太岁壬寅，干水支木，纳音属金，岁德壬，贵人在卯、巳，岁禄亥，岁马申，奏书艮，博士坤，力士巽，利东西不利南北。

5月大　四月乙巳　乾卦　天道行西　初五戌时立夏　廿一巳时小满

阳历	农历干支	星期	星宿	建除	五行	日神方位(奇门节元)喜财贵五神神神神鬼	九星八卦	八门方位 开生休门门门	六十四卦及爻数
1	四月 甲寅	日	毕	开	水	谷雨中2 西东正西/北南北北	八白坤	西东正西/南西南	九五
2	初二 乙卯	一	张	闭	水	东正东西/北南北北	九紫乾	正东正西/南西南	上六
3	初三 丙辰	二	翼	建	土	西正西正/北南北北	一白离	正正西/南西南	旅 初六 九五
4	初四 丁巳	三	轸	除	土	正正西正/北南北北	二黑坎	正正西/南西南	六二
5	初五 戊午	四	角	满	火	[立夏]戌	三碧乾	东北正南东	九三
6	初六 己未	五	亢	满	土	谷雨下8	四绿巽	东东正南东	九四
7	初七 庚申	六	氐	平	木	正东正西/北东北北	五黄艮	东东正南东	六五
8	初八 辛酉	日	房	定	木	西东正东/北南北北	六白兑	东南正南东	上九
9	初九 壬戌	一	心	执	水	正正西正/北南北北	七赤坤	正正西/南东	师 初六 六二
10	初十 癸亥	二	尾	破	水	东正东正/南南南北	八白乾	正正东/东南东	九二
11	十一 甲子	三	箕	危	金	立夏上4	九紫离	西东正北/北北	六三
12	十二 乙丑	四	斗	成	金	东东西南/北南北南	九紫离	西东正北/南北	六四
13	十三 丙寅	五	牛	收	火	正正西西/南西南北	八白震	西东正北/南北	六五
14	十四 丁卯	六	女	开	火	正正西南/南西南北	七赤巽	西东正北/南北	上六
15	十五 戊辰	日	虚	闭	木	东正正西/南北南东	六白坎	正正西/南北东	上六
16	十六 己巳	一	危	建	土	立夏中1	五黄艮	正正西/南西南	比 初六
17	十七 庚午	二	室	除	土	正正正西/北东北北	四绿坤	东东正/北南东	六二
18	十八 辛未	三	壁	满	土	正东西正/北东北北	三碧乾	东东正/北南东	六三
19	十九 壬申	四	奎	平	金	东东正南/南南南东	二黑兑	东东正/北南东	六四
20	二十 癸酉	五	娄	定	金	正正正东/南南南北	一白离	正正东/北南东	九五
21	廿一 甲戌	六	胃	执	火	[小满]7	九紫震	正正东/南南东	上六
22	廿二 乙亥	日	昴	破	火	东东正南/北南北南	八白巽	正正东/南南东	小畜 初九
23	廿三 丙子	一	毕	危	水	西东西正/南西南北	七赤坎	正正东/西北东	九二
24	廿四 丁丑	二	觜	成	水	西东正正/南西南北	六白艮	正正东/西北东	九三
25	廿五 戊寅	三	参	收	土	东正正西/北北北东	五黄坤	正正东/北北东	六四
26	廿六 己卯	四	井	闭	土	小满上5	四绿乾	西西正/南北正	九五
27	廿七 庚辰	五	鬼	闭	金	正东正正/北东北北	三碧兑	西西正/南北正	上九
28	廿八 辛巳	六	柳	建	金	西东西西/北东北北	二黑离	西西正/南北正	乾 上九
29	廿九 壬午	日	星	除	木	正正正西/南南南东	一白坎	西西正/北北东	九二
30	五月 癸未	一	张	满	木	小满中2	九紫乾	正正东/北北北	九三
31	初二 甲申	二	翼	平	水	小满中2	八白兑	正正东/北东北	九四

6月小　五月丙午　姤卦　天道行西北　初八子时芒种　廿三酉时夏至

阳历	农历干支	星期	星宿	建除	五行	日神方位(奇门节元)喜财贵五神神神神鬼	九星八卦	八门方位 开生休门门门	六十四卦及爻数
1	初三 乙酉	三	轸	定	金	西东西正/南南北东	七赤离	东西正/北南东	九五
2	初四 丙戌	四	角	执	金	西正西正/南西北北	六白震	东西正/南南东	上九
3	初五 丁亥	五	亢	破	土	西正西正/南西北北	五黄巽	西东正/南南东	大有 初九
4	初六 戊子	六	氐	危	火	东正东西/南北北北	四绿坎	西东正/南北东	九二
5	初七 己丑	日	房	成	火	小满下7	三碧艮	西东正/北北东	九三
6	初八 庚寅	一	心	收	木	[芒种]子	二黑坤	正正西/南西南	九四
7	初九 辛卯	二	尾	收	木	西东正西/北东北北	一白乾	正正西/南西南	六五
8	初十 壬辰	三	箕	开	水	东东正南/南南北北	九紫兑	正正西/南西南	上九
9	十一 癸巳	四	斗	闭	水	东东正东/南南北北	八白离	正正东/南东北	家人 初九
10	十二 甲午	五	牛	建	金	芒种上6	七赤震	东东正/北南东	六二
11	十三 乙未	六	女	除	金	东东西南/北南北南	六白巽	东东正/北南东	九三
12	十四 丙申	日	虚	满	火	正正西西/南西南北	五黄坎	东东正/北南东	六四
13	十五 丁酉	一	危	平	火	西东正正/南西南北	四绿艮	正正东/北南东	九五
14	十六 戊戌	二	室	定	木	东正东正/北北北东	三碧坤	正正东/南南东	上九
15	十七 己亥	三	壁	执	木	芒种中3	二黑乾	正正东/南南东	井 初六
16	十八 庚子	四	奎	破	土	正正东正/北东北北	一白兑	正正东/西北东	九二
17	十九 辛丑	五	娄	危	土	西正东正/北东北北	九紫离	正正东/西北东	九三
18	二十 壬寅	六	胃	成	金	正正东南/南南北北	八白震	正正东/北北东	六四
19	廿一 癸卯	日	昴	收	金	正正东东/南南北北	七赤巽	正正东/北北东	九五
20	廿二 甲辰	一	毕	开	火	芒种下9	六白坎	西东正/南北东	上六
21	廿三 乙巳	二	觜	闭	火	[夏至]酉	五黄坤	西西正/南北正	咸 初六
22	廿四 丙午	三	参	建	水	西正西正/南西北北	四绿坤	西东正/北东北	六二
23	廿五 丁未	四	井	除	水	西东西正/南西南北	三碧乾	西东正/北东北	九三
24	廿六 戊申	五	鬼	满	土	东北东正/北北北东	二黑兑	西东正/北东北	九四
25	廿七 己酉	六	柳	平	土	夏至上9	一白离	东西正南	九五
26	廿八 庚戌	日	星	定	金	正正正东/北东北北	九紫震	东西正/南南东	上六
27	廿九 辛亥	一	张	执	金	西正东正/北东北北	八白巽	西东正/南南东	姤 初六
28	三十 壬子	二	翼	破	木	正正东正/南南北北	七赤坎	西东正/南北东	九二
29	六月 癸丑	三	轸	危	木	东东正东/南南北北	六白艮	西东正/北北东	九三
30	初二 甲寅	四	角	成	水	夏至中3	五黄离	西东正/北北北	九四

公元 2022 年　　　农历壬寅(虎)年

太岁壬寅,干水支木,纳音属金,岁德壬,贵人在卯、巳,岁禄亥,岁马申,奏书艮,博士坤,力士巽,利东西不利南北。

7月大　六月丁未　遁卦　天道行东
初九 巳时 小暑　　廿五 寅时 大暑

阳历	农历干支 星期星宿五行	日神方位(奇门节元)	九八星卦	八门方位	六十四卦及爻数
1	初三乙卯 五亢收水	东西正正/南北北北	四绿震	正正西/南西南	九五
2	初四丙辰 六氐开土	西正西正/南北北北	三碧巽	正正西/南北北	上九
3	初五丁巳 日房开土	正正西西/北北北北	二黑坎	正正西/南北北	鼎 初六
4	初六戊午 一心建火	东正西正/南北北北	一白艮	东东正/北南东	九二
5	初七己未 二尾除火 夏至下6	东正西正/北北东北	九紫坤	东正正/北南东	九三
6	初八庚申 三箕满木	西正西正/北北东北	八白乾	东正正/北南东	九四
7	初九辛酉 四斗满木 [小暑]巳		七赤兑	正东正/南南南	六五
8	初十壬戌 五牛平水	正正西/南北北北	六白离	东正正/南南南	上九
9	十一癸亥 六女定水	西正东/南南东北	五黄震	正正东/南北东	丰 初九
10	十二甲子 日虚执金 小暑上8	东西西/北北北北	四绿巽	西东正/北北北	六二
11	十三乙丑 一危破金	东正西西/北南北	三碧坎	西东正/北北北	九三
12	十四丙寅 二室危火	正正西/南西北	二黑艮	西东正/北北北	九四
13	十五丁卯 三壁成火	正正西西/南北北北	一白坤	西西正/南西南	六五
14	十六戊辰 四奎收木	正正西西/北北北北	九紫乾	西西正/南西南	上六
15	十七己巳 五娄开木 小暑中2	正正西/北东北北	八白兑	正正西/南西南	涣 初六
16	十八庚午 六胃闭土	东正西正/北南南东	七赤离	东正正/南南东	九二
17	十九辛未 日昴建土	东正正/北南南东	六白震	东东正/北南东	六三
18	二十壬申 一毕除金	正正东西/南南东西	五黄巽	东东正/北南东	六四
19	廿一癸酉 二觜满金	正正东/南北南东	四绿坎	东东正/北南东	九五
20	廿二甲戌 三参平火 小暑下5		三碧艮	正正东/南南东	上九
21	廿三乙亥 四井定火	东东西/南北北东	二黑坤	正正东/南南东	履 初九
22	廿四丙子 五鬼执水	正正西/西北北北	一白乾	正正西/南北北	九二
23	廿五丁丑 六柳破水 [大暑]寅		九紫兑	正正西/南北北	六三
24	廿六戊寅 日星危土	东东北/北北北	八白离	正正西/南北北	九四
25	廿七己卯 一张成土 大暑上7	西西西/北北北	七赤震	西西正/南北北	九五
26	廿八庚辰 二翼收金	正正正/北北东北	六白巽	西西正/南北北	上九
27	廿九辛巳 三轸开金	正正西西/北南北	五黄坎	西西正/南北北	上九
28	三十壬午 四角闭木	正正正/北东北	四绿艮	正正东/北东东	遁 初六
29	七月癸未 五亢建木	东正正/南南北	三碧坤	正正东/北东东	六二
30	初二甲申 六氐除木 大暑中1		二黑乾	正正东/北东东	九三
31	初三乙酉 日房满水	东东西/北南南北	一白巽	东西正/南南南	九四

8月大　七月戊申　否卦　天道行北
初十 戌时 立秋　　廿六 午时 处暑

阳历	农历干支 星期星宿五行	日神方位(奇门节元)	九八星卦	八门方位	六十四卦及爻数
1	初四丙戌 一心平土	正正西/南西北	九紫震	东西正/南南南	九五
2	初五丁亥 二尾定火	正正西/南西北	八白巽	东西正/南南南	上九
3	初六戊子 三箕执火	西正东西/北北北	七赤坤	西东正/北北北	恒 初六
4	初七己丑 四斗破火 大暑下4		六白乾	西东正/北北北	九二
5	初八庚寅 五牛危木	西正东西/北东北	五黄兑	西东正/北北北	九三
6	初九辛卯 六女成木	西正东/南北东北	四绿离	正正西/南西南	九四
7	初十壬辰 日虚成水 [立秋]戌		三碧震	正正西/南西南	六五
8	十一癸巳 一危收水	西正东/南北北	二黑巽	正正西/南西南	上六
9	十二甲午 二室开金 立秋上2		一白坎	东东正/北南东	节 初九
10	十三乙未 三壁闭金	正正西西/北北	九紫离	东东正/北南东	九二
11	十四丙申 四奎建火	正正西/南西北	八白艮	东东正/北南东	六三
12	十五丁酉 五娄除火	正正西/南西北	七赤乾	东正正/北南东	六四
13	十六戊戌 六胃满木	东西正/北北北	六白兑	正正东/南南东	九五
14	十七己亥 日昴平木 立秋中5		五黄离	正正东/南南东	上六
15	十八庚子 一毕定土	西正正/北东北东	四绿震	正正东/南南东	同人 初九
16	十九辛丑 二觜执土	西正正/北东北	三碧巽	正正东/北东北	六二
17	二十壬寅 三参破金	东东东/南南东	二黑坎	正正东/北东北	九三
18	廿一癸卯 四井危木	东东/南北东	一白艮	正正东/北东北	九四
19	十二甲辰 五鬼成木 立秋下8		九紫坤	正正东/北东北	九五
20	廿三乙巳 六柳收火	西东正/北南北东	八白乾	西东正/北北西	上九
21	廿四丙午 日星开水	西正西/北北北	七赤兑	西东正/北北西	损 初九
22	廿五丁未 一张闭水	西正西/南北北	六白离	西东正/北北西	九二
23	廿六戊申 二翼建土 [处暑]午		五黄震	正正东/北北东	六三
24	廿七己酉 三轸除土 处暑上1		四绿巽	东西正/南南南	六四
25	廿八庚戌 四角满金	西正西/南西北	三碧坎	东西正/南南南	六五
26	廿九辛亥 五亢平金	西正东/南北北	二黑艮	东西正/南南南	上九
27	八月壬子 六氐定水	东东东/南东北	一白坤	西东正/北北西	否 初六
28	初二癸丑 日房执水	东正正/南北北	九紫巽	西东正/北北西	六二
29	初三甲寅 一心破火 处暑中4		八白乾	西东正/北北西	六三
30	初四乙卯 二尾危木	西东正/南北北	七赤艮	正正西/南西南	九四
31	初五丙辰 三箕成土	西正西/南西北	六白坤	正正西/南西南	九五

260

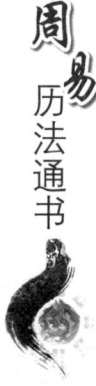

周易历法通书

公元 2022 年　　　农历壬寅(虎)年

太岁壬寅,干水支木,纳音属金,岁德壬,贵人在卯、巳,岁禄亥,岁马申,奏书艮,博士坤,力士巽,利东西不利南北。

9月小　八月己酉　观卦　天道行东北　十二夜子巳时　白露　廿八巳时　秋分

阳历	农历干支 星期五星宿行	日神方位(奇门节元) 喜财贵神五神神鬼	九星八卦	八门方位 开生休门门门	六十四卦及爻数
1	初六丁巳 四斗收土	正正西西 南西北北	五黄离	正正西 南西南	上九
2	初七戊午 五牛开火	东正正正 南北北北	四绿兑	东东正 北东北	巽 初六
3	初八己未 六女闭土 处暑下7		三碧震	正正西 南西北	九二
4	初九庚申 日虚建金	西正正正 南北北北	二黑艮	东东正 北东北	九三
5	初十辛酉 一危除木	西正东正 南东北北	一白巽	正正东 东南北	六四
6	十一壬戌 二室满水	西正东正 南北北北	九紫离	正正东 东南北	九五
7	十二癸亥 三壁平水	正正东正 南北北北	八白艮	正正东 东南北	上九
8	十三甲子 四奎平金 白露上9		七赤兑	西东正 北北北	萃 初六
9	十四乙丑 五娄定金	西东正 南南南	六白乾	西东正 北北北	六二
10	十五丙寅 六胃执火	西东正 南南南	五黄离	西东正 北北北	六三
11	十六丁卯 日昴破火	正正西 南西北	四绿震	正正西 南西北	九四
12	十七戊辰 一毕危木	东正正 南北南北	三碧震	正正西 南西北	九五
13	十八己巳 二觜成木 白露中3		二黑巽	正正西 南西北	上六
14	十九庚午 三参收土	东东正 南东南北	一白坎	东东正 北南南	大畜 初九
15	二十辛未 四井开土	西正正 南北北	九紫离	东东正 北南南	九二
16	廿一壬申 五鬼闭金	正正东西 南南南北	八白坤	东东正 北南南	九三
17	廿二癸酉 六柳建金	正正东 南南北	七赤兑	东东正 北南南	六四
18	廿三甲戌 日星除火 白露下6		六白兑	正正东 南南北	六五
19	廿四乙亥 一张满火	西东正 南南南	五黄震	正正东 南南北	上九
20	廿五丙子 二翼平水	正正西西 南西北北	四绿震	正正西 南北北	贲 初九
21	廿六丁丑 三轸定水	正正西西 南西北北	三碧巽	正正西 南北北	六二
22	廿七戊寅 四角执土	东北正 北南	二黑震	正正西 南北北	九三
23	廿八己卯 五亢破土 [秋分]7		一白震	西西正 南南北	六四
24	廿九庚辰 六氐危金	西东正 北东北	九紫坤	西西正 南南北	六五
25	三十辛巳 日房成金	东正东 北东北	八白震	西西正 南南北	上九
26	九月壬午 一心收木	正正正 北北东	七赤巽	正正东 北东	观 初六
27	初二癸未 二尾开木	东正正 南南东	六白坎	正正东 北东	六二
28	初三甲申 三箕闭金 秋分中1		五黄艮	东北 北北	六三
29	初四乙酉 四斗建水	西东西 北南南东	四绿坤	东西正 南西北	六四
30	初五丙戌 五牛除土	西东西 北南北北	三碧乾	东正正 南北南	九五
31					

10月大　九月庚戌　剥卦　天道行南　十三申时酉时　寒露　廿八酉时　霜降

阳历	农历干支 星期五星宿行	日神方位(奇门节元) 喜财贵神五神神鬼	九星八卦	八门方位 开生休门门门	六十四卦及爻数
1	初六丁亥 六女满土	正正正西 北南东北	二黑兑	西正西 南北北	上九
2	初七戊子 日虚平火	东正正西 南北北北	一白震	西东正 北东北	归妹 初九
3	初八己丑 一危定火 秋分下4		九紫震	西正西 北北北	九二
4	初九庚寅 二室执木	西正正西 南东东东	八白震	西正西 北北北	六三
5	初十辛卯 三壁破木	西东正西 南东北北	七赤坎	正正西 南西北	九四
6	十一壬辰 四奎危木	西正东正 南北北北	六白艮	正正西 南西北	六五
7	十二癸巳 五娄成水	东正东正 南北北北	五黄坤	正正西 南西北	上六
8	十三甲午 六胃成金 [寒露]6		四绿乾	东东正 北南南	上六
9	十四乙未 日昴收金	西东正 北南南南	三碧离	东东正 北南南	无妄 初九
10	十五丙申 一毕开火	西正正西 南东东东	二黑离	东东正 北南南	六二
11	十六丁酉 二觜闭火	正正正西 南西北北	一白震	正正东 南南北	六三
12	十七戊戌 三参建木	正正正西 南北南北	九紫离	正正东 南南北	九四
13	十八己亥 四井除木 寒露中9		八白艮	正正东 南南北	九五
14	十九庚子 五鬼满土	正正正西 北东南北	七赤兑	西西正 北西北	上九
15	二十辛丑 六柳平土	西正正西 南东北北	六白坤	西西正 北西北	明夷 初九
16	廿一壬寅 日星定金	正正正西 南北北	五黄乾	西西正 北西北	六二
17	廿二癸卯 一张执金	正正东 南南北	四绿兑	西西正 北西北	九三
18	廿三甲辰 二翼破火 寒露下3		三碧震	西西正 北西北	六四
19	廿四乙巳 三轸危火	西东正 北南东北	二黑坤	西西正 北西北	六五
20	廿五丙午 四角成水	正正西西 南西北北	一白震	西北东 北北	上六
21	廿六丁未 五亢收水	正正正西 南西北北	九紫坎	西北东 北北	困 初六
22	廿七戊申 六氐开土	东正正西 南北南南	八白艮	西北 南南	九二
23	廿八己酉 日房闭土 [霜降]5		七赤坤	东西正 南南北	六三
24	廿九庚戌 一心建金	西东正 北东南北	六白乾	东西正 南南北	九五
25	十月辛亥 二尾除金	东正东 北东北	五黄坤	东西正 南南北	九五
26	初二壬子 三箕满木	正正东 北北东	四绿艮	西东正 南北南	上六
27	初三癸丑 四斗平木	东正正 南南东	三碧坤	西北 北北	剥 初六
28	初四甲寅 五牛定水 霜降中8		二黑离	西北 北北	六二
29	初五乙卯 六女执水	西东正 南南东	一白兑	正正西 南西南	六三
30	初六丙辰 日虚破土	正正正西 南北北	九紫离	正正西 南西南	六四
31	初七丁巳 一危危土	正正正西 南北南	八白震	正正西 南南	六五

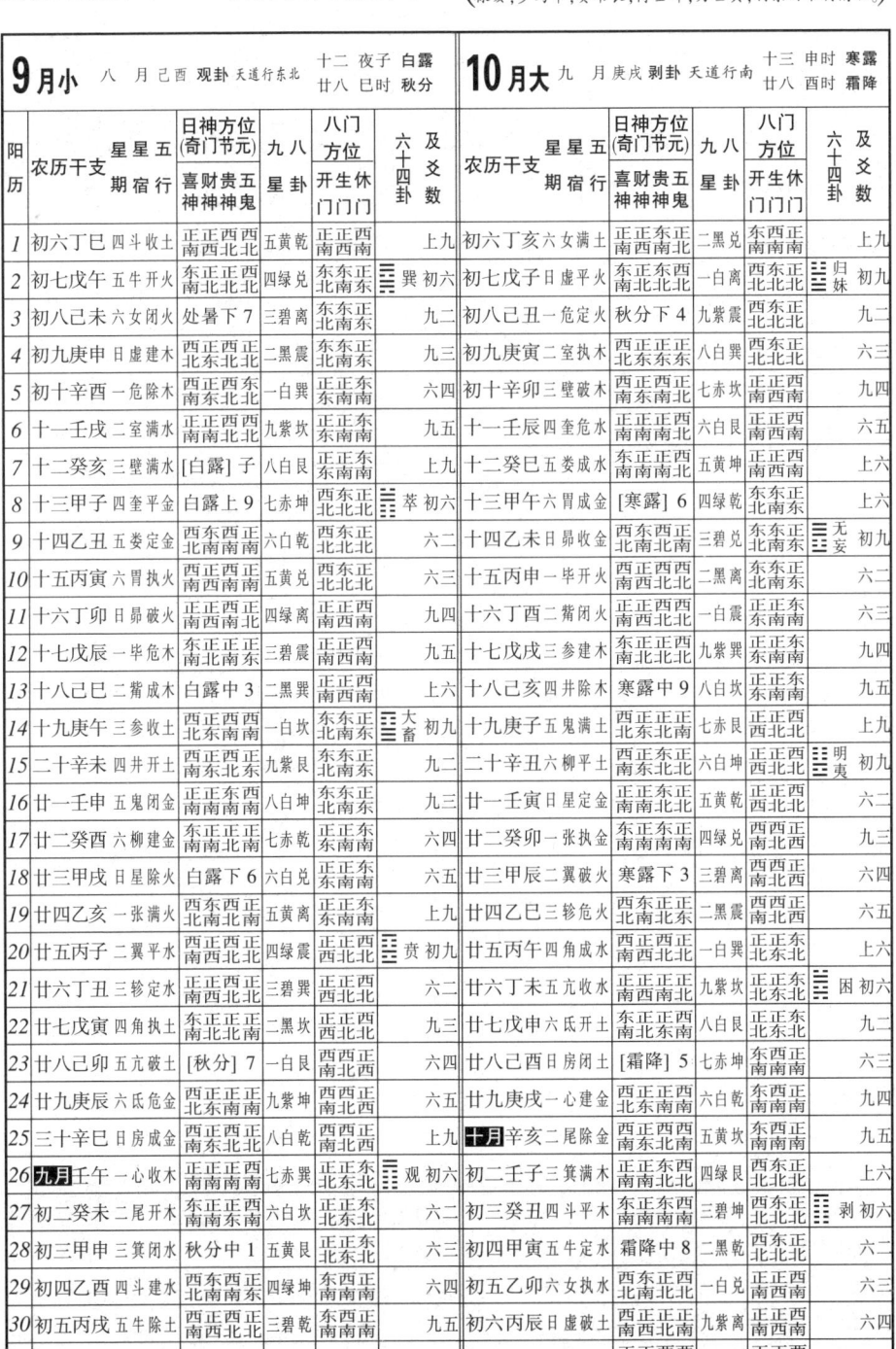

公元 2022 年　　　农历壬寅(虎)年

太岁壬寅,干水支木,纳音属金,岁德壬,贵人在卯、巳,岁禄亥,岁马申,奏书艮,博士坤,力士巽,利东西不利南北。

11月小　十月辛亥　坤卦　天道行东　　十四酉时立冬　廿九申时小雪

阳历	农历干支·星期·星宿·五行	日神方位(奇门节元) 喜财贵五神·神神鬼	九星八卦	八门方位 开生休门	六十四卦及爻数
1	初八戊午二室成火	东正正西 南北北北	七赤巽	东东正 北南东	上九
2	初九己未三壁收火	霜降下2	六白坎	西东正 北南北	艮 初六
3	初十庚申四奎开木	西正西正 南北北北	五黄艮	正正东 南西东	六二
4	十一辛酉五娄收木	西正西正 南南北北	四绿坤	正正东 南西东	九三
5	十二壬戌六胃成水	正正西正 南南北北	三碧乾	正正东 南西南	六四
6	十三癸亥日昴除水	西正正正 南南南北	二黑兑	正正东 南西南	六五
7	十四甲子一毕除金	[立冬]6	一白坎	西东正 北南东	上九
8	十五乙丑二觜满金	东西西正 北南南南	一白震	西东正 北北东	既济 初九
9	十六丙寅三参平火	东西西正 南南南南	二黑巽	西东正 北北东	六二
10	十七丁卯四井定火	正正西正 南西西北	三碧坎	正东正 南西南	九三
11	十八戊辰五鬼执木	东正正正 北南西南	四绿艮	正东正 南西南	六四
12	十九己巳六柳破土	立冬中9	五黄坤	东东正 北南东	九五
13	二十庚午一星危土	正正正西 北东南东	六白乾	东东正 北南东	上六
14	廿一辛未二张成土	东正西正 南东北东	七赤兑	西正 南北东	噬嗑 初九
15	廿二壬申三翼收金	正正东正 南北南东	八白艮	正正东 东南	六二
16	廿三癸酉三轸开金	正正正东 南北南东	九紫离	正正东 东南	六三
17	廿四甲戌四角闭火	立冬下3	一白巽	正正东 东南	九四
18	廿五乙亥五亢建火	东西西正 南南北北	二黑震	正正东 东南	六五
19	廿六丙子六氐除水	西西正西 南北北北	三碧坤	正正西 北北	上九
20	廿七丁丑日房满水	西正正西 南北北北	四绿乾	正正东 北北	大过 初六
21	廿八戊寅一心平土	东东正西 南北北北	五黄乾	正正东 北北	九二
22	廿九己卯二尾定土	[小雪]5	六白兑	西西正 南南北	九三
23	三十庚辰三箕执金	正正正西 南西西北	七赤离	西西正 南南北	九四
24	辛巳四斗破金	正正正西 南南南北	八白艮	西西正 南南北	九五
25	初二壬午五牛危木	正正正西 北南南北	九紫离	东正正 北南北	上六
26	初三癸未六女成木	东正正东 北南南北	一白乾	正正东 南南	坤 初六
27	初四甲申一虚收木	小雪中8	二黑坤	正正东 南南	六二
28	初五乙酉一危开土	西正正西 北南南北	三碧震	东东正 南北	六三
29	初六丙戌二室闭土	西正正东 南南北北	四绿震	东东正 南北	六四
30	初七丁亥三壁建土	正正东西 南南北北	五黄巽	东东正 南北	六五
31					

12月大　十一月壬子　复卦　天道行东南　　十四午时大雪　廿九卯时冬至

阳历	农历干支·星期·星宿·五行	日神方位(奇门节元) 喜财贵五神·神神鬼	九星八卦	八门方位 开生休门	六十四卦及爻数
1	初八戊子四奎除火	东正正西 北北北北	六白坎	西东正 北北北	上六
2	初九己丑五娄满火	小雪下2	七赤坎	西东正 北北北	未济 初六
3	初十庚寅六胃平木	西正东东 北东东东	八白坤	西正西 北北	九二
4	十一辛卯日昴定木	西正东东 南东东东	九紫乾	正正东 西南	六三
5	十二壬辰一毕执水	正正西正 南南北北	一白兑	正正西 西南	九四
6	十三癸巳二觜破水	西正正正 南南南北	二黑离	正正西 西南	六五
7	十四甲午三参危金	[大雪]4	三碧巽	东东正 北南东	上九
8	十五乙未四井危金	西正南西 北南南南	四绿巽	东东正 北北东	蹇 初六
9	十六丙申五鬼成火	东西正西 南南南南	五黄艮	东东正 北北东	六二
10	十七丁酉六柳收火	正正东西 南西西北	六白乾	正正东 南南	九三
11	十八戊戌日星开木	东正正正 北南西南	七赤兑	正正东 南南	六四
12	十九己亥一张闭木	大雪中7	八白艮	正正东 南南	九五
13	二十庚子二翼建土	西正正西 北东南东	九紫离	西北 南	上六
14	廿一辛丑三轸除土	东正正西 北东北东	一白离	正正东 南南	颐 初九
15	廿二壬寅四角满金	正正东正 南北北东	二黑坎	西西正 南南	六二
16	廿三癸卯五亢平金	正正正东 南东北东	三碧巽	西西正 南北	六三
17	廿四甲辰六氐定火	大雪下1	四绿坤	西西正 北北	六四
18	十五乙巳日房执火	西正西正 南南北东	五黄乾	西西正 北东	六五
19	廿六丙午一心破水	正正正东 南北北北	六白坎	正东西 北北	上九
20	廿七丁未二尾危水	正正东东 南北北北	七赤艮	正东正 北北	上九
21	廿八戊申三箕成土	东正正东 南北东东	八白兑	正正东 北北	上九
22	廿九己酉四斗收土	[冬至]1	九紫乾	东东正 南南北	中孚 初九
23	庚戌五牛开金	东正正西 南西西北	一白坤	东东正 南南北	九二
24	初二辛亥六女闭金	东正正西 南南南北	二黑乾	正正东 南南	六三
25	初三壬子五虚建木	东正正西 北南南北	三碧震	西东正 北南北	六四
26	初四癸丑一危除木	东正正东 北南南北	四绿离	西东正 北南南	九五
27	初五甲寅二室满水	冬至中7	五黄坤	正正东 北北	上九
28	初六乙卯三壁平水	西东正东 北南南北	六白巽	正正东 北北	复 初九
29	初七丙辰四奎定土	西东西正 南南南北	七赤坎	正正东 西南	六三
30	初八丁巳五娄执土	西正东东 南南北东	八白艮	正正东 西南	六三
31	初九戊午六胃破火	东正正西 北北北北	九紫坤	东东正 北南东	六四

周易历法通书

公元2023年　农历癸卯(兔)年

(闰二月)

(太岁癸卯,干水支木,纳音属金,岁德戊,贵人在巳、卯,岁禄子,岁马巳,奏书艮,博士坤,力士巽,利南北不利东西。)

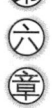

1月大　十二月 癸丑 临卦 天道行西　十四 夜子 小寒　廿九 申时 大寒

阳历	农历干支	星期 星宿 五行	日神方位(奇门节元) 喜神 财神 贵神 五鬼	九星 八卦	八门方位 开门 生门 休门	六十四卦及爻数
1	初十己未	日昴危火	冬至下4	一白乾	东北 东南 正东	六五
2	十一庚申	一毕成木	西北 正东 西北 正北	二黑兑	东北 东南 正东	上六
3	十二辛酉	二觜收木	西南 正东 西北 东北	三碧离	正东 正南 东南	䷂ 屯 初九
4	十三壬戌	三参开水	正南 正南 西北 西北	四绿震	正东 正南 东南	六二
5	十四癸亥	四井开水	[小寒] 子	五黄巽	正东 正南 东南	六三
6	十五甲子	五鬼闭金	小寒上2	六白坎	西北 东北 正北	六四
7	十六乙丑	六柳建金	西北 东南 西南 正南	七赤艮	西北 东北 正北	九五
8	十七丙寅	日星除火	西南 正西 西南 正南	八白坤	西北 东北 正北	上六
9	十八丁卯	一张满火	正南 正西 西南 正北	九紫乾	正南 正西 西南	䷎ 谦 初六
10	十九戊辰	二翼平木	东南 正北 正南 正东	一白兑	正南 正西 西南	六二
11	二十己巳	三轸定木	小寒中8	二黑离	正南 正西 西南	九三
12	廿一庚午	四角执土	西北 正东 西南 西南	三碧震	东北 东南 正东	六四
13	廿二辛未	五亢破土	西南 正东 西北 正东	四绿巽	东北 东南 正东	六五
14	廿三壬申	六氐危金	正南 正南 东南 西南	五黄坎	东北 东南 正东	上六
15	廿四癸酉	日房成金	东南 正南 正北 正南	六白艮	正东 正南 东南	䷥ 睽 初九
16	廿五甲戌	一心收火	小寒下5	七赤坤	正东 正南 东南	九二
17	廿六乙亥	二尾开火	西北 东南 西北 正南	八白乾	正东 正南 东南	六三
18	廿七丙子	三箕闭水	西南 正西 西北 正北	九紫兑	正西 正北 西北	九四
19	廿八丁丑	四斗建水	正南 正西 西北 正北	一白离	正西 正北 西北	九五
20	廿九戊寅	五牛除土	[大寒] 申	二黑震	正西 正北 西北	上九
21	三十己卯	六女满土	大寒上3	三碧巽	西南 西北 正西	䷭ 升 初六
22	一月庚辰	日虚平金	西北 正东 正南 正南	四绿坎	西南 西北 正西	九二
23	初二辛巳	一危定金	西南 正东 西北 正北	五黄艮	西南 西北 正西	九三
24	初三壬午	二室执木	正南 正南 正南 西南	六白坤	正北 正东 东北	六四
25	初四癸未	三壁破木	东南 正南 正东 西南	七赤乾	正北 正东 东北	六五
26	初五甲申	四奎危水	大寒中9	八白兑	正北 正东 东北	上六
27	初六乙酉	五娄成水	西北 东南 西南 正东	九紫离	东南 西南 正南	䷒ 临 初九
28	初七丙戌	六胃收土	西南 正西 西北 正北	一白震	东南 西南 正南	九二
29	初八丁亥	日昴开土	正南 正西 东南 正北	二黑巽	东南 西南 正南	六三
30	初九戊子	一毕闭火	东南 正北 东北 西北	三碧坎	西北 东北 正北	六四
31	初十己丑	二觜建火	大寒下6	四绿艮	西北 东北 正北	六五

2月平　一月 甲寅 泰卦 天道行南　十四 巳时 立春　廿九 卯时 雨水

阳历	农历干支	星期 星宿 五行	日神方位(奇门节元) 喜神 财神 贵神 五鬼	九星 八卦	八门方位 开门 生门 休门	六十四卦及爻数
1	十一庚寅	三参除木	西北 正东 正东 正东	五黄坤	西北 东北 正北	上六
2	十二辛卯	四井满木	西南 正东 西南 正北	六白乾	正南 正西 西南	䷽ 小过 初六
3	十三壬辰	五鬼平水	正南 正南 正南 西北	七赤兑	正南 正西 西南	六二
4	十四癸巳	六柳平水	[立春] 巳	八白离	正南 正西 西南	九三
5	十五甲午	日星定金	立春上8	九紫震	东北 东南 正东	九四
6	十六乙未	一张执金	西北 东南 西北 正南	一白巽	东北 东南 正东	六五
7	十七丙申	二翼破火	西南 正西 西北 西北	二黑坎	东北 东南 正东	上六
8	十八丁酉	三轸危火	正南 正西 西北 西北	三碧艮	正东 正南 东南	䷃ 蒙 初六
9	十九戊戌	四角成木	东南 正北 正北 西北	四绿坤	正东 正南 东南	九二
10	二十己亥	五亢收木	立春中5	五黄乾	正东 正南 东南	六三
11	廿一庚子	六氐开土	西北 正东 正北 正南	六白兑	正西 正北 西北	六四
12	廿二辛丑	日房闭土	西南 正东 东北 正北	七赤离	正西 正北 西北	六五
13	廿三壬寅	一心建金	正南 正南 东北 正北	八白震	正西 正北 西北	上九
14	廿四癸卯	二尾除金	东南 正南 东南 正南	九紫巽	西南 西北 正西	䷩ 益 初九
15	廿五甲辰	三箕满火	立春下2	一白坎	西南 西北 正西	六二
16	廿六乙巳	四斗平火	西北 东南 正北 正东	二黑艮	西南 西北 正西	六三
17	廿七丙午	五牛定水	西南 正西 西北 正北	三碧坤	正北 正东 东北	六四
18	廿八丁未	六女执水	正南 正西 正南 正北	四绿乾	正北 正东 东北	九五
19	廿九戊申	日虚破土	[雨水] 卯	五黄兑	正北 正东 东北	上九
20	二月己酉	一危危土	雨水上9	六白艮	东南 西南 正南	䷴ 渐 初六
21	初二庚戌	二室成金	西北 正东 正南 西南	七赤坤	东南 西南 正南	六二
22	初三辛亥	三壁收金	西南 正东 西北 西南	八白乾	东南 西南 正南	九三
23	初四壬子	四奎开木	正南 正南 东北 西北	九紫兑	西北 东北 正北	六四
24	初五癸丑	五娄闭木	东南 正南 东南 西南	一白离	西北 东北 正北	九五
25	初六甲寅	六胃建水	雨水中6	二黑震	西北 东北 正北	上九
26	初七乙卯	日昴除水	西北 东南 正北 西北	三碧巽	正南 正西 西南	䷊ 泰 初九
27	初八丙辰	一毕满土	西南 正西 正北 正南	四绿坎	正南 正西 西南	九二
28	初九丁巳	二觜平土	正南 正西 西北 西北	五黄艮	正南 正西 西南	九三

公元 2023 年　　　　农历癸卯(兔)年
　　　　　　　　　　　　(闰二月)

（太岁癸卯，干水支木，纳音属金，岁德戊，贵人在巳、卯、岁禄子，岁马巳，奏书艮，博士坤，力士巽，利南北不利东西。）

3月大　二月乙卯　大壮卦天道行西南　十五寅时惊蛰　三十卯时春分

阳历	农历干支	星期	星宿	五行	日神方位(奇门节元)/喜财贵五神神神鬼	九星八卦	八门方位 开生休门门门	六十四卦 及爻数
1	初十戊午	三	参	定火	东东正西 北北北	六白坤	东东正 北北东	六四
2	十一己未	四	井	执火	雨水下3	七赤乾	东东正 北北东	六五
3	十二庚申	五	鬼	破木	西正正东 北北北	八白兑	西正正 北北东	上六
4	十三辛酉	六	柳	危水	西正西东 南北北东	九紫离	正东正 南北东	上六
5	十四壬戌	日	星	成水	正正西东 南北北南	一白震	正正西 南北南	需 初九
6	十五癸亥	一	张	成水	[惊蛰]寅	二黑巽	正正东 南北东	九二
7	十六甲子	二	翼	收金	惊蛰上1	三碧坎	西东正 北北北	九三
8	十七乙丑	三	轸	开金	西东正 南南南	四绿艮	正正西 南北南	六四
9	十八丙寅	四	角	闭火	正正西东 南南北	五黄坤		九五
10	十九丁卯	五	亢	建火	正正西东 南北北	六白乾	正正西 南北南	上六
11	二十戊辰	六	氐	除木	正正东 北北东	七赤兑	正正西 南北东	随 初九
12	廿一己巳	日	房	满土	惊蛰中7	八白艮	正正东 南北西	六二
13	廿二庚午	一	心	平土	东东正 南北东	九紫震	东东正 南北东	六三
14	廿三辛未	二	尾	定土	正南南东 北东	一白巽	正正东 南北东	九四
15	廿四壬申	三	箕	执金	正正东 南北东	二黑坎	正正东 南北南	九五
16	廿五癸酉	四	斗	破金	东正正 南北北	三碧艮	正正东 南北南	上六
17	廿六甲戌	五	牛	危火	惊蛰下4	四绿坤	正正东 南北南	晋 初六
18	廿七乙亥	六	女	成火	东东西 南北正南	五黄乾	正正东 南北南	六二
19	廿八丙子	日	虚	收水	西东西 南北北北	六白兑	正正西 南北北	六三
20	廿九丁丑	一	危	开水	正正西 南北北	七赤离	正正西 南北北	九四
21	三十戊寅	二	室	闭土	[春分]卯	八白震	正正西 南北南	六五
22	闰二己卯	三	壁	建土	春分上3	九紫艮	正正东 南北西	上九
23	初二庚辰	四	奎	除金	西东正 南南西	一白坤	西东西 南北南	解 初六
24	初三辛巳	五	娄	满金	西东正 南南北	二黑乾	西东西 南北北	九二
25	初四壬午	六	胃	平木	正正正 东南北	三碧兑	东东正 南北东	六三
26	初五癸未	日	昴	定土	东南东 南北正南	四绿离	正正东 南北东	九四
27	初六甲申	一	毕	执水	春分中9	五黄震	东东西 南北东	六五
28	初七乙酉	二	觜	破水	东东西 南北正	六白巽	东东正 南北南	上六
29	初八丙戌	三	参	危土	西正西 南北北	七赤坎	东东正 南北南	大壮 初九
30	初九丁亥	四	井	成土	西正正 南北北	八白艮	西东正 南北北	九二
31	初十戊子	五	鬼	收火	东东东西 北北北	九紫坤	西东正 北北北	九三

4月小　三月丙辰　夬卦天道行北　十五巳时清明　初一申时谷雨

阳历	农历干支	星期	星宿	五行	日神方位(奇门节元)/喜财贵五神神神鬼	九星八卦	八门方位 开生休门门门	六十四卦 及爻数
1	十一己丑	六	柳	开火	春分下6	一白乾	东东正 西北北	九四
2	十二庚寅	日	星	闭木	西正正 北东东东	二黑兑	西正正 北北北	六五
3	十三辛卯	一	张	建木	西正正 东南北	三碧离	正正东 西南	上六
4	十四壬辰	二	翼	除水	正正正 东南北	四绿震	正正东 西南	豫 初六
5	十五癸巳	三	轸	除水	[清明]巳	五黄巽	正正西 西南	六二
6	十六甲午	四	角	满金	清明上4	六白坎	东东正 南北东	六三
7	十七乙未	五	亢	平金	东东西正 北南北	七赤艮	东东正 南北东	九四
8	十八丙申	六	氐	定火	西东正 南南东	八白坤	西东正 南北南	六五
9	十九丁酉	日	房	执火	东东正 北北北	九紫乾	正正东 南北	上六
10	二十戊戌	一	心	破木	东北正 北北北	一白兑	正正东 南北	讼 初六
11	廿一己亥	二	尾	危木	清明中1	二黑离	正正东 南北	九二
12	廿二庚子	三	箕	成土	西正正 北东西	三碧震	正正东 西北	六三
13	廿三辛丑	四	斗	收土	西东正 南北东	四绿巽	东东正 南北东	九四
14	廿四壬寅	五	牛	开金	正正东 南北北	五黄坎	正正东 南北东	九五
15	廿五癸卯	六	女	闭金	正正东 南北南	六白艮	西东正 南北	上九
16	廿六甲辰	日	虚	建土	清明下7	七赤坤	西东正 南北	蛊 初六
17	廿七乙巳	一	危	除火	东东正 北北北	八白乾	西东正 南北	九二
18	廿八丙午	二	室	满水	西正西 北东北	九紫兑	正正东 南北	九三
19	廿九丁未	三	壁	平水	西东西 南北	一白离	东东正 南北	六四
20	三月戊申	四	奎	定土	[谷雨]申	二黑坤	东东正 南北	六五
21	初二己酉	五	娄	执金	谷雨上5	三碧震	东东正 南北南	上九
22	初三庚戌	六	胃	破金	西东正 北南南	四绿兑	西东正 南北	革 初六
23	初四辛亥	日	昴	危金	西东正 南北南	五黄离	西东正 南北	六二
24	初五壬子	一	毕	成木	正正东 南北南	六白震	西东正 北北	九三
25	初六癸丑	二	觜	收木	东正正 南北北	七赤巽	东东正 南北南	九四
26	初七甲寅	三	参	开水	谷雨中2	八白坎	西东正 南北	九五
27	初八乙卯	四	井	闭水	西正正 南北北	九紫艮	正正东 西南	上六
28	初九丙辰	五	鬼	建土	正正西 南北北	一白坤	正正西 西南	夬 初九
29	初十丁巳	六	柳	除土	西正正 南北北	二黑乾	正正西 西南	九二
30	十一戊午	日	星	满火		三碧兑	东东正 南北东	九三

264

周易历法通书

公元 2023 年　　农历癸卯(兔)年
(闰二月)

(太岁癸卯，干水支木，纳音属金，岁德戊，贵人在巳、卯，岁禄子，岁马巳，奏书艮，博士坤，力士巽，利南北不利东西。)

5月大　四 月 丁巳 乾卦 天道行西　十七 丑时 立夏　初三 申时 小满

阳历	农历干支 星期 星宿 五行	日神方位(奇门节元)	九星 八卦	六十四卦 及爻数
1	十二己未 一张平火	谷雨下8	四绿离	九四
2	十三庚申 二翼定木		五黄巽	九五
3	十四辛酉 三轸执木		六白巽	上六
4	十五壬戌 四角破木		七赤坎	旅 初六
5	十六癸亥 五亢危水		八白艮	六二
6	十七甲子 六氐危金	[立夏]4	九紫坤	九三
7	十八乙丑 一房成金		九紫乾	九四
8	十九丙寅 一心收火		八白兑	六五
9	二十丁卯 二尾开火		七赤离	上九
10	廿一戊辰 三箕闭木		六白震	师 初六
11	廿二己巳 四斗建木	立夏中1	五黄巽	九二
12	廿三庚午 五牛除土		四绿坎	六三
13	廿四辛未 六女满土		三碧艮	六四
14	廿五壬申 日虚平金		二黑坤	六五
15	廿六癸酉 一危定金		一白乾	上六
16	廿七甲戌 二室执火	立夏下7	九紫兑	上六
17	廿八乙亥 三壁破火		八白离	比 初六
18	廿九丙子 四奎危水		七赤震	六二
19	四月丁丑 五娄成土		六白乾	六三
20	初二戊寅 六胃收土		五黄兑	六四
21	初三己卯 日昴开土	[小满]5	四绿离	九五
22	初四庚辰 一毕闭金		三碧震	上六
23	初五辛巳 二觜建金		二黑巽	小畜 初九
24	初六壬午 三参除木		一白坎	九二
25	初七癸未 四井满木		九紫艮	九三
26	初八甲申 五鬼平水	小满中2	八白坤	六四
27	初九乙酉 六柳定水		七赤乾	九五
28	初十丙戌 星星执土		六白兑	上九
29	十一丁亥 一张破土		五黄离	乾 初九
30	十二戊子 二翼危火		四绿震	九二
31	十三己丑 三轸成火	小满下8	三碧巽	九三

6月小　五 月 戊午 姤卦 天道行西北　十九 卯时 芒种　初四 亥时 夏至

阳历	农历干支 星期 星宿 五行	日神方位(奇门节元)	九星 八卦	六十四卦 及爻数
1	十四庚寅 四角收木		二黑坎	九四
2	十五辛卯 五亢开木		一白艮	九五
3	十六壬辰 六氐闭水		九紫坤	上九
4	十七癸巳 日房建水		八白乾	大有 初九
5	十八甲午 一心除金	芒种上6	七赤兑	九二
6	十九乙未 二尾除金	[芒种]卯	六白离	九三
7	二十丙申 三箕满火		五黄震	九四
8	廿一丁酉 四斗平火		四绿巽	六五
9	廿二戊戌 五牛定木		三碧坎	上九
10	廿三己亥 六女执木	芒种中3	二黑艮	家人 初九
11	廿四庚子 日虚破土		一白坤	六二
12	廿五辛丑 一危成土		九紫乾	九三
13	廿六壬寅 二室成金		八白兑	六四
14	廿七癸卯 三壁收金		七赤离	六五
15	廿八甲辰 四奎开水	芒种下9	六白震	上九
16	廿九乙巳 五娄闭火		五黄巽	井 初六
17	三十丙午 六胃建水		四绿坎	九二
18	五月丁未 日昴除水		三碧兑	九三
19	初二戊申 一毕满土		二黑艮	六四
20	初三己酉 二觜平土	夏至上9	一白震	九五
21	初四庚戌 三参定金	[夏至]亥	九紫巽	上六
22	初五辛亥 四井执金		八白坎	咸 初六
23	初六壬子 五鬼破水		七赤坤	六二
24	初七癸丑 六柳危水		六白乾	九三
25	初八甲寅 日星成水	夏至中3	五黄兑	九四
26	初九乙卯 一张收水		四绿兑	九五
27	初十丙辰 二翼开火		三碧离	上六
28	十一丁巳 三轸闭土		二黑震	姤 初六
29	十二戊午 四角建火		一白巽	九二
30	十三己未 五亢除火	夏至下6	九紫坎	九三

公元 2023 年　　农历癸卯(兔)年
(闰二月)

太岁癸卯,干水支木,纳音属金,岁德戊,贵人在巳、卯,岁禄子,岁马巳,奏书艮,博士坤,力士巽,利南北不利东西。

266

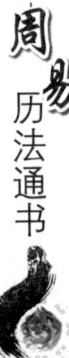
周易历法通书

7月大

六　月己未　遁卦　天道行东　　二十　申时　小暑　　初六　巳时　大暑

阳历	农历干支星期宿行五	日神方位(奇门节元)喜财贵五神神鬼	九八星卦	八门方位开生休门门门	六十四卦	及爻数
1	十四 庚申 六 氐 满木	西北正西西北正北	八白坤	东北正西西东		九四
2	十五 辛酉 日 房 平木	正正西正西南东北北	七赤坤	正东西东南		九五
3	十六 壬戌 一 心 定水	正正西西正南东北北	六白乾	正东正东南		上九
4	十七 癸亥 二 尾 执水	东正正正南南南东	五黄兑	正东正东南	鼎	初六
5	十八 甲子 三 箕 破金	小暑上8	四绿离	东东正东北		九二
6	十九 乙丑 四 斗 危金	西西正西南南北	三碧震	东东正东北		九三
7	二十 丙寅 五 牛 危水	[小暑]申	二黑巽	西北正西北		九四
8	廿一 丁卯 六 女 成火	正正西正南西北	一白坎	正西正东南		六五
9	廿二 戊辰 日 虚 收木	东正正北南东	九紫艮	正西西南		上九
10	廿三 己巳 一 危 开木	小暑中2	八白坤	正东南南南	丰	初九
11	廿四 庚午 二 室 闭土	西北东正西南	七赤乾	东北正西		六二
12	廿五 辛未 三 壁 建土	西北东北正南	六白兑	东东正北		九三
13	廿六 壬申 四 奎 除金	正正东正南东北	五黄离	东北正北		九四
14	廿七 癸酉 五 娄 满金	东北正正南南	四绿震	正东南南		六五
15	廿八 甲戌 六 胃 平火	小暑下5	三碧巽	正东南南		上六
16	廿九 乙亥 日 昴 定火	东东西正南南东	二黑坎	东北正东	涣	初六
17	三十 丙子 一 毕 执水	西东西北北北	一白坎	正东正西		六二
18	六月 丁丑 二 觜 破水	西北东正南北北	九紫离	东东正北		六三
19	初二 戊寅 三 参 危土	东北正正北北	八白震	正东南南		六四
20	初三 己卯 四 井 成土	大暑上7	七赤巽	西西正西		九五
21	初四 庚辰 五 鬼 收金	西北东南正南	六白坎	东东北北		上九
22	初五 辛巳 六 柳 开金	西东北北东	五黄艮	东东正南	履	初九
23	初六 壬午 日 星 闭木	[大暑]巳	四绿坤	正东北北		九二
24	初七 癸未 一 张 建木	东北正正西南东	三碧乾	正东东北		六三
25	初八 甲申 二 翼 除水	大暑中1	二黑兑	正正西西		九四
26	初九 乙酉 三 轸 满水	西北东南正东	一白离	东东正南南		九五
27	初十 丙戌 四 角 平土	西西正正南北北	九紫震	正东正南		上九
28	十一 丁亥 五 亢 定土	正正东正南西北	八白巽	东西正南南		上九
29	十二 戊子 六 氐 执火	西北北北	七赤坎	正东北北	遁	初六
30	十三 己丑 日 房 破火	大暑下4	六白艮	西西北北		六二
31	十四 庚寅 一 心 危木	西北东东正	五黄坤	西东正北北		九三

8月大

七　月庚申　否卦　天道行北　　廿二　丑时　立秋　　初八　酉时　处暑

阳历	农历干支星期宿行五	日神方位(奇门节元)喜财贵五神神鬼	九八星卦	八门方位开生休门门门	六十四卦	及爻数
1	十五 辛卯 二 尾 成木	西正东东南北北	四绿乾	正东西西南		九四
2	十六 壬辰 三 箕 收水	正正西正西南北	三碧兑	东东西西		九五
3	十七 癸巳 四 斗 开水	正正西西南	二黑离	正正西西		上九
4	十八 甲午 五 牛 闭金	立秋上2	一白震	东北正东北	恒	初六
5	十九 乙未 六 建金	西北正东北正南	九紫巽	东北正东北		九二
6	二十 丙申 日 虚 除火	西北正东正北	八白艮	正东南南		九三
7	廿一 丁酉 一 危 满火	西北正东正南	七赤艮	东东正南		九四
8	廿二 戊戌 二 室 满木	[立秋]丑	六白坤	正东东北		六五
9	廿三 己亥 三 壁 平木	立秋中5	五黄乾	正东北北		上六
10	廿四 庚子 四 奎 定土	西东正东南北	四绿震	西西北北	节	初九
11	廿五 辛丑 五 娄 执土	正正东正南北北	三碧离	正正西西		九二
12	廿六 壬寅 六 胃 破金	正正东北正北	二黑震	西北北北		六三
13	廿七 癸卯 日 昴 危金	正正东南南南	一白巽	正东西西		六四
14	廿八 甲辰 一 毕 成火	立秋下8	九紫艮	正西西正		九五
15	廿九 乙巳 二 觜 收火	西东正北东	八白艮	正西正东		上六
16	七月 丙午 三 参 闭水	西东正西东北	七赤震	东北正东北	同人	初九
17	初二 丁未 四 井 闭土	西东西南南	六白巽	东西正东		六二
18	初三 戊申 五 鬼 建土	西北东正北	五黄坎	正东西西		九三
19	初四 己酉 六 柳 除土	处暑上1	四绿艮	东西正南		九四
20	初五 庚戌 日 星 满金	西北东正南南	三碧坤	东西正南南		九五
21	初六 辛亥 一 张 平金	正正东北北	二黑乾	正正西西		上九
22	初七 壬子 二 翼 定木	正正东西东南	一白兑	东东正南	损	初九
23	初八 癸丑 三 轸 执木	[处暑]酉	九紫离	西东正南南		九二
24	初九 甲寅 四 角 破水	处暑中4	八白震	正东北北		六三
25	初十 乙卯 五 亢 危水	西南正西南北	七赤巽	正正西西		六四
26	十一 丙辰 六 氐 成土	西西正西南东	六白坎	正东南南		六五
27	十二 丁巳 日 房 收土	正正西西正南东	五黄艮	正正西西		上九
28	十三 戊午 一 心 开火	东正正北北北	四绿坤	东东正东	否	初六
29	十四 己未 二 尾 闭火	处暑下7	三碧乾	东东正东		六二
30	十五 庚申 三 箕 建木	西正东正南	二黑兑	东东正南		六三
31	十六 辛酉 四 斗 除木	西东正东北北	一白离	正东南南		九四

公元 2023 年　　农历癸卯(兔)年
(闰二月)

(太岁癸卯,干水支木,纳音属金,岁德戊,贵人在巳、卯,岁禄子,岁马巳,奏书艮,博士坤,力士巽,利南北不利东西。)

9月小　八月辛酉　观卦　天道行东北　廿四卯时白露　初九未时秋分

阳历	农历干支 星期星宿五行	日神方位(奇门节元) 喜神财神贵神五鬼	九星八卦	八门方位 开门生门休门	六十四卦	及爻数
1	十七壬戌 五牛满水	正南 正南 西北 北	九紫震	正正东 东南南		九五
2	十八癸亥 六女平水	东南 正南 东北 东	八白巽	正东南南		上九
3	十九甲子 一虚定金	白露上9 西北 东北 正北	七赤坎	西东正 北北北	巽	初六
4	二十乙丑 一危执金	西东 正南 北南	六白艮	西东正 北北北		九二
5	廿一丙寅 二室破火	西东 正南 西北	五黄坤	东东正 南北北		九三
6	廿二丁卯 三壁危火	正正 西西 北北	四绿乾	正正东 南南		六四
7	廿三戊辰 四奎成木	东正 西北 北东	三碧兑	正正东 南南		九五
8	廿四己巳 五娄成木	[白露]3 西正 西南南	二黑离	正正东 西南南		上九
9	廿五庚午 六胃收土	西北 正东 南南	一白震	东东正 北南南	萃	初六
10	廿六辛未 五昴开土	西南 东北 北东	九紫巽	西东正 北南南		六二
11	廿七壬申 一毕闭金	正正 东南 西	八白艮	东正东 北南		六三
12	廿八癸酉 二觜建金	东正 正南 北南	七赤艮	东东正 南南南		九四
13	廿九甲戌 三参成火	白露下6	六白坤	正正东 南南		九五
14	三十乙亥 四井满火	西东 正北 北南	五黄乾	正正东 南南		上六
15	八月丙子 五鬼平水	正西 西北 北	四绿巽	正正西 北北	大畜	初九
16	初二丁丑 六柳定水	正正 西西 北	三碧坎	正正西 北北		九二
17	初三戊寅 日星执土	东正 正北 南南	二黑艮	正正西 北北		九三
18	初四己卯 一张破土	秋分上7	一白坤	正正东 北北		六四
19	初五庚辰 二翼危金	西正 正西 北南	九紫乾	正正东 北南		六五
20	初六辛巳 三轸成金	西正 东北 北北	八白兑	东正东 北北北		上九
21	初七壬午 四角收木	正正 东南 西	七赤离	西正东 北南	贲	初九
22	初八癸未 五亢开木	东正 正西 北东 南	六白震	东东正 北南南		六二
23	初九甲申 六氐闭水	[秋分]1	五黄巽	东正东 北东北		九三
24	初十乙酉 日房建水	西东 正北 南南	四绿坎	东西正 南南		六四
25	十一丙戌 一心除火	正东 正北 北北	三碧艮	东西正 南南		六五
26	十二丁亥 二尾满土	正正 西西 北北	二黑坤	正正东 南南		上九
27	十三戊子 三箕平火	东正 正西 北	一白乾	西正东 北北北	观	初六
28	十四己丑 四斗定火	秋分下4	九紫兑	西正东 北北北		六二
29	十五庚寅 五牛执水	正东 正东 北北 东	八白离	西北东 北北东		六三
30	十六辛卯 六女破木	西西 正东 南北	七赤震	正正西 南南		六四
31						

10月大　九月壬戌　剥卦　天道行南　廿四亥时寒露　初十子时霜降

阳历	农历干支 星期星宿五行	日神方位(奇门节元) 喜神财神贵神五鬼	九星八卦	八门方位 开门生门休门	六十四卦	及爻数
1	十七壬辰 日虚危水	正正 正西 北北	六白巽	正正西 西南南		九五
2	十八癸巳 一危成水	东东 正西 北北	五黄坎	正正西 西南		上九
3	十九甲午 二室收金	寒露上6	四绿艮	东东正 北南南	归妹	初九
4	二十乙未 三壁开金	西东 正南 北北北	三碧坤	西东正 北北南		九二
5	廿一丙申 四奎闭火	西东 正西 南北北	二黑乾	东东正 南南		六三
6	廿二丁酉 五娄建火	正正 西西 北北北	一白兑	正正东 南南		九四
7	廿三戊戌 六胃除木	东正 西北 北东	九紫离	正正东 南南		六五
8	廿四己亥 日昴除木	[寒露]9	八白震	正正东 南南		上六
9	廿五庚子 一毕满土	正东 正北 北南	七赤巽	西东正 北南		上九
10	廿六辛丑 二觜平土	正正 东西 北北	六白坎	西东正 北北	无妄	初九
11	廿七壬寅 三参定金	正东 正东 北北	五黄艮	正正东 北北		六二
12	廿八癸卯 四井执金	东东 正南 北南	四绿坤	正正东 北北		六三
13	廿九甲辰 五鬼破水	寒露下3	三碧乾	西西正 北北		九四
14	三十乙巳 六柳危火	西北 正北 北东	二黑兑	西西正 北西		九五
15	九月丙午 日星成水	西西 正北 北北	一白坎	正正东 北东北		上九
16	初二丁未 一张收水	正正 正正 北北北	九紫艮	正正东 北北	明夷	初九
17	初三戊申 二翼开土	东正 正西 北南	八白坤	正正东 北北		六二
18	初四己酉 三轸闭土	霜降上5	七赤乾	正正东 南南		九三
19	初五庚戌 四角建金	西正 正西 北南	六白兑	东正东 北北		六四
20	初六辛亥 五亢除金	西正 东北 北北	五黄离	东正东 南南		六五
21	初七壬子 六氐满木	正正 东西 北	四绿震	西东正 北北		上六
22	初八癸丑 日房平木	东正 正西 北南南	三碧巽	西北东 北北北	困	初六
23	初九甲寅 一心定水	霜降中8	二黑坎	西北正 北东北		九二
24	初十乙卯 二尾执火	[霜降]子	一白艮	正正西 南南		六三
25	十一丙辰 三箕满土	西西 正东 北南	九紫坤	正正西 南南		九四
26	十二丁巳 四斗平土	正正 西西 北北北	八白乾	正正东 南南		九五
27	十三戊午 五牛成火	东正 正西 北	七赤兑	东东正 北北东		上六
28	十四己未 六女收火	霜降下2	六白离	东东正 北东	剥	初六
29	十五庚申 日虚开水	正东 正东 北北	五黄震	东东正 南南		六二
30	十六辛酉 一危闭木	西西 正东 北北	四绿巽	正正东 南南		六三
31	十七壬戌 二室建水	正正 正西 北北	三碧坎	东东正 南南		六四

公元 2023 年　　　农历癸卯(兔)年
（闰二月）

太岁癸卯，干水支木，纳音属金，岁德戊，贵人在巳、卯，岁禄子，岁马巳，奏书艮，博士坤，力士巽，利南北不利东西。

11月小　十 月癸亥 坤卦 天道行东　　廿五 子时 立冬 / 初十 亥时 小雪

阳历	农历干支 星期 星宿 五行	日神方位(奇门节元) 喜财贵五神神鬼	九星 八卦	八门方位 开生休门门门	六十四卦	及爻数
1	十八癸亥三壁除水	东正正正 南南南东	二黑艮	正正东 东南南		六五
2	十九甲子四奎满木 立冬上6		一白坤	西东正 东北北		上九
3	二十乙丑五娄平金	西正东正 北南南南	一白乾	西正西 北北北	艮	初六
4	廿一丙寅六胃定火	正西东正 南西南南	二黑兑	正东正 北北北		六二
5	廿二丁卯日昴执火	正西东正 南西南南	三碧离	正正西 北北北		九三
6	廿三戊辰一毕破木	东正正正 北北南东	四绿震	正正西 南北北		六四
7	廿四己巳二觜危木 立冬中9		五黄巽	正正西 南西南		六五
8	廿五庚午三参危土 [立冬]子		六白坎	东正西 北东北		上九
9	廿六辛未四井成土	正东正 北南北东	七赤艮	东正东 北北东	既济	初九
10	廿七壬申五鬼收金	正正东西 南北	八白坤	西正 正南北		六二
11	廿八癸酉六柳开金	东正正 北南北	九紫乾	东正 正南南		九三
12	廿九甲戌日星闭火 立冬下3		一白兑	东正西 南南		六四
13	十月乙亥一张建火	西正西正 南北北北	二黑艮	正正西 北北		九五
14	初二丙子二翼除水	正正东西 北北	三碧坤	正正西 北北		上六
15	初三丁丑三轸满水	正正西正 南西北北	四绿乾	西正西 北北	噬嗑	初九
16	初四戊寅四角平土	东正正正 北北北南	五黄震	正正东 南南		六二
17	初五己卯五亢定土 小雪上5		六白离	西西正 南南		六三
18	初六庚辰六氐执金	正正西正 北东南南	七赤震	西正正 南南		九四
19	初七辛巳日房破金	东正东正 南北北北	八白巽	西正东 北北		六五
20	初八壬午一心危木	东正正正 南南南南	九紫坎	正正东 北北		上九
21	初九癸未二尾成木	东正正西 南南北	一白艮	正正东 北东	大过	初六
22	初十甲申三箕收水 [小雪]8		二黑坤	正正东 北北		九二
23	十一乙酉四斗开水	东正正西 北南南东	三碧震	正正西 南东		九三
24	十二丙戌五牛闭土	西正西正 南南南南	四绿兑	正正西 南南		九四
25	十三丁亥六女建土	西正东正 南南南南	五黄离	正正西 南南		九五
26	十四戊子日虚除火	东正东西 北北北北	六白震	东东 北北		上六
27	十五己丑一危满火 小雪下2		七赤巽	西正正 南北北	坤	初六
28	十六庚寅二室平木	正正西正 北东南南	八白坎	正正东 北北		六二
29	十七辛卯三壁定木	西正西正 南南南南	九紫艮	正正西 北北		六三
30	十八壬辰四奎执水	正正西正 南南南北	一白坤	正正西 南南		六四

12月大　十一月甲子 复卦 天道行东南　　廿五 酉时 大雪 / 初十 午时 冬至

阳历	农历干支 星期 星宿 五行	日神方位(奇门节元) 喜财贵五神神鬼	九星 八卦	八门方位 开生休门门门	六十四卦	及爻数
1	十九癸巳五娄破水	东正正西 南南北北	二黑乾	正正西 南南		六五
2	二十甲午六胃危金 大雪上4		三碧离	东东正 南北东		上六
3	廿一乙未日昴成金	西正西正 南北南南	四绿离	东东正 北北东	未济	初六
4	廿二丙申一毕收火	东正东正 南北北东	五黄震	东正正 南南		九二
5	廿三丁酉二觜开火	东正正正 北南北南	六白巽	正正东 南南		六三
6	廿四戊戌三参闭木	东正正正 北北北南	七赤坎	东正东 北南南		九四
7	廿五己亥四井闭木 [大雪]7		八白艮	东正正 北南		六五
8	廿六庚午五鬼建土	西正正东 南南东北	九紫坤	正正东 西北北		上九
9	廿七辛丑六柳除土	西正东正 南北南南	一白乾	西 北北	蹇	初六
10	廿八壬寅日星满金	西正东正 南北南南	二黑坎	正正西 北北		六二
11	廿九癸卯一张平金	东正正西 南南北南	三碧离	西正正 南西		九三
12	三十甲辰二翼定火 大雪下1		四绿震	东东正 南西		六四
13	十一乙巳三轸执火	东东正正 南南北南	五黄坤	正正东 北东		九五
14	初二丙午四角破水	西正西正 南南南南	六白巽	正正东 北东		上六
15	初三丁未五亢危水	东正东正 南南南南	七赤兑	正正 南东	颐	初九
16	初四戊申六氐成土	东正正正 北东北南	八白乾	东正东 北南		六二
17	初五己酉日房收土 冬至上1		九紫震	东西正 南南		六三
18	初六庚戌一心开金	西正正东 南南东北	一白巽	东正西 南		六四
19	初七辛亥二尾闭金	东正正正 南北北北	二黑兑	西东正 南		六五
20	初八壬子三箕建木	正正东西 北北	三碧艮	西东 北北		上九
21	初九癸丑四斗除木	东正正西 南南北	四绿坤	东东正 北北		上九
22	初十甲寅五牛满水 [冬至]7		五黄乾	西正正 北北	中孚	初九
23	十一乙卯六女平水	东正正西 北南南东	六白巽	正正西 南南		九二
24	十二丙辰日虚定土	西正西正 南南南南	七赤离	正正西 南南		六三
25	十三丁巳一危执土	西正西正 南南南南	八白震	正正西 南南		六四
26	十四戊午二室破火	东正东西 北北北北	九紫巽	正正东 北东		九五
27	十五己未三壁危木 冬至下4		一白坎	东东正 南南		上九
28	十六庚申四奎成木	西正正东 南南东北	二黑艮	东正 南南	复	初九
29	十七辛酉五娄收木	西正东正 南南南南	三碧坤	正正西 北北		六二
30	十八壬戌六胃开水	正正西正 南北北北	四绿乾	正正西 南南		六三
31	十九癸亥日昴闭水	东正东东 北南北东	五黄兑			六四

周易历法通书

公元2024年(闰)　农历甲辰(龙)年

太岁甲辰,干木支土,纳音属火,岁德甲,贵人在未、丑,岁禄寅,岁马寅,奏书艮,博士坤,力士巽,利东西不利南北。

1月大　十二月乙丑　临卦　天道行西　廿五寅时小寒　初十亥时大寒

阳历	农历干支 星期 五行 (星宿行)	日神方位(奇门节元) 喜财贵五神神鬼	九星八卦	八门方位 开生休门	六十四卦 及爻数
1	二十甲子 一毕建金	小寒上2	六白离	西东正/北北北	六五
2	廿一乙丑 二觜除金	西东西/北南南	七赤震	西东正/北北北	上六
3	廿二丙寅 三参满火	西东西/南南南	八白巽	西东正/南西北	屯初九
4	廿三丁卯 四井平火	西正西/南西南	九紫坎	正正东/南西南	六二
5	廿四戊辰 五鬼定木	东正西/南北南	一白艮	正正东/南西南	六三
6	廿五己巳 六柳执木	[小寒]8	二黑坤	正正正/南南南	六四
7	廿六庚午 日星执土	西正正/北东南	三碧乾	东东正/北南东	九五
8	廿七辛未 一张破土	西正东/北北北	四绿兑	东东正/北南东	上六
9	廿八壬申 二翼危金	正正东西/南南南	五黄离	东东正/北南南	谦初六
10	廿九癸酉 三轸成金	东正正/南北北	六白震	正正东/南南东	六二
11	十二甲戌 四角收火	小寒下5	七赤乾	正正东/南南南	九三
12	初二乙亥 五亢开水	西东正/北北北南	八白兑	正正东/南南南	六四
13	初三丙子 六氐闭水	西东正/南西北北	九紫离	正正西/北北北	六五
14	初四丁丑 一房建木	正正西正/南南北	一白震	正正西/南南南	上六
15	初五戊寅 一心除土	东正正/南北北南	二黑巽	正正西/西北北	暌初九
16	初六己卯 二尾满土	大寒上3	三碧坎	正正东/南北北	九二
17	初七庚辰 三箕平金	西正正/北东东	四绿艮	西正正/北北北	六三
18	初八辛巳 四斗定金	西正东/南北北	五黄坤	西正正/南北北	九四
19	初九壬午 五牛执木	西东正/南南南	六白乾	正正东/北东北	九五
20	初十癸未 六女破木	[大寒]亥	七赤震	正正东/北北北	上九
21	十一甲申 日虚危水	大寒中9	八白离	正正东/北北北	升初六
22	十二乙酉 一危成水	西东西正/南南南	九紫震	东西正/南南南	九二
23	十三丙戌 二室收土	西正正/南北北	一白巽	东东正/南南南	九三
24	十四丁亥 三壁开土	西正正/南南北北	二黑坎	正正东/南南南	六四
25	十五戊子 四奎闭火	东正正西/南南西	三碧艮	西正正/北北北	六五
26	十六己丑 五娄建火	大寒下6	四绿坤	西正正/北北北	上六
27	十七庚寅 六胃除木	西正正/北东东南	五黄乾	正正东/北东东	临初九
28	十八辛卯 日昴满木	西正西/西西南	六白兑	正正西/西西南	九二
29	十九壬辰 一毕平水	正正西/南南北	七赤离	正正西/南南南	六三
30	二十癸巳 二觜定水	东正正西/南北北	八白震	正正西/南南南	六四
31	廿一甲午 三参执金	立春上8	九紫巽	东东正/北南东	六五

2月闰　一月丙寅　泰卦　天道行南　廿五申时立春　初十午时雨水

阳历	农历干支 星期 五行 (星宿行)	日神方位(奇门节元) 喜财贵五神神鬼	九星八卦	八门方位 开生休门	六十四卦 及爻数
1	廿二乙未 四井破金	西东西正/北南北南	一白坎	东东正/北南东	上六
2	廿三丙申 五鬼危火	西东西/南西北北	二黑艮	东东正/北南东	小过初六
3	廿四丁酉 六柳成木	正正西西/北北北	三碧坤	正正东/东南南	六二
4	廿五戊戌 日星成木	[立春]申	四绿乾	正正东/东南南	九三
5	廿六己亥 一张收木	立春中5	五黄兑	正正东/东南南	九四
6	廿七庚子 二翼开土	西正正/南北北	六白离	正正东/东南南	六五
7	廿八辛丑 三轸闭土	西正正东/南北北	七赤震	西正东/西北北	上六
8	廿九壬寅 四角建金	西正南/南北北	八白巽	西正东/北北北	蒙初六
9	三十癸卯 五亢除金	东正东/南南南	九紫坎	西西正/北北西	九二
10	一月甲辰 六氐满火	立春下2	一白艮	正正东/南西西	六三
11	初二乙巳 日房平火	西正正/南北北	二黑坤	西东正/南西北	六四
12	初三丙午 一心定水	西正西/北北北	三碧乾	正正东/北北北	六五
13	初四丁未 二尾执水	西正西/北北南	四绿兑	正正东/北北北	上九
14	初五戊申 三箕破土	东正正西/北东南	五黄离	东正东/南东南	益初九
15	初六己酉 四斗危土	雨水上9	六白震	东东正/南南南	六二
16	初七庚戌 五牛成金	西正正东/北东南	七赤巽	正正东/南南南	六三
17	初八辛亥 六女收金	西东正/北北北	八白坎	西东正/北北北	六四
18	初九壬子 日虚开水	正正西正/南北北	九紫艮	西东正/北北北	九五
19	初十癸丑 一危闭土	[雨水]午	一白坤	东东正/南东北	上九
20	十一甲寅 二室建木	雨水中6	二黑乾	西东正/北北北	渐初六
21	十二乙卯 三壁除水	西东正/北北北北	三碧离	正正西/南西西	六二
22	十三丙辰 四奎满土	正正西正/北东北	四绿离	正正西/南南南	九三
23	十四丁巳 五娄平土	正正西/西北北	五黄震	正正西/南南南	六四
24	十五戊午 六胃定火	西正正/北北北	六白巽	正正东/北北北	九五
25	十六己未 日昴执火	雨水下3	七赤坎	东东正/南东北	上九
26	十七庚申 一毕破木	西正西正/北东北	八白艮	东东正/南南东	泰初九
27	十八辛酉 二觜危木	正正西/北东东	九紫坤	正正东/东南南	九二
28	十九壬戌 三参成水	西正西北/北北北	一白乾	正正东/东南南	九三
29	二十癸亥 四井收水	东正正东/北东东	二黑兑	东东正/东北北	六四

太岁甲辰,干木支土,纳音属火,岁德甲,贵人在未、丑,岁禄寅,岁马寅,奏书艮,博士坤,力士巽,利东西不利南北。

3月大　二 月 丁卯　大壮卦 天道行西南　　廿五 巳时 惊蛰　十一 午时 春分

4月小　三 月 戊辰　夬卦 天道行北　　廿六 申时 清明　十一 亥时 谷雨

阳历	农历干支 星期宿五行	日神方位(奇门节元) 喜财贵五神神神鬼	九星八卦	八门方位 开生休门门门	六十四卦	及爻数	阳历	农历干支 星期宿五行	日神方位(奇门节元) 喜财贵五神神神鬼	九星八卦	八门方位 开生休门门门	六十四卦	及爻数
1	廿一甲子 五鬼开金	惊蛰上1	三碧离	西东正北南北		六五	1	廿三乙未 一张定金		七赤坎	东东正北南东		六五
2	廿二乙丑 六柳闭金		四绿震	西正东北南南		上六	2	廿四丙申 二翼执火		八白艮	正东西北南北		上六
3	廿三丙寅 日昴建火		五黄巽	西东西北北北		上六	3	廿五丁酉 三轸破火		九紫坤	正正东北南东	豫 初六
4	廿四丁卯 一张除火		六白坎	正西西南南北	需 初九	4	廿六戊戌 四角破木	[清明]申	一白乾	正东南南南南		六二
5	廿五戊辰 二翼满木	[惊蛰]	七赤艮	正西西南南南		九二	5	廿七己亥 五亢危木	清明中1	二黑兑	东东正南南东		六三
6	廿六己巳 三轸满木	惊蛰中7	八白坤	正西西南西南		九三	6	廿八庚子 六氐成土		三碧离	正东正北南东		九四
7	廿七庚午 四角平土		九紫乾	东东正北南东		六四	7	廿九辛丑 日房收土		四绿震	东东正南南东		六五
8	廿八辛未 五亢定土		一白兑	东正西正南东		九五	8	三十壬寅 一心开金		五黄巽	正东正南西北		上六
9	廿九壬申 六氐执金		二黑离	东东正南南东		上六	9	三月癸卯 二尾闭金		六白坤	东东正南北南	讼 初六
10	二月癸酉 日房破金		三碧坤	正东正北南南	随 初九	10	初二甲辰 三箕建火	清明下7	七赤坎	西西正北北西		九二
11	初二甲戌 一心危火	惊蛰下4	四绿乾	东东正北南东		六二	11	初三乙巳 四斗破火		八白坎	西东正南南南		六三
12	初三乙亥 二尾成火		五黄兑	正东正北南南		六三	12	初四丙午 五牛满水		九紫艮	西西北北北北		九五
13	初四丙子 三箕收水		六白离	西西北北北北		九四	13	初五丁未 六女平水		一白坤	正正东北东北		九五
14	初五丁丑 四斗开火		七赤震	正西正北南西		九五	14	初六戊申 日虚成土		二黑乾	正正东北南北		上九
15	初六戊寅 五牛闭土		八白巽	正北正北北北		上六	15	初七己酉 一危执金	谷雨上5	三碧离	东东正南南南	蛊 初六
16	初七己卯 六女建土	春分上3	九紫坎	西西正北南西	晋 初六	16	初八庚戌 二室破金		四绿离	西西正北东南		九二
17	初八庚辰 日虚除金		一白艮	西西北北西西		六二	17	初九辛亥 三壁危金		五黄震	西东正北东北		九三
18	初九辛巳 一危满金		二黑坤	西北北北西西		六三	18	初十壬子 四奎成木		六白巽	正正西北北北		六四
19	初十壬午 二室平木		三碧乾	正东正西北北		九四	19	十一癸丑 五娄收金	[谷雨]亥	七赤坎	东东正南南东		六五
20	十一癸未 三壁定木	[春分]午	四绿兑	正东正北北北		六五	20	十二甲寅 六胃开水	谷雨中2	八白艮	西西正北北北		上九
21	十二甲申 四奎执木	春分中9	五黄离	正北东北北北		上九	21	十三乙卯 日昴闭水		九紫坤	西东正南南南	革 初九
22	十三乙酉 五娄破金		六白震	西南西南正南	解 初六	22	十四丙辰 一毕建土		一白乾	正正西北南西		六二
23	十四丙戌 六胃危土		七赤巽	东西正南南南		九二	23	十五丁巳 二觜除土		二黑兑	正正西北西南		九三
24	十五丁亥 日昴成土		八白艮	正东东南北北		六三	24	十六戊午 三参满火		三碧震	东东正南北东		九四
25	十六戊子 一毕收火		九紫艮	西西正北北北		九四	25	十七己未 四井平水	谷雨下8	四绿震	东东正北南东		九五
26	十七己丑 二觜开火	春分下6	一白坤	西北正北北北		六五	26	十八庚申 五鬼定木		五黄巽	东东正南南东		上六
27	十八庚寅 三参闭木		二黑乾	西正正北南北		上六	27	十九辛酉 六柳执木		六白坎	正正东北南东	夬 初九
28	十九辛卯 四井建木		三碧巽	正正东西南南	大壮 初九	28	二十壬戌 日星破水		七赤艮	正东正南南东		九二
29	二十壬辰 五鬼危水		四绿离	正南南正西南		九二	29	廿一癸亥 一张危木		八白坤	东东正南南南		九三
30	廿一癸巳 六柳满水		五黄震	东东正北北东		九三	30	廿二甲子 二翼成金	立夏上4	九紫乾	东东正北北北		九四
31	廿二甲午 日星平金	清明上4	六白巽	东东正北南东		九四							

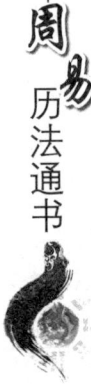
周易历法通书

公元2024年(闰)　农历甲辰(龙)年

太岁甲辰,干木支土,纳音属火,岁德甲,贵人在未、丑,岁禄寅,岁马寅,奏书艮,博士坤,力士巽,利东西不利南北。

5月大　四月己巳　乾卦　天道行西　　廿七辰时立夏　十三亥时小满

阳历	农历干支 星期星宿五行	日神方位(奇门节元) 喜财贵五神神神鬼	九星八卦	八门方位 开生休门门门	六十四卦及爻数
1	廿三乙丑 三轸收金	西北 东南 西西 南南	九紫兑	西北 东北 正北	九五
2	廿四丙寅 四角开火	正正 西西 南西 正南	八白离	西北 东北 正北	上六
3	廿五丁卯 五亢闭木	正正 正正 南西 正南	七赤兑	正正 正北 西北北	旅 初六
4	廿六戊辰 六氐建木	东正 正正 南北 正东	六白巽	正正 正北 西北北	六二
5	廿七己巳 日房建木	[立夏] 1	五黄兑	正正 西北 南北	九三
6	廿八庚午 一心除土	西正 西西 北东 东东	四绿震	东东 正北 南北	九四
7	廿九辛未 二尾满土	西正 西西 南东 北东	三碧坤	东东 正北 南北	六五
8	四月壬申 三箕平金	西南 西南 南南 南南	二黑兑	正正 正北 西北北	上九
9	初二癸酉 四斗定金	东正 正正 南北 北正	一白离	正正 正东 南北北	师 初六
10	初三甲戌 五牛执火	立夏下 7	九紫震	正正 正北 西北北	九二
11	初四乙亥 六女破水	西东 西北 北东 北	八白巽	西北 正东 北东	六三
12	初五丙子 日虚危水	正正 西南 西北 北	七赤坎	正正 正北 西北北	六四
13	初六丁丑 一危成火	正正 西南 西北 北	六白艮	西北 西北 北	六五
14	初七戊寅 二室收土	东正 正正 南北 北东	五黄离	正正 正北 西北北	上六
15	初八己卯 三壁开土	小满上 5	四绿乾	西西 正北 南北	上六
16	初九庚辰 四奎闭金	西北 东北 西北 东南	三碧兑	西北 西北 北	比 初六
17	初十辛巳 五娄建木	西东 东西 南北 正东	二黑离	西北 西北 北	六二
18	十一壬午 六胃除木	正正 正正 南南 正南	一白震	正北 东北 正北	六三
19	十二癸未 日昴满木	东正 南正 南北 东北	九紫巽	北北 东北 正	六四
20	十三甲申 一毕平水	[小满] 2	八白坎	正正 正北 东北北	九五
21	十四乙酉 二觜定水	西北 正南 东东 东正	七赤艮	东东 正南 北东	上六
22	十五丙戌 三参执土	西正 东西 南北 北	六白坤	东东 正北 东北东	小畜 初九
23	十六丁亥 四井破土	正正 正东 南西 北北	五黄震	东东 正北 南北	九二
24	十七戊子 五鬼危火	西北 西东 北东	四绿兑	正正 正北 东北北	九三
25	十八己丑 六柳成木	小满下 8	三碧离	西西 正北 南北	六四
26	十九庚寅 日星收木	西北 东东 东东 东东	二黑震	西东 正北 东东	九五
27	二十辛卯 一张开木	西正 东东 北北	一白巽	正正 西北 南北	上九
28	廿一壬辰 二翼闭水	正正 正西 南北 北东	九紫坎	正正 西北 西北	乾 初九
29	廿二癸巳 三轸建水	东正 东正 南北 北东	八白艮	东东 正南 北北	九二
30	廿三甲午 四角除金	芒种上 6	七赤坤	东东 正北 东东	九三
31	廿四乙未 五亢满金	西东 正北 北正 南	六白乾	东东 正北 东东	九四

6月小　五月庚午　姤卦　天道行西北　　廿九午时芒种　十六寅时夏至

阳历	农历干支 星期星宿五行	日神方位(奇门节元) 喜财贵五神神神鬼	九星八卦	八门方位 开生休门门门	六十四卦及爻数
1	廿五丙申 六氐平火	西正 西西 南西 北北	五黄兑	东东 正北 南东	九五
2	廿六丁酉 日房定火	正正 西西 南西 北东	四绿离	正正 东北 东南东	上九
3	廿七戊戌 一心执木	东正 正西 南北 西北	三碧震	正正 正东 北东	大有 初九
4	廿八己亥 二尾破木	芒种中 3	二黑巽	正正 东北 东南东	九二
5	廿九庚子 三箕危土	[芒种] 午	一白坎	正正 西北 西北北	九三
6	五月辛丑 四斗危土	西正 正西 北东 正南	九紫震	正正 东北 南东	九四
7	初二壬寅 五牛成金	正正 正西 北东 北北	八白震	正正 东北 南南	六五
8	初三癸卯 六女收金	东正 东南 南南 南	七赤巽	西西 北北 北	上九
9	初四甲辰 二虚开水	芒种下 9	六白乾	西西 西北 北西	家人 初九
10	初五乙巳 一危闭火	西正 西北 北东 东	五黄艮	正正 东北 西北	六二
11	初六丙午 二室建水	正正 西西 南北 西北	四绿坤	正正 东北 南东	九三
12	初七丁未 三壁除水	正正 西正 南北 东北	三碧乾	西北 北北 北	六四
13	初八戊申 四奎满土	东正 正西 南北 东南	二黑兑	正正 东北 北北	九五
14	初九己酉 五娄平土	夏至上 9	一白离	东西 正北 西正	上九
15	初十庚戌 六胃定金	西正 正西 北东 南南	九紫震	东西 正南 南南	井 初六
16	十一辛亥 日昴执金	正正 东正 南北 东北	八白巽	西东 正北 北北	九二
17	十二壬子 一毕破木	正正 东正 南北 西北	七赤坎	西东 正北 北北	九三
18	十三癸丑 二觜危木	正正 东东 南北 北南	六白艮	西北 北东 北北	六四
19	十四甲寅 三参成水	夏至中 3	五黄坤	正正 东北 南北	九五
20	十五乙卯 四井收水	西东 西西 北东 北北	四绿乾	正正 东西 南南	上六
21	十六丙辰 五鬼开土	[夏至] 寅	三碧兑	正正 东西 南西	咸 初六
22	十七丁巳 六柳闭土	正正 西西 南南 北东	二黑离	正正 东西 北东	六二
23	十八戊午 日星建火	东正 正北 北北 东	一白震	东东 正北 东东	九三
24	十九己未 一张除木	夏至下 6	九紫巽	正正 东北 南西	九四
25	二十庚申 二翼满木	西正 西西 正北 北北	八白坎	正正 东北 南东	九五
26	廿一辛酉 三轸平木	西正 西东 南西 北东	七赤艮	西东 正南 北北	上六
27	廿二壬戌 四角定水	正正 西西 南西 北北	六白坤	正正 东北 东东	姤 初六
28	廿三癸亥 五亢执水	东正 东正 南南 南东	五黄乾	正正 东北 东南	九二
29	廿四甲子 六氐成金	小暑上 8	四绿兑	正正 东北 北北	九三
30	廿五乙丑 日房危金	西东 西正 北南 南南	三碧离	西北 北北	九四

太岁甲辰，干木支土，纳音属火，岁德甲，贵人在未、丑，岁禄寅，岁马寅，奏书艮，博士坤，力士巽，利东西不利南北。

7月大　六 月辛未　遁卦　天道行东　　初一亥时 小暑　十七申时 大暑

阳历	农历干支 星期星宿五行	日神方位(奇门节元)喜财贵五神神鬼	九星八卦	八门方位 开门生门休门	六十四卦及爻数
1	廿六丙寅 一心成火	西南正南正西正南	二黑震	西东北北	九五
2	廿七丁卯 二尾收火	正南西南正西正北	一白巽	正南西西	上九
3	廿八戊辰 三箕开木	东北正南正东东	九紫坎	正东西南	鼎初六
4	廿九己巳 四斗闭木 小暑中2	西南正南正西南	八白艮	正东西南	九二
5	三十庚午 五牛平土	西南西正西正西南	七赤坤	东东正南	九三
6	六月辛未 六女建土 [小暑]亥	西南东东北正北东	六白震	正东北东	九四
7	初二壬申 日虚除金	正南东东西正南	五黄巽	正东北北	六五
8	初三癸酉 一危满金	东正正正南东南	四绿坎	正东北北	上九
9	初四甲戌 二室平火 小暑下5	正东东正南东南	三碧艮	东东北北	丰初九
10	初五乙亥 三壁定火	西北正南北正南	二黑坤	东东北北	六二
11	初六丙子 四奎执水	西南西正正西北北	一白乾	正西北北	九三
12	初七丁丑 五娄破水	正南西西正西北北	九紫兑	正西北北	九四
13	初八戊寅 六胃危土	东北正北正东北	八白离	正西北北	六五
14	初九己卯 日昴成土 大暑上7	西北正南正西正北	七赤震	西西正北	上六
15	初十庚辰 一毕收金	西北东正南西正南	六白巽	西西正北	涣初六
16	十一辛巳 二觜开金	西南正正西北正北	五黄坎	西西正北	九二
17	十二壬午 三参闭木	正南正西南正北北	四绿艮	正北北北	六三
18	十三癸未 四井建木	正南正东南东北	三碧坤	正北东北	六四
19	十四甲申 五鬼除水 大暑中1	正正东东南正南	二黑乾	正东西东	九五
20	十五乙酉 六柳满水	正东西正北东南东	一白兑	东西正南	上九
21	十六丙戌 日星平土	西北西西正北正北	九紫离	东东正南	履初九
22	十七丁亥 一张定土 [大暑]申	正南西西正北正北	八白震	东东南南	九二
23	十八戊子 二翼执火	西东北北正北北	七赤巽	正东北北	六三
24	十九己丑 三轸破木 大暑下4	西北东北正西东正	六白坎	西北正北	九四
25	二十庚寅 四角危木	正正东东北东东	五黄艮	西北东东	六五
26	廿一辛卯 五亢成木	正南东南东西东北	四绿坤	正北东北	上九
27	廿二壬辰 六氐收水	正正正西南东正南	三碧乾	东西南南	上九
28	廿三癸巳 日房开水	东正正西正南北东	二黑兑	正东南南	通初六
29	廿四甲午 一心闭火 立秋上2	东正东东南正南	一白离	东东南东	六二
30	廿五乙未 二尾建金	西东正正北正东南	九紫震	东东正南	九三
31	廿六丙申 三箕除火	西正西北东东北	八白巽	正东北北	九四

8月大　七 月壬申　否卦　天道行北　　初四辰时 立秋　十九亥时 处暑

阳历	农历干支 星期星宿五行	日神方位(奇门节元)喜财贵五神神鬼	九星八卦	八门方位 开门生门休门	六十四卦及爻数
1	廿七丁酉 四斗满火	正正西北正南东北	七赤坎	正东南南	九五
2	廿八戊戌 五牛平木	正正西北正东东北	六白艮	正东南南	上九
3	廿九己亥 六女定木 立秋中5	立秋中5	五黄坤	正东东北	恒初六
4	七月庚子 日虚执土	西东正东正南东北	四绿巽	西西北北	九二
5	初二辛丑 一危破土	正南正南正东正北	三碧坎	西西北北	九三
6	初三壬寅 二室危金	正南东东正北北北	二黑艮	西北北北	九四
7	初四癸卯 三壁成金 [立秋]辰	东正正正南东北	一白坤	西西北西	六五
8	初五甲辰 四奎收火 立秋下8	西正东正南东北	九紫乾	西西正北	上六
9	初六乙巳 五娄开火	西正东北北正东北	八白兑	西北西西	节初九
10	初七丙午 六胃开水	正东东正北北北	七赤离	正东北北	九二
11	初八丁未 日昴闭水	正东东西北北北	六白震	正东北北	六三
12	初九戊申 一毕建土	东正东西北正北	五黄巽	正东北北	六四
13	初十己酉 二觜除土 处暑上1	正正东正北东北	四绿坎	西东南南	九五
14	十一庚戌 三参满金	正正东正西南东北	三碧艮	东东南南	上六
15	十二辛亥 四井平金	正南正东东西北北	二黑坤	正北南南	同人初九
16	十三壬子 五鬼定木	正南正东东北北北	一白乾	正北东南	六二
17	十四癸丑 六柳执木	东正东正南南南	九紫兑	正北东北	六三
18	十五甲寅 日星破水 处暑中4	东正东正南东北	八白离	正北东北	九四
19	十六乙卯 一张危水	东东正正南东北	七赤震	正东西正	九五
20	十七丙辰 二翼成土	正西东北北正北	六白巽	正西正南	上九
21	十八丁巳 三轸收土	正南西北西北正北	五黄坎	正北南南	损初九
22	十九戊午 四角开火 [处暑]亥	东西北北正南东南	四绿艮	东东正南	九二
23	二十己未 五亢闭火 处暑下7	西东东正北正南东	三碧坤	东东正南	六三
24	廿一庚申 六氐建金	西东西正北东东	二黑乾	东东正南	六四
25	廿二辛酉 日房除金	西南东西北东东北	一白兑	正东南南	六五
26	廿三壬戌 一心满水	正南东北正北北	九紫离	正东南南	上九
27	廿四癸亥 二尾平水	东正东正北北东	八白震	正东正南	否初六
28	廿五甲子 三箕定金 白露上9	东正东正北北东	七赤巽	西东北北	六二
29	廿六乙丑 四斗执金	东正东正北北东	六白坎	西北北北	六三
30	廿七丙寅 五牛破火	正正东正北北东	五黄艮	正北北北	九四
31	廿八丁卯 六女危火	正正东正南西南北	四绿坤	正北西南	九五

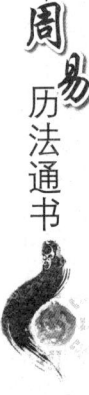

周易历法通书

公元 2024 年(闰)　农历甲辰(龙)年

(太岁甲辰，干木支土，纳音属火，岁德甲，贵人在未、丑，岁禄寅，岁马寅，奏书艮，博士坤，力士巽，利东西不利南北。)

9月小 八 月 癸酉 观卦 天道行东北	初五 午时 白露 / 二十 戌时 秋分					**10月大** 九 月 甲戌 剥卦 天道行南	初六 寅时 寒露 / 廿一 卯时 霜降				
阳历 农历干支 星期 五行	日神方位(奇门节元) 喜财贵五神神神鬼	九星 八卦	八门方位 开生休门门门	六十四卦	及爻数	阳历 农历干支 星期 五行	日神方位(奇门节元) 喜财贵五神神神鬼	九星 八卦	八门方位 开生休门门门	六十四卦	及爻数
1	廿九戊辰 日虚成木	东正正正北北南东	三碧乾	正正西南西南		上九	廿九戊戌 二室除木	东正正北北北	九紫兑	正正东东南南		上九
2	三十己巳 一危收木	白露中3	二黑兑	正正西西东南	巽 初六		三十己亥 三壁满木	寒露中9	八白离	正正东东南南	归妹	初九
3	八月庚午 二室开土	东正正西北东南南	一白坎	正西南南东东		九二	九月庚子 四奎平土	东正正西北东北南	七赤艮	正正西西北北		九二
4	初二辛未 三壁闭土	西正正正南东北东	九紫艮	东正正北南东		九三	初二辛丑 五娄定土	西正东正南东北	六白坤	正正西西北北		六三
5	初三壬申 四奎建金	正正正西南北南南	八白坤	东正正北南东		六四	初三壬寅 六胃执金	正正正南北北	五黄乾	正正西西北北		九四
6	初四癸酉 五娄除金	正正南南北南	七赤乾	正正东东南南		九五	初四癸卯 日昴破火	东正正南南南	四绿兑	正西正西北北		六五
7	初五甲戌 六胃满火	[白露] 6	六白兑	正正南南东东		上九	初五甲辰 一毕危火	寒露下3	三碧离	西西正北北正		上六
8	初六乙亥 日昴满火	西东西正北北北南	五黄离	正正东东南南	萃 初六		初六乙巳 二觜危火	东正正南南南	二黑震	西西西北北西		上六
9	初七丙子 一毕平水	西南西北北北	四绿震	西北东北北		六二	初七丙午 三参收水	西正正南北北	一白巽	正西正北东东	无妄	初九
10	初八丁丑 二觜定水	正正西西北北	三碧巽	西正正北东东		六三	初八丁未 四井收土	正正正南北北	九紫艮	正西正北东东		六二
11	初九戊寅 三参执土	东正正正南北北南	二黑坎	西正正北东东		九四	初九戊申 五鬼开土	东正正西北北北南	八白艮	正西正北东东		六三
12	初十己卯 四井破土	秋分上7	一白艮	西西北北北西		九五	初十己酉 六柳闭土	霜降上5	七赤坤	东正正南南南		九四
13	十一庚辰 五鬼危金	正正北东东南	九紫坤	西西北北北西		上六	十一庚戌 日星建金	正正东北东南南	六白乾	东正正南南南		九五
14	十二辛巳 六柳成金	西东正正南东北北	八白乾	西西北北北西	大畜 初九		十二辛亥 一张除金	东正正西北北北南	五黄兑	东正正南南南		上九
15	十三壬午 日星收木	正正正西北北南南	七赤离	正正西北北北		九二	十三壬子 二翼满木	正正东西北北北正	四绿离	西正正北北北	明夷	初九
16	十四癸未 一张开木	东正正西南南南	六白离	正正西北北北		六三	十四癸丑 三轸平木	东正正南南南	三碧震	西正正北北北		六二
17	十五甲申 二翼闭水	秋分中1	五黄震	正正西北北北		六四	十五甲寅 四角定水	霜降中8	二黑巽	西正正北北北		九三
18	十六乙酉 三轸建金	西东正正南西北东	四绿巽	东西正南南南		六五	十六乙卯 五亢执木	西正正东南北正	一白坎	正正西北北东		六四
19	十七丙戌 四角除土	西正正正南西北北	三碧坎	东西正南南南		上九	十七丙辰 六氐破土	西南正正北东东	九紫艮	正正西北北东		六五
20	十八丁亥 五亢满火	西正西正南西北北	二黑艮	东正南南南	贲 初九		十八丁巳 日房危土	东正正西南西北北	八白坤	正正西北北东		上六
21	十九戊子 六氐平火	东正正西南北北北	一白坤	西东正北北北		六二	十九戊午 一心成火	东正正西北北北北	七赤乾	东正正北北东	困	初六
22	二十己丑 日房定火	[秋分] 4	九紫乾	西正正北北北		九三	二十己未 二尾收木	霜降下2	六白兑	东正正北北东		九二
23	廿一庚寅 一心执木	西正正正南西东东	八白兑	西东正北北东		六四	廿一庚申 三箕开木	[霜降] 卯	五黄艮	东正正北北东		六三
24	廿二辛卯 二尾破木	正正正西南东北北	七赤离	正正西西南北		六五	廿二辛酉 四斗闭木	西正正东南北北	四绿震	正正东北北东		九四
25	廿三壬辰 三箕危水	正正正西南西北北	六白震	正正西西南北		上九	廿三壬戌 五牛建水	正正正西南北北正	三碧巽	正正东北北东		九五
26	廿四癸巳 四斗成水	东正正西南北北东	五黄巽	正正西西南北	观 初六		廿四癸亥 六女除木	东正东正南北正	二黑坎	正正东北北东		上六
27	廿五甲午 五牛收金	寒露上6	四绿坎	东东正南北东		六二	廿五甲子 日虚满金	立冬上6	一白艮	西东正北北东	剥	初六
28	廿六乙未 六女开金	正东西正北南北南	三碧艮	东东正南北东		六三	廿六乙丑 一危平金	西东正南北东	一白坤	西东正北北东		六二
29	廿七丙申 日虚闭火	正正西西南北北东	二黑坤	东东正南北东		六四	廿七丙寅 二室定火	西西西北北正	二黑乾	西北正北北		六三
30	廿八丁酉 一危建火	正正东西南北北南	一白乾	东正东南南东		九五	廿八丁卯 三壁执木	东正正南北正	三碧兑	正正西南南南		六四
31							廿九戊辰 四奎破木	东正正北北东	四绿离	正正西西南		六五

太岁甲辰,干木支土,纳音属火,岁德甲,贵人在未、丑,岁禄寅,岁马寅,奏书艮,博士坤,力士巽,利东西不利南北。

11月小　十月 乙亥　坤卦　天道行东　　初七 卯时 立冬　廿二 寅时 小雪

阳历	农历干支 星期星宿五行	日神方位(奇门节元)	九八星卦	八门方位	六十四卦	及爻数
1	十月 己巳 五娄危木	立冬中9	五黄坤			上九
2	初二庚午 六胃成土		六白乾		艮	初六
3	初三辛未 日昴收土		七赤兑			六二
4	初四壬申 一毕开金		八白离			九三
5	初五癸酉 二觜闭金		九紫震			六四
6	初六甲戌 三参建火	立冬下3	一白巽			六五
7	初七乙亥 四井除火	[立冬]卯	二黑坤			上九
8	初八丙子 五鬼除水		三碧艮		既济	初九
9	初九丁丑 六柳满水		四绿坤			六二
10	初十戊寅 日星平土		五黄乾			九三
11	十一己卯 一张定土	小雪上5	六白兑			六四
12	十二庚辰 二翼执金		七赤离			九五
13	十三辛巳 三轸破金		八白震			上六
14	十四壬午 四角危木		九紫巽		噬嗑	初九
15	十五癸未 五亢成木		一白坎			六二
16	十六甲申 六氐收水	小雪中8	二黑艮			六三
17	十七乙酉 日房开水		三碧坤			九四
18	十八丙戌 一心闭土		四绿乾			六五
19	十九丁亥 二尾建土		五黄兑			上九
20	二十戊子 三箕除火		六白震		大过	初六
21	廿一己丑 四斗满火	小雪下2	七赤震			九二
22	廿二庚寅 五牛平木	[小雪]寅	八白巽			九三
23	廿三辛卯 六女定木		九紫坎			九四
24	廿四壬辰 日虚执水		一白艮			九五
25	廿五癸巳 一危破水		二黑坤			上六
26	廿六甲午 二室危金	大雪上4	三碧乾		坤	初六
27	廿七乙未 三壁成金		四绿坎			六二
28	廿八丙申 四奎收火		五黄离			六三
29	廿九丁酉 五娄开火		六白震			六四
30	三十戊戌 六胃闭木		七赤巽			六五

12月大　十一月 丙子　复卦　天道行东南　　初六 夜子 大雪　廿一 酉时 冬至

阳历	农历干支 星期星宿五行	日神方位(奇门节元)	九八星卦	八门方位	六十四卦	及爻数
1	十一月 己亥 日昴建木	大雪中7	八白乾			上六
2	初二庚子 一觜除土		九紫离		未济	初六
3	初三辛丑 二觜满土		一白离			九二
4	初四壬寅 三参平金		二黑震			六三
5	初五癸卯 四井定金		三碧巽			九四
6	初六甲辰 五鬼定火	[大雪]1	四绿坎			六五
7	初七乙巳 六柳执火		五黄艮			上九
8	初八丙午 日星破水		六白坤		蹇	初六
9	初九丁未 一张危水		七赤乾			六二
10	初十戊申 二翼成土		八白兑			九三
11	十一己酉 三轸收土	闰大雪上4	九紫离			六四
12	十二庚戌 四角开金		一白坎			九五
13	十三辛亥 五亢闭金		二黑巽			上六
14	十四壬子 六氐建木		三碧震		颐	初九
15	十五癸丑 日房除木		四绿巽			六二
16	十六甲寅 一心满火	闰大雪中7	五黄坤			六三
17	十七乙卯 二尾平水		六白乾			六四
18	十八丙辰 三箕定土		七赤兑			六五
19	十九丁巳 四斗执土		八白离			上九
20	二十戊午 五牛破火		九紫震			上九
21	廿一己未 六女危火	[冬至]1	一白坎		中孚	初九
22	廿二庚申 日虚成木		二黑坎			九二
23	廿三辛酉 一危收木		三碧艮			六三
24	廿四壬戌 二室开水		四绿巽			六四
25	廿五癸亥 三壁闭水		五黄乾			九五
26	廿六甲子 四奎建金	冬至上1	六白坤			上九
27	廿七乙丑 五娄除金		七赤离		复	初九
28	廿八丙寅 六胃满火		八白震			六二
29	廿九丁卯 日昴平火		九紫巽			六三
30	三十戊辰 一毕定木		一白坎			六四
31	十二 己巳 二觜执木	冬至中7	二黑兑			六五

274

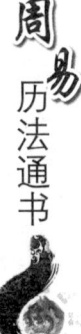

周易历法通书

公元 2025 年　　　农历乙巳(蛇)年
（闰六月）

（太岁乙巳,干木支火,纳音属火,岁德庚,贵人在申、子,岁禄卯,岁马亥,奏书巽,博士乾,力士坤,利南北不利东西。）

1月大　十二月 丁丑 临卦 天道行西　初六 巳时 小寒　廿一 寅时 大寒

阳历	农历干支 星期星宿五行	日神方位(奇门节元)喜财贵五神神鬼	九星八卦	八门方位开生休门门门	六十四卦及爻数
1	初二庚午 三参破土	西正西 西北南东	三碧离	东东正 南东东	上六
2	初三辛未 四井危土	西正西 正南北东	四绿震	东东正 北东东	屯初九 六二
3	初四壬申 五鬼成金	正正南 南南东	五黄巽	东东正 南东东	六二
4	初五癸酉 六柳收金	东正正 正南南	六白坎	正正西 南东南	六三
5	初六甲戌 日星收火 [小寒]4	正正东 东南南	七赤艮	正正西 东东南	六四
6	初七乙亥 一张开火	西正东 北西南南	八白坤	正正西 东东南	九五
7	初八丙子 二翼闭水	西正西 北西北	九紫乾	正正西 东西南	上六
8	初九丁丑 三轸建水	正正西 南西北北	一白兑	正正西 西北北	谦初六
9	初十戊寅 四角除土	东正西 南北南南	二黑离	西正西 西北北	六二
10	十一己卯 五亢满土 小寒上2	西正东 北北西	三碧震	西正西 北北西	九三
11	十二庚辰 六氐平金	西正东 北东南南	四绿巽	西正西 北北西	六四
12	十三辛巳 日房定金	西正西 南南南	五黄坎	西东正 北北北	六五
13	十四壬午 一心执木	正正正 南南南	六白艮	正正东 北东北	上六
14	十五癸未 二尾破木	东正正 南南东	七赤坤	正正东 北东北	睽初九 九二
15	十六甲申 三箕危木 小寒中8	正正东 南北东	八白乾	正正东 北东北	九二
16	十七乙酉 四斗成水	西正西 北南东	九紫兑	东西正 南南南	六三
17	十八丙戌 五牛收土	正西西 南西北北	一白离	正正东 南南南	九四
18	十九丁亥 六女开土	正正东 北南东	二黑震	西东正 北南东	九五
19	二十戊子 日虚闭火	东正正 南北北北	三碧巽	西东正 北北东	上九
20	廿一己丑 一危建火 [大寒]5	西东正 北北东	四绿坎	东东正 北东东	升初六
21	廿二庚寅 二室除木	西东东 北东北	五黄艮	西东正 北北北	九三
22	廿三辛卯 三壁满木	正东南 南南北	六白坤	正正东 南南东	九三
23	廿四壬辰 四奎平水	正正正 东东南	七赤乾	正正东 西东南	六四
24	廿五癸巳 五娄定水	东正东 南南北	八白兑	正正西 东西南	六五
25	廿六甲午 六胃执金 大寒上3	西正东 北东北	九紫离	正正西 北东东	上六
26	廿七乙未 日昴破金	西正西 南北北南	一白震	东东正 北北南	临初九 九二
27	廿八丙申 一毕危火	正西西 北北北	二黑巽	东东正 南东东	九二
28	廿九丁酉 二觜成火	正正西 南北北	三碧坎	正东东 东东东	六三
29	一月戊戌 三参收木	东正东 北北北	四绿坤	正正东 南南南	六四
30	初二己亥 四井开木 大寒中9	西正东 北北东	五黄乾	正正西 东东南	六五
31	初三庚子 五鬼闭土	西正西 北东北北	六白兑	正正西 西北北	上六

2月平　一月 戊寅 泰卦 天道行南　初六 亥时 立春　廿一 酉时 雨水

阳历	农历干支 星期星宿五行	日神方位(奇门节元)喜财贵五神神鬼	九星八卦	八门方位开生休门门门	六十四卦及爻数
1	初四辛丑 六柳建土	西正东 东正东南	七赤离	正正西 西西北	小过 初六
2	初五壬寅 日星除金	正正西 南北北北	八白震	正正西 东北北	六二
3	初六癸卯 一张除金 [立春]亥	西正西 南北南北	九紫巽	西正西 南南北	九三
4	初七甲辰 二翼满水 大寒下6	正正东 南北北	一白坎	西正西 北东北	九四
5	初八乙巳 三轸平火	西正西 北正北西	二黑艮	西正西 北北西	六五
6	初九丙午 四角定水	正正东 南西北北	三碧坤	正正东 北北北	上六
7	初十丁未 五亢执水	正正东 南正西	四绿乾	正正东 东东东	蒙初六
8	十一戊申 六氐破土	东正东 南正东	五黄兑	东东正 南南南	九二
9	十二己酉 日房危土 立春上8	西东北 北北东	六白坎	东东正 北南东	六三
10	十三庚戌 一心成金	西正东 南南南	七赤震	东东正 北南南	六四
11	十四辛亥 二尾收金	西正东 北北南	八白巽	东东正 北北南	六五
12	十五壬子 三箕开水	东正正 南北北北	九紫坎	东东正 北北北	上九
13	十六癸丑 四斗闭水	东正东 南南南	一白离	西东正 北北北	益初九 六二
14	十七甲寅 五牛建木 立春中5	东正南 南东北	二黑坤	正正东 北东北	六二
15	十八乙卯 六女除水	东正东 南东正	三碧乾	正正西 西东北	六三
16	十九丙辰 日虚满土	西正正 西正北西	四绿兑	正正西 东西南	六四
17	二十丁巳 一危平土	正正东 南正北	五黄离	正正西 东西南	九五
18	廿一戊午 二室定火 [雨水]酉	东正东 北北北东	六白震	东东正 北南东	上九
19	廿二己未 三壁执火 立春下2	西正西 北北东	七赤巽	东东正 北北东	渐初六
20	廿三庚申 四奎破木	正正西 南正北	八白坎	东东正 北东正	六二
21	廿四辛酉 五娄危木	正正西 东正北	九紫艮	正东南 南南南	九三
22	廿五壬戌 六胃成水	正正东 南北北	一白坤	正正东 南南东	六四
23	廿六癸亥 日昴收水	东正东 南南南	二黑乾	正正东 西东南	九五
24	廿七甲子 一毕开金 雨水上9	东正正 北北北东	三碧震	西东北 北北北	上九
25	廿八乙丑 二觜闭金	东正西 南正东	四绿兑	西东正 北北北	泰初九 九二
26	廿九丙寅 三参建火	西正南 南北北南	五黄震	西东正 北北北	九二
27	三十丁卯 四井除火	正正东 南正南	六白巽	西东南 南东南	九三
28	二月戊辰 五鬼满木	东正东 南北东	七赤乾	正正西 南西南	六四

公元 2025 年　　　农历乙巳(蛇)年
(闰六月)

(太岁乙巳,干木支火,纳音属火,岁德庚,贵人在申、子,岁禄卯,岁马亥,奏书巽,博士乾,力士坤,利南北不利东西。)

276

3月大

二　月己卯　大壮卦 天道行西南　　初六 申时 惊蛰　廿一 酉时 春分

阳历	农历干支	星期	星宿	五行	日神方位(奇门节元)喜财贵五神神神鬼	九星	八卦	八门方位开生休门门门	六十四卦	及爻数
1	初二己巳	六	柳	平木	雨水中 6	八白兑				六五
2	初三庚午	日	星	定土	西正西西北正南南南	九紫离		东东正北南东		上六
3	初四辛未	一	张	执土	西正西正南东北东	一白震		东东正北南东		上六
4	初五壬申	二	翼	破金	正正东西南南北南	二黑巽		东东正北南正	需 初九	
5	初六癸酉	三	轸	破金	[惊蛰] 申	三碧坎		正正正东南南		九二
6	初七甲戌	四	角	危木	雨水下 3	四绿艮		正正正东南南		九三
7	初八乙亥	五	亢	成木	西东西正南南南北	五黄坤		正正正东南南		六四
8	初九丙子	六	氐	收水	西正西正南东北北	六白乾		正正东西北北		九五
9	初十丁丑	日	房	开水	西正西正南西北北	七赤兑		正正东西北北		上六
10	十一戊寅	一	心	闭土	东正正南北南	八白离		正正西西南东	随 初九	
11	十二己卯	二	尾	建土	惊蛰上 1	九紫震		西西正北西南		六二
12	十三庚辰	三	箕	除金	西正西正北东西南	一白巽		西西正北西南		六三
13	十四辛巳	四	斗	满金	西正西正北东北北	二黑坎		西西正北西南		九四
14	十五壬午	五	牛	平木	正正东西南南南南	三碧艮		正正东北东北		九五
15	十六癸未	六	女	定木	东正正南南西	四绿坤		正正东北东北		上六
16	十七甲申	日	虚	执水	惊蛰中 7	五黄乾		正正正北北北	晋 初六	
17	十八乙酉	一	危	破水	东东西北南南东	六白兑		东正正南南南		六二
18	十九丙戌	二	室	危土	西正正南北北	七赤离		东西正南南南		六三
19	二十丁亥	三	壁	成土	正正东南南北	八白震		东西正南南南		九四
20	廿一戊子	四	奎	收水	[春分] 西	九紫巽		正正东北北北		六五
21	廿二己丑	五	娄	开火	惊蛰下 4	一白坎		西正西北东北		上九
22	廿三庚寅	六	胃	闭木	西正西北东东东	二黑艮		正正东北北北	解 初六	
23	廿四辛卯	日	昴	建木	西正西北东南北	三碧坤		正正正北南南		九二
24	廿五壬辰	一	毕	除水	正正正南南北	四绿兑		正正东南西东		六三
25	廿六癸巳	二	觜	满水	东正正南南北	五黄兑		正正西北东东		九四
26	廿七甲午	三	参	平金	春分上 3	六白午		东东正南南正		六五
27	廿八乙未	四	井	定金	西东西北南南南	七赤震		东东正北南西		上六
28	廿九丙申	五	鬼	执火	西西正南北北北	八白巽		东东正北南东	大壮 初九	
29	**三月** 丁酉	六	柳	破火	正正正南东北北	九紫离		正正正南南南		九二
30	初二戊戌	日	星	危土	东正正北南北	一白离		正正正南南南		九三
31	初三己亥	一	张	成木	春分中 9	二黑震		正正东东南南		九四

4月小

三　月庚辰　夬卦 天道行北　　初七 戌时 清明　廿三 寅时 谷雨

阳历	农历干支	星期	星宿	五行	日神方位(奇门节元)喜财贵五神神神鬼	九星	八卦	八门方位开生休门门门	六十四卦	及爻数
1	初四庚子	二	翼	收土	西正西正北东北北	三碧巽		正正西西北北		六五
2	初五辛丑	三	轸	开土	西正东正南东北北	四绿坎		正正西西北北		上六
3	初六壬寅	四	角	闭金	正正东正南北北	五黄艮		正正西西北北	豫 初六	
4	初七癸卯	五	亢	闭金	[清明] 戌	六白坤		西正西南北北		六二
5	初八甲辰	六	氐	建火	春分下 6	七赤乾		西正西北西西		六三
6	初九乙巳	日	房	除火	正正东正北北东	八白兑		西正西北北东		九四
7	初十丙午	一	心	满水	正正正正南南南	九紫离		正正东东北东		六五
8	十一丁未	二	尾	平水	正正西正西南北	一白震		正正东北北北		上六
9	十二戊申	三	箕	定土	正正东正南北东	二黑巽		西正西北北北	讼 初六	
10	十三己酉	四	斗	执土	清明上 4	三碧坎		东正东南北北		九二
11	十四庚戌	五	牛	破金	西北东正南南南	四绿艮		东正西南北北		六三
12	十五辛亥	六	女	危金	西北东正南北南	五黄坤		正正东南北北		九四
13	十六壬子	日	虚	成水	正正东西南北北	六白兑		西正东南北北		九五
14	十七癸丑	一	危	收木	清明中 1	七赤兑		西正东北北北		上九
15	十八甲寅	二	室	开木	东东正正南北北	八白离		西正正北北北	蛊 初六	
16	十九乙卯	三	壁	闭水	西东西正北北北	九紫震		正正东南南南		六二
17	二十丙辰	四	奎	建土	西东西正南南南	一白巽		正正东南南南		九三
18	廿一丁巳	五	娄	除土	西东西正南南南	二黑坎		正正西北东东		六四
19	廿二戊午	六	胃	满火	东正正南北北	三碧艮		东东正北南东		六五
20	廿三己未	日	昴	平火	[谷雨] 7	四绿坤		东东正北南东		上九
21	廿四庚申	一	毕	定木	西正西西正南北	五黄乾		东东正北南东	革 初九	
22	廿五辛酉	二	觜	执木	西正东正南南南	六白兑		东东正北南东		六二
23	廿六壬戌	三	参	破金	西正西正南南南	七赤离		正正东北南西		九三
24	廿七癸亥	四	井	危木	东正正南南东	八白震		正正东北南西		九四
25	廿八甲子	五	鬼	成金	谷雨上 5	九紫巽		正正东北北北		九五
26	廿九乙丑	六	柳	收金	西东正正南南南	九紫坎		正正东北北北		上六
27	三十丙寅	日	星	开火	正正东正南南南	八白艮		西正正北北北	夬 初九	
28	**四月** 丁卯	一	张	闭火	正正东正南南北	七赤离		东正西南南北		九二
29	初二戊辰	二	翼	建木	东正正南北东北	六白震		东正西南南北		九三
30	初三己巳	三	轸	除木	谷雨中 2	五黄巽		正正东西南北		九四

周易历法通书

公元 2025 年　　农历乙巳(蛇)年
(闰六月)

(太岁乙巳，干木支火，纳音属火，岁德庚，贵人在申、子，岁禄卯，岁马亥，奏书巽，博士乾，力士坤，利南北不利东西。)

5月大　四 月辛巳 乾卦 天道行西　　初八 未时 立夏　廿四 丑时 小满

阳历	农历干支	星期星宿五行	日神方位(奇门节元)喜财贵五神神神鬼	九星八卦	八门方位 开生休门门门	六十四卦及爻数
1	初四庚午	四角满土	西正西西/南正南南	四绿坎	东东正/北北东	九五
2	初五辛未	五亢平土	西正西西/南北北东	三碧艮	正正东/北东东	上六
3	初六壬申	六氐定金	正正东西/南南南北	二黑坤	东东正/南南东	旅 初六
4	初七癸酉	日房执金	东正正正/南北北南	一白乾	正正东/东东南	六二
5	初八甲戌	一心执火	[立夏] 8	九紫兑	正正东/南东南	九三
6	初九乙亥	二尾破水	西东正正/南正北南	八白离	正正东/北东东	九四
7	初十丙子	三箕危水	西东西正/南北北北	七赤震	正正东/西北北	六五
8	十一丁丑	四斗成水	西东西正/南北北北	六白巽	正正东/西北北	上九
9	十二戊寅	五牛收土	东正正正/南北北南	五黄艮	正正西/西北东	师 初六
10	十三己卯	六女开土	立夏上 4	四绿坤	正正西/西北东	九二
11	十四庚辰	日虚闭金	西北东西/北东南南	三碧坤	正正西/西北东	六三
12	十五辛巳	一危建金	西正西西/南东北北	二黑乾	正正西/北东西	六四
13	十六壬午	二室除木	正正东西/南南南南	一白兑	正正东/北北东	六五
14	十七癸未	三壁满木	东正正西/南北北南	九紫离	正正东/北北东	上六
15	十八甲申	四奎平水	立夏中 1	八白震	正正东/北北东	上六
16	十九乙酉	五娄定水	西北西正/北南南东	七赤巽	东东正/南南南	比 初六
17	二十丙戌	六胃执土	西正西正/南南北北	六白坎	东正西/南南南	六二
18	廿一丁亥	日昴破土	正正西正/南北南北	五黄艮	东正正/南南南	六三
19	廿二戊子	一毕危火	正正西正/北北北北	四绿坤	正正东/北北东	六四
20	廿三己丑	二觜成火	立夏下 7	三碧乾	东正正/北南东	九五
21	廿四庚寅	三参收木	[小满] 丑	二黑兑	东正正/北东东	上六
22	廿五辛卯	四井开木	正正西正/南南南南	一白离	正正西/西南南	小畜 初九
23	廿六壬辰	五鬼闭金	正正东西/南南南北	九紫震	正正西/西南南	九二
24	廿七癸巳	六柳建水	东正正正/南南南北	八白巽	正正西/西南南	九三
25	廿八甲午	日星除火	小满上 5	七赤坎	东东正/南南东	六四
26	廿九乙未	一张满金	西东西正/北西北南	六白艮	东东正/南南东	九五
27	五月丙申	二翼平火	西正西正/南南北北	五黄震	东东正/北南东	上九
28	初二丁酉	三轸定火	正正正西/南北南北	四绿巽	正正东/南东南	乾 初九
29	初三戊戌	四角执木	东正正正/南北北南	三碧坎	正正东/南东南	九二
30	初四己亥	五亢破木	小满中 2	二黑艮	东正东/南东南	九三
31	初五庚子	六氐危土	西北西正/北东北南	一白坤	正正西/北北北	九四

6月小　五 月壬午 姤卦 天道行西北　　初十 酉时 芒种　廿六 巳时 夏至

阳历	农历干支	星期星宿五行	日神方位(奇门节元)喜财贵五神神神鬼	九星八卦	八门方位 开生休门门门	六十四卦及爻数
1	初六辛丑	日房成土	西正东正/南东北北	九紫乾	正正西/北北北	九五
2	初七壬寅	一心收金	正正西正/南南北北	八白兑	正正西/北北北	上九
3	初八癸卯	二尾开金	东正东正/南南北北	七赤离	西西正/北北西	大有 初九
4	初九甲辰	三箕闭火	小满下 8	六白震	西西正/北北西	九二
5	初十乙巳	四斗建火	[芒种] 酉	五黄巽	西西正/北北西	九三
6	十一丙午	五牛建土	正正西正/南南北北	四绿坎	正正东/南南东	九四
7	十二丁未	六女除水	西西西正/南北南北	三碧艮	正正东/北北北	六五
8	十三戊申	日虚满土	东正正正/南北北南	二黑坤	正正东/北北北	上九
9	十四己酉	一危平土	芒种上 6	一白乾	东东正/南南东	家人 初九
10	十五庚戌	二室定金	西北西正/北南南东	九紫兑	东东正/南南南	六二
11	十六辛亥	三壁执金	西正西正/南南北北	八白离	正正东/南东南	九三
12	十七壬子	四奎破木	正正东西/南南北北	七赤震	西西正/北北北	六四
13	十八癸丑	五娄危木	正正东西/南南北北	六白巽	正正东/南东南	九五
14	十九甲寅	六胃成水	芒种中 3	五黄坎	东东正/南南东	上九
15	二十乙卯	日昴收水	西东西正/北西北南	四绿艮	正正西/西南南	井 初六
16	廿一丙辰	一毕开土	西正西正/南南北北	三碧坤	正正南/南西南	九二
17	廿二丁巳	二觜闭土	正正西正/南北南北	二黑乾	东东正/南南东	九三
18	廿三戊午	三参建火	东正正正/南北北南	一白兑	东东正/南南东	六四
19	廿四己未	四井除火	芒种下 9	九紫离	正正东/北北东	九五
20	廿五庚申	五鬼满金	西正西正/南东北南	八白震	东东正/北南东	上六
21	廿六辛酉	六柳平木	[夏至] 巳	七赤巽	正正东/东东南	咸 初六
22	廿七壬戌	日星定金	正正西正/南南南南	六白坎	正正东/东东南	六二
23	廿八癸亥	一张执水	东正东正/南南南东	五黄艮	正正东/东东南	九三
24	廿九甲子	二翼破金	夏至上 9	四绿坤	正正东/北北北	九四
25	六月乙丑	三轸危金	西西西正/北西北南	三碧巽	西西正/北北北	九五
26	初二丙寅	四角成火	西正西正/南南北北	二黑坤	西西正/北北北	上六
27	初三丁卯	五亢收火	正正西正/南南北北	一白乾	正正西/南东南	姤 初六
28	初四戊辰	六氐开木	东正正正/南北北南	九紫坤	正正西/南西南	九二
29	初五己巳	日房闭木	夏至中 3	八白乾	正正西/南西南	九三
30	初六庚午	一心建土	正正西正/北东北南	七赤兑	东东正/北北东	九四

（闰六月）

（太岁乙巳,干木支火,纳音属火,岁德庚,贵人在申、子,岁禄卯,岁马亥,奏书巽,博士乾,力士坤,利南北不利东西。）

| **7月大** 六 月癸未 遁卦 天道行东　十三 寅时 小暑　廿八 亥时 大暑 | **8月大** 七 月甲申 否卦 天道行北　十四 未时 立秋　初一 寅时 处暑 |

周易历法通书

阳历	农历干支 星期 星宿 五行	日神方位(奇门节元)喜神财神贵神五鬼	九星 八卦	八门方位开门休门生门	六十四卦 及爻数	农历干支 星期 星宿 五行	日神方位(奇门节元)喜神财神贵神五鬼	九星 八卦	八门方位开门休门生门	六十四卦 及爻数
1	初七辛未 二 尾 除土	西东西正南东北北	六白离	东东正北北东	九五	初八壬寅 五 牛 危金	正东东正南南北北	二黑震	正东西南北西	九五
2	初八壬申 三 箕 满金	正正东西南东南南	五黄震	东东正北北东	上九	初九癸卯 六 女 成金	东东正东南南北南	一白巽	西西正北北西	上九
3	初九癸酉 四 斗 平金	东东正南北东北	四绿巽	正东南南东	鼎 初六	初十甲辰 日 虚 收火	大暑下 4	九紫坎	西西正北北西	恒 初六
4	初十甲戌 五 牛 定火	夏至下 6	三碧坎	正正东南东	九二	十一乙巳 一 危 开木	西正正南东北东	八白艮	西西正北北东	九二
5	十一乙亥 六 女 执火	西东西北南北南	二黑艮	正正东南东	九三	十二丙午 二 室 闭水	西正西南南北北	七赤坤	正东正北东北	九三
6	十二丙子 日 虚 破水	西东西南南北北	一白坤	正正东西北北	九四	十三丁未 三 壁 建水	西西西南南北北	六白乾	正东正北东北	九四
7	十三丁丑 一 危 破水	[小暑] 寅	九紫乾	正东东西北北	六五	十四戊申 四 奎 除土	[立秋] 未	五黄兑	正东正北东东	六五
8	十四戊寅 二 室 建土	西正东南北北南	八白兑	正东东西北北	上九	十五己酉 五 娄 满土	立秋上 2	四绿离	东西正南南南	上六
9	十五己卯 三 壁 满土	小暑上 8	七赤离	西东正南南东	丰 初九	十六庚戌 六 胃 满金	西正正南东北南	三碧震	东西正南南南	节 初九
10	十六庚辰 四 奎 收金	西正正北东南南	六白震	西东正南北西	六二	十七辛亥 日 昴 平金	西东正南北北南	二黑巽	东西正南南南	九二
11	十七辛巳 五 娄 开金	西正东南北北北	五黄巽	正东正南北北	九三	十八壬子 一 毕 定木	正东东正南南北北	一白坎	西东正北北北	六三
12	十八壬午 六 胃 闭木	正正东西南东北	四绿坎	正正东北北	九四	十九癸丑 二 觜 执木	东东东西南南北南	九紫艮	东东正北北北	六四
13	十九癸未 日 昴 建木	东正东西南东南	三碧艮	正正东北北	六五	二十甲寅 三 参 破水	立秋中 5	八白坤	西东正北北北	九五
14	二十甲申 一 毕 除水	小暑中 2	二黑坤	正正东北北	上六	廿一乙卯 四 井 危水	西正正南北北北	七赤乾	西东正南西北	上六
15	廿一乙酉 二 觜 满水	西北正南南东	一白离	东东正南南南	涣 初六	廿二丙辰 五 鬼 成土	西正正南北北东	六白兑	正正西南西南	同人 初九
16	廿二丙戌 三 参 平土	西南西北北南	九紫兑	东东正南南东	九二	廿三丁巳 六 柳 收土	西正正南北北南	五黄离	正正西南西南	六二
17	廿三丁亥 四 井 定土	正正东西北西	八白离	西东北北北	六三	廿四戊午 日 星 开火	西正正北北东南	四绿震	东东正南南北	九三
18	廿四戊子 五 鬼 执火	东正东西南北北北	七赤震	西东北北北	六四	廿五己未 一 张 闭火	立秋下 8	三碧巽	东东正北北北	九四
19	廿五己丑 六 柳 破火	小暑下 5	六白巽	正西北北北	九五	廿六庚申 二 翼 建木	西正正东北北北	二黑坎	西东正北北北	九五
20	廿六庚寅 日 星 危木	西正正南东北	五黄坎	西正东西北	上九	廿七辛酉 三 轸 除木	西正西南东北北	一白艮	正正东南西北	上九
21	廿七辛卯 一 张 成木	西正东南东北	四绿艮	正东正南东	履 初九	廿八壬戌 四 角 满水	正东正东南北北	九紫坤	正正东南东北	损 初九
22	廿八壬辰 二 翼 收水	[大暑] 亥	三碧坤	正正东西南东	九二	廿九癸亥 五 亢 平水	东东东正南南南东	八白乾	东东正南西南	九二
23	廿九癸巳 三 轸 开水	东正正西南东北	二黑乾	正正东南东北	六三	**七月** 甲子 六 氐 定金	[处暑] 1	七赤兑	西东正北北北	六三
24	三十甲午 四 角 闭金	大暑上 7	一白兑	东东正北南南	九四	初二乙丑 日 房 执金	西正正东南北南	六白艮	西东正北北北	六四
25	**闰六** 乙未 五 亢 建金	西东正南正东北	九紫巽	东东正北北东	九五	初三丙寅 一 心 破水	西正正东南北东	五黄坎	西东正北北北	六五
26	初二丙申 六 氐 除火	西正西南东北北	八白坎	东东正北北东	上九	初四丁卯 二 尾 危火	西正西南北北北	四绿乾	正正东西南南	上九
27	初三丁酉 日 房 满土	西正东南西北北	七赤离	东东正北北东	上九	初五戊辰 三 箕 成木	西正正南北北北	三碧兑	正正东西南南	否 初六
28	初四戊戌 一 心 平土	东正东西南北北	六白坤	正正东北北西	遁 初六	初六己巳 四 斗 收木	处暑中 4	二黑离	正正东西南南	六二
29	初五己亥 二 尾 定木	大暑中 1	五黄乾	正正东南东南	六二	初七庚午 五 牛 开土	西东正南北东南南	一白震	正东正北北东	六二
30	初六庚子 三 箕 执土	西正正北东西南	四绿兑	正正东西北北	九三	初八辛未 六 女 闭土	正东西南北北北	九紫巽	正东正北北东	九四
31	初七辛丑 四 斗 破土	西正正南东北北	三碧离	正正东西北北	九四	初九壬申 日 虚 建金	正正东西南北南南	八白坎	东东正北北东	九五

公元 2025 年　　农历乙巳(蛇)年（闰六月）

（太岁乙巳,干木支火,纳音属火,岁德庚,贵人在申、子,岁禄卯,岁马亥,奏书巽,博士乾,力士坤,利南北不利东西）

9月小　八月乙酉　观卦　天道行东北　十六申时白露　初二丑时秋分

阳历	农历干支 星期宿行五	日神方位(奇门节元) 喜财贵五神神神鬼	九八星卦	八门方位 开生休门门门	六十四卦 及爻数
1	初十癸酉 一危除金	东正正西 南南北南	七赤艮	正正东 东南南	上九
2	十一甲戌 二室满水 处暑下7	正正东 南南南	六白坤	正正东 西北北	巽初六
3	十二乙亥 三壁平火	西东正正 北南北南	五黄乾	正正东 西南南	九二
4	十三丙子 四奎定水	西正正 南西北北	四绿兑	正正西 西北北	九三
5	十四丁丑 五娄执火	正正正 南西西	三碧离	正正西 西北北	六四
6	十五戊寅 六胃破土	东正正 南北南南	二黑震	正正西 西北北	九五
7	十六己卯 日昴危土 [白露]9	西西正 北南正	一白巽	正正西 西北北	上九
8	十七庚辰 一毕危金	西正正 北南南	九紫坎	西正正 北西北	萃初六
9	十八辛巳 二觜成金	西正正 南北北北	八白艮	西北正 北西	六二
10	十九壬午 三参收木	正正正 北北东	七赤坤	正正东 北北北	六三
11	二十癸未 四井开木	东正正西 南北东南	六白乾	正正东 北北北	九四
12	廿一甲申 五鬼闭水 白露中3	正东正 南北北	五黄兑	正正东 北北北	九五
13	廿二乙酉 六柳建土	东东西正 南南北	四绿离	东东正 南北北	上六
14	廿三丙戌 日星除土	西西正 北北北	三碧震	东东正 南北北	大畜初九
15	廿四丁亥 一张满土	西西正 南北北	二黑巽	东东正 南北北	九二
16	廿五戊子 二翼平水	东正正 北北北	一白坎	东东正 北北北	九三
17	廿六己丑 三轸定火 白露下6	西东正 南北北	九紫艮	东东正 北北北	六四
18	廿七庚寅 四角执木	正正正 东南北	八白坤	东东正 北北北	六五
19	廿八辛卯 五亢破木	西正西 北东南南	七赤乾	东东正 北北北	上九
20	廿九壬辰 六氐危水	正正正 南北北	六白兑	东东正 北北北	贲初九
21	三十癸巳 日房成水	东正正西 南北	五黄离	正正西 南西	六二
22	八月甲午 一心收金 秋分上7	东东西 南北东	四绿艮	东东东 北北东	九三
23	初二乙未 二尾开金 [秋分]丑	正正正 南北	三碧坤	东东东	六四
24	初三丙申 三箕闭火	西西西 南北南	二黑兑	正正东 南北南	六五
25	初四丁酉 四斗建火	正正东 南北南	一白乾	正正东 南北南	上九
26	初五戊戌 五牛除木	东正正西 南北东	九紫离	正正东 南北南	观初六
27	初六己亥 六女满水 秋分中1	正正东 南北	八白震	正正东 南北南	六二
28	初七庚子 日虚平土	西北东 北南南	七赤巽	西西正 南北北	六三
29	初八辛丑 一危定土	西正正 北南西	六白坎	西西正 南北北	六四
30	初九壬寅 二室执金	正正东正 南北	五黄艮	正正西 南北北	九五
31					

10月大　九月丙戌　剥卦　天道行南　十七辰时寒露　初三午时霜降

阳历	农历干支 星期宿行五	日神方位(奇门节元) 喜财贵五神神神鬼	九八星卦	八门方位 开生休门门门	六十四卦 及爻数
1	初十癸卯 三壁破金	西正正东 南南南南	四绿坤	西正正 北北西	上九
2	十一甲辰 四奎危木 秋分下4	正正东 南南南	三碧乾	西西正 北西西	归妹初九
3	十二乙巳 五娄成火	西东正正 北北东	二黑兑	西西正 北西西	九二
4	十三丙午 六胃收水	西正正 西北北	一白离	正正东 北北北	六三
5	十四丁未 日昴开水	正正正 南西北	九紫震	正正东 北北北	九四
6	十五戊申 一毕闭土	东正正 北北东南	八白巽	正正东 北北北	六五
7	十六己酉 二觜建土 寒露上6	东正正 南北	七赤坎	东东正 南北北	上六
8	十七庚戌 三参建金 [寒露]辰	西正正 南北	六白艮	西东正 南北北	六二
9	十八辛亥 四井除金	西正东 南北东	五黄坤	西东正 北北东	无妄初九
10	十九壬子 五鬼满木	正正东 南北东	四绿乾	西东正 北北北	六二
11	二十癸丑 六柳平木	东东正 南南南	三碧兑	西西正 北北北	六三
12	廿一甲寅 日星定水 寒露中9	东东正 南西南	二黑离	西西正 北北北	九四
13	廿二乙卯 一张执木	东东正西 南西南	一白震	正正西 南西南	九五
14	廿三丙辰 二翼破土	西东正 南北北	九紫巽	正正西 南西南	上九
15	廿四丁巳 三轸危土	正正西 南北北	八白坎	正正东 北南东	明夷初九
16	廿五戊午 四角成火	东正东 南北北北	七赤艮	东东正 北南东	六二
17	廿六己未 五亢收火 寒露下3	正正东 南北北	六白坤	东东正 北南东	九三
18	廿七庚申 六氐开土	正正东 南北东	五黄乾	东东正 北南东	六四
19	廿八辛酉 日房闭金	正正西 南北东	四绿巽	东东正 北南东	六五
20	廿九壬戌 一心建水	正正东 南北北	三碧离	东东正 北南东	上六
21	九月癸亥 二尾除水	东正东 南北南	二黑坤	东东正 南北南	困初六
22	初二甲子 三箕满金 霜降上5	西西东 南北北	一白离	西西东 北北北	九二
23	初三乙丑 四斗平金 [霜降]午	正正东 南北南	一白离	西东正 北北	六三
24	初四丙寅 五牛定火	西正西 南北南	二黑离	北北正 北北	九四
25	初五丁卯 六女执火	正正东 南北	三碧震	正正东 南西北	九五
26	初六戊辰 日虚破木	东正正西 南北东	四绿巽	正正东 南西北	上六
27	初七己巳 一危危木 霜降中8	正正东 南北	五黄坎	正正东 南西北	剥初六
28	初八庚午 二室成土	西正正 北南东南	六白乾	东北正 北东东	六二
29	初九辛未 三壁收土	西正正 北南南	七赤坤	东北正 北东东	六三
30	初十壬申 四奎开金	正正东 南北南	八白艮	东北正 北东东	六四
31	十一癸酉 五娄闭金	正正正 南北北	九紫兑	正正东 东南南	六五

公元 2025 年　　　农历乙巳(蛇)年
（闰六月）

(太岁乙巳，干木支火，纳音属火，岁德庚，贵人在申、子，岁
禄卯，岁马亥，奏书巽，博士乾，力士坤，利南北不利东西。)

11月小 十 月 丁亥 坤卦 天道行东

十八 午时 立冬
初三 巳时 小雪

阳历	农历干支 星期宿 五行	日神方位(奇门节元) 喜财贵五神神神鬼	九星 八卦	八门方位 开生休门门门	六十四卦	及爻数
1	十二甲戌六胃建火	霜降下 2	一白震	正正东 东南南		上九
2	十三乙亥日昴除火	西东西正 北南北北	二黑巽	正正东 东南南	艮	初六
3	十四丙子一毕满水	西正西正 西北北北	三碧巽	正正东 西北北		六二
4	十五丁丑二觜平水	正正西正 南西北北	四绿坎	正正东 西北北		九三
5	十六戊寅三参定土	正正东正 南北北南	五黄艮	正正东 西北北		六四
6	十七己卯四井执土	立冬上 6	六白坤	西西正 南北北		六五
7	十八庚辰五鬼执金	[立冬] 午	七赤乾	西西正 南北北		上九
8	十九辛巳六柳破金	西西东正 南东北北	八白兑	西西正 南北北	既济	初九
9	二十壬午日星危木	正正东西 北东东南	九紫离	正正东 东北北		六二
10	廿一癸未一张成木	正正正东 南南南东	一白震	正正东 东北北		九三
11	廿二甲申二翼收水	立冬中 9	二黑震	正正东 东北北		六四
12	廿三乙酉三轸开水	西东西正 北南南东	三碧震	东西正 南南南		九五
13	廿四丙戌四角闭土	西西正正 南西北北	四绿震	东西正 南南南		上六
14	廿五丁亥五亢建土	正正东西 南东北北	五黄艮	东西正 南南南	噬嗑	初九
15	廿六戊子六氐除火	东正东西 南北北北	六白乾	西东正 北北北		六二
16	廿七己丑日房满土	立冬下 3	七赤兑	西东正 北北北		六三
17	廿八庚寅一心平木	西正东正 南北北北	八白兑	西东正 北北北		九四
18	廿九辛卯二尾定木	正正东西 南东北北	九紫离	正正西 南西北		六五
19	三十壬辰三箕执水	正正东西 南南南北	一白震	正正西 南西北		上九
20	十月癸巳四斗破水	东正西西 南南南北	二黑乾	正正西 南西北	大过	初六
21	初二甲午五牛危金	小雪上 5	三碧震	东东正 北北东		九二
22	初三乙未六女成金	[小雪] 巳	四绿震	东东正 北北东		九三
23	初四丙申一虚收火	西正西正 南西北北	五黄震	东东正 北北东		九四
24	初五丁酉二危开火	正正东西 南西北北	六白坎	正正东 西东南		九五
25	初六戊戌三室闭土	东正正正 北北北北	七赤乾	正正东 西东南		上六
26	初七己亥三壁建木	小雪中 8	八白艮	正正东 西东南	坤	初六
27	初八庚子四奎除土	西正东正 南北北北	九紫离	正正西 西北北		六二
28	初九辛丑五娄满土	西正东正 南东北北	一白乾	西东正 西北北		六三
29	初十壬寅六胃平金	正正东正 南南北北	二黑坎	西东正 西北北		六四
30	十一癸卯日昴定金	东正正正 南南南北	三碧离	西西正 西北北		六五
31						

12月大 十一月 戊子 复卦 天道行东南

十八 卯时 大雪
初二 夜子 冬至

阳历	农历干支 星期宿 五行	日神方位(奇门节元) 喜财贵五神神神鬼	九星 八卦	八门方位 开生休门门门	六十四卦	及爻数
1	十二甲辰一毕执火	小雪下 2	四绿巽	西西正 南北北		上六
2	十三乙巳二觜破火	西东正正 北南东东	五黄巽	西西正 南北西	未济	初六
3	十四丙午三参危水	西正正正 西北北北	六白坎	正正东 北北北		九二
4	十五丁未四井成水	正正正正 南西南北	七赤艮	正正东 北东北		六三
5	十六戊申六鬼收土	东正东正 南北北东	八白坤	正正东 北东北		九四
6	十七己酉五柳开土	大雪上 4	九紫离	东西正 南南南		六五
7	十八庚戌日星开金	[大雪] 卯	一白兑	东西正 南南南		上九
8	十九辛亥一张闭金	西东北正 南东北东	二黑震	东西正 南南南	蹇	初六
9	二十壬子二翼建水	正正东西 北东东南	三碧巽	西东正 南南北		六二
10	廿一癸丑三轸除木	正正东东 南南南南	四绿巽	西东正 北北北		九三
11	廿二甲寅四角满木	大雪中 7	五黄震	正正东 北北北		六四
12	廿三乙卯五亢平水	西东西正 北南北北	六白巽	正正西 南南北		九五
13	廿四丙辰六氐定土	西西正正 南西北北	七赤坤	正正西 南南北		上六
14	廿五丁巳日房执土	正正西西 南西北北	八白乾	正正西 南东北	颐	初九
15	廿六戊午一心破火	东正东西 南北北北	九紫兑	东东正 北南东		六二
16	廿七己未二尾危火	大雪下 1	一白离	东东正 北南东		六三
17	廿八庚申三箕成木	西正东东 南东东北	二黑坎	东东正 北南东		六四
18	廿九辛酉四斗收木	正正东东 南东东北	三碧巽	正正东 西东南		六五
19	三十壬戌五牛开水	正正东东 北南北北	四绿坎	正正东 西南南		上九
20	十一癸亥六女闭水	东正东东 南南南东	五黄兑	正正东 西南南		上九
21	初二甲子日虚建金	[冬至] 1	六白离	西东北 北北东	中孚	初九
22	初三乙丑一危除金	西东西正 北南东东	七赤兑	西东北 北北东		九二
23	初四丙寅二室满火	西正西正 南西北南	八白巽	西东正 南西东		六三
24	初五丁卯九壁平木	正正东西 南西南北	九紫离	正正西 南西东		六四
25	初六戊辰四奎定土	东正正正 北北东北	一白兑	正正西 南西东		九五
26	初七己巳五娄执木	冬至中 7	二黑乾	正正西 南西西		上九
27	初八庚午六胃破土	西东正正 北东南东	三碧乾	东东正 南西西	复	初九
28	初九辛未日昴危土	西东正东 南东南北	四绿巽	东东正 南西西		六二
29	初十壬申一毕成金	正正东东 南南南北	五黄震	东东正 南西西		六三
30	十一癸酉二觜收金	东正正东 南南南南	六白艮	正正东 南西西		六四
31	十二甲戌三参开火	冬至下 4	七赤巽	正正东 东南南		六五

280

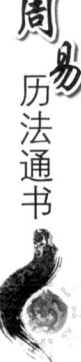
周易历法通书

公元 2026 年　　　农历丙午(马)年

太岁丙午，干火支火，纳音属水，岁德丙，贵人在酉、亥，岁禄巳，岁马申，奏书巽，博士乾，力士坤，利东西不利南北。

1月大
十二月 己丑 临卦 天道行西　十七 申时 小寒　初二 巳时 大寒

阳历	农历干支 星期 星宿 五行	日神方位(奇门节元) 喜财贵神神鬼	九星 八星卦	八门方位 开门生门休门	六十四卦 及爻数
1	十三乙亥 四 井 星火	西东西正/南北南正/北	八白坎	正东/东东南	上六
2	十四丙子 五 鬼 建水	西正西正/南南北北	九紫艮	正正西/西北北	屯 初九
3	十五丁丑 六 柳 除水	西正西正/南南西北北	一白坤	东西西/西北北	六二
4	十六戊寅 日 星 星土	东正正正/南南南南	二黑乾	正正西/西北	六三
5	十七己卯 一 张 满土 [小寒]2	西西西正/南北西	三碧兑	西西西/北西	六四
6	十八庚辰 二 翼 平金	西正西北/北东南南	四绿离	西北东南	九五
7	十九辛巳 三 轸 定金	西东西正/南南南东南	五黄震	西正/南	上六
8	二十壬午 四 角 执木	正正正西/南南南南	六白巽	正东东/北北	谦 初六
9	廿一癸未 五 亢 破木	西正正西/南南东南	七赤坎	东北北	六二
10	廿二甲申 六 氐 危水 小寒中8	正正西正/南北	八白艮	正正西北	九三
11	廿三乙酉 日 房 成水	西东西正/北南北东	九紫坤	东西正/南南	六四
12	廿四丙戌 一 心 收土	西正西西/南北北	一白乾	东西正/北	六五
13	廿五丁亥 二 尾 开火	正东正北/西南北	二黑离	东西正/南南	上六
14	廿六戊子 三 箕 闭火	东北正北/北北	三碧离	东西正/北北	暌 初九
15	廿七己丑 四 斗 建木 小寒下5	正东东/西南北	四绿震	东北正/北北	九二
16	廿八庚寅 五 牛 除木	西北正正/北东东	五黄巽	西北正/北	六三
17	廿九辛卯 六 女 满木	西正西正/南北南北	六白坎	正正西/南西	九四
18	三十壬辰 日 虚 平水	正正正西/南北南西	七赤艮	正正西/南	九五
19	十二 癸巳 一 危 定水	东正东正/南北南南	八白离	正正西/西	上九
20	初二甲午 二 室 执金 [大寒]3	东北正正/北北东	九紫震	东东东	升 初六
21	初三乙未 三 壁 破金	东西西正/北南北东	一白巽	东东东/南东	九二
22	初四丙申 四 奎 危火	西东西正/南南北东	二黑坎	西正西/南东	九三
23	初五丁酉 五 娄 成火	正东西正/南南南	三碧艮	正正东/南	六四
24	初六戊戌 六 胃 收木	东东正西/北南南	四绿坤	正正东/南南	六五
25	初七己亥 日 昴 开木 大寒中9	西东东/南北南	五黄乾	东东正/北南南	上六
26	初八庚子 一 毕 闭土	西正正正/西东北东	六白兑	正正西/南南	临 初九
27	初九辛丑 二 觜 建金	西正东正/南北北	七赤离	正正东/北北	九二
28	初十壬寅 三 参 除金	西东正正/南北北	八白震	西正东/西北	六三
29	十一癸卯 四 井 满金	东正东正/南南南西	九紫巽	正西正/北西	六四
30	十二甲辰 五 鬼 平火 大寒下6	西东正/南北	一白坤	西西正/北西	六五
31	十三乙巳 六 柳 定火	东东正正/北南北东	二黑坎	西西正/南北西	上六

2月平
一月 庚寅 泰卦 天道行南　十七 寅时 立春　初二 夜子 雨水

阳历	农历干支 星期 星宿 五行	日神方位(奇门节元) 喜财贵神神鬼	九星 八星卦	八门方位 开门生门休门	六十四卦 及爻数
1	十四丙午 日 星 星水	西东西正/南西正北	三碧坤	正正东/北北	小过 初六
2	十五丁未 一 张 破水	西西西北/北南南北	四绿乾	正正东/北北	六二
3	十六戊申 二 翼 危土	西正正正/南北南南	五黄兑	东东正/南	九三
4	十七己酉 三 轸 成土 [立春]8	西西西正/南北南西	六白离	东东正/南南	九四
5	十八庚戌 四 角 成金	西西西正/北东南西	七赤震	东东正/南南	六五
6	十九辛亥 五 亢 收金	西东西正/南南北西	八白巽	西东正/南南	上六
7	二十壬子 六 氐 开水	正正东西/北东南东	九紫坎	西正正/北北	蒙 初六
8	廿一癸丑 日 房 闭木	东东西西/南南南南	一白艮	东东正/北北	九二
9	廿二甲寅 一 心 建水 立春中5	东正正正/南南南	二黑坤	东南南	六三
10	廿三乙卯 二 尾 除木	东正西正/南北南北	三碧乾	正西正/西北	六四
11	廿四丙辰 三 箕 满土	西东西正/南北南南	四绿兑	正正西/西南	六五
12	廿五丁巳 四 斗 平土	西正西正/南南南北	五黄离	正正西/西	上九
13	廿六戊午 五 牛 定火	东正正正/北南南东	六白震	东东正/北东	益 初九
14	廿七己未 六 女 执火 立春下2	正正正正/南南南	七赤巽	东东正/北	六二
15	廿八庚申 日 虚 破木	西正正正/北东南	八白坎	正正正/北北	六三
16	廿九辛酉 一 危 危木	西正西东/南北南北	九紫艮	正正西/南南	六四
17	一月壬戌 二 室 成水	正正西正/南北南北	一白乾	正正东/南	九五
18	初二癸亥 三 壁 收水 [雨水]子	正正东西/南北南北	二黑兑	正正东/南南	上九
19	初三甲子 四 奎 开金 雨水上9	东东西西/南南北北	三碧离	正正东/北北	渐 初六
20	初四乙丑 五 娄 闭金	东东西正/北南北东	四绿震	东东正/南南	六二
21	初五丙寅 六 胃 建火	正西西正/南南北北	五黄巽	正正东/北北	九三
22	初六丁卯 日 昴 除火	正东正正/南北南北	六白坎	正正东/西南	六四
23	初七戊辰 一 毕 满木	正正正正/北南北东	七赤艮	正正东/南	九五
24	初八己巳 二 觜 平木 雨水中6	正东正正/南南南	八白坤	正正东/南南	上九
25	初九庚午 三 参 定土	东东东正/北南南东	九紫乾	东东正/北南南	泰 初九
26	初十辛未 四 井 执土	西东西正/南东北东	一白兑	东东正/北南东	九二
27	十一壬申 五 鬼 破金	西正正正/南北南南	二黑离	正正东/北东	九三
28	十二癸酉 六 柳 危金	东正正正/南北南东	三碧震	东正东/东南	六四

公元 2026 年　　农历丙午(马)年

> 太岁丙午，干火支火，纳音属水，岁德丙，贵人在酉、亥，岁禄巳，岁马申，奏书巽，博士乾，力士坤，利东西不利南北。

3月大　二月辛卯 大壮卦 天道行西南

十七 亥时 惊蛰
初二 亥时 春分

阳历	农历干支	星期 星宿 五行	日神方位(奇门节元) 喜神财神贵神五神神鬼	九星 八卦	八门方位 开门生门休门	六十四卦	及爻数
1	十三甲戌 日星成火		雨水下 3	四绿巽	正东 东南南		六五
2	十四乙亥 一张收火	西东正正 北南南南		五黄坎	正东 东南南		上六
3	十五丙子 二翼开水	西西北正 南西北北		六白艮	正西 西北北		上六
4	十六丁丑 三轸闭水	正西正正 南西北北		七赤坤	正东 西北西	需 初九	
5	十七戊寅 四角闭土	[惊蛰] 亥		八白乾	正东 南北南		九二
6	十八己卯 五亢建土	惊蛰上 1		九紫兑	正西 南北西		九三
7	十九庚辰 六氐除金	西正正 北东南南		一白离	西西正 南北西		六四
8	二十辛巳 日房满金	西正正 南东北北		二黑震	西西正 南北西		九五
9	廿一壬午 一心平木	正正西 南东南		三碧巽	正正东 北北北		上六
10	廿二癸未 二尾定木	东正正 南西南		四绿坎	正正西 北东北	随 初九	
11	廿三甲申 三箕执水	惊蛰中 7		五黄艮	西西正 北东北		六二
12	廿四乙酉 四斗破水	西东正 南西北		六白坤	东西正 北南北		六三
13	廿五丙戌 五牛危土	西正正 南西北		七赤乾	西东正 南南南		九四
14	廿六丁亥 六女成火	正西正 南西北		八白兑	西东正 南南南		九五
15	廿七戊子 日虚收火	东正正西 南北北北		九紫离	西东正 北南北		上六
16	廿八己丑 一危开火	惊蛰下 4		一白震	西东正 北北北	晋 初六	
17	廿九庚寅 二室闭木	西正正西 南东北北		二黑巽	西东正 北南北		六二
18	三十辛卯 三壁建木	正西正 南东北		三碧兑	正正西 南东门		六三
19	二月壬辰 四奎除土	西正正 南南北北		四绿兑	正正西 南北北		九四
20	初二癸巳 五娄满土	[春分] 亥		五黄震	正正正 南东正		六五
21	初三甲午 六胃平金	春分上 3		六白震	东东正 北南东		上九
22	初四乙未 日昴定金	西东西 南北南北		七黄巽	西东正 北北北	解 初六	
23	初五丙申 一毕执火	西正东 南西西		八白坎	东东正 北南东		九二
24	初六丁酉 二觜破火	西正东 南西北		九紫艮	东东正 北南东		六三
25	初七戊戌 三参危木	东正正西 南东北北		一白坤	正正正 北东正		九四
26	初八己亥 四井成木	春分中 9		二黑乾	正正正 东南东		六五
27	初九庚子 五鬼收土	正正东 北东南		三碧兑	西正正 南东北		上六
28	初十辛丑 六柳开土	西正正 北东南		四绿巽	正正正 西北北	大壮 初九	
29	十一壬寅 日星闭金	正正东 南南北		五黄震	正正正 西北北		九二
30	十二癸卯 一张建金	东正正 南东南		六白艮	西西正 北北正		九三
31	十三甲辰 二翼除火	春分下 6		七赤坎	西西正 南北正		九四

4月小　三月壬辰 夬卦 天道行北

十八 丑时 清明
初四 巳时 谷雨

阳历	农历干支	星期 星宿 五行	日神方位(奇门节元) 喜神财神贵神五神神鬼	九星 八卦	八门方位 开门生门休门	六十四卦	及爻数
1	十四乙巳 三轸满火	西东正正 东南北北		八白艮	西西正 北东北		六五
2	十五丙午 四角平水	西正东正 南南北北		九紫坤	正正东 北东北		上六
3	十六丁未 五亢定水	正西正正 南西北北		一白乾	西东正 北北北	豫 初六	
4	十七戊申 六氐执土	东正正西 南东北北		二黑兑	正正东 北北北		六二
5	十八己酉 日房执土	[清明] 4		三碧离	东西正 南南北		六三
6	十九庚戌 一心破金	西东正 北东南南		四绿震	正正东 北东北		九四
7	二十辛亥 二尾危金	西正东 北东南南		五黄巽	东东正 北南东		六五
8	廿一壬子 三箕成木	正东东 南北南北		六白坎	西东正 北北北		上六
9	廿二癸丑 四斗收木	东东正 南东南		七赤艮	东东正 北南东	讼 初六	
10	廿三甲寅 五牛开水	清明中 1		八白坤	西东正 北北北		九二
11	廿四乙卯 六女闭水	西正东正 北南北南		九紫乾	正正东 北南西		六三
12	廿五丙辰 日虚建土	西东正正 南北北南		一白兑	正正东 北东北		九四
13	廿六丁巳 一危除土	正正东正 南西北北		二黑离	正正东 南南北		九五
14	廿七戊午 二室满土	东正正西 南北北北		三碧震	正正东 北南东		上九
15	廿八己未 三壁平火	清明下 7		四绿巽	东东正 北南东	蛊 初六	
16	廿九庚申 四奎定木	西正正东 北东南南		五黄坎	东东正 北南东		九二
17	三月辛酉 五娄执木	西正正东 南东北南		六白离	正正东 南南北		九三
18	初二壬戌 六胃破水	正正正西 南东南北		七赤震	正正东 北东北		六四
19	初三癸亥 日昴危水	东正正西 南东北南		八白巽	正正东 北东北		六五
20	初四甲子 一毕成金	[谷雨] 5		九紫坎	西东正 北北北		上九
21	初五乙丑 二觜收金	西正东正 北东南南		九紫艮	西东正 北北北	革 初九	
22	初六丙寅 三参开火	西正正东 南西北南		八白坤	正正正 北东北		六二
23	初七丁卯 四井闭木	正西正东 南西北南		七赤乾	正正正 北东北		九三
24	初八戊辰 五鬼建木	东正正西 南北北东		六白兑	正正正 北西北		九四
25	初九己巳 六柳除木	谷雨中 2		五黄震	正正正 北西北		九五
26	初十庚午 日星满土	西正正西 北东南南		四绿震	东东正 北南东		上六
27	十一辛未 一张平土	西正正东 南东北南		三碧巽	东东正 北北正		上六
28	十二壬申 二翼定金	正正正西 南东南北		二黑兑	东东正 北北东	夬 初九	
29	十三癸酉 三轸执金	东正正西 南东北南		一白离	正正东 东南正		九三
30	十四甲戌 四角破火	谷雨下 8		九紫坤	东东正 东南南		九三

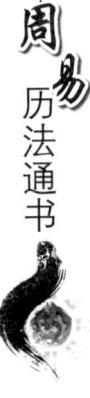

周易历法通书

公元 2026 年　　农历丙午(马)年　（太岁丙午，干火支火，纳音属水，岁德丙，贵人在酉、亥，岁禄巳，岁马申，奏书巽，博士乾，力士坤，利东西不利南北。）

5月大　四　月 癸巳 **乾卦** 天道行西　十九 戌时 **立夏**　初五 辰时 **小满**

6月小　五　月 甲午 **姤卦** 天道行西北　二十 夜子 **芒种**　初七 申时 **夏至**

阳历	农历干支	星期 星宿 五行	日神方位(奇门节元) 喜神 财神 贵神 五鬼	九星 八卦	八门方位 开门 生门 休门	六十四卦及爻数	农历干支	星期 星宿 五行	日神方位(奇门节元) 喜神 财神 贵神 五鬼	九星 八卦	八门方位 开门 生门 休门	六十四卦及爻数
1	十五乙亥	五亢危火	西东西正 北南北南	八白乾	正正东 东南南	九五	十六丙午	一心除水	西正西正 南西北北	四绿离	正正东 北东北	九五
2	十六丙子	六氐成水	西正西正 南西北北	七赤兑	正正西 西北北	上六	十七丁未	二尾满水	正正正正 南西南北	三碧震	正正东 北东北	上九
3	十七丁丑	日房收水	正正西正 南西北北	六白离	正正西 西北北	旅 初六	十八戊申	三箕平土	东正正西 南北东南	二黑巽	正正东 北东北	大有 初九
4	十八戊寅	一心开土	东正正正 南北北南	五黄震	正正西 西北北	六二	十九己酉	四斗定土	芒种上 6	一白坎	东西正 南南南	九二
5	十九己卯	二尾开土	[立夏] 4	四绿巽	西西正 南北西	九三	二十庚戌	五牛定金	[芒种] 子	九紫艮	东西正 南南南	九三
6	二十庚辰	三箕闭金	西正正正 北东南南	三碧坎	西西正 南北西	九四	廿一辛亥	六女执金	西正西西 南东北南	八白坤	东西正 南南南	九四
7	廿一辛巳	四斗建金	西正西正 南东北北	二黑艮	西西正 南北西	六五	廿二壬子	日虚破木	正正东西 南南北北	七赤乾	西东正 北北北	六五
8	廿二壬午	五牛除木	正正正西 南南南南	一白坤	正正东 北东北	上九	廿三癸丑	一危危木	东正东西 南南南南	六白兑	西东正 北北北	上九
9	廿三癸未	六女满木	东正正西 南南东南	九紫乾	正正东 北东北	师 初六	廿四甲寅	二室成水	芒种中 3	五黄离	西东正 北北北	家人 初九
10	廿四甲申	日虚平水	立夏中 1	八白兑	正正东 北东北	九二	廿五乙卯	三壁收水	西东正西 北南北北	四绿震	正正西 南西南	六二
11	廿五乙酉	一危定水	西东西正 北南南东	七赤离	东西正 南南南	六三	廿六丙辰	四奎开土	西正正正 南西北南	三碧巽	正正西 南西南	九三
12	廿六丙戌	二室执土	西正西正 南西北北	六白震	东西正 南南南	六四	廿七丁巳	五娄闭土	正正西西 南西北北	二黑坎	正正西 南西南	六四
13	廿七丁亥	三壁破土	正正东正 南西南北	五黄巽	东西正 南南南	六五	廿八戊午	六胃建火	东正正西 南北北北	一白艮	东东正 北南东	九五
14	廿八戊子	四奎危火	东正东西 南北北北	四绿坎	西东正 北北北	上六	廿九己未	日昴除火	芒种下 9	九紫坤	东东正 北南东	上九
15	廿九己丑	五娄成火	立夏下 7	三碧艮	西东正 北北北	上六	**五月**庚申	一毕满木	西正西正 北东北北	八白巽	东东正 北南东	井 初六
16	三十庚寅	六胃收木	西正正正 北东东东	二黑坤	西东正 北北北	比 初六	初二辛酉	二觜平木	西正西东 南东北北	七赤坎	正正东 东南南	九二
17	**四月**辛卯	日昴开木	西正西正 南东南北	一白震	正正西 南西南	六二	初三壬戌	三参定水	正正西西 南南北北	六白艮	正正东 东南南	九三
18	初二壬辰	一毕闭水	正正正西 南南南北	九紫巽	正正西 南西南	六三	初四癸亥	四井执水	东正东正 南南南东	五黄坤	正正东 东南南	六四
19	初三癸巳	二觜建水	东正正西 南南南北	八白坎	正正西 南西南	六四	初五甲子	五鬼破金	夏至上 9	四绿乾	西东正 北北北	九五
20	初四甲午	三参除金	小满上 5	七赤艮	东东正 北南东	九五	初六乙丑	六柳危金	西东西正 北南南南	三碧兑	西东正 北北北	上六
21	初五乙未	四井满金	[小满] 辰	六白坤	东东正 北南东	上六	初七丙寅	日星成火	[夏至] 申	二黑离	西东正 北北北	咸 初六
22	初六丙申	五鬼平火	西正西西 南西北北	五黄乾	东东正 北南东	小畜 初九	初八丁卯	一张收火	正正西正 南西南北	一白震	正正西 南西南	六二
23	初七丁酉	六柳定火	正正西西 南西北北	四绿兑	正正东 东南南	九二	初九戊辰	二翼开木	东正正正 南北南东	九紫巽	正正西 南西南	九三
24	初八戊戌	日星执木	东正正西 南北北北	三碧离	正正东 东南南	九三	初十己巳	三轸闭木	夏至中 3	八白坎	正正西 南西南	九四
25	初九己亥	一张破木	小满中 2	二黑震	正正东 东南南	六四	十一庚午	四角建土	西正西西 北东南南	七赤艮	东东正 北南东	九五
26	初十庚子	二翼危土	西正正正 北东北南	一白巽	正正西 西北北	九五	十二辛未	五亢除土	西正西正 南东北东	六白坤	东东正 北南东	上六
27	十一辛丑	三轸成土	西正东正 南东北北	九紫坎	正正西 西北北	上九	十三壬申	六氐满金	正正东西 南南南南	五黄乾	东东正 北南东	姤 初六
28	十二壬寅	四角收金	正正东正 南南北北	八白艮	正正西 西北北	乾 初九	十四癸酉	日房平金	东正正正 南南北南	四绿兑	正正东 东南南	九二
29	十三癸卯	五亢开金	东正东正 南南南南	七赤坤	西西正 南北西	九二	十五甲戌	一心定火	夏至下 6	三碧离	正正东 东南南	九三
30	十四甲辰	六氐闭火	小满下 8	六白乾	西西正 南北西	九三	十六乙亥	二尾执火	西东西正 北南北南	二黑震	正正东 东南南	九四
31	十五乙巳	日房建火	西东正正 北南北东	五黄兑	西西正 南北西	九四						

公元 2026 年　　　农历丙午(马)年　　(太岁丙午,干火支火,纳音属水,岁德丙,贵人在酉、亥,岁禄巳,岁马申,奏书巽,博士乾,力士坤,利东西不利南北。)

7月大　六 月乙未　遁卦　天道行东　　廿三 巳时 小暑／初十 寅时 大暑

阳历	农历干支 星期星宿五行	日神方位(奇门节元) 喜财贵五神鬼	九星 八卦	八门方位 开生休门	六十四卦 及爻数
1	十七丙子 三箕破水	西南 正西 正北	一白 巽	正北 正西 西北	九五
2	十八丁丑 四斗危火	西南 西北 正北	九紫 坎	正北 正西 西北	上九
3	十九戊寅 五牛成土	东南 正北 正南	八白 艮	正北 正西 西北	鼎 初六
4	二十己卯 六女收土	小暑上8	七赤 坤	西南 西北 正东	九二
5	廿一庚辰 一虚开金	西北 东南 正南	六白 乾	西南 西北 正东	九三
6	廿二辛巳 一危闭金	西南 正西 正南	五黄 艮	西南 西北 正东	九四
7	廿三壬午 二室闭木	[小暑]巳	四绿 离	正北 东北 正东	六五
8	廿四癸未 三壁建木	西南 南东 东南	三碧 震	正北 东北 正东	上九
9	廿五甲申 四奎除金	小暑中2	二黑 巽	正北 正西 正东	丰 初九
10	廿六乙酉 五娄满水	西东 北南 正东	一白 坎	东西 南南 正东	六二
11	廿七丙戌 六胃平土	西南 西北 正北	九紫 离	东南 南南 正东	九三
12	廿八丁亥 日昴定土	正南 正西 东北	八白 艮	东西 南南 正东	九四
13	廿九戊子 一毕执火	西北 北北 北北	七赤 乾	西东 北北 北北	六五
14	六月己丑 二觜破火	小暑下5	六白 坎	西东 北北 北北	上六
15	初二庚寅 三参危木	西北 东东 正东	五黄 艮	西北 北北 正东	涣 初六
16	初三辛卯 四井成木	西南 东南 南南	四绿 坤	西南 西南 正东	九二
17	初四壬辰 五鬼收水	西南 正西 正北	三碧 震	正正 西南	六三
18	初五癸巳 六柳开火	东南 正正 北北	二黑 兑	正南 西南	六四
19	初六甲午 日星闭金	大暑上7	一白 离	东东 北南 南东	九五
20	初七乙未 一张建金	西东 北南 南南	九紫 震	东东 北北	上九
21	初八丙申 二翼除火	西南 南北 北北	八白 巽	东东 南北	履 初九
22	初九丁酉 三轸满水	正正 西西	七赤 坎	正正 东南	九二
23	初十戊戌 四角平木	[大暑]寅	六白 艮	正正 东南	六三
24	十一己亥 五亢定木	大暑中1	五黄 离	正南 西南	九四
25	十二庚子 日氐执金	西正 正正 东南	四绿 坎	正正 西南	九五
26	十三辛丑 日房破土	西南 东正 正北	三碧 震	东西 西北	上九
27	十四壬寅 一心危金	西南 正北 北北	二黑 兑	西西 北北	上九
28	十五癸卯 二尾成金	东正 南南 正南	一白 巽	西西 正北	遁 初六
29	十六甲辰 三箕收水	大暑下4	九紫 离	西西 北北	六二
30	十七乙巳 四斗开水	西东 正北 北北	八白 艮	西西 北北	九三
31	十八丙午 五牛闭火	西正 西西 北北	七赤 兑	正正 东东 北	九四

8月大　七 月丙申　否卦　天道行北　　廿五 戌时 立秋／十一 巳时 处暑

阳历	农历干支 星期星宿五行	日神方位(奇门节元) 喜财贵五神鬼	九星 八卦	八门方位 开生休门	六十四卦 及爻数
1	十九丁未 六女建水	正正 北南 正正	六白 坤	正正 东东 北北	九五
2	二十戊申 日虚除土	东正 南北 西南	五黄 乾	正正 东北 北	上九
3	廿一己酉 一危满土	立秋上2	四绿 兑	东西 南南	恒 初六
4	廿二庚戌 二室平金	西正 西正 正正	三碧 离	东西 南南	九二
5	廿三辛亥 三壁执金	西南 东北 北	二黑 震	东西 南南	九三
6	廿四壬子 四奎执木	西南 正西 北北	一白 巽	西西 北北	九四
7	廿五癸丑 五娄执木	[立秋]戌	九紫 坎	西北 北北	六五
8	廿六甲寅 六胃破水	立秋中5	八白 艮	西北 北北	上六
9	廿七乙卯 一昴危水	西东 南南 西西	七赤 坤	正正 西南	节 初九
10	廿八丙辰 一毕成土	西南 东北 南	六白 乾	正正 西南	九二
11	廿九丁巳 二觜收土	西东 正北 北	五黄 兑	正正 西西	六三
12	三十戊午 三参开火	东正 正正	四绿 离	东东 北北	六四
13	七月己未 四井闭火	立秋上8	三碧 艮	东东 北北	九五
14	初二庚申 五鬼建木	西正 东东	二黑 坤	正正 南东	上六
15	初三辛酉 六柳除木	西南 东正	一白 乾	东东 南南	同人 初九
16	初四壬戌 日星满土	西南 正西	九紫 兑	正正 西南	六二
17	初五癸亥 一张平水	西东 正北	八白 离	东东 北东	九三
18	初六甲子 二翼定金	处暑上1	七赤 震	西东 北北	九四
19	初七乙丑 三轸执金	东正 南南 北	六白 巽	正正 北东	九五
20	初八丙寅 四角破火	西东 南正 北	五黄 坎	东东 南南	上九
21	初九丁卯 五亢危火	正正 西西 北	四绿 艮	正正 西南	损 初九
22	初十戊辰 六氐成木	西南 正北 东	三碧 坤	正正 西南	九二
23	十一己巳 日房收木	[处暑]4	二黑 乾	正正 南东	六三
24	十二庚午 一心开土	西正 正正 北	一白 兑	正正 北东	六四
25	十三辛未 二尾闭土	西正 东正	九紫 离	东东 北北	六五
26	十四壬申 三箕建金	正正 东东	八白 震	东东 北东	上九
27	十五癸酉 四斗除金	正正 南北	七赤 巽	东东 南东	否 初六
28	十六甲戌 五牛满火	处暑下7	六白 坎	正正 西南	六二
29	十七乙亥 六女平火	西东 南南 北	五黄 艮	东东 南南	六三
30	十八丙子 日虚定水	西南 正北	四绿 坤	西西 北北	九四
31	十九丁丑 一危执水	西正 西西 北	三碧 乾	正正 西北	九五

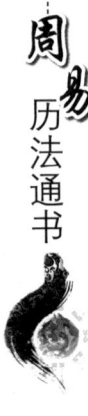

周易历法通书

公元 2026 年　　农历丙午(马)年

（太岁丙午，干火支火，纳音属水，岁德丙，贵人在酉、亥，岁禄巳，岁马申，奏书巽，博士乾，力士坤，利东西不利南北。）

9月小　八 月 丁酉　观卦　天道行东北　廿六 亥时 白露　十三 辰时 秋分

阳历	农历干支 星期星宿五行	日神方位(奇门节元) 喜财贵五神神神鬼	九八星卦	八门方位 开生休门门门	六十四卦	及爻数
1	二十戊寅 二室破土	东南 正北 正北 正南	二黑兑	正北 西北 东北		上九
2	廿一己卯 三壁危土	白露上 9	一白离	正东 西北 东北	巽	初六
3	廿二庚辰 四奎成金	西北 正东 正南 正南	九紫震	西南 西北 西		九二
4	廿三辛巳 五娄收金	西南 东北 正北 北	八白巽	西北 西北 西		九三
5	廿四壬午 六胃开水	正南 正北 正西 西	七赤坎	正东 东北 北		六四
6	廿五癸未 日昴闭木	东南 正北 正东 南	六白艮	正西 东北 北		九五
7	廿六甲申 一毕平水	[白露] 3	五黄坤	西北 东北 北		上九
8	廿七乙酉 二觜建土	西北 西北 正北	四绿乾	东南 正东 南	萃	初六
9	廿八丙戌 三参除土	西南 西北 北 正北	三碧兑	东南 正东 南		六二
10	廿九丁亥 四井满土	正东 西北 北	二黑离	西南 东北 南		六三
11	八月 戊子 五鬼平水	东南 正西 北 正北	一白坤	西南 东北 北		九四
12	初二己丑 六柳定火	白露下 6	九紫乾	西北 东北 东		九五
13	初三庚寅 日星执木	正北 正东 东 东	八白兑	西北 东北 东		上六
14	初四辛卯 一张破木	西南 东 南 北	七赤离	正东 西南 北	大畜	初九
15	初五壬辰 二翼危水	正东 正南 南 北	六白震	东南 正南 北		九二
16	初六癸巳 三轸成水	东南 正南 西 南	五黄巽	正东 正南 北		九三
17	初七甲午 四角收金	秋分上 7	四绿坎	东北 东北 东		六四
18	初八乙未 五亢开金	东南 东北 正南	三碧艮	东北 东北 南		六五
19	初九丙申 六氐闭火	正东 正西 南 南	二黑坤	西南 东北 北		上九
20	初十丁酉 日房建火	正南 正西 北 南	一白乾	正东 东南 南	贲	初九
21	十一戊戌 一心除木	东南 正北 正北 东	九紫兑			六二
22	十二己亥 二尾满木	秋分中 1	八白离	正东 正东 南		九三
23	十三庚子 三箕平土	[秋分] 辰	七赤震	西北 西北 北		六四
24	十四辛丑 四斗成土	正东 正东 北	六白巽	正东 西南 北		六五
25	十五壬寅 五牛执金	正东 正南 北 正北	五黄坎	正东 西北 北		上九
26	十六癸卯 六女破金	东北 正南 正南 南	四绿艮	东北 西 西	观	初六
27	十七甲辰 日室危火	秋分下 4	三碧坤	西南 西南 正		六二
28	十八乙巳 一危成火	西北 东 正 东	二黑乾	西南 西北 西		六三
29	十九丙午 二室收水	西南 东北 正北 北	一白兑	正东 东北 北		六四
30	二十丁未 三壁开水	正北 正西 正南	九紫离	正北 东北		九五
31						

10月大　九 月 戊戌　剥卦　天道行南　廿八 未时 寒露　十四 酉时 霜降

阳历	农历干支 星期星宿五行	日神方位(奇门节元) 喜财贵五神神神鬼	九八星卦	八门方位 开生休门门门	六十四卦	及爻数
1	廿一戊申 四奎闭土	东南 正北 正北 正南	八白震	正北 东北 北		上九
2	廿二己酉 五娄建土	寒露上 6	七赤巽	东南 正东 北	归妹	初九
3	廿三庚戌 六胃除金	西北 正东 正南 南	六白坎	东南 正南 南		九二
4	廿四辛亥 日昴满金	西南 东北 正北 北	五黄艮	正东 正南 南		六三
5	廿五壬子 一毕平水	正东 正西 西 北	四绿坤	西北 正东		九四
6	廿六癸丑 二觜定木	东南 正北 正东 南	三碧乾	西北 北 北		六五
7	廿七甲寅 三参执水	寒露中 9	二黑兑	西北 东北 北		上六
8	廿八乙卯 四井执木	[寒露] 未	一白离	正东 西南		上六
9	廿九丙辰 五鬼破土	西南 西北 北 正北	九紫震	西北 南	无妄	初九
10	九月 丁巳 六柳危土	正东 西北 北	八白乾	西北 正西 北		六二
11	初二戊午 日星成火	东南 正北 北 正北	七赤巽	东北 东北 东		六三
12	初三己未 一张收火	寒露下 3	六白离	东北 东		九四
13	初四庚申 二翼开木	正北 正东 东 东	五黄震	东北 正东		九五
14	初五辛酉 三轸闭木	西南 东 南 北	四绿巽	正东 东南 北		上九
15	初六壬戌 四角建水	正东 正南 南 北	三碧坎	东北 正东	明夷	初九
16	初七癸亥 五亢破水	东南 正南 西 南	二黑艮	正东 东南 东		六二
17	初八甲子 六氐满金	霜降上 5	一白坤	西北 正北		九三
18	初九乙丑 日房平金	东南 东北 正南	一白坤	西北 北 北		六四
19	十四丙寅 一心定火	正东 正西 南 南	二黑坤	西北 正		六五
20	十一丁卯 二尾执火	正南 正西 北 南	三碧离	西北 正南		上六
21	十二戊辰 三箕破木	东南 正北 正北 东	四绿震	西北	困	初六
22	十三己巳 四斗危木	霜降中 8	五黄巽	正东 西南		九二
23	十四庚午 五牛成土	[霜降] 酉	六白坎	东北 东		六三
24	十五辛未 六女收土	正东 正东 北	七赤艮	东北 东		九四
25	十六壬申 日虚开金	正东 正南 北 正北	八白坤	东北 南		九五
26	十七癸酉 一危闭金	东北 正南 正南 南	九紫乾	正北 东南		上六
27	十八甲戌 二室建火	霜降下 2	一白兑	正东 东南 北	剥	初六
28	十九乙亥 三壁除火	西南 东 北 东	二黑离	西北 北		六二
29	二十丙子 四奎满水	西南 东北 正北 北	三碧震	正东 东北 北		六三
30	廿一丁丑 五娄平水	正北 正西 正南	四绿巽	正北 西北		六四
31	廿二戊寅 六胃定土	东南 正北 北 正南	五黄坎	西北 北 南		六五

公元 2026 年　　　农历丙午(马)年　　(太岁丙午,干火支火,纳音属水,岁德丙,贵人在酉、亥,岁禄巳,岁马申,奏书巽,博士乾,力士坤,利东西不利南北。)

11月小 十 月 己亥 坤卦 天道行东　　廿九 酉时 立冬／十四 申时 小雪

阳历	农历干支 星期 星宿 五行	日神方位(奇门节元) 喜神财神贵神神鬼	九星 八卦	八门方位 开门生门休门	六十四卦	及爻数
1	廿三己卯日昴执土	立冬上6	六白艮	西西正南北西		上九
2	廿四庚辰一毕破金	西西正北东南正南	七赤坤	西西正南北西	艮	初六
3	廿五辛巳二觜危金	西正西南东北北	八白乾	西西正南北西		六二
4	廿六壬午三参成木	西正西南南南南	九紫兑	西正西北东北		九三
5	廿七癸未四井收木	东正西南南南正	一白离	正正西北东北		六四
6	廿八甲申五鬼开水	立冬中9	二黑震	正正西北东北		六五
7	廿九乙酉六柳开水	[立冬] 西	三碧巽	东西正南南南		上九
8	三十丙戌日星闭土	西正正南西南北东	四绿坎	东西正南南南	既济	初九
9	**十月**丁亥一张建土	正正东南西南北北	五黄兑	东西正南南南		六二
10	初二戊子二翼除火	东东西北北北	六白离	西东正北南北		九三
11	初三己丑三轸满火	立冬下3	七赤震	西东正北北北		六四
12	初四庚寅四角平木	西正正北东东东	八白巽	西东正北北北		九五
13	初五辛卯五亢定木	西正正南南北北	九紫兑	正正西南南南		上六
14	初六壬辰六氐执水	正正正南南北北	一白艮	正正西南南南	噬嗑	初九
15	初七癸巳日房破水	东正正南南北北	二黑坤	正正西南南南		六二
16	初八甲午一心危金	小雪上5	三碧离	东东正北南正		六三
17	初九乙未二尾成金	西东西北南南南	四绿兑	东东正北南正		九四
18	初十丙申三箕收水	西西西南南北北	五黄乾	东东正北南正		六五
19	十一丁酉四斗开水	正正西南西北北	六白艮	正正西南南北		上九
20	十二戊戌五牛闭木	东正正南北北北	七赤震	正正西南南北	大过	初六
21	十三己亥六女建木	小雪中8	八白坤	正正西南南北		九二
22	十四庚子日虚除土	[小雪] 申	九紫艮	正正西西北北		九三
23	十五辛丑一危满土	西正东南东北北	一白坤	正正西西北北		六四
24	十六壬寅二室平金	西正正南西北北	二黑乾	正正西西北北		九五
25	十七癸卯三壁定金	东正东南南南南	三碧离	西西正南北南		上六
26	十八甲辰四奎执木	小雪下6	四绿震	西西正南北北	坤	初六
27	十九乙巳五娄破火	西东正北南北	五黄艮	西西正南北北		六二
28	二十丙午六胃危水	西西正西北东	六白巽	正正东南北北		六三
29	廿一丁未日昴成水	正正东南南北北	七赤艮	正正东南北北		六四
30	廿二戊申一毕收土	东正正南北东南	八白艮	正正东南北北		六五

12月大 十一月 庚子 复卦 天道行东南　　廿九 巳时 大雪／十四 寅时 冬至

农历干支 星期 星宿 五行	日神方位(奇门节元) 喜神财神贵神神鬼	九星 八卦	八门方位 开门生门休门	六十四卦	及爻数
廿三己酉二觜开土	大雪上4	九紫坤	东西正南北南		上六
廿四庚戌三参闭金	西正东北东南南	一白乾	东西正南北南	未济	初六
廿五辛亥四井建金	西正西南东北北	二黑兑	东西正南北南		九二
廿六壬子五鬼除木	正正东南北南南	三碧离	西东北北北东		六三
廿七癸丑六柳满木	东东西南南正	四绿震	西东北北北东		九四
廿八甲寅日星平木	大雪中7	五黄巽	西东北北北东		六五
廿九乙卯一张平木	[大雪] 巳	六白坎	正正西南北南		上九
三十丙辰二翼定土	西正正南西北北	七赤艮	正正西南北南	塞	初六
十一丁巳三轸执土	正正西南北北北	八白离	正正西南北南		六二
初二戊午四角破火	东东西北北北	九紫坎	东北正北南东		九三
初三己未五亢危土	大雪下1	一白巽	东北正北南东		六四
初四庚申六氐成木	西正正北东北北	二黑坎	东北正北南东		九五
初五辛酉七房收木	西正正南东北南	三碧艮	东正西东南南		上六
初六壬戌一心开水	正正西南西北北	四绿坤	东正西东南南	颐	初九
初七癸亥二尾开水	东正西南南南东	五黄乾	东正西东南南		六二
初八甲子三箕建金	冬至上1	六白艮	西正东北南北		六三
初九乙丑四斗除金	西东西北南南南	七赤离	西正东北南北		六四
初十丙寅五牛满木	西西正南北北	八白震	西正东北南北		六五
十一丁卯六女平火	正正西南西北北	九紫巽	正正东南北北		上九
十二戊辰七虚定木	东正正南北东东	一白坎	正正东南西北		上九
十三己巳一危执木	冬至中7	二黑坤	正正东南西北		上九
十四庚午二室破土	[冬至] 寅	三碧坤	东东正北南东	中孚	初九
十五辛未三壁危金	西正东南东北北	四绿离	东东正北南东		九二
十六壬申四奎成金	正正正南西北北	五黄乾	东东正北南东		六三
十七癸酉五娄收金	东正东南南南南	六白离	正正东北南北		六四
十八甲戌六胃开火	冬至下4	七赤震	正正东北南北		九五
十九乙亥七昴闭火	西东正北南北	八白巽	正正东北南北		上九
二十丙子一毕建水	西正南西北东	九紫坎	正正西北南北	复	初九
廿一丁丑二觜除木	正正东南西北北	一白艮	正正西北北		六二
廿二戊寅三参满土	东正东南北东南	二黑坤	正正西北北		六三
廿三己卯四井平土	小寒上2	三碧乾	西西正南北西		六四

286

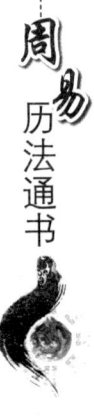

公元 2027 年　　　农历丁未(羊)年

(太岁丁未,干火支土,纳音属水,岁德壬,贵人在亥、酉,岁禄午,岁马巳,奏书巽,博士乾,力士坤,利南北不利东西。)

1月大　十二月 辛丑 临卦 天道行西　廿八 亥时 小寒　十三 申时 大寒

阳历	农历干支 星宿五行	日神方位(奇门节元) 喜财贵五神鬼	九星八卦	八门方位 开生休门	六十四卦 及爻数
1	廿四庚辰 五鬼定金	西东正正北南正北	四绿兑	西北北西	六五
2	廿五辛巳 六柳执金	西正正正南东北北	五黄离	西正正西	上六
3	廿六壬午 日星破木	正正正西北东东北	六白震	北东东北	屯初九
4	廿七癸未 一张危木	东正正西正北南北	七赤巽	正正正西	六二
5	廿八甲申 二翼危水	[小寒]8	八白坎	正正正西北北东北	六三
6	廿九乙酉 三轸成水	西正正东北南南东	九紫艮	正东南南	六四
7	三十丙戌 四角收土	西正正正南东北北	一白坤	西正正正南南	九五
8	十二月丁亥 五亢开土	正正东正南西北北	二黑震	东西正北正南南	上六
9	初二戊子 六氐闭火	东正北北北东北北	三碧巽	西北北北正北	谦初六
10	初三己丑 日房建火	小寒下5	四绿震	西北北北	六二
11	初四庚寅 一心除木	西正正东北东南东	五黄艮	西北东东	九三
12	初五辛卯 二尾满木	西正东东南东北东	六白坤	正南南北	六四
13	初六壬辰 三箕平水	正正正西南东南北	七赤乾	正东西南	六五
14	初七癸巳 四斗定金	东正正北正北南北	八白兑	正东西南	上六
15	初八甲午 五牛执金	大寒上3	九紫离	东东正北北南正南	睽初九
16	初九乙未 六女破金	西东西正北南北南	一白震	东东正东北南北东	九二
17	初十丙申 日虚危水	西正正正南西北北	二黑巽	正南南北	六三
18	十一丁酉 一危成水	正正正西南北正北	三碧坎	正正正北	九四
19	十二戊戌 二室收木	东正正东北南正北	四绿艮	正正正南	九五
20	十三己亥 三壁开木	[大寒]9	五黄坤	正正正南北东南南	上九
21	十四庚子 四奎闭土	西东正正北南北南	六白乾	正正正西北北东北	升初六
22	十五辛丑 五娄建土	西正正正南东北北	七赤兑	西正正北南东北	九二
23	十六壬寅 六胃除金	正正正西南北南南	八白离	正正正西南东南	九三
24	十七癸卯 日昴满金	东正正西南南南西	九紫震	西西西南北西	六四
25	十八甲辰 一毕平火	大寒下6	一白巽	正南南北	六五
26	十九乙巳 二觜定火	西东正正北南北东	二黑坎	东西正北正南北东	上六
27	二十丙午 三参执水	正正正正南西北北	三碧艮	正正正北北东南	临初九
28	廿一丁未 四井破木	正正西正南东北北	四绿坤	正正正东北东北	九二
29	廿二戊申 五鬼危土	东正正西南北东南	五黄乾	北东东南	六三
30	廿三己酉 六柳成土	立春上8	六白兑	东正正南北南南	六四
31	廿四庚戌 日星收金	西正正西北南东南	七赤离	东西正北南南南	六五

2月平　一月 壬寅 泰卦 天道行南　廿八 巳时 立春　十四 卯时 雨水

阳历	农历干支 星宿五行	日神方位(奇门节元) 喜财贵五神鬼	九星八卦	八门方位 开生休门	六十四卦 及爻数
1	廿五辛亥 一张开金	西东西西南东东南	八白震	东西正南南北北	上六
2	廿六壬子 二翼闭木	正正东正南东北北	九紫巽	西东正北北北北	小过初六
3	廿七癸丑 三轸建木	东正正正南北南南	一白坎	西东正北北北北	六二
4	廿八甲寅 四角建木	[立春]5	二黑坤	西东正南北北南南	九三
5	廿九乙卯 五亢除水	西东正正北南北北	三碧坤	正正正南	九四
6	一月丙辰 六氐满木	正正东正南西北北	四绿兑	正正正西南东南	六五
7	初二丁巳 日房平土	正正东正南东北北	五黄离	正正正西南东南	上六
8	初三戊午 一心定火	正正正西南北东北	六白震	东东正北北南北东	蒙初六
9	初四己未 二尾执火	立春下2	七赤巽	东东正北南东	九二
10	初五庚申 三箕破木	西正正东北南北东	八白坎	东东正东北南北东	六三
11	初六辛酉 四斗危木	西正东西南东北南	九紫艮	东正正东北南西东	六四
12	初七壬戌 五牛成水	正正正西南西北北	一白坤	正正正北	六五
13	初八癸亥 六女收水	东正东东正南南东	二黑乾	正正正南	上九
14	初九甲子 日虚开金	雨水上9	三碧兑	西东正北北北北	益初九
15	初十乙丑 一危闭金	西东正正北南北南	四绿离	西东正北北北	六二
16	十一丙寅 二室建火	正正东正南西北南	五黄震	西东正北北北北	六三
17	十二丁卯 三壁除木	正正东正南东北北	六白巽	正正正西南西南	六四
18	十三戊辰 四奎满土	东正正正南北东北	七赤坎	正正正西南南南	九五
19	十四己巳 五娄平木	[雨水]6	八白艮	正正正北南南南	上九
20	十五庚午 六胃定土	西东正正北南东南	九紫坤	东东正北南南南	渐初六
21	十六辛未 日昴执土	西正正正南东北东	一白乾	东正正东北北东	六二
22	十七壬申 一毕破金	正正正西南西北北	二黑兑	东正正东北北东	九三
23	十八癸酉 二觜危金	东正正正南北东南	三碧离	正正正东北东南	六四
24	十九甲戌 三参成火	雨水下3	四绿震	正正正东南东南	九五
25	二十乙亥 四井收水	西东正正北南北东	五黄巽	正正正东南东南	上九
26	廿一丙子 五鬼开水	西东正西北南东北	六白坎	正正正西南北西	泰初九
27	廿二丁丑 六柳闭水	正正正正南东北北	七赤艮	正正正西南北西	九二
28	廿三戊寅 日星建土	东正北正南北北南	八白坤	正正正西南北北	九三

公元 2027 年　　农历丁未(羊)年

太岁丁未,干火支土,纳音属水,岁德壬,贵人在亥、酉,岁禄午,岁马巳,奏书巽,博士乾,力士坤,利南北不利东西。

3月大　二 月 癸卯 大壮卦 天道行西南　廿九 寅时 惊蛰　十四 寅时 春分

阳历	农历干支	星期星宿五行	日神方位(奇门节元)喜财贵五神神神鬼	九星八卦	八门方位开生休门门门	六十四卦及爻数
1	廿四己卯	一张除土	惊蛰上1	九紫乾	西西正/南北东/西正	六四
2	廿五庚辰	二翼满金	西西正/北南南	一白兑	西西正/北西	六五
3	廿六辛巳	三轸平金	正西西/南北北	二黑离	西北西	上六
4	廿七壬午	四角定木	正正正/北东北	三碧震	正正东	上六
5	廿八癸未	五亢执木	东正西/南南东	四绿巽	正正东/北北	需 初九
6	廿九甲申	六氐执水	[惊蛰]7	五黄坎	东东正/北北北	九二
7	三十乙酉	日房破水	西西西/南南东	六白艮	东东正/南南	九三
8	二月丙戌	一心危土	正正西/南北北	七赤离	东东南/南南	六四
9	初二丁亥	二尾成土	正西西/南西南	八白震	西正南	九五
10	初三戊子	三箕收火	东正正/北北北	九紫巽	西西正/北北	上六
11	初四己丑	四斗开火	惊蛰下4	一白坎	西西正/北北北	随 初九
12	初五庚寅	五牛闭土	西正正/北东东	二黑艮	西东东	六二
13	初六辛卯	六女建木	正东南/南北	三碧坤	正西西/南南	六三
14	初七壬辰	日虚除木	正正正/南南北	四绿乾	正正西	九四
15	初八癸巳	一危满水	东东正/北南东	五黄兑	正正西/北北	九五
16	初九甲午	二室平金	春分上3	六白离	东东正/北东	上六
17	初十乙未	三壁定金	东东东/北南南	七赤震	东东正/北东	晋 初六
18	十一丙申	四奎执木	西正西/南西南	八白巽	东东南	九二
19	十二丁酉	五娄破火	正正正/南南东	九紫坎	正正南	六三
20	十三戊戌	六胃危木	东东正/北北北	一白艮	东东南	九四
21	十四己亥	日昴成木	[春分]9	二黑坤	正正南	六五
22	十五庚子	一毕收土	西东西/北东南	三碧乾	西西北	上九
23	十六辛丑	二觜开土	西正东/南北	四绿兑	正正西/北北	解 初六
24	十七壬寅	三参闭金	正正正/南北北	五黄离	正正西/北北	九二
25	十八癸卯	四井建金	东正正/南南南	六白震	正正东/北南	六三
26	十九甲辰	五鬼除水	春分下6	七赤巽	西西东	九四
27	二十乙巳	六柳满火	西东正/南北东	八白坎	西东北/北东	六五
28	廿一丙午	日星平水	正正正/南北东	九紫艮	西北东	上六
29	廿二丁未	一张定水	正正东/南北北	一白坤	正正东/北东	大壮 初九
30	廿三戊申	二翼破土	东东东/北北南	二黑乾	西北南	九二
31	廿四己酉	三轸破土	清明上4	三碧兑	东东正/南南	九三

4月小　三 月 甲辰 夬卦 天道行北　廿九 辰时 清明　十四 申时 谷雨

阳历	农历干支	星期星宿五行	日神方位(奇门节元)喜财贵五神神神鬼	九星八卦	八门方位开生休门门门	六十四卦及爻数
1	廿五庚戌	四角危金	西西正/北东西	四绿离	西西正/南南西	九四
2	廿六辛亥	五亢成金	西西正/东北西	五黄震	东东正/南南西	六五
3	廿七壬子	六氐收木	正西西/南北北	六白巽	正正东/北北北	上六
4	廿八癸丑	日房开木	东东东/南西南	七赤坎	东东正/南南	豫 初六
5	廿九甲寅	一心开木	[清明]1	八白艮	西西正/北北	六二
6	三十乙卯	二尾闭水	东东正/北北北	九紫坤	西西南	六三
7	三月丙辰	三箕建土	西正正/南北北	一白震	正正东/北南	九四
8	初二丁巳	四斗除土	正正西/南西南	二黑巽	正正南/西南	六五
9	初三戊午	五牛满火	东正正/北北北	三碧乾	东东正/北东	上六
10	初四己未	六女平火	清明下7	四绿艮	东东正/南南东	讼 初六
11	初五庚申	日虚定木	东东正/北北北	五黄坤	正正南/西南	九二
12	初六辛酉	一危执木	西正西/南西东	六白乾	正正西/北北	六三
13	初七壬戌	二室破木	正正正/南南东	七赤兑	正正西/北北	九四
14	初八癸亥	三壁成水	正正正/南南东	八白离	西东正/南南东	九五
15	初九甲子	四奎收金	谷雨上5	九紫震	东东正/北北东	上九
16	初十乙丑	五娄收金	西西正/北南东	九紫巽	西东正/北北	蛊 初六
17	十一丙寅	六胃开火	正正东/南西南	八白艮	西东南	九二
18	十二丁卯	日昴闭火	东正正/南北东	七赤兑	正正西/西南	九三
19	十三戊辰	一毕建木	东正正/北东南	六白坤	正正西/南南	六四
20	十四己巳	二觜除土	[谷雨]2	五黄乾	东东正/北北	六五
21	十五庚午	三参满土	西东正/北南东	四绿兑	东东正/北南东	上九
22	十六辛未	四井平土	西东正/北南东	三碧离	正正西/南南东	革 初九
23	十七壬申	五鬼定金	正正东西/东南	二黑震	正正西/东南	六二
24	十八癸酉	六柳执金	东正正/南北南	一白巽	正正西/东南南	六三
25	十九甲戌	日星破火	谷雨下8	九紫坎	正正西/北北	九四
26	二十乙亥	一张危火	西东正/北南东	八白艮	正正东/北南	九五
27	廿一丙子	二翼成水	西西正/南北北	七赤坤	正北北	上六
28	廿二丁丑	三轸收水	正正东/南北北	六白乾	正正西/西南	夬 初九
29	廿三戊寅	四角开土	东东正/北北东	五黄兑	正正西/西南	九二
30	廿四己卯	五亢闭土	立夏上4	四绿离	西西正/南南西	九三

288

周易历法通书

公元 2027 年　　农历丁未(羊)年

> 太岁丁未,干火支土,纳音属水,岁德壬,贵人在亥、酉,岁禄午,岁马巳,奏书巽,博士乾,力士坤,利南北不利东西。

5月大　四 月 乙巳 乾卦 天道行西　初一 丑时 立夏　十六 未时 小满

阳历	农历干支 星宿 五行 星期	日神方位(奇门节元) 喜财贵神	九星 八卦	八门方位 开生休门	六十四卦 及爻数
1	廿五庚辰 六 氐 建 金	西正正正 南东东北	三碧 乾	西西正 北北北	九四
2	廿六辛巳 日 房 除 金	西正正西 南东北北	二黑 巽	西西正 南北北	九五
3	廿七壬午 一 心 满 木	正正东正 南西南北	一白 坎	正正东 南东北	上六
4	廿八癸未 二 尾 平 木	东正正西 南南南北	九紫 艮	正正正 北东北	旅 初六
5	廿九甲申 三 箕 定 水	立夏中 1	八白 坤	西西正 北东北	六二
6	四月乙酉 四 斗 定 土	[立夏] 丑	七赤 巽	东西正 南南南	九三
7	初二丙戌 五 牛 执 土	西正正西 南西北北	六白 坎	东西正 南南南	九四
8	初三丁亥 六 女 破 木	西正正西 南西北北	五黄 艮	西南正 北南东	六五
9	初四戊子 日 虚 危 火	东正东西 南南西南	四绿 巽	西东正 北东北	上九
10	初五己丑 一 危 成 火	立夏下 7	三碧 乾	西东正 北东北	师 初六
11	初六庚寅 二 室 收 木	西正正东 北东东北	二黑 坤	西东正 北北北	九二
12	初七辛卯 三 壁 开 木	西正西正 南南北北	一白 离	正正西 南南北	六三
13	初八壬辰 四 奎 闭 土	西正东西 南西南北	九紫 震	正正西 南西北	六四
14	初九癸巳 五 娄 建 金	东正正西 南南南北	八白 坤	正正东 北东北	六五
15	初十甲午 六 胃 除 金	小满上 5	七赤 坎	东东正 北南东	上六
16	十一乙未 日 昴 满 金	西正正北 北北北北	六白 艮	正正东 北北北	上六
17	十二丙申 一 毕 平 火	西正正西 南西北北	五黄 震	东东正 北南东	比 初六
18	十三丁酉 二 觜 定 火	正正正西 南西北北	四绿 乾	正正东 北南北	六二
19	十四戊戌 三 参 执 木	西正东北 北北北北	三碧 巽	正正东 南南北	六三
20	十五己亥 四 井 破 木	小满中 2	二黑 震	西正正 南南南	六四
21	十六庚子 五 鬼 危 土	[小满] 未	一白 震	正正西 南北北	九五
22	十七辛丑 六 柳 成 土	西东正北 北北北北	九紫 离	正正西 北北北	上六
23	十八壬寅 日 星 收 金	正正东西 南北南南	八白 坤	正正东 北北北	小畜 初九
24	十九癸卯 一 张 开 金	西正东南 北南北	七赤 坎	正正东 南北北	九二
25	二十甲辰 二 翼 闭 火	小满下 8	六白 坤	西西正 北北北	九三
26	廿一乙巳 三 轸 建 火	西东正北 南东北北	五黄 乾	西西正 北北北	六四
27	廿二丙午 四 角 除 水	正正西南 西北北	四绿 巽	正正西 北东北	九五
28	廿三丁未 五 亢 满 水	西正东北 南东北	三碧 震	正正东 北东北	上九
29	廿四戊申 六 氐 平 土	东正正东 北南南	二黑 震	正正东 北东北	乾 初九
30	廿五己酉 日 房 定 土	芒种上 6	一白 巽	东正正 南南南	九二
31	廿六庚戌 一 心 执 金	西正正西 北东东南	九紫 坎	东西正 南南南	九三

6月小　五 月 丙午 姤卦 天道行西北　初二 卯时 芒种　十七 亥时 夏至

阳历	农历干支 星宿 五行 星期	日神方位(奇门节元) 喜财贵神	九星 八卦	八门方位 开生休门	六十四卦 及爻数
1	廿七辛亥 二 尾 破 金	西正东西 南东北北	八白 离	东西正 北北北	九四
2	廿八壬子 三 箕 危 木	正正东西 南南北北	七赤 坤	西东正 北北北	九五
3	廿九癸丑 四 斗 成 木	东东正西 南南南北	六白 乾	西东正 北北北	上九
4	三十甲寅 五 牛 收 木	芒种中 3	五黄 兑	西正正 北北北	大有 初九
5	五月乙卯 六 女 开 水	西东正南 北南北	四绿 坎	正正西 南西北	九二
6	初二丙辰 一 虚 闭 土	[芒种] 卯	三碧 艮	正正东 北南东	九三
7	初三丁巳 一 危 闭 土	西正正西 南北北北	二黑 坤	正正西 南东	九四
8	初四戊午 二 室 建 火	西正东北 北北	一白 乾	正正东 北南东	六五
9	初五己未 三 壁 除 火	芒种下 9	九紫 震	东东正 北南东	上九
10	初六庚申 四 奎 满 木	西正正北 东北北	八白 离	东东正 北南东	家人 初九
11	初七辛酉 五 娄 平 木	西东正北 东北北	七赤 震	东东正 北南东	六二
12	初八壬戌 六 胃 定 水	正正东西 南南北	六白 巽	东东正 南南北	九三
13	初九癸亥 日 昴 执 水	西正正东 北南南	五黄 坎	西东正 北北北	六四
14	十甲子 一 毕 破 金	夏至上 9	四绿 震	西东正 北北北	九五
15	十一乙丑 二 觜 危 金	西北正南 南北南	三碧 坤	西正正 北北北	上九
16	十二丙寅 三 参 成 火	西正东北 北北	二黑 震	西正正 北北北	井 初六
17	十三丁卯 四 井 收 木	正正东北 北东北	一白 离	正正东 南东北	九二
18	十四戊辰 五 鬼 开 木	东正正西 南南东	九紫 离	正正西 南南北	九三
19	十五己巳 六 柳 闭 火	夏至中 3	八白 震	正正东 南西北	六四
20	十六庚午 日 星 建 土	西正正东 北南北	七赤 巽	东东正 北南东	九五
21	十七辛未 一 张 除 土	[夏至] 亥	六白 坎	东东正 北南东	上六
22	十八壬申 二 翼 满 金	正正东西 南南南	五黄 震	东东正 北南东	咸 初六
23	十九癸酉 三 轸 平 金	东正正北 南南	四绿 坤	东东正 北南东	六二
24	二十甲戌 四 角 定 火	夏至下 6	三碧 乾	正正东 北南东	九三
25	廿一乙亥 五 亢 执 火	西东正北 南东	二黑 坤	正正东 北南东	九四
26	廿二丙子 六 氐 破 水	西正东北 北北	一白 离	西北正 北东北	九五
27	廿三丁丑 日 房 危 土	西正正东 北北北	九紫 震	西北正 北北	上六
28	廿四戊寅 一 心 成 土	东正正东 北南南	八白 震	东正正 北南东	姤 初六
29	廿五己卯 二 尾 收 土	小暑上 8	七赤 坎	西西正 北东北	九二
30	廿六庚辰 三 箕 开 金	西正正东 北南南	六白 艮	西北正 北北西	九三

(太岁丁未，干火支土，纳音属水，岁德壬，贵人在亥、酉，岁禄午，岁马巳，奏书巽，博士乾，力士坤，利南北不利东西。)

7月大　六 月丁未 遯卦 天道行东　　初四 申时 小暑／二十 巳时 大暑

阳历	农历干支 星期 星宿 五行	日神方位(奇门节元) 喜财贵五神神神鬼	九八星卦	八门方位 开生休门门门	六十四卦 及爻数
1	廿七辛巳 四斗闭金	西南 正南 西北 西北	五黄坤	西正正 北北北	九四
2	廿八壬午 五牛建木	正南 正南 正南 西南	四绿乾	正东 东北	九五
3	廿九癸未 六女除木	西南 正南 正南 西南	三碧兑	正东 东北	上九
4	六月甲申 日虚满水 小暑中2	西正西 北北东	二黑艮	正正东 北东东	䷱鼎初六
5	初二乙酉 一危平水	西北 西南 西南 正南	一白坎	东东 南南南	九二
6	初三丙戌 二室定土	正正 西北北 西北	九紫乾	西西 东北东	九三
7	初四丁亥 三壁定土	[小暑]申	八白兑	东南 正南南	九四
8	初五戊子 四奎执火	西北 北北东	七赤离	西西 北北北	六五
9	初六己丑 五娄成火 小暑下5	东东 南南南	六白震	东东 南南南	上九
10	初七庚寅 六胃危木	西北 东东北	五黄巽	东西 北北南	䷶丰初九
11	初八辛卯 日昴成木	东东 南南北	四绿坎	正西 西南	六二
12	初九壬辰 一毕收水	正正 正正北	三碧艮	东西 北北南	九三
13	初十癸巳 二觜开水	东东 西南南	二黑坤	正西 西南	九四
14	十一甲午 三参闭金 大暑上7	东东 北南东	一白乾	东东 南南东	六五
15	十二乙未 四井建金	东东西 北南北	九紫离	东东 南南东	上六
16	十三丙申 五鬼除火	西西 西南南	八白离	东东 南南南	䷺涣初六
17	十四丁酉 六柳满火	正西西 北北南	七赤震	正西 西南	九二
18	十五戊戌 日星平木	东北 北北东	六白坎	东南 正南南	六三
19	十六己亥 一张定木 大暑中1	东北 北北东	五黄坤	东南 正南南	六四
20	十七庚子 二翼执土	正正 正正北	四绿艮	正正西 北北	九五
21	十八辛丑 三轸破金	西东 东正北	三碧坤	正西 西南	上九
22	十九壬寅 四角危金	西南 东北北	二黑乾	东西 北北南	䷙履初九
23	二十癸卯 五亢成金 [大暑]巳	一白离	西西 正北北	九二
24	廿一甲辰 六氐收火 大暑下4	九紫离	东东 南南东	六三
25	廿二乙巳 日房开火	东东 北南东	八白震	西西 正北北	九四
26	廿三丙午 一心闭水	西西 正北北	七赤巽	正东 东北	九五
27	廿四丁未 二尾建水	西南 西南南	六白坎	正东 东北	上九
28	廿五戊申 三箕除土	东正正 北东南	五黄艮		上九
29	廿六己酉 四斗满土 立秋上2	东西正 南北南	四绿兑		䷜通初六
30	廿七庚戌 五牛平金	西北 东南南	三碧乾		六二
31	廿八辛亥 六女定金	西西西 东北北	二黑兑		九三

8月大　七 月戊申 否卦 天道行北　　初七 丑时 立秋／廿二 申时 处暑

阳历	农历干支 星期 星宿 五行	日神方位(奇门节元) 喜财贵五神神神鬼	九八星卦	八门方位 开生休门门门	六十四卦 及爻数
1	廿九壬子 日虚执木	正北 东北 西北 西北	一白离	东东 北北北	九四
2	七月癸丑 一危破木	东正 南北北	九紫离	西西 北北北	九五
3	初二甲寅 二室危木 立秋中5	东正 北东北	八白乾	西西 北北北	上九
4	初三乙卯 三壁成水	东东 北南北	七赤乾	正正西 南西北	䷟恒初六
5	初四丙辰 四奎收土	东东西 北南南	六白离	正正西 北北北	九二
6	初五丁巳 五娄开土	正正 西西北	五黄震	正正西 北北北	九三
7	初六戊午 六胃闭火	东东正 北北东	四绿巽	东东正 北北东	九四
8	初七己未 日昴闭火 [立秋]8	正正 西西北	三碧坎	东东正 北北东	六五
9	初八庚申 一毕建木	正正正 东东北	二黑坤	正东 东北	上六
10	初九辛酉 二觜除木	西南 东东北	一白坤	正东 东北	䷘节初九
11	初十壬戌 三参满水	东东 南南南	九紫乾		九二
12	十一癸亥 四井开水	东东 南南东	八白兑		六三
13	十二甲子 五鬼定火 处暑上1	东东 西南南	七赤艮		六四
14	十三乙丑 六参执金	东东正 南南南	六白坎		九五
15	十四丙寅 日星破火	西西 南西南	五黄巽		上六
16	十五丁卯 一张危火	东东 西南东	四绿坤		䷌同人初九
17	十六戊辰 二翼成木	正正 东西南	三碧震		六二
18	十七己巳 三轸收木 处暑中4	东东 南南东	二黑坤		九三
19	十八庚午 四角开土	东东 南南东	一白乾		九四
20	十九辛未 五亢闭土	正东 东南北	九紫离		九五
21	二十壬申 六氐建金	西南 正南北	八白坎		上九
22	廿一癸酉 日房除金	东东 西南南	七赤震		䷨损初九
23	廿二甲戌 一心满火 [处暑]7	六白巽		九二
24	廿三乙亥 二尾平火	西南 正南北	五黄坎		六三
25	廿四丙子 三箕定水	正正东 南南北	四绿艮		六四
26	廿五丁丑 四斗执水	西南 西北北	三碧坤		六五
27	廿六戊寅 五牛破木	东正正 北北南	二黑乾		上九
28	廿七己卯 六女危土 白露上9	一白离		䷋否初六
29	廿八庚辰 日虚成土	东东正 北北北	九紫离		六二
30	廿九辛巳 一危收金	东正 南北北	八白震		六三
31	三十壬午 二室开木	正正东 北东北	七赤巽		九四

公元 2027 年　　农历丁未(羊)年

太岁丁未，干火支土，纳音属水，岁德壬，贵人在亥、酉，岁禄午，岁马巳，奏书巽，博士乾，力士坤，利南北不利东西。

9月小　八月己酉　观卦　天道行东北　初八寅时白露　廿三未时秋分

阳历	农历干支星期星宿五行	日神方位(喜财贵五)/奇门节元	九星八卦	八门方位(开生休)	六十四卦	及爻数
1	八月癸未 三 壁 闭 木	正北正东正北东南	六白乾	西北东北东北		九五
2	初二甲申 四 奎 建 水	正北东北东北 白露中3	五黄兑	西北东北		上九
3	初三乙酉 五 娄 除 水	东西东北南南	四绿离	东南东南南	䷸巽	初六
4	初四丙戌 六 胃 满 土	正西西北南西北	三碧震	东南东北		九二
5	初五丁亥 日 昴 平 土	正西西北南西北	二黑巽	东南东北		九三
6	初六戊子 一 毕 定 火	正东东正北东北	一白坎	西东北北		六四
7	初七己丑 二 觜 执 火	白露下6	九紫坤	西北正北		九五
8	初八庚寅 三 参 执 木	[白露] 寅	八白坤	东北北北		上九
9	初九辛卯 四 井 破 木	正东西南北	七赤乾	正正西南北	䷬萃	初六
10	初十壬辰 五 鬼 危 水	正东正西南北南	六白兑	正正西南北		六二
11	十一癸巳 六 柳 成 水	正东正西南北南	五黄艮	正正西南北		六三
12	十二甲午 日 星 收 金	秋分上7	四绿震	东东北南北		九四
13	十三乙未 一 张 开 金	东西东北南北南	三碧巽	东东北北		九五
14	十四丙申 二 翼 闭 火	正西东北南西北	二黑坎	东东北		上六
15	十五丁酉 三 轸 建 火	正西东北南西北	一白艮	正东南北	䷙大畜	初九
16	十六戊戌 四 角 除 木	东正东北北正北	九紫坤	正东南北		九二
17	十七己亥 五 亢 满 木	秋分中1	八白坤	正正西		九三
18	十八庚子 六 氐 平 土	正北东北北	七赤乾	西西北北		六四
19	十九辛丑 日 房 定 土	东西正北南北	六白兑	正正西北		六五
20	二十壬寅 一 心 执 金	正正东北东北	五黄震	东东北北		上九
21	廿一癸卯 二 尾 破 金	东东东北南北	四绿巽	西西正南北	䷕贲	初九
22	廿二甲辰 三 箕 危 木	秋分下4	三碧震	西西北北		六二
23	廿三乙巳 四 斗 成 火	[秋分] 未	二黑巽	西西北北		九三
24	廿四丙午 五 牛 收 水	正西西北南西北	一白坤	正正东北北		六四
25	廿五丁未 六 女 开 水	正西正西北南	九紫乾	正正东北		六五
26	廿六戊申 日 虚 闭 土	东正正西南北东南	八白坤	正正东北		上九
27	廿七己酉 一 危 建 土	寒露上6	七赤乾	东东南北南	䷓观	初六
28	廿八庚戌 二 室 除 金	正西正西南北	六白坤	东西正北北		六二
29	廿九辛亥 三 壁 满 金	西西东北南北	五黄震	东西正北		六三
30	九月壬子 四 奎 平 木	正正东北南北	四绿兑	西东北北		六四
31						

10月大　九月庚戌　剥卦　天道行南　初九戌时寒露　廿四夜子霜降

阳历	农历干支星期星宿五行	日神方位(喜财贵五)/奇门节元	九星八卦	八门方位(开生休)	六十四卦	及爻数
1	初二癸丑 五 娄 定 木	东正东北南东南	三碧震	西东正北		九五
2	初三甲寅 六 胃 执 水	寒露中9	二黑震	西北北北		上九
3	初四乙卯 日 昴 破 水	西东正北南北	一白坎	正西西北	䷵归妹	初九
4	初五丙辰 一 毕 危 土	西正正西南北北	九紫坎	南西西北		九二
5	初六丁巳 二 觜 成 土	西正正西南北北	八白艮	正西西北		六三
6	初七戊午 三 参 收 火	东正正西南北东南	七赤震	东东北北		九四
7	初八己未 四 井 开 火	寒露下3	六白乾	东西正北北		六五
8	初九庚申 五 鬼 开 木	[寒露] 戌	五黄坤	东东南北		上六
9	初十辛酉 六 柳 闭 木	西正东东南北	四绿离	正正西北		上六
10	十一壬戌 日 星 建 水	正正东北南北	三碧震	正正东南北	䷘无妄	初九
11	十二癸亥 一 张 除 水	东正东北南东南	二黑巽	西东北北		六二
12	十三甲子 二 翼 满 金	霜降上5	一白坎	西东正北北		六三
13	十四乙丑 三 轸 平 金	西东正北南东北	一白艮	西东北北		九四
14	十五丙寅 四 角 定 木	西正东北南北	二黑坤	西东北北		九五
15	十六丁卯 五 亢 执 火	西正正西北南北	三碧乾	正正东西		上九
16	十七戊辰 六 氐 破 木	东正正南北东南	四绿兑	正西西北	䷣明夷	初九
17	十八己巳 日 房 危 木	霜降中8	五黄艮	正正西		六二
18	十九庚午 一 心 成 土	西正正东北南北	六白震	西北北北		九三
19	二十辛未 二 尾 收 土	西正正东北南	七赤巽	西北北北		六四
20	廿一壬申 三 箕 开 金	正正东南北	八白艮	西正东北北		六五
21	廿二癸酉 四 斗 闭 金	东正正东北南	九紫离	正正东北		上六
22	廿三甲戌 五 牛 建 金	霜降下2	一白坎	正西西南北	䷮困	初六
23	廿四乙亥 六 女 除 火	[霜降] 子	二黑乾	正正东南北		九二
24	廿五丙子 日 虚 满 水	南西正北南北	三碧兑	西北北北		六三
25	廿六丁丑 一 危 平 水	西正正西南北北	四绿震	正正东北		九四
26	廿七戊寅 二 室 定 土	东正正西南北南	五黄震	正正西北		九五
27	廿八己卯 三 壁 执 土	立冬上6	六白乾	西正东北西		上六
28	廿九庚辰 四 奎 破 金	西正正东南北	七赤坎	西西北北	䷖剥	初六
29	十月辛巳 五 娄 危 金	西正正东南北北	八白离	西南北北		六二
30	初二壬午 六 胃 成 水	正正东北南北	九紫震	正北东北		六三
31	初三癸未 日 昴 收 木	东正正东南南东南	一白巽	正正东北北		六四

（太岁丁未，干火支土，纳音属水，岁德壬，贵人在亥、酉，岁禄午，岁马巳，奏书巽，博士乾，力士坤，利南北不利东西。）

11月小　十　月辛亥　坤卦　天道行东　　初十夜子立冬　廿五亥时小雪

阳历	农历干支星期宿行五	日神方位(奇门节元)喜财贵五神神神鬼	九星八卦	八门方位开生休门门门	六十四卦	及爻数
1	初四甲申一毕开水	立冬中9	二黑坎	西东正北北东		六五
2	初五乙酉二觜闭水	西东正北西南东	三碧坎	东东正南南南		上九
3	初六丙戌三参建土	西正正南西北北	四绿坤	东东正南南南	艮	初六
4	初七丁亥四井除土	正东东南西北	五黄乾	西西正南南北		六二
5	初八戊子五鬼满火	东东西北北南	六白兑	东西正北北北		九三
6	初九己丑六柳平火	立冬下3	七赤离	东东正北南北		六四
7	初十庚寅日星平木	[立冬]子	八白震	西东正北北北		六五
8	十一辛卯一张定木	正东正南东南南	九紫巽	正正正南南南		上九
9	十二壬辰二翼执水	正正正南南北	一白坎	正正正南西南	既济	初九
10	十三癸巳三轸破水	东东正南南北	二黑艮	正正正西西南		六二
11	十四甲午四角危金	小雪上5	三碧坎	东东正北北东		九三
12	十五乙未五亢成金	东东西北南南	四绿乾	西西正北北北		六四
13	十六丙申六氐收火	西东西北北北	五黄兑	正正东北北东		九五
14	十七丁酉日房开火	正东西南北北	六白离	正正东北北东		上六
15	十八戊戌一心闭木	东东正南北北	七赤震	正正正东南南	噬嗑	初九
16	十九己亥二尾建木	小雪中8	八白巽	正正西南南北		六二
17	二十庚子三箕除土	西正正北东南	九紫坎	正正西南南北		六三
18	廿一辛丑四斗满土	西东正南东北	一白艮	西西正北北北		九四
19	廿二壬寅五牛平金	正东正南南南	二黑坤	西西正南南北		六五
20	廿三癸卯六女定金	正东正南南北	三碧兑	西西正北北西		上九
21	廿四甲辰日虚执水	小雪下2	四绿兑	西西正北北西	大过	初六
22	廿五乙巳一危破火	[小雪]亥	五黄离	西西正北北西		九二
23	廿六丙午二室成水	西正正西南南	六白震	正正东北北东		九三
24	廿七丁未三壁成水	西正正西南北	七赤巽	正正东北北东		九四
25	廿八戊申四奎收土	东正正北北北	八白坎	正正东北北东		九五
26	廿九己酉五娄开土	大雪上4	九紫艮	东东正南南南		上六
27	三十庚戌六胃闭金	西北正北南南	一白坤	西西正南南南	坤	六六
28	初一辛亥日昴建金	西正西南北南	二黑震	西西正南南北		六二
29	初二壬子一毕除木	正正东南南南	三碧坎	西东正北北北		六三
30	初三癸丑二觜满木	正东东南南南	四绿坎	东东正南南南		六四
31						

12月大　十一月壬子　复卦　天道行东南　　初十申时大雪　廿五巳时冬至

阳历	农历干支星期宿行五	日神方位(奇门节元)喜财贵五神神神鬼	九星八卦	八门方位开生休门门门	六十四卦	及爻数
1	初四甲寅三参开水	大雪中7	五黄坎	西东正北北东		六五
2	初五乙卯四井定水	西东正北北南东	六白坤	正正西南西南		上六
3	初六丙辰五鬼执土	西东正北北北	七赤乾	东东正西西南	未济	初六
4	初七丁巳六柳破土	正正正西南北	八白兑	正正东北北东		九二
5	初八戊午日星危火	东东正北北南	九紫震	东东正北南东		六三
6	初九己未一张成火	大雪下1	一白震	东东正北南东		九四
7	初十庚申二翼成木	[小雪]申	二黑巽	东东正北南东		六五
8	十一辛酉三轸收木	东东北北北	三碧巽	正正西南南南		上九
9	十二壬戌四角开水	正正正西南南	四绿艮	正正正西西南	蹇	初六
10	十三癸亥五亢闭水	东正正南南北	五黄坤	正正西南南北		六二
11	十四甲子六氐建金	闰大雪4	六白坎	西西正北北北		九三
12	十五乙丑日房除金	东东西北南南	七赤乾	西西正北北北		六四
13	十六丙寅一心满火	西东西南南南	八白兑	正正东北北东		九五
14	十七丁卯二尾平火	西东西南北北	九紫震	正正东北北东		上六
15	十八戊辰三箕定木	东东正南南南	一白巽	正正西南南北	颐	初九
16	十九己巳四斗执木	闰大雪7	二黑坤	正正西南南北		六二
17	二十庚午五牛破土	西正正南南南	三碧震	东东正北南东		六三
18	廿一辛未六女危土	西东北北北	四绿巽	东东正北南东		六四
19	廿二壬申日虚成金	正正正南南南	五黄乾	东东正北南东		六五
20	廿三癸酉一危收金	正正东南南北	六白兑	正正东北北东		上九
21	廿四甲戌二室开火	闰大雪下1	七赤离	正正东北北东		九二
22	廿五乙亥三壁闭火	[冬至]巳	八白巽	正正西南南南	中孚	初九
23	廿六丙子四奎建水	西正正西南南	九紫巽	正正西南南南		九二
24	廿七丁丑五娄除水	正正正西南北	一白坎	正正东北北东		六三
25	廿八戊寅六胃满土	正正正北南南	二黑艮	东东正南南南		六四
26	廿九己卯日昴平土	冬至上1	三碧震	西西正北北北		九五
27	三十庚辰一毕定金	西北正北南北	四绿乾	西西正南南南		上九
28	初一辛巳二觜执金	西正西南北南	五黄巽	西西正南南南	复	初九
29	初二壬午三参破水	正正东南南南	六白坤	西东正北北北		六二
30	初三癸未四井危水	东正正南东北	七赤艮	东东正南南北		六三
31	初四甲申五鬼成水	冬至中7	八白坤	正正东北东北		六四

公元 2028 年(闰) 农历戊申(猴)年
(闰五月)

（太岁戊申,干土支金,纳音属土,岁德戊,贵人在未、丑,岁禄巳,岁马寅,奏书坤,博士艮,力士乾,利东西不利南北。）

1月大
十二月 癸丑 临卦 天道行西　　初十 寅时 小寒　　廿四 亥时 大寒

阳历	农历干支 星期 五行 星宿	日神方位(奇门节元) 喜财贵五神神神鬼	九星 八卦	八门方位 开生休门门门	六十四卦 及爻数
1	初五乙酉 六柳收水	西东西正 北南南北	九紫兑	东西西正 南南南北	六五
2	初六丙戌 日昴开土	西正东西 南西北北	一白乾	东西正西 南北北北	上六
3	初七丁亥 一张闭土	正正东北 南西北北	二黑兑	东西西北 南南北北	屯初九
4	初八戊子 二翼建火	东正东北 北北北北	三碧震	正正西北 北北北北	六二
5	初九己丑 三轸除火	冬至下4 正正西北 南北北北	四绿巽		六三
6	初十庚寅 四角除木	[小寒]寅 西正西南 北北北北	五黄艮		六四
7	十一辛卯 五亢满木	西正东北 南东南北	六白乾	正正西南	九五
8	十二壬辰 六氐平水	正正正正 南南南北	七赤兑	正正西南	上六
9	十三癸巳 日房定水	东正东北 南西北北	八白乾	正正西南	谦初六
10	十四甲午 一心执金	小寒上2	九紫兑	东东正北 南东南	六二
11	十五乙未 二尾破金	西东西正 北南北北	一白离	东东西正 北南北东	九三
12	十六丙申 三觜危金	西东西正 南西北北	二黑坤	正正东西 北南东南	六四
13	十七丁酉 四斗成木	西东西北 南北北北	三碧巽	正正东西 北南东南	六五
14	十八戊戌 五牛收木	东正正北 南北北北	四绿震	正正西南 北东南北	上六
15	十九己亥 六女开木	小寒中8	五黄艮	东正东南 南北	睽初九
16	二十庚子 日虚闭土	西正正北 西北北北	六白坤	正正西南 西北北北	九二
17	廿一辛丑 一危建土	西正东北 南北北北	七赤兑	东正西西 北北北北	六三
18	廿二壬寅 二室除金	西正东正 南南北北	八白乾	正正东正 南南北北	九四
19	廿三癸卯 三壁满金	东正东南 南南正南	九紫离	西西正南 北北正南	九五
20	廿四甲辰 四奎平火	[大寒]5	一白乾	西西正北 北北北北	上九
21	廿五乙巳 五娄定火	西东西正 北南北正	二黑巽	西西正南 北北正南	升初六
22	廿六丙午 六胃执火	西正东西 南北北北	三碧震	西东正北 北北北北	九二
23	廿七丁未 日昴破金	西正西南 北南正北	四绿艮	西东北南 北北正北	九三
24	廿八戊申 一毕危土	东正东西 南北东南	五黄坎	西西正正 南南东南	六四
25	廿九己酉 二觜成土	大寒上3	六白乾	东西南南 南南北	六五
26	一月庚戌 三参收金	西正正西 南南北北	七赤离	东西正北 北北北北	上六
27	初二辛亥 四井开金	西正东西 南北东北	八白震	东西正西 北北东北	临初九
28	初三壬子 五鬼闭水	西正东北 南北北北	九紫兑	西东正北 北北北北	九二
29	初四癸丑 六柳建水	东正东正 北南北北	一白坎	西东正正 北北北北	六三
30	初五甲寅 日星除水	大寒中9	二黑坤	西东正北 北北正北	六四
31	初六乙卯 一张满水	西东西正 北南北北	三碧坤	正正西南	六五

2月闰
一 月甲寅 泰卦 天道行南　　初十 申时 立春　　廿五 午时 雨水

阳历	农历干支 星期 五行 星宿	日神方位(奇门节元) 喜财贵五神神神鬼	九星 八卦	八门方位 开生休门门门	六十四卦 及爻数
1	初七丙辰 二翼平土	正正西正 北南北北	四绿震	正正西正 南西南南	上六
2	初八丁巳 三轸定土	正正西正 南西北北	五黄离	正正西正 南南北北	小过 初六
3	初九戊午 四角执火	东正正北 南北北北	六白离	东东正北 南南北东	六二
4	初十己未 五亢执火	[立春]6	七赤兑	西东正北 南北北	九三
5	十一庚申 六氐破木	西正正北 东北北北	八白巽	东东正北 南南北	九四
6	十二辛酉 日房危木	西正东北 南东北北	九紫坎	东东正北 南南北	六五
7	十三壬戌 一心成木	西正东北 南南北北	一白乾	正正西南	上六
8	十四癸亥 二尾收水	东正正北 南南北东	二黑坤	正正东北 南南北	蒙初六
9	十五甲子 三箕开金	立春上8	三碧震	西北北北	九二
10	十六乙丑 四斗闭金	西东西正 北南北北	四绿巽	西东北北	六三
11	十七丙寅 五牛建火	西正东正 南南北北	五黄离	西东北北	六四
12	十八丁卯 六女除木	西正东正 南南北北	六白震	正正东正 南西北	六五
13	十九戊辰 日虚满木	东正正北 南南北北	七赤巽	正正西南	上九
14	二十己巳 一危平木	立春中5	八白坎	正正西南	益初九
15	廿一庚午 二室定土	西正正正 北东南南	九紫离	东东正南	六二
16	廿二辛未 三壁执土	西正正北 南东北东	一白震	西正东南	六三
17	廿三壬申 四奎破金	西正东正 南南东东	二黑坤	正正东南	六四
18	廿四癸酉 五娄危金	东正正北 南南东东	三碧震	正正东正 北南东	九五
19	廿五甲戌 六胃成火	[雨水]2	四绿离	正正东南	上九
20	廿六乙亥 日昴收火	西东西正 南南北北	五黄坤	正正东南 北北北北	渐初六
21	廿七丙子 一毕开水	西正东西 南南北北	六白震	正正东正 北北北北	六二
22	廿八丁丑 二觜闭水	西正东北 南南北北	七赤坎	西东北北	六三
23	廿九戊寅 三参建土	东正北北 南南北北	八白艮	西东北北	六四
24	三十己卯 四井除土	雨水上9	九紫坤	西西正西	九五
25	二月庚辰 五鬼满金	西正西正 北东南南	一白震	西西正北	上九
26	初二辛巳 六柳平金	西正西正 北东南北	二黑巽	西西正正	泰初九
27	初三壬午 日星定木	正正西正 南南北北	三碧坎	正正西北 东北	九二
28	初四癸未 一张执木	正正东正 南东东北	四绿震	西东正正	九三
29	初五甲申 二翼破水	雨水中6	五黄坤	正正东北	六四

公元 2028 年(闰)　农历戊申(猴)年
(闰五月)

(太岁戊申, 干土支金, 纳音属土, 岁德戊, 贵人在未、丑, 岁禄巳, 岁马寅, 奏书坤, 博士艮, 力士乾, 利东西不利南北。)

3月大
二 月 乙卯　大壮卦 天道行西南

初十 巳时 惊蛰
廿五 巳时 春分

阳历	农历干支 星期 星宿 五行	日神方位(奇门节元) 喜神财神贵神五神鬼	九星 八卦	八门方位 开门生门休门	六十四卦 及爻数
1	初六乙酉 三轸危水	西东正北西南南 正东	六白乾	东正西北南南	六五
2	初七丙戌 四角成土	正西东正西北北南	七赤兑	东正西南南东	上六
3	初八丁亥 五亢收土	正西东正西南北北	八白离	东正东南南南	上六
4	初九戊子 六氐开火	西东正北北北	九紫震	东东正北南北	需 初九
5	初十己丑 日房平火	[惊蛰] 3	一白巽	西东正北北北	九二
6	十一庚寅 一心闭木	正西正北东东	二黑坎	西正东南北北	九三
7	十二辛卯 二尾建木	正东正南东北	三碧艮	正西东南南南	六四
8	十三壬辰 三箕除水	正正正南南南	四绿坤	正西正南南东	九五
9	十四癸巳 四斗满水	东正正北南南	五黄乾	正西正南北南	上六
10	十五甲午 五牛平金	惊蛰上 1	六白兑	东东正北北南	随 初九
11	十六乙未 六女定金	西东西正南北南南	七赤震	东东正北南东	六二
12	十七丙申 日虚执火	正西东正西南南北	八白震	西东正北东东	六三
13	十八丁酉 一危破火	正西东正北南南南	九紫巽	西西正北南南	九四
14	十九戊戌 二室危木	东东正北北北	一白坎	正东正东南南	九五
15	二十己亥 三壁成木	惊蛰中 7	二黑艮	东东正西南南	上六
16	廿一庚子 四奎收土	正东东北北北	三碧坤	正西北北	晋 初六
17	廿一辛丑 五娄开土	正西东北北北	四绿乾	正西北北	六二
18	廿二壬寅 六胃闭金	正正东正西北北	五黄兑	正西北北	六三
19	廿四癸卯 日昴建金	东正东正南南南	六白离	西西正北北北	九四
20	廿五甲辰 一毕除火	[春分] 4	七赤震	西西正北南南	六五
21	廿六乙巳 二觜满火	东东正北南南	八白巽	西西正北南南	上九
22	廿七丙午 三参平水	正东西东北南南	九紫离	正正东南北北	解 初六
23	廿八丁未 四井定水	正东西正北南南	一白艮	西西正北北南	九二
24	廿九戊申 五鬼执土	东东正北东北南	二黑坤	西西正北东北	六三
25	三十己酉 六柳破土	春分上 3	三碧震	东东正南南南	九四
26	三月庚戌 日星危金	西北正正北南	四绿巽	西西正南南北	六五
27	初二辛亥 一张成金	西东北正南北	五黄坎	正东北南南南	上六
28	初三壬子 二翼收木	正东西正南北北北	六白艮	西西正北北北	大壮 初九
29	初四癸丑 三轸开木	东东正北南南	七赤坤	正西正南北北	九二
30	初五甲寅 四角闭水	春分中 9	八白乾	西东正北北北	九三
31	初六乙卯 五亢建水	东东正北南北北	九紫兑	正正西北南南	九四

4月小
三 月 丙辰　夬卦 天道行北

初十 未时 清明
廿五 亥时 谷雨

农历干支 星期 星宿 五行	日神方位(奇门节元) 喜神财神贵神五神鬼	九星 八卦	八门方位 开门生门休门	六十四卦 及爻数
初七丙辰 六氐除土	正西西北正西南南	一白离	正正西南西南	六五
初八丁巳 日房满土	正东正北西正南	二黑震	正正西南西南	上六
初九戊午 一心平火	东东正北北南南	三碧巽	东东正北南东	豫 初六
初十己未 二尾平火	[清明] 6	四绿坎	西西正北东东	六二
十一庚申 三箕定木	正正西北东南北	五黄艮	东东正北北北	六三
十二辛酉 四斗执木	正正西北东东	六白乾	西西正北北北	九四
十三壬戌 五牛破水	正正西北北东	七赤兑	正正东北北北	六五
十四癸亥 六女危水	东正正北南南南	八白兑	正正东北东南	上六
十五甲子 日虚成金	清明上 4	九紫离	西西北北北	讼 初六
十六乙丑 一危收金	东正东西北北南	九紫震	西西正北北北	九二
十七丙寅 二室开火	正西西北南南南	八白巽	西西正北北北	六三
十八丁卯 三壁闭火	正西西北南南北	七赤坎	正正东南西南	九四
十九戊辰 四奎建木	东东正北北东	六白艮	正正东南西南	九五
二十己巳 五娄除木	清明中 1	五黄坤	正正东南西南	上九
廿一庚午 六胃满土	正西西北南南北	四绿乾	东东正北南东	蛊 初六
廿二辛未 日昴平土	正正西北东南南	三碧兑	东东正北南东	九三
廿三壬申 一毕定金	正正东正南北南	二黑震	正正东南西北	六四
廿四癸酉 二觜执金	正正东正南南南	一白震	正正东南西北	六五
廿五甲戌 三参破火	[谷雨] 7	九紫巽	正正东南西北	六五
廿六乙亥 四井危水	东正正北南北南	八白坎	正正东南西北	上九
廿七丙子 五鬼成水	正正西北南南南	七赤艮	正正东南西北	革 初九
廿八丁丑 六柳收水	正东正北南南东	六白坤	正正东南西北	六二
廿九戊寅 日星开土	正东正北北北东	五黄乾	西西正北北北	九三
三十己卯 一张闭土	谷雨上 5	四绿坎	西西正北北北	九四
四月庚辰 二翼建金	东正东正南北南	三碧艮	西西正北北北	九五
初二辛巳 三轸除金	正正西北南北南	二黑坤	西西正北北北	上六
初三壬午 四角满木	正正西北南南北	一白坤	正正东北东北	夬 初九
初四癸未 五亢平木	正正西北南东南	九紫离	正正东北东北	九二
初五甲申 六氐定水	谷雨中 2	八白艮	正正东北东北	九三
初六乙酉 日房执水	东东西正南南南	七赤离	东西正南南南	九四

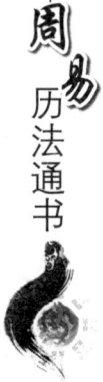

周易历法通书

公元2028年(闰)　农历戊申(猴)年
(闰五月)

(太岁戊申,干土支金,纳音属土,岁德戊,贵人在未、丑,岁禄巳,岁马寅,奏书坤,博士艮,力士乾,利东西不利南北。)

5月大　四月丁巳　乾卦　天道行西　　十一辰时立夏　廿六戌时小满

阳历	农历干支 星期 星宿 五行	日神方位(奇门节元) 喜神 财神 贵神 五神鬼	九八星卦	八门方位 开门 生门 休门	六十四卦	及爻数
1	初七丙戌 一心破土	西南 正西 西北 正北	六白震	东西 正南 正南		九五
2	初八丁亥 二尾危土	正南 正西 西北 正北	五黄巽	东东 正北 东		上六
3	初九戊子 三箕成火	东正 正东南 北北 北	四绿坎	西东 正北 北北	旅 初六	
4	初十己丑 四斗收火	谷雨下8	三碧艮	西东 正北 东北		六二
5	十一庚寅 五牛收木	[立夏]辰	二黑乾	西东 正北 东北		九三
6	十二辛卯 六女开木	西南 正东 西北	一白乾	正正 西南 西		九四
7	十三壬辰 一虚闭水	正正 南西 北北	九紫离	正正 西南 西		六五
8	十四癸巳 一危建土	东正 正西 南北 北	八白艮	正正 西南 北		上九
9	十五甲午 二室除金	立夏上4	七赤震	东东 正南 南东	师 初六	
10	十六乙未 三壁满金	西东 正正 南北 北	六白巽	东东 正南 南东		九二
11	十七丙申 四奎平火	西正 正南 西北 北	五黄坎	东东 正南 南北		六三
12	十八丁酉 五娄定火	正南 西西 北北	四绿巽	正正 西东 南		六四
13	十九戊戌 六胃执木	东正 正西 南北 北	三碧坤	正正 西东 南		六五
14	二十己亥 日昴破木	立夏中1	二黑乾	东正 正南 东		上六
15	廿一庚子 一毕危土	西东 正北 东南	一白兑	西正 西北 北		上六
16	廿二辛丑 二觜成土	西正 正南 西北 北	九紫离	正正 西西 北	比 初六	
17	廿三壬寅 三参收金	正南 正西 北北	八白震	西正 正北 西		六二
18	廿四癸卯 四井开金	东正 东正 南北 南	七赤巽	西正 正北 西		六三
19	廿五甲辰 五鬼闭火	立夏下7	六白坎	西正 西北 北		六四
20	廿六乙巳 六柳建木	[小满]戌	五黄巽	西正 西北 北		九五
21	廿七丙午 日星除火	西正 东北 东北	四绿坤	正正 东西 南		上六
22	廿八丁未 一张满水	正南 正西 北北	三碧乾	正正 东西 北	小畜 初九	
23	廿九戊申 二翼平土	东北 正东 南	二黑震	西正 正北 东北		九二
24	五月己酉 三轸定土	小满上5	一白兑	东西 正南 南西		九三
25	初二庚戌 四角执金	西东 正正 南北 东南	九紫坤	东正 东南 东		六四
26	初三辛亥 五亢破金	西东 正东 北北	八白乾	东正 东南 南		九五
27	初四壬子 六氐危木	正正 东西 南北	七赤离	西东 正北 北		上九
28	初五癸丑 日房成木	正南 正南 南北	六白离	西正 正北 北北	乾 初九	
29	初六甲寅 一心收木	小满中2	五黄巽	西东 正北 南		九二
30	初七乙卯 二尾开水	西东 正北 北南	四绿巽	正正 西南 南		九三
31	初八丙辰 三箕闭土	西西 正北 南	三碧坎	正正 西南 南		九四

6月小　五月戊午　姤卦　天道行西北　　十三午时芒种　廿九寅时夏至

阳历	农历干支 星期 星宿 五行	日神方位(奇门节元) 喜神 财神 贵神 五神鬼	九八星卦	八门方位 开门 生门 休门	六十四卦	及爻数
1	初九丁巳 四斗建土	正南 正西 西北	二黑艮	正正 西南 西		九五
2	初十戊午 五牛闭火	东正 正西 南北	一白坤	东东 正东		上九
3	十一己未 六女满火	小满下8	九紫乾	东东 正北 东	大有 初九	
4	十二庚申 一虚平水	西正 正东 南北 北	八白兑	西正 正南 北		九二
5	十三辛酉 一危平木	[芒种]午	七赤离	正正 东南 东		九三
6	十四壬戌 二室定水	正南 正西 西北	六白震	东正 东南		九四
7	十五癸亥 三壁执水	正南 正西 东	五黄巽	东正 东南		六五
8	十六甲子 四奎破金	芒种上6	四绿坎	西东 正南 南		上九
9	十七乙丑 五娄危金	西东 正北 南南 南	三碧艮	西正 正北 北	家人 初九	
10	十八丙寅 六胃成火	西东 正正 南北 北	二黑坤	西正 正北		六二
11	十九丁卯 日昴收火	正正 南西 北北	一白乾	正正 西北 北		九三
12	二十戊辰 一毕开木	东正 正西 南北 东	九紫兑	正正 西东 南		六四
13	廿一己巳 二觜闭土	芒种中3	八白离	正正 西东 南		九五
14	廿二庚午 三参建土	西正 正北 东南 南	七赤震	东东 正北 东		上九
15	廿三辛未 四井除土	西正 正北 东东	六白巽	西正 正北 北	井 初六	
16	廿四壬申 五鬼满金	正正 东西 南北	五黄坎	东东 正东		九二
17	廿五癸酉 六柳平金	东正 正西 北北	四绿艮	正正 西南		九三
18	廿六甲戌 日星定火	芒种下9	三碧坤	正正 西南		六四
19	廿七乙亥 一张执火	西东 正北 北南	二黑乾	东正 东南 南		九五
20	廿八丙子 二翼破水	西东 正北 北	一白兑	西正 西北 北		上六
21	廿九丁丑 三轸危水	[夏至]寅	九紫离	正正 西西	咸 初六	
22	三十戊寅 四角成土	东正 正北 东南 南	八白震	西正 正北 南		六二
23	闰五己卯 五亢收土	夏至上9	七赤震	西正 正北 北		九三
24	初二庚辰 六氐开金	西正 正北 南	六白坤	西正 西北 南		九四
25	初三辛巳 日房闭金	西正 正南 北北	五黄乾	西西 正北 北		六五
26	初四壬午 一心建木	正南 正南 北	四绿兑	东东 正北 北		上六
27	初五癸未 二尾除木	东正 正南 东南	三碧艮	东东 正东 北	姤 初六	
28	初六甲申 三箕满水	夏至中3	二黑震	西正 正北 北北		九二
29	初七乙酉 四斗平木	西东 正正 南北 北	一白巽	东西 正南 南		九三
30	初八丙戌 五牛定土	西正 正西 南北 北	九紫坎	东西 正南 南		九四

公元 2028 年(闰)　农历戊申(猴)年
(闰五月)

（太岁戊申，干土支金，纳音属土，岁德戊，贵人在未、丑，岁禄巳，岁马寅，奏书坤，博士艮，力士乾，利东西不利南北。）

7月大　六　月 己未　遁卦　天道行东　十四 亥时 小暑　初一 未时 大暑

阳历	农历干支	星期星宿五行	日神方位(奇门节元) 喜财贵五神神鬼	九星八卦	八门方位 开生休门门门	六十四卦及爻数
1	初九丁亥	六女执土	正南正东正南正北	八白艮	东西西南北南北	九五
2	初十戊子	日虚破火	东西北正北东西	七赤坤	西东正南北南	上九
3	十一己丑	一危危土	夏至下6 西正北东北北	六白乾	西东正北北北	鼎 初六
4	十二庚寅	二室成木	西正北东北东东	五黄兑	西正北北北	九二
5	十三辛卯	三壁收木	西西西正北北	四绿离	正正西南西南	九三
6	十四壬辰	四奎收水	[小暑]亥 正东西正西南	三碧震	西西南	九四
7	十五癸巳	五娄开水	正东正南南北	二碧巽	西东南	六五
8	十六甲午	六胃闭金	小暑上8 东北正北东东	一白坎	东东正	上九
9	十七乙未	日昴建金	西东北正南北东北	九紫艮	东东南	丰 初九
10	十八丙申	一毕除火	西南西北北北	八白坤	东东正	六二
11	十九丁酉	二觜满火	正南西北南	七赤乾	正东南南	九三
12	二十戊戌	三参平木	正南北北东	六白兑	西东	九四
13	廿一己亥	四井执木	小暑中2 正正东北	五黄离	正正东	六五
14	廿二庚子	五鬼执土	正东正东北北	四绿震	正正东西北北	上六
15	廿三辛丑	六柳破土	正南东北北北	三碧巽	正正北北北	涣 初六
16	廿四壬寅	日星危金	正正东南正	二碧坎	西正北北	六二
17	廿五癸卯	一张成金	东西东南南	一白艮	西西正北	六三
18	廿六甲辰	二翼收金	小暑下5	九紫坤	西北东正	六四
19	廿七乙巳	三轸开水	东西正南东	八白乾	正东东北	九五
20	廿八丙午	四角闭水	正南西南北	七赤兑	正东北北	上九
21	廿九丁未	五亢建水	正正正南北	六白离	正正东北	履 初九
22	六月戊申	六氐除金	[大暑]未 正正东北北	五黄坤	正东东北	九二
23	初二己酉	日房满土	大暑上7 东西正南北	四绿震	东东正南北	六三
24	初三庚戌	一心平金	西西正北北北	三碧离	西西北北	九四
25	初四辛亥	二尾定金	西东北北北	二碧坎	西东北北	九五
26	初五壬子	三箕执木	正南西北北北	一白震	西西北北	上九
27	初六癸丑	四斗破木	东西南南北	九紫巽	西西南南	上九
28	初七甲寅	五牛危木	大暑中1 西西南	八白坎	西西南	遁 初六
29	初八乙卯	六女成水	东西正南北	七赤艮	西南南	六二
30	初九丙辰	日虚收水	正西西北北	六白坤	东东西	九三
31	初十丁巳	一危开土	正西西北北	五黄乾	东西南	九四

8月大　七　月 庚申　否卦　天道行北　十七 辰时 立秋　初三 亥时 处暑

阳历	农历干支	星期星宿五行	日神方位(奇门节元) 喜财贵五神神鬼	九星八卦	八门方位 开生休门门门	六十四卦及爻数
1	十一戊午	二室闭火	东东北北北	四绿兑	东东正南东	九五
2	十二己未	三壁建火	大暑下4	三碧离	东东正南东	上九
3	十三庚申	四奎除木	西东北东北北	二碧震	东东正北南东	恒 初六
4	十四辛酉	五娄满木	西东北北北	一白巽	东东南南	九二
5	十五壬戌	六昴平水	正西西北北	九紫坎	正正东南	九三
6	十六癸亥	日昴定水	正南正东北	八白艮	正东南南	九四
7	十七甲子	一毕定火	[立秋]2	七赤坤	东东北北	六五
8	十八乙丑	二觜执金	东东正南北	六白乾	西东北北	上六
9	十九丙寅	三参破火	西东正南西	五黄兑	正正西南	节 初九
10	二十丁卯	四井危火	正正正东南	四绿离	正正西南	九二
11	廿一戊辰	五鬼成木	正正正东南	三碧震	西东南南	六三
12	廿二己巳	六柳收木	立秋中5	二碧巽	西东南	六四
13	廿三庚午	日星开土	北正东北	一白坎	东东正	九五
14	廿四辛未	一张闭土	东正东北北	九紫艮	东东正南东	上六
15	廿五壬申	二翼建金	正南南南	八白坤	东东正南东	同人 初九
16	廿六癸酉	三轸除金	正南正北南	七赤乾	正正东	六二
17	廿七甲戌	四角满土	立秋下8	六白兑	西东正北	九三
18	廿八乙亥	五亢平火	东正东北北	五黄离	正正东	九四
19	廿九丙子	六氐定水	东西正南北	四绿震	正东西北北	九五
20	七月丁丑	日房执水	东西正南北	三碧兑	正正东	上九
21	初二戊寅	一心破土	正正东北北	二碧兑	正东东	损 初九
22	初三己卯	二尾危土	[处暑]1	一白离	西西正南	九二
23	初四庚辰	三箕成金	东正西北北	九紫震	西西北北	六三
24	初五辛巳	四斗收金	东东北北北	八白巽	正正东	六五
25	初六壬午	五牛开木	正南南东北	七赤坎	正正东北北	六五
26	初七癸未	六女闭木	正南东北北	六白艮	正正东北	上九
27	初八甲申	日建水	处暑中4	五黄坤	正正东北北	否 初六
28	初九乙酉	一危除土	西东西南北	四绿乾	东东正南北	六二
29	初十丙戌	二室满土	正正西北北	三碧离	东西正南	六三
30	十一丁亥	三壁平土	正南西北北	二碧坎	东西正南	九四
31	十二戊子	四奎定火	东东北北北	一白震	西北东北	九五

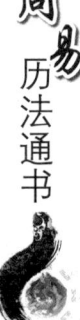

周易历法通书

公元 2028 年(闰)　农历戊申(猴)年
(闰五月)

（太岁戊申,干土支金,纳音属土,岁德戊,贵人在未、丑,岁禄巳,岁马寅,奏书坤,博士艮,力士乾,利东西不利南北。）

9月小　八月辛酉 观卦 天道行东北　十九 巳时 白露／初四 戌时 秋分

阳历	农历干支	星期星宿五行	日神方位(奇门节元)喜财贵五神神神鬼	九星八卦	八门方位开生休门门门	六十四卦及爻数
1	十三己丑	五娄执火	处暑下7	九紫巽	西东正北东正	上九
2	十四庚寅	六胃破木	西正北东东正	八白坎	西东正北北正	巽 初六
3	十五辛卯	日昴危木	西正南东南正	七赤艮	西正南西南	九二
4	十六壬辰	一毕成水	正东南南西正	六白坤	正正西西	九三
5	十七癸巳	二觜收水	正正南南北正	五黄乾	正正东北正	六四
6	十八甲午	三参开金	白露上9	四绿兑	东东正北东	九五
7	十九乙未	四井开金	[白露]巳	三碧离	东东正北南正	上九
8	二十丙申	五鬼闭火	正正南西北正	二黑震	西正东北南正	萃 初六
9	廿一丁酉	六柳建金	正正南西西南	一白巽	正正东西西	六二
10	廿二戊戌	日星除木	东正北西北正	九紫坎	东正南西南	六三
11	廿三己亥	一张满土	白露中3	八白艮	东正南西南	九四
12	廿四庚子	二翼平土	西正北东东北南	七赤坤	正正东北	上六
13	廿五辛丑	三轸定土	西正北南北正	六白乾	正正东南西	上六
14	廿六壬寅	四角执金	西正南北北正	五黄兑	西正北东西	大畜 初九
15	廿七癸卯	五亢破金	东正南南南正	四绿离	西西北西	九二
16	廿八甲辰	六氐危水	白露下6	三碧震	西正北东	九三
17	廿九乙巳	日房成水	西东正正东	二黑巽	西正北东	六四
18	三十丙午	一心收水	西正南西北正	一白坎	东北北正	六五
19	八月丁未	二尾开木	西正南西南正	九紫兑	东北东正	上九
20	初二戊申	三箕闭金	东正南正东正	八白离	正正东正	贲 初九
21	初三己酉	四斗建土	秋分上7	七赤震	东西正南	六二
22	初四庚戌	五牛除金	[秋分]戌	六白巽	东正南南	九三
23	初五辛亥	六女满金	西正东西南	五黄坎	东正南南	六四
24	初六壬子	日虚平木	西正南北北正	四绿艮	西北北正	六五
25	初七癸丑	一危定木	东正南东西正	三碧坤	西北北	上九
26	初八甲寅	二室执水	秋分中1	二黑乾	西东北北正	观 初六
27	初九乙卯	三壁破土	正东南南北北	一白兑	正正西西	六二
28	初十丙辰	四奎危土	西正正北南正	九紫离	正正东西	六三
29	十一丁巳	五娄成土	正正南西北正	八白震	正正东北	六四
30	十二戊午	六胃收火	东正北正北正	七赤巽	东东北南东	九五
31						

10月大　九月壬戌 剥卦 天道行南　二十 丑时 寒露／初六 卯时 霜降

阳历	农历干支	星期星宿五行	日神方位(奇门节元)喜财贵五神神神鬼	九星八卦	八门方位开生休门门门	六十四卦及爻数
1	十三己未	一昴开火	秋分下4	六白坎	东东正北东正	上九
2	十四庚申	一毕闭木	西正北东东东	五黄艮	西东正北东	归妹 初九
3	十五辛酉	二觜建木	西正南东东北	四绿坤	东东正南	九二
4	十六壬戌	三参除水	正东南西西正	三碧乾	正正东北	六三
5	十七癸亥	四井满水	东正南南南东	二黑兑	正正东北东	九四
6	十八甲子	五鬼平金	寒露上6	一白离	西东北北正	六五
7	十九乙丑	六柳定金	西正东西正南	一白震	西东北北正	上六
8	二十丙寅	日星定火	[寒露]丑	二黑巽	西正东北正	上六
9	廿一丁卯	一张执火	正正西正	三碧坎	正正西南	无妄 初九
10	廿二戊辰	二翼破木	东正北东东	四绿艮	正正东南	六二
11	廿三己巳	三轸危木	寒露中9	五黄坤	正正东南	六三
12	廿四庚午	四角成土	西正正西西	六白乾	东东东正	九四
13	廿五辛未	五亢收土	西正北东东	七赤兑	东东北东	九五
14	廿六壬申	六氐开金	正正东西南正	八白离	东东北东	上九
15	廿七癸酉	日房闭金	东正正南正	九紫震	正正东东	明夷 初九
16	廿八甲戌	一心建火	寒露下3	一白巽	正正东东	六二
17	廿九乙亥	二尾除火	西东正东正	二黑坎	正正东正	九三
18	九月丙子	三箕满水	西正西北北	三碧离	西北正	六四
19	初二丁丑	四斗平水	正正东北正	四绿震	正正东	六五
20	初三戊寅	五牛定土	东正东正正	五黄巽	正正西	上六
21	初四己卯	六女执土	霜降上5	六白坎	西西正	困 初六
22	初五庚辰	日虚破金	西正北东南正	七赤艮	西正东北	九二
23	初六辛巳	一危危金	[霜降]卯	八白坤	西正东正	六三
24	初七壬午	二室成木	西正南南南正	九紫乾	西北东正	九四
25	初八癸未	三壁收木	东正正西	一白兑	正正东正	九五
26	初九甲申	四奎开水	霜降中8	二黑离	正正东北	上六
27	初十乙酉	五娄闭水	西东正南东	三碧震	东东正南正	剥 初六
28	十一丙戌	六胃建土	西正西北正	四绿巽	东东正南	六二
29	十二丁亥	日昴除土	正正东南北	五黄坎	东东正南	六三
30	十三戊子	一毕满火	东正北北北正	六白艮	东北北正	六四
31	十四己丑	二觜平火	霜降下2	七赤坤	西东正北北	六五

公元 2028 年(闰)　农历戊申(猴)年
(闰五月)

太岁戊申,干土支金,纳音属土,岁德戊,贵人在未、丑,岁禄巳,岁马寅,奏书坤,博士艮,力士乾,利东西不利南北。

11月小 十 月癸亥 坤卦 天道行东　廿一 卯时 立冬／初七 丑时 小雪

阳历	农历干支星期星宿五行	日神方位(奇门节元)喜财贵五神鬼	九星八卦	八门方位开生休门	六十四卦及爻数
1	十五庚寅三参定木	西北/东北/正南/正北	八白乾	西东/东北/正南	上九
2	十六辛卯四井执木	西东/东南/正南/正北	九紫兑	正东/西北/正南	艮 初六
3	十七壬辰五鬼破木	正西/南南/南南/南北	一白离	正东/正南/西南	六二
4	十八癸巳六柳危木	东东/西正/正南/正北	二黑震	正东/正南/西南	九三
5	十九甲午日星成金	立冬上6	三碧巽	东东/北正/东东	六四
6	二十乙未一张收金	西东/北南/北北/南南	四绿坎	东东/北正/东东	六五
7	廿一丙申二翼收火	[立冬]卯	五黄艮	东东/正北/正南	上九
8	廿二丁酉三轸开火	正正/北北/西西	六白坤	东东/南正/南南	既济 初九
9	廿三戊戌四角闭木	东北/北北/正北	七赤乾	正正/东北/东北	六二
10	廿四己亥五亢建木	立冬中9	八白兑	正正/西南/南南	九三
11	廿五庚子六氐除土	西北/东北/正北	九紫离	正北/北北/北北	六四
12	廿六辛丑日房满土	西东/北正/正北	一白震	正正/西北/正北	九五
13	廿七壬寅一心平金	正正/北北/正正	二黑巽	正正/西北/北北	上六
14	廿八癸卯二尾定金	东南/东南/南南	三碧坎	正南/西西/正西	噬嗑 初九
15	廿九甲辰三箕执木	立冬下3	四绿艮	东西/正正/东东	六二
16	十月乙巳四斗破火	西东/北北/北东	五黄震	西东/正西/北西	六三
17	初二丙午五牛危火	南西/北北/北北	六白巽	东东/北正/东东	九四
18	初三丁未六女成水	正正/西南/南北	七赤乾	正北/东正/东北	六五
19	初四戊申日虚收土	东北/正正/正南	八白兑	正北/东正/东北	上九
20	初五己酉一危开土	小雪上5	九紫坤	东东/南正/南南	大过 初六
21	初六庚戌二室闭金	西北/正北/南南	一白乾	东东/南正/南南	九二
22	初七辛亥三壁建金	[小雪]丑	二黑兑	正正/东西/北南	九三
23	初八壬子四奎除木	正正/东西	三碧震	西南/东正/东北	九四
24	初九癸丑五娄满木	东东/南南/南南	四绿巽	正南/东正/东北	九五
25	初十甲寅六胃平水	小雪中8	五黄巽	东北/正北/北北	上六
26	十一乙卯日昴定水	西东/南北/北北	六白艮	西西/正南/北北	坤 初六
27	十二丙辰一毕执土	正南/东北/北北	七赤艮	西西/正南/北北	六二
28	十三丁巳二觜破土	正正/西北/北北	八白坤	正正/西西/北北	六三
29	十四戊午三参危火	东北/北北/北北	九紫乾	东东/正南/北东	六四
30	十五己未四井成火	小雪下2	一白兑	东东/正南/北东	六五
31					

12月大 十一月甲子 复卦 天道行东南　廿一 亥时 大雪／初六 申时 冬至

阳历	农历干支星期星宿五行	日神方位(奇门节元)喜财贵五神鬼	九星八卦	八门方位开生休门	六十四卦及爻数
1	十六庚申五鬼收木	西正/西正/西正	二黑离	东东/正正/南南	上六
2	十七辛酉六柳开木	西南/北正/北北	三碧震	正东/东南/南南	未济 初六
3	十八壬戌日星闭水	西正/北北/北北	四绿巽	东东/正东/南南	九二
4	十九癸亥一张破水	东东/北正/正南	五黄坎	东东/正东/南南	六三
5	二十甲子二翼除金	大雪上4	六白艮	西东/北北/北北	九四
6	廿一乙丑三轸除金	[大雪]亥	七赤坤	西东/北北/北北	六五
7	廿二丙寅四角满火	西正/西南/南南	八白离	西东/正北/北北	上九
8	廿三丁卯五亢平火	西正/南南/南南	九紫兑	正正/南南/南南	蹇 初六
9	廿四戊辰六氐定木	东东/正北/正东	一白离	正正/西正/东北	六二
10	廿五己巳日房执木	大雪中7	二黑震	正正/西南/西南	六三
11	廿六庚午一心破土	西东/东正/南南	三碧巽	正东/东北/东东	六四
12	廿七辛未二尾危土	正正/东西/南南	四绿坎	东东/东正/东东	九五
13	廿八壬申三箕成金	正正/南南/南南	五黄艮	东东/南正/南南	上六
14	廿九癸酉四斗收金	东正/南南/南南	六白坤	东东/南正/南南	颐 初九
15	三十甲戌五牛开火	大雪下1	七赤乾	正正/东正/东北	六二
16	十一乙亥六女闭火	西东/北正/北北	八白巽	西东/正北/北北	六三
17	初二丙子日建水	西南/北北/北北	九紫坎	西正/西正/北北	六四
18	初三丁丑一危除水	西东/北北/北北	一白艮	正正/西正/西北	六五
19	初四戊寅二室满土	东东/北正/正北	二黑坤	正正/西正/西北	上九
20	初五己卯三壁平土	冬至上1	三碧震	东西/正北/正北	上九
21	初六庚辰四奎定金	[冬至]申	四绿兑	西西/正北/西北	中孚 初九
22	初七辛巳五娄执金	南西/正北/北北	五黄离	南西/正北/西北	九二
23	初八壬午六胃破木	正正/东西/南南	六白震	正正/东正/东东	六三
24	初九癸未日昴危木	东东/南南/南南	七赤巽	东东/东正/东东	六四
25	初十甲申一毕成水	冬至中7	八白坎	西东/北正/北北	九五
26	十一乙酉二觜收水	西北/北北/南南	九紫艮	东东/南正/南南	上九
27	十二丙戌三参开土	西正/西北/北北	一白坤	东东/南正/南南	复 初九
28	十三丁亥四井闭土	正正/东正/东北	二黑乾	西东/正正/北北	六二
29	十四戊子五鬼建火	东东/正东/北北	三碧兑	西东/正正/北北	六三
30	十五己丑六柳除火	冬至下4	四绿离	西东/正正/北北	六四
31	十六庚寅日星满木	西北/东东/东东	五黄震	东东/正正/北北	六五

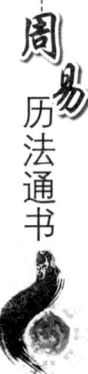

周易历法通书

公元 2029 年　　农历己酉(鸡)年

> 太岁己酉,干土支金,纳音属土,岁德甲,贵人在子、申,岁禄午,岁马亥,奏书坤,博士艮,力士乾,利南北不利东西。

1月大　十二月 乙丑 临卦 天道行西　廿一 巳时 小寒　初六 寅时 大寒

阳历	农历干支 星期星宿五行	日神方位(奇门节元) 喜财贵五神/神鬼	九星八卦	八门方位 开生休门	六十四卦 及爻数
1	十七辛卯 一张平木	西正正正/南东南北	六白巽	正正西/南东南	上六
2	十八壬辰 二翼定水	正正正东/南南北北	七赤坎	正正西/南东南	屯 初九
3	十九癸巳 三轸执火	东正正东/南南南北	八白艮	正正西/南西南	六二
4	二十甲午 四角破金	小寒上 2	九紫坤	东东正/北北南	六三
5	廿一乙未 五亢破金	[小寒] 巳	一白乾	东东正/北北南	六四
6	廿二丙申 六氐危木	西西正正/南西北北	二黑兑	东东正/北南北	九五
7	廿三丁酉 一房成木	正正正西/南南北北	三碧离	正正东/东南南	上六
8	廿四戊戌 一心收木	正正正正/南北北北	四绿震	东正正/南南南	谦 初六
9	廿五己亥 二尾开木	小寒中 8	五黄巽	正正东/东南南	六二
10	廿六庚子 三箕闭土	西西东正/北东北南	六白坎	正正东/西南北	九三
11	廿七辛丑 四斗建金	正正西正/南东北北	七赤艮	西正东/西北北	六四
12	廿八壬寅 五牛除金	正正正东/南南南北	八白坤	正正西/南东西	六五
13	廿九癸卯 六女满金	东正正正/南南南南	九紫乾	西西正/南南西	上六
14	三十甲辰 一虚平火	小寒下 5	一白兑	正正正/南北北	睽 初九
15	十二 乙巳 一危定火	西东正正/北北东东	二黑坎	西西正/南北北	九二
16	初二丙午 二室执水	正正西正/南西北北	三碧艮	正正东/北北东	六三
17	初三丁未 三壁破木	正西西北/南西北北	四绿坤	正正东/北北东	九四
18	初四戊申 四奎危土	东正正西/南北东南	五黄乾	正正东/北北北	九五
19	初五己酉 五娄成土	大寒上 3	六白兑	东正正/南南北	上九
20	初六庚戌 六胃收金	[大寒] 寅	七赤离	东东正/南南南	升 初六
21	初七辛亥 日昴开金	正正西正/南东北北	八白震	东西正/南南南	九二
22	初八壬子 一毕闭木	正西正正/南南北北	九紫巽	正正东/北北北	九三
23	初九癸丑 二觜建木	东正正西/南南南南	一白坎	西正东/南南南	六四
24	初十甲寅 三参除水	大寒中 9	二黑艮	西正东/南南南	六五
25	十一乙卯 四井满金	西东正西/北北北北	三碧坤	正正东/南南东	上六
26	十二丙辰 五鬼平土	西东正正/南北北南	四绿乾	正正西/北北南	临 初九
27	十三丁巳 六柳定土	正正西正/南东北北	五黄兑	正正东/北北南	九二
28	十四戊午 日星执火	东正正西/南南北南	六白离	东东正/北南南	六三
29	十五己未 一张破火	大寒下 6	七赤震	东东正/北南南	六四
30	十六庚申 二翼危木	西东正正/北东北北	八白巽	正正东/北南南	六五
31	十七辛酉 三轸成木	西西西东/南北北南	九紫坎	正正东/东南南	上六

2月平　一 月 丙寅 泰卦 天道行南　二十 亥时 立春　初六 酉时 雨水

阳历	农历干支 星期星宿五行	日神方位(奇门节元) 喜财贵五神/神鬼	九星八卦	八门方位 开生休门	六十四卦 及爻数
1	十八壬戌 四角收木	正正西西/南南北北	一白艮	正正东/东南东	小过 初六
2	十九癸亥 五亢开水	东正东正/南南南东	二黑坤	东东正/北南北	六二
3	二十甲子 六氐开金	[立春] 8	三碧乾	西北北/北北北	九三
4	廿一乙丑 一房闭金	西东正正/南北东南	四绿震	西北北/北北南	九四
5	廿二丙寅 一心建火	正西西正/南西北北	五黄离	西北北/北北北	六五
6	廿三丁卯 二尾除木	正正西正/南西北北	六白震	正正东/东西北	上六
7	廿四戊辰 三箕满木	东正正正/北北南东	七赤巽	正正西/东西北	蒙 初六
8	廿五己巳 四斗平木	立春中 5	八白坎	东东正/北南北	九二
9	廿六庚午 五牛定土	西西东正/北东南	九紫艮	东东正/北南北	六三
10	廿七辛未 六女执土	正正西东/南东北东	一白坤	东东正/北南东	六四
11	廿八壬申 日虚破金	正正正西/南南东南	二黑乾	东东正/北南东	六五
12	廿九癸酉 一危危金	东正正正/南南东南	三碧兑	正正东/北南东	上九
13	一月甲戌 二室成火	立春下 2	四绿震	正正东/东西南	益 初九
14	初二乙亥 三壁收木	西正东正/北南北北	五黄巽	正正东/东西南	六二
15	初三丙子 四奎开水	西西正正/南西北东	六白坎	正正东/东北南	六三
16	初四丁丑 五娄闭水	正正西正/南西北北	七赤艮	正正东/东北南	六四
17	初五戊寅 六胃建土	东正正西/南北北南	八白坤	正正东/东北南	九五
18	初六己卯 日昴满土	[雨水] 9	九紫乾	西西正/南北东	上九
19	初七庚辰 一毕满金	西西西正/南南北东	一白兑	西西正/南北东	渐 初六
20	初八辛巳 二觜平金	西西西正/南南北南	二黑离	正正西/北北东	六二
21	初九壬午 三参定木	正正西西/南南北北	三碧震	正正东/北北东	九三
22	初十癸未 四井执水	东正正东/南东南东	四绿巽	正正东/北北东	六四
23	十一甲申 五鬼破水	雨水中 6	五黄坎	东东正/北南南	九五
24	十二乙酉 六柳危水	西东正东/北南南东	六白艮	东西正/南南南	上九
25	十三丙戌 日星成土	西西西正/南东北北	七赤坤	东东正/北南南	泰 初九
26	十四丁亥 一张收木	正正东正/南西东北	八白乾	东东正/北南南	九二
27	十五戊子 二翼开火	东西正西/北西东北	九紫兑	正正东/北北南	九三
28	十六己丑 三轸闭火	雨水下 3	一白离	西西正/北北北	六四

公元 2029 年　　　农历己酉(鸡)年

太岁己酉，干土支金，纳音属土，岁德甲，贵人在子、申，岁禄午，岁马亥，奏书坤，博士艮，力士乾，利南北不利东西。

3月大　二月 丁卯 大壮卦 天道行西南　廿一 申时 惊蛰　初六 申时 春分

阳历	农历干支 星期星宿五行	日神方位(奇门节元)	九星八卦	八门方位	六十四卦及爻数
1	十七庚寅 四角建木		二黑震		六五
2	十八辛卯 五亢除木		三碧巽		上六
3	十九壬辰 六氐满木		四绿坎		上六
4	二十癸巳 日房平金		五黄艮		需初九
5	廿一甲午 一心平金	[惊蛰]1	六白坤		九二
6	廿二乙未 二尾定金		七赤乾		九三
7	廿三丙申 三箕执火		八白兑		六四
8	廿四丁酉 四斗破火		九紫离		九五
9	廿五戊戌 五牛危木		一白震		上六
10	廿六己亥 六女成木	惊蛰中7	二黑巽		随初九
11	廿七庚子 日虚收土		三碧坎		六二
12	廿八辛丑 一危开土		四绿艮		六三
13	廿九壬寅 二室闭金		五黄坤		九四
14	三十癸卯 三壁建金		六白乾		九五
15	二月甲辰 四奎除火	惊蛰下4	七赤巽		上六
16	初二乙巳 五娄满火		八白坎		晋初六
17	初三丙午 六胃平水		九紫艮		六二
18	初四丁未 日昴定水		一白坤		六三
19	初五戊申 二毕执土		二黑乾		九四
20	初六己酉 二觜破土	[春分]3	三碧兑		六五
21	初七庚戌 三参危金		四绿离		上九
22	初八辛亥 四井成金		五黄震		解初六
23	初九壬子 五鬼收木		六白巽		九二
24	初十癸丑 六柳开木		七赤艮		六三
25	十一甲寅 日星闭水	春分中9	八白艮		九四
26	十二乙卯 一张建水		九紫坤		六五
27	十三丙辰 二翼除土		一白乾		上六
28	十四丁巳 三轸满土		二黑兑		大壮初九
29	十五戊午 四角平火		三碧震		九二
30	十六己未 五亢定火	春分下6	四绿震		九三
31	十七庚申 六氐执木		五黄巽		九四

4月小　三月 戊辰 夬卦 天道行北　廿一 戌时 清明　初七 丑时 谷雨

农历干支 星期星宿五行	日神方位(奇门节元)	九星八卦	八门方位	六十四卦及爻数
十八辛酉 日房破木		六白坎		六五
十九壬戌 一心危水		七赤艮		上六
二十癸亥 二尾成水		八白坤		豫初六
廿一甲子 三箕成金	[清明]4	九紫乾		六二
廿二乙丑 四斗收金		九紫兑		六三
廿三丙寅 五牛开火		八白离		九四
廿四丁卯 六女闭火		七赤震		六五
廿五戊辰 日虚建木		六白巽		上六
廿六己巳 一危除木	清明中1	五黄坎		讼初六
廿七庚午 二室满土		四绿艮		九二
廿八辛未 三壁平土		三碧坤		六三
廿九壬申 四奎定金		二黑乾		九四
三十癸酉 五娄执金		一白兑		九五
三月甲戌 六胃破火	清明下7	九紫坎		上九
初二乙亥 日昴危水		八白艮		蛊初六
初三丙子 一毕成水		七赤坤		九二
初四丁丑 二觜成水		六白乾		九三
初五戊寅 三参开土		五黄兑		六四
初六己卯 四井闭土	谷雨上5	四绿离		六五
初七庚辰 五鬼建金	[谷雨]丑	三碧震		上九
初八辛巳 六柳除金		二黑巽		革初九
初九壬午 日星满木		一白坎		六二
初十癸未 一张平木		九紫艮		九三
十一甲申 二翼定水	谷雨中2	八白坤		九四
十二乙酉 三轸执水		七赤乾		九五
十三丙戌 四角破火		六白兑		上六
十四丁亥 五亢危土		五黄离		夬初九
十五戊子 六氐成火		四绿震		九二
十六己丑 日房收火	谷雨下8	三碧艮		九三
十七庚寅 一心开木		二黑坎		九四

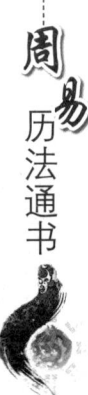

周易历法通书

公元2029年 农历己酉(鸡)年

(太岁己酉，干土支金，纳音属土，岁德甲，贵人在子、申，岁禄午，岁马亥，奏书坤，博士艮，力士乾，利南北不利东西。)

5月大 四 月 己巳 乾卦 天道行西 廿二 未时 立夏 初九 丑时 小满

阳历	农历干支	星期 星宿 五行	日神方位(奇门节元) 喜神 财神 贵神 五鬼	九星 八卦	八门方位 开门 生门 休门	六十四卦及爻数
1	十八辛卯	二尾闭木	西南 正东 西南 正北	一白艮	正南 正西 西南	九五
2	十九壬辰	三箕建水	正南 正南 正南 西北	九紫坤	正南 正西 西南	上六
3	二十癸巳	四斗除水	东南 正南 正南 西北	八白乾	正南 正西 西南	䷷旅 初六
4	廿一甲午	五牛满金	立夏上4	七赤兑	东北 东南 正东	六二
5	廿二乙未	六女满金	[立夏] 未	六白离	东北 东南 正东	九三
6	廿三丙申	日虚平火	西南 正西 西北 西北	五黄震	东北 东南 正东	九四
7	廿四丁酉	一危定火	正南 正西 西北 西北	四绿巽	正东 正南 东南	六五
8	廿五戊戌	二室执木	东南 正北 正北 西北	三碧坎	正东 正南 东南	上九
9	廿六己亥	三壁破木	立夏中1	二黑艮	正东 正南 东南	䷆师 初六
10	廿七庚子	四奎危土	西北 正东 正北 正南	一白坤	正西 正北 西北	九二
11	廿八辛丑	五娄成土	西南 正东 东北 正北	九紫乾	正西 正北 西北	六三
12	廿九壬寅	六胃收金	正南 正南 东北 正北	八白兑	正西 正北 西北	六四
13	**四月**癸卯	日昴开金	东南 正南 东南 正南	七赤艮	西南 西北 正西	六五
14	初二甲辰	一毕闭火	立夏下7	六白坤	西南 西北 正西	上六
15	初三乙巳	二觜建火	西北 东南 正北 正东	五黄乾	西南 西北 正西	上六
16	初四丙午	三参除水	西南 正西 西北 正北	四绿兑	正北 正东 东北	䷇比 初六
17	初五丁未	四井满水	正南 正西 正南 正北	三碧离	正北 正东 东北	六二
18	初六戊申	五鬼平土	东南 正北 正东 西南	二黑震	正北 正东 东北	六三
19	初七己酉	六柳定土	小满上5	一白巽	东南 西南 正南	六四
20	初八庚戌	日星执金	西北 正东 正南 西南	九紫坎	东南 西南 正南	九五
21	初九辛亥	一张破金	[小满] 丑	八白艮	东南 西南 正南	上六
22	初十壬子	二翼危木	正南 正南 东北 西北	七赤坤	西北 东北 正北	䷈小畜 初九
23	十一癸丑	三轸成木	东南 正南 东南 西南	六白乾	西北 东北 正北	九二
24	十二甲寅	四角收水	小满中2	五黄兑	西北 东北 正北	九三
25	十三乙卯	五亢开水	西北 东南 正北 西北	四绿离	正南 正西 西南	六四
26	十四丙辰	六氐闭土	西南 正西 正北 正南	三碧震	正南 正西 西南	九五
27	十五丁巳	日房建土	正南 正西 西北 西北	二黑巽	正南 正西 西南	上九
28	十六戊午	一心除火	东南 正北 正北 西北	一白坎	东北 东南 正东	䷀乾 初九
29	十七己未	二尾满火	小满下8	九紫艮	东北 东南 正东	九二
30	十八庚申	三箕平木	西北 正东 西北 正北	八白坤	东北 东南 正东	九三
31	十九辛酉	四斗定木	西南 正东 西北 东北	七赤乾	正东 正南 东南	九四

6月小 五 月 庚午 姤卦 天道行西北 廿四 酉时 芒种 初十 巳时 夏至

阳历	农历干支	星期 星宿 五行	日神方位(奇门节元) 喜神 财神 贵神 五鬼	九星 八卦	八门方位 开门 生门 休门	六十四卦及爻数
1	二十壬戌	五牛执水	正南 正南 西北 西北	六白兑	正东 正南 东南	九五
2	廿一癸亥	六女破水	东南 正南 东南 正东	五黄离	正东 正南 东南	上九
3	廿二甲子	日虚危金	芒种上6	四绿震	西北 东北 正北	䷍大有 初九
4	廿三乙丑	一危成金	西北 东南 西南 正南	三碧巽	西北 东北 正北	九二
5	廿四丙寅	二室成火	[芒种] 酉	二黑坎	西北 东北 正北	九三
6	廿五丁卯	三壁收火	正南 正西 西南 正北	一白艮	正南 正西 西南	九四
7	廿六戊辰	四奎开木	东南 正北 正南 正东	九紫坤	正南 正西 西南	六五
8	廿七己巳	五娄闭木	芒种中3	八白乾	正南 正西 西南	上九
9	廿八庚午	六胃建土	西北 正东 西南 西南	七赤兑	东北 东南 正东	䷤家人 初九
10	廿九辛未	日昴除土	西南 正东 西北 正东	六白离	东北 东南 正东	六二
11	三十壬申	一毕满金	正南 正南 东南 西南	五黄震	东北 东南 正东	九三
12	**五月**癸酉	二觜平金	东南 正南 正北 正南	四绿坤	正东 正南 东南	六四
13	初二甲戌	三参定火	芒种下9	三碧乾	正东 正南 东南	九五
14	初三乙亥	四井执火	西北 东南 西北 正南	二黑兑	正东 正南 东南	上九
15	初四丙子	五鬼破水	西南 正西 西北 正北	一白离	正西 正北 西北	䷯井 初六
16	初五丁丑	六柳危水	正南 正西 西北 正北	九紫震	正西 正北 西北	九二
17	初六戊寅	日星成土	东南 正北 正北 正南	八白巽	正西 正北 西北	九三
18	初七己卯	一张收土	夏至上9	七赤坎	西南 西北 正西	六四
19	初八庚辰	二翼开金	西北 正东 正南 正南	六白艮	西南 西北 正西	九五
20	初九辛巳	三轸闭金	西南 正东 西北 正北	五黄坤	西南 西北 正西	上六
21	初十壬午	四角建木	[夏至] 巳	四绿乾	正北 正东 东北	䷞咸 初六
22	十一癸未	五亢除木	东南 正南 正东 西南	三碧兑	正北 正东 东北	六二
23	十二甲申	六氐满水	夏至中3	二黑离	正北 正东 东北	九三
24	十三乙酉	日房平水	西北 东南 西南 正东	一白震	东南 西南 正南	九四
25	十四丙戌	一心定土	西南 正西 西北 正北	九紫巽	东南 西南 正南	九五
26	十五丁亥	二尾执土	正南 正西 东南 正北	八白坎	东南 西南 正南	上六
27	十六戊子	三箕破火	东南 正北 东北 西北	七赤艮	西北 东北 正北	䷫姤 初六
28	十七己丑	四斗危火	夏至下6	六白坤	西北 东北 正北	九二
29	十八庚寅	五牛成木	西北 正东 正东 正东	五黄乾	西北 东北 正北	九三
30	十九辛卯	六女收木	西南 正东 西南 正北	四绿兑	正南 正西 西南	九四

公元 2029 年　　农历己酉(鸡)年

（太岁己酉,干土支金,纳音属土,岁德甲,贵人在子、申,岁禄午,岁马亥,奏书坤,博士艮,力士乾,利南北不利东西。）

7月大　六 月辛未 遯卦 天道行东　廿六 寅时 小暑／十二 戌时 大暑

阳历	农历干支	星期星宿五行	日神方位(奇门节元) 喜神财神贵神五鬼	九八星卦	八门方位 开生休门门门	六十四卦 及爻数
1	二十壬辰	日虚闭水	正正西南南北	三碧离	正西北	九五
2	廿一癸巳	一危闭水	东正正西南南北	二黑震	正西西	上九
3	廿二甲午	二室建金	小暑上8	一白巽	东东正北北正	鼎 初六
4	廿三乙未	三壁除金	东东西北正	九紫坎	东东正北北正	九二
5	廿四丙申	四奎满火	西西西北北	八白艮	东东正北北东	九三
6	廿五丁酉	五娄平火	正正东南北北	七赤坤	东东正南北北	九四
7	廿六戊戌	六胃平土	[小暑]寅	六白乾		六五
8	廿七己亥	日昴定木	小暑中2	五黄兑	正正东南南南	上九
9	廿八庚子	一毕执土	正正西北北南	四绿离	西西正北东东	丰 初六
10	廿九辛丑	二觜破土	西西东北北正	三碧震	西北正北西	六二
11	六月壬寅	三参危金	正正东南北北	二黑乾	正东正北北	九三
12	初二癸卯	四井成金	东正东南南南	一白坎	西北北西南	九四
13	初三甲辰	五鬼收水	小暑下5	九紫离	西北西南	六五
14	初四乙巳	六柳开火	东西北北东	八白震	东东西北北	上六
15	初五丙午	日星闭水	西正西北东东	七赤巽	正正东北东北	涣 初六
16	初六丁未	一张建水	正正东南北北	六白坎	东东北北东	九二
17	初七戊申	二翼除土	正南北南	五黄艮	东北北东	六三
18	初八己酉	三轸满土	大暑上7	四绿坤	东东正南南正	六四
19	初九庚戌	四角平金	正正西北北南	三碧乾	东东正北南南	九五
20	初十辛亥	五亢定金	西西东北北正	二黑兑	西南东北南	上九
21	十一壬子	六氐执水	正正东西南北北	一白震	西南正北北	履 初九
22	十二癸丑	日房破水	[大暑]戌	九紫震	正东正北北	九二
23	十三甲寅	一心危水	大暑中1	八白巽	东东正北南南	六三
24	十四乙卯	二尾成水	东西北北东	七赤坤	东东西北北	九四
25	十五丙辰	三箕收土	西正西北东东	六白艮	正正东南南	九五
26	十六丁巳	四斗开土	正正西南北北	五黄坤	西东正南南东	上九
27	十七戊午	五牛闭火	东正东北北北	四绿乾	东正东北北东	上九
28	十八己未	六女成火	大暑下4	三碧兑	正东北北东东	遯 初六
29	十九庚申	日虚除土	西西西南北	二黑离	正正西南南南	六二
30	二十辛酉	一危满木	西东西北北东	一白震	正正东南南北	九三
31	廿一壬戌	二室平水	正正西南南北	九紫巽	正正东东南南	九四

8月大　七 月壬申 否卦 天道行北　廿八 未时 立秋／十四 寅时 处暑

阳历	农历干支	星期星宿五行	日神方位(奇门节元) 喜神财神贵神五鬼	九八星卦	八门方位 开生休门门门	六十四卦 及爻数
1	廿二癸亥	三壁定水	东正东南南东	八白坎	东东正南北北	九五
2	廿三甲子	四奎执金	立秋上2	七赤艮	西东正北北北	上九
3	廿四乙丑	五娄破金	西东西南南南	六白坤	西东正北南南	恒 初六
4	廿五丙寅	六胃成火	正正西南北北	五黄乾	东东正北南东	九二
5	廿六丁卯	日昴成火	正正西南北北	四绿兑	正正西北南南	九三
6	廿七戊辰	一毕收木	东正东北北北	三碧离	东东正北南南	九四
7	廿八己巳	二觜开木	[立秋]5	二黑震	正正西北北南	六五
8	廿九庚午	三参开土	西东正南北东	一白巽	东东正北北东	上六
9	三十辛未	四井闭土	正东正南北北	九紫离	西北东北东	节 初九
10	七月壬申	五鬼建金	正东正北北北	八白兑	东东正北北	九二
11	初二癸酉	六柳除金	东正正南北北	七赤离	东东正南北	六三
12	初三甲戌	日星满火	立秋下8	六白震	东东西北北	六四
13	初四乙亥	一张平火	东正东南北北	五黄巽	东东正北南南	九五
14	初五丙子	二翼定水	西正西北北北	四绿坎	正正西北北	上六
15	初六丁丑	三轸执水	正正西南北北	三碧艮	正正西北北	同人 初九
16	初七戊寅	四角破土	东正北南东	二黑坤	正西北北	六二
17	初八己卯	五亢危土	处暑上1	一白乾	西东正北北	九三
18	初九庚辰	六氐成金	西东西南正	九紫离	西东正北北	九四
19	初十辛巳	日房收金	正东正南北北	八白坎	西西正北北	九五
20	十一壬午	一心开木	东正东南北北	七赤震	正正东北北	上九
21	十二癸未	二尾闭木	东正正西南北北	六白巽	西东正北东北	损 初九
22	十三甲申	三箕建木	处暑中4	五黄坎	东东正北北	九二
23	十四乙酉	四斗除水	[处暑]寅	四绿震	东西正北南南	六三
24	十五丙戌	五牛满土	正正西北南南	三碧坤	东西正北南	九四
25	十六丁亥	六女平土	正东正北北北	二黑乾	东西正北南	六五
26	十七戊子	日虚定火	东正正南北北	一白坎	西东正北北	上九
27	十八己丑	一危执火	处暑下7	九紫离	西正西北北	否 初六
28	十九庚寅	二室破木	东北东东	八白震	北北东东	六二
29	二十辛卯	三壁成木	酉东东南东	七赤巽	正正西南南	六三
30	廿一壬辰	四奎成水	正正西南南北	六白坎	正正西南南北	九四
31	廿二癸巳	五娄收水	东正正南南北	五黄艮	正正西南西南	九五

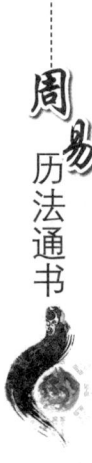

周易历法通书

公元 2029 年　　　农历己酉（鸡）年

（太岁己酉，干土支金，纳音属土，岁德甲，贵人在子、申，岁禄午，岁马亥，奏书坤，博士艮，力士乾，利南北不利东西。）

9月小　八　月癸酉　观卦　天道行东北　廿九 申时 白露　十六 丑时 秋分

阳历	农历干支	星期	星宿	五行	日神方位(奇门节元) 喜神财神贵神五神神鬼	九星	八卦	八门方位 开门生门休门	六十四卦	及爻数
1	廿三甲午	六	胃	开金	白露上9	四绿坤		东东正北南南		上九
2	廿四乙未	日	昴	闭金	西东正北南北	三碧乾		东东正北北南	巽 初六
3	廿五丙申	一	毕	建火	西正西北西北	二黑兑		东东正东南南	九二
4	廿六丁酉	二	觜	除火	正正西南西北	一白离		正正西东南南	六三
5	廿七戊戌	三	参	满木	东正正南北北	九紫震		正正西东东东	六四
6	廿八己亥	四	井	平木	白露中3	八白巽		正正西东南南	九五
7	廿九庚子	五	鬼	平土	[白露] 申	七赤坎		正正西西北北	上九
8	八月辛丑	六	柳	定金	南东北北	六白离		西正西北南北	萃 初六
9	初二壬寅	日	星	执金	正正正南南南	五黄艮		西正南北西	六二
10	初三癸卯	一	张	破木	东正东南南南	四绿巽		西西正南北西	六三
11	初四甲辰	二	翼	危木	白露下6	三碧坎		西西正北北西	九四
12	初五乙巳	三	轸	成火	西东正北南东	二黑艮		西西正北西西	九五
13	初六丙午	四	角	收水	西东正南西北	一白坤		西正北北北	上六
14	初七丁未	五	亢	开水	正正正南北东	九紫震		正正东北东北	大畜 初九
15	初八戊申	六	氐	闭土	东正正南北东	八白兑		正正东北北北	九二
16	初九己酉	日	房	建土	秋分上7	七赤离		东东正南南南	九三
17	初十庚戌	一	心	除金	西正西北南东	六白震		东西正南南西	六四
18	十一辛亥	二	尾	满金	西正西南东北	五黄巽		东西正南南南	六五
19	十二壬子	三	箕	平木	东东正南北北	四绿坎		东东正北北北	上九
20	十三癸丑	四	斗	定木	东正东南南南	三碧艮		西西正北北	贲 初九
21	十四甲寅	五	牛	执水	秋分中1	二黑震		西西正北北北	六二
22	十五乙卯	六	女	破水	西东正北南东	一白乾		正正西北南西	九三
23	十六丙辰	日	虚	危土	[秋分] 丑	九紫离		正正西南西北	六四
24	十七丁巳	一	危	成土	正正正南西北	八白离		正正西南西北	六五
25	十八戊午	二	室	收火	东正正南北北东	七赤震		东东正北北北	上九
26	十九己未	三	壁	开火	秋分下4	六白巽		东东正北南南	观 初六
27	二十庚申	四	奎	闭木	西东正北东北北	五黄艮		东东正北北南	六二
28	廿一辛酉	五	娄	建木	正东北南东北	四绿艮		正正西东南南	六三
29	廿二壬戌	六	胃	除水	正正南北北北	三碧坤		正正南东南南	六四
30	廿三癸亥	日	昴	满水	东正东南南东	二黑乾		正东南东南东	九五
31										

10月大　九　月甲戌　剥卦　天道行南　初一 辰时 寒露　十六 午时 霜降

阳历	农历干支	星期	星宿	五行	日神方位(奇门节元) 喜神财神贵神五神神鬼	九星	八卦	八门方位 开门生门休门	六十四卦	及爻数
1	廿四甲子	一	毕	平金	寒露上6	一白兑		西东正北北北	上九
2	廿五乙丑	二	觜	定金	西东正北南南	一白离		西东正北北北	归妹 初九
3	廿六丙寅	三	参	执火	西东正西西南	二黑震		西正西北北	九二
4	廿七丁卯	四	井	破火	正正西南西北	三碧巽		正正南东南	六三
5	廿八戊辰	五	鬼	危木	东正正南北东	四绿坎		正正西东南	九四
6	廿九己巳	六	柳	成土	寒露中9	五黄艮		正正西东东南	六五
7	三十庚午	日	星	收土	西正西西南南	六白坤		东东正北南南	上六
8	九月辛未	一	张	收土	[寒露] 辰	七赤震		东东正北北东	上六
9	初二壬申	二	翼	开金	正正东西南南	八白巽		东东正南南南	无妄 初九
10	初三癸酉	三	轸	闭金	东正正南北北	九紫坎		东正南南南	六二
11	初四甲戌	四	角	建金	寒露下3	一白艮		正正东北东南	六三
12	初五乙亥	五	亢	除火	西东正北南北	二黑坤		东正东北南东	九四
13	初六丙子	六	氐	满水	西东正南西北	三碧乾		西正北北北	九五
14	初七丁丑	日	房	平水	正正正南北东	四绿坤		正正西南北北	上九
15	初八戊寅	一	心	定土	东正正南北南	五黄离		正正西北北	明夷 初九
16	初九己卯	二	尾	执土	东东正南南南	六白震		西西正北北	六二
17	初十庚辰	三	箕	破金	西正正南东北	七赤巽		西西正北北	九三
18	十一辛巳	四	斗	危金	西正西南东北	八白坎		西西正西北	六四
19	十二壬午	五	牛	成水	东东正南北北	九紫震		东东正北东北	六五
20	十三癸未	六	女	收木	东正东南东南	一白坤		西西正东南	上六
21	十四甲申	日	虚	开水	霜降中8	二黑乾		西西正北北	困 初六
22	十五乙酉	一	危	闭金	西东正北南东	三碧艮		东西正南南	九二
23	十六丙戌	二	室	建土	[霜降] 午	四绿离		东西正南南	六三
24	十七丁亥	三	壁	除水	正正西南西北	五黄震		东西正北南	九四
25	十八戊子	四	奎	满火	东正正南北北	六白巽		西东正北北	九五
26	十九己丑	五	娄	平火	霜降下2	七赤坎		西正正北北	上六
27	二十庚寅	六	胃	定木	西正正北东东	八白艮		正正西北北	剥 初六
28	廿一辛卯	日	昴	执木	西正正南东北	九紫坤		正正西东南	六二
29	廿二壬辰	一	毕	破水	正正南北北东	一白乾		正正南东南	六三
30	廿三癸巳	二	觜	危水	东正东南南东	二黑兑		正正西西西	六四
31	廿四甲午	三	参	成金	立冬上6	三碧离		东东正北南东	六五

公元 2029 年　　　农历己酉(鸡)年　　太岁己酉,干土支金,纳音属土,岁德甲,贵人在子、申,岁禄午,岁马亥,奏书坤,博士艮,力士乾,利南北不利东西。

11月小　十月乙亥　坤卦　天道行东
初二 午时 立冬　十七 辰时 小雪

阳历	农历干支星期星宿五行	日神方位(奇门节元)喜财贵五神神鬼	九星八卦	八门方位开生休门门门	六十四卦及爻数
1	廿五乙未四井收金	西北正西西北正南	四绿震	东南正南正东	上九
2	廿六丙申五鬼闭火	西正西西南西南西北	五黄巽	正东正南北	艮 初六
3	廿七丁酉六柳闭火	正西正西西北	六白坎	正东正南南	六二
4	廿八戊戌日星建木	东北正西南南北	七赤艮	正东正南南	九三
5	廿九己亥一张除木	立冬中9	八白坤	东南正东南	六四
6	十月庚子二翼满土	西北正西正北	九紫巽	正西正西西	六五
7	初二辛丑三轸满土	正东正西正北	一白坎	正东正北北	上九
8	初三壬寅四角平木	正南正西北北	二黑艮	西北北	既济 初九
9	初四癸卯五亢定金	东南正东南南	三碧坤	西东正北	六二
10	初五甲辰六氐执火	立冬下3	四绿乾	西北北北	九三
11	初六乙巳日房破火	西北正南东东	五黄兑	西东正西	六四
12	初七丙午一心危水	西西北北	六白离	正东北北	九五
13	初八丁未二尾成水	西南正西南北	七赤震	西东正北	上六
14	初九戊申三箕满土	东北正正西	八白巽	正东正南	噬嗑 初九
15	初十己酉四斗开土	小雪上5	九紫坎	东南正南南	六二
16	十一庚戌五牛闭金	西北正南南	一白艮	东南正南南	六三
17	十二辛亥六女建金	西南正西北	二黑坤	西东正南	九四
18	十三壬子日虚除木	正东正西北北	三碧兑	西东北北	六五
19	十四癸丑一危除木	正南正东南南	四绿兑	正东南南	上九
20	十五甲寅二室平木	小雪中8	五黄离	西北北北	大过 初六
21	十六乙卯三壁定水	西北正北北	六白震	正南正东西	九二
22	十七丙辰四奎执土	小雪 辰	七赤巽	正东正西	九三
23	十八丁巳五娄破土	正西正西西南	八白坎	正东西南	九四
24	十九戊午六胃危火	正南北北北	九紫离	东东正东	九五
25	二十己未日昴成火	小雪下2	一白坤	正东东东	上六
26	廿一庚申一毕收木	西北正西正	二黑乾	东东正正	坤 初六
27	廿二辛酉二觜开木	西南正东东	三碧兑	西南东正	六二
28	廿三壬戌三参闭水	正南正西西南	四绿离	正东南正	六三
29	廿四癸亥四井建水	正南正南东	五黄震	西南正东	六四
30	廿五甲子五鬼除金	大雪上4	六白巽	东东正北	六五

12月大　十一月丙子　复卦　天道行东南
初三 寅时 大雪　十七 亥时 冬至

阳历	农历干支星期星宿五行	日神方位(奇门节元)喜财贵五神神鬼	九星八卦	八门方位开生休门门门	六十四卦及爻数
1	廿六乙丑六柳满金	西北正西西南南正南	七赤坎	东东正北北北	上六
2	廿七丙寅日星平火	西正西西南西南西北	八白艮	正东正北北	未济 初六
3	廿八丁卯一张定火	正西正西西北	九紫坤	正东正西	九二
4	廿九戊辰二翼执木	东北正正南南东	一白乾	正东西南	六三
5	己巳三破木	大雪中7	二黑坎	东东正东	九四
6	初二庚午四角成土	西北正西正北	三碧艮	东东正北	六五
7	初三辛未五亢危土	大雪 寅	四绿坤	东东正东	上九
8	初四壬申六氐成金	正南正东西西南	五黄乾	东东正东	寒 初六
9	初五癸酉日房收金	东南正南正北	六白兑	正东东南	九二
10	初六甲戌一心开火	大雪下1	七赤离	正东东南	九三
11	初七乙亥二尾闭火	西东西正北东	八白震	正东西南	六四
12	初八丙子三箕建水	西正西北北	九紫巽	正西北北	九五
13	初九丁丑四斗除水	正东正正西南	一白坎	东北北北	上六
14	初十戊寅五牛满土	东北正正东	二黑艮	正东西北	颐 初九
15	十一己卯六女平土	冬至上1	三碧坤	西南正西	六二
16	十二庚辰日虚定金	西北正南南	四绿乾	东北西西	六三
17	十三辛巳一室执金	正西正东东南	五黄兑	正南正东	六四
18	十四壬午二壁破木	正东正西西	六白离	正东北北	六五
19	十五癸未三奎危木	正南正东南南	七赤震	正东北北	上九
20	十六甲申四奎成水	冬至中7	八白巽	正东北东	上九
21	十七乙酉五娄收木	冬至 亥	九紫坤	东南东南	中孚 初九
22	十八丙戌六胃开土	正西正西西南	一白艮	西南正东	九二
23	十九丁亥日昴闭土	正东正西南北	二黑坤	西南正北	六三
24	二十戊子一毕建火	东北正正北北	三碧震	西东北北	六四
25	廿一己丑二觜满火	冬至下4	四绿坤	正东东北	九五
26	廿二庚寅三参满木	西北东东东	五黄离	东东东东	上九
27	廿三辛卯四井平木	西南东东	六白震	正东南西	复 初九
28	廿四壬辰五鬼定水	正南正西西南	七赤巽	正东南西	六二
29	廿五癸巳六柳执水	正南正南东	八白坎	西东西南	六三
30	廿六甲午日星破金	小寒上2	九紫离	东东正北北	六四
31	廿七乙未一张危金	西北正北正南	一白坎	东东正南东	六五

周易历法通书

公元 2030 年　　　　农历庚戌(狗)年

(太岁庚戌,干金支土,纳音属金,岁德庚,贵人在丑、未,岁禄申,岁马申,奏书坤,博士艮,力士乾,利东西不利南北。)

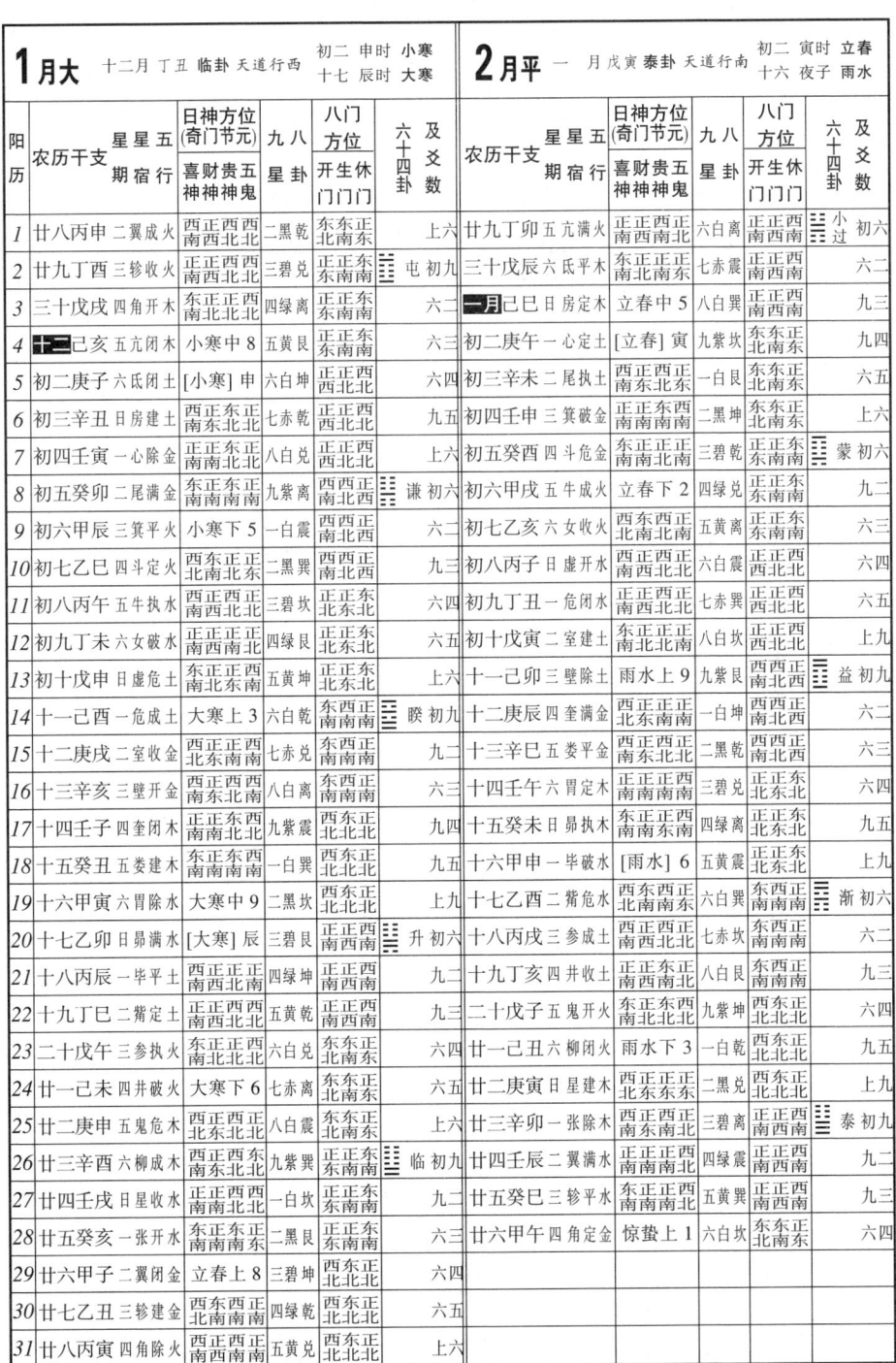

1月大　十二月 丁丑 临卦 天道行西　初二 申时 小寒　十七 辰时 大寒

阳历	农历干支 星期星宿五行	日神方位(奇门节元)喜财贵五神神神鬼	九星八卦	八门方位 开生休门门门	六十四卦及爻数
1	廿八丙申 二翼成火	正东西西 南西北	二黑乾	东东正 北南东	上六
2	廿九丁酉 三轸收金	正正西西 南北北	三碧兑	正正东 东南东	屯初九 六二
3	三十戊戌 四角开木	正正西 南北北北	四绿离	东正西 东南东	六二
4	十二 己亥 五亢闭木	小寒中8	五黄艮	正正东 南北东	六三
5	初二庚子 六氐闭土	[小寒]申 正正西 西北北	六白坤	正正西 西北东	六四
6	初三辛丑 日房建土	正东西 南东北北	七赤乾	正东正 北北东	九五
7	初四壬寅 一心除金	东东正正 南北北	八白兑	正正西 东南西	上六
8	初五癸卯 二尾满金	东正正南 南南南	九紫离	西西正 南北西	谦初六 六二
9	初六甲辰 三箕平火	小寒下5 南北北	一白震	正西西 南北北	六二
10	初七乙巳 四斗定火	西东正 北东南	二黑巽	东西正 北北南	九三
11	初八丙午 五牛执水	东正正 北北北	三碧坎	正正西 北东北	六四
12	初九丁未 六女破金	正正西 南北北	四绿艮	正正西 北东北	六五
13	初十戊申 日虚危土	东正正西 南东南	五黄坤	正东正 北北北	上六
14	十一己酉 一危成土	大寒上3 南南南	六白乾	东西正 南南南	睽初九 六二
15	十二庚戌 二室收金	西正西 南东南南	七赤兑	东东正 南南北	九二
16	十三辛亥 三壁开金	西正西 南东南南	八白离	东西正 南南北	六三
17	十四壬子 四奎闭木	东东正南 南北北	九紫震	西东正 北北北	九四
18	十五癸丑 五娄建木	东正正西 北北北	一白巽	西西正 北北北	九五
19	十六甲寅 六胃除水	大寒中9 北北北	二黑坎	西东正 北北北	上九
20	十七乙卯 日昴满水	[大寒]辰 正东西 南西西	三碧艮	正正东 南南西	升初六 六二
21	十八丙辰 一毕平木	西正正 南西北南	四绿坤	正正东 南西西	九二
22	十九丁巳 二觜定土	西正正 南西北北	五黄乾	正正东 南西北	九三
23	二十戊午 三参执火	东正正西 南南南	六白离	东东正 北北西	六四
24	廿一己未 四井破火	大寒下6 北南东北	七赤离	东东正 南南东	六五
25	廿二庚申 五鬼危木	正东西 北东北北	八白震	东正西 北南东	上六
26	廿三辛酉 六柳成木	正西西东 南南南	九紫巽	正正西 东南西	临初九 九二
27	廿四壬戌 日星收水	西正西 南北北北	一白坎	正正东 东南北	九二
28	廿五癸亥 一张开水	东正东正 南南南	二黑坤	东东正 东南东	六三
29	廿六甲子 二翼闭金	立春上8	三碧坤	西东正 北北东	六四
30	廿七乙丑 三轸建金	西东西 北南南南	四绿离	西北南南	六五
31	廿八丙寅 四角除火	西正东 西南南南	五黄兑	西北北	上六

2月平　一 月戊寅 泰卦 天道行南　初二 寅时 立春　十六 夜子 雨水

阳历	农历干支 星期星宿五行	日神方位(奇门节元)喜财贵五神神神鬼	九星八卦	八门方位 开生休门门门	六十四卦及爻数
1	廿九丁卯 五亢满火	正南西 西西北	六白离	正正东 南西南	小过初六
2	三十戊辰 六氐平木	东东正正 西正	七赤震	正正东 西西	六二
3	[一月]己巳 日房定木	立春中5	八白巽	正正南 南南	九三
4	初二庚午 一心定土	[立春]寅	九紫坎	东东正 北南南	九四
5	初三辛未 二尾执土	西正西正 东北东	一白艮	东东东 正南	六五
6	初四壬申 三箕破金	东南南 南南南	二黑坤	东东正 东南	上六
7	初五癸酉 四斗危金	东正正 正南北	三碧乾	正东正 东南	蒙初六 九二
8	初六甲戌 五牛成木	立春下2	四绿兑	正正西 东南南	六三
9	初七乙亥 六女收火	西正正 北北北	五黄离	东东正 东南	六四
10	初八丙子 日虚开水	西西正 南北北	六白震	正西正 南北	六五
11	初九丁丑 一危闭水	正正西 北北北	七赤巽	正正西 北北	六五
12	初十戊寅 二室建土	正南北 南南	八白坎	正正西 北北	上九
13	十一己卯 三壁满土	雨水上9	九紫艮	西西正 北北北	益初九
14	十二庚辰 四奎满金	正北东东 南南	一白坤	西西正 北北西	六二
15	十三辛巳 五娄平金	正正东北 正	二黑乾	西北东北	六三
16	十四壬午 六胃定木	正正正西 南南	三碧离	正正东 北东	六四
17	十五癸未 日昴执木	正南正 南南	四绿离	正正东 北东	九五
18	十六甲申 一毕破水	[雨水]6	五黄震	正正东 北东	上九
19	十七乙酉 二觜危水	西北南 南东	六白巽	东西正 南南	渐初六 六二
20	十八丙戌 三参成土	正北正 南西	七赤坎	西西正 南南	六二
21	十九丁亥 四井收木	正正东 正南	八白艮	西北西 正	九三
22	二十戊子 五鬼开火	正北北 南南	九紫坤	西东北北	六四
23	廿一己丑 六柳闭火	雨水中3	一白乾	西北北北	九五
24	廿二庚寅 日星建木	正东正 东东	二黑兑	西北北北	上九
25	廿三辛卯 一张除木	正东正 北南	三碧离	正西正西	泰初九 九二
26	廿四壬辰 二翼满金	正正正 西	四绿震	正正西	九二
27	廿五癸巳 三轸平水	东正正 南北北	五黄巽	正正西	九三
28	廿六甲午 四角定金	惊蛰上1	六白坎	东东正 北南东	六四

公元 2030 年　　农历庚戌(狗)年

太岁庚戌,干金支土,纳音属金,岁德庚,贵人在丑、未,岁禄申,岁马申,奏书坤,博士艮,力士乾,利东西不利南北。

3月大　二 月 己卯　大壮卦　天道行西南
初二 亥时 惊蛰　十七 亥时 春分

阳历	农历干支 星期星宿五行	日神方位(奇门节元) 喜财贵五神神神鬼	九星八卦	八门方位 开生休门门门	六十四卦 及爻数
1	廿七乙未 五亢执金	东东西正 北西南北	七赤艮	东东正 北北东	六五
2	廿八丙申 六氐破水	西正西西 南北南北	八白坤	东东正 南南东	上六
3	廿九丁酉 日房危火	正正西西 南西北北	九紫乾	正正东 东东南	上六
4	二月戊戌 一心成木	东北北西 南北北南	一白坎	东东东 南东北	需 初九
5	初二己亥 二尾成水	[惊蛰]7	二黑艮	正正东 东南南	九二
6	初三庚子 三箕收土	西北东北 南东北南	三碧坤	正东正 西北北	九三
7	初四辛丑 四斗开土	西正东正 北西南北	四绿乾	正正西 北南北	六四
8	初五壬寅 五牛闭金	正正东正 南北北北	五黄兑	正东北 南北东	九五
9	初六癸卯 六女建金	西正西西 南北南南	六白离	正正南 南北北	上六
10	初七甲辰 一虚除火	惊蛰下4	七赤震	西西正 北南东	随 初九
11	初八乙巳 一危满火	西东北北 北西北东	八白巽	西西北 北东西	六二
12	初九丙午 二室平水	东西西北 南西北北	九紫坎	正正北 北东北	六三
13	初十丁未 三壁定木	正正西正 北东南北	一白艮	正东北 东东北	六四
14	十一戊申 四奎执土	东北正南 北北南南	二黑坤	正东北 北东北	九五
15	十二己酉 五娄破土	春分上3	三碧乾	东东正 南南南	上六
16	十三庚戌 六胃危金	西西正正 北西南南	四绿兑	东东正 南南南	晋 初六
17	十四辛亥 日昴成金	西正西西 北南北南	五黄离	西西正 北南东	六二
18	十五壬子 一毕收木	正正东西 北南南西	六白震	东东正 南南南	六三
19	十六癸丑 二觜开木	东正西正 南南南南	七赤巽	西西正 北东北	九四
20	十七甲寅 三参闭水	[春分]9	八白坎	西西正 北东北	六五
21	十八乙卯 四井建木	西东正南 北南西南	九紫艮	西正西 南西南	上九
22	十九丙辰 五鬼除土	西东正南 北西南南	一白坤	西西正 北西南	解 初六
23	二十丁巳 六柳满土	正正西正 南西北正	二黑乾		九二
24	廿一戊午 日星平火	东北东正 南北北东	三碧兑	东东正 南北东	六三
25	廿二己未 一张定火	春分下6	四绿离	东东正 南北东	九四
26	廿三庚申 二翼执木	西正西正 南西南北	五黄震	东东正 南北北	六五
27	廿四辛酉 三轸破木	西东西东 南东北南	六白巽	正东正 西南南	上六
28	廿五壬戌 四角危水	西东北正 南南北东	七赤坎	正东正 东南东	大壮 初九
29	廿六癸亥 五亢成水	东东东正 北南南东	八白艮	正正东 东南南	九二
30	廿七甲子 六氐收金	清明上4	九紫坤		九三
31	廿八乙丑 日房开金	东东西正 北南南北	九紫坤	西东正 北北东	九四

4月小　三 月 庚辰　夬卦　天道行北
初三 丑时 清明　十八 辰时 谷雨

阳历	农历干支 星期星宿五行	日神方位(奇门节元) 喜财贵五神神神鬼	九星八卦	八门方位 开生休门门门	六十四卦 及爻数
1	廿九丙寅 一心闭火	西东西西 南西南南	八白兑	东东正 北北北	六五
2	三十丁卯 二尾建火	正正西正 西西南北	七赤离	正正西 西西南	上六
3	三月戊辰 三箕除木	正正东正 北北南东	六白艮	正西西 南南南	豫 初六
4	初二己巳 四斗满土	清明中1	五黄坤	正正西 西西正	六二
5	初三庚午 五牛满土	[清明]丑	四绿乾	东东正 北南东	六三
6	初四辛未 六女平土	西东北东 南南北东	三碧兑	正正东 正南东	九四
7	初五壬申 一虚定金	东正东西 南南北正	二黑离	正正西 南北南	六五
8	初六癸酉 一危执金	东正西东 南北南北	一白震	正正南 南南南	上六
9	初七甲戌 二室破火	清明下7	九紫巽	东东东 南东东	讼 初六
10	初八乙亥 三壁危火	东东西正 北南南北	八白坎	正正东 东南南	九二
11	初九丙子 四奎成水	东东西正 北南南北	七赤艮	西西北 南东北	六三
12	初十丁丑 五娄收水	正正西正 北西南北	六白坤	正正东 南东北	九四
13	十一戊寅 六胃开土	东北北正 南北北北	五黄乾	正正东 北北北	九五
14	十二己卯 日昴闭土	谷雨上5	四绿兑	正正西 南西西	上九
15	十三庚辰 一毕建金	西正正正 南西北东	三碧离	西西正 北南南	蛊 初六
16	十四辛巳 二觜除金	西西正正 东北北西	二黑震	西西正 北北西	九二
17	十五壬午 三参满木	正正西正 南南南东	一白巽	正正北 北东北	九三
18	十六癸未 四井平木	正正西正 南南东南	九紫坎	正正北 北东北	六四
19	十七甲申 五鬼定水	谷雨中2	八白艮	西正东 北东北	六五
20	十八乙酉 六柳执水	[谷雨]辰	七赤坤	东东正 南南正	上九
21	十九丙戌 日星破土	正正正 西西北北	六白乾	东东正 南北东	革 初九
22	二十丁亥 一张危土	正正西正 西北北北	五黄兑		六二
23	廿一戊子 二翼成火	东东西正 北南南北	四绿离	东东正 南北北	九三
24	廿二己丑 三轸收火	谷雨下8	三碧震	西西正 北北北	九四
25	廿三庚寅 四角开木	西东西正 北东东东	二黑巽	西西北 北北北	九五
26	廿四辛卯 五亢闭木	正正西正 南南北北	一白坎	正正西 西西北	上六
27	廿五壬辰 六氐建水	正正东正 南南北东	九紫艮	正正西 西西北	夬 初九
28	廿六癸巳 日房除水	东东西正 南南北东	八白坤	正正西 西西北	九二
29	廿七甲午 一心满金	立夏上4	七赤乾	东东正 北南东	九三
30	廿八乙未 二尾平金	西东西西 北南南南	六白离	东东正 北北东	九四

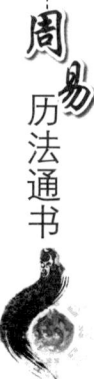

周易历法通书

公元 2030 年　　　　农历庚戌(狗)年

（太岁庚戌，千金支土，纳音属金，岁德庚，贵人在丑、未，岁禄申，岁马申，奏书坤，博士艮，力士乾，利东西不利南北。）

5月大　四 月辛巳 乾卦 天道行西　初四 酉时 立夏／二十 辰时 小满

阳历	农历干支 星期星宿五行	日神方位(奇门节元) 喜财贵五神神神鬼	九星卦八卦	八门方位 开生休门门门	六十四卦及爻数
1	廿九丙申 三箕定火	正正西西／东东西北	五黄离		九五
2	四月丁酉 四斗执木	正正东西／正正东南	四绿坤		上六
3	初二戊戌 五牛破木	东正正正／正北北北	三碧乾	正正东／东西南	旅初六
4	初三己亥 六女危木	立夏中1	二黑兑	东正东／西东东	六二
5	初四庚子 日虚定土	[立夏] 西	一白离	正正西／西北北	九三
6	初五辛丑 一危成土	东东正北	九紫震	正正西／东北北	九四
7	初六壬寅 二室收金	正东正正	八白巽	正正西／东北西	六五
8	初七癸卯 三壁开金	东正正南	七赤坎	西西正／西西西	上九
9	初八甲辰 四奎闭木	立夏下7	六白艮	西西正／西西西	师初六
10	初九乙巳 五娄建火	西东正正／北东北东	五黄坤	西西西／西北东	九二
11	初十丙午 六胃除水	正东正北	四绿乾	正正东／北东东	六三
12	十一丁未 日昴满木	正西正北	三碧兑	正正西／北东北	六四
13	十二戊申 一毕平土	东正东西／南北东南	二黑离	正正东／北东北	六五
14	十三己酉 二觜定土	小满上5	一白震	东正东／西南南	上六
15	十四庚戌 三参执金	西正正西／北南北北	九紫巽	东正东／西北北	上六
16	十五辛亥 四井破金	西正正西／南北北南	八白坎	东东正／南南东	比初六
17	十六壬子 五鬼危木	正正正南／南南北北	七赤艮	西东正／北北北	六二
18	十七癸丑 六柳成水	东东正西／北北北北	六白坤	西西正／北北北	六三
19	十八甲寅 日星收水	小满中2	五黄乾	西东正／北北东	六四
20	十九乙卯 一张开水	西东正东／南北北南	四绿兑	西西正／南北北	九五
21	二十丙辰 二翼闭土	[小满] 辰	三碧离	正正西／南北北	上六
22	廿一丁巳 三轸建土	正正西西／南西北北	二黑震	正正西／南南南	小畜初九
23	廿二戊午 四角除火	东正正西／南北南西	一白巽	东东正／东北东	九二
24	廿三己未 五亢满火	小满下8	九紫坎	东东正／北北北	九三
25	廿四庚申 六氐平木	西正西西／北东北北	八白艮	东正东／南西北	六四
26	廿五辛酉 日房定木	西东西东／南北西北	七赤坤	正正西／东东南	九五
27	廿六壬戌 一心执水	正正东北／南北北北	六白乾	东东正／东南南	上九
28	廿七癸亥 二尾破水	东正南东／北南南东	五黄震	东东正／东南东	乾初九
29	廿八甲子 三箕危金	芒种上6	四绿坤	西东正／北西东	九二
30	廿九乙丑 四斗成金	西东西正／北北南南	三碧震	西东正／北北南	九三
31	三十丙寅 五牛收火	西东正南／西南南南	二黑巽	西东正／北北北	九四

6月小　五 月壬午 姤卦 天道行西北　初五 亥时 芒种／廿一 申时 夏至

阳历	农历干支 星期星宿五行	日神方位(奇门节元) 喜财贵五神神神鬼	九星卦八卦	八门方位 开生休门门门	六十四卦及爻数
1	五月丁卯 六女定火	正正西西／南西西北	一白乾	正正东／东南西	九五
2	初二戊辰 一虚闭土	东东正东／北东东东	九紫兑	正正西／南南东	上九
3	初三己巳 一危建木	芒种中3	八白离	正正东／南南东	大有初九
4	初四庚午 二室除土	正正西西／北东南南	七赤震	东东正／东东东	九二
5	初五辛未 三壁满土	[芒种] 亥	六白巽	东东正／南南南	九三
6	初六壬申 四奎满金	正东正正／南南南南	五黄坎	正正东／东东东	九四
7	初七癸酉 五娄平金	东正正正／南南南南	四绿艮	东东正／东东东	六五
8	初八甲戌 六胃定火	芒种下9	三碧坤	正正东／东南南	上九
9	初九乙亥 日昂执木	西东西正／北南北北	二黑乾	东东正／东南南	家人初九
10	初十丙子 一毕破水	西东西正／北东北北	一白兑	正正西／北北北	六二
11	十一丁丑 二觜危水	正正西西／北东北北	九紫离	西西正／北北北	九三
12	十二戊寅 三参成土	东正正正／南北北北	八白震	西正正／北北北	六四
13	十三己卯 四井收土	夏至上9	七赤巽	西西正／北北北	九五
14	十四庚辰 五鬼开金	东正东正／北东南南	六白坎	西西正／北北北	上九
15	十五辛巳 六柳闭金	西正正西／南北北北	五黄艮	正正东／北北南	井初六
16	十六壬午 日星建火	正正正西／南南南东	四绿坤	正正东／东东东	九二
17	十七癸未 一张除木	东正正东／南北南东	三碧乾	西正东／北北北	九三
18	十八甲申 二翼满水	夏至中3	二黑兑	正正东／东东东	六四
19	十九乙酉 三轸平水	西东正东／北南东东	一白离	东西正／南南南	九五
20	二十丙戌 四角定土	西正正正／南南东南	九紫震	东东正／北北东	上六
21	廿一丁亥 五亢执火	[夏至] 申	八白巽	东东正／北北北	咸初六
22	廿二戊子 六氐破火	东正东正／南北北北	七赤坎	西东正／北北北	六二
23	廿三己丑 日房危木	夏至下6	六白艮	西东正／北北北	九三
24	廿四庚寅 一心成木	正正正正／北东东东	五黄坤	西正正／北北东	九四
25	廿五辛卯 二尾收木	西东正正／南南北北	四绿乾	西正西／北北北	九五
26	廿六壬辰 三箕开水	正正正西／北北北北	三碧兑	正正西／北北南	上六
27	廿七癸巳 四斗闭水	东正正西／南南南北	二黑离	正正西／西西南	姤初六
28	廿八甲午 五牛建金	小暑上8	一白震	正正西／北南东	九二
29	廿九乙未 六女除火	西东西正／南南北北	九紫巽	东东正／北北北	九三
30	三十丙申 日虚满火	西正正西／北北北北	八白坎	东东正／北北东	九四

公元 2030 年　　　农历庚戌(狗)年

太岁庚戌，千金支土，纳音属金，岁德庚，贵人在丑、未，岁禄申，岁马申，奏书坤，博士艮，力士乾，利东西不利南北。

7月大　六　月癸未　遁卦　天道行东　　初七 辰时 小暑　　廿三 丑时 大暑

阳历	农历干支	星期 星宿 五行	日神方位(奇门节元) 喜财贵五鬼	九星八卦	八门方位 开门生门休门	六十四卦	及爻数
1	六月 丁酉	一危平火	正正西西南西北北	七赤兑	正正东/东南南		九五
2	初二 戊戌	二室定木	东北东北	六白离	正正东/东北东		上九
3	初三 己亥	三壁执木	小暑中2	五黄震	正正东/东南东	鼎初六	
4	初四 庚子	四奎破土	西正正北东南北	四绿巽	正正西/西北北		九二
5	初五 辛丑	五娄危土	西正东正东北北正	三碧坎	正正西/西北北		九三
6	初六 壬寅	六胃成金	正东西南南北北	二黑艮	正正西/西北北		九四
7	初七 癸卯	一昴成金	[小暑] 辰	一白坤	西西正/北北西		六五
8	初八 甲辰	一毕收火	小暑下5	九紫乾	西西西/北北西		上九
9	初九 乙巳	二觜开水	西北南北南东东东	八白兑	西西西/西北西	丰初九	
10	初十 丙午	三参闭水	西东西正北南东北	七赤离	正东/北北北		六二
11	十一 丁未	四井建水	正正正南正南北	六白震	正东/北北北		九三
12	十二 戊申	五鬼除土	正北东南北东南	五黄巽	正东/北北北		九四
13	十三 己酉	六柳满土	大暑上7	四绿坎	东西正/南东北南		六五
14	十四 庚戌	日星平金	正西东正北东南南	三碧艮	东西/南东北南		上六
15	十五 辛亥	一张定金	西东东正南北东北	二黑坤	西东/南南南	涣初六	
16	十六 壬子	二翼执木	正正东西南南北北	一白乾	西东/北北北		六二
17	十七 癸丑	三轸破木	正东南南南西南南	九紫兑	西东/南东北		六三
18	十八 甲寅	四角危水	大暑中1	八白离	西东正/南东北		六四
19	十九 乙卯	五亢成水	西东西西北东北北	七赤震	正正/西西南		九五
20	二十 丙辰	六氐收土	西东西南东北南	六白巽	正东/北北南		上九
21	廿一 丁巳	日房开土	正正西西北北北北	五黄坎	东东西/北北北	履初九	
22	廿二 戊午	一心闭火	东正正南北北北	四绿艮	东东北/北北北		九二
23	廿三 己未	二尾建火	[大暑] 4	三碧坤	东东北/南东南		六三
24	廿四 庚申	三箕除木	西正东北南东北	二黑乾	东东北/南东南		九四
25	廿五 辛酉	四斗满木	东西东南东南北	一白兑	东东北/南南南		九五
26	廿六 壬戌	五牛平水	正正西西南西北西	九紫离	正正东/东东南		上九
27	廿七 癸亥	六女定水	东东正南东东东	八白震	正正东/东南南		上九
28	廿八 甲子	日虚执金	立秋上2	七赤巽	正正北/北北北	遁初六	
29	廿九 乙丑	一危破金	西东南正南西南北	六白坎	西东西/西南北		六二
30	七月 丙寅	二室危火	西正正南南西北北	五黄离	西东/南西南		九三
31	初二 丁卯	三壁成火	正正西西北东北	四绿震	正正东/东西南		九四

8月大　七　月甲申　否卦　天道行北　　初九 酉时 立秋　　廿五 巳时 处暑

阳历	农历干支	星期 星宿 五行	日神方位(奇门节元) 喜财贵五鬼	九星八卦	八门方位 开门生门休门	六十四卦	及爻数
1	初三 戊辰	四奎收木	正正西北南北西东	三碧巽	正正西/西南北		九五
2	初四 己巳	五娄开木	立秋中5	二黑坎	正正西/西南北		上九
3	初五 庚午	六胃闭土	西正西北南东南	一白艮	东东东/东北东	恒初六	
4	初六 辛未	日昴建土	西正东正南东南东	九紫坤	东东东/东北东		九二
5	初七 壬申	一毕除金	正正东西南南南南	八白乾	东东东/东北东		九三
6	初八 癸酉	二觜满金	东东正正南北东东	七赤兑	正正东/东南南		九四
7	初九 甲戌	三参满火	[立秋] 8	六白离	正正东/东南南		六五
8	初十 乙亥	四井平火	西北北正北北北东	五黄震	正正东/东南南		上六
9	十一 丙子	五鬼执水	西正东南西北北	四绿巽	正正西/西北北	节初九	
10	十二 丁丑	六柳执水	西正正正南北东东	三碧坎	正正西/西北北		九二
11	十三 戊寅	日星破土	东正正南北南南	二黑艮	正正西/西北北		六三
12	十四 己卯	一张危土	处暑上1	一白坤	正正东/西南北		六四
13	十五 庚辰	二翼成金	西正正东北东南南	九紫乾	西正西/西北西		九五
14	十六 辛巳	三轸收金	正东西正北东南东	八白兑	西正西/西北西		上六
15	十七 壬午	四角开木	东正正正南东南南	七赤离	东正东/北北北	同人初九	
16	十八 癸未	五亢闭水	东正南东南东东东	六白震	西东北/北北北		六二
17	十九 甲申	六氐建金	处暑中4	五黄巽	西东北/北北北		九三
18	二十 乙酉	日房除水	东东西正北东北北	四绿坎	东东正/北北北		九四
19	廿一 丙戌	一心满土	西正东北北西北北	三碧艮	西东/南南南		九五
20	廿二 丁亥	二尾平土	正南东北南南北北	二黑坤	西东/南南南		上九
21	廿三 戊子	三箕定火	东东东西北北北北	一白乾	西正正/北北北	损初九	
22	廿四 己丑	四斗执火	处暑下7	九紫兑	东正东/北北北		九二
23	廿五 庚寅	五牛破木	[处暑] 巳	八白离	西正正/西南北		六三
24	廿六 辛卯	六女危木	正正西东北东南北	七赤震	正正西/西南北		六四
25	廿七 壬辰	日虚成水	正东正南东南北	六白巽	正正西/西南北		六五
26	廿八 癸巳	一危收水	东东正正南东南东	五黄坎	西正东/东南南		上九
27	廿九 甲午	二室开金	白露上9	四绿艮	东东正/北北东	否初六	
28	三十 乙未	三壁闭金	东正北南北东东东	三碧坤	东正东/北北东		六二
29	八月 丙申	四奎建木	西正正西南东北北	二黑震	正正东/东南南		六三
30	初二 丁酉	五娄除火	正正正东南西北南	一白巽	正正东/东西南		九四
31	初三 戊戌	六胃满木	东正正北北东北	九紫坎	正正东/东南南		九五

周易历法通书

公元 2030 年　　　农历庚戌(狗)年

太岁庚戌,干金支土,纳音属金,岁德庚,贵人在丑、未,岁禄申,岁马申,奏书坤,博士艮,力士乾,利东西不利南北。

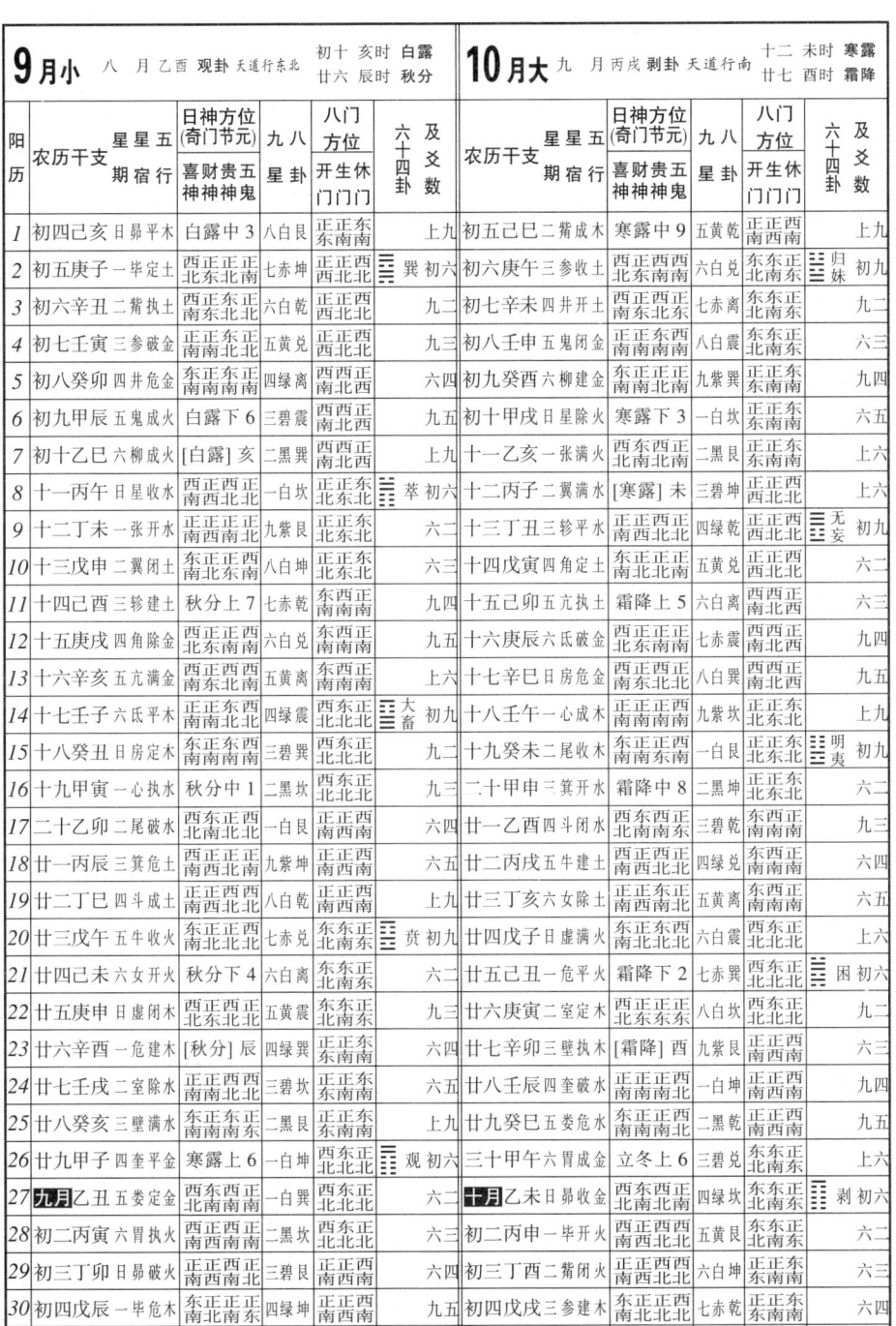

9月小　八月乙酉　观卦　天道行东北　初十亥时 白露　廿六辰时 秋分

阳历	农历干支 星期 星宿 五行	日神方位(奇门节元) 喜财贵五神鬼	九星八卦	八门方位 开生休门	六十四卦	及爻数
1	初四己亥 日 昴 平木	白露中3	八白艮	东南南南		上九
2	初五庚子 一 毕 定土	西正东正北东北南	七赤坤	正正西西北南	巽	初六
3	初六辛丑 二 觜 执土	西正东东南北北	六白乾	正正西西北北		九二
4	初七壬寅 三 参 破木	西正南正南北北	五黄兑	西正西西北北		九三
5	初八癸卯 四 井 危金	东正正正南南南	四绿离	西西西		六四
6	初九甲辰 五 鬼 成火	白露下6	三碧震	西西正		九五
7	初十乙巳 六 柳 收火	[白露]亥	二黑巽	西西正		上九
8	十一丙午 日 星 收水	正正东正北北东北	一白坎	正北东北	萃	初六
9	十二丁未 一 张 开水	正正东正南东北	九紫艮	正北东北		六二
10	十三戊申 二 翼 闭土	东正西正南北北	八白坤	正正东		六三
11	十四己酉 三 轸 建土	秋分上7	七赤乾	东西正南南南		九四
12	十五庚戌 四 角 除金	西正东正北东东南	六白兑	东正南南南		九五
13	十六辛亥 五 亢 满金	西正东西北东北南	五黄离	东正南南南		上六
14	十七壬子 六 氐 平木	正正东正南南北	四绿震	西东正北北北	大畜	初九
15	十八癸丑 日 房 定木	东正南正南南西	三碧巽	西东正北北北		九二
16	十九甲寅 一 心 执木	秋分中1	二黑坤	西东正北北北		九二
17	二十乙卯 二 尾 破水	西东正北南北北	一白艮	正西西北南		六四
18	廿一丙辰 三 箕 危土	西正正正南北北	九紫坤	正正西东南北		六五
19	廿二丁巳 四 斗 成土	正正东正南东北	八白乾	正正西东南北		上九
20	廿三戊午 五 牛 收火	西东正北北北	七赤兑	东正西北东北	贲	初九
21	廿四己未 六 女 开火	秋分下4	六白离	东正西北东北		六二
22	廿五庚申 日 虚 闭木	西正东正北东北	五黄震	东东正北北北		九三
23	廿六辛酉 一 危 建金	[秋分]辰	四绿巽	东东正北北北		六四
24	廿七壬戌 二 室 除木	正正东西南北北	三碧坎	东东正北南		六五
25	廿八癸亥 三 壁 满水	正正东西南南东	二黑艮	东东正北南		上九
26	廿九甲子 四 奎 平金	寒露上6	一白坤	西东正北北北	观	初六
27	九月乙丑 五 娄 定金	西东西正北南南南	一白巽	西北北北		六二
28	初二丙寅 六 胃 执火	正正东正南西南北	二黑坎	正正西北北北		六三
29	初三丁卯 日 昴 破火	正正东正南西南北	三碧艮	正正东北北北		六四
30	初四戊辰 一 毕 危木	东正正正南北东	四绿坤	正正东北北北		九五
31						

10月大　九月丙戌　剥卦　天道行南　十二未时 寒露　廿七酉时 霜降

阳历	农历干支 星期 星宿 五行	日神方位(奇门节元) 喜财贵五神鬼	九星八卦	八门方位 开生休门	六十四卦	及爻数
1	初五己巳 二 觜 成木	寒露中9	五黄乾	正北东南西		上九
2	初六庚午 三 参 收土	西正西西北东正南	六白兑	东东正北东	归妹	初九
3	初七辛未 四 井 开土	西正东东北东北南	七赤离	东东正北东		九二
4	初八壬申 五 鬼 闭金	西正南正北西南	八白震	东东正北东		六三
5	初九癸酉 六 柳 建金	东正正正南南南	九紫巽	正正东南		九四
6	初十甲戌 日 星 除火	寒露下3	一白坎	正正东南		六五
7	十一乙亥 一 张 满火	东东西正南北正	二黑艮	东南南南		上六
8	十二丙子 二 翼 满水	[寒露]未	三碧坤	正正西北北		上六
9	十三丁丑 三 轸 平水	正正东正南西南北	四绿乾	正正西北北	无妄	初九
10	十四戊寅 四 角 定土	东正正正南北东	五黄兑	西西西		六二
11	十五己卯 五 亢 执土	霜降上5	六白离	西西西		六三
12	十六庚辰 六 氐 破金	西正东正北东南南	七赤震	西北东南		九四
13	十七辛巳 日 房 危金	西正东正北东北南	八白巽	西北东南		九五
14	十八壬午 一 心 成木	正正东正南南南	九紫坎	正北东北		上九
15	十九癸未 二 尾 收木	东正南正南东南	一白艮	正北东北	明夷	初九
16	二十甲申 三 箕 开水	霜降中8	二黑坤	正正东南南		六二
17	廿一乙酉 四 斗 闭水	西东正北南东南	三碧乾	东正南南南		九三
18	廿二丙戌 五 牛 建土	西正西正北北东	四绿兑	东正西北东		六四
19	廿三丁亥 六 女 除土	正正东正南东北	五黄离	东正西北东		六五
20	廿四戊子 日 虚 满火	西东正北北北	六白震	东东正北北		上六
21	廿五己丑 一 危 平火	霜降下2	七赤巽	西东正北	困	初六
22	廿六庚寅 二 室 定木	西正东正北北东南	八白坎	东东正北		九二
23	廿七辛卯 三 壁 执木	[霜降]西	九紫艮	正西西北南		六三
24	廿八壬辰 四 奎 破水	正正东西南北北	一白坤	正西西北		九四
25	廿九癸巳 五 娄 危水	正正东西南南东	二黑乾	正正西北		九五
26	三十甲午 六 胃 成金	立冬上6	三碧兑	东东正北		上六
27	十月乙未 日 昴 收金	西东西正北东北南	四绿坎	东东正北东	剥	初六
28	初二丙申 一 毕 开火	西东西正北西南	五黄艮	东东正北东		六二
29	初三丁酉 二 觜 闭火	正正东西南西	六白坤	正正东北		六三
30	初四戊戌 三 参 建木	东正正正南北北	七赤乾	正正东北		六四
31	初五己亥 四 井 除木	立冬中9	八白兑	正东东北南		六五

太岁庚戌,千金支土,纳音属金,岁德庚,贵人在丑、未,岁禄申,岁马申,奏书坤,博士艮,力士乾,利东西不利南北。

11月小　十月丁亥　坤卦　天道行东　十二 酉时 立冬　廿七 未时 小雪

阳历	农历干支星期星宿五行	日神方位(奇门节元)喜财贵五神神神鬼	九星八卦	八门方位开生休门门门	六十四卦及爻数
1	初六庚子五鬼满土	西正正正／西北东北	九星离	正正东／西北北	上九
2	初七辛丑六柳平土	西正正东／南东北北	一白震	正正西／西北北	艮 初六
3	初八壬寅日星定金	西正南北／南南北北	二黑巽	西西正／西北北	六二
4	初九癸卯一张执金	东正正正／南北北北	三碧坎	西西正／西北北	六三
5	初十甲辰二翼破火	立冬下3	四绿艮	西西正／西北西	六四
6	十一乙巳三轸危火	西正正正／北南北东	五黄坤	西西正／北南北	六五
7	十二丙午四角破水	[立冬] 酉	六白乾	正正东／北东北	上九
8	十三丁未五亢成水	正正正正／南西北北	七赤兑	正正正／北东北	既济 初九
9	十四戊申六氐收土	东正正西／北东北东	八白离	正正东／南东北	六二
10	十五己酉日房开土	小雪上5	九紫震	东西正／南东北	六三
11	十六庚戌一心闭金	西正正正／北东北南	一白巽	西正正／南东北	六四
12	十七辛亥二尾建金	西正西西／南南北北	二黑坎	正正正／南东北	六五
13	十八壬子三箕除木	正正东西／南南北北	三碧艮	西东正／北北北	上六
14	十九癸丑四斗满木	东正正西／南西南东	四绿坤	正正正／北北北	噬嗑 初九
15	二十甲寅五牛平水	小雪中8	五黄乾	西东正／北北北	六二
16	廿一乙卯六女定水	西东正正／北南北北	六白兑	正正正／西北北	六三
17	廿二丙辰一虚执土	西正西南／北北北北	七赤离	正正东／西北北	六四
18	廿三丁巳一危破土	正正西西／北北北北	八白震	正正东／西北南	六五
19	廿四戊午二室危火	西正正正／北北东东	九紫巽	正正东／北北东	上九
20	廿五己未三壁成火	小雪下2	一白坎	东正正／北北东	大过 初六
21	廿六庚申四奎收木	西正正正／北东北东	二黑艮	东东正／北东南	九二
22	廿七辛酉五娄开木	[小雪] 未	三碧坤	东东正／北东南	九三
23	廿八壬戌六胃闭金	正正西西／南东北东	四绿乾	东东正／南东南	九四
24	廿九癸亥日昴建水	东正正西／南南北东	五黄兑	东东正／南南东	九五
25	十一甲子一毕除金	大雪上4	六白艮	东东正／北东北	上六
26	初二乙丑二觜满金	西东正正／北南北南	七赤坤	西东正／北北北	坤 初六
27	初三丙寅三参平火	西西正南／南南北南	八白离	西东正／北北北	六二
28	初四丁卯四井定火	正正西正／南南北南	九紫震	正正东／北北北	六三
29	初五戊辰五鬼执木	东正正正／北北东东	一白坎	正正南／北北东	六四
30	初六己巳六柳破木	大雪中7	二黑震	正正东／北北东	六五
31					

12月大　十一月戊子　复卦　天道行东南　十三 巳时 大雪　廿八 寅时 冬至

阳历	农历干支星期星宿五行	日神方位(奇门节元)喜财贵五神神神鬼	九星八卦	八门方位开生休门门门	六十四卦及爻数
1	初七庚午日星危土	西正正西／南西北东	三碧巽	东东正／北南东	上六
2	初八辛未一张成土	西正正东／南东北东	四绿坎	东东正／北北东	未济 初六
3	初九壬申二翼收金	西正正东／南南北南	五黄艮	正正东／北北东	九二
4	初十癸酉三轸开金	东正正正／南北北南	六白坤	正正东／南北东	六三
5	十一甲戌四角闭火	大雪下1	七赤乾	正正东／南东东	九四
6	十二乙亥五亢建火	西东正正／北南北东	八白兑	正正东／南东东	六五
7	十三丙子六氐建水	[大雪] 巳	九紫离	正正东／西北北	上九
8	十四丁丑日房除水	正正西西／南西北北	一白震	正正东／西北北	蹇 初六
9	十五戊寅一心满土	东正正正／南南北南	二黑巽	正正西／南北北	六二
10	十六己卯二尾平土	闰大雪上4	三碧坎	西西正／南北西	九三
11	十七庚辰三箕定金	西正正正／北东北南	四绿艮	西北正／南北门	六四
12	十八辛巳四斗执金	西东正西／南东北南	五黄坤	西北正／南北门	九五
13	十九壬午五牛破木	正正正西／南南北南	六白乾	东北正／北北门	上六
14	二十癸未六女危木	西正正东／南南东东	七赤兑	正正东／北北北	颐 初九
15	廿一甲申日虚成水	闰大雪中7	八白离	正正东／北北北	六二
16	廿二乙酉一危收水	西东正东／北南北东	九紫震	东正正／北南北	六三
17	廿三丙戌二室闭土	正正正南／南南北南	一白巽	正正东／北北北	六四
18	廿四丁亥三壁闭土	正正西北／南北北北	二黑坎	东东正／北北南	六五
19	廿五戊子四奎成火	西东正正／北北东东	三碧艮	正正东／北北东	上九
20	廿六己丑五娄除火	闰大雪下1	四绿坤	西正正／北北东	上九
21	廿七庚寅六胃满木	西正正正／北东北东	五黄乾	西正正／北东东	九二
22	廿八辛卯日昴平木	[冬至] 寅	六白兑	正正东／南南东	中孚 初九
23	廿九壬辰一毕定水	正正正西／南南北东	七赤离	正正西／南南东	九二
24	三十癸巳二觜执水	东正正正／南北北南	八白震	正正东／南南东	六三
25	十二甲午三参破金	冬至上1	九紫坤	东东正／北东北	六四
26	初二乙未四井危金	西东正正／北南北南	一白乾	东东正／北北东	九五
27	初三丙申五鬼成火	西西正南／南南北南	二黑兑	正正东／北北东	上九
28	初四丁酉六柳收火	正正西正／南南北南	三碧离	正正东／北北东	复 初六
29	初五戊戌星开木	东正正正／北北东北	四绿震	正正东／北北东	六二
30	初六己亥一张闭木	冬至中7	五黄巽	东东正／北北东	六三
31	初七庚子二翼建土	西正正正／北东北南	六白坎	正正西／北北门	六四

周易历法通书

公元 2031 年　　农历辛亥(猪)年 (闰三月)

(太岁辛亥,千金支水,纳音属金,岁德丙,贵人在寅、午,岁禄酉,岁马巳,奏书乾,博士巽,力士艮,利南北不利东西。)

1月大　十二月 己丑 临卦 天道行西　十二 亥时 小寒　十七 未时 大寒

阳历	农历干支 星期 星宿 五行	日神方位(奇门节元) 喜财贵五神神神鬼	九星 八卦	八门方位 开生休门门门	六十四卦 及爻数
1	初八辛丑 三 轸除土	西正东东正 南东北北	七赤艮	正东西 西南北	六五
2	初九壬寅 四 角满金	正正东正 南东北北	八白坤	正正西 西南北	上六
3	初十癸卯 五 亢平金	西正东东南 南东北北南	九紫乾	西正正 西北北南	屯 初九
4	十一甲辰 六 氐定火	冬至下 4	一白兑	西正正	六二
5	十二乙巳 日 房定火	[小寒] 亥	二黑离	西正正	六三
6	十三丙午 一 心执水	正正正 南西北北	三碧震	东东正 北东北	六四
7	十四丁未 二 尾破水	正正正 西南南	四绿巽	正正正 北东北	九五
8	十五戊申 三 箕危土	东正正 南北北南	五黄坎	西正正 北北北	上六
9	十六己酉 四 斗成土	小寒上 2	六白艮	东东正 北南南	谦 初六
10	十七庚戌 五 牛收金	西正东西 北东南北	七赤坤	东东正 北南南	六二
11	十八辛亥 六 女开金	西正东西 南东北北	八白乾	东正正 北南南	九三
12	十九壬子 日 虚闭木	正正东西 南北东北	九紫兑	东东正 北东南	六四
13	二十癸丑 一 危建木	东东正东 南南南南	一白离	西正正 北北北	六五
14	廿一甲寅 二 室除水	小寒中 8	二黑震	西正正 北北北	上六
15	廿二乙卯 三 壁满土	西东正西 南西北北	三碧巽	正正西 西西北	暌 初九
16	廿三丙辰 四 奎平土	西东正西 南西北北	四绿坎	正正西 西西北	九二
17	廿四丁巳 五 娄定土	正正西东 南东南北	五黄艮	正正西 西西北	六三
18	廿五戊午 六 胃执土	东正正西 北北北东	六白坤	东东正 北南东	九四
19	廿六己未 日 昴破火	小寒下 5	七赤乾	东东正 北南东	九五
20	廿七庚申 一 毕危木	[大寒] 未	八白兑	东东正 北东南	上九
21	廿八辛酉 二 觜成木	西正西东 北东北北	九紫离	正正东 东南南	升 初六
22	廿九壬戌 三 参收水	西正东北 南西北北	一白震	正正东 东南南	九二
23	一月 癸亥 四 井开水	东正东东 南南南南	二黑坎	正正西 北南南	九三
24	初二甲子 五 鬼闭金	大寒上 3	三碧艮	西正西 北北北	六四
25	初三乙丑 六 柳建金	东东西西 北北北北	四绿坤	东东正 西北北	六五
26	初四丙寅 日 星除火	西正西西 南西南北	五黄乾	东东正 西北北	上六
27	初五丁卯 一 张满火	正正东西 南西南南	六白兑	正正东 西南南	临 初九
28	初六戊辰 二 翼平木	东正正西 南南南北	七赤离	正正西	九二
29	初七己巳 三 轸定木	大寒中 9	八白震	正正西 西西南	六三
30	初八庚午 四 角执土	北东南东	九紫巽	东东正 北东南	六四
31	初九辛未 五 亢破土	西东西正 南东北东	一白坎	东东正 北南东	六五

2月平　一 月 庚寅 泰卦 天道行南　十三 辰时 立春　廿八 寅时 雨水

阳历	农历干支 星期 星宿 五行	日神方位(奇门节元) 喜财贵五神神神鬼	九星 八卦	八门方位 开生休门门门	六十四卦 及爻数
1	初十壬申 六 氐危金	正正东西 南东北北	二黑艮	东东正 北南南	上六
2	十一癸酉 日 房成金	东正正正 南东北南	三碧坤	正正东 东南南	小过 初六
3	十二甲戌 一 心收火	大寒下 6	四绿乾	正正东 东南南	六二
4	十三乙亥 二 尾收火	[立春] 辰	五黄兑	正正东 东南南	九三
5	十四丙子 三 箕开水	西西正正 南西北北	六白离	正正东 西北北	九四
6	十五丁丑 四 斗闭水	正正正正 西南南北	七赤震	正正西 西北北	六五
7	十六戊寅 五 牛建土	东正正东 南北北南	八白巽	正正西 北东北	上六
8	十七己卯 六 女除土	立春上 8	九紫坎	西正正 北北北	蒙 初六
9	十八庚辰 日 虚满金	西正正正 南东北南	一白艮	西东正 北西北	九二
10	十九辛巳 一 危平金	西正东北 南东北北	二黑坤	西正正 北北西	六三
11	二十壬午 二 室定木	正正东南 南南东南	三碧乾	正正东 北东北	六四
12	廿一癸未 三 壁执木	东正正东 南南东南	四绿兑	正正东 东东北	六五
13	廿二甲申 四 奎破水	立春中 5	五黄离	西东正 东东北	上九
14	廿三乙酉 五 娄危木	东东正南 北北南东	六白震	西东正 北东北	益 初九
15	廿四丙戌 六 胃成土	西东正南 西西北北	七赤巽	西东正 北南北	六二
16	廿五丁亥 日 昴收土	东东正正 南北南南	八白坎	西东正 北南北	六三
17	廿六戊子 一 毕开火	东东正正 北北南东	九紫离	东东正 北南北	六四
18	廿七己丑 二 觜闭火	立春下 2	一白坤	西正正 北北北	九五
19	廿八庚寅 三 参建木	[雨水] 寅	二黑乾	正正东 北北北	上九
20	廿九辛卯 四 井除木	正正西东 南西北南	三碧兑	正正西 北南南	渐 初六
21	二月 壬辰 五 鬼满水	正正正东 南西北南	四绿艮	正正东 北南西	六二
22	初二癸巳 六 柳平水	正正正东 南西北南	五黄坤	正正东 东南西	九三
23	初三甲午 日 星定金	雨水上 9	六白乾	东东正 北南东	六四
24	初四乙未 一 张执金	西东东正 北北南南	七赤兑	东东正 北南南	九五
25	初五丙申 二 翼破火	西正东北 南东北北	八白离	东东正 北南南	上九
26	初六丁酉 三 轸危火	正正西东 南西南南	九紫震	正正东 西南南	泰 初九
27	初七戊戌 四 角成木	正正东东 北北北东	一白巽	正正东 东南南	九二
28	初八己亥 五 亢收木	雨水中 6	二黑坎	正正东 东南东	九三

公元 2031 年　　　农历辛亥(猪)年
(闰三月)

太岁辛亥，干金支水，纳音属金，岁德丙，贵人在寅、午，岁禄酉，岁马巳，奏书乾，博士巽，力士艮，利南北不利东西。

3月大　二 月辛卯　大壮卦天道行西南　十四丑时 惊蛰　廿九寅时 春分

阳历	农历干支 星期宿五行	日神方位(奇门节元) 喜财贵五神鬼	九星八卦	八门方位 开生休门	六十四卦 及爻数
1	初九庚子 六氐开土	西北正东正东正南	三碧艮	正西西北北	六四
2	初十辛丑 日房闭土	正南东东北北	四绿坤	正西西北北	六五
3	十一壬寅 一心建金	正南北东正北东	五黄震	正西西北北	上六
4	十二癸卯 二尾除金	东南正南东南南北	六白兑	西南北北	上六
5	十三甲辰 三箕满土	雨水下3	七赤巽	西南北北	需初九
6	十四乙巳 四斗满火	[惊蛰] 丑	八白震	西南西北	九二
7	十五丙午 五牛平水	正南正西东北北	九紫巽	正北东北	九三
8	十六丁未 六女定火	正南西南南	一黑坎	西北北北	六四
9	十七戊申 日虚执土	东北正西东南	二黑艮	西北北北	九五
10	十八己酉 一危破土	惊蛰上1	三碧坤	东南南北	上六
11	十九庚戌 二室危金	东北西正东南南	四绿乾	东南南北	随初九
12	二十辛亥 三壁成金	西南东正北北	五黄震	西北北北	六二
13	廿一壬子 四奎收木	南南西正北北	六白离	西北北北	六三
14	廿二癸丑 五娄开木	东北正西东南	七赤巽	西北北北	九四
15	廿三甲寅 六胃闭水	惊蛰中7	八白巽	西北北北	九五
16	廿四乙卯 日昴建木	西北东正南南北	九紫坎	西南西北	上六
17	廿五丙辰 一毕除土	西南正正北东北	一白坤	西南北北	晋初六
18	廿六丁巳 二觜满土	正南正西西北	二黑震	正南西北	六二
19	廿七戊午 三参平火	东北北正北南	三碧艮	东北北东	六三
20	廿八己未 四井定火	惊蛰下4	四绿兑	东北北东	九四
21	廿九庚申 五鬼执木	[春分] 寅	五黄艮	东北北东	六五
22	三十辛酉 六柳破水	西正东东南南北	六白离	正东北东北	上九
23	三月壬戌 日星危水	西南正正东北北	七赤坎	正东东北北	解初六
24	初二癸亥 一张成水	东南正东南南北	八白乾	东南北北	九二
25	初三甲子 二翼收金	春分上3	九紫坎	西东北北北	六三
26	初四乙丑 三轸开金	西东南正南北南	九紫震	西东北北北	九四
27	初五丙寅 四角闭火	西西正东南南	八白震	西正东南北	六五
28	初六丁卯 五亢建火	正南正西东南北北	七赤巽	正西南西北	上六
29	初七戊辰 六氐除火	东北正南南北	六白坎	东北北南	大壮初九
30	初八己巳 日房满木	春分中9	五黄艮	正东北北	九二
31	初九庚午 一心平土	西北东正南南东南	四绿震	东北东南	九三

4月小　三 月壬辰　夬卦 天道行北　十四辰时 清明　廿九未时 谷雨

阳历	农历干支 星期宿五行	日神方位(奇门节元) 喜财贵五神鬼	九星八卦	八门方位 开生休门	六十四卦 及爻数
1	初十辛未 二尾定金	西南正正东正南	三碧乾	东北正北北	九四
2	十一壬申 三箕执金	正南东东南南东	二黑兑	东北正东东	六五
3	十二癸酉 四斗破金	东南正东北南南	一白离	正东东南东	上六
4	十三甲戌 五牛危火	春分下6	九紫震	正东东南南	豫初六
5	十四乙亥 六女成火	[清明] 辰	八白巽	正东东南南	六二
6	十五丙子 日虚成火	西正正南东北北	七赤坎	正东西北北	六三
7	十六丁丑 一危收水	正南东正南北北	六白艮	正东西北北	九四
8	十七戊寅 二室开土	西北东正北北南	五黄乾	正东西北北	六五
9	十八己卯 三壁闭土	清明上4	四绿巽	西正南北北	上六
10	十九庚辰 四奎建金	西北东正东南南	三碧兑	西正南北北	讼初六
11	二十辛巳 五娄除金	东北正东南	二黑震	西北南北北	九二
12	廿一壬午 六胃满木	正南正正北东北	一白震	正东北北北	六三
13	廿二癸未 日昴平木	正南东南东南南	九紫震	正东北东北	九四
14	廿三甲申 一毕定水	清明中1	八白坎	正东北东北	九五
15	廿四乙酉 二觜执水	西东南正南东	七赤艮	东西正南南北	上九
16	廿五丙戌 三参破土	西正正南北北	六白坤	东西正南南北	蛊初六
17	廿六丁亥 四井危土	西正正南东北北	五黄坎	东正北北北	九二
18	廿七戊子 五鬼成火	东南正东北南南	四绿乾	西东正北北北	六三
19	廿八己丑 六柳收水	清明下7	三碧艮	正东北北北	六四
20	廿九庚寅 日星开木	[谷雨] 未	二黑震	西东正南西北	六五
21	三十辛卯 一张闭木	西南东正北东北	一白巽	正东南西北	上九
22	闰三壬辰 二翼建木	西正西正南西北	九紫震	西东南西北	革初九
23	初二癸巳 三轸除水	东南正东南北北	八白乾	正东南西北	六二
24	初三甲午 四角满土	谷雨上5	七赤兑	东北北东	九三
25	初四乙未 五亢平金	西东南正南北南	六白震	东北北东	九四
26	初五丙申 六氐定火	西正正南西北北	五黄震	东北北东	九五
27	初六丁酉 日房执金	西正正南东北北	四绿巽	东北东东	上六
28	初七戊戌 一心破木	东北正东南北	三碧艮	正东北东北	夬初九
29	初八己亥 二尾危木	谷雨中2	二黑坎	正东东北北	九二
30	初九庚子 三箕成土	西北正正北东南	一白坤	西正东北北	九三

周易历法通书

公元 2031 年　　　农历辛亥(猪)年
(闰三月)

(太岁辛亥,干金支水,纳音属金,岁德丙,贵人在寅、午,岁禄酉,岁马巳,奏书乾,博士巽,力士艮,利南北不利东西。)

5月大

四　月癸巳　乾卦　天道行西
十五　子时　立夏
初一　未时　小满

阳历	农历干支	星期	星宿	五行	日神方位(奇门节元)喜神财神贵神五神鬼神	九星八卦	八门方位开门生门休门	六十四卦	及爻数
1	初十辛丑	四	斗	收土	正正东正南东南北	九紫乾	正正西西北北		九四
2	十一壬寅	五	牛	开金	正正东正南东南正	八白兑	正正西南北北		九五
3	十二癸卯	六	女	闭金	东正东正南南南南	七赤离	西西西南北西		上六
4	十三甲辰	日	虚	建火	谷雨下 8	六白震	正正西南北北	旅 初六
5	十四乙巳	一	危	除火	西东正正北东北北	五黄巽	正正西南北北		六二
6	十五丙午	二	室	除水	[立夏] 子	四绿坎	正正东北北西		九三
7	十六丁未	三	壁	满水	正正东正南西北北	三碧艮	正正东北北西		九四
8	十七戊申	四	奎	平土	东东正西北北东南	二黑坤	正正东北北西		六五
9	十八己酉	五	娄	定土	立夏上 4	一白乾	东西正南南南		上九
10	十九庚戌	六	胃	执金	西正正正南东北南	九紫兑	东西正南南南	师 初六
11	二十辛亥	日	昴	破金	西正西正南东北北	八白离	东西正南南南		九二
12	廿一壬子	一	毕	危木	正正东正南北北北	七赤震	正正西北北北		六三
13	廿二癸丑	二	觜	成木	东正东西南南东南	六白巽	西正西南西北		六四
14	廿三甲寅	三	参	收水	立夏中 1	五黄坎	西正西北北北		六五
15	廿四乙卯	四	井	开水	西东正正北北南北	四绿艮	东正西南西南		上六
16	廿五丙辰	五	鬼	闭土	西正正正南西南南	三碧坤	东正西南西南		上六
17	廿六丁巳	六	柳	建土	正正东西南西北北	二黑乾	正正西南西南	比 初六
18	廿七戊午	日	星	除火	东正正正北北北	一白兑	东东正南北南		六二
19	廿八己未	一	张	满火	立夏下 7	九紫离	东东正南北东		六三
20	廿九庚申	二	翼	平木	西正西正东北北南	八白震	东东正南北东		六四
21	四月辛酉	三	轸	定木	[小满] 未	七赤乾	正正东北南东		九五
22	初二壬戌	四	角	执土	正正西正东南北北	六白兑	正正西南北南		上六
23	初三癸亥	五	亢	破水	东正东正南南北东	五黄离	东东正南北东	小畜 初九
24	初四甲子	六	氐	危金	小满上 5	四绿震	西正西北北北		九二
25	初五乙丑	日	房	成金	西西西正南西南南	三碧巽	西正西北北北		九三
26	初六丙寅	一	心	收火	西东正西南西北南	二黑坎	西正西北北北		六四
27	初七丁卯	二	尾	开火	正正东西西北南南	一白艮	正正西北北西		九五
28	初八戊辰	三	箕	闭木	正正东西北北东	九紫坤	东正西南北南		上九
29	初九己巳	四	斗	建木	小满中 2	八白乾	正正西南北北	乾 初九
30	初十庚午	五	牛	除土	西正西西北东南东	七赤兑	东正正南北东		九二
31	十一辛未	六	女	满土	正正西西北东南东	六白离	东东正北南东		九三

6月小

五　月甲午　姤卦　天道行西北
十七　寅时　芒种
初二　亥时　夏至

农历干支	星期	星宿	五行	日神方位(奇门节元)喜神财神贵神五神鬼神	九星八卦	八门方位开门生门休门	六十四卦	及爻数
十二壬申	日	虚	平金	正正东东南正南南	五黄震	东东正北南南		九四
十三癸酉	一	危	定金	东东正正南南南南	四绿巽	正正西东南南		九五
十四甲戌	二	室	执火	小满下 8	三碧坎	正正西东南南		上九
十五乙亥	三	壁	破火	西东东正北北北南	二黑艮	正正东南北东	大有 初九
十六丙子	四	奎	危水	西东西西北北北	一白坤	正正西北北北		九二
十七丁丑	五	娄	成土	东正东正南北北北	九紫乾	东正西南北北		九三
十八戊寅	六	胃	收土	东正正正北北东北	八白兑	正正西北北北		九四
十九己卯	日	昴	收土	芒种上 6	七赤离	西西正北北西		六五
二十庚辰	一	毕	开金	西东正东北东南南	六白震	西东正北北东		上九
廿一辛巳	二	觜	闭金	西正正正南东南南	五黄巽	西西西北北西	家人 初九
廿二壬午	三	参	建木	正正东正南东南东	四绿坎	正正东北北东		六二
廿三癸未	四	井	除木	东正东东南南东南	三碧艮	东东正北北东		九三
廿四甲申	五	鬼	满水	芒种中 3	二黑坤	东东正北东北		六四
廿五乙酉	六	柳	平水	西东西正北南南东	一白乾	东东正南南南		九五
廿六丙戌	日	星	定土	西东正正南西北北	九紫兑	正正东北南南		上九
廿七丁亥	一	张	执土	正正东正南西北北	八白艮	东东正南北南	井 初六
廿八戊子	二	翼	破火	东正正西北北北	七赤震	东东正北北东		九二
廿九己丑	三	轸	危火	芒种下 9	六白巽	东东正南北东		九三
三十庚寅	四	角	成木	西正正正北东东东	五黄坎	西西正北北北		六四
五月辛卯	五	亢	收木	西正西正南东北北	四绿兑	西西正西南南		九五
初二壬辰	六	氐	开水	[夏至] 亥	三碧离	正正西西南北		上六
初三癸巳	日	房	闭水	东正东正南南南东	二黑震	西西西西北西	咸 初六
初四甲午	一	心	建金	夏至上 9	一白巽	东东正南北东		六二
初五乙未	二	尾	除金	东正西正北南北北	九紫坎	东东正南北东		九三
初六丙申	三	箕	满火	西西西西南西北北	八白艮	东东正北南东		九四
初七丁酉	四	斗	平火	正正西西西北北南	七赤坤	正正东北南东		九五
初八戊戌	五	牛	定木	东正正西北北北东	六白乾	东东正南北东		上六
初九己亥	六	女	执木	夏至中 3	五黄兑	东东正南北东	姤 初六
初十庚子	日	虚	破土	西正西东北北东东	四绿离	正正西西北北		九二
十一辛丑	一	危	危土	东正东正南东北北	三碧震	西正西西北北		九三

公元 2031 年　　农历辛亥(猪)年
（闰三月）

太岁辛亥,干金支水,纳音属金,岁德丙,贵人在寅、午,岁禄酉,岁马巳,奏书乾,博士巽,力士艮,利南北不利东西。

周易历法通书

7月大　六 月 乙未 遁卦 天道行东　十八 未时 小暑　初五 辰时 大暑

阳历	农历干支 星宿五行	日神方位(奇门节元)喜财贵五神神鬼	九星八卦	八门方位开生休门	六十四卦及爻数
1	十二壬寅 二室成金	正南正东北北	二黑巽	正东西北北	九四
2	十三癸卯 三壁收金	东正东南南	一白坎	西西北北	九五
3	十四甲辰 四奎开水 夏至下6		九紫艮	西西正北	上九
4	十五乙巳 五娄闭火	西东正北东	八白坤	西南正西	鼎 初六
5	十六丙午 六胃建水	正南西北北	七赤乾	正正东北	九二
6	十七丁未 日昴除水	正东西南南	六白兑	西正东南	九三
7	十八戊申 一毕满土 [小暑]未		五黄离	正正东北北	九四
8	十九己酉 二觜满土 小暑上8		四绿震	东正南南南	六五
9	二十庚戌 三参平金	西北正东南南	三碧巽	东西南南	上九
10	廿一辛亥 四井定金	西西东西南北南	二黑坎	正东南南	丰 初九
11	廿二壬子 五鬼执木	正正东西北北	一白艮	西北东北	六二
12	廿三癸丑 六柳破木	东正东西南南南	九紫坤	西北东北	九三
13	廿四甲寅 日星危木 小暑中2		八白乾	正正东北北	九四
14	廿五乙卯 一张成水	西东正西南北南	七赤兑	正正东北	六五
15	廿六丙辰 二翼收土	西正正北南北南	六白离	正正西南	上六
16	廿七丁巳 三轸开土	正东西北南北	五黄震	正东西南	涣 初六
17	廿八戊午 四角闭火	东正东北北北	四绿巽	东东东北北	九二
18	廿九己未 五亢建火 小暑下5		三碧坎	东东东北北	六三
19	六月庚申 六氐除木	正东北北北	二黑离	东东东南北	六四
20	初二辛酉 日房满木	西正东南东北	一白震	正正东南北	九五
21	初三壬戌 一心平水	西南正北北	九紫巽	东东东南	上九
22	初四癸亥 二尾定水	东正正北南北东	八白坎	东东东东	履 初九
23	初五甲子 三箕执金 [大暑]7		七赤艮	西东北北北南	九二
24	初六乙丑 四斗破金	西东正南南北	六白坤	西北北北南	六三
25	初七丙寅 五牛危木	西南正西北	五黄离	西正东南南	九四
26	初八丁卯 六女成木	西正西正北北	四绿兑	正正西南	九五
27	初九戊辰 日虚收木	东正东南南	三碧离	正正东南	上九
28	初十己巳 一危开木 大暑中1		二黑震	正正东南北	上九
29	十一庚午 二室闭土	北东正南南	一白巽	东东南南南	遁 初六
30	十二辛未 三壁建土	西北东南南	九紫离	东东南南	六二
31	十三壬申 四奎除金	正正东西南南	八白艮	东东东南东	九三

8月大　七 月 丙申 否卦 天道行北　廿一 子时 立秋　初六 申时 处暑

阳历	农历干支 星宿五行	日神方位(奇门节元)喜财贵五神神鬼	九星八卦	八门方位开生休门	六十四卦及爻数
1	十四癸酉 五娄满金	东正正南北南	七赤坤	正正东南南	九四
2	十五甲戌 六胃平火 大暑下4		六白乾	正正东南南	九五
3	十六乙亥 日昴定火	西正东北北北	五黄兑	正东东南	上九
4	十七丙子 一毕执水	西西正北北	四绿离	正东北北	恒 初六
5	十八丁丑 二觜破水	东正东北北	三碧震	正正西北	九二
6	十九戊寅 三参危土	东正正东北	二黑巽	正正西北	九三
7	二十己卯 四井成土 立秋上2		一白坎	西正东南	九四
8	廿一庚辰 五鬼成金 [立秋]子		九紫艮	西西东南	六五
9	廿二辛巳 六柳收金	西西正北正	八白坤	正东东南	上六
10	廿三壬午 日星开木	正东南正南南	七赤乾	正北东北	节 初九
11	廿四癸未 一张闭木	东正南东北	六白兑	正北东北	九二
12	廿五甲申 二翼建木 立秋中5		五黄离	东东东北北	六三
13	廿六乙酉 三轸除水	西东南正东	四绿震	东东东南南	六四
14	廿七丙戌 四角满土	东正东北北	三碧巽	东东东南南	九五
15	廿八丁亥 五亢平土	正东西北北	二黑坎	东东南南南	上六
16	廿九戊子 六氐定火	东北北北	一白艮	西北正东	同人 初九
17	三十己丑 日房执火 立秋下8		九紫坤	西西正东	六二
18	七月庚寅 一心破木	西东东东	八白震	西北北北	九三
19	初二辛卯 二尾危木	正东北北	七赤巽	东西北北	九四
20	初三壬辰 三箕成水	正正东北	六白坎	正东东南	九五
21	初四癸巳 四斗收水	正正东南	五黄艮	正东东南	上九
22	初五甲午 五牛开金 处暑上1		四绿坤	东东东南	损 初九
23	初六乙未 六女闭金 [处暑]申		三碧乾	东北北北南	九二
24	初七丙申 日虚建火	西正东北北	二黑兑	西北东南	六三
25	初八丁酉 一危除火	正东西北北	一白离	正东北北	六四
26	初九戊戌 二室满木	东正北北北	九紫震	东正东南	六五
27	初十己亥 三壁平木 处暑中4		八白巽	东东东南	上九
28	十一庚子 四奎定金	西正东北北	七赤坎	正正东西	否 初六
29	十二辛丑 五娄执土	西正东北	六白艮	正北北北	六二
30	十三壬寅 六胃破木	东正正南北	五黄离	西正北北	六三
31	十四癸卯 日昴危金	东正东南南	四绿乾	西西正北	九四

公元 2031 年　　　农历辛亥(猪)年
(闰三月)

(太岁辛亥,千金支水,纳音属金,岁德丙,贵人在寅、午,岁禄酉,岁马巳,奏书乾,博士巽,力士艮,利南北不利东西。)

阳历	9月小 八 月 丁酉 观卦 天道行东北　廿二 寅时 白露　初七 未时 秋分					10月大 九 月 戊戌 剥卦 天道行南　廿二 戌时 寒露　初八 亥时 霜降				
	农历干支 星期 星宿 五行	日神方位(奇门节元) 喜财贵五神神神鬼	九星 八卦	八门方位 开生休门门门	六十四卦 及爻数	农历干支 星期 星宿 五行	日神方位(奇门节元) 喜财贵五神神神鬼	九星 八卦	八门方位 开生休门门门	六十四卦 及爻数
1	十五甲辰一毕成火	处暑下7	三碧兑	西西正南北西	九五	十五甲戌三参除火	秋分下4	一白离	正正东东北东	九五
2	十六乙巳二觜收火	西东正北南东	二黑离	西西正北北西	上九	十六乙亥四井满火	西东正北南南	二黑震	正正东东南东	上九
3	十七丙午三参开水	西正西南西北	一白震	正正东北北东	巽 初六	十七丙子五鬼平水	西正西南西北	三碧巽	正正西西北西	归妹 初九
4	十八丁未四井闭木	正东正西南西北	九紫巽	正正东北北东	九二	十八丁丑六柳定火	正正西西北南	四绿坎	正正西西北北	九二
5	十九戊申五鬼建土	东正正南北东西	八白坎	正正东北北东	九三	十九戊寅日星执土	东正正南北南东	五黄艮	正正西西北北	六三
6	二十己酉六柳除土	白露上9	七赤艮	东正正南北南	六四	二十己卯一张破土	寒露上6	六白坤	西正正东南南	九四
7	廿一庚戌七星满金	西东正西南北	六白坤	东正正西东南	九五	廿一庚辰二翼危金	西正正北东南南	七赤乾	西正正东北西	六五
8	廿二辛亥一张满金	[白露] 寅	五黄乾	东西正南北南	上九	廿二辛巳三轸危金	[寒露] 戌	八白兑	正正东北北西	上六
9	廿三壬子二翼平木	正西正南南北北	四绿兑	西东正北北东	萃 初六	廿三壬午四角成木	正正西南南西北	九紫离	正正东东南东	上六
10	廿四癸丑三轸定木	东正正南南南东	三碧离	西西正北北东	六三	廿四癸未五亢收火	东正正南南东南	一白震	正正东北东北	无妄 初九
11	廿五甲寅四角执水	白露中3	二黑震	西西正北北东	六三	廿五甲申六氐开水	寒露中9	二黑巽	东正正北西东	六二
12	廿六乙卯五亢破水	西东正南北北	一白巽	正西西南西南	九四	廿六乙酉日房闭水	西东西北南南	三碧坎	东正正南南南	六三
13	廿七丙辰六氐危土	西正正西北南	九紫坎	正正西西南南	九五	廿七丙戌一心建土	西正西北北正	四绿艮	东正正南南南	九四
14	廿八丁巳日房成土	正东西南北东	八白艮	正正西西南南	上六	廿八丁亥二尾除土	正正西南北北	五黄坤	东正正南南北	九五
15	廿九戊午一心收火	东北正西北北	七赤坤	东东正南北北	大畜 初九	廿九戊子三箕满火	东正东西北正	六白乾	西东正南北北	上九
16	三十己未二尾开火	白露下6	六白乾	东东正南北北	九二	九月己丑四斗平火	寒露下3	七赤坎	西东正北北北	明夷 初九
17	八月庚申三箕闭金	西东正北北北	五黄巽	东东正南南东	九三	初二庚寅五牛定木	西东东北东东	八白坤	东东正北西东	六二
18	初二辛酉四斗建金	西正西南东	四绿坎	正正东南北东	六四	初三辛卯六女执木	西东南北东	九紫坤	正正西西南西	六三
19	初三壬戌五牛除水	正东西北北北	三碧艮	正正东南北东	六五	初四壬辰日虚破水	正正正北北北	一白乾	正正西西南西	六四
20	初四癸亥六女满水	东正东南东东	二黑坤	正正东南东东	上九	初五癸巳一危平水	正正正北北北	二黑兑	东正正南南北	六五
21	初五甲子日虚平金	秋分上7	一白乾	西东正北北北	贲 初九	初六甲午二室成金	霜降上5	三碧离	东北正北东北	上六
22	初六乙丑一危定金	西东正北北南南	一白兑	西东正北北北	六二	初七乙未三壁收金	西正正北北南	四绿震	东正正南南东	困 初六
23	初七丙寅二室执火	[秋分] 未	二黑离	东东正南北东	九三	初八丙申四奎开火	[霜降] 亥	五黄巽	东东正南北北	九二
24	初八丁卯三壁破火	正正西南北	三碧震	正正西西南北	六四	初九丁酉五娄闭金	正正正北北北	六白坎	正正东东南北	六三
25	初九戊辰四奎危木	正正正南北南东	四绿巽	正正西西南北	六五	初十戊戌六胃建木	正正正北北东	七赤艮	正正正东南北	九四
26	初十己巳五娄成木	秋分中1	五黄坎	正正西西北北	上九	十一己亥日昴除木	霜降中8	八白坤	东正正东南北	九五
27	十一庚午六胃收土	西西东北东南南	六白艮	东东正南北东	观 初六	十二庚子一毕满土	西正正北北北	九紫乾	西正正东北北	上六
28	十二辛未日昴闭土	西西东北北东东	七赤坤	正正东南北	六二	十三辛丑二觜平土	正正正北北北	一白离	正正西西北北	剥 初六
29	十三壬申一毕闭金	正正东西南南南	八白乾	东东正北南东	六三	十四壬寅三参定金	正正正北北北	二黑震	正正西西北北	六二
30	十四癸酉二觜建金	正正正北北北	九紫兑	东东正东北东	六四	十五癸卯四井执金	正正正北北南	三碧巽	东东正南北西	六三
31						十六甲辰五鬼破火	霜降下2	四绿巽	西西正南北西	六四

公元2031年　农历辛亥(猪)年
（闰三月）

太岁辛亥，千金支水，纳音属金，岁德丙，贵人在寅、午，岁禄酉，岁马巳，奏书乾，博士翼，力士艮，利南北不利东西。

11月小　十月己亥　坤卦　天道行东
廿三 夜子 立冬／初八 戌时 小雪

阳历	农历干支 星宿五行	日神方位(奇门节元) 喜财贵五神神神鬼	九星八卦	八门方位 开门生门休门	六十四卦 及爻数
1	十七乙巳六柳危火	西东正正北南北北	五黄坎	西东正西南北北西	六五
2	十八丙午日星成水	西正正正南北北北	六白艮	正正东北北北	上九
3	十九丁未一张收水	西东西正南西南北	七赤坤	正正东北北北	艮 初六
4	二十戊申二翼开土	东正正西南北东北	八白乾	正正东北北东	六二
5	廿一己酉三轸闭土	立冬上6	九紫兑	东西正南南南	九三
6	廿二庚戌四角建金	西正正西北东北南	一白离	西正正南南南	六四
7	廿三辛亥五亢建金	[立冬]子	二黑震	东西正南北南	六五
8	廿四壬子六氐除木	正正东西南南北北	三碧巽	西东正北北北	上九
9	廿五癸丑日房满土	东正东南南南	四绿坎	西正正北北北	既济 初六
10	廿六甲寅一心平水	立冬中9	五黄坤	西东正南北北	六二
11	廿七乙卯二尾定水	西东正西北南北北	六白坤	正正西南西南	九三
12	廿八丙辰三箕执土	西西东西南北北南	七赤乾	正正西南西南	六四
13	廿九丁巳四斗破土	正正西西南西北北	八白艮	正正西南西西	九五
14	三十戊午六牛危火	东正正西南北北北	九紫离	正正西北北北	上六
15	十月己未六女成木	立冬下3	一白艮	东东正北北北	噬嗑 初九
16	初二庚申六虚收木	西正正西北东北北	二黑坤	东东正北北北	六二
17	初三辛酉一危开木	正东东正北东南北	三碧乾	正东东南北北	六三
18	初四壬戌二室闭水	正正西西南北北北	四绿震	正正西北北北	九四
19	初五癸亥三壁破水	东正东南南北东	五黄离	正正西北北北	六五
20	初六甲子四奎除金	小雪上5	六白震	东东北北北	上九
21	初七乙丑五娄满金	西东西南北南南	七赤巽	西东北北北	大过 初六
22	初八丙寅六胃平木	[小雪]戌	八白坎	正正东北北北	九二
23	初九丁卯日昴定火	正正西正南北东	九紫离	正正东北北北	九三
24	初十戊辰一毕执木	东正正正南北北东	一白兑	正正东南北东	九四
25	十一己巳二觜破木	小雪中8	二黑乾	正正东南北东	九五
26	十二庚午三参危土	西正正西北东北	三碧离	东东正北北北	上六
27	十三辛未四井成土	正东西北北东	四绿离	东东正北北北	坤 初六
28	十四壬申五鬼收金	正正东西南南东北	五黄震	东东正北北东	六二
29	十五癸酉六柳开金	东正南南南	六白坤	正正东南南南	六三
30	十六甲戌日星闭火	小雪下2	七赤震	正正东北南北	六四

12月大　十一月庚子　复卦　天道行东南
廿三 申时 大雪／初九 巳时 冬至

阳历	农历干支 星宿五行	日神方位(奇门节元) 喜财贵五神神神鬼	九星八卦	八门方位 开门生门休门	六十四卦 及爻数
1	十七乙亥一张建火	西东正正北南北南	八白艮	正东东南南	六五
2	十八丙子二翼除水	西西正正南北北北	九紫坤	正正西北北西	上六
3	十九丁丑三轸满水	正正西正南北北北	一白乾	正正西北北北	未济 初六
4	二十戊寅四角平土	东正东西南北南南	二黑兑	正正东北北北	九二
5	廿一己卯五亢定土	大雪上4	三碧离	西正正南北西	六三
6	廿二庚辰六氐执金	西正正西北东北南	四绿震	西东正北北北	九四
7	廿三辛巳日房执金	[大雪]申	五黄巽	正正西南北北	六五
8	廿四壬午一心破木	正正西南南北	六白坎	正正东北北北	上九
9	廿五癸未二尾危木	西正正南南东南	七赤艮	正正东北北北	蹇 初六
10	廿六甲申三箕成水	大雪中7	八白坤	正正东北北北	六二
11	廿七乙酉四斗收水	西东正西北南东	九紫乾	东西正南北南	九三
12	廿八丙戌五牛开土	西西东西南北北南	一白兑	东西正南南南	六四
13	廿九丁亥六女闭火	正正东西南北北	二黑离	东东正北北北	九五
14	十一月戊子日虚建火	东正东西南北北北	三碧震	西东北北北	上六
15	初二己丑一危除火	大雪下1	四绿乾	西东北北北	颐 初九
16	初三庚寅二室满木	西东正正北东北南	五黄兑	西北北北	六二
17	初四辛卯三壁平木	正东东正北东南北	六白离	正东西北北北	六三
18	初五壬辰四奎定水	正正正西南北北	七赤震	正正西北北北	六四
19	初六癸巳五娄执水	东正正南南北北	八白巽	正正西北北南	六五
20	初七甲午六胃破金	冬至上1	九紫坎	东东北南东	上九
21	初八乙未日昴危金	西东正正北南北南	一白艮	东东北北北	上九
22	初九丙申一毕成火	[冬至]巳	二黑坤	东东北北东	中孚 初九
23	初十丁酉二觜收火	正正西正南北北北	三碧乾	正正东北北北	九二
24	十一戊戌三参开木	东正东西南北北北	四绿兑	东东南北北	六三
25	十二己亥四井闭木	冬至中7	五黄离		六四
26	十三庚子五鬼建土	西正正西北东北南	六白震	正正西北北北	九五
27	十四辛丑六柳除土	正东东正南北北	七赤巽	正正西北北北	上九
28	十五壬寅日星满金	正正西西南北北	八白坎	西北北北	复 初九
29	十六癸卯一张平金	西正正正南北南南	九紫艮	西西南北北	六二
30	十七甲辰二翼定火	冬至下4	一白坤	西西北北北	六三
31	十八乙巳三轸执火	西东正正北南北东	二黑乾	西西北北西	六四

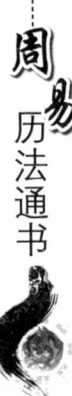

周易历法通书

公元 2032 年(闰)　农历壬子(鼠)年

太岁壬子,干水支水,纳音属木,岁德壬,贵人在卯、巳,岁禄亥,岁马寅,奏书乾,博士巽,力士艮,利东西不利南北。

1月大　十二月 辛丑 临卦 天道行西　廿四 寅时 小寒　初八 戌时 大寒

阳历	农历干支 星期 星宿 五行	日神方位(奇门节元) 喜财贵五神神神鬼	九星八卦	八门方位 开生休门门门	六十四卦及爻数
1	十九丙午 四角破水	正南 正西 西北 正北	三碧兑	正北 东北 东北	六五
2	二十丁未 五亢危水	正南 正西 西北 正北	四绿离	东北 东北 东北	上六
3	廿一戊申 六氐成土	东北 正西 正东	五黄震	正北 正东 东北	屯 初九
4	廿二己酉 日房收土	正南 正南 正南	六白巽	东西 正东	六二　小寒上2
5	廿三庚戌 一心开金	正西 东南 东南	七赤坎	东南 东南	六三
6	廿四辛亥 二尾开金	正南 正南 东北	八白艮	东南 东南	六四　[小寒]寅
7	廿五壬子 三箕闭木	正南 东南 西北	九紫坤	西东 东北	九五
8	廿六癸丑 四斗建木	东南 正南 南	一白乾	东北 南南	上六
9	廿七甲寅 五牛除木	西北 正北 北	二黑兑	西北 正北	谦 初六　小寒中8
10	廿八乙卯 六女满水	西东 正南 北	三碧离	西北 南北	六二
11	廿九丙辰 日虚平土	正正 正正	四绿震	正西 正南	九三
12	三十丁巳 一危定土	正正 正西北	五黄巽	正南 正南	六四
13	十二戊午 二室执水	东北 北北 北	四白乾	东北 正东	六五
14	初二己未 三壁破木	东北 北北	七赤兑	东北 东东	上六　小寒下5
15	初三庚申 四奎危木	西南 西北 北	八白离	东北 东东	睽 初九
16	初四辛酉 五娄成木	西南 东北	九紫震	正西 东南	九二
17	初五壬戌 六胃收水	正西 西西	一白巽	正西 南南	六三
18	初六癸亥 日昴开水	东正 南南 东	二黑坎	正东 南南	九四
19	初七甲子 一毕闭金	大寒上3	三碧艮	东北 正正	九五
20	初八乙丑 二觜建金	西北 北北	四绿坤	西北 北北	上九　[大寒]戌
21	初九丙寅 三参除火	正南 西南 南南	五黄乾	东北 北南	升 初六
22	初十丁卯 四井满木	正正 西	六白兑	正东 西南	九二
23	十一戊辰 五鬼平木	东北 正东	七赤离	正西 西南	九三
24	十二己巳 六柳定木	正南 东北	八白震	正东 南南	六四　大寒中9
25	十三庚午 日星执土	西北 西西	九紫巽	东南 正南	六五
26	十四辛未 一张破土	正南 东南 南南	一白坎	南南 南南	上六
27	十五壬申 二翼危金	正南 正东 南	二黑艮	东东 正南	临 初九
28	十六癸酉 三轸成金	东正 南北	三碧坤	正东 南南	九二
29	十七甲戌 四角收火	正正 东东	四绿乾	东正 南	六三　大寒下6
30	十八乙亥 五亢开火	东南 西西	五黄兑	正南 正东	六四
31	十九丙子 六氐闭水	西南 西北	六白离	正正 西	六五

2月闰　一月 壬寅 泰卦 天道行南　廿三 未时 立春　初九 巳时 雨水

阳历	农历干支 星期 星宿 五行	日神方位(奇门节元) 喜财贵五神神神鬼	九星八卦	八门方位 开生休门门门	六十四卦及爻数
1	二十丁丑 日房建水	正南 正西 西北 正北	七赤震	正西 西北	上六
2	廿一戊寅 一心除土	东北 正东 正南	八白巽	西北 东北	初六　小过
3	廿二己卯 二尾满土	立春上8	九紫坎	西西 正	六二
4	廿三庚辰 三箕满金	正南 正南 正东	一白艮	西西 西	九三　[立春]未
5	廿四辛巳 四斗平金	正正 正	二黑坤	西南 西北	九四
6	廿五壬午 五牛定木	正南 正西	三碧乾	正东 北	六五
7	廿六癸未 六女执木	东北 北北 东	四绿兑	正东 正东	上六
8	廿七甲申 日虚破水	立春中5	五黄离	正东 正东	蒙 初六
9	廿八乙酉 一危危水	西北 西正 南东	六白震	东西 南南	九二
10	廿九丙戌 二室成土	正南 西正	七赤巽	东南 南	六三
11	一月丁亥 三壁收土	正东 正东	八白震	东西 正	六四
12	初二戊子 四奎开火	东正 西正	九紫震	西北 北北	六五
13	初三己丑 五娄闭水	立春下2	一白巽	西北 北	上九
14	初四庚寅 六胃建木	西正 北北	二黑坤	东东 正	益 初九
15	初五辛卯 日昴除木	正正 东北	三碧艮	南南 北	六二
16	初六壬辰 一毕满水	正正 正南	四绿坤	正西 正	六三
17	初七癸巳 二觜平水	东西 南北	五黄乾	西西 西	六四
18	初八甲午 三参定金	雨水上9	六白兑	东东 正	九五
19	初九乙未 四井执金	[雨水]巳	七赤离	东东 正	上九
20	初十丙申 五鬼破火	正西 西北 北	八白震	东东 南	渐 初六
21	十一丁酉 六柳危木	东西 正北	九紫巽	正东 东	六二
22	十二戊戌 日星成木	东正 东	一白坎	正东 东南	九三
23	十三己亥 一张收木	雨水中6	二黑艮	正东 南	六四
24	十四庚子 二翼开土	西西 正	三碧坤	正西 正	九五
25	十五辛丑 三轸闭土	正正 东	四绿乾	西北 北	上九
26	十六壬寅 四角建金	正南 东南	五黄兑	西西 正	泰 初九
27	十七癸卯 五亢除金	东正 东	六白震	西西 正	九二
28	十八甲辰 六氐满土	雨水下3	七赤震	西西 西	九三
29	十九乙巳 日房平火	东北 北东	八白巽	西南 北西	六四

公元 2032 年(闰)　农历壬子(鼠)年

（太岁壬子，干水支水，纳音属木，岁德壬，贵人在卯、巳，岁禄亥，岁马寅，奏书乾，博士巽，力士艮，利东西不利南北。）

3月大	二 月 癸卯 大壮卦 天道行西南	廿四 辰时 惊蛰 初九 巳时 春分				4月小	三 月 甲辰 夬卦 天道行北	廿四 未时 清明 初十 戌时 谷雨			
阳历	农历干支 星期 星宿 五行	日神方位(奇门节元) 喜财贵五神神神鬼	九星八卦	八门方位 开生休门门门	六十四卦 及爻数	阳历	农历干支 星期 星宿 五行	日神方位(奇门节元) 喜财贵五神神神鬼	九星八卦	八门方位 开生休门门门	六十四卦 及爻数
1	二十丙午 一 心 定 水	正南 正西 正北 正北	九紫坎	正北 正东 东北	六五	廿一丁丑 四 斗 开 水	正东 西北 正北 正北	六白坤	正西 西北 正北	六五
2	廿一丁未 二 尾 执 水	正南 正西 正北 正北	一白艮	正北 正东 东北	上六	廿二戊寅 五 牛 闭 土	东北 正北 正东 正南	五黄乾	正西 西北 正北	上六
3	廿二戊申 三 箕 破 土	东北 正北 西南 正南	二黑坤	正北 正东 东北	上六	廿三己卯 六 女 危 土	清明上 4	四绿兑	西北 西北 西北	豫 初六
4	廿三己酉 四 斗 危 土	惊蛰上 1	三碧乾	东北 西南 南北	需 初九	廿四庚辰 日 虚 建 金	[清明] 未	三碧离	西北 西北 西北	六二
5	廿四庚戌 五 牛 成 金	[惊蛰] 辰	四绿兑	东北 西南 南北	九二	廿五辛巳 一 危 除 金	正南 东北 正北 正北	二黑震	正北 正东 东北	六三
6	廿五辛亥 六 女 收 金	正南 正西 正西 正北	五黄离	东北 东南 正南	九三	廿六壬午 二 室 满 木	正南 正北 正北	一白巽	正北 正东 东北	九四
7	廿六壬子 日 虚 开 木	正北 正东 东北 正北	六白震	西北 东北 正北	六四	廿七癸未 三 壁 平 木	东南 正南 东南 正南	九紫坎	正北 正东 东北	六五
8	廿七癸丑 一 危 闭 木	东北 正南 南南 东南	七赤巽	西北 北北 正北	九五	廿八甲申 四 奎 定 水	清明中 1	八白艮	西北 北北 正北	上六
9	廿八甲寅 二 室 闭 水	惊蛰中 7	八白坎	西北 北北 正北	上六	廿九乙酉 五 娄 执 水	西东 正北 南北 南东	七赤坤	东东 西北 南南	讼 初六
10	廿九乙卯 三 壁 建 水	西北 南北 正北 东北	九紫艮	西南 西南 西南	随 初九	三月 丙戌 六 胃 破 土	东北 西南 正北 正北	六白巽	东东 西北 南南	九二
11	三十丙辰 四 奎 除 土	正南 正西 正北 正北	一白坤	正北 西南 正北	六二	初二丁亥 五 昴 危 土	正南 西北 正北 正北	五黄坎	东东 西北 南南	六三
12	二月 丁巳 五 娄 满 土	正南 正西 正北 正北	二黑震	正北 西南 正南	六三	初三戊子 一 毕 成 火	东北 正东 正北 南南	四绿艮	西东 西北 南北	九四
13	初二戊午 三 胃 平 火	东北 正南 正北 正北	三碧巽	正北 南北 正东	九四	初四己丑 二 觜 收 火	清明下 7	三碧坤	西北 西东 南北	九五
14	初三己未 日 昴 定 火	惊蛰下 4	四绿震	东北 正东 东北	九五	初五庚寅 三 参 开 木	东东 正东 正东 南东	二黑乾	西北 西东 正北	上九
15	初四庚申 一 毕 执 木	西北 正东 东北 正北	五黄艮	东北 正南 东北	上六	初六辛卯 四 井 闭 木	正南 西南 正北 正北	一白兑	正正 西南 西南	蛊 初六
16	初五辛酉 二 觜 破 水	西北 正东 正东 正南	六白坤	正北 东南 东北	晋 初六	初七壬辰 五 鬼 建 木	东东 正南 正北 正北	九紫离	正正 西南 正北	九二
17	初六壬戌 三 参 危 水	正南 正西 正北 正南	七赤乾	正北 正东 南北	六二	初八癸巳 六 柳 除 水	东北 正东 正南 正北	八白震	正正 西南 正北	九三
18	初七癸亥 四 井 成 水	正南 正南 正南 东南	八白兑	正北 正南 东南	六三	初九甲午 日 星 满 金	谷雨上 5	七赤巽	正北 正南 东东	六四
19	初八甲子 五 鬼 收 金	春分上 3	九紫离	西东 东北 正北	九四	初十乙未 一 张 平 金	[谷雨] 戌	六白坎	正北 正南 东东	六五
20	初九乙丑 六 柳 开 金	[春分] 巳	九紫震	西北 北北 正北	六五	十一丙申 二 翼 定 火	东北 正西 西南 正北	五黄震	东东 正南 正南	上九
21	初十丙寅 日 星 闭 火	正南 西南 西南 正南	八白巽	西北 北北 正北	上九	十二丁卯 三 轸 执 火	正南 正西 正北 正北	四绿坤	东东 正东 南南	革 初九
22	十一丁卯 一 张 建 火	正南 正南 西南 正北	七赤坎	正北 正西 正南	解 初六	十三戊戌 四 角 破 木	东北 正南 正北 正北	三碧乾	正正 正东 正北	六二
23	十二戊辰 二 翼 除 木	东北 正北 正北 正东	六白艮	西南 正西 正北	九二	十四己亥 五 亢 危 木	谷雨中 2	二黑震	正正 正东 东南	九三
24	十三己巳 三 轸 满 木	春分中 9	五黄巽	东东 正西 正东	六三	十五庚子 六 氐 成 土	东北 正东 正北 南南	一白离	西北 正北	九四
25	十四庚午 四 角 平 土	西北 正西 西南 正南	四绿震	东东 正东 正南	九四	十六辛丑 日 房 收 土	正南 正西 正北 正北	九紫坤	西北 正北	九五
26	十五辛未 五 亢 定 土	正南 正西 正北 正东	三碧乾	正北 正南 南东	六五	十七壬寅 一 心 开 金	东北 正南 正北 正北	八白巽	正正 正南 东北	上六
27	十六壬申 六 氐 执 金	正南 正西 正北 正南	二黑离	东东 正东 东北	上六	十八癸卯 二 尾 闭 金	东北 正南 正南 正南	七赤坎	西北 西北	夬 初九
28	十七癸酉 日 房 破 金	东北 正北 正南 正南	一白震	正正 东东 正北	大壮 初九	十九甲辰 三 箕 建 火	谷雨下 8	六白艮	西西 正北	九二
29	十八甲戌 一 心 危 火	春分下 6	九紫离	正正 东南 正东	九二	二十乙巳 四 斗 除 火	东北 正南 东北 南东	五黄坤	西北 正北	九三
30	十九乙亥 二 尾 成 火	西东 正南 正南 正北	八白坎	正正 正东 正北	九三	廿一丙午 五 牛 满 水	东北 正北 正北 南北	四绿乾	西北 东东	九四
31	二十丙子 三 箕 收 水	正南 正西 正北	七赤乾	正正 西北 正北	九四					

318

周易历法通书

公元 2032 年(闰)　农历壬子(鼠)年

太岁壬子,干水支水,纳音属木,岁德壬,贵人在卯、巳,岁禄亥,岁马寅,奏书乾,博士巽,力士艮,利东西不利南北。

5月大　四 月乙巳 乾卦 天道行西　廿六 卯时 立夏　十二 戌时 小满

阳历	农历干支 星期 五行/星宿行	日神方位(奇门节元) 喜财贵五/神神神鬼	九星八卦	八门方位 开生休门门门	六十四卦及爻数
1	廿二丁未 六女平水	正正正正/南西东北	三碧兑	正正东/北东北	九五
2	廿三戊申 一虚定土	东正正正/南北东南	二黑离	正正东/北北东	上六
3	廿四己酉 一危执土	立夏上1	一白震	东西正/南东南	旅初六 六一
4	廿五庚戌 二室破金	西正正西/北东东南	九紫巽	东西正/南南南	六二
5	廿六辛亥 三壁破金	[立夏] 卯	八白坎	西正正/南东南	九三
6	廿七壬子 四奎危木	正正东西/北北南	七赤巽	西东北/北北	九四
7	廿八癸丑 五娄成木	东正正西/南南南南	六白坤	西正正/北北北	六五
8	廿九甲寅 六胃收水	立夏中1	五黄乾	西西北/北北	上九
9	四月乙卯 日昴开木	西东正西/南北北	四绿坎	正正西/南南	师初六 六二
10	初二丙辰 一毕闭土	西正正西/南北东南	三碧艮	正正东/南南南	九二
11	初三丁巳 二觜建土	西正正西/南西北南	二黑坤	正正东/南南南	六三
12	初四戊午 三参除火	东正正西/南北北北	一白乾	东东北/北东	六四
13	初五己未 四井满木	立夏下7	九紫兑	西正正/北东东	六五
14	初六庚申 五鬼平水	西正正正/南西西正	八白离	东正正/北南东	上六
15	初七辛酉 六柳定木	西正正东/南东北北	七赤震	正正东/东南南	上六
16	初八壬戌 日星执木	正正正正/南北北北	六白巽	东东正/南东南	比初六 六二
17	初九癸亥 一张破金	东东东正/南北北北	五黄坎	东东正/北北东	六二
18	初十甲子 二翼危金	小满上5	四绿艮	西东正/北北北	六三
19	十一乙丑 三轸成金	西正正正/北南南南	三碧坤	西正正/北北北	六四
20	十二丙寅 四角收木	[小满] 戌	二黑乾	西正正/北北	九五
21	十三丁卯 五亢开火	正正东西/南东南北	一白兑	正正东/南东南	上六
22	十四戊辰 六氐闭木	东正正正/南北南东	九紫离	正正西/南东南	小畜初九
23	十五己巳 日房建土	小满中2	八白震	西西/南南	九二
24	十六庚午 一心除土	西正正正/北东南南	七赤巽	西正正/北北东	九三
25	十七辛未 二尾满土	西正正东/南北南南	六白坎	东东正/北北东	六四
26	十八壬申 三箕平金	正正正东/南西南南	五黄艮	东东正/南北北	九五
27	十九癸酉 四斗定金	西正正正/南北北南	四绿坤	正正东/东东东	上九
28	二十甲戌 五牛执火	小满下8	三碧乾	正正东/南南东	乾初九
29	廿一乙亥 六女破火	西正正西/南北北南	二黑兑	东东正/南东东	九二
30	廿二丙子 日虚危水	正正正西/南西北南	一白离	正正西/北北北	九三
31	廿三丁丑 一危成水	正正正西/南西北北	九紫震	正正西/北北	九四

6月小　五 月丙午 姤卦 天道行西北　廿八 巳时 芒种　十四 寅时 夏至

阳历	农历干支 星期 五行/星宿行	日神方位(奇门节元) 喜财贵五/神神神鬼	九星八卦	八门方位 开生休门门门	六十四卦及爻数
1	廿四戊寅 二室收土	东正正正/南北东南北	八白巽	正正西/西北西	九五
2	廿五己卯 三壁开土	芒种上6	七赤坎	正正东/南北北	上九
3	廿六庚辰 四奎闭金	西正正正/南北东正	六白艮	西西正/北西西	大有初九
4	廿七辛巳 五娄建金	西正正正/南北北北	五黄坤	正正东/北东北	九二
5	廿八壬午 六胃除木	[芒种] 巳	四绿乾	西东正/北东北	九三
6	廿九癸未 日昴除木	东正正西/南北北正	三碧离	正正东/北北北	九四
7	三十甲申 一毕满水	芒种中3	二黑离	西正正/北北北	六五
8	五月乙酉 二觜平水	东东西正/南东北南	一白艮	东东正/南南南	上九
9	初二丙戌 三参定土	西正正西/南西北北	九紫坤	东东正/南南南	家人初九
10	初三丁亥 四井执土	东正东西/南北北东	八白乾	正正东/南南南	六二
11	初四戊子 五鬼破火	东正东西/南北北东	七赤兑	西正正/北北	九三
12	初五己丑 六柳危火	芒种下9	六白离	西正正/北北北	六四
13	初六庚寅 日星成木	东正正正/南北东北	五黄震	西正正/北北北	九五
14	初七辛卯 一张收木	西正正东/南东北北	四绿巽	正正西/东南南	上九
15	初八壬辰 二翼开水	正正正正/南北北北	三碧坎	正正西/东南南	井初六 六二
16	初九癸巳 三轸闭水	东正正正/南北北北	二黑艮	西西正/北西北	九二
17	初十甲午 四角建金	夏至上9	一白坤	东东正/北南东	六三
18	十一乙未 五亢除金	西正正西/南北北南	九紫乾	西正正/北北	六四
19	十二丙申 六氐满火	正正正东/南西北南	八白兑	东东正/北北东	九五
20	十三丁酉 日房平木	正正正西/南西北北	七赤震	正正东/南东南	上六
21	十四戊戌 一心定木	东正正正/南北南东	六白震	东东正/南东南	咸初六
22	十五己亥 二尾执木	夏至中3	五黄巽	正正东/南东东	六二
23	十六庚子 三箕破土	西正正正/南北东北	四绿坎	西正正/北北	九三
24	十七辛丑 四斗危土	西正正正/南北北正	三碧艮	西正正/北北	九四
25	十八壬寅 五牛成金	正正正正/南北北北	二黑坤	正正东/北北北	九五
26	十九癸卯 六女收金	东正正西/南北北正	一白乾	西正正/北北	上六
27	二十甲辰 日虚开火	夏至下6	九紫兑	西正正/北北东	姤初六
28	廿一乙巳 一危闭火	东东正正/北南北东	八白离	西西正/北北东	九二
29	廿二丙午 二室建水	东正正东/南西北东	七赤震	东东正/北北北	九三
30	廿三丁未 三壁除水	西正正西/南西北北	六白巽	正正东/北东北	九四

7月大　六月丁未　遁卦　天道行东　　廿九戌时 小暑　十六未时 大暑

8月大　七月戊申　否卦　天道行北　　初二卯时 立秋　十七亥时 处暑

阳历	农历干支	星期 星宿 五行	日神方位(奇门节元)喜财贵五神财神鬼	九星 八卦	八门方位 开生休门门门	六十四卦 及爻数
1	廿四戊申	四奎满土	东正正西北东南	五黄坎	正东东北	九五
2	廿五己酉	五娄平土	小暑上8	四绿艮	东西正南南南	上九
3	廿六庚戌	六胃定金	西正正西南东北南	三碧坤	东正正南南南	鼎 初六
4	廿七辛亥	日昴执金	西正西西南东北南	二黑乾	东东正南南南	九二
5	廿八壬子	一毕破水	西东正南南北北	一白兑	东正正北北北	九三
6	廿九癸丑	二觜破木	[小暑]戌	九紫离	西东正南北北	九四
7	六月甲寅	三参危水	小暑中2	八白坤	西正正北北北	六五
8	初二乙卯	四井成水	西东东北南北	七赤乾	正东东南南南	上九
9	初三丙辰	五鬼收土	西正正南西北	六白兑	正正西南南南	丰 初九
10	初四丁巳	六柳开土	西正西南北北	五黄离	正正西南南南	六二
11	初五戊午	日星闭火	东正正西北北南	四绿震	东东正南东东	九三
12	初六己未	一张建火	小暑下5	三碧巽	东东正北东东	九四
13	初七庚申	二翼除火	北东北北	二黑坎	正东东北南北	六五
14	初八辛酉	三轸满土	北正西东北北	一白艮	正东东南北北	上六
15	初九壬戌	四角平水	正正西南北北	九紫坤	正东东东南南	涣 初六
16	初十癸亥	五亢定火	西南南东	八白乾	东东正南南南	九二
17	十一甲子	六氐执金	大暑上7	七赤兑	西东正北北北	六三
18	十二乙丑	日房破金	北西南南	六白离	西东正北北北	六四
19	十三丙寅	一心危火	西西南南	五黄震	西正正北北北	九五
20	十四丁卯	二尾成火	南正东南北	四绿巽	正正东南北北	上九
21	十五戊辰	三箕收木	东正东北北东	三碧坎	正东东北南南	履 初六
22	十六己巳	四斗开木	[大暑]1	二黑艮	正正西南北北	九二
23	十七庚午	五牛闭土	西正西北东南南	一白坤	东东正北北北	六三
24	十八辛未	六女建土	西正西南东北南	九紫震	东东正北北北	九四
25	十九壬申	日虚除金	正正西南东西	八白乾	东东正北北北	九五
26	二十癸酉	一危满土	东正正南南南	七赤离	东东正南北北	上九
27	廿一甲戌	二室平火	大暑下4	六白震	正东正南北	上九
28	廿二乙亥	三壁定火	西东西北南南	五黄巽	正正东南南南	遁 初六
29	廿三丙子	三奎执水	西正西南西北	四绿坎	正正东西北北	六二
30	廿四丁丑	四娄破水	正正东南北南	三碧艮	正正东南北北	九三
31	廿五戊寅	六胃危土	东正正南北南	二黑坤	正正西北北	九四

阳历	农历干支	星期 星宿 五行	日神方位(奇门节元)喜财贵五神财神鬼	九星 八卦	八门方位 开生休门门门	六十四卦 及爻数
1	廿六己卯	日昴成土	立秋上2	一白乾	西西正南北西	九五
2	廿七庚辰	一毕收金	西正正北东南南	九紫兑	西西正北北西	上九
3	廿八辛巳	二觜闭金	西正东南北北	八白离	正正东北北北	恒 初六
4	廿九壬午	三参闭木	正正西南南北	七赤震	正正东东北北	九二
5	三十癸未	四井除木	正东东南南东	六白巽	东东正北北北	九三
6	七月甲申	五鬼破水	立秋中5	五黄乾	西东正北北北	九四
7	初二乙酉	六柳除水	[立秋]卯	四绿兑	东西正南南南	六五
8	初三丙戌	日星满土	西东东南北北	三碧离	正东正南南南	上六
9	初四丁亥	一张平土	正东东南北北	二黑震	西东正北北北	节 初九
10	初五戊子	二翼定火	东正东南北北	一白坎	西正正北北北	九二
11	初六己丑	三轸执火	立秋下8	九紫坎	正正东南东东	六三
12	初七庚寅	四角破木	西正正东南东	八白艮	正正东北东东	六四
13	初八辛卯	五亢危木	西正东南北北	七赤坤	正正东南西西	九五
14	初九壬辰	六氐成水	正东东南北北	六白乾	正正东南西西	上六
15	初十癸巳	日房收水	东正东南南北	五黄兑	正正东南南南	同人 初九
16	十一甲午	一心开金	处暑上1	四绿离	东东正北北东	六二
17	十二乙未	二尾闭金	西正正北东北	三碧震	东东正北北北	九三
18	十三丙申	三箕建火	西东正北北北	二黑巽	东东正北北东	九四
19	十四丁酉	四斗破火	西东正北北北	一白坎	东东正北北北	九五
20	十五戊戌	五牛满土	正东东南南北	九紫离	正正东南北东	上九
21	十六己亥	六女平木	处暑中4	八白坤	正正东南南南	损 初九
22	十七庚子	日虚执土	[处暑]亥	七赤乾	正正东西北北	九二
23	十八辛丑	一危执金	西正东南北北	六白兑	正正东南北北	六三
24	十九壬寅	二室破金	西东东南北北	五黄离	正正东北北北	六四
25	二十癸卯	三壁危金	东正东南南北	四绿震	西西正南北西	六五
26	廿一甲辰	四奎成火	处暑下7	三碧巽	西西正南北西	上九
27	廿二乙巳	五娄收水	西正南北东东	二黑坎	正正东南北西	否 初六
28	廿三丙午	六胃开水	西正东南北北	一白艮	正正东北北北	六二
29	廿四丁未	日昴闭水	正东东南北南	九紫坤	东东正北北北	六三
30	廿五戊申	一毕建土	正正西北东南	八白乾	北正东南北北	九四
31	廿六己酉	二觜除土	白露上9	七赤兑	东西正南北西	九五

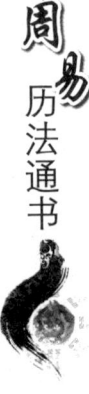

周易历法通书

公元2032年(闰)　农历壬子(鼠)年

太岁壬子,干水支水,纳音属木,岁德壬,贵人在卯、巳,岁禄亥,岁马寅,奏书乾,博士巽,力士艮,利东西不利南北。

9月小　八月己酉　观卦　天道行东北
初三巳时 白露　十八戌时 秋分

阳历	农历干支 星期宿 五行	日神方位(奇门节元) 喜财贵五神神神鬼	九星八卦	八门方位 开生休门门门	六十四卦 及爻数
1	廿七庚戌 三参满金	西北 正东 正南 西南	六白震	东西正 南南南	上九
2	廿八辛亥 四井平金	西东 北东 正南 西南	五黄震	东正 南南 南南	巽 初六
3	廿九壬子 五鬼定木	正北 正南 东南 正北	四绿巽	西东 北北 北北	九二
4	三十癸丑 六柳执木	正北 正南 东南 正北	三碧震	东西 北北 北北	九三
5	八月甲寅 日星破水	白露中3	二黑震	西东 北北 北	六四
6	初二乙卯 一张危木	西北 正南 西南 北北	一白离	正正 西南 南西	九五
7	初三丙辰 二翼危土	[白露]巳	九紫震	正正 西南 西	上九
8	初四丁巳 三轸成土	正正 西南 西南 西	八白震	正正 西北 北	革 初六
9	初五戊午 四角收火	东正 南北 正北 北	七赤坎	东东 正北 南北	六二
10	初六己未 五氐开火	白露下6	六白艮	东东 正北 南北	六三
11	初七庚申 六氐闭木	西正 北东 正西 南	五黄震	东东 正北 南东	九四
12	初八辛酉 日房建木	西东 南东 正西 南	四绿乾	正正 东南 西南	九五
13	初九壬戌 一心除水	正北 正南 东北 正南	三碧震	东东 正南 北	上六
14	初十癸亥 二尾满水	东正 南南 东南 东	二黑离	正正 东南 南南	大畜 初九
15	十一甲子 三箕平金	秋分上7	一白震	西北 北北 北	九二
16	十二乙丑 四斗定金	西东 北正 正西 南	一白巽	西东 北北 北	九三
17	十三丙寅 五牛执火	西正 北南 正西 南	二黑坎	西北 北北 南	六四
18	十四丁卯 六女破火	正正 西南 西北 北	三碧艮	正正 东南 西北	六五
19	十五戊辰 日虚危木	东正 南北 正北 北	四绿坤	正正 东南 北	上九
20	十六己巳 一危成木	秋分中1	五黄乾	正正 东南 南南	贲 初九
21	十七庚午 二室收土	西北 东正 正南 西南	六白兑	东东 正南 北	六二
22	十八辛未 三壁开土	[秋分]戌	七赤离	东东 北南 南	九三
23	十九壬申 四奎闭金	正北 正南 东南 正南	八白震	东东 南南 南南	六四
24	二十癸酉 五娄建金	东正 南南 东南 东	九紫巽	正正 东南 西南	六五
25	廿一甲戌 六胃除火	秋分下4	一白坎	正正 东南 北东	上九
26	廿二乙亥 日昴满火	西东 北南 北北 北	二黑艮	东西 南南 南南	观 初六
27	廿三丙子 一毕平水	西正 北南 西南 南	三碧坤	正正 西南 西	六二
28	廿四丁丑 二觜定水	正正 西北 北北 西	四绿乾	西正 北北 南	六三
29	廿五戊寅 三参执土	东正 北北 北北 南	五黄兑	西东 北北 南	六四
30	廿六己卯 四井破土	寒露上6	六白离	西西 正南 西	九五
31					

10月大　九月庚戌　剥卦　天道行南
初五丑时 寒露　二十寅时 霜降

阳历	农历干支 星期宿 五行	日神方位(奇门节元) 喜财贵五神神神鬼	九星八卦	八门方位 开生休门门门	六十四卦 及爻数
1	廿七庚辰 五鬼危金	西北 正东 正南 西南	七赤震	西西 北西 西	上九
2	廿八辛巳 六柳成金	西北 正东 正南 西南	八白震	西西 北西 西	归妹 初九
3	廿九壬午 日星收木	正正 正南 东南 南南	九紫坎	正正 东北 东北	九二
4	九月癸未 一张开木	正北 正南 东南 正南	一白离	西北 东北	六三
5	初二甲申 二翼闭金	寒露中9	二黑震	正正 东北 东北	九四
6	初三乙酉 三轸建水	西东 北正 正南 西北东	三碧巽	东西 正南 南南	六五
7	初四丙戌 四角除土	西西 北北 西	四绿坎	西正 南南 南	上六
8	初五丁亥 五亢除土	[寒露]丑	五黄震	西正 南南 南	上六
9	初六戊子 六氐满水	东正 南东 正南 北	六白坤	西东 北北 北	无妄 初九
10	初七己丑 日房平火	寒露下3	七赤坎	西东 北北 北	六二
11	初八庚寅 一心定木	西北 正东 正西 东	八白兑	西东 北北 东	六三
12	初九辛卯 二尾执木	西东 北南 正西 北	九紫坎	正正 西南 西	九四
13	初十壬辰 三箕破水	正北 正南 东北 正北	一白震	正正 东南 北	九五
14	十一癸巳 四斗危水	东正 南南 西北	二黑巽	正正 东南 北	上九
15	十二甲午 五牛成金	霜降上5	三碧坎	东东 北南 北	明夷 初九
16	十三乙未 六女收金	西东 北正 正西 南	四绿震	东东 北南 南	六二
17	十四丙申 日虚开火	西正 北南 正西 南	五黄坤	东东 北北 东	九三
18	十五丁酉 一危闭火	正正 西南 西北 北	六白乾	东东 正南 北	六四
19	十六戊戌 二室建木	东正 南北 正北 北	七赤兑	正正 东南 北	六五
20	十七己亥 三壁除木	霜降中8	八白离	正正 东南 南	上六
21	十八庚子 四奎满土	西北 正东 正南 西南	九紫震	正正 西南 西	困 初六
22	十九辛丑 五娄平土	西东 北东 正南 西北	一白巽	正正 西北 北	九二
23	二十壬寅 六胃定金	[霜降]寅	二黑坎	西西 北北 北	六三
24	廿一癸卯 日昴执金	东正 南南 东正 南	三碧艮	西西 北北 北	九四
25	廿二甲辰 一毕破火	霜降下2	四绿坤	西正 北北 南	九五
26	廿三乙巳 二觜危火	西东 北南 北北 北	五黄乾	西正 北北 北	上六
27	廿四丙午 三参成水	西正 北西 北北 南	六白兑	正正 东北 东北	剥 初六
28	廿五丁未 四井收水	正正 西北 北北 西	七赤离	西正 北北 北	六二
29	廿六戊申 五鬼开土	东正 正北 北北 南	八白震	正正 东北 东	六三
30	廿七己酉 六柳闭土	立冬上6	九紫巽	东西 正南 南	六四
31	廿八庚戌 日星建金	西北 正东 正南 南	一白坎	东西 南南 南	六五

公元 2032 年(闰)　农历壬子(鼠)年

太岁壬子，干水支水，纳音属木，岁德壬，贵人在卯、巳，岁禄亥，岁马寅，奏书乾，博士巽，力士艮，利东西不利南北。

11月小　十月辛亥　坤卦　天道行东　　初五寅时立冬　二十丑时小雪

阳历	农历干支 星期宿五行	日神方位(奇门节元)喜财贵五神神鬼	九星八卦	八门方位 开生休门门门	六十四卦及爻数
1	廿九辛亥一张除金	西南正东正西北西	二黑艮	东南西南正南	上九
2	三十壬子二翼满木	西南东北正北	三碧坤	西北北正南	艮初六
3	十月癸丑三轸平木	东北正南西北北	四绿震	西东正南	六二
4	初二甲寅四角定水	立冬中9	五黄巽	西北北正南	九三
5	初三乙卯五亢执木	东南正西	六白坎	正西西南	六四
6	初四丙辰六氐破土	西西北正南	七赤艮	正西西南	六五
7	初五丁巳日房破土	[立冬]寅	八白坤	正南西南	上九
8	初六戊午一心危火	东北北正西	九紫乾	东东正南	既济初九
9	初七己未二尾成火	立冬下3	一白兑	东南正东	六二
10	初八庚申三箕收木	西北东北正北	二黑离	东东正南	九三
11	初九辛酉四斗开水	西西正东正北	三碧震	正东正南	六四
12	初十壬戌五牛闭水	正正东西南北	四绿巽	正东正南	九五
13	十一癸亥六女建水	东南东正北	五黄坎	正东正南	上六
14	十二甲子日虚除金	小雪上5	六白艮	西东正北北	噬嗑初九
15	十三乙丑一危满金	西北南南	七赤坤	正东西南南	六二
16	十四丙寅二室平木	西正西正	八白乾	正东西南	六三
17	十五丁卯三壁定火	正正东南北	九紫兑	正东西南	九四
18	十六戊辰四奎执木	西北正东	一白离	正东西南	六五
19	十七己巳五娄破木	小雪中8	二黑震	正正东西南	上九
20	十八庚午六胃危土	西正东南南	三碧巽	东东正南	大过初六
21	十九辛未日昴成土	西西东正	四绿坎	东正东正北	九二
22	二十壬申一毕收金	[小雪]丑	五黄艮	东东正东	九三
23	廿一癸酉二觜开金	正西南正北	六白坤	东正东南	九四
24	廿二甲戌三参闭火	小雪下2	七赤乾	东东正东	九五
25	廿三乙亥四井建火	西东正正北南	八白兑	正正东南南	上六
26	廿四丙子五鬼除水	东正南西北	九紫离	东西正南北	坤初六
27	廿五丁丑六柳满土	正正东南北	一白震	正正东西南	六二
28	廿六戊寅日星平土	东正北正南	二黑巽	正正东西南	六三
29	廿七己卯一张定土	大雪上4	三碧坎	西南北南	六四
30	廿八庚辰二翼执金	西正正东北南	四绿艮	西西北北	六五
31					

12月大　十一月壬子　复卦　天道行东南　　初四亥时大雪　十九申时冬至

阳历	农历干支 星期宿五行	日神方位(奇门节元)喜财贵五神神鬼	九星八卦	八门方位 开生休门门门	六十四卦及爻数
1	廿九辛巳三轸破金	西正西正南东北北	五黄坤	西正西北西	上六
2	三十壬午四角危木	正正东南北	六白乾	北东北东北	未济初六
3	十一月癸未五亢成木	东正东正南北	七赤巽	正正东北北	九二
4	初二甲申六氐收水	大雪中7	八白坎	正正东北北	六三
5	初三乙酉日房开水	西东正南南东	九紫艮	正东南北	九四
6	初四丙戌一心开土	[大雪]亥	一白坤	西东正北北	六五
7	初五丁亥二尾闭土	西南正南北	二黑乾	东东正南	上九
8	初六戊子三箕建火	西东正南东	三碧巽	西东正北北	蹇初六
9	初七己丑四斗除火	大雪下1	四绿离	东东北北	六二
10	初八庚寅五牛满木	东正东北	五黄震	东东北北	九三
11	初九辛卯六女平木	西东正北	六白巽	正西北北	六四
12	初十壬辰日虚定水	正正东南北	七赤乾	正东西南	九五
13	十一癸巳一危执水	东正东南北	八白艮	西南正北	上六
14	十二甲午二室破金	冬至上1	九紫坤	东东正北北	颐初九
15	十三乙未三壁危金	西东西正南北北	一白乾	正东南北	六二
16	十四丙申四奎成火	西东正南北	二黑兑	正东北南	六三
17	十五丁酉五娄收金	东正东北	三碧离	正东南北	六四
18	十六戊戌六胃开木	西北北北	四绿震	正正东南南	六五
19	十七己亥日昴闭木	冬至中7	五黄巽	正正东东	上九
20	十八庚子一毕建土	西北东北南	六白坎	正西北北	上九
21	十九辛丑二觜除土	[冬至]申	七赤艮	西西北西	中孚初九
22	二十壬寅三参满金	正正东正	八白坤	西南正西	九二
23	廿一癸卯四井平金	东正东南南	九紫乾	西西正西	六三
24	廿二甲辰五鬼定火	冬至下4	一白兑	西北正北	六四
25	廿三乙巳六柳执火	西正东北东	二黑离	西西北北	九五
26	廿四丙午日星破水	东正东北北	三碧震	西北北北	上九
27	廿五丁未一张危木	东正东南南	四绿巽	正东北西	复初九
28	廿六戊申二翼成土	东正东南南	五黄震	正正东北北	六二
29	廿七己酉三轸收土	小寒上2	六白坎	正正东南南	六三
30	廿八庚戌四角开金	西正正东南北	七赤坤	东西南南	六四
31	廿九辛亥五亢闭金	西正东西南北南	八白乾	东西正南北	六五

322

周易历法通书

公元 2033 年　　　农历癸丑(牛)年
（闰十一月）

（太岁癸丑，干水支土，纳音属木，岁德戊，贵人在巳、卯，岁禄子，岁马亥，奏书乾，博士巽，力士艮，利南北不利东西。）

1月大

十二月 癸丑 临卦 天道行西

初五 巳时 小寒
二十 丑时 大寒

阳历	农历干支 星期 星宿 五行	日神方位(奇门节元) 喜财贵五神神神神鬼	九八星卦	八门方位 开生休门门门	六十四卦	及爻数
1	十二月 壬子 六氐建木	东正东西南南南北	九紫坎	西东正北北北		上六
2	初二癸丑 日房除木	东正东西北北北	一白艮	西东正北北北	屯 初九	
3	初三甲寅 一心满水 小寒中8		二黑坤	西东正北北北		六二
4	初四乙卯 二尾平木	东正东西北南南	三碧震	正正西南西南		六三
5	初五丙辰 三箕平土 [小寒] 巳		四绿巽	正正西南西南		六四
6	初六丁巳 四斗定土	正正西南西北	五黄兑	正正西南西北		九五
7	初七戊午 五牛执水	东正东北北南	六白乾	东东正南南东		上六
8	初八己未 六女破火 小寒下5		七赤巽	东东正北东东	谦 初六	
9	初九庚申 日虚成木	东正西西北北北	八白坎	东东正南南东		六二
10	初十辛酉 一危成木	西东北北北	九紫艮	正东西南西南		九三
11	十一壬戌 二室收水	正正西西南北	一白坤	正正西南西北		六四
12	十二癸亥 三壁开水	东正东南南南	二黑震	东东正南南东		六五
13	十三甲子 四奎闭金 大寒上3		三碧巽	西东正北北北		上六
14	十四乙丑 五娄建金	西正西北南南	四绿离	西东正北北北	睽 初九	
15	十五丙寅 六胃除木	正西西南西南	五黄兑	西东正北北北		九二
16	十六丁卯 日昴满火	止东西南南南	六白乾	正正西南西南		六三
17	十七戊辰 一毕平木	东正正北北东	七赤坎	正正西南西南		九四
18	十八己巳 二觜定木 大寒中9		八白艮	正正西南西南		九五
19	十九庚午 三参执土	西正西北东南南	九紫坤	东东正南南东		上九
20	二十辛未 四井破土 [大寒] 丑		一白乾	东东正南南东	升 初六	
21	廿一壬申 五鬼危金	正正东西南南	二黑震	东东正南南东		九二
22	廿二癸酉 六柳成金	东正正南北北	三碧离	正正东南东南		九三
23	廿三甲戌 日星收水 大寒下6		四绿震	正正东南东南		六四
24	廿四乙亥 一张开水	西东东北南南	五黄巽	东南正南东南		六五
25	廿五丙子 二翼闭水	西正西北北	六白坎	正正东南西北		上六
26	廿六丁丑 三轸建水	正西西南南	七赤艮	西东正西北北	临 初九	
27	廿七戊寅 四角除土	东正东北南南	八白坤	正正西南西南		九二
28	廿八己卯 五亢满土 立春上8		九紫乾	西西正北北北		六三
29	廿九庚辰 六氐平金	西正东北南南	一白兑	西西正北北西		六四
30	三十辛巳 日房定金	西正东北南北	二黑离	西西正北北西		六五
31	一月 壬午 一心执木	正正东西南南南	三碧震	东正西北东北		上六

2月平

一 月 甲寅 泰卦 天道行南

初四 戌时 立春
十九 申时 雨水

农历干支 星期 星宿 五行	日神方位(奇门节元) 喜财贵五神神神神鬼	九八星卦	八门方位 开生休门门门	六十四卦	及爻数
初二癸未 二尾破木	东正正西南南东南	四绿巽	正正东北东北	小过	初六
初三甲申 三箕危水 立春中5		五黄坎	西东正北东北		六二
初四乙酉 四斗危水 [立春] 戌		六白艮	东西正南南西		九三
初五丙戌 五牛成土	正正西西北北	七赤震	西东正南南西		九四
初六丁亥 六女收火	正正东西北北	八白巽	西东正南南西		六五
初七戊子 日虚开火	东正东西南北南	九紫离	西东正北北北		上六
初八己丑 一危闭土 立春下2		一白离	西东正北东北	蒙	初六
初九庚寅 二室建木	西正西西东东	二黑震	西东正南南东		九二
初十辛卯 三壁除木	东正西南西北	三碧震	正东西南西南		六三
十一壬辰 四奎满水	正正西西北北	四绿巽	正正西南西北		六四
十二癸巳 五娄平水	东正东西南南	五黄艮	正正东南西北		六五
十三甲午 六胃定金 雨水上9		六白艮	东东正北南东		上九
十四乙未 日昴执金	东西东西北北	七赤乾	东东正南南东	益	初九
十五丙申 一毕破火	正正西西北北	八白兑	东东正南南东		六二
十六丁酉 二觜危火	西正西西北北	九紫坎	正正东南西南		六三
十七戊戌 三参成木	东正东西北北	一白艮	正正东南东北		六四
十八己亥 四井收木 雨水中6		二黑巽	正正东南东北		九五
十九庚子 五鬼开土 [雨水] 申		三碧坎	正正东南西西		上九
二十辛丑 六柳闭土	东正东西南东北	四绿艮	西东正西北北	渐	初六
廿一壬寅 日星建金	正正东西南北北	五黄坤	西东正西北北		六二
廿二癸卯 一张除金	东正东西南南北	六白乾	西西正北北西		九三
廿三甲辰 二翼满火 雨水下3		七赤兑	西西正北北西		六四
廿四乙巳 三轸平火	西正东北北东	八白离	西西正北北西		九五
廿五丙午 四角定水	东正东北北北	九紫震	正正东北东北		上九
廿六丁未 五亢执水	正正东西南南	一白巽	西西东北北西	泰	初九
廿七戊申 六氐破土	东正正东西北	二黑坎	正正东北东北		九二
廿八己酉 日房危土 惊蛰上1		三碧艮	东西正南南南		九三
廿九庚戌 一心成金	西正东北东南南	四绿坤	东西正南南南		六四

公元 2033 年　　农历癸丑(牛)年
(闰十一月)

(太岁癸丑，干水支土，纳音属木，岁德戊，贵人在巳、卯，岁禄子，岁马亥，奏书乾，博士巽，力士艮，利南北不利东西。)

周易历法通书

3月大　二 月 乙卯 大壮卦天道行西南　初五 未时 惊蛰　二十 申时 春分

阳历	农历干支 星期星宿五行	日神方位(奇门节元) 喜财贵五神神神鬼	九星八卦	八门方位 开生休门门门	六十四卦及爻数
1	二月辛亥 二尾收金	西西西正 南东北北	五黄巽	正南南南	六五
2	初二壬子 三箕开木	正正东西 北北北	六白坎	西东北北	上六
3	初三癸丑 四斗闭木	东正西西 南南南东	七赤艮	西东北北	上六
4	初四甲寅 五室建水 惊蛰中7		八白坤	东东正北	需初九 六二
5	初五乙卯 六女建土 [惊蛰] 未		九紫乾	正西西南	九二
6	初六丙辰 日虚除土	西正正东 南北北南	一白兑	正正西南南	九三
7	初七丁巳 一危满土	正正西正 南南北东	二黑离	正正西南南	六四
8	初八戊午 二室平火	东正正西 北北北北	三碧震	东东正南东	九五
9	初九己未 三壁定火 惊蛰下4		四绿巽	东东东南东	上六
10	初十庚申 四奎执木	西西西正 南南北北	五黄坎	东东正南南	随初九
11	十一辛酉 五娄破木	西西西东 南东北北	六白艮	正正西南南	六二
12	十二壬戌 六胃危水	东正正正 南北北北	七赤坤	正正西南南	六三
13	十三癸亥 日昴成水	东正东东 南南南东	八白乾	正正西南南	九四
14	十四甲子 一毕收金 春分上3		九紫兑	西东正北北	九五
15	十五乙丑 二觜开金	东东西正 南西南	九紫离	西东正北北	上六
16	十六丙寅 三参闭火	西西正 南西南南	八白震	西东北北	晋初六
17	十七丁卯 四井执火	正正东正 南南南北	七赤巽	正正西南南	六二
18	十八戊辰 五鬼除木	东正正正 北北南东	六白兑	正正西南南	六三
19	十九己巳 六柳满木 春分中9		五黄艮	正正西南南	九四
20	二十庚午 日星平土 [春分] 申		四绿坤	正正西北东	六五
21	廿一辛未 一张定土	西东正正 南东北东	三碧乾	正正西北北	上九
22	廿二壬申 二翼执金	西东正正 南南南南	二黑兑	正正西北北	解初六
23	廿三癸酉 三轸破金	东东正正 南南南东	一白离	正正西北北	九二
24	廿四甲戌 四角危火 春分下6		九紫震	正正西北东	六三
25	廿五乙亥 五亢成火	西西正 南北南北南	八白巽	正正西北北	九四
26	廿六丙子 六氐收水	西西正正 南北北南	七赤坎	正正西北东	六五
27	廿七丁丑 日房开水	东西正正 南北北北	六白艮	正正西北北	上六
28	廿八戊寅 一心闭土	东正正正 北北北南	五黄坤	西西正北北	大壮初九
29	廿九己卯 二尾建土 清明上4		四绿乾	西西正北北	九二
30	三十庚辰 三箕除金	西正正东 北北北南	三碧兑	西西正北北	九三
31	三月辛巳 四斗满金	西西西正 南北北北	二黑坎		九四

4月小　三 月 丙辰 夬卦 天道行北　初五 戌时 清明　廿一 丑时 谷雨

阳历	农历干支 星期星宿五行	日神方位(奇门节元) 喜财贵五神神神鬼	九星八卦	八门方位 开生休门门门	六十四卦及爻数
1	初二壬午 五牛平木	正正正西 南南南北	一白坤	正正东北北	六五
2	初三癸未 六女定木	正正正西 南南南北	九紫坤	正正东北北	上六
3	初四甲申 日虚执水 清明中1		八白乾	正正东北北	豫初六
4	初五乙酉 一危执水 [清明] 戌		七赤离	东西正南南	六二
5	初六丙戌 二室破土	正正西西 南南北北	六白离	东西正南南	六三
6	初七丁亥 三壁危土	东正正正 南北北北	五黄震	东西正南南	九四
7	初八戊子 四奎成火	西正正西 北北北北	四绿巽	正正东北北	六五
8	初九己丑 五娄收火 清明下7		三碧坎	东东正北北	上六
9	初十庚寅 六胃开木	东正正东 北东北东	二黑艮	东东正北北	讼初六
10	十一辛卯 日昴闭木	正正东正 南南南北	一白坤	正正东西北	九二
11	十二壬辰 一毕建水	正正正东 南南北北	九紫乾	西西正西南	六三
12	十三癸巳 二觜除水	东正正正 南南南南	八白兑	正正东西南	九四
13	十四甲午 三参满金 谷雨上5		七赤离	东东正北北	九五
14	十五乙未 四井平金	西东西正 南北北北	六白震	东东正北北	上九
15	十六丙申 五鬼定火	西西正正 南北北东	五黄巽	东东正北东	蛊初六
16	十七丁酉 六柳执火	正正西正 南南南北	四绿坎	正正东北北	六二
17	十八戊戌 日张破木	东正正正 北北北东	三碧艮	正正东南南	九三
18	十九己亥 一张危木 谷雨中2		二黑坤	正正东北北	六四
19	二十庚子 二翼成土	东正正东 北北北南	一白乾	正正东北北	六五
20	廿一辛丑 三轸收土 [谷雨] 丑		九紫兑	西西正北北	上九
21	廿二壬寅 四角开金	正正东正 南东北东	八白离	正正东西西	革初九
22	廿三癸卯 五亢闭金	东正正正 南南南南	七赤震	西西正北西	六二
23	廿四甲辰 六氐建水 谷雨下8		六白巽	西西正北北	九三
24	廿五乙巳 六房除水	西西正正 南北北东	五黄坎	西西正北北	九四
25	廿六丙午 一心满水	西西正正 南北北北	四绿艮	西西正北北	九五
26	廿七丁未 二尾平水	东正正正 南北北北	三碧坤	正正东北东	上六
27	廿八戊申 三箕定土	东正正西 北北北南	二黑坤	正正东北北	夬初九
28	廿九己酉 四斗执土 立夏上4		一白乾	东东正南南	九二
29	四月庚戌 五牛破金	西正正西 北北北南	九紫艮	东东正南南	九三
30	初二辛亥 六女危金	西西正东 北北北南	八白坎	东东正南南	九四

公元 2033 年　　　农历癸丑(牛)年
（闰十一月）

太岁癸丑，干水支土，纳音属木，岁德戊，贵人在巳、卯，岁禄子，岁马亥，奏书乾，博士巽，力士艮，利南北不利东西。

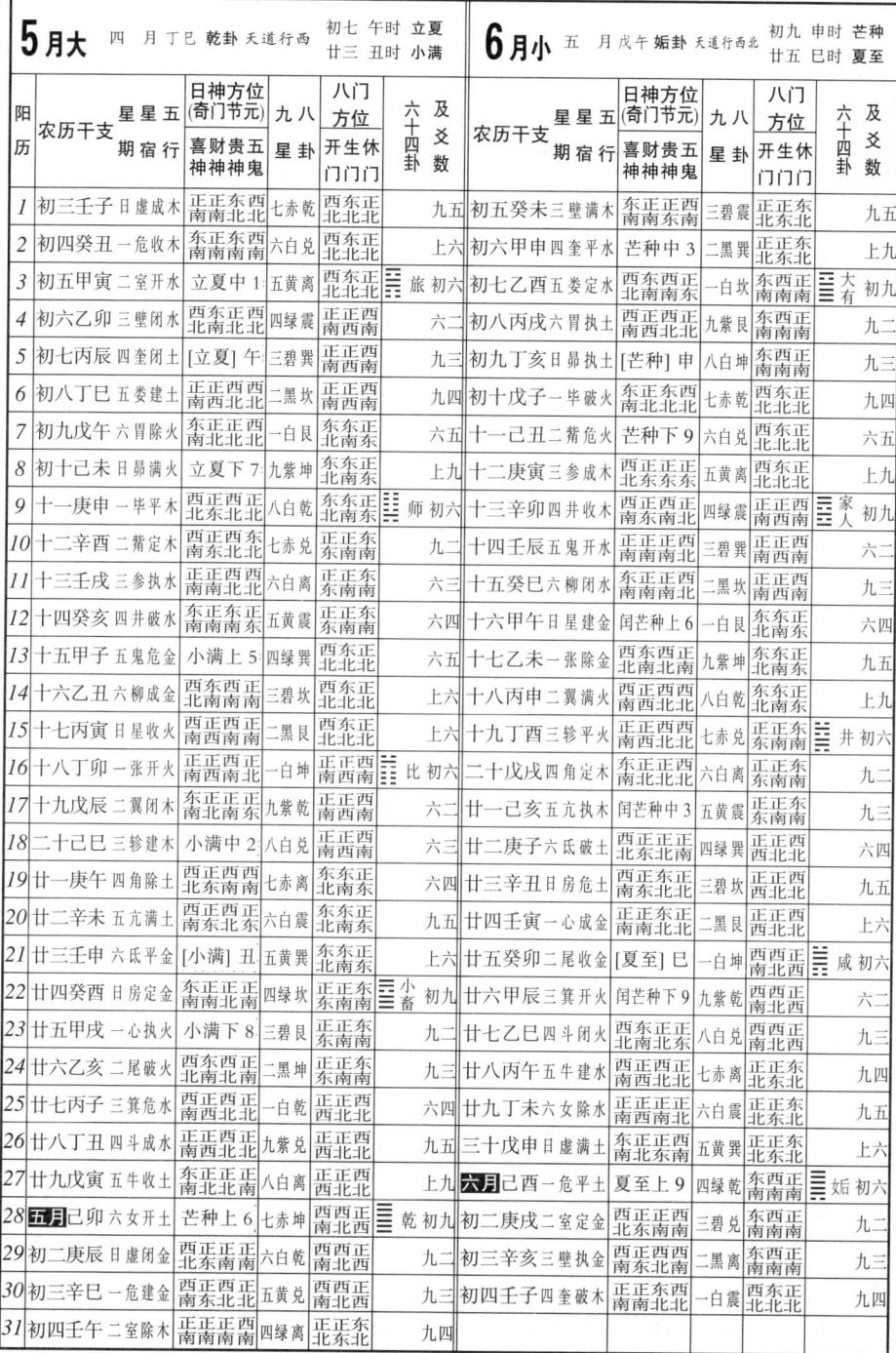

5月大　　四 月 丁巳 乾卦 天道行西　初七 午时 立夏　廿三 丑时 小满

阳历	农历干支星期星宿五行	日神方位(奇门节元)喜财贵五神神神神鬼	九星八卦	八门方位开生休门门门	六十四卦及爻数
1	初三壬子 日虚成木	正正东正南北北北	七赤乾	西东正北北北	九五
2	初四癸丑 一危收木	东正东正南南南北	六白兑	西正正北北北	上九
3	初五甲寅 二室开水 立夏中1	五黄离	西正正北北北	旅 初六
4	初六乙卯 三壁闭土	西东正北南北	四绿震	正正西南西南	六二
5	初七丙辰 四奎闭土 [立夏] 午	三碧兑	正正西南西南	九三
6	初八丁巳 五娄建土	正正东南南北	二黑坤	正正西南西南	九四
7	初九戊午 六胃除火	东正东北北北	一白艮	东东正北南东	六五
8	初十己未 日昴满土 立夏下7	九紫坤	正正西北北北	上九
9	十一庚申 一毕平木	西正正南东北北	八白乾	东东正北南东	师 初六
10	十二辛酉 二觜定木	西正西南东北北	七赤兑	正正东东南东	九二
11	十三壬戌 三参执木	西正西南北北北	六白乾	正正东东南东	六三
12	十四癸亥 四井破金	东正东北东东	五黄离	正正东东南东	六四
13	十五甲子 五鬼危金 小满上5	四绿巽	西东正北北北	六五
14	十六乙丑 六柳成金	西东西北南南	三碧坎	西东正北北北	上六
15	十七丙寅 日星收木	西正西南南北	二黑艮	西东正北北北	上六
16	十八丁卯 一张开火	正西西北南北	一白坤	正正西南西南	比 初六
17	十九戊辰 二翼闭木	东正正北南东	九紫坎	正正西南西南	六二
18	二十己巳 三轸建木 小满中2	八白兑	正正西南西南	六三
19	廿一庚午 四角除火	西正正北东东南南	七赤离	正正西南东	六四
20	廿二辛未 五亢满土	东正西正北东东	六白震	正正西北北北	九五
21	廿三壬申 六氐平金 [小满] 丑	五黄巽	东东正北南东	上六
22	廿四癸酉 日房定金	东正东南北南	四绿坎	正正东南南东	小畜 初九
23	廿五甲戌 一心执火 小满下8	三碧乾	正正东南北东	九二
24	廿六乙亥 二尾破火	西东西北北南	二黑坤	东东正北南东	九三
25	廿七丙子 三箕危水	西正西南北北	一白乾	正正西南北	六四
26	廿八丁丑 四斗成水	正正西南北北	九紫兑	正正西北北	九五
27	廿九戊寅 五牛收土	东北正北南南	八白离	正正西北北	上九
28	五月己卯 六女开土 芒种上6	七赤坤	西西正北北南	乾 初九
29	初二庚辰 日虚闭金	西西西北东南	六白乾	西西正北北	九二
30	初三辛巳 一危建金	东正西正北东南	五黄兑	西西正北北	九三
31	初四壬午 二室除木	正正正西北东北	四绿离	正正东北东北	九四

6月小　　五 月 戊午 姤卦 天道行西北　初九 申时 芒种　廿五 巳时 夏至

农历干支星期星宿五行	日神方位(奇门节元)喜财贵五神神神神鬼	九星八卦	八门方位开生休门门门	六十四卦及爻数
初五癸未 三壁满木	东正正南南东北	三碧震	正正东北东北	九五
初六甲申 四奎平木 芒种中3	二黑震	正正东北东北	上九
初七乙酉 五娄定水	西东西南东正	一白坎	东西正南南南	大有 初九
初八丙戌 六胃执土	西东西南南北	九紫艮	东西正南南南	九二
初九丁亥 日昴执土 [芒种] 申	八白坤	西西正北北北	九三
初十戊子 一毕破水	东正东北北北	七赤乾	西西正北北北	九四
十一己丑 二觜危火 芒种下9	六白兑	西西正北北北	六五
十二庚寅 三参成木	西正正北东东北	五黄离	西西正北北北	上九
十三辛卯 四井收木	西正西正北东北	四绿震	正正西南西南	家人 初九
十四壬辰 五鬼开水	西正西南北北北	三碧巽	正正西南西南	六二
十五癸巳 六柳闭金	西正东南北北	二黑坎	正正西南西南	九三
十六甲午 日星建金 闰芒种上6	一白艮	东东正北南东	六四
十七乙未 一张除金	西东西北南南南	九紫坤	西西正北北北	九五
十八丙申 二翼满水	西东西北南东	八白乾	西西正北北北	上九
十九丁酉 三轸平火	正正西南南北	七赤兑	正正东东南东	井 初六
二十戊戌 四角定木	东正正北南东	六白离	正正东南南东	九二
廿一己亥 五亢执木 闰芒种中3	五黄巽	正正东南东	九三
廿二庚子 六氐破土	西正正北北南	四绿巽	西正正北北北	六四
廿三辛丑 日房危土	东正东南北北	三碧坎	正正西北北	九五
廿四壬寅 一心成金	西正东南北北	二黑艮	正正西北北	上六
廿五癸卯 二尾收金 [夏至] 巳	一白坤	西南正南南西	咸 初六
廿六甲辰 三箕开水 闰芒种下9	九紫乾	西西正北北	六二
廿七乙巳 四斗闭火	西东正北北东	八白兑	西西正北北	九三
廿八丙午 五牛建水	西正西北北北	七赤离	西北正北东北	九四
廿九丁未 六女除火	正正西南北东	六白震	正正东北东	九五
三十戊申 日虚满土	东正东西南北南	五黄巽	正正西北北	上六
六月己酉 一危平土 夏至上9	四绿乾	东东正南南东	姤 初六
初二庚戌 二室定金	西正正西北东南南	三碧兑	东东正南南东	九二
初三辛亥 三壁执金	西正正北东南南	二黑离	东东正南南东	九三
初四壬子 四奎破木	正正东西北北	一白震	西东正北北	九四

公元 2033 年　　农历癸丑(牛)年
(闰十一月)

(太岁癸丑,干水支土,纳音属木,岁德戊,贵人在巳、卯,岁禄子,岁马亥,奏书乾,博士巽,力士艮,利南北不利东西。)

7月大　六　月己未　遁卦　天道行东　十一 丑时 小暑　廿六 戌时 大暑

阳历	农历干支 星宿五行	日神方位(奇门节元)喜财贵五神鬼	九星八卦	八门方位开生休门	六十四卦及爻数
1	初五癸亥 五娄危水	东南东南正南西	九紫巽	东北北北	九五
2	初六甲寅 六胃成水	夏至中3	八白坎	东北北北	上九
3	初七乙卯 日昴收水	东南正北正西	七赤兑	正西正南	鼎初六
4	初八丙辰 一毕开土	西南西北正	六白坤	正西正南	九二
5	初九丁巳 二觜闭土	正正北北正	五黄乾	正西正南	九三
6	初十戊午 三参建火	正东正北正	四绿兑	东南正东	九四
7	十一己未 四井建火	[小暑]6	三碧离	东北南东	六五
8	十二庚申 五鬼除木	正正北北北	二黑震	正东南东	上九
9	十三辛酉 六柳满木	西正西东	一白巽	正正北北	丰初九
10	十四壬戌 日星平水	正东南正	九紫坎	东北南南	六二
11	十五癸亥 一张定水	正东东东	八白艮	东北南南	九三
12	十六甲子 二翼执金	小暑上8	七赤坤	西北北北	九四
13	十七乙丑 三轸破金	西北正南	六白乾	正东北北	六五
14	十八丙寅 四角危火	正东北正	五黄兑	正东北北	上六
15	十九丁卯 五亢成火	正西正南	四绿离	正正北南	涣初六
16	二十戊辰 六氐收木	正东北南	三碧震	正东南南	九二
17	廿一己巳 日房开木	小暑中2	二黑巽	正正西南	六三
18	廿二庚午 一心闭土	西正西南	一白坎	东北南东	六四
19	廿三辛未 二尾建土	正东北南	九紫艮	东北南东	九五
20	廿四壬申 三箕除金	正正东西	八白坤	东北南东	上九
21	廿五癸酉 四斗满金	东正东北	七赤乾	正东南南	履初九
22	廿六甲戌 五牛平火	[大暑]5	六白兑	正正南东	九二
23	廿七乙亥 六女定火	西东西正	五黄离	正东南东	六三
24	廿八丙子 日虚执水	正西北正	四绿震	正西北北	九四
25	廿九丁丑 一危破水	正西正南	三碧巽	正西正南	九五
26	七月戊寅 二室危土	东正正正	二黑兑	正正西正	上九
27	初二己卯 三壁成土	大暑上7	一白离	西南北正	上九
28	初三庚辰 四奎收金	西北正南	九紫震	西西正北	遁初六
29	初四辛巳 五娄开金	正东正南	八白巽	西北北正	六二
30	初五壬午 六胃闭木	正东正西	七赤坎	正西北北	九三
31	初六癸未 日昴建木	东南东南	六白艮	正西北北	九四

8月大　七　月庚申　否卦　天道行北　十三 午时 立秋　廿九 寅时 处暑

阳历	农历干支 星宿五行	日神方位(奇门节元)喜财贵五神鬼	九星八卦	八门方位开生休门	六十四卦及爻数
1	初七甲申 一毕除水	大暑中1	五黄坤	正正东北	九五
2	初八乙酉 二觜满水	东正西北东	四绿离	东西正南	上九
3	初九丙戌 三参平土	西东西北正	三碧震	东正正南	恒初六
4	初十丁亥 四井定土	正正东东	二黑离	西西正	九二
5	十一戊子 五鬼执火	东北北东	一白震	东北北北	九三
6	十二己丑 六柳破火	大暑下4	九紫巽	东北北东	九四
7	十三庚寅 日星破木	[立秋]午	八白坎	西东正	六五
8	十四辛卯 一张危木	东正东南	七赤兑	正东南南	上六
9	十五壬辰 二翼成水	东正南正	六白坤	正西南	节初九
10	十六癸巳 三轸收水	东正正南	五黄乾	正西南	九二
11	十七甲午 四角开金	立秋上2	四绿兑	西正南东	六三
12	十八乙未 五亢闭金	东西正西	三碧离	东正东	六四
13	十九丙申 六氐建火	西西北正	二黑震	东北南东	九五
14	二十丁酉 日房除火	正东北正	一白巽	正正南	上六
15	廿一戊戌 一心满木	东正北东	九紫坎	正正东	同人初九
16	廿二己亥 二氐平木	立秋中5	八白艮	东南东	六二
17	廿三庚子 三箕定土	正东北正	七赤坤	东北南	九三
18	廿四辛丑 四斗执土	东正东北	六白乾	西北正	六四
19	廿五壬寅 五牛破金	正东北东	五黄兑	正正北	九五
20	廿六癸卯 六女危金	正东南正	四绿离	西西正	上九
21	廿七甲辰 日虚成水	立秋下8	三碧震	西西正西	损初九
22	廿八乙巳 一危收火	正正东北东	二黑巽	西西正	九二
23	廿九丙午 二室开水	[处暑]寅	一白坎	正正东	六三
24	三十丁未 三壁闭水	西西北正	九紫艮	东北北	六四
25	八月戊申 四奎建土	正正正正	八白离	东正东北	六五
26	初二己酉 五娄除土	处暑上1	七赤震	东南正	上九
27	初三庚戌 六胃满金	东东西南	六白巽	东北南	否初六
28	初四辛亥 日昴开金	西西东南	五黄坎	东北南	六二
29	初五壬子 一毕定木	正东东南	四绿乾	西东北北	六三
30	初六癸丑 二觜执木	正东南南	三碧坤	西北正	九四
31	初七甲寅 三参破水	处暑中4	二黑乾	西正北	九五

326

周易历法通书

公元 2033 年　　农历癸丑(牛)年（闰十一月）

（太岁癸丑,干水支土,纳音属木,岁德戊,贵人在巳、卯,岁禄子,岁马亥,奏书乾,博士巽,力士艮,利南北不利东西。）

9月小　八月辛酉　观卦　天道行东北　十四申时白露　初一子时秋分

阳历	农历干支 星期 星宿 五行	日神方位(奇门节元) 喜财贵五神神鬼	九星八卦	八门方位 开生休门门门	六十四卦及爻数
1	初八乙卯 四 井 危 水	西东正 北东正北	一白震	正西 西南 西南	上九
2	初九丙辰 五 鬼 成 土	正西正 南西北	九紫离	正正 西南 西南	巽 初六
3	初十丁巳 六 柳 收 土	正西正 北北北	八白艮	正西 西南 西南	九二
4	十一戊午 日 星 开 火	正正正 北北北	七赤巽	正东正 西南南	九三
5	十二己未 一 张 闭 火	处暑下7	六白坎	东东正 北南正	六四
6	十三庚申 二 翼 建 木	正东东 北北北	五黄震	东东正 北南东	九五
7	十四辛酉 三 轸 建 木	[白露]申	四绿坤	正正东 西南南	上九
8	十五壬戌 四 角 除 水	正西西 南南北	三碧乾	正正东 西南南	萃 初六
9	十六癸亥 五 亢 满 水	东正正 北南南东	二黑兑	东正正 北南南	六二
10	十七甲子 六 氐 平 金	白露上9	一白震	西东正 北北北	六三
11	十八乙丑 日 房 定 金	西东西 南南北	一白震	东正正 北北北	九四
12	十九丙寅 一 心 执 火	正西西 南西北	二黑巽	东东正 北北北	九五
13	二十丁卯 二 尾 破 火	正西西 南西北	三碧坎	正正西 南西南	上六
14	廿一戊辰 三 箕 危 木	正东西 北南北	四绿坤	正正西 西南南	大畜 初九
15	廿二己巳 四 斗 成 木	白露中3	五黄坤	正正西 南南南	九二
16	廿三庚午 五 牛 收 土	正西西 北东南北	六白乾	东东正 北南东	九三
17	廿四辛未 六 女 开 土	东东西 北南北	七赤兑	东东正 北南东	六四
18	廿五壬申 日 虚 闭 金	正正东 南东正	八白离	正正东 西南南	六五
19	廿六癸酉 一 危 建 金	东正正 北南北	九紫震	正正东 南南南	上九
20	廿七甲戌 二 室 除 火	白露下6	一白巽	正正东 南南南	贲 初九
21	廿八乙亥 三 壁 满 火	东东西 北南北北	二黑坎	正正东 东南南	六二
22	廿九丙子 四 奎 平 水	正西西 南西北北	三碧艮	西西正 北北北	九三
23	九月丁丑 五 娄 定 水	[秋分]子	四绿震	正正正 西北北	六四
24	初二戊寅 六 胃 执 土	正东正 北北北	五黄巽	西正正 北北北	六五
25	初三己卯 日 昴 破 土	秋分上7	六白坎	西西正 北北西	上九
26	初四庚辰 一 毕 危 金	西正正 北东南北	七赤艮	西西正 北东南	观 初六
27	初五辛巳 二 觜 成 金	西东西 南东北	八白坤	西西正 北东南	六二
28	初六壬午 三 参 收 木	正东正 南南北	九紫乾	东正正 北东北	六三
29	初七癸未 四 井 开 木	东正正 南东北北	一白兑	正正东 北东北	六四
30	初八甲申 五 鬼 闭 水	秋分中1	二黑震	西东正 北北北	九五
31					

10月大　九月壬戌　剥卦　天道行南　十六辰时寒露　初一巳时霜降

阳历	农历干支 星期 星宿 五行	日神方位(奇门节元) 喜财贵五神神鬼	九星八卦	八门方位 开生休门门门	六十四卦及爻数
1	初九乙酉 六 柳 建 水	西东正北 南东东	三碧离	东西正 南北南	上九
2	初十丙戌 日 星 除 土	西正东正 南西北北	四绿巽	东西正 南北北	归妹 初九
3	十一丁亥 一 张 满 水	东西正正 南西北北	五黄坤	东西正 南北北	九二
4	十二戊子 二 翼 平 火	东正东正 南正东正	六白艮	西东正 北北北	六三
5	十三己丑 三 轸 定 火	秋分下3	七赤坤	西东正 北北北	九四
6	十四庚寅 四 角 执 木	正正正 北东东正	八白乾	正正东 北北北	六五
7	十五辛卯 五 亢 破 木	正正东正 北南南	九紫震	正正西 南南南	上六
8	十六壬辰 六 氐 破 水	[寒露]辰	一白离	正正西 南南南	上六
9	十七癸巳 日 房 危 水	东正正 南南南东	二黑兑	东正正 北南南	无妄 初九
10	十八甲午 一 心 成 金	寒露上6	三碧巽	东东正 北北北	六二
11	十九乙未 二 尾 收 金	西正正 南北北	四绿坤	西东正 北北北	六三
12	二十丙申 三 箕 开 火	东西西 南西北北	五黄艮	东东正 北北北	九四
13	廿一丁酉 四 斗 闭 火	正正西 南西南	六白坤	正正东 南南南	九五
14	廿二戊戌 五 牛 建 木	正东西 北南北北	七赤乾	正正东 南南南	上九
15	廿三己亥 六 女 除 木	寒露中9	八白兑	正正东 南南南	明夷 初九
16	廿四庚子 日 虚 满 土	西正正 北东南北	九紫离	正正西 北北北	六二
17	廿五辛丑 一 危 平 土	西正正 北东北	一白震	正正西 北北北	九三
18	廿六壬寅 二 室 定 金	东正东 南东正	二黑巽	正正东 北北北	六四
19	廿七癸卯 三 壁 执 金	东正正 南南北	三碧震	西西正 北北北	六五
20	廿八甲辰 四 奎 破 火	寒露下3	四绿坤	西西正 北北北	上六
21	廿九乙巳 五 娄 危 火	东东正 北南南东	五黄坤	西西正 北东北	困 初六
22	三十丙午 六 胃 成 水	正西西 北西北北	六白乾	东东正 北北北	九二
23	十月丁未 日 昴 收 水	[霜降]巳	七赤兑	正正东 北东东	六三
24	初二戊申 一 毕 开 土	东正正 南北东南	八白离	西东正 北北北	九四
25	初三己酉 二 觜 闭 土	霜降上5	九紫坤	东东正 南南南	九五
26	初四庚戌 三 参 建 金	西正正 北东东北	一白震	西东正 北北北	上六
27	初五辛亥 四 井 除 金	西东西 南北北	二黑坤	东西正 北北北	剥 初六
28	初六壬子 五 鬼 满 木	正东西 南北北北	三碧艮	西东正 北北北	六二
29	初七癸丑 六 柳 平 木	东西东 南北北北	四绿离	西东正 北北北	六三
30	初八甲寅 日 星 定 水	霜降中8	五黄震	西东正 北北北	六四
31	初九乙卯 一 张 执 水	东东正 北南正北	六白巽	正正西 南西南	六五

公元 2033 年　　农历癸丑(牛)年
（闰十一月）

（太岁癸丑，干水支土，纳音属木，岁德戊，贵人在巳、卯，岁禄子，岁马亥，奏书乾，博士巽，力士艮，利南北不利东西。）

11月小　十月癸亥 坤卦 天道行东　十六 巳时 立冬　初一 辰时 小雪

阳历	农历干支 星期 星宿 五行	日神方位(奇门节元) 喜财贵五鬼	九星八卦	八门方位 开生休门	六十四卦 及爻数
1	初十丙辰 二翼 破土	正正正西西北南	七赤兑	正正西西南	上九
2	十一丁巳 三轸 危土	正正西西北东南	八白艮	正正西南南东	艮 初六
3	十二戊午 四角 成火	东西正北北北东	九紫坤	东东正北南东	六二
4	十三己未 五氐 收火	霜降下2	一白坎	东东正南南正	九三
5	十四庚申 六氐 开木	正正西北东北正	二黑坤	东东正北南正	六四
6	十五辛酉 日房 闭木	西西东南东北南	三碧震	正正东南南南	六五
7	十六壬戌 一心 闭水	[立冬]巳	四绿震	正正正东南南	上九
8	十七癸亥 二尾 建水	正正南南南东北	五黄震	正正东东北北	既济 初九
9	十八甲子 三箕 除金	立冬上6	六白坎	东东北北北北	六二
10	十九乙丑 四斗 满金	东东西北南南南	七赤艮	西西北南南南	九三
11	二十丙寅 五牛 平火	正正西南西南正	八白艮	正正西南西南	六四
12	廿一丁卯 六女 定火	西西南北南南东	九紫坤	正正西西南	九五
13	廿二戊辰 日虚 执木	东正正南北东东	一白兑	正正东南南东	上六
14	廿三己巳 一危 破木	立冬中9	二黑震	正正东南西东	噬嗑 初九
15	廿四庚午 二室 危土	正正西南东南正	三碧巽	东东正北北北	六二
16	廿五辛未 三壁 成土	西西西南东北正	四绿巽	西西北南东北	六三
17	廿六壬申 四奎 收金	西西南南南南东	五黄巽	正正东南南南	九四
18	廿七癸酉 五娄 开金	正正正南西南南	六白艮	正正东南南南	六五
19	廿八甲戌 六胃 闭火	立冬下3	七赤兑	正正东东南南	上九
20	廿九乙亥 日昴 建火	西西北北南北正	八白乾	正正东东南南	大过 初六
21	三十丙子 一毕 除水	正正西南西北北	九紫兑	正正西西北东	九二
22	十一丁丑 二觜 满水	[小雪]辰	一白坎	正正西西北东	九三
23	初二戊寅 三参 平土	东东北北北东正	二黑坎	正正东南南南	九四
24	初三己卯 四井 定土	小雪上5	三碧震	西西南南北南	九五
25	初四庚辰 五鬼 执金	西西东北东北正	四绿乾	西西东北北南	上六
26	初五辛巳 六柳 破金	西西南南南南东	五黄震	西西南南北南	坤 初六
27	初六壬午 日星 危木	正正正南南南正	六白离	正正东北北东	六二
28	初七癸未 一张 成木	正正南南东南正	七赤震	正正东北东东	六三
29	初八甲申 二翼 收水	小雪中8	八白巽	正正西南南正	六四
30	初九乙酉 三轸 开水	西东西南南南正	九紫坎	东西正南南南	六五
31					

12月大　十一月甲子 复卦 天道行东南　十六 寅时 大雪　三十 亥时 冬至

阳历	农历干支 星期 星宿 五行	日神方位(奇门节元) 喜财贵五鬼	九星八卦	八门方位 开生休门	六十四卦 及爻数
1	初十丙戌 四角 闭土	西西西北北北	一白乾	东西正南南	上六
2	十一丁亥 五亢 建土	正正东南南北	二黑坤	东西正南南	未济 初六
3	十二戊子 六氐 除水	东正正北北北	三碧乾	正正东北北北	九二
4	十三己丑 日房 满水	小雪下4	四绿乾	西西正北北北	六三
5	十四庚寅 一心 平木	正正西北东东	五黄离	正正东北北北	九四
6	十五辛卯 二尾 定木	正正东南南北	六白震	正正西南东	六五
7	十六壬辰 三箕 定水	[大雪]寅	七赤离	正正西南南东	上九
8	十七癸巳 四斗 执水	正正南南南北	八白坎	正正西南东	寒 初六
9	十八甲午 五牛 破金	大雪上4	九紫坎	东东正北东东	六二
10	十九乙未 六女 危金	西东西北南南	一白坎	西西正北北东	九三
11	二十丙申 一虚 成火	正正西南西北	二黑坤	东东北北北	六四
12	廿一丁酉 二危 收火	正正西南北北	三碧震	正正东南南正	九五
13	廿二戊戌 三室 开木	东正正南北北	四绿离	正正东南南东	上六
14	廿三己亥 三壁 闭木	大雪中7	五黄离	正正东南东东	颐 初九
15	廿四庚子 四奎 建土	西正正南南北	六白巽	正正东西北东	六二
16	廿五辛丑 五娄 除土	西正东南南正	七赤巽	西西北北北	六三
17	廿六壬寅 六胃 满土	西正南南南东	八白巽	西西北南北	六四
18	廿七癸卯 日昴 平木	东正正南南正	九紫坤	西西正南北	六五
19	廿八甲辰 一毕 定火	大雪下1	一白乾	正正东南南东	上九
20	廿九乙巳 二觜 执火	东正正北北东北	二黑坤	西西正南南	上九
21	三十丙午 三参 破水	[冬至]亥	三碧离	正正东北北东	中孚 初九
22	闰十一丁未 四井 危木	东正正南南东	四绿巽	正正东北北东	九二
23	初二戊申 五鬼 成土	东正正南西西	五黄坤	东东东南北	六三
24	初三己酉 六柳 收土	冬至上1	六白坤	东西正南南南	六四
25	初四庚戌 日星 开金	东西正北东东南	七赤乾	东东正南南南	九五
26	初五辛亥 一张 闭金	西正东西南南	八白离	西西正南南东	上九
27	初六壬子 二翼 建木	正正东南南北	九紫离	西东北北东正	复 初九
28	初七癸丑 三轸 除木	东正东南南正	一白震	西东北北东东	六二
29	初八甲寅 四角 满木	冬至中7	二黑巽	西西北北北	六三
30	初九乙卯 五亢 平水	西正东北北东	三碧坎	东西正南南	六四
31	初十丙辰 六氐 定土	西正正南西北	四绿艮	正正东南东	六五

328

公元 2034 年　　农历甲寅(虎)年

太岁甲寅,干木支木,纳音属水,岁德甲,贵人在未、丑,岁禄寅,岁马申,奏书艮,博士坤,力士巽,利东西不利南北。

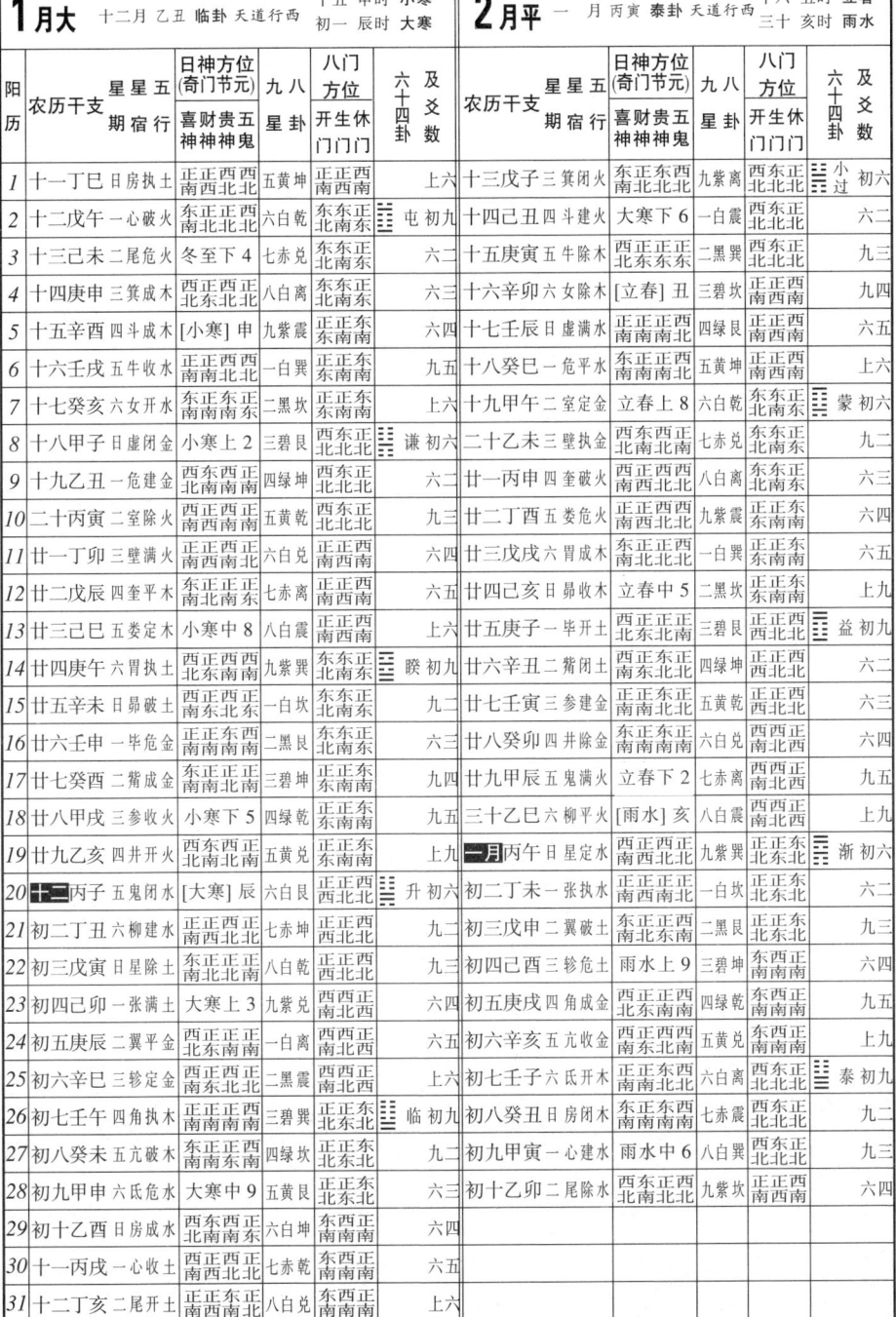

1月大　十二月 乙丑 临卦 天道行西　十五 申时 小寒／初一 辰时 大寒

阳历	农历干支 星期星宿五行	日神方位(奇门节元) 喜财贵五神神鬼	九星八卦	八门方位 开生休门	六十四卦及爻数
1	十一丁巳 日房执土	正正西南/西西北	五黄坤	正正西/西西南	上六
2	十二戊午 一心破火	东东北北/北北	六白乾	东东北/北南南	屯 初九
3	十三己未 二尾危火 冬至下4	东东北/北北东	七赤兑	东东北/北南南	六二
4	十四庚申 三箕成木	西正西北/东北东	八白离	东东北/北南南	六三
5	十五辛酉 四斗成木 [小寒]申		九紫离	东东北/东南南	六四
6	十六壬戌 五牛收水	正正西/南西北	一白巽	正正东/南南东	九五
7	十七癸亥 六女开水	正正东/南南东	二黑震	正正东/东南南	上六
8	十八甲子 日虚闭金 小寒上1		三碧坤	西东北/北北北	谦 初六
9	十九乙丑 一危建金	东东西/南北南	四绿坤	西东北/北南北	六二
10	二十丙寅 二室除火	正正西/南西南	五黄坤	西东北/南西南	九三
11	廿一丁卯 三壁满火	正正西/南西南	六白乾	正正东/南西南	六四
12	廿二戊辰 四奎平木	东正正/南北西东	七赤兑	正正西/南西南	六五
13	廿三己巳 五娄定木 小寒中8		八白震	正正东/南西南	上六
14	廿四庚午 六胃执土	正正正西/东西南	九紫巽	东东北/北南东	睽 初九
15	廿五辛未 日昴破木	西正西北/东北东	一白坎	东东北/北南东	九二
16	廿六壬申 一毕危金	正正东南/南南	二黑艮	正正东/北南东	六三
17	廿七癸酉 二觜成金	东东正/北东西	三碧坤	正正东/北南南	九四
18	廿八甲戌 三参收火 小寒下5		四绿乾	正正东/东南南	九五
19	廿九乙亥 四井开火	东东北北/北北	五黄震	正正东/东南南	上九
20	十二丙子 五鬼闭水 [大寒]辰		六白异	正正西/西南北	升 初六
21	初二丁丑 六柳建水	正正西北/西北	七赤坤	正正西/西南北	九二
22	初三戊寅 日星除土	正正西北/西北	八白乾	正正东/西南北	九三
23	初四己卯 一张满土 大寒上3		九紫兑	西西正/南西南	六四
24	初五庚辰 二翼平金	西正西北/东北南	一白乾	西西正/北西南	六五
25	初六辛巳 三轸定金	西西西北/北北正	二黑震	西西正/北西南	上六
26	初七壬午 四角执木	正正西南/南南	三碧巽	正正东/北东南	临 初九
27	初八癸未 五亢破木	东东北/南东北	四绿坎	东东北/北东北	九二
28	初九甲申 六氐危水 大寒中9		五黄艮	正正东/北东北	六三
29	初十乙酉 日房成水	东东西南/南东	六白坤	东东西/南东南	六四
30	十一丙戌 一心收土	正正正西/东西南	七赤乾	西东正/南东南	六五
31	十二丁亥 二尾开土	正正东西/北西	八白乾	东东正/南东南	上六

2月平　一 月 丙寅 泰卦 天道行西　十六 丑时 立春／三十 亥时 雨水

阳历	农历干支 星期星宿五行	日神方位(奇门节元) 喜财贵五神神鬼	九星八卦	八门方位 开生休门	六十四卦及爻数
1	十三戊子 三箕闭火	东正东北/北北北	九紫离	西东北/北东北	小过 初六
2	十四己丑 四斗执火 大寒下6		一白震	西东北/北北北	六二
3	十五庚寅 五牛除木	西东正北/东东东	二黑震	西东北/北北北	九三
4	十六辛卯 六女除木 [立春]丑		三碧坎	正正西/南西南	九四
5	十七壬辰 日虚满水	正正东南/南南北	四绿巽	正正西/南西南	六五
6	十八癸巳 一危平水	东正正西/南东	五黄坤	正正西/南西南	上六
7	十九甲午 二室定金 立春上8		六白乾	东东北/南东南	蒙 初六
8	二十乙未 三壁执金	西正东/北北北	七赤兑	西东北/北东北	九二
9	廿一丙申 四奎破火	西正西西/北正北	八白离	东东正/北东东	六三
10	廿二丁酉 五娄危火	正正西北/西北	九紫兑	正正东/东西南	六四
11	廿三戊戌 六胃成木	东东北北/北北	一白巽	正正东/西南南	六五
12	廿四己亥 日昴收木 立春中5		二黑坎	正正东/西南南	上九
13	廿五庚子 一毕开土	东正东北/北北东	三碧震	西西正/南北西	益 初九
14	廿六辛丑 二觜闭土	正正西北/西北	四绿坤	西西正/南北西	六二
15	廿七壬寅 三参建金	正正东南/南南北	五黄巽	西西正/南北西	六三
16	廿八癸卯 四井除金	东正正西/南东北	六白兑	正正东/南北西	六四
17	廿九甲辰 五鬼满火 立春下2		七赤坎	西西正/南北西	九五
18	三十乙巳 六柳平火 [雨水]亥		八白震	西西正/南北西	上九
19	一月 丙午 日星定水	东正东西/北西北	九紫巽	西东北/北东北	渐 初六
20	初二丁未 一张执火	正正东西/北东南	一白震	正正东/北东北	六二
21	初三戊申 二翼破土	东正东北/北东南	二黑艮	东东正/北东北	九三
22	初四己酉 三轸危土 雨水上9		三碧坤	东西正/北东北	六四
23	初五庚戌 四角成金	西西正北/东南东	四绿乾	西西正/南东南	九五
24	初六辛亥 五亢收金	东东东北/北北北	五黄震	东东正/南东南	上九
25	初七壬子 六氐开木	正正东南/南东	六白离	西东正/南东南	泰 初九
26	初八癸丑 日房闭木	东东正南/南北	七赤震	西东北/北北北	九二
27	初九甲寅 一心建水 雨水中6		八白艮	正正东/北北北	九三
28	初十乙卯 二尾除水	西东正西/北北北	九紫坎	正正西/南西南	六四

（太岁甲寅，干木支木，纳音属水，岁德甲，贵人在未、丑，岁禄寅，岁马申，奏书艮，博士坤，力士巽，利东西不利南北。）

3月大　二 月 丁卯 大壮卦 天道行西南　　十五 戌时 惊蛰　初一 亥时 春分

阳历	农历干支 星期星宿五行	日神方位(奇门节元) 喜神财神贵神五鬼	九星八卦	八门方位 开门生门休门	六十四卦 及爻数
1	十一丙辰 三箕满土	西南 西北 正北 正南	一白艮	正西 西南 正南	六五
2	十二丁巳 四斗平土	正西 西北 正北 正北	二黑坤	正西 正西 西南	上六
3	十三戊午 五牛定火	正南 北北 北北	三碧乾	正北 北东 正东	上六
4	十四己未 六女执火	雨水下3	四绿兑	东正 正北 东东	需初九
5	十五庚申 日虚执土	[惊蛰] 戌	五黄离	东东 正北 东东	九二
6	十六辛酉 一危破木	正东 东北 西正	六白震	正正 东南	九三
7	十七壬戌 二室危水	正南 西北 北北	七赤巽	正东 正南	六四
8	十八癸亥 三壁成水	正南 南正 南东	八白坎	东正 正南	九五
9	十九甲子 四奎收金	惊蛰上1	九紫乾	西东 正北 北北	上六
10	二十乙丑 五娄开金	西东 西正 南南	九紫离	西东 正北 北北	随初九
11	廿一丙寅 六胃闭火	西西 南南 南	八白乾	东正 北北 北	六二
12	廿二丁卯 日昴建火	正正 西北	七赤兑	正正 西南	六三
13	廿三戊辰 一毕除木	东正 正北 南南	六白离	正正 西南	九四
14	廿四己巳 二觜满木	惊蛰中7	五黄震	正正 西南	九五
15	廿五庚午 三参平土	西正 北东 南东	四绿巽	东正 北南 东	上六
16	廿六辛未 四井定土	正东 北北 西北	三碧坎	东东 正北 东	晋初六
17	廿七壬申 五鬼执金	正正 东北 南南	二黑艮	东东 正南	六二
18	廿八癸酉 六柳破金	东正 东北 正北	一白坤	正正 东南	六三
19	廿九甲戌 日星危火	惊蛰下4	九紫乾	正正 东南	九四
20	二月乙亥 一张成火	[春分] 亥	八白坎	正正 东南	六五
21	初二丙子 二翼收水	正正 西北	七赤艮	正正 西北 北	上九
22	初三丁丑 三轸开水	正正 西北	六白坤	正正 西北	解初六
23	初四戊寅 四角闭土	东正 北北 正北	五黄乾	正正 西北	九二
24	初五己卯 五亢建土	春分上3	四绿兑	西正 东正 南	六三
25	初六庚辰 六氐除金	正北 西正 南东	三碧离	西正 东正 南	九四
26	初七辛巳 日房满金	正东 北正 北	二黑震	西正 东正	六五
27	初八壬午 一心平木	正南 南北 北	一白巽	正东 北北	上六
28	初九癸未 二尾定木	正南 南东 南	九紫坎	正东 北北	大壮初九
29	初十甲申 三箕执水	春分中9	八白艮	正北 北东	九二
30	十一乙酉 四斗破水	正北 南北 东东	七赤坤	东正 西正	九三
31	十二丙戌 五牛危土	西正 西北 南东	六白乾	东西 正正	九四

4月小　三 月 戊辰 夬卦 天道行北　　十七 丑时 清明　初二 辰时 谷雨

阳历	农历干支 星期星宿五行	日神方位(奇门节元) 喜神财神贵神五鬼	九星八卦	八门方位 开门生门休门	六十四卦 及爻数
1	十三丁亥 六女成土	东正 东北 正	五黄兑	西东 正正	六五
2	十四戊子 日虚收火	东正 北北 北北	四绿离	西正 正北 北	上六
3	十五己丑 一危开火	春分下6	三碧震	东东 正北 北	豫初六
4	十六庚寅 二室闭木	正正 北东 东东	二黑巽	西正 北北 北	六二
5	十七辛卯 三壁闭木	[清明] 丑	一白坎	西西 正南	六三
6	十八壬辰 四室建水	东正 正北 南南	九紫艮	正正 西南	九四
7	十九癸巳 五娄除水	东正 北正 南	八白坤	正正 西南	六五
8	二十甲午 六胃满金	清明上4	七赤乾	东正 北东	上六
9	廿一乙未 日昴平金	东正 西北 南南	六白兑	东东 正北	讼初六
10	廿二丙申 一毕定火	正东 西北 正北	五黄离	西东 正南	九二
11	廿三丁酉 二觜执火	正东 西北 正	四绿震	正正 东南	六三
12	廿四戊戌 三参破木	东正 正北 南南	三碧巽	正正 东南	九四
13	廿五己亥 四井危木	清明中1	二黑坎	正正 东南	九五
14	廿六庚子 五鬼成土	东正 西正 南东	一白艮	正正 西北	上九
15	廿七辛丑 六柳收土	东正 北正 东	九紫坤	正正 西北	蛊初六
16	廿八壬寅 日星开金	东正 北东 南	八白乾	正正 西北	九二
17	廿九癸卯 一张闭金	东正 北北 南东	七赤兑	西西 正正	九三
18	三十甲辰 二翼建火	清明下7	六白离	西西 正正	六四
19	三月乙巳 三轸除火	东正 北北 北东	五黄震	正正 东北	六五
20	初二丙午 四角满水	[谷雨] 辰	四绿坤	东正 西北 北	上九
21	初三丁未 五亢平水	正正 西北	三碧艮	正正 东东	革初九
22	初四戊申 六氐定土	正正 西北	二黑坎	正正 西北	六二
23	初五己酉 日房执土	谷雨上5	一白离	东西 正正	九三
24	初六庚戌 一心破金	东正 北正 南东	九紫震	东西 正正	九四
25	初七辛亥 二尾危金	正东 北正 北	八白巽	东东 正正	九五
26	初八壬子 三箕成水	正东 南北 北北	七赤坎	东东 正正	上六
27	初九癸丑 四斗收水	正东 南北 南	六白艮	正正 北北	夬初九
28	初十甲寅 五牛开水	谷雨中2	五黄坤	东正 北东	九二
29	十一乙卯 六女闭木	东正 北北 东东	四绿乾	正正 北南	九三
30	十二丙辰 日虚建土	西正 正正 西北 南	三碧兑	正正 南北	九四

周易历法通书

公元 2034 年　　　农历甲寅(虎)年

太岁甲寅,干木支木,纳音属水,岁德甲,贵人在未、丑,岁禄寅,岁马申,奏书艮,博士坤,力士巽,利东西不利南北。

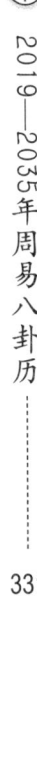

5月大　四 月己巳 乾卦 天道行西　十七 酉时 立夏　初四 卯时 小满

阳历	农历干支 星期 宿 五行	日神方位(奇门节元) 喜财贵神神神鬼	九八星卦	八门方位 开生休门门门	六十四卦及爻数
1	十三丁巳 一危除土	正正西西北北	二黑离	正正西南南	九五
2	十四戊午 二室满火	东东正正南北北北	一白震	东东正北南南	上六
3	十五己未 三壁平火 谷雨下8		九紫离	东东正北南南	旅 初六
4	十六庚申 四奎定木	西正西北东北北	八白坎	东东正北南南	六二
5	十七辛酉 五娄平木 [立夏] 酉		七赤巽	正正西东南南	九三
6	十八壬戌 六胃执木	正正西南北南	六白坤	正正西东南南	九四
7	十九癸亥 日昴破水	东正东南南南	五黄乾	正正西东南南	六五
8	二十甲子 一毕危金 立夏上4		四绿巽	西东西北北北	上九
9	廿一乙丑 二觜成火	西东正北北南	三碧震	西东西北北北	师 初六
10	廿二丙寅 三参收火	正正西南西南	二黑离	西东西北北北	九二
11	廿三丁卯 四井开火	正正西南西南	一白巽	正正西东南南	六三
12	廿四戊辰 五鬼闭木	东正正南北东	九紫坎	正正西东南南	六四
13	廿五己巳 六柳建木 立夏中1		八白艮	正正西东南南	六五
14	廿六庚午 日星除土	西正西南东北	七赤乾	东东正北南南	上六
15	廿七辛未 一张满土	西正西南东北	六白乾	东东正北南南	上六
16	廿八壬申 二翼平金	正正西南南南	五黄乾	正正西东南南	比 初六
17	廿九癸酉 三轸成金	东正正南北南	四绿巽	正正西东南南	六二
18	四月甲戌 四角执火 立夏下7		三碧坤	正正西东南南	六三
19	初二乙亥 五亢破火	西东北北北南	二黑乾	正正西东南南	六四
20	初三丙子 六氐危水	正正西南西南	一白震	正正西东南南	九五
21	初四丁丑 日房成水 [小满] 卯		九紫离	正正西西南南	上六
22	初五戊寅 一心收土	东正正南北南	八白震	正正西东南南	小畜 初九
23	初六己卯 二尾开土 小满上5		七赤巽	西西正南北南	九二
24	初七庚辰 三箕闭金	西正西北东南	六白坎	西西正南北南	九三
25	初八辛巳 四斗建金	西东西北北北	五黄艮	西西正南北北	六四
26	初九壬午 五牛除木	正正东北东北	四绿兑	正正东北东北	九五
27	初十癸未 六女满木	东正正南东北	三碧乾	东东正北北北	上九
28	十一甲申 日虚平水 小满中2		二黑兑	正正东北东北	乾 初九
29	十二乙酉 一危定水	东西西正北南南南	一白离	东西南南南南	九二
30	十三丙戌 二室执土	西西西南北南	九紫震	西西正南北南	九三
31	十四丁亥 三壁破土	正正东南西南	八白巽	东西正南南南	九四

6月小　五 月庚午 姤卦 天道行西北　十九 亥时 芒种　初六 未时 夏至

阳历	农历干支 星期 宿 五行	日神方位(奇门节元) 喜财贵神神神鬼	九八星卦	八门方位 开生休门门门	六十四卦及爻数
1	十五戊子 四奎危火	东东正西南南	七赤离	西东正北北北	九五
2	十六己丑 五娄成火 小满下8		六白艮	西东正北北北	上九
3	十七庚寅 六胃收木	西正东北东东	五黄坤	正正西东南南	大有 初九
4	十八辛卯 日昴开木	西正西南东北北	四绿乾	正正西东南南	九二
5	十九壬辰 一毕开水 [芒种] 亥		三碧兑	正正西东南南	九三
6	二十癸巳 二觜闭水	东正东南南南	二黑震	正正西东南南	九四
7	廿一甲午 三参建金 芒种上6		一白震	东东正北南南	六五
8	廿二乙未 四井除金	西东正南北南	九紫巽	东东正北南南	上九
9	廿三丙申 五鬼满火	正正西南西南	八白离	西东正北北北	家人 初九
10	廿四丁酉 六柳平火	正正西南西南	七赤艮	正正东北东南	九二
11	廿五戊戌 日星定木	东正正南北东	六白坤	东东正北南南	九三
12	廿六己亥 一张执木 芒种中3		五黄乾	正正东北东南	六四
13	廿七庚子 二翼破土	西东正北东南	四绿兑	正正东北东南	九五
14	廿八辛丑 三轸危土	西东正北东南	三碧震	正正东西北北	上九
15	廿九壬寅 四角成金	西东正南南南	二黑震	正正东西北北	井 初六
16	五月癸卯 五氐收金	西东正南南南	一白乾	西西正北北北	九二
17	初二甲辰 六氐开水 芒种下9		九紫离	西西正北北北	九三
18	初三乙巳 日房闭火	西正正北南南东	八白离	西西正北北东	六四
19	初四丙午 一心建水	西东西北北北	七赤兑	西西正北北东	九五
20	初五丁未 二箕除木	正正正北东北	六白震	西西正南北东	上六
21	初六戊申 三箕满土 [夏至] 未		五黄坎	正正东北东南	咸 初六
22	初七己酉 四斗平土 夏至上9		四绿兑	东东南南南南	六二
23	初八庚戌 五牛定金	西正正北东南南	三碧坤	西东南南南南	九三
24	初九辛亥 六女执金	西正正北东南南	二黑震	西西正南北南	九四
25	初十壬子 日虚破水	正正东南北北	一白乾	西东正北北南	九五
26	十一癸丑 一危危木	东正正南南南	九紫离	西东正北北北	上六
27	十二甲寅 二室成木 夏至中3		八白艮	正正东北北北	姤 初六
28	十三乙卯 三壁收木	西东正南南南	七赤兑	正正东南西南	九二
29	十四丙辰 四奎开土	西正正南西北北	六白坎	正正东南西南	九三
30	十五丁巳 五娄闭土	西西正北东北	五黄艮	正正西东南南	九四

公元 2034 年　　　　农历甲寅(虎)年　　太岁甲寅,干木支木,纳音属水,岁德甲,贵人在未、丑,岁禄寅,岁马申,奏书属申,博士坤,力士巽,利东西不利南北。

7月大　六 月辛未　遁卦　天道行东　廿二 辰时 小暑　初八 丑时 大暑

阳历	农历干支	星期星宿五行	日神方位(奇门节元)喜财贵五神神神鬼	九星八卦	八门方位开生休门门门	六十四卦及爻数
1	十六戊午	六胃建火	东正正西/南北北北	四绿坤	东东正/北南东	九五
2	十七己未	日昴除火	夏至下6	三碧乾	西正西/北南东	上九
3	十八庚申	一毕满木	东正正西/北南正东	二黑兑	东东正/北南东	鼎 初六
4	十九辛酉	二觜平木	西正西东/东南北北	一白离	正正东/北南南	九二
5	二十壬戌	三参定水	东正正西/南南北北	九紫震	东东正/南南南	九三
6	廿一癸亥	四井执水	东正东正/南南北正	八白巽	东东正/南南南	九四
7	廿二甲子	五鬼执金	[小暑]8	七赤坎	西东正/北东北	六五
8	廿三乙丑	六柳破金	西正西正/北南南南	六白艮	东东正/北北北	上九
9	廿四丙寅	日星危火	西正西正/南北北正	五黄坤	西东正/北南东	丰 初九
10	廿五丁卯	一张成火	正正西正/南西南北	四绿乾	正正西/北南南	六二
11	廿六戊辰	二翼收木	正正西正/南北南东	三碧兑	正正西/北南南	九三
12	廿七己巳	三轸开木	小暑中2	二黑离	正正西/北南南	九四
13	廿八庚午	四角闭土	西正西西/北东南南	一白震	东东正/北北东	六五
14	廿九辛未	五亢建土	西正西正/北南南南	九紫巽	东东正/北南东	上六
15	三十壬申	六氐除金	正正东西/南南南南	八白坎	东东正/北南东	涣 初六
16	六月癸酉	日房满金	西正西正/南北北南	七赤兑	正正东/北南东	九二
17	初二甲戌	一心平火	小暑下5	六白离	正正东/北南南	六三
18	初三乙亥	二尾定火	西正西正/北北北正	五黄震	正正东/北南南	六四
19	初四丙子	三箕执水	西正西正/南北北北	四绿巽	西正东/北西北	九五
20	初五丁丑	四斗破水	正正西正/南西南北	三碧坎	正正西/北南南	上九
21	初六戊寅	五牛危土	东正正西/北东南南	二黑艮	正正西/北南南	履 初九
22	初七己卯	六女危土	大暑上7	一白坤	正正东/北西北	九二
23	初八庚辰	日虚收金	[大暑] 丑	九紫乾	西正东/北西西	六三
24	初九辛巳	一危开金	东正西北/南南北北	八白离	西正东/北西北	九四
25	初十壬午	二室闭水	正正正西/南南南南	七赤震	正正东/北北北	九五
26	十一癸未	三壁建水	东正东西/南东南北	六白巽	正正东/北北北	上九
27	十二甲申	四奎除水	大暑中1	五黄坎	正正东/北东北	上九
28	十三乙酉	五娄满水	东南西正/南西北东	四绿艮	东西正/南北东	遁 初六
29	十四丙戌	六胃平土	西正西正/南北北北	三碧坤	西正东/北西北	六二
30	十五丁亥	日昴定土	西正西正/南北北正	二黑坎	西东正/南北北	九三
31	十六戊子	一毕执火	东正东西/北北北北	一白坤	西东正/北北北	九四

8月大　七 月壬申　否卦　天道行北　廿三 酉时 立秋　初十 辰时 处暑

阳历	农历干支	星期星宿五行	日神方位(奇门节元)喜财贵五神神神鬼	九星八卦	八门方位开生休门门门	六十四卦及爻数
1	十七己丑	二觜破金	大暑下4	九紫兑	西东正/北北北	九五
2	十八庚寅	三参危木	西正东正/北东东东	八白离	正正西/北北北	上九
3	十九辛卯	四井成木	西正西正/西南正东	七赤震	正正西/西南南	恒 初六
4	二十壬辰	五鬼收水	正正正西/南南北北	六白巽	正正西/西西南	九二
5	廿一癸巳	六柳开水	东正正西/南南北北	五黄坎	正正西/南南南	九三
6	廿二甲午	日星闭金	立秋上2	四绿艮	东东正/南南南	九四
7	廿三乙未	一张闭金	[立秋] 酉	三碧坤	东东正/北南东	六五
8	廿四丙申	二翼建火	西正西正/南北北正	二黑乾	正正正/北北北	上六
9	廿五丁酉	三轸除火	正正西正/南西南北	一白兑	正正东/东南南	节 初九
10	廿六戊戌	四角满木	东正东正/北北北正	九紫离	正正西/北南南	九二
11	廿七己亥	五亢平木	立秋中5	八白震	正正西/北南南	六三
12	廿八庚子	六氐定土	正正东正/北东北正	七赤巽	正正西/北南南	六四
13	廿九辛丑	日房执土	西正西正/北南南南	六白坎	西正西/北北北	九五
14	七月壬寅	一心破金	东正东正/南南南东	五黄离	正正西/北北北	上六
15	初二癸卯	二尾危金	东正东正/南南南东	四绿震	西正正/北北西	同人 初九
16	初三甲辰	三箕成火	立秋下8	三碧巽	西正正/北北西	六二
17	初四乙巳	四斗收火	东正东正/南东南北	二黑坎	西正东/南北北	九三
18	初五丙午	五牛开水	西正西正/南北北正	一白艮	正正东/北北北	九四
19	初六丁未	六女闭水	正正西正/南西南北	九紫坤	正正东/北北北	九五
20	初七戊申	日虚建土	东正正西/北东北北	八白乾	正正正/北北北	上九
21	初八己酉	一危除土	处暑上1	七赤兑	东东正/北南南	损 初九
22	初九庚戌	二室满金	西正西正/南北北正	六白离	西东正/北北北	九二
23	初十辛亥	三壁平金	[处暑] 辰	五黄震	东东正/南南南	六三
24	十一壬子	四奎定木	正正西正/南北北北	四绿巽	正正东/北北北	六四
25	十二癸丑	五娄执木	东正东西/南西北东	三碧坎	正正东/北北北	六五
26	十三甲寅	六胃破水	西正东正/北东东东	二黑艮	正正西/北北北	上九
27	十四乙卯	日昴危水	东南西正/南西北东	一白坤	正正正/北北北	否 初六
28	十五丙辰	一毕成土	西正西正/南北北北	九紫乾	西正东/北西西	六二
29	十六丁巳	二觜收土	正正西正/南西南北	八白兑	西正东/北西北	六三
30	十七戊午	三参开火	东正正西/南北北北	七赤离	东东正/南北北	九四
31	十八己未	四井闭火	处暑下7	六白震	西东正/北南东	九五

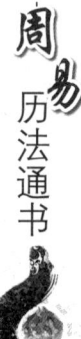
周易历法通书

公元 2034 年　　　农历甲寅(虎)年

太岁甲寅,干木支木,纳音属水,岁德甲,贵人在未、丑,岁禄寅,岁马申,奏书艮,博士坤,力士巽,利东西不利南北。

9月小　八 月癸酉 观卦 天道行东北

廿五亥时 白露　　十一卯时 秋分

阳历	农历干支 星期 宿 五行	日神方位(奇门节元) 喜财贵五神神鬼	九星八卦	八门方位 开生休门门门	六十四卦 及爻数
1	十九庚申 五鬼建木	西正西正 北东北北	五黄离	东东正 南东东	上九
2	二十辛酉 六柳除木	西正南东 北北	四绿坎	正正西 东南东	巽 初六
3	廿一壬戌 日星满木	正正西 南东北北	三碧震	正正西 东南东	九二
4	廿二癸亥 一张平水	东正东北 南东北	二黑坤	正正西 东南东	九三
5	廿三甲子 二翼定金	白露上9	一白乾	西东正 北北北	六四
6	廿四乙丑 三轸执金	西正北 南南南	九紫离	西正北 东北北	九五
7	廿五丙寅 四角执火	[白露] 亥	二黑坤	西正北 东北北	上九
8	廿六丁卯 五亢破火	正正南 西南东	三碧震	正正西 南西南	萃 初六
9	廿七戊辰 六氐危木	东正东 北南东	四绿巽	正正西 南西南	六二
10	廿八己巳 日房成土	白露中3	五黄离	正正西 南西南	六三
11	廿九庚午 一心收土	西正北 东南南	六白艮	东东正 北南东	九四
12	三十辛未 二尾开土	东正南 北东南	七赤兑	东东正 北南东	九五
13	八月壬申 三箕闭金	正正东 南南南	八白震	东东正 南南南	上六
14	初二癸酉 四斗建金	东正南 北东南	九紫离	东东正 南南东	大畜 初九
15	初三甲戌 五牛除火	白露下6	一白坤	正正西 南西南	九二
16	初四乙亥 六女满水	西东西 北南北北	二黑艮	正正东 南南东	九三
17	初五丙子 日虚平水	正西西 北北北	三碧震	正正东 西北北	六四
18	初六丁丑 一危定水	正正东 南北南	四绿乾	正正东 西北北	六五
19	初七戊寅 二室执土	东正北 北南东	五黄震	正正东 西北北	上九
20	初八己卯 三壁破土	秋分上7	六白离	西西北 东北北	贲 初九
21	初九庚辰 四奎危金	正正正 北东南南	七赤震	西西北 南东南	六二
22	初十辛巳 五娄成金	东正西 北北东东	八白巽	西西北 南东南	九三
23	十一壬午 六胃收木	[秋分] 卯	九紫坎	正正东 西北东	六四
24	十二癸未 日昴开木	东正南 南东东	一白艮	正正东 西北东	六五
25	十三甲申 一毕闭金	秋分中1	二黑坤	正正东 北北东	上九
26	十四乙酉 二觜建水	东东西 北南南正	三碧乾	东西正 南南东	观 初六
27	十五丙戌 三参除土	西正西 北北西	四绿坎	东正南 南东	六二
28	十六丁亥 四井满土	西正南 北南南	五黄离	东正南 南东	六三
29	十七戊子 五鬼平火	东东东 南北北	六白震	东东正 西北北	六四
30	十八己丑 六柳定火	秋分下4	七赤巽	西东正 北北	九五
31					

10月大　九 月甲戌 剥卦 天道行南

廿六未时 寒露　　十二申时 霜降

阳历	农历干支 星期 宿 五行	日神方位(奇门节元) 喜财贵五神神鬼	九星八卦	八门方位 开生休门门门	六十四卦 及爻数
1	十九庚寅 日星执木	正正东 北东东北	八白坎	正正北 北北北	上九
2	二十辛卯 一张破木	西正正 南东北	九紫艮	正正南 西南南	归妹 初九
3	廿一壬辰 二翼危水	正正正 南南北北	一白坤	正正西 南东	九二
4	廿二癸巳 三轸成水	东正南 南南北	二黑坎	正正西 南北东	六三
5	廿三甲午 四角收金	寒露上6	三碧兑	东东正 北北北	九四
6	廿四乙未 五亢开金	西正西 南北南	四绿离	西正北 东北北	六五
7	廿五丙申 六氐闭火	正正西 西北北	五黄艮	西正北 东北北	上六
8	廿六丁酉 日房闭火	[寒露] 未	六白巽	正正东 南东南	上六
9	廿七戊戌 一心建木	西正北 北北北	七赤兑	东东正 南东南	无妄 初九
10	廿八己亥 二尾除木	寒露中9	八白艮	正正西 北北北	六二
11	廿九庚子 三箕满土	西正北 东南南	九紫坤	正正西 北东南	六三
12	九月辛丑 四斗平土	东正南 北东南	一白坤	正正西 北北	九四
13	初二壬寅 五牛定金	正正东 南南东	二黑坎	正正西 北北	九五
14	初三癸卯 六女执金	正正南 南南南	三碧震	西西正 南北北	上九
15	初四甲辰 日虚破水	寒露下3	四绿坤	西西北 南北	明夷 初九
16	初五乙巳 一危危火	西东西 北南东	五黄乾	西西北 北东	六二
17	初六丙午 二室成火	正西西 北北北	六白兑	西西北 东北北	九三
18	初七丁未 三壁收水	正正东 南北南	七赤乾	西西北 东北北	六四
19	初八戊申 四奎开土	东正北 北南东	八白震	西西北 东北	六五
20	初九己酉 五娄闭土	霜降上5	九紫坤	东西正 南南	上六
21	初十庚戌 六胃建金	西正正西 北东南	一白坤	东西正 南东南	困 初六
22	十一辛亥 日昴除木	正正西西 北北东	二黑坤	东西正 南东南	九二
23	十二壬子 一毕满水	[霜降] 申	三碧兑	西西正 北北东	六三
24	十三癸丑 二觜平木	东正东 南南南南	四绿乾	西西正 北北东	九四
25	十四甲寅 三参定水	霜降中8	五黄坤	东东正 北北东	九五
26	十五乙卯 四井执木	西东西 北南南正	六白离	正正西 南南东	上六
27	十六丙辰 五鬼破土	正正西 北北西	七赤震	正正西 南南东	剥 初六
28	十七丁巳 六柳危土	西正南 北南南	八白坤	正正西 南西	六二
29	十八戊午 日星成火	东东东 南北北	九紫坎	东东正 西北北	六三
30	十九己未 一张收火	霜降下2	一白艮	东东正 北北	六四
31	二十庚申 二翼开木	正正西 西北东北	二黑坤	东东正 南北	六五

公元 2034 年　　　农历甲寅(虎)年

太岁甲寅,干木支木,纳音属水,岁德甲,贵人在未、丑,岁禄寅,岁马申,奏书艮,博士坤,力士巽,利东西不利南北。

11月小　十月乙亥　坤卦　天道行东　廿七 申时 立冬／十二 未时 小雪

阳历	农历干支 星期 星宿 五行	日神方位(奇门节元) 喜财贵五神鬼	九星八卦	八门方位 开门生门休门	六十四卦 及爻数
1	廿一辛酉三轸闭木	西正西西东东／南东北北	三碧乾	正正东／东南南	上九
2	廿二壬戌四角建水	正正西正南／东北北	四绿兑	正正东／东南南	艮 初六
3	廿三癸亥五氐除水	东正正正南／南北东	五黄离	正正西／东南南	六二
4	廿四甲子六氐满金 立冬上6	西正西正北／东南北	六白震	东东正／北北	九三
5	廿五乙丑日房平金	西东西正南／北南南	七赤巽	正东正／北北	六四
6	廿六丙寅一心定火	西正西正南／东南南	八白坎	东东正／北北	六五
7	廿七丁卯二尾定火 [立冬]申	正正西南／东南	九紫艮	正正西／东南南	上九
8	廿八戊辰三箕执木	东正正正北／南北北	一白坤	正正西／南西南	既济 初九
9	廿九己巳四斗破木 立冬中9	正正西东／南南	二黑乾	西正西／南南	六二
10	三十庚午五牛危土	正正西正北／东南东	三碧兑	东东正／北南东	九三
11	十月辛未六女成土	东正西正南／北北南	四绿坎	正正东／北东南	六四
12	初二壬申日虚收金	正正东北／南北	五黄艮	正正东／东南南	九五
13	初三癸酉一危开金	东正正南／北南	六白坤	正正东／东南南	上六
14	初四甲戌二室闭火 立冬下3	西正西正南／东北北	七赤乾	正正东／东南南	噬嗑 初九
15	初五乙亥三壁建火	东东西正南／北北北	八白兑	正东正／北北	六二
16	初六丙子四奎除水	西正西南／西北北	九紫离	正正东／北北	六三
17	初七丁丑五娄满水	西东西正南／北北北	一白震	正东正／北北	九四
18	初八戊寅六胃平土	东正正南／北北北	二黑巽	正东正／北北	六五
19	初九己卯日昴定土 小雪上5	西正西南／北南	三碧坤	正正东／东南南	上九
20	初十庚辰一毕执金	东正西北／东南南	四绿震	西西正／南南	大过 初六
21	十一辛巳二觜破金	西正西正南／东北南	五黄坤	正东正／北北	九二
22	十二壬午三参危木 [小雪]未	正正东北／北	六白坤	正东正／北北	九三
23	十三癸未四井成木	西正正东南／东北东	七赤兑	正东正／北北	九四
24	十四甲申五鬼收水 小雪中8	西正西北／东南南	八白离	正东正／北北	九五
25	十五乙酉六柳开水	西正东东北／南南南	九紫巽	东东正／南南	上六
26	十六丙戌日星闭土	西正西正南／西北北	一白巽	西东正／南北	坤 初六
27	十七丁亥一张建土	正正东东南／南北北	二黑坎	正东正／北北	六二
28	十八戊子二翼除火	正正东南／北北	三碧艮	西东正／北北	六三
29	十九己丑三轸满火 小雪下2	西正西正北／东北北	四绿坤	西正东／北北	六四
30	二十庚寅四角平木	西正西正北／东东东	五黄乾	西正东／北北	六五
31					

12月大　十一月丙子　复卦　天道行东南　廿七 巳时 大雪／十二 寅时 冬至

阳历	农历干支 星期 星宿 五行	日神方位(奇门节元) 喜财贵五神鬼	九星八卦	八门方位 开门生门休门	六十四卦 及爻数
1	廿一辛卯五尤定木	正正西西南／东北北	六白兑	正正西／西南南	上六
2	廿二壬辰六氐执水	正正正正南／南北北	七赤离	正正西／西西南	未济 初六
3	廿三癸巳日房破水	正正正南／南北	八白震	正正西／西西	九二
4	廿四甲午一心危金 大雪上4	西东西正南／北北东	九紫巽	东东正／北北东	六三
5	廿五乙未二尾成金	西东西正南／北北东	一白坎	东东正／北北东	九四
6	廿六丙申三箕收火	西东西正南／北北东	二黑艮	东东正／北北东	六五
7	廿七丁酉四牛收火 [大雪]巳	正正正南／东东	三碧坤	正正东／东南南	上九
8	廿八戊戌五牛开木	东正正正北／北东北	四绿乾	正正东／东南南	寒 初六
9	廿九己亥六女闭木 大雪中7	正正西北／东南	五黄兑	正正西／北北	六二
10	三十庚子日虚建土	东正正正北／北东北	六白离	正正东／西北北	九三
11	十一月辛丑一危除土	东正西东南／北东北	七赤艮	正正东／北北	六四
12	初二壬寅二室满金	东正西东南／北东北	八白坤	正正东／北北	九五
13	初三癸卯三壁平金	东正西东南／北东北	九紫乾	西西正／南南	上六
14	初四甲辰四奎定金 大雪下1	西西正南／北北	一白坎	西正东／北北	颐 初九
15	初五乙巳五娄执火	东东西南／北北	二黑震	西正东／北北	六二
16	初六丙午六胃破水	西正西南／南北	三碧震	东东正／北东北	六三
17	初七丁未日昴危水	西东西南／北北	四绿巽	西西正／南北北	六四
18	初八戊申一毕成土	东正正正北／北东西	五黄坎	正正东／北北	六五
19	初九己酉二觜收金 冬至上1	西正正西北／北南	六白艮	东西正／南南南	上九
20	初十庚戌三参开金	正正正西南／南北北	七赤坤	东西正／南南南	上九
21	十一辛亥四井闭金	正正正西南／北北北	八白乾	东西正／南南南	上九
22	十二壬子五鬼建木 [冬至]寅	正正正北／北东	九紫离	西西正／北北	中孚 初九
23	十三癸丑六柳除木	东正正东南／南北北	一白震	西西正／北北	九二
24	十四甲寅日星满水 冬至中7	东正西东南／北东北	二黑震	正正东／北北	六三
25	十五乙卯一张平水	西东西北／北东	三碧坤	正正西／北北	六四
26	十六丙辰二翼定土	西正西南／西北北	四绿坎	正正东／西南南	九五
27	十七丁巳三轸执土	东正正东南／南北北	五黄震	东正西／南西南	上九
28	十八戊午四角破火	东正正西南／北东北	六白坤	东东正／北北东	复 初九
29	十九己未五亢危火 冬至下4	正正西北／北	七赤兑	东正西／南北北	六二
30	二十庚申六氐成木	正正正北／北东	八白离	正正东／北北	六三
31	廿一辛酉日房收木	西正东东南／东北北	九紫离	正正东／东南南	六四

334

公元 2035 年　　　农历乙卯（兔）年

太岁乙卯，干木支木，纳音属水，岁德庚，贵人在申、子，岁禄卯，岁马巳，奏书艮，博士坤，力士巽，利南北不利东西。

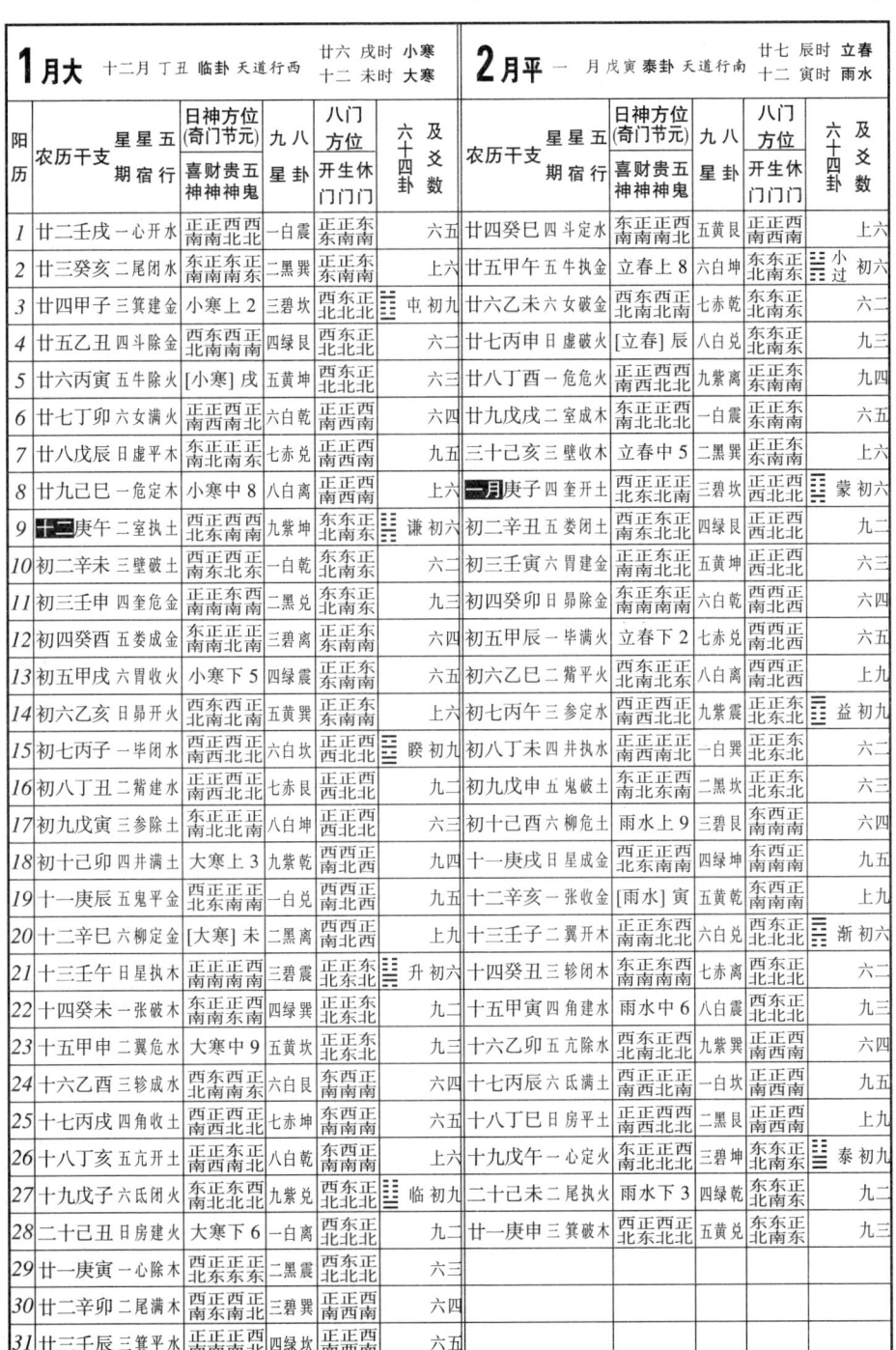

1月大 十二月 丁丑 临卦 天道行西					廿六 戌时 小寒 十二 未时 大寒	**2月平** 一月 戊寅 泰卦 天道行南					廿七 辰时 立春 十二 寅时 雨水
阳历	农历干支 星期 星宿 五行	日神方位(奇门节元) 喜神 财神 贵神 五鬼	九星 八卦	八门方位 开门 生门 休门	六十四卦 及爻数	农历干支 星期 星宿 五行	日神方位(奇门节元) 喜神 财神 贵神 五鬼	九星 八卦	八门方位 开门 生门 休门	六十四卦 及爻数
1	廿二壬戌 一心开水	正正西西北	一白震	正正东南南	六五	廿四癸巳 四斗定水	东正西西南	五黄巽	正正西南北	上六
2	廿三癸亥 二尾闭水	东正东南南东	二黑巽	正正东南南	上六	廿五甲午 五牛执金	立春上8	六白坤	东东正北南东	小过 初六
3	廿四甲子 三箕建金	小寒上2	三碧坎	西东正北北北	屯 初九	廿六乙未 六女破金	西东西西北北北	七赤兑	东东正南南	六二
4	廿五乙丑 四斗除金	西东西正南南东	四绿巽	西西正北北北	六二	廿七丙申 一虚破水	[立春]辰	八白兑	东东正北南东	九三
5	廿六丙寅 五牛除火	[小寒]戌	五黄乾	西西正北北北	六三	廿八丁酉 一危危火	正西南西北北	九紫离	正正东南南	九四
6	廿七丁卯 六女满火	正西西南南	六白坤	正正东南南	六四	廿九戊戌 一室成木	正东东北北北	一白震	正正东南南	六五
7	廿八戊辰 日虚平木	东正正北南南	七赤兑	正正东南南	九五	三十己亥 一壁收木	立春中5	二黑巽	正正东南南	上六
8	廿九己巳 一危定木	正西西南南	八白离	正正东南南	上六	二月庚子 四奎开土	西西正北东南南	三碧坎	正西西北北北	蒙 初六
9	十二庚午 二室执土	西正东南西南	九紫离	东东正南南东	谦 初六	初二辛丑 五娄闭土	西东正南北北	四绿巽	西西正北北北	九二
10	初二辛未 三壁破土	西南东北南东	一白乾	东东正北南南	六二	初三壬寅 六胃建金	东正正南北南	五黄坤	西西正北北北	六三
11	初三壬申 四奎危金	西南南东北南	二黑兑	东东正南南东	九三	初四癸卯 日昴除金	东正正南北南	六白乾	西西正北北北	六四
12	初四癸酉 五娄成金	东正正南西南	三碧震	正正东南南	六四	初五甲辰 一毕满木	立春下2	七赤兑	西西正北北北	六五
13	初五甲戌 六胃收木	小寒下5	四绿震	正正东南南	六五	初六乙巳 二觜平火	西西正北北东	八白离	西西正北北北	上九
14	初六乙亥 日昴开水	西西正北北南	五黄巽	正正东南南	上六	初七丙午 三参定水	西西正北北北	九紫离	西西正北北东	益 初九
15	初七丙子 一毕闭火	西西正北北北	六白坎	正正东西南北	睽 初九	初八丁未 四井执火	正正东南南	一白震	正正东南南	六二
16	初八丁丑 二觜建土	正西南西北北	七赤兑	正西西北北北	九二	初九戊申 五鬼破土	东正正南北南	二黑坤	正正东北北东	六三
17	初九戊寅 三参除土	东正正北北南	八白坤	西西正北北北	六三	初十己酉 六柳危土	雨水上9	三碧坎	东东正南南南	六四
18	初十己卯 四井满土	大寒上3	九紫乾	西西正北北北	九四	十一庚戌 日星成金	西西正北东南南	四绿坤	西西正北北北	九五
19	十一庚辰 五鬼平金	西北东南东南	一白兑	西西正北北北	九五	十二辛亥 二张收金	[雨水]寅	五黄巽	西西正北北北	上九
20	十二辛巳 六柳定金	[大寒]未	二黑巽	西西正北北北	上九	十三壬子 二翼开水	正正东西北南	六白坎	西东正北北北	渐 初六
21	十三壬午 日星执水	正正正南北东	三碧震	正正东北东北	升 初六	十四癸丑 三轸闭水	东正东南南南	七赤离	西北正北东东	六二
22	十四癸未 一张破水	东正南东北南	四绿巽	正西西北北北	九二	十五甲寅 四角建木	雨水中6	八白艮	西北正北东东	九三
23	十五甲申 二翼危木	大寒中9	五黄坎	正西西北北北	九三	十六乙卯 五亢除木	西东正北南南	九紫巽	正正东南南	六四
24	十六乙酉 三轸成木	西东西北南北	六白艮	东西正南南东	六四	十七丙辰 六氐满土	西正东北南南	一白坎	正正东西南北	九五
25	十七丙戌 四角收土	西正东北南南	七赤兑	东东正西南南	六五	十八丁巳 日房平土	正正东南南	二黑艮	正正东西南北	上九
26	十八丁亥 五亢开水	正正东南西北	八白乾	东西正南南北	上六	十九戊午 一心定火	东正东北南南	三碧坤	东东正南南东	泰 初九
27	十九戊子 六氐闭火	东正东北北北	九紫离	西西正北北北	临 初九	二十己未 二尾执火	雨水下3	四绿震	东东正南南东	九二
28	二十己丑 日房建木	大寒下6	一白震	西西正北北北	九二	廿一庚申 三箕破木	西正西北北北	五黄兑	东东正北南东	九三
29	廿一庚寅 一心除木	正正正北东东	二黑坤	西西正北北北	六三					
30	廿二辛卯 二尾满木	正东东北南北	三碧巽	西南南西北北	六四					
31	廿三壬辰 三箕平水	正正正南南北	四绿坎	正正西南南北	六五					

公元 2035 年　　　　农历乙卯(兔)年

太岁乙卯,千木支木,纳音属水,岁德庚,贵人在申、子,岁禄卯,岁马巳,奏书艮,博士坤,力士巽,利南北不利东西。

3月大　二月己卯 大壮卦 天道行西南　廿七 丑时 惊蛰　十二 寅时 春分

阳历	农历干支 星期星宿五行	日神方位(奇门节元) 喜财贵五神神神鬼	九星八卦	八门方位 开生休门门门	六十四卦 及爻数
1	廿二辛酉 四斗危木	西正东南/东东北北	六白离	正正东/东南南	六四
2	廿三壬戌 五牛成水	正正南西/南东北北	七赤震	正正东/东南南	六五
3	廿四癸亥 六女收水	东东南南/南东北东	八白巽	正正东/东南南	上六
4	廿五甲子 日虚开金	惊蛰上 1	九紫坎	西东正/北北北	上六
5	廿六乙丑 一危闭金	西东南南/北南南南	九紫艮	西北北/北北北	需初九
6	廿七丙寅 二室建火	[惊蛰] 丑	八白坤	西西北/北北北	九二
7	廿八丁卯 三壁建火	正西西南/西南北	七赤乾	正正西/西南南	九三
8	廿九戊辰 四奎除木	东正西北/北北东	六白兑	正正东/南南南	六四
9	三十己巳 五娄满木	惊蛰中 7	五黄离	正正西/西南南	九五
10	二月庚午 六胃平土	西正正西/北东南南	四绿艮	东东正/北东东	上六
11	初二辛未 日昴定土	正西北东/南东北东	三碧坤	西西北/东东东	随初九
12	初三壬申 一毕执金	正正东西/南东南南	二黑兑	正西正/南东南	六二
13	初四癸酉 二觜破金	东正正南/北东南南	一白兑	正正东/南南南	六三
14	初五甲戌 三参危火	惊蛰下 4	九紫离	正正东/东南南	九四
15	初六乙亥 四井成水	西东南北/南北北南	八白震	正正东/南南南	九五
16	初七丙子 五鬼收水	正西东北/南西北北	七赤巽	西西北/北北南	上六
17	初八丁丑 六柳开土	正正西北/西南北	六白坎	正正西/北北北	晋初六
18	初九戊寅 日星闭土	东正正南/北北北	五黄艮	正正东/北北北	六二
19	初十己卯 一张建土	春分上 3	四绿坤	西正正/北北北	六三
20	十一庚辰 二翼除金	西正正东/西西北	三碧乾	西西正/北北北	九四
21	十二辛巳 三轸满金	[春分] 寅	二黑兑	西西北/西西西	六五
22	十三壬午 四角平木	正正南西/北北东	一白离	东东正/北东东	上九
23	十四癸未 五亢定木	东正正南/南东北	九紫震	西西东/北东东	解初六
24	十五甲申 六氐执水	春分中 9	八白巽	东东正/北东东	九二
25	十六乙酉 日房破水	东东西西/北东南南	七赤坎	东东正/南南南	六三
26	十七丙戌 一心危土	西东北北/东东南南	六白艮	东东正/南南南	九四
27	十八丁亥 二尾成土	西正北北/西西北北	五黄坤	正正西/西北北	六五
28	十九戊子 三箕收火	东东东西/西北北北	四绿乾	西西正/北北北	上六
29	二十己丑 四斗开火	春分下 6	三碧兑	西西东/北北北	大壮初九
30	廿一庚寅 五牛闭木	正东东北/东东东北	二黑离	正正东/北北北	九二
31	廿二辛卯 六女建木	西东南北/东东南北	一白震	正正西/西南南	九三

4月小　三月庚辰 夬卦 天道行北　廿七 卯时 清明　十三 未时 谷雨

阳历	农历干支 星期星宿五行	日神方位(奇门节元) 喜财贵五神神神鬼	九星八卦	八门方位 开生休门门门	六十四卦 及爻数
1	廿三壬辰 日虚除水	正正正西/西东北北	九紫巽	正正西/东北北	九四
2	廿四癸巳 一危满水	东正正南/南西北北	八白坎	正正西/东南南	六五
3	廿五甲午 二室平金	清明上 4	七赤艮	东东正/北北北	上六
4	廿六乙未 三壁定金	西北西正/北东南南	六白坤	东东正/北北东	豫初六
5	廿七丙申 四奎定火	[清明] 卯	五黄乾	东东正/北北东	六二
6	廿八丁酉 五娄执火	正正西西/南东北北	四绿兑	正正东/南南南	六三
7	廿九戊戌 六胃破木	东正北北/北北北	三碧离	正正东/南南南	九四
8	三月己亥 日昴危木	清明中 1	二黑坤	正正西/南南南	六五
9	初二庚子 一毕成土	西东正西/正东北北	一白乾	正正西/东北北	上六
10	初三辛丑 二觜收土	正东东西/东北北北	九紫兑	西东北/北北北	讼初六
11	初四壬寅 三参闭金	东东东南/南东北北	八白坎	西西正/北北北	九二
12	初五癸卯 四井闭金	东正东南/南东北北	七赤震	西西正/北北北	六三
13	初六甲辰 五鬼建火	清明下 7	六白巽	东西正/北北北	九四
14	初七乙巳 六柳除火	东东正正/东东北北	五黄坎	西西正/北北北	九五
15	初八丙午 日星满水	西东西正/北北北北	四绿艮	东东正/北东北	上九
16	初九丁未 一张平水	正西西西/南东北北	三碧坤	东东正/北东北	蛊初六
17	初十戊申 二翼执土	东东正西/北北北北	二黑乾	正正东/南南南	九二
18	十一己酉 三轸执土	谷雨上 5	一白兑	东东正/南南南	九三
19	十二庚戌 四角破金	东东正东/北东南南	九紫离	东东正/南南南	六四
20	十三辛亥 五亢危金	[谷雨] 未	八白震	西西正/北北北	六五
21	十四壬子 六氐成木	正正东西/南东北北	七赤巽	西东北/北北北	上九
22	十五癸丑 日房收木	正正东东/北东北北	六白坎	东东正/北北北	革初九
23	十六甲寅 一心开水	谷雨中 2	五黄艮	西东正/北北北	六二
24	十七乙卯 二尾闭水	东东正东/北东北北	四绿坤	西东正/北北北	九三
25	十八丙辰 三箕建土	正西西西/南东北北	三碧乾	正正西/西北北	九四
26	十九丁巳 四斗除土	正正西西/西北北北	二黑兑	正正西/西北北	九五
27	二十戊午 五牛满火	东正西北/北北北北	一白离	东北东/北东东	上六
28	廿一己未 六女平火	谷雨下 8	九紫震	东东正/北东东	夬初九
29	廿二庚申 日虚定木	西东正西/正东北北	八白巽	正正西/东北北	九二
30	廿三辛酉 一危执木	正正西东/东南南南	七赤坎	正正东/南南南	九三

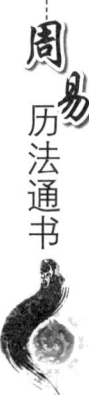

周易历法通书

公元 2035 年　　　农历乙卯(兔)年

> 太岁乙卯,干木支木,纳音属水,岁德庚,贵人在申、子,岁禄卯,岁马巳,奏书艮,博士坤,力士巽,利南北不利东西。

5月大　四 月辛巳 乾卦 天道行西　｜　廿八 夜子时 立夏／十四 午时 小满

阳历	农历干支 星宿五行	日神方位(奇门节元) 喜财贵五鬼	九星八卦	八门方位 开生休门	六十四卦 及爻数
1	廿四壬戌 二室破水	正南正南西北北	六白艮	正正东东南南	九四
2	廿五癸亥 三壁危水	东南正南西北东	五黄坤	正正西东南南	九五
3	廿六甲子 四奎成金 立夏上4	西东北北正北	四绿乾	西东正北北北	上六
4	廿七乙丑 五娄收金	西东北南正南北	三碧兑	西东正北北北	旅 初六
5	廿八丙寅 六胃收水 [立夏]子	西东北南正北	二黑离	西东北北	六二
6	廿九丁卯 日昴开火	正南西西北北	一白震	正正西南西北	九三
7	三十戊辰 一毕闭木	东正正北西北东	九紫离	正正西南西	九四
8	四月己巳 二觜建木 立夏中1	西正正北东南南	八白坤	正正西南西北	六五
9	初二庚午 三参除土	西正东北东南南	七赤兑	东东正北南北	上九
10	初三辛未 四井满土	西正东北东东东	六白离	东东北东	师 初六
11	初四壬申 五鬼平金	正正西南南南	五黄震	东东正北南北	九二
12	初五癸酉 六柳定金	正正东南南北	四绿巽	东东正北南北	六三
13	初六甲戌 日星执火 立夏下7		三碧坎	正正南北	六四
14	初七乙亥 一张破火	西东北南正南北	二黑艮	正正东南南南	六五
15	初八丙子 二翼危水	正东南西西北北	一白坤	正东西北北	上六
16	初九丁丑 三轸成土	正正西南西北	九紫震	正正西西北北	上六
17	初十戊寅 四角收土	东正正北西南南	八白兑	正正西北	比 初六
18	十一己卯 五亢开土 小满上5		七赤离	西正西北西北	六二
19	十二庚辰 六氐闭金	西正东北北西南	六白艮	西正北西	六三
20	十三辛巳 日房建金	西正东南东北北	五黄巽	西正北西	六四
21	十四壬午 一心除木 [小满]午		四绿坎	正正东北东	九五
22	十五癸未 二尾满木	东正正南南东南东	三碧艮	正正东北东	上六
23	十六甲申 三箕平水 小满中2		二黑坤	西西东北东北	小畜 初九
24	十七乙酉 四斗定金	西东西北南北	一白震	东西正南北北	九二
25	十八丙戌 五牛执土	正东西南西北	九紫兑	东西正南北北	九三
26	十九丁亥 六女破土	正正东西南北	八白离	东西南北	六四
27	二十戊子 日虚危火	东正东北南北	七赤震	西东正北北北	九五
28	廿一己丑 一危成火 小满下8		六白巽	西东北北	上九
29	廿二庚寅 二室收木	西正东北东北	五黄坎	西东北东	乾 初九
30	廿三辛卯 三壁开木	西正东北东北	四绿艮	正正西南西北	九二
31	廿四壬辰 四奎闭水	正正西南东南北	三碧坤	正正西南东南	九三

6月小　五 月壬午 姤卦 天道行西北　｜　初一 寅时 芒种／十六 戌时 夏至

阳历	农历干支 星宿五行	日神方位(奇门节元) 喜财贵五鬼	九星八卦	八门方位 开生休门	六十四卦 及爻数
1	廿五癸巳 五娄建水	东正南北西北	二黑乾	正正西南西北	九四
2	廿六甲午 六胃除金 芒种上6		一白兑	东东正北南东	九五
3	廿七乙未 日昴满金	西东北北正北南	九紫离	东东正北南东	上九
4	廿八丙申 一毕平水	西东西北南北	八白震	东东正北南东	大有 初九
5	廿九丁酉 二觜定火	正正东西西北	七赤巽	正正东南南南	九二
6	五月戊戌 三参成木 [芒种]寅		六白兑	正正东南东北	九三
7	初二己亥 四井执木 芒种中3		五黄离	正正东南南	九四
8	初三庚子 五鬼破土	西正正北东南南	四绿震	正正西北东北	六五
9	初四辛丑 六柳危土	西正东北东南南	三碧巽	正正西北北北	上九
10	初五壬寅 日星成水	正正东南南北	二黑坎	西西北东北	家人 初九
11	初六癸卯 一张收金	东东正南南南	一白震	西西东北北北	六二
12	初七甲辰 二翼开火 芒种下9		九紫坤	西西北北	九三
13	初八乙巳 三轸闭火	西东正北南东	八白乾	正正西北北北	六四
14	初九丙午 四角建水	西东正北南北	七赤兑	正正东北东北	九五
15	初十丁未 五亢除土	西东北东西北	六白离	正正东北东	上六
16	十一戊申 六氐满土	东正正北西南东	五黄震	东东正北东北	井 初六
17	十二己酉 日房平土 夏至上9		四绿巽	东西南北北	九二
18	十三庚戌 一心定金	西正正北东南南	三碧坎	西东南北	九三
19	十四辛亥 二尾执木	西正东北东南南	二黑艮	西东正北北北	六四
20	十五壬子 三箕破水	正正东南北南北	一白坤	西东北北	九五
21	十六癸丑 四斗危木 [夏至]戌		九紫震	西东北东	上六
22	十七甲寅 五牛成水 夏至中3		八白巽	西西东北北北	咸 初六
23	十八乙卯 六女收金	西正东北南北	七赤离	西西正北北北	六二
24	十九丙辰 日虚开土	西正东北南北	六白艮	正正东南西北	九三
25	二十丁巳 一危闭土	正正西南西北	五黄巽	正正东南西	九四
26	廿一戊午 二室建火	西正正北北南南	四绿坎	东东正北南北	九五
27	廿二己未 三壁除木 夏至下6		三碧艮	东东北南	上六
28	廿三庚申 四奎满木	西正正北北南东	二黑坤	东东正北东北	姤 初六
29	廿四辛酉 五娄平金	西正东北东北	一白乾	正正西南西北	九二
30	廿五壬戌 六胃定水	西正东北东北	九紫兑	正正西南东南	九三

公元 2035 年　　　　农历乙卯(兔)年

太岁乙卯，干木支木，纳音属水，岁德庚，贵人在申、子，岁禄卯，岁马巳，奏书艮，博士坤，力士巽，利南北不利东西。

7月大　六　月癸未　遁卦　天道行东
初三 未时 小暑　十九 辰时 大暑

8月大　七　月甲申　否卦　天道行北
初四 夜子 立秋　二十 未时 处暑

338

阳历	农历干支 星期 星宿 五行	日神方位(奇门节元)喜财贵神五神神鬼	九星八卦	八门方位开门生门休门	六十四卦 及爻数
1	廿六癸亥 日昴执水	东正东正南南南东	八白离	正正东东东南	九四
2	廿七甲子 一毕破金	小暑上 8	七赤震	西正正北北北	九五
3	廿八乙丑 二觜危金	西东正北南南南	六白巽	西正东北北北	上九
4	廿九丙寅 三参成火	东西西南西南南	五黄坎	西正东北北北	䷶鼎 初六
5	六月丁卯 四井收木	正东西南北东	四绿离	正正西北西北	九二
6	初二戊辰 五鬼开木	东正正南北东东	三碧震	正正西北西南	九三
7	初三己巳 六柳开木	[小暑] 2	二黑巽	正正西北西南	九四
8	初四庚午 日星闭土	西西西北东南南	一白坎	东正正南北南	六五
9	初五辛未 一张建土	西正东南北东	九紫艮	东正正南北南	上九
10	初六壬申 二翼除金	西南东西南南东	八白坤	东正正南南南	䷶丰 初九
11	初七癸酉 三轸满金	东正正南北南	七赤乾	东正东南南南	六二
12	初八甲戌 四角平火	小暑下 5	六白兑	东正东南南南	九三
13	初九乙亥 五亢定火	东东西南西南	五黄离	正正东北东	九四
14	初十丙子 六氐执水	西正西南西北北	四绿震	正正西北北	六五
15	十一丁丑 日房破水	正东西南北北	三碧巽	正正西北北	上六
16	十二戊寅 一心危土	东东正北北南	二黑坎	西正东南南	䷺涣 初六
17	十三己卯 二尾成土	大暑上 7	一白艮	西西西北	九二
18	十四庚辰 三箕收金	西西西北北南南	九紫坤	西正西北	六三
19	十五辛巳 四斗开金	西西东北北北	八白乾	西西正北北北	六四
20	十六壬午 五牛闭水	正西正南南南	七赤兑	西正东北北东	九五
21	十七癸未 六女建水	东正正南北东	六白离	正正东北东	上九
22	十八甲申 日虚除水	大暑中 1	五黄震	正正东北北东	䷆履 初九
23	十九乙酉 一危满木	[大暑] 辰	四绿巽	西正东南南	九二
24	二十丙戌 二室平土	西西西北北南	三碧坎	西西东南西	六三
25	廿一丁亥 三壁定土	正东东南北北	二黑艮	东正东南北	九四
26	廿二戊子 四奎执火	东东正北北东	一白坤	东东正南北	九五
27	廿三己丑 五娄破火	大暑下 4	九紫乾	西西西北北	上九
28	廿四庚寅 六胃危木	西东东北东东	八白兑	西西西北北	上九
29	廿五辛卯 日昴成木	西正西北南北	七赤离	正正东北东	䷠遁 初六
30	廿六壬辰 一毕收水	正正西南南北	六白艮	正正西南南	六二
31	廿七癸巳 二觜开水	东正正南南北	五黄巽	东正正南南北	九三

阳历	农历干支 星期 星宿 五行	日神方位(奇门节元)喜财贵神五神神鬼	九星八卦	八门方位开门生门休门	六十四卦 及爻数
1	廿八甲午 三参闭金	立秋上 2	四绿坎	东东正北东东	九四
2	廿九乙未 四井建金	东东西南北正	三碧艮	东东正南北东	九五
3	三十丙申 五鬼除火	西正西南西北北	二黑坤	东东正南北东	上九
4	七月丁酉 六柳满火	东正西南北正	一白震	正正东南北南	䷟恒 初六
5	初二戊戌 日星平土	东北正南北东	九紫巽	正正西北西	九二
6	初三己亥 一张定木	立秋中 5	八白坎	正正东南西南	九三
7	初四庚子 二翼执土	[立秋] 子	七赤艮	西正西北北北	九四
8	初五辛丑 三轸执土	东正东北北东	六白坤	西正西北北北	六五
9	初六壬寅 四角破金	东正东南北东	五黄乾	西正东北北北	上六
10	初七癸卯 五亢危金	东正西南北东	四绿兑	西西正北北北	䷐节 初九
11	初八甲辰 六氐成火	立秋下 8	三碧离	西西正北北西	九二
12	初九乙巳 日房收火	东北北东	二黑震	东东北北北	六三
13	初十丙午 一心开水	东正东北北东	一白巽	东正东北北东	六四
14	十一丁未 二尾闭水	正正东北北东	九紫坎	正正东南东	九五
15	十二戊申 三箕建土	正正东北东南	八白艮	正正东北东	上六
16	十三己酉 四斗满土	处暑上 1	七赤坤	东东正南南南	䷌同人 初九
17	十四庚戌 五牛满金	东东东南南南	六白乾	西东东北北	六二
18	十五辛亥 六女平金	东正西南南南	五黄兑	西正西北北	九三
19	十六壬子 日虚定木	正正西南北南	四绿离	西东正北北北	九四
20	十七癸丑 一危执木	正正正南南南	三碧震	西正西北北	九五
21	十八甲寅 二室破水	处暑中 4	二黑巽	正正东南南	上九
22	十九乙卯 三壁危水	西东北北北	一白坎	正正西南南	䷨损 初九
23	二十丙辰 四奎成土	[处暑] 未	九紫艮	正正东南南	九二
24	廿一丁巳 五娄收土	正正东南北南	八白坤	东西西南南	六三
25	廿二戊午 六胃开火	东北东东南	七赤乾	东东正南北东	六四
26	廿三己未 日毕闭火	处暑下 7	六白兑	东东正南北东	六五
27	廿四庚申 一毕建木	西东北北东东	五黄离	东东正南北东	上九
28	廿五辛酉 二觜除木	东正东北北东	四绿震	东东正南北东	䷀否 初六
29	廿六壬戌 三参满水	正正东北北东	三碧巽	正正东南东	六二
30	廿七癸亥 四井平木	正正东南北南	二黑坎	正正东南东	六三
31	廿八甲子 五鬼定金	白露上 9	一白艮	西东正北北北	九四

周易历法通书

公元 2035 年　　　农历乙卯(兔)年

太岁乙卯，干木支木，纳音属水，岁德庚，贵人在申、子，岁禄卯，岁马巳，奏书艮，博士坤，力士巽，利南北不利东西。

9月小　八 月 乙酉 观卦 天道行东北　初七 寅时 白露　廿二 午时 秋分

10月大　九 月 丙戌 剥卦 天道行南　初八 酉时 寒露　廿三 亥时 霜降

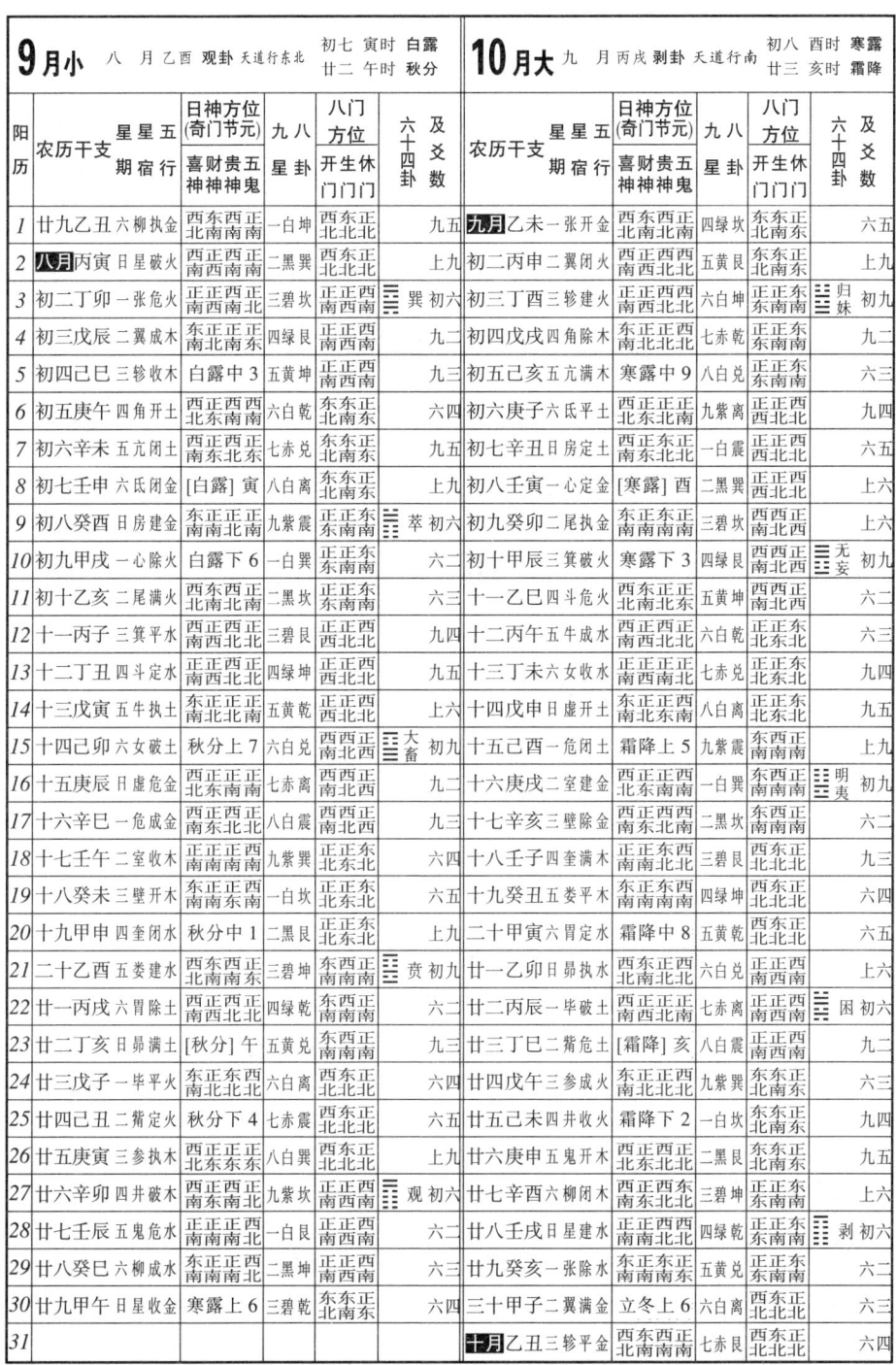

9月小

阳历	农历干支/星期/宿/五行	星五(九八星卦)	日神方位(奇门节元)	八门方位	六十四卦及爻数
1	廿九乙丑 六 柳 执 金	一白坤	西北东南西北正东正北	西北东北正北	九五
2	八月 丙寅 日 星 破 火	二黑巽	西正东南西北正西正北	西东正北北	上九
3	初二丁卯 一 张 危 火	三碧坎	正南西西西北北	正南西西南	巽初六
4	初三戊辰 二 翼 成 木	四绿艮	东正西北北东南	正南西西	九二
5	初四己巳 三 轸 收 木	五黄巽	白露中3	正南西西	九三
6	初五庚午 四 角 开 土	六白乾	西正东南西东南	东东正北南东	六四
7	初六辛未 五 亢 闭 金	七赤坎	西南东东东北	正东西南北	九五
8	初七壬申 六 氐 闭 金	八白震	[白露] 寅	东东正南东	上九
9	初八癸酉 日 房 建 金	九紫震	西南正北正东	西东正南北东	萃初六
10	初九甲戌 一 心 除 火	一白巽	白露下6	正北西南东	六二
11	初十乙亥 二 尾 满 火	二黑坎	西东西北南正南	东东正南北东	六三
12	十一丙子 三 箕 平 水	三碧震	西南西西北北	正西西北北	九四
13	十二丁丑 四 斗 定 水	四绿坤	正东正西西北北	正西西	九五
14	十三戊寅 五 牛 执 土	五黄乾	东正正西南正东	正正西	上六
15	十四己卯 六 女 破 土	六白兑	秋分上7	西西北北	大畜初九
16	十五庚辰 日 虚 危 金	七赤离	西正东南正北北	西西北	九二
17	十六辛巳 一 危 成 金	八白震	西南东东西北北	西北北	九三
18	十七壬午 二 室 收 木	九紫震	正正南正南北	东北正北北	六四
19	十八癸未 三 壁 开 木	一白坎	东正南西南东南	正北北南	六五
20	十九甲申 四 奎 闭 水	二黑震	秋分中1	东北正北北	上九
21	二十乙酉 五 娄 建 水	三碧坤	西东西南正北南	东西正南南	贲初九
22	廿一丙戌 六 胃 除 土	四绿乾	西南西西西北北	东西正南南	六二
23	廿二丁亥 日 昴 满 土	五黄坤	[秋分] 午	西西南南	九三
24	廿三戊子 一 毕 平 火	六白兑	东正东西北北	西东北北	六四
25	廿四己丑 二 觜 定 火	七赤震	秋分下4	西北北	六五
26	廿五庚寅 三 参 执 木	八白巽	西北东东东北南	西北北	上九
27	廿六辛卯 四 井 破 木	九紫震	西东西南正南南	正正西	观初六
28	廿七壬辰 五 鬼 危 水	一白艮	正东正南正北北	正东西北	六二
29	廿八癸巳 六 柳 成 水	二黑坤	东东正东西北	东西正南北	六三
30	廿九甲午 日 星 收 金	三碧乾	寒露上6	东东正北南东	六四
31					

10月大

阳历	农历干支/星期/宿/五行	星五(九八星卦)	日神方位(奇门节元)	八门方位	六十四卦及爻数
1	九月 乙未 一 张 开 金	四绿坎	西东西西正北南	东东正北南东	六五
2	初二丙申 二 翼 闭 火	五黄坤	西东西西正北北	东东正北北	上九
3	初三丁酉 三 轸 建 火	六白坤	正正西西西北北	正正东东南北	归妹初九
4	初四戊戌 四 角 除 木	七赤乾	东正东西北北东	东东正南东	九二
5	初五己亥 五 亢 满 木	八白坎	寒露中9	正正东东	六三
6	初六庚子 六 氐 平 土	九紫离	西北东东正北南	正正东北东	九四
7	初七辛丑 日 房 定 土	一白震	西东东东西北北	正西西北北	六五
8	初八壬寅 一 心 定 金	二黑巽	[寒露] 酉	西西正北北	上六
9	初九癸卯 二 尾 执 金	三碧坎	西南正南正南南	西西正北北	上九
10	初十甲辰 三 箕 破 火	四绿艮	寒露下3	西西北西	无妄初九
11	十一乙巳 四 斗 危 火	五黄坤	西东西北东正东	西西北西	六二
12	十二丙午 五 牛 成 水	六白乾	西东西西正北北	西北北北	六三
13	十三丁未 六 女 收 水	七赤坤	正正东东西北北	正西正北北	九四
14	十四戊申 日 虚 开 土	八白艮	东正正西北东南	正东正北北	九五
15	十五己酉 一 危 闭 金	九紫震	霜降上5	东西西南南	上九
16	十六庚戌 二 室 建 金	一白巽	西正东西正北北	东东正南南	明夷初九
17	十七辛亥 三 壁 除 金	二黑坎	西正东东北西北	东东西南南	六二
18	十八壬子 四 奎 满 木	三碧艮	西东正北西北北	东东北北	九三
19	十九癸丑 五 娄 平 木	四绿坤	东正南西南西南	东东北北	六四
20	二十甲寅 六 胃 定 水	五黄乾	霜降中8	西东北北	六五
21	十一乙卯 日 昴 执 水	六白坤	西东西西正北北	正正西西	上六
22	十二丙辰 一 毕 破 土	七赤离	西南西西西北南	正正西东	困初六
23	十三丁巳 二 觜 危 土	八白震	[霜降] 亥	东西西东	九二
24	十四戊午 三 参 成 火	九紫巽	东正东东北东南	东东正东东	六三
25	十五己未 四 井 收 火	一白坎	西正东东北南南	东东正东东	九四
26	十六庚申 五 鬼 开 木	二黑艮	西北东东东北南	正正东东南北	九五
27	十七辛酉 六 柳 闭 木	三碧坤	西东西西东北北	正正东东南北	上六
28	廿八壬戌 日 星 建 水	四绿乾	正正东西北北	东东正南东	剥初六
29	廿九癸亥 一 张 除 水	五黄坎	东东正东西北	正正东东	六二
30	三十甲子 二 翼 满 金	六白离	立冬上6	正正东北东	六三
31	十月 乙丑 三 轸 平 金	七赤艮	西东西西正北南	西北北北	六四

公元 2035 年　　　　农历乙卯(兔)年

太岁乙卯，干木支木，纳音属水，岁德庚，贵人在申、子，岁禄卯，岁马巳，奏书艮，博士坤，力士巽，利南北不利东西。

11月小　十　月丁亥　坤卦　天道行东　　初八 亥时 立冬　十三 戌时 小雪

阳历	农历干支 星期 星宿 五行	日神方位(奇门节元) 喜财贵五神神鬼	九星八卦	八门方位 开生休门门门	六十四卦及爻数
1	初二丙寅四角定火	西南 正西 西南 正南	八白坤	西北 东北 正北	六五
2	初三丁卯五亢执火	正南 西西 正北	九紫乾	正西 西南 西南	上九
3	初四戊辰六氐破木	东北 正南 南东	一白兑	正西 正西 西南	䷳ 艮 初六
4	初五己巳日房危木	正南 西西 正南	二黑离	正西 正西 西南	六二
5	初六庚午一心成土	正南 西西 正南	三碧震	东南 正东 正南	九三
6	初七辛未二尾收土	正南 东北 正南	四绿巽	东南 东北 东南	六四
7	初八壬申三箕收金	[立冬]亥	五黄坎	东南 东北 东南	六五
8	初九癸酉四斗开金	东南 正南 正东	六白艮	正东 正南 正东	上九
9	初十甲戌五牛闭火	立冬下3	七赤坤	正东 正南 南东	䷾ 既济 初九
10	十一乙亥六女建火	西东 正北 南	八白乾	正东 西南 南	六二
11	十二丙子日虚除水	西南 西西 正	九紫兑	正东 正西	九三
12	十三丁丑一危满水	正西 西正 正	一白离	正东 西北 正	六四
13	十四戊寅二室平土	东北 西南 正	二黑震	西东 西北	九五
14	十五己卯三壁定土	小雪上5	三碧巽	西南 正西北	上六
15	十六庚辰四奎执金	正北 东南 正	四绿坎	东西 西北东	䷔ 噬嗑 初九
16	十七辛巳五娄破金	西西 正北	五黄艮	西东 西北	六二
17	十八壬午六胃危木	正西 南南 正	六白乾	正东 东北	六三
18	十九癸未日昴成木	西南 南东 正	七赤乾	西东 北北	九四
19	二十甲申一毕收水	小雪中8	八白兑	西东 正南	六五
20	廿一乙酉二觜开水	西北 西南 东	九紫离	东西 南南	上九
21	廿二丙戌三参闭土	西南 正北	一白震	西东 正	䷛ 大过 初六
22	廿三丁亥四井建土	[小雪]戌	二黑巽	东东 正	九二
23	廿四戊子五鬼除火	东正 东西 北	三碧坎	西东 北北	九三
24	廿五己丑六柳满火	小雪下2	四绿艮	西东 正	九四
25	廿六庚寅日星平木	正东 东北 正	五黄坤	西东 东东	九五
26	廿七辛卯一张定木	东南 南 北	六白乾	西东 南南	上六
27	廿八壬辰二翼执水	正北 正东	七赤兑	正东 北	䷁ 坤 初六
28	廿九癸巳三轸破水	东正 正西 北	八白坎	正西 西南	六二
29	三十甲午四角危金	大雪上4	九紫震	东西 东正	六三
30	䷀乙未五亢成金	西南 西北 正南	一白坤	东北 南东	六四
31					

12月大　十一月戊子　复卦　天道行东南　　初八 申时 大雪　廿三 巳时 冬至

阳历	农历干支 星期 星宿 五行	日神方位(奇门节元) 喜财贵五神神鬼	九星八卦	八门方位 开生休门门门	六十四卦及爻数
1	初二丙申六氐收火	西西 正正 西北北	二黑乾	东北 正东	六五
2	初三丁酉日房开火	正南 西北北	三碧兑	正东 正南	上六
3	初四戊戌一心闭木	东北 正北北	四绿离	东南 东北	䷿ 未济 初六
4	初五己亥二尾建木	大雪中7	五黄震	正东 正南	九二
5	初六庚子三箕除土	西北 正正 北正东	六白巽	正西 西北	六三
6	初七辛丑四斗满土	西南 东东 正	七赤坎	西北 北北	九四
7	初八壬寅五牛满金	[大雪]申	八白艮	西东 正	六五
8	初九癸卯六女平金	东正 东正	九紫坤	西西 正	上九
9	初十甲辰日虚定火	大雪下1	一白坎	西西 正	䷦ 蹇 初六
10	十一乙巳一危执火	北东 北东	二黑乾	西西 北	六二
11	十二丙午二室破水	西南 北北	三碧兑	正东 北	九三
12	十三丁未三壁危水	西南 西北	四绿震	东北 北	六四
13	十四戊申四奎成土	正南 北东	五黄巽	东北 北	九五
14	十五己酉五娄收土	冬至上1	六白坎	东南 南南	上六
15	十六庚戌六胃开金	西南 东南	七赤艮	西东 北	䷚ 颐 初九
16	十七辛亥日昴闭金	正西 西正	八白坤	西东 北	六二
17	十八壬子一毕建木	正南 北北	九紫乾	西东 北北	六三
18	十九癸丑二觜除木	西南 北北	一白离	西北 北	六四
19	二十甲寅三参满水	冬至中7	二黑离	正东 南	六五
20	廿一乙卯四井平水	西东 北北	三碧震	正西 南	上九
21	廿二丙辰五鬼定土	正南 北北	四绿巽	正西 南	上九
22	廿三丁巳六柳执土	[冬至]巳	五黄坎	西西 南	䷼ 中孚 初九
23	廿四戊午日星破火	东正 正西 北	六白艮	西东 北	九二
24	廿五己未一张危火	冬至下4	七赤坤	西东 北	六三
25	廿六庚申二翼成木	西正 西正	八白乾	东西 北	六五
26	廿七辛酉三轸收木	正南 北北	九紫坤	东南 北	九五
27	廿八壬戌四角开水	正南 北北	一白离	东南 北	上九
28	廿九癸亥五亢闭火	东正 东正	二黑震	正东 南	䷗ 复 初九
29	䷀甲子六氐建金	小寒上2	三碧乾	东东 正	六二
30	初二乙丑日房除金	东南 正	四绿兑	东北 北	六三
31	初三丙寅一心满火	西北北	五黄离	东东 北	六四

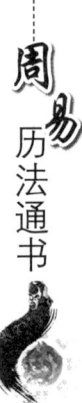

周易历法通书